dtv

Dies ist die Geschichte einer außergewöhnlichen Frau mit zwei Leben. Die Autorin dieser Geschichte ist ihre Tochter. Sie kennt nur das zweite Leben der Frau und rekonstruiert das erste. Anhand von Briefen, Fotoalben, Erinnerungen von Freunden und eigenen Erlebnissen. Else Kirschner ist die Tochter eines wohlhabenden jüdischen Geschäftsmannes und wird kurz vor der Jahrhundertwende in Berlin geboren. Hungrig nach dem »ganz anderen« Leben, dem nicht-jüdischen, nach der großen weiten Welt, wächst sie heran und fasziniert ihre Mitmenschen mit ihrem sprühenden Charme und ihrer Maßlosigkeit. In diesem ersten Leben taumelt sie von einer Affäre in die nächste, lebt ihre Lieben und Leidenschaften und bekommt von jedem Mann, den sie liebt, ein Kind. Mitreißend und mitgerissen von den Ereignissen, kann niemand sie bändigen. Dann ergreift der Mann mit dem Pinsel unter der Nase die Macht, und Else Kirschner wird auf grausame Art daran erinnert, daß sie Jüdin ist. Es beginnt das zweite Leben dieser außergewöhnlichen Frau ...

Angelika Schrobsdorff wurde am 24. Dezember 1927 in Freiburg im Breisgau geboren, mußte 1939 mit ihrer jüdischen Mutter aus Berlin nach Sofia emigrieren und kehrte 1947 nach Deutschland zurück. 1971 heiratete sie in Jerusalem Claude Lanzmann, wohnte danach in Paris und München und beschloß 1983, nach Israel zu gehen. Weitere Werke: ›Die Herren‹ (1961), ›Der Geliebte‹ (1964), ›Spuren‹ (1966), ›Diese Männer‹ (1966), ›Die kurze Stunde zwischen Tag und Nacht‹ (1978), ›Die Reise nach Sofia‹ (1983), ›Jerusalem war immer eine schwere Adresse‹ (1989, 1991), ›Jericho‹ (1995).

Angelika Schrobsdorff

»Du bist nicht so wie andre Mütter«

Die Geschichte
einer leidenschaftlichen Frau

Deutscher Taschenbuch Verlag

Ungekürzte Ausgabe
Juni 1997
Deutscher Taschenbuch Verlag GmbH & Co. KG,
München

ISBN 3-455-06773-5
Umschlagkonzept: Balk & Brumshagen
Umschlagfoto: © Ullstein Bilderdienst
Gesetzt aus der Garamond 10/11' (Linotron)
Gesamtherstellung: C. H. Beck'sche Buchdruckerei, Nördlingen
Gedruckt auf säurefreiem, chlorfrei gebleichtem Papier
Printed in Germany · ISBN 3-423-08387-5

Du bist nicht so wie andre Mütter,
Hast keine alten Hände,
Keine weißen Haare,
Und Du umhüllst mich nicht mit
schwerer Sorgfalt.

Die erste Strophe eines Gedichts
von Peter Schwiefert an seine Mutter

Das ganz andere

Heute, am 30. Juni, ihrem Geburtstag, habe ich das schmale, hohe Büchlein aus meiner Truhe der Vergangenheit geholt. Es ist aus festem Karton mit schwarz-goldener Randverzierung und goldener Aufschrift.

Lebenslauf
unseres Kindes
Else

steht darauf.

Die Ecken des Buches sind ein wenig abgestoßen, sonst macht es den Eindruck, als sei es neu. Es ist 98 Jahre alt. Auch die ersten eingehefteten Löckchen des Kindes Else sind 98 Jahre alt und sehen aus, als wären sie vorgestern abgeschnitten worden. Sie sind braun, dann honigblond, schließlich, im Jahr 1897, kupferrot. Sind Haare etwas Unvergängliches? Werden sie nicht zu Staub? Sie fühlen sich seidig an unter meinen Fingerspitzen. Als ich Else, meine Mutter, kennenlernte, war ihr Haar bronzefarben und stark wie das einer Pferdemähne. Sie sah immer unfrisiert aus, auch wenn sie gerade vom Friseur kam. Die dichten, kurz geschnittenen Locken waren nicht zu bändigen. Es war nicht das einzige an ihr, das nicht zu bändigen war. Ich hätte gerne ihr Haar geerbt und ihre Vitalität. Aber in diesen Punkten – und in noch einigen mehr – ist mein Vater bei mir durchgeschlagen.

O Gott, die ungereimten Gedanken, die mich beim Anblick des kleinen, roten Buches überfallen, die Erinnerungen, die Sehnsucht! Sehnsucht nach der Vergangenheit, die ich gelebt habe, Sehnsucht nach einer Vergangenheit, die ich nicht gelebt habe. Berlin um die Jahrhundertwende. Was stelle ich mir darunter vor? Eine heile, da vergangene Welt wahrscheinlich: Trambahnen und zweistöckige Autobusse von Pferden gezogen; Kopfsteinpflaster und Gaslaternen; solide, milchkaffeefarbene Wohnhäuser und »herrschaftliche« Villen in großen Gärten; Leierkästen, Blumen- und Obststände, Würstchen- und Zeitungsverkäufer; die ersten Warenhauspaläste; Ballsäle, Cafés mit Stehgeigern, elegante Speiselokale mit befrackten Obern, Varietés, Theater; Parks, in denen sich Grün auf Grün türmt, düstere Prachtbauten, eherne Denkmäler; der Kurfürstendamm und Unter den Linden, auf denen Herren im Stresemann und Damen mit Muff, blumenbewachsenen Hüten und hochgeschnürtem Busen auf und ab flanieren; und rings um die Stadt herum Seen, die Spree, Fichtenwälder, wohin man in Droschken fuhr, picknickte, ruderte, in Gartenlokalen mit flotten Militärkapellen Weißbier trank und Buletten aß.

Die Kindheitswelt meiner Mutter. War sie so? War sie heil? Es sieht danach aus.

»Ich war das kleine, geliebte Mädchen zärtlicher Eltern, jüdischer Eltern, die ja die zärtlichsten sind, die es gibt. Wir, mein drei Jahre jüngerer Bruder Friedel und ich, waren glückliche Kinder, denen es an nichts gefehlt hat.« So schrieb sie.

Die Lebenslaufeintragungen ihrer Mutter Minna fallen spärlich aus, und ich kann mir denken, warum. Minna hatte einen strengen literarischen Geschmack, und das Buch, das ihr wahrscheinlich eine ihrer zahllosen Verwandten geschenkt hatte, war gespickt mit peinlichen Gedichten, wie etwa: »Drauß blüht's so prächtig / Alles steht in Duft und Glanz / Um die schaukelnde Wiege / Schweben die Engel in himmlischem Tanz.«

Überkandidelt nannte sie so was. Sie machte viel Gebrauch von diesem Wort. Ein Hut konnte überkandidelt sein, eine Person, eine Nachspeise, sogar ein Begriff. Die Vorstellungen, die sich mancherlei Menschen, besonders junge, von der Liebe machten, waren zum Beispiel vollkommen überkandidelt. Liebe zwischen Mann und Frau war nichts anderes als Einbildung. Die einzig große Liebe und das einzig wahre Glück einer Frau waren Kinder, und zu diesem Zweck ging man eine Ehe ein, eine vernünftige, von den Eltern überdachte und geplante Ehe. Was ging einen die Welt an, wenn man eine Familie hatte, in der man sich geborgen fühlte, die einen brauchte, für die man dasein mußte und wollte, vom ersten bis zum letzten Tag.

Das war Minnas Einstellung, und das war die Voraussetzung, unter der sie den lustigen, warmherzigen Daniel Kirschner heiratete, der einen kleinen Bauch hatte, Augen wie Wassertropfen und ein Engrosgeschäft für Kleider, Blusen und Morgenröcke. Zwei Jahre später wurde Else geboren.

Die Geburtsanzeige, gewiß in einer jüdischen Zeitung erschienen und auf die erste Seite des roten Büchleins geklebt, ist bescheiden:

»Durch die glückliche Geburt eines munteren Töchterchens wurden hocherfreut

Daniel Kirschner und Frau Minna, geb. Cohn

Berlin, den 30. Juni 1893«

Wie mag sie ausgesehen haben damals, die kleine, zarte Minna, die ich nie anders gekannt habe als in schwarzen Kleidern, aus denen allein die Hände und das Gesicht hervorragten, ein langes, schmales, von Skepsis und Melancholie verdüstertes Gesicht, das sich sofort aufhellte und leuchtete, wenn sie ihre Enkel um sich hatte. Sie trauere immer noch um ihren Sohn, hatte mir meine Mutter erklärt, sie käme nicht über seinen Tod hinweg. Siegfried, der glücklicherweise Friedel genannt wurde, war 1918 an der spanischen Grippe gestorben. Ich habe nie ein Photo von ihm gesehen oder ein Wort von meinen Großeltern über ihn gehört, denn schon die Erwähnung seines Namens hätte sich auf Minnas Gemütsverfassung verheerend ausgewirkt.

Ich kann mir also kaum vorstellen, wie sie als junge Frau ausgesehen hat, in hellen Kleidern, ein übermütiges Lachen im Gesicht. Nein, übermütig war sie wohl nie, aber bestimmt zufrieden, denn ihr Leben, an das sie keine überkandidelten Ansprüche stellte, hatte sich ja in einer vernünftigen Ehe mit einem guten, sanften Mann und der Geburt eines gesunden Kindes erfüllt. Vielleicht war sie sogar heiter gewesen oder zumindest heiterer, eine Veranlagung zur Melancholie hat sie wohl immer gehabt.

Ihre Vorfahren kamen aus Spanien, und das sephardische Blut hatte ihr Äußeres geprägt: den hellen Olivton ihrer Haut, die fast schwarzen, mandelförmigen Augen, die Pracht ihres dichten, gewellten Haares, das sie, zu meiner Zeit, in einen dicken, eisengrauen Zopf auf ihrem Kopf feststeckte. Die gotische Schrift, mit der sie die wichtigsten Entwicklungsfortschritte ihrer Tochter in das rote Buch eintrug, ist so zart und ordentlich, wie sie selber war. Sie vermerkt Gewichtszunahme, Impfungen, den ersten Zahn, die ersten Schritte, die ersten Worte. Aus den Seiten mit dem Titel ›Tagebuch‹ erfahre ich, daß Elschen bereits mit zweieinhalb Monaten ihr erstes Kleidchen trägt, mit neun Monaten ihr erstes Trotzköpfchen aufsetzt, mit einem Jahr photographiert wird – das Bild ist gut getroffen –, mit eineinhalb Jahren ›Anna Marie‹, ›Fuchs, du hast die Gans gestohlen‹ und ›Nun reibet euch die Äuglein wach‹ singt, mit zwei und einem viertel Jahr den ganzen ›Struwwelpeter‹ auswendig aufsagen kann, mit viereinhalb Jahren in die Spielschule kommt und ihre erste Handarbeit macht, die recht niedlich gelungen ist.

Diese Notizen lassen bereits klar den vorgeschriebenen Lebensweg der kleinen Else erkennen. Sie wird vom Babyalter an auf eine wohlsituierte Ehe getrimmt, in der sie nichts anderes sein muß und darf als Weibchen und Mutter.

Es ist zweifellos Minna, die in der Familie den Ton angibt, und Daniel läßt es protestlos zu. Er liebt und achtet seine Frau, die ihm nie die Wärme und Zärtlichkeit gibt, die ihm mehr wert gewesen wäre als die tadellose Erfüllung ihrer ehelichen Pflichten. Er anerkennt sie als die Gescheitere und Gebildetere, denn sie kommt aus einem weitaus besseren Haus als er. Sigmund, ihr Vater, war Arzt in Westpreußen, Aaron, sein Vater, Bäcker an der polnischen Grenze. Sie hatte fünf Geschwister und eine gute Erziehung, er hatte neun Geschwister und mußte mit vierzehn Jahren die Schule verlassen. Sie hatte Bücher gelesen und Klavier gespielt, er hatte mit seinen acht Brüdern die Brote ausgetragen und im Synagogenchor gesungen. Seine Mutter war früh an der elften Entbindung gestorben, sein Vater, ein orthodoxer Jude, hatte tagsüber in der Bäckerei geschuftet und abends bis spät in die Nacht die Thora gelesen und den Talmud studiert. Nach vorzeitigem Schulabgang waren die neun Söhne in die Welt geschickt worden, damit sie, wo und wie auch immer, ein Handwerk lernten. Sie waren alle neun in dem vielversprechenden Berlin gelandet und hatten sich dort eine gutbürgerliche Existenz aufgebaut. Im Alter zog der fromme Vater ebenfalls nach Berlin, wo er bei einem seiner Söhne lebte. Er stellte mit Schaudern fest, daß seine in strenger Gesetzestreue erzogenen Kinder die Gebote des Herrn aufs ärgste vernachlässigten und sich von der gottlosen Zeit verführen ließen.

Ich kenne nur eine Geschichte über meinen Urgroßvater Aaron. Vermutlich war es die einzige, die Else, in ihrer Folgenschwere, nie vergessen hat. Sie muß sie mir irgendwann nach meinem dreizehnten Lebensjahr erzählt haben, denn davor hatte ich – und das durch meinen Vater – nur von einem Juden gehört – und der war Jesus.

Hier also die Geschichte: Mit viereinhalb kam Else in die sogenannte Spielschule und dadurch zum erstenmal mit christlichen Kindern in Berührung. Die waren genauso wie sie, lachten wie sie, spielten wie sie, trieben Unfug wie sie, sprachen wie sie. Doch als sich Weihnachten näherte, trat eine Veränderung ein. Die Kinder sprachen anders als sie, sprachen nur noch über Dinge, von denen sie nie zuvor gehört hatte: vom Christkind und Weihnachtsmann, von Joseph, Maria und den drei heiligen Königen, darunter ein Mohr. Sie sprachen von Geschenken, Weihnachtsbäumen, Engeln, Christsternen und Krippen mit sämtlichem Zubehör: Jesuskindlein, das hochheilige Paar, Esel und Ochs.

»Lauter dummes Zeug«, sagte Minna, als ihre Tochter sie mit Mitteilungen und Fragen bestürmte, »hör nicht hin.«

Doch Else hörte hin, dachte an nichts anderes mehr, träumte davon. Kurz vor dem großen Fest wurde in der Spielschule ein Weihnachtsbaum aufgestellt und von den Kindern herrlich bunt und glitzernd geschmückt. Sie standen mit gefalteten Händen davor und sangen ein Weihnachtslied nach dem anderen. Else, die ja schon mit eineinhalb Jahren ›Fuchs, du hast die Gans gestohlen‹ singen konnte, schnappte die Lieder sofort auf und sang sie zu Hause ihren Eltern vor. Die zuckten bei dem »holden Knaben im lockigen Haar« zusammen und beschlossen, Else während derart gefährlicher Feiertage nicht mehr in die Spielschule gehen zu lassen. Aber der Schaden war bereits angerichtet. Das Kind wollte unter allen Umständen einen Weihnachtsbaum. Es tobte und schluchzte so lange, bis die Eltern, zermürbt und selber den Tränen nahe, ein kleines Bäumchen anschleppten, dazu ein paar Kugeln und Lametta. Kerzen gab es keine, denn Daniel hatte panische Angst vor einem Brand und war in diesem Punkt fest entschlossen, den »Goyim naches« nicht nachzugeben. Als nun die Tanne, karg geschmückt, dastand und Else mit gefalteten Händen ›Stille Nacht, heilige Nacht‹ anstimmte, klingelte es. Daniel, Böses ahnend, lief zur Tür, spähte durchs Guckloch und sah einen aufgefächerten weißen Bart und einen großen schwarzen Hut. Wenn das kein Zeichen des Herrn war, was war es dann! Er rannte ins Zimmer zurück, packte das Bäumchen und warf es in die Besenkammer. Daraufhin warf sich Else auf den Boden und brüllte nach ihrem Weihnachtsbaum. Der Großvater, endlich hereingelassen, stand auf der Schwelle und betrachtete stumm und ernst die Szene: seine Enkelin, die vom bösen Geist besessen war, seinen Sohn, dem der Schweiß über das Gesicht lief, seine Schwiegertochter, die weiß wie die Wand war. Die Kleine sei vollkommen überkandidelt, sagte Minna schließlich, und das sei ja auch kein Wunder bei diesem ganzen Weihnachtsbaumrummel.

Überall Weihnachtsbäume, sagte Daniel, und jetzt habe das Kind Fieber und phantasiere.

Else wurde ins Bett gesteckt, und Minna setzte sich zu ihr und streichelte ihr heißes, verzweifeltes Gesicht. Es gäbe Wichtigeres als Weihnachtsbäume, tröstete sie, und morgen würde sie die Chanukka-Kerzen anzünden.

Am nächsten Tag nahm Daniel seine Tochter auf den Schoß und weihte sie in das Judentum ein. Er erzählte ihr von einem Tempel im fernen Morgenland, der zerstört, und von einem Volk, das in die ganze Welt zerstreut worden war. Er erzählte ihr von einem einzigen Gott, der keinen weißen Bart und schon gar nicht einen Sohn hatte. Und der sei ihr Gott.

Else fand die Geschichte vom Christkind schöner, und ein Gott, der kein Gesicht und keinen Familienanhang hatte, sagte ihr auch nicht zu.

Es war der erste Sprung im heilen Leben der kleinen Else, und wenn sie überhaupt etwas verstanden hatte, dann das, daß sie aus merkwürdigen Gründen anders war als die Kinder in der Spielschule und darum nie mehr einen Weihnachtsbaum in der eigenen Wohnung haben würde.

Die Kirschners wohnten in Charlottenburg, in der Bismarckstraße. Es ist eine typische Berliner Innenstadtstraße: breit, gerade, lang, weder schön noch ausgesprochen häßlich. Von den alten Häusern habe ich nur noch eins entdeckt, ein behäbiges graues Bürgerhaus, in dem sich unten ein blau gekacheltes Fischgeschäft befindet. So ähnlich werden die Häuser damals alle ausgesehen haben, und die Straße mag schmaler, die Bäume mögen zahlreicher gewesen sein. Die Wohnung, in der Else von ihrer Geburt bis zu ihrem einundzwanzigsten Lebensjahr wohnte, war sicher nicht viel anders als die mir später bekannte in der Grolmanstraße, die für mich der Inbegriff schutzbietender Gemütlichkeit war. Kann sein, daß sie etwas größer war und nicht im Parterre lag. Aber die schweren, schwarzen, mit Schnörkeln versehenen Möbel, die ja für seßhafte Generationen gezimmert waren, die Vitrine mit mehr oder weniger wertvollen Porzellanfiguren, Kristallgläsern und silbernen Sakralobjekten gefüllt, die bestickten Decken und gerüschten Gardinen werden schon da gewesen sein. Die Küche lag bestimmt zu einem quadratischen, mit etwas Gras und ein paar Bäumen bepflanzten Hinterhof hinaus, und der Herd, in dem Minna ihre Gans briet oder die mit Marmelade gefüllten Mürbeteigkreppchen buk, wurde mit Briketts gefüttert. Damals hatten die Kirschners noch ein Dienstmädchen, doch das wurde nicht an den Herd gelassen. Was verstand ein christliches Dienstmädchen schon von guter jüdischer Küche! Minna war eine überzeugte Hausfrau, und ich werde nie begreifen, warum sie nicht wenigstens einen Bruchteil dieser Überzeugung an ihre Tochter weitergegeben hat. Else war zeit ihres Lebens unfähig, ein eßbares Schnitzel zu braten oder einen Besen richtig zu halten. Die einzige hausfrauenähnliche Tätigkeit, bei der ich sie einmal entdeckt habe, war das Auswaschen eines Taschentuchs, das sie dann zum Trocknen und Glätten an die Badezimmerkacheln pappte. Dieses Verfahren hat mir einen derartigen Eindruck gemacht, daß ich meine Taschentücher heute noch derselben Prozedur unterziehe und dabei jedesmal kopfschüttelnd in mich hineinlache. Minna muß von dem Glauben durchdrungen gewesen sein, daß ihre Tochter die Partie machen würde, die ihr ein dauerhaftes Salondamen-Leben bescheren und sie nie in die Verlegenheit bringen würde, eine wie auch immer geartete Hausarbeit verrichten zu müssen. Oh, wie hat sie sich geirrt!

Else wuchs also als höhere jüdische Tochter auf, in einem warmen, sicheren Nest, über dem die Eltern mit ausgebreiteten Flügeln, scharfen Augen und spitzem Schnabel wachten; an der Seite ihres kleinen, geliebten und verzärtelten Bruders, in einem Clan mit zahllosen Onkeln und Tanten, Vettern und Cousinen. Sie war und blieb ein vergnügtes, gesundes, unkompliziertes Menschenkind, das vor Lebenslust und Übergewicht aus den Nähten platzte. Aber für Minna und Daniel wäre jedes Pfund weniger der Vorbote einer unheilvollen Krankheit gewesen, und darum achteten sie ängstlich darauf, daß ihr Elschen in Hülle und Fülle das bekam, was ihr besonders gut schmeckte. »Ein junger Mensch muß essen«, war ihre Devise, und damit legten sie den Grundstein zu Elses späterer Figur.

Ihre Pummeligkeit tat ihrem Charme jedoch keinen Abbruch. Unter dem Babyspeck zeichnete sich ein reizvolles Gesicht mit großen, klaren Flächen, riesigen dunklen Augen und einer schönen, kräftigen Nase ab. Ihr bronzefarbenes Haar, zu einem Zopf geflochten, hatte die Länge und Dicke einer Riesenschlange und machte ihr das Leben schwer.

»Nimm den Zopf nach vorne«, rief ihr jeden Morgen, wenn sie zur Schule ging, die Mutter nach. Minna war in ständiger Sorge um das Prachtstück, denn zu der Zeit ging in Berlin ein Bösewicht um, der den Mädchen hinterrücks die Zöpfe abschnitt.

Else lernte Klavier und Geige, bekam Privatunterricht in Französisch, wurde in Oper und Theater geführt und reich mit Büchern von deutschen Klassikern beschenkt. Sie ging in eine christliche Mädchenschule, da sich die in nächster Nähe befand und die Eltern eins der vielen Großstadtunglücke, die einem jungen Mädchen zustoßen konnten, mehr fürchteten als eine unjüdische Schulausbildung. Sie lernte leicht, mußte sich nicht anstrengen, war eine gute Schülerin und bei Lehrern und Klassenkameradinnen sehr beliebt. Else muß in einer Zeit, in der ein Mädchen aus gutem deutschen Haus ein Höchstmaß an vornehmer Zurückhaltung und femininer Lieblichkeit zur Schau stellte, eine Offenbarung gewesen sein. Schon damals scherte sie sich nicht um Verhaltensregeln und war ein Ausbund an Natürlichkeit, Offenherzigkeit und Impulsivität.

Eine der wenigen Geschichten, die ich von ihr selber aus

ihrem Leben zu hören bekam, beeindruckte mich so stark, daß ich sie noch heute Wort für Wort im Gedächtnis habe:

»Zum Schulabschluß«, erzählte sie, »veranstaltete meine Klasse eine kleine Vorstellung. Jede Schülerin mußte irgend etwas darbieten, und ich beschloß, mein Lieblingslied ›Es war in Schöneberg, im Monat Mai ...‹ zu singen, denn das brauchte ich nicht erst lange einzustudieren. Der große Tag kam, und ich zog mein schönstes Kleid an, mit lauter Spitzen, Rüschen und Volants, die mich noch dicker machten, als ich war. Dazu der dicke Zopf und ein Blumenkränzchen auf dem Kopf. Na ja, ich war sechzehn und bin vor nichts zurückgeschreckt. Der Saal war voll mit Lehrern, Eltern, Verwandten und Freunden. Vor meinem Auftritt hat ein wunderschönes, blondes Mädchen das ›Gretchen am Spinnrad‹ vorgetragen, und mir wurde etwas mulmig, weil ich sie so eindrucksvoll und schön fand und mir dachte: Dagegen hast du aber wenig zu bieten, liebes Kind! Als sie fertig war, haben die Leute geklatscht, aber nur kurz und gar nicht begeistert. Danach hab' ich mein Liedchen gesungen und ein paar Schritte dazu getanzt. Es war ganz niedlich, aber nichts Besonderes. Ich verstehe bis heute nicht, was in die Menschen gefahren ist. Sie haben wie besessen applaudiert und ›bravo‹ geschrien und ›da capo‹ . Ich mußte das ganze Lied noch einmal singen, und zum Schluß habe ich mir den Kranz vom Kopf gerissen und ins Publikum geworfen. Na, da war was los!«

Es ist eine bezeichnende Geschichte, eine Art Leitmotiv, das sich durch Elses erste Lebenshälfte zog. Menschen, ob Männer, Frauen oder Kinder, flogen ihr zu, suchten ihre Nähe, ihre Wärme, ihre Liebe, ihre Freundschaft. Sie gab sie vielen, allzu vielen, gab aus dem vollen, rückhaltlos, verschwenderisch, oft unbesonnen.

Ich habe mich immer wieder gefragt, was das Geheimnis ihrer Faszination war, habe Menschen, die mit ihr befreundet waren, danach gefragt. Aber keiner, ich inbegriffen, konnte den Finger darauf legen. Gewiß, sie hatte ein schönes Gesicht, war klug, witzig, überströmend in ihrer Liebe, Vitalität und Großzügigkeit. Sie kannte keine Konventionen, keine Berechnung, keine Prätentionen. Aber das allein war es nicht. Sie hatte eine Ausstrahlung, die nicht mit physischen, menschlichen oder intellektuellen Gaben zu erklären ist.

Wenn ich sie mir oder anderen zu beschreiben versuche, dann komme ich immer wieder auf das Wort »echt« zurück. Sie war, in einer Welt des Selbstbetrugs, der Verstellung und Heuchelei, so echt und elementar, wie nur ein Geschöpf der Natur es sein kann. Und gleichzeitig hatte sie einen scharfen Intellekt, war in ihrem Denken viel schneller, beweglicher, selbständiger, als es Frauen der damaligen Zeit waren. Ja, sie war anders – nicht nur weil sie Jüdin war und dadurch einen gewissen exotischen, vielleicht sogar verbotenen Reiz auf ihre deutschen Mitbürger ausübte, sondern weil sie autonom war und ihrer Generation weit voraus.

Kurz vor ihrem Tod schrieb sie in ihrem letzten Brief an mich: »Als Frau meiner Generation war ich etwas Neues, Ungewöhnliches und Suspektes. Ich fiel sozusagen aus dem Rahmen, mußte sehr stark sein und mir meine eigenen Gesetze machen. Keiner half mir dabei, im Gegenteil, man nahm mich im besten Fall als komisch hin, im schlechtesten als entartet.«

Die Kirschners beobachteten die Entwicklung ihrer Tochter mit Stolz und Besorgnis. Das Mädchen erregte zu viel Aufmerksamkeit, zeigte zu intensives Interesse an ihrer christlichen Umwelt, hatte Umgang mit Personen, von denen Minna so gut wie gar nichts hielt. Was, zum Beispiel, trieb sie so oft zu dieser überkandidelten Lilly, einer früheren Mitschülerin, über die sie anschließend verschrobene Geschichten erzählte: Lilly trüge zu Hause ein indisches Gewand, zünde Räucherstäbchen an und deklamiere Gedichte, von denen sie, Minna, noch nie eine Zeile gehört hatte. Und Lillys Bruder schriebe Romane.

Was sie daran so schön fände, wollte ihre Mutter wissen, die indische Schmatte oder die bestimmt schlechten Romane?

Das Künstlerische, erwiderte Else, das Freie, das ganz andere. Minna schüttelte befremdet den Kopf. Als ob Else nicht genug Vettern und Cousinen hatte, junge, anständige Menschen, die auch nicht dumm waren. Einer war sogar ein Sprachgenie, und Selma, ein bildhübsches Mädchen, hatte eine herrliche Stimme und sang bereits auf privaten Veranstaltungen. Sie waren alle viel gefügiger als ihre Tochter, hatten nicht deren Flausen im Kopf.

Daniel, immer gutgläubig, meinte, das würde sich auswachsen, Elschen sei ja erst siebzehn Jahre alt und sehr lebhaft und neugierig auf das Leben, wie jeder junge Mensch.

Ja, Elschen war neugierig auf das Leben, aber hauptsächlich auf das der Christen. Ihr eigenes Milieu kannte sie zur Genüge, und je älter sie wurde, desto weniger gefiel es ihr. Es war das Milieu der sogenannten Konfektions-Juden, die beim jüdischen Großbürgertum als nicht gesellschaftsfähig, bei den jüdischen Intellektuellen als Banausen galten. Über sie schrieb Else: »Ich konnte die Leute unseres Kreises nicht leiden. Sie handelten alle mit Stoffen, Leder oder Pelzen, sprachen in einem so gräßlichen Jargon und waren grob und ungebildet. Sie sagten mir: ich müsse eine gute Partie machen. Ich wurde wütend, wenn ich das hörte. Heiraten selbstverständlich, aber aus Liebe. Die gute Partie, das war so jüdisch, und ich konnte das Jüdische in dieser Beziehung nicht ertragen.«

Hätten ihre Eltern gewußt, was für furchterregende Gedanken sich in dem Kopf ihrer Tochter eingenistet hatten, sie hätten keine ruhige Minute mehr gehabt. Aber von Wissen konnte gar keine Rede sein, nicht einmal von einem vagen Ahnen. Für sie war es einfach nicht im Bereich des Denkbaren, daß Else, die sie dem Christentum so fern und dem Judentum so nah wie möglich erzogen hatten, sich ersterem nähern und vom letzteren entfernen könnte. Sehr vieles, was ihre Tochter in den kommenden Jahren tun sollte, war für sie nicht im Bereich des Denkbaren, und eine komplette Enthüllung ihres Lebenswandels blieb ihnen zeit ihres Lebens erspart. Else, der es vollkommen egal war, was die Leute über sie dachten, machte bei Eltern und Töchtern eine Ausnahme.

Aber damals, siebzehnjährig und noch ganz gute jüdische Tochter, lag auch für sie die weite, freie, christliche Welt im Bereich des Unmöglichen, und der Sog ins andere Lager erschöpfte sich in Phantasien und Träumereien. Nie wäre es ihr in den Sinn gekommen, ernstlich an einen Ausbruch aus ihrem Milieu zu denken, auch wenn es ihr nicht behagte und sie an vielem Anstoß nahm. Sie liebte ihre Eltern und ihren jetzt dreizehnjährigen Bruder, einen sanften, stillen Jungen mit einer ungewöhnlichen Begabung für Mathematik; sie hing an ihren warmherzigen Onkeln und Tanten, Vettern und Cousinen; und wenn sie auch von der jüdischen Religion wenig Gebrauch machte, so war sie doch im Bund mit jenem Gott, den ihr Vater »ihren Gott« genannt hatte. Was ihr fehlte und was sie irrtümlich nur auf der christlichen Seite zu finden glaubte, war eine anregende geistige Atmosphäre. Sie las sich quer durch die Leihbibliothek, wurde auch von den Eltern dazu ermuntert, aber dann, in ihrem Bedürfnis, über das Gelesene zu sprechen, zu diskutieren, belehrt zu werden, alleine gelassen. Minna las ausschließlich Shakespeare und Goethe, Daniel die Zeitung. Minna wollte auch nur Theaterstücke von ihren Lieblingsdichtern sehen, während Daniel Komödien oder Stücke mit jüdischem Sujet bevorzugte. Minna ging gerne ins Konzert, Daniel in die Oper. Oft konnten sie sich nicht einigen und ließen es bleiben.

Else wäre am liebsten jeden Abend in Oper, Konzert oder Theater gegangen, und sie hätte so gern einmal alleine die ganze Stadt Berlin durchstreift.

Berlin, das in rasendem Tempo wuchs, sich immer weiter in die märkische Landschaft hineinfraß, ein sich ständig wandelndes, immer aufregenderes Gesicht zeigte: neue Straßen, Boulevards, Avenuen, neue Viertel, neue Bauten, neue Kunstwerke, neue Warenhäuser, neue Lokale und Amüsierbetriebe, neue Kulturgebäude, neue Verkehrsmittel, neue Geräusche, neue Gerüche. Eine Zweieinhalb-Millionen-Stadt in pausenloser Betriebsamkeit, zweieinhalb Millionen Menschen, von denen jeder ein anderes Leben führte, ein anderes Schicksal hatte; Menschen, die durch die Straßen schlenderten, liefen, hetzten, hinter deren Fenstern sich Geheimnisse verbargen, Dramen, Geburten, Tod, Liebesstunden, Langeweile. Eine Stadt, mit der Else sich verwachsen und verwandt fühlte, die sie erforschen wollte, weit über die Grenzen, die ihre Eltern gesteckt hatten, hinaus.

Was kannte sie schon von Berlin? Charlottenburg und seine unmittelbare Nachbarschaft, die berühmten Straßen, auf denen man promenierte, die Sehenswürdigkeiten, zu denen man am Sonntag pilgerte, Potsdam und Grunewald, wo man gemächlich spazierenging, das Schloß, den Charlottenburger Park, den Zoologischen Garten, das Konfektionsviertel, in dem ihr Vater sein Geschäft hatte, das Lieblingscafé ihrer Eltern, ein gigantisches, zweistöckiges Etablissement, in dem langweilige Musik gespielt wurde und langweilige Leute Kuchen aßen. Mußte sie zu irgendeinem Zweck in ein weiter gelegenes, ihr unbekanntes Viertel, begleiteten sie Mutter oder Vater, Onkel oder Tante, und man ging schnurstracks, ohne nach rechts oder links zu sehen, auf das Ziel los und genauso wieder nach Hause. Manchmal wagte sie heimliche Ausflüge in die belebten Geschäftsstraßen, in denen es wimmelte und lärmte: Menschen aller Schichten, vom Laufmädchen bis zur pelzverbrämten Frau Kommerzienrat, vom Bettler bis zum feisten Fabrikanten; Fahrzeuge, vom Pferdewagen bis zum Automobil; Geschäfte, vom Kramladen bis zum Warenhauspalast; Lokale, von der Bierbudike bis zum Nobelrestaurant.

Das Leben, das sich in immer neuen Bildern vor ihr ausbreitete, faszinierte Else; die Blicke, die ihr junge Männer zuwarfen, gefielen ihr. Manchmal erwiderte sie einen, kurz, verlegen und mit dem beklommenen Gedanken: O weh!, wenn Mutter wüßte, wie verworfen ich bin.

Ich habe aus dieser Zeit ein Bild von ihr. Ein junges, hübsches, immer noch unfertiges Mädchen, das der Photograph in eine neckische Pose gesetzt hat: Der dicke Zopf hängt über ihrer rechten Schulter, der Kopf ist nach links geneigt, sie lächelt und drückt ein Blumensträußchen an die Brust. Minna wird das Bild gut getroffen gefunden haben, denn es drückte die Vorstellung aus, die sie von ihrer Tochter hatte: ein süßes Mädchen, unschuldig und etwas schelmenhaft, das nun bald in den sicheren Hafen der Ehe einlaufen und ihr Liebe, Enkel und damit neues Glück schenken würde.

Männer, jüdische natürlich, begannen Else den Hof zu machen. Einer ihrer Vettern verliebte sich kopflos in sie und versetzte den Kirschner-Clan damit in Aufruhr. Ein junger Rabbiner schrieb hymnische Gedichte auf ihre Augen. Zwei »gute Partien« machten ihr Heiratsanträge.

Else fühlte sich von all dem geschmeichelt, fand es abwechslungsreich, interessant, manchmal komisch und wartete auf die Liebe.

»Wir haben ja noch Zeit«, sagte Minna zu Daniel, »erst ab zwanzig wird's brenzlig.«

Else war neunzehn, als sie Fritz Schwiefert begegnete und damit der größten Liebe und der schlechtesten Partie ihres Lebens.

In einem langen, undatierten und nie abgeschickten Brief, von dem ich bis heute nicht weiß, wann sie ihn geschrieben hat, ruft sie sich noch einmal den Anfang dieser Liebe ins Gedächtnis: »Du warst ein Christ, ein Poet, ein junger Mann ohne richtigen Beruf und ohne Geld. Du warst ein Mann, den man liebte, ein Künstler, aber kein Ehemann. Ehemänner sahen ganz anders aus, waren ganz anders, boten einem ganz andere Dinge – materielle, nicht geistige.« In anderen Worten, Fritz, der Auserwählte, war für Daniel und Minna Kirschner eine Katastrophe, wie nur

Aaron, der fromme Großvater, sie hätte voraussagen können. Doch das ganze Ausmaß dieser Katastrophe entdeckten sie erst zweieinhalb Jahre später, denn so lange wußten Fritz und Else ihre Liebe zu verbergen.

Sie begann im Sommer, an einem Samstagnachmittag in dem Stammcafé der Kirschners, jenem gigantischen, zweistöckigen Etablissement, in dem langweilige Musik gespielt wurde und langweilige Leute Kuchen aßen.

Else hatte sich zuerst geweigert, zum hundertstenmal »Glühwürmchen, Glühwürmchen, flimmre, flimmre...« zu hören, war dann aber, als ihr die Eltern sagten, ihr Lieblingsvetter, Emanuel, würde auch hinkommen, mitgegangen. Sie hatte verdrossen das spießige Publikum betrachtet und sich dabei vorgestellt, wie sie dort in einigen Jahren sitzen würde, eine fette, die Leere mit Schlagrahm füllende Matrone, an der Seite einer »guten Partie«. Emanuel erschien in Begleitung eines langen, dünnen, etwa 25jährigen Mannes, den er als Fritz Schwiefert, seinen Freund und ehemaligen Kommilitonen vorstellte. Man saß nun zu fünft um den runden Tisch mit graumelierter Marmorplatte und machte artig Konversation. Im Laufe des Gesprächs stellte sich heraus, daß Herr Schwiefert Klavier spiele, Russisch spreche und Gedichte schreibe, nebenbei Theaterkritiken und zur Zeit ein Buch über Rilke. Während Fritz sprach, fröhlich, liebenswürdig, eine Spur ironisch, sah er Else unverwandt an, und sein Blick, mehr aber noch seine Eröffnungen, waren wie die Anschläge einer mächtigen Glocke, die sie in ihrem unberührten Inneren erzittern ließen.

»Und da saßest Du«, schrieb sie in demselben nostalgischen Erinnerungsbrief, »ein wahrhaftiger Poet, und ich verschlang Dich mit hungrigen Blicken: Dein feines, kluges Gesicht mit den grauen Augen, der großen Nase, dem schönen, ein wenig spöttischen Mund; Dein langes, braunes Haar, das Dir immer in die Stirn fiel, Deine schmalen, hellen Hände.«

Minna plauderte, Daniel machte seine üblichen Witzchen, die Kapelle spielte ein Potpourri von Paul Lincke, und Emanuel, der einzige, der merkte, daß etwas Unheilvolles im Gange war, versuchte Fritz und Else aus der Hypnose zu wecken. Es gelang ihm nicht. Die beiden saßen da, sprachen kein Wort miteinander und sahen sich an.

»Ein sehr sympathischer und kultivierter junger Mann«, sagte Daniel auf dem Heimweg, und Minna fragte Else, warum sie so still sei, sie habe sich doch nicht etwa erkältet.

Else erwiderte, ja, sie fühle sich etwas angegriffen, und zog sich zu Hause in ihr Zimmer zurück. Sie schaute lange in den Spiegel, aber was sie sah, überzeugte sie nicht. Hübsch war sie ja, aber das war auch alles. Ein Mann wie er, ein Poet, ein Künstler, hatte Ansprüche, die sie, ein unbedarftes, bürgerliches Mädchen, nie erfüllen konnte. Er war ein Trugbild gewesen, eine Halluzination, die ihre Sehnsucht nach dem »ganz anderen« heraufbeschworen hatte. Niemals, so glaubte sie, würde sie ihn wiedersehen.

Am nächsten Tag erhielt sie das erste Gedicht von ihm.

»Ich fand es sehr schön«, schrieb sie, »verstand es aber nicht ganz. Es lag so etwas Schweres, Melancholisches darin. War Liebe denn nicht heiter?«

Fritz Schwiefert kam aus einem unbürgerlichen Haus. Sein Vater, schon einige Jahre tot, war Musiker gewesen, seine Mutter, eine zierliche, bunt geschminkte Dame, kam aus Frankreich. Luzie, die einzige ältere Schwester, war Mutter von drei Kindern und geschieden, nachdem ihr Mann sie mit Syphilis angesteckt hatte.

Fritz, ein nervöser Intellektueller, ein begabter Träumer, ein charmanter, geistreicher und gebildeter Wirrkopf, durfte tun und lassen, was er wollte. Er tat oft das Falsche und ließ das Richtige, aber das nahm ihm, in Anbetracht seiner geistigen und künstlerischen Gaben, keiner übel. Am wenigsten Else, die, in naiver Anbetung alles »Künstlerischen«, den unausgegorenen Fritz bei weitem überschätzte.

»Was ich mit allen meinen Kräften zu ergründen

suchte«, schrieb sie, »was ich unablässig mit meinen Gedanken umkreiste, das war die künstlerische Begabung. Nichts konnte mich mehr erschüttern als ein Kunstwerk, nichts mir mehr Respekt und Hochachtung abnötigen als ein begabter Mensch. Er schüchterte mich derart ein, daß ich mir klein und minderwertig vorkam und wieder und wieder die Frage stellte: Wie sieht es in einem Menschen aus, der Musik komponieren, der malen, der dichten kann? Was denkt er? Wie lebt er?«

Diese Frage sollte ihr von Fritz nachhaltig beantwortet werden. Allerdings zu spät.

Es war für beide die erste Liebe, und obgleich sie bei Fritz sehr tief ging, war sie mit der Elses nicht vergleichbar. Sie war typisch männlich: fordernd, triebbetont, eifersüchtig, egoistisch, leicht verletzbar, oft unduldsam. Für Else dagegen, die in der Falle elterlicher Liebe, Fürsorge und Prinzipien Kind geblieben war, war sie die Erfüllung ihres Lebens. Denn Fritz war ja nicht nur der geliebte Mann, der sie das Küssen lehrte und ihr die Freuden der Erotik nahezubringen versuchte, er war der Lehrmeister, der ihr sagte, welche Bücher sie lesen, welche Musik hören, welche Theaterstücke und Bilder sie sehen müsse; er war der geistige Führer, der sie in Form, Kunstrichtung und Gehalt eines Werkes einweihte, ihr Beurteilung und Kritik beibrachte, ihren instinktiv sicheren Geschmack weiterentwickelte; kurzum, er war es, der ihr das Tor zur weiten, herrlichen Welt christlicher Liebe, Kunst und Kultur öffnete.

Sie trafen sich heimlich auf ein, zwei Stunden, deren Verlauf Else vor ihrer Mutter vertuschen konnte; sie trafen sich in kleinen Konditoreien und Parks, saßen Hand in Hand auf abgewetztem Plüsch, standen eng umschlungen hinter Büschen, hockten, großen Vögeln gleich, auf verschneiten Bänken. Sie schrieben sich täglich postlagernde Briefe, manchmal nur Zettel, in denen sie sich ihrer Liebe versicherten:

»Mein Pitt, ich will gar nicht viel schreiben, ich will Dir

nur zeigen, daß ich an Dich denke. Pitt, ich hab' Dich so lieb! Ich küsse Dich, mein Pitt!

Deine Babuschka

P. S. Es sind noch genau 49 Stunden, bis wir uns sehen!«

Aus Else war Babuschka geworden, aus Fritz Pitt, zwei neue Namen, zwei neue Menschen, in größter Heimlichkeit geboren, namenlos für den Rest der Welt.

Fritz, besonders aber Else, hatten es schwer. Sie, die ihre Liebe am liebsten von den Dächern geschrien und mit jedem nur und immer wieder darüber gesprochen hätten, waren zum Schweigen verurteilt. Sie hatten keinen Vertrauten, keine Zuflucht, nicht einmal genügend Geld, um ihre knapp bemessene Zeit etwas stimmungsvoller zu gestalten. Und jedes Rendezvous glich einem Hindernisrennen, das Else lange Überlegungen kostete, Erfindungsgabe, List und Schliche.

Wie lange das noch so weitergehen solle, fragte Fritz nach etwa einem Jahr an einem kalten Regentag im Park, ob sie den Rest ihres Lebens in Konditoreien und auf Parkbänken verbringen wollten?

Else, sofort eingeschüchtert, wenn er ungeduldig wurde, wußte keine Antwort. Sie griff nach seiner Hand, aber er entzog sie ihr und schob sie in die Manteltasche.

Er verstehe nicht, sagte er, wie ihre Eltern derart rückständig sein könnten. Immerhin sei sie ein erwachsener Mensch und lebe im 20. Jahrhundert in Berlin und nicht im 16. Jahrhundert in einem polnischen Stedtl, in dem er als säbelschwingender Kosake eingeritten sei. Oder ob sie, Else, das Verhalten ihrer Eltern billige?

Sie schüttelte den Kopf.

Dann solle sie jetzt zu ihm nach Hause in sein Zimmer kommen und sich den Teufel darum scheren, ob es ihr Vetter Emanuel durch seine Mutter oder Schwester erführe. Oder sie solle ihn mit in ihre Wohnung nehmen und ihren Eltern sagen, daß sie es satt hätten, im Regen zu sitzen. Er fände diesen ganzen Klimbim mit Juden und Christen jetzt gar nicht mehr komisch. Benähmen sich die einen einigermaßen normal, spielten die anderen verrückt und umgekehrt.

Else begann zu weinen. Sie hatte ständig Angst: Angst, ihn zu irritieren, wenn sie über alltägliche Dinge schwatzte, Angst, ihn zu enttäuschen, wenn sie auf eine tiefsinnige Frage keine kluge Antwort wußte, Angst, ihn zu verärgern, wenn sie ihn daran hinderte, ihre Bluse aufzuknöpfen, Angst, ihn zu verdrießen, wenn sie ein Rendezvous absagen mußte, Angst vor seiner Ironie und Reizbarkeit, Angst vor seinem Drängen und Begehren, Angst vor seinen ständig wechselnden Launen.

»Immer warst Du anders«, schrieb sie, »mal kleiner Junge, mal eindringlicher Lehrer, mal verträumter Dichter, mal übermütiger Komödiant, mal verständnisvoller Freund und oft auch unverständlicher Mann, der aus heiterem Himmel mürrisch, böse, unerträglich werden konnte. Wie furchtbar wurde ich mir dann Deiner himmelweiten Überlegenheit bewußt, wie hilflos war ich und wie verzweifelt. Aber nie lehnte ich mich dagegen auf. Künstler müssen eben so sein, sagte ich mir, und die merkwürdigen Vorgänge in ihnen nicht zu verstehen, erhöhte nur meine Bewunderung und Liebe.«

Was blieb Else anderes übrig, als zu weinen. Sie konnte die jüdische Welt ihrer Eltern nicht verlassen, und sie konnte auf die christliche Welt ihres Geliebten nicht verzichten. Zwei Welten in einem Körper. Zwei Köpfe, die aus ihm herauswuchsen. Eine Mißgeburt!

Fritz nahm sie in die Arme, küßte sie, streichelte ihr nasses Haar, sagte ihr, daß er sie liebe und kein Christ oder Jude sie trennen könne. Else, selig über seine Worte und angesteckt von seinem Mut, mit dem er Christen und Juden die Stirn zu bieten gedachte, beschloß, ihn das nächste Mal mit in ihre Wohnung zu nehmen und den Eltern zu erklären, sie habe ihn zufällig auf der Straße getroffen.

Eine neue Phase brach an und verlief zunächst unerwartet harmonisch. Minna und Daniel hatten überhaupt nichts gegen die Bekanntschaft ihrer Tochter mit dem sympathischen und kultivierten jungen Mann einzuwenden. Er spielte so herrlich Klavier, rezitierte wunderbar Gedichte von Goethe und Sonette von Shakespeare, führte mit Friedel, ihrem Sohn, lange philosophische Gespräche, brachte Else erstklassige Literatur, spielte vierhändig mit ihr auf dem Flügel, führte sie in Theater und Konzert. Und er konnte so einfallsreich und gescheit, so amüsant und witzig sein, daß sogar Minna Tränen lachte.

»Er ist wirklich zum Verlieben«, sagte sie, und Daniel fügte mit einem Seufzer hinzu: »Ein Jammer, daß er kein Jude ist.«

Ja, Fritz war ein ungeheurer Gewinn für die Familie Kirschner, ein täglich herzlich begrüßter Gast und außerdem ein junger, viel zu dürrer Mann, den man mal richtig aufpäppeln mußte. Sie sahen mit Freude, daß Else jetzt selten das Haus verließ und zu einer so schönen und glücklichen Frau aufblühte, daß kein Mangel an Heiratskandidaten herrschte. Und wenn sie auch alle abwies, so war das insofern nicht schlimm, als auch Minna und Daniel noch nicht den Richtigen unter ihnen entdeckt hatten.

Die Naivität und Gutgläubigkeit ihrer Eltern kam Else mitunter unheimlich vor. War ihr Vertrauen in das jüdische Gewissen der Tochter so unerschütterlich, daß ihnen das Offensichtliche unter dem Motto: »Weil nicht sein kann, was nicht sein darf« verborgen blieb? Manchmal taten sie ihr leid, und sie schwor sich: bis dahin, aber keinen Schritt weiter! Es war ein ernst gemeinter Schwur, von dem sie nicht abwich. Die Eltern ein bißchen beschwindeln und hintergehen, das ja, das tat ihnen nicht weh, aber ihnen ein Leid antun, das nie und nimmer.

Im August 1914 brach der Krieg aus und im Hause Kirschner die Panik.

Ihre Tochter, gerade zwanzig geworden, war noch immer nicht in den sicheren Hafen der Ehe eingelaufen, und in Kriegszeiten wurden die Männer knapp oder hatten Dringenderes zu tun, als zu heiraten. Ihr Sohn, Friedel, war nach dem Abitur im wehrdienstpflichtigen Alter und in der Gefahr, einberufen zu werden. Etwas Schlimmeres konnten sich die Eltern nicht vorstellen. Was, um Himmels willen, sollten sie unternehmen, um das eine zu verhindern, das andere zu beschleunigen?

»Und dieser ganze Schlamassel wegen eines Kinkerlitzchens«, sagte Minna und meinte damit die Ermordung des österreichischen Thronfolgers.

Minna und Daniel waren unpolitische, friedliebende Menschen, die, im Gegensatz zum gehobenen jüdischen Bürgertum, auf keine deutsch-nationalen Abwege geraten waren. Dementsprechend gering war auch ihr Patriotismus. Deutschland war ihre Heimat, deutsch ihre Sprache, deutsch ihre Kultur und jüdisch ihr religiöses und familiäres Bewußtsein. Sie respektierten den Kaiser, weil er nun eben mal ein Kaiser war und außerdem ein Mensch, unter dessen Herrschaft sie in Ruhe und Freiheit leben, arbeiten, studieren, zu Geld und hoher Position kommen und sich trotzdem ihr Judentum bewahren konnten. Das war selten genug vorgekommen, und sie wußten es zu schätzen, waren dafür dankbar. Aber Chauvinismus war ihnen fremd. Gewiß, man mußte sein Land und Volk schützen, wenn es angegriffen wurde, aber wenn es um Ehre und Glorie eines Landes – und sei es das eigene – ging, dann war ihnen die in dem Maße unwichtig, in dem ihnen das Wohl ihrer Kinder wichtig war.

Die gleiche gesunde Einstellung hatte Else. Sie schrieb: »Ich bewundere nicht den Kaiser, und für mein Vaterland habe ich vielerlei, aber keine patriotischen Gefühle. Ich verabscheue den Krieg und werde nie verstehen, daß ein Mensch die Macht haben kann, junge Männer in den Tod zu schicken.«

Es ist übrigens die einzige Bemerkung zu diesem

Thema. In den zahlreichen Briefen, die sie aus jener Zeit hinterlassen hat, wird der Krieg nie wieder erwähnt.

Ich frage mich, inwieweit Else ihn überhaupt wahrgenommen hat. Da er sich außerhalb der deutschen Grenzen abspielte und nicht, wie heutzutage üblich, tötend und verwüstend in das zivile Leben eingriff, konnte sie ihn getrost beiseite schieben, um ihre ganze Zeit, ihre Kraft, ihr Gefühl in Fritz zu investieren. Aus eigener Weltkriegerfahrung weiß ich, daß kein Krieg so bestürzend, kein Friede so beseligend sein kann wie die erste Liebe.

Fritz wurde wegen hochgradiger Kurzsichtigkeit vom Militär zurückgestellt, Friedel, Elses Bruder, einberufen. Da man jedoch erkannte, daß dessen Fähigkeiten weniger auf militärischem als auf mathematischem Gebiet lagen, wurde er nicht an die Front geschickt, sondern blieb in Berlin in der Administration.

Die Kirschners, denen die Angst tagelang Appetit, Schlaf und Sprache geraubt hatte, dankten Gott mit eintägigem Fasten und gingen zur normalen Tagesordnung über. Zu der gehörte Else. In Minna war plötzlich ein Verdacht aufgezüngelt. Vielleicht hatte die Angst um den Sohn ihre Sinne geschärft, oder ihre angeborene Skepsis hatte endlich über das unerschütterliche Vertrauen in das jüdische Gewissen ihrer Tochter gesiegt – was immer es war, sie begann, Else und Fritz mit dem Blick eines Raubvogels zu beobachten, der im Begriff ist, auf seine Beute niederzustoßen. Und sie erspähte das Offensichtliche. Elses fieberhaftes Interesse galt keineswegs nur der hohen Bildung und den künstlerischen Gaben des jungen Mannes und Fritz' Besuche nicht der gesamten Familie, sondern einem einzigen Mitglied. Die harmlose Freundschaft war eine klassische Liebesgeschichte. Und wenn Else sich auch bestimmt nichts hatte zuschulden kommen lassen und nicht einmal im Traum an eine feste Verbindung dachte, so drohte doch die Gefahr, daß sie die besten Jahre in einer hoffnungslosen Beziehung vergeudete.

Daniel, der noch nicht bis zum Verdachtschöpfen vorgedrungen war, sah nur – aus welchen Gründen auch immer – die Vergeudung der besten Jahre, nahm seine Tochter beiseite und fragte sie, ob sie sich ihr Leben verpfuschen und eine alte Jungfer werden wolle. Die Jungen glaubten, sie blieben ewig jung, aber dem sei nicht so, ab zwanzig ginge es sehr schnell.

Die Eltern kamen überein, daß schleunigst ein Mann für Else gefunden werden mußte, und in diesem kritischen Moment griff das Schicksal ein und bescherte ihnen Alfred Mislowitzer. Er war, so wie Daniel, in der Konfektion tätig, hatte sich in Frankfurt als erstklassiger Geschäftsmann einen Namen gemacht und war erst kürzlich mit Mutter und Schwestern nach Berlin übersiedelt, wo man in seiner Branche, wie er sich ausdrückte, »erst richtig auf den grünen Zweig kam«. Sein Zweig, wie sich im weiteren Verlauf des Gespräches herausstellte, war schon jetzt sehr grün, und in Daniels Kopf begann es ebenfalls zu knospen. Er machte einen rundum positiven Eindruck, der Herr Mislowitzer: ein ziemlich großer, schwerer Mann, dem man das reichliche Essen, den guten Schneider, die robuste Gesundheit, den untrüglichen Geschäftssinn und die konservative, solide Lebenshaltung ansah. Was wollte man mehr!

Daniel erkundigte sich nach Familienstand, Alter und politischer Einstellung der rundum positiven Erscheinung und wurde auch da nicht enttäuscht: ein 35jähriger, kaisertreuer Junggeselle.

Sie rauchten Zigarren, sprachen über Geschäfte, beklagten den Krieg und die steigenden Preise.

Daniel lud Alfred Mislowitzer zum Freitagabendessen ein.

Else wurde von Minna herausgeputzt und von Daniel ermahnt, nach dem Essen etwas auf der Geige zu spielen, etwas »fürs Herz«.

Alfred Mislowitzer erschien in dunklem Anzug aus ausgezeichnetem Tuch, eine goldene Uhrkette auf der sich wölbenden Weste. Er sah Else, und seine Entscheidung war gefallen. So etwas würde ihm nicht zweimal angeboten.

Beim Abendessen, für dessen Zubereitung Minna weder Mühe noch beste Zutaten gescheut hatte, begann er ihr bereits den Hof zu machen. Er lachte und aß viel und laut, warf ihr dabei tiefe Blicke aus runden, lehmfarbenen Augen zu, sparte nicht mit Komplimenten, reichte ihr die verschiedenen Schüsseln, wobei er es darauf anlegte, ihre Hand zu berühren. Man sprach nicht über Textilien, sondern über die Vor- und Nachteile des Berliner Lebens, über jüdisches Bewußtsein, gute Küche und Familie. Minna erzählte Geschichten aus Elses Kinderjahren, Daniel wartete mit Witzen auf. Alfred Mislowitzer war entzückt. Er war noch entzückter, als Else nach dem Essen etwas fürs Herz geigte. Beim Abschied küßte er ihr die Hand. Der Abend war ein lückenloser Erfolg, Elses Schicksal besiegelt.

Sie wußte nicht, ob sie die neue Wende als Komödie oder angehende Tragödie betrachten, ob sie lachen oder weinen sollte. Und vor allem wußte sie nicht, wie sie Fritz das alles beibringen sollte. So beschloß sie zu schweigen und zu warten. Vielleicht geschähe ein Wunder, und Alfred Mislowitzer, der 35 Jahre alt geworden war, ohne zu heiraten, würde plötzlich Bedenken bekommen und noch ein paar Jahre dazulegen. Aber das Wunder trat nicht ein. Im Gegenteil! Sowohl Alfred als ihre Eltern hielten alle Präliminarien für überflüssig und gingen geradewegs auf ihr Ziel los. Nach zwei weiteren Besuchen und einem gemeinsamen Ausgang in das Lieblingscafé der Kirschners hielt Herr Mislowitzer bei Daniel um Elses Hand an, und der gab sie ihm. Was konnte ihr, was konnte ihm Besseres passieren! Sie hatte eine glänzende Partie gemacht und er einen erstklassigen Geschäftspartner gewonnen, denn Alfred hatte beschlossen, in die Firma seines zukünftigen Schwiegervaters einzutreten. Zwei fette Fliegen auf einen Schlag.

Alfred Mislowitzer erschien mit feierlichem Ernst. Er gab Else einen Brillantring und einen Kuß. Der Ring war so kostbar wie der Kuß schal. Sie war verlobt.

Ich kannte meine Großeltern nur als die liebevollsten, nachgiebigsten Menschen auf der Welt und meine Mutter als die Frau, die ohne Rücksicht auf Verluste ihren eigenen Weg ging. Die unbeugsamen Eltern, die den materiellen Nutzen über das menschliche Glück ihrer Tochter stellten und sie praktisch verkauften, sind mir unbekannt und rätselhaft. Ebenso die Tochter, die drauf und dran war, sich von ihren Eltern in eine Ehe zwingen zu lassen, die ihr Leben zerstört hätte. Selbst wenn man die damalige Zeit mit einbezieht, die jüdische Tradition, Minnas Überzeugung, daß Kinder, und Daniels, daß materielle Sicherheit Zweck und Voraussetzung einer glücklichen Ehe sind, habe ich Schwierigkeiten, ihr Verhalten zu verstehen. Mehr aber noch das der jungen Else, die in Fritz all das gefunden hatte, was sie liebte, und in Alfred all das sah, was ihr zuwider war. Wie also konnte sie, und wenn auch nur für kurze Zeit, eine derartige Fehlhandlung begehen? Die Zeilen, die sie darüber schrieb, lassen nichts anderes erkennen als das Kind, das der Verlockung eines guten Lebens folgte und dem Schicksal, eine alte Jungfer zu werden, entfliehen wollte:

»Um ehrlich zu sein, so schlecht gefiel mir das anfangs gar nicht. Es schmeichelte mir sogar. Da war ein reifer, in dem Kreis meiner Eltern angesehener Mann, der mich umwarb und bewunderte, der mir einen wertvollen Ring schenkte und ein gesichertes, sorgloses Leben bot. Es lockte mich, eine beneidete junge Frau zu sein, teure Kleider zu tragen, in einer schönen Wohnung zu wohnen, Reisen zu machen. Und mit Fritz war es ja wirklich aussichtslos. Er konnte mich nicht heiraten, weil er kein Geld hatte, ich konnte ihn nicht heiraten, weil er ein Christ war, und selbst wenn wir uns über diese Widerstände hinwegsetzten, die Eltern würden es niemals zulassen. Also was blieb?

Nachmittags in schäbigen Konditoreien, Spaziergänge im Grunewald. Angst und Heimlichkeiten und schließlich das Los einer alten Jungfer.«

Ja, sie war ein Kind, das folgsam die Worte seiner Eltern nachplapperte, vielleicht sogar nachempfand. Denn wenn Else auch durch Fritz das »ganz andere« entdeckte und sich ihm mit Begeisterung geöffnet hatte, so war sie doch noch nicht fähig, es zu leben. Die Nabelschnur zu ihren Eltern war noch nicht durchschnitten, und die Wurzeln ihrer jüdischen Erziehung waren noch so stark, wie die neu angesetzten Triebe christlicher Lebensform schwächlich. Nur ein Schock, ein gewaltsames Herausreißen, würde aus dem kleinen jüdischen Mädchen eine von Familie und Tradition unabhängige Frau machen. Aber bis dahin war es noch ein weiter, mit immer neuen Anläufen und immer neuen Rückschlägen gepflasterter Weg.

Die Verlobung mit Alfred Mislowitzer ließ sich nicht länger geheimhalten, und sie sah sich gezwungen, Fritz endlich die Wahrheit zu sagen. Sie traf ihn im Charlottenburger Schloßpark. Fritz, ausgerechnet an diesem Tag in übermütiger Stimmung, kam ihr, den Schauspieler Alexander Moissi imitierend, entgegen, begrüßte sie mit dessen hoher, brüchiger Stimme und dramatischen Gesten. Else, die sich an Leib und Seele abgestorben fühlte, hatte nur einen Gedanken: der Qual ein schnelles Ende zu bereiten. Sie stürzte sich also kopfüber in die Mitteilung, daß sie sich verlobt hätte und in einem halben Jahr heiraten würde. Er gefror mitten in einer schwungvollen Gebärde, starrte ihr in die Augen, erkannte, daß es bitterer Ernst war, und schlug die Hände vors Gesicht. Er stand vor ihr und weinte, schluchzte wie ein kleiner Junge, und sie, die seinen Schmerz nicht ertragen konnte, floh.

In dieser Nacht schlief sie nicht, und am nächsten Tag blieb sie im Bett. Minna wollte sofort den Arzt holen, aber Else, so zornig, wie ihre Mutter sie noch nie gesehen hatte, schrie, sie wolle keinen Arzt, keinen kalten Wickel, keine Milch mit Honig, sie wolle nur in Ruhe gelassen werden.

»Vollkommen überkandidelt«, murrte Minna und ging.

Am Abend klingelte es, und Fritz stand vor der Tür. Er wurde von den Kirschners herzlich begrüßt und hereingebeten. Else kam aus ihrem Zimmer. Sie sah sehr blaß aus und war in einen Umhang kupferroter Haare gehüllt, die sie nicht in einen Zopf geflochten hatte.

»Ophelia im letzten Akt«, sagte Minna und ging kopfschüttelnd in die Küche, um das Abendessen zuzubereiten.

Fritz nahm Elses Hand, führte sie zum Flügel, zog sie neben sich auf die Bank und spielte den Rosenkavalierwalzer.

»Meine Babuschka«, sang er leise dazu, »meine Babuschka...«

Von da an kamen sie beide, Alfred Mislowitzer, der Verlobte, zweimal die Woche, Fritz Schwiefert, der Geliebte, fast täglich. Die Kirschners, in der seligen Gewißheit, daß die Verlobung Elses jegliche andere Gefahr gebannt hatte und Fritz jetzt wirklich nur noch ein platonischer Freund und eine geistige Bereicherung sei, ließen es gerne zu. Sie fanden es sogar erfreulich, daß nun auch Alfred in den Genuß der Kunstabende kam. Und während Minna an ihrem Nähtisch saß und stickte, Daniel in seinem Ohrensessel eine Zigarre rauchte und Alfred, vom schweren Essen überwältigt, in einem anderen ein Nickerchen hielt, spielten Fritz und Else vierhändig auf dem Klavier, schmiegten sich aneinander und flüsterten sich Liebesworte zu. Mit der Zeit fanden sie mehr und mehr Gefallen an ihrer Durchtriebenheit, in der Fritz eine gerechte Strafe sah und Else ein letztes Sich-Aufbäumen, bevor das Tor zur weiten, freien Welt zuschlug. Fritz genoß es, Alfred vor Else lächerlich zu machen, ihn mit leiser, doppelzüngiger Ironie zu berieseln, mit komplizierten Betrachtungen zu verwirren oder mit bösem Spott zu überfallen, den der arme, schwerfällige Mann in keiner Weise parieren konnte. Else bedauerte ihn zwar, konnte aber eine tückische Freude trotzdem nicht unterdrücken. Bald würde sie Tisch und Bett mit ihm teilen, seine Platitüden anhören, in dem stehenden Wasser der Langeweile ertrinken müssen. Also sollte er ruhig ein wenig leiden, bevor ihr unvergleichlich größeres Leid begann. Aus der Zeit dieser merkwürdigen Dreierbeziehung habe ich zwei Gedichte, die Fritz Schwiefert und Alfred Mislowitzer in das Gästebuch von Paula und Bruno Kirschner – einem Vetter Elses – eintrugen. Sie sagen alles über diese zwei Männer und ihr Verhältnis zueinander aus.

Alfred Mislowitzer schreibt:

»Im Jahr des Weltkrieges war alles danieder / Und grau noch die Hoffnung vor uns liegt / Erfreut mich der Tag bei Kirschners wieder / Wo man vergißt, daß die Welt sich bekriegt.«

Fritz Schwiefert erwidert:

»O weh! Ich kann so schön nicht dichten! / Ich bin ein blödes, dummes Vieh; / Weiß keine niedlichen Geschichten / Und geistreich war ich wohl noch nie. / Mein Pegasus ist eine krumme Mähre, / Sie kriegt die Karre nicht vom Fleck, sie steht! / Ach! Wenn ich noch ein bißchen klüger wäre / Wie Alfred Mislowitzer Majestät.«

Als Paula Kirschner, die seit 1936 in Jerusalem lebte, mir die Gedichte gab, war sie 90 Jahre alt. Sie hatte keine Ahnung mehr, wer Alfred Mislowitzer oder Fritz Schwiefert waren. Doch an Else, ihre angeheiratete Cousine, erinnerte sie sich genau: »Sie war allerliebst«, strahlte sie, »ein richtiger kleiner Wildfang!«

Der kleine Wildfang war ausgesprochen schwer zu zähmen, und Alfred Mislowitzer – kein Wunder – zeigte sich unzufrieden. Ob sich dieser junge, überspannte Tunichtgut nicht in einem anderen Haus als dem seiner zukünftigen Schwiegereltern durchschmarotzen könne, fragte er.

Um ihn zu beschwichtigen und den hartnäckigen Fritz eine Weile loszusein, beschlossen die Kirschners, zu viert nach Hiddensee, an die Ostsee, zu reisen.

Fritz, der Elses Verlobung und bevorstehende Heirat

mit jedem Tag weniger ernst genommen hatte und sich ihrer immer sicherer geworden war, brach diesmal nicht in Tränen aus, sondern in Wut: Wenn es so sei, schrie er, wolle er ihrem Unglück nicht länger im Wege stehen, packte die Bücher und Noten zusammen, die er ihr geliehen hatte, und ging.

Sie fuhren nach Hiddensee, und Else wurde von ihrem Kummer durch die Reise abgelenkt. Sie liebte jede Art von Gewässer, aber das Meer, von dem sie allerdings nur die Ost- und Nordsee kannte, war für sie das schönste. Und wenn dann auch noch die Sonne schien, konnte sie sich selbst im Unglück des Glücks nicht erwehren. »Wenn es mir schlechtgeht«, pflegte sie zu sagen, »brauche ich nur Wasser und Sonne, und ich bin gesund.«

Es war Hochsommer. Die Sonne schien, lag wie ein Heiligenschein über der flachen Insel mit ihren Dünen, Wiesen und weißen, reetgedeckten Gehöften. Ein leichter Wind fächelte das Laub der Bäume, zeichnete Schlangenlinien in den Sand, kräuselte das Meer. Else lief barfuß, den Rock hochgeschürzt, am Strand entlang, den Blick in das blendende, endlose Blau getaucht, die Füße mal im warmen Sand vergraben, mal vom Wasser umspült. Der Zopf löste sich auf ihrem Rücken, in ihrem gebräunten Gesicht war ein Ausdruck verzückter Hingabe. Sie öffnete die Bluse bis zum Brustansatz, schob die Ärmel bis zum Ellenbogen, hob den Rock bis zu den Knien hoch, ging ein paar Schritte ins Meer hinein, lachte, jauchzte. Wasser, Sonne, Luft – ihr Körper, immer verpackt und verschnürt, sehnte sich danach wie nach der Liebe.

Minna, Daniel und Alfred saßen in Strandkörben. Die Männer rauchten Zigarren und sprachen über Geschäfte. Minna stickte und hielt besorgt nach Else Ausschau.

»Was sie nur wieder treibt!« sagte sie.

»Sie fängt Fische«, witzelte Daniel.

»Ein bißchen Auslauf tut ihr gut«, bemerkte Alfred.

Als Else zurückkam, windzerzaust, der Rocksaum

durchnäßt, die Füße mit Sand paniert, runzelte Minna die Stirn.

Sie solle bitte die Bluse zuknöpfen, die Schuhe anziehen, das Haar flechten und den Hut aufsetzen, befahl sie, sie sehe ja aus wie eine Wilde – braun und halbnackt. Und außerdem würde sie sich erkälten.

Sie wolle baden, sagte Else, richtig ins Meer gehen, wie die anderen jungen Leute am Strand.

Ja, das fehle gerade noch, rief Minna, und Daniel fügte hinzu: Goyim naches.

Die Reise der glücklichen kleinen Familie wurde auf einem Photo festgehalten: im Strandkorb eingezwängt, sitzen ein heiterer Daniel, eine mißtrauisch in den Apparat blinzelnde Minna, eine lächelnde Else. Zu deren Füßen lagert Alfred – auf Hüfte und Ellenbogen gestützt, eine Art Seehund mit kessem Strohhut.

Eine Woche später kehrten sie nach Berlin zurück. Elses erster Gang war zum Postamt. Aber es lag kein Brief von Fritz dort. Das war zwar eine böse Überraschung, doch da es ja jetzt ein Telefon gab, würde er gewiß im Lauf des Tages anrufen. Er rief nicht an. Also mußte er am Abend kommen. Er kam nicht.

Else, die Fritz' Drohung, ihrem Unglück nicht länger im Wege stehen zu wollen, ebensowenig ernst genommen hatte wie er ihre Verlobung, sah sich jetzt plötzlich mit der Möglichkeit konfrontiert, ihn nicht mehr wiederzusehen. Es war eine so unausdenkbare Möglichkeit, daß sie die gleich wieder ausschloß. Ein Mann, der zwei Jahre auf Schritt und Tritt Hindernisse in Kauf genommen hatte, Heimlichkeiten und Beschwernisse, Regen und Schnee, die Verbote ihrer Eltern, die Suppen ihrer Mutter, die Witze ihres Vaters und schließlich auch noch ihre Verlobung, der ihr Gedichte geschrieben, sie leidenschaftlich geküßt und die zärtlichsten Worte für sie erfunden hatte, liebte sie. Und ein Mann, der sie liebte, mußte wiederkommen. Also wartete sie, wartete, bis ihr vor Anspannung die

Muskeln weh taten und vor Grübeln der Kopf. Sie setzte die ganze Kraft ihres Wunsches ein, um ihn zurückzuholen, dann die ganze Inbrunst ihres Gebets. Als die nicht halfen, versuchte sie es mit abergläubischen Tricks: Wenn ich die Post erreiche, ohne ein einziges Mal mit den Augen gezwinkert zu haben, liegt ein Brief für mich da; wenn in der nächsten halben Stunde zehn Männer mit Bart an meinem Fenster vorbeikommen, ist er auf dem Weg zu mir; wenn die Patience aufgeht, klingelt das Telefon, und er ist dran. Aber ob die Patience nun aufging, zehn bärtige Männer vorbeikamen und sie nicht mit den Augen zwinkerte, er schrieb nicht, er kam nicht, er rief nicht an.

Als eine Woche vergangen war, gestand sie sich in einer schlaflosen Nacht die Wahrheit ein: Er hatte die Hoffnungslosigkeit der Situation eingesehen, war ihrer unergiebigen Küsse, ihrer rückständigen Eltern, ihres unzumutbaren Verlobten müde und hatte aufgegeben. Und selbst wenn sie ihm schreiben oder ihn anrufen würde, was sollte sie ihm sagen? Komm zurück, aber erwarte nicht, daß sich etwas geändert hat. Oder: Bitte verlaß mich nicht, bis ich geheiratet habe! Schöne Angebote!

Mit der Erkenntnis, daß sie ihn verloren hatte, begann für Else eine Zeit tiefen und wahrhaftigen Leidens.

»Die Welt, in die Du mich eingeführt hattest«, schrieb sie, »diese ganz andere, weite, herrliche Welt voller Poesie und Musik, war mir nun wieder verschlossen. Keiner brachte mir Bücher, keiner schrieb mir Briefe, keiner las mir Gedichte vor, keiner spielte auf dem Klavier den ›Rosenkavalierwalzer‹, keiner nahm mich ins Theater mit. Keiner war da, mit dem ich sprechen konnte. Das einzige, was noch in mir lebte, war die Sehnsucht nach Dir und dieser Welt.«

Warum denn der Fritz nicht mehr komme, wollten ihre Eltern wissen. Weil er keine Lust mehr dazu habe, sagte Else verbittert.

Minna und Daniel waren darüber traurig. Ein so charmanter, gebildeter, geistreicher Mann! Er war ihnen richtig ans Herz gewachsen, und sie vermißten ihn sehr.

Der einzige, der ihn nicht vermißte, war Alfred Mislowitzer. Endlich hatte er den Schmarotzer aus dem Feld geschlagen! Alfred blühte in dem Maße auf, in dem Else welkte. Sie aß kaum noch, sie schlief kaum noch, und sie lachte überhaupt nicht mehr. Sie nahm ab. Ihre Augen, noch größer als zuvor, traten in die Höhlen zurück, ihre starken, slawischen Backenknochen sprangen vor, die Wangen fielen ein. Zum erstenmal sah man den schönen Schnitt ihres Gesichts, die hohen, gewölbten Lider, die konkave Linie, die sich von den Spitzen ihrer Backenknochen über die Wangen hinab zum Kinn schwang. Es war das Gesicht, das sie in späteren Jahren haben sollte. Aber Alfred gefiel es gar nicht. Er hatte sich eine dicke, fröhliche, umgängliche Frau gewünscht und nicht ein verhärmtes Geschöpf mit eingefallenem Gesicht, das im Essen herumstocherte und traurige Lieder auf dem Klavier spielte.

So gehe das nicht, erklärte er mit Nachdruck, und bis zur Hochzeit müsse sie wieder so rund und froh wie früher sein.

Er nahm sie zu seiner Familie mit, die, von den Strapazen des Umzugs erholt, nun schnellstens die Braut kennenlernen wollte.

»Sie hausten in einer schmuddeligen, mit geschmacklosen Möbeln vollgestopften Wohnung«, schrieb Else, »und genauso schmuddelig und geschmacklos wie die war seine Mutter. Sie sprach ein jiddisch gefärbtes Deutsch. Es hörte sich grauenhaft an. Die Schwestern waren nicht besser als die Mutter, und alle drei stellten mir dumme, indiskrete Fragen. Hier begegnete mir das Jüdische, das ich von ganzem Herzen ablehnte und dem ich entkommen wollte, in seiner schlimmsten Form.«

Zu Elses Trauer um den Geliebten und die weite herrliche Welt, die er ihr geboten hatte, gesellte sich der Haß auf den Bräutigam und das enge, häßliche Ghettoleben, das er ihr zumuten wollte. Zu dem Verlust ihrer Fülle und ihrer

Fröhlichkeit kam als Gewinn eine neue Haltung, die sich in verächtlichen Bemerkungen, Beleidigungen und Spott entlud. Alfred Mislowitzer glaubte, in sein Elslein sei der Dibbuk gefahren. Die Eltern fürchteten, ihr Kind könne ernstlich krank werden.

Ob sie den Mislowitzer denn gar nicht ein bißchen möge, fragte Daniel. Und Minna, zum ersten- und letztenmal auf der Seite ihrer Tochter, erklärte, der Mann sei ein toter Fisch.

Es war November geworden, naßkalte, dunkelgraue Tage, endlose Nächte. Der Krieg machte sich bemerkbar. Kohlen- und Lebensmittelknappheit, immer mehr Menschen in Trauer, immer beunruhigendere Nachrichten von der Front. Else kümmerte es nicht. In ihr waren auch Winter und Krieg, und sie war dabei zu verlieren.

An einem stürmischen Tag überkam sie das Bedürfnis, in den Charlottenburger Schloßpark zu gehen. Der Sturm entsprach ihrer Stimmung. Sie wollte ihn in ihrem Gesicht, durch die Kleider hindurch auf der Haut spüren, sie wollte mit ihm und gegen ihn rennen, sie wollte mit ihm jammern und heulen.

Ihre Mutter rang die Hände. Sie solle doch, um Gottes willen, vernünftig sein und zu Hause bleiben. Sie würde sich den Tod holen!

Sie holte sich nicht den Tod, sondern das Leben.

Auf einer der breiten, menschenleeren Alleen kam eine hohe, dünne Gestalt auf sie zu, hutlos, den Oberkörper vorgebeugt, den Kopf gesenkt. Der Sturm verlangsamte seinen Schritt, aber Else, die ihn im Rücken hatte, flog ihm entgegen. Er sah sie erst, als sie vor ihm stand.

»Babuschka«, sagte er ohne Überraschung und schlang die Arme um sie. Sie hing an seinem Hals und heulte mit dem Sturm, weinte mit dem Regen um die Wette.

Da war sie wieder, die Welt der Poesie und Musik, die Welt der Angst und Heimlichkeiten.

Zum erstenmal in ihrer zweijährigen Beziehung hatte

Fritz Else gefragt, ob sie ihn heiraten würde. Sie hatte ohne zu zögern mit ja geantwortet und sich erst nachts, als sie im Bett lag, die Konsequenzen dieser Antwort überlegt. Ihr war, als sei sie mit dem Kopf in ein Wespennest geraten, und ein Schwarm wild gewordener Insekten umschwirrte ihn mit schrillem Surren und stechbereitem, giftigem Stachel. Sie war versucht, eine Schlaftablette zu nehmen, um sich den Gedanken zu entziehen. Aber das wäre einer Flucht gleichgekommen, und wenn sie schon am Anfang kniff, würde sie schneller mit Alfred als mit Fritz verheiratet sein. Das aber, es war die einzige Gewißheit in ihr, der Ausgangspunkt all ihrer Gedanken, durfte nicht passieren. Also mußte sie die Konsequenzen ziehen und ihre Folgen tragen: den Schock der Eltern, die Schande des Kirschner-Clans, die Schmach ihres verachteten Verlobten; den Bruch mit ihrem Milieu, den Schritt in eine ebenso verlokkende und begehrte wie fremde und unsichere Welt, die Beschwernisse eines Lebens ohne materiellen Rückhalt, ohne die geringste Ausbildung in Beruf oder Haushalt, ohne Hilfe und Rat; die mehr als fragwürdigen Fähigkeiten von Fritz im praktischen Leben, seine Weltfremdheit, Geistesabwesenheit und leichte Reizbarkeit, ihre Unerfahrenheit, Unwissenheit und Zweifel an sich selber.

O Gott, wie sollten sie all diese Hürden nehmen, den Belastungen gewachsen sein, die Angst überwinden, Gott und der Welt die Stirn bieten? Wo sollten sie wohnen, wovon sollten sie leben, wie sich ernähren, da sie nicht einmal kochen konnte? Wie sollten sie überhaupt in aller Heimlichkeit, unter ständigem Druck und der Furcht, entdeckt zu werden, die notwendigen Vorbereitungen treffen? Woher sollte sie die Kraft nehmen, ihren armen Eltern in die Augen zu sehen, ihnen in scheinbarer Unbefangenheit am Tisch gegenüberzusitzen, ihnen gleichmütig zuzuschauen, wie sie die Hochzeit mit Alfred vorbereiteten? Wie sollte sie diese Zweigleisigkeit durchhalten, ihr Schuldbewußtsein ertragen, das Wettrennen mit der Zeit gewinnen? Und wenn ihre Eltern nun schneller waren und sie, Else, anstatt auf dem Standesamt mit Fritz, unter der Chuppa mit Alfred landete? Da war sie wieder am Ausgangspunkt ihrer Gedanken, und die Gewißheit, daß dies nie und nimmer passieren dürfe, löschte Zweifel, Ängste und Schuldgefühle. Sie schlief ein, aber am nächsten Morgen waren ihre Quälgeister alle wieder da.

Dieser zermürbende Zustand des Hin- und Hergerissenseins dauerte Monate und stellte Elses und Fritz' Beziehung auf eine harte Probe. Jeder war sich zwar seiner eigenen Liebe sicher, nicht aber der des anderen. Jeder vermutete vom anderen, daß er den Problemen nicht standhalten und seinen Entschluß bereuen würde. Darüber hinaus fürchtete Fritz, daß Else unter dem ewigen Druck ihrer Eltern und ihrem eigenen schlechten Gewissen wieder rückfällig werden könnte; Else fürchtete, Fritz könnte plötzlich feststellen, daß er sich da an eine Frau binde, die ihm nicht das Wasser reichen konnte.

Wenn ich ihre Briefe aus jener Zeit lese, wird mir erst klar, was für eine Panik der Sprung aus der »jüdischen Enge« in die »weite christliche Welt« in ihr ausgelöst haben muß. Denn die Enge hatte ihr zumindest Schutz und Geborgenheit geboten, während die Weite der christlichen Welt schier uferlos war. Es war ja nicht nur das ganz andere dieser Welt, es war das ganz andere Leben in dieser Welt, ihre ganz andere persönliche Sphäre in diesem Leben, das ganz andere, da männliche und unbürgerliche Wesen in ihrer persönlichen Sphäre. Wie sollte sie dem allen gerecht werden, sie, die immer an der Leine gegangen und in einer Atmosphäre physischer Sterilität aufgewachsen war, die sie in völliger Unkenntnis über die geschlechtliche Seite der Ehe gelassen hatte.

»Wie ist denn das?« hatte sie einmal ihre Mutter zu fragen gewagt.

»Vollkommen unwichtig«, hatte die geantwortet.

Ich kann mir also lebhaft vorstellen, was in ihr vorging, wenn sie ihre kleinen Briefchen schrieb, in denen der Zweifel an sich selber einer Unterwerfung gleichkam.

So schrieb sie einmal: »...Ich wehre mich dagegen zu glauben, daß Du mich nicht mehr liebhast, und doch kommt es mir immer wieder in den Sinn. Und noch andere schlimme Gedanken habe ich, zum Beispiel, daß ich Dir eben doch nichts Wesentliches geben kann und Du mich nur liebhast, weil ich hübsch bin...«

Ein anderes Mal: »...Denke nicht schlecht von mir, Pitt, nein? Wenn Du enttäuscht von mir wärest, könnte ich das nicht ertragen. Ich hab' Dich so lieb, und ich will keinen Gedanken haben, den Du nicht kennst, kein Gefühl, das ich nicht offen vor Dir ausbreite...«

Dann wieder: »...Was ist denn bloß? Bist Du böse? Und warum nur? Ich bin traurig, habe bis jetzt gewartet, ich dachte, Du würdest anrufen. Ich habe Sehnsucht, und Du mußt mich trösten, denn mir ist trostlos zumute. Und da ist so viel Unausgesprochenes zwischen uns, und ich weiß nicht, was Du wirklich für mich fühlst...«

Plötzlich glaubte sie es zu wissen und schrieb: »...Ich bin nichts anderes als Dein Spielzeug gewesen die letzte Zeit; Du mußt nun enttäuscht sein von mir. Ich ertrage das nicht, zu denken, daß ich zu klein und unbedeutend für Dich bin. Nun zweifele ich an mir, hab' mich seit vorgestern damit herumgequält...«

Im nächsten Moment versichert sie ihm: »...Mein Gefühl für Dich läßt nicht nach, darf es ja gar nicht, denn sonst wäre ja alles, was wir tun, unanständig, wär's nichts wert. Manchmal weiß ich selber nicht mehr, was ich bin, Pitt. Ich will gut sein, sag mir, daß ich's bin! Ich hab' dich lieb wie immer, es kann sich nichts ändern...«

Und schließlich, zu seinem Geburtstag: »...Eine kleine Morgengabe von Deiner Babuschka, mein Einziger, Liebster. Ich wünsche Dir so viel Glück, als sich nur erdenken läßt, und mir wünsche ich Deine immer große, immer neue Liebe. Pitt, nun müssen wir noch etwas warten, aber nicht mehr ins Ungewisse hinein. Du sollst nicht leiden, ich werde Dir geben und sein, was ich nur irgend kann.«

Fritz ging während dieser Zeit selten zu den Kirschners und nie an den Tagen, an denen Alfred, Elses zweiter Verlobter, dort zu Abend aß und anschließend in einem Sessel, leise prustend, sein Nickerchen hielt. Die beiden waren sehr vorsichtig geworden, wollten jede Unannehmlichkeit vermeiden, keine zusätzlichen Krisen heraufbeschwören. Wenn sie sich heimlich trafen, dann nicht mehr in Parks oder Konditoreien, sondern in Häusern, in denen Zimmer vermietet, und in Geschäften, in denen billige Möbel verkauft wurden. Oft sahen sie sich über ein monströses Ehebett oder den Kopf einer grimmigen Vermieterin hinweg verstört an, aber wenn sie dann in die nächste Wohnung, den nächsten Laden zogen, tröstete Else sich und Fritz: Was brauchen wir schon zu einem gemeinsamen Leben? Ein Bett, einen Tisch, zwei Stühle und sehr viel Liebe.

Fritz begann sich nach einer festen Arbeit umzusehen, und Else verbrachte viel Zeit mit ihrer Mutter. Sie sah ihr jetzt oft beim Kochen zu, ging mit ihr einkaufen und ließ sich darin belehren, woran man ein gutes Suppenhuhn erkennt und mit welchem Garn man Strümpfe stopft. Minna freute sich an dem Interesse ihrer Tochter und sah darin ein Zeichen, daß sie sich endlich damit abgefunden hatte, einen toten Fisch zu heiraten. Und in Anbetracht der bald zu erwartenden Kinder und der finanziellen Sicherheit war ein toter, aber jüdischer Fisch immer noch besser als ein geistreicher, aber christlicher Windhund. Sie sprach häufig über die Hochzeit, die zu einem Problem zu werden drohte, denn wo und wie sollte man für etwa hundert Gäste die Zutaten für ein standesgemäßes Mahl auftreiben? Sie war trotzdem guten Mutes. Tante Betty hatte ihr einen wunderschönen Satin für das Brautkleid gegeben, und sie, Minna, hatte schon die richtige Schneiderin dafür gefunden, auch einen in ihrem Kreis angesehenen Rabbiner, auch einen großen Festsaal, auch eine gediegene Schlafzimmereinrichtung.

In diesen Tagen wußte Else nicht, wer sich von ihnen beiden schuldiger machte: die Mutter, die bereit war, die

Tochter ihren Prinzipien zu opfern, oder die Tochter, die nicht davor zurückschreckte, die Mutter auf die böseste Art und Weise zu hintergehen. Mal überwog ihr Zorn auf die Mutter, mal das Mitleid mit ihr und das Entsetzen über sich selber. Sie umarmte sie dann heftig, küßte sie, bat sie stumm um Verzeihung.

»Du wirst sehen, Elschen«, sagte Minna, »er ist ein guter, verantwortungsvoller Mann, und du bist eine gute Tochter, die dein Vater und ich über alles lieben.«

Es gab Tage, an denen Else, sei es aus Vorsicht, sei es aus dem Wunsch, ihren Eltern noch soviel Freude wie möglich zu machen, keine Verabredung mit Fritz traf. Dann wurde er sofort mißtrauisch, fürchtete, daß Else wieder klein beigeben und plötzlich Alfred Mislowitzer hinter seinem Rücken anstatt ihn, Fritz, hinter dem ihrer Eltern heiraten könnte. Er warf ihr Wankelmut vor, beschuldigte sie, mehr Zeit mit ihrem grotesken Verlobten als mit ihm, ihrem Geliebten, zu verbringen.

Sie empörte sich und schrieb: »Pitt, noch nie hast Du mich unschuldiger in Verdacht gehabt als diesmal; Dein Gefühl hat Dich wirklich vollkommen getäuscht! Ich kann Dir die Wahrheit nicht aufdrängen, ich kann Dich nur bitten, glaub mir, und Du tust recht; und wenn Du Dir hundert Gründe zusammengereimt hast, dann verwirf sie und glaub mir! Es ist so schrecklich, wenn man ungerecht beschuldigt wird, man ist vollständig wehrlos...«

Oder sie versuchte ihn mit genauen Berichten über ihren Tagesablauf zu beruhigen: »...Sonnabend mittag war ich mit den Eltern bei Onkel und Tante Thoman, wo es noch immer sehr viel zu essen und sehr wenig zu hören gibt, und abends waren wir ganz allein zu Hause. Ich hab' ›Ranke‹ gelesen und bin um elf im Bett verschwunden. Am Sonntag vormittag bin ich mit Mutti und meinem Bruder spazierengegangen, und abends, stell Dir vor, waren wir im Theater. Es war ein Stück von Henri Nathansen, ›Hinter Mauern‹, und ich hätte ja viel lieber was anderes gesehen, aber Vater wollte unbedingt das. Es ging um ein Problem, das niemand lösen wird – auch nicht Herr Nathansen –, nämlich den Kampf zwischen Juden und Christen. Willst Du den Inhalt wissen? Er ist nicht gerade neu, aber ich werd' ihn Dir trotzdem erzählen: Ein Mädchen, deren Eltern unmodern und streng jüdisch sind, und ein christlicher junger Mann lieben einander und wollen heiraten. Beide Väter sind dagegen...«

Sie schildert ihm den Verlauf des Dramas bis zum guten Ende: Die Väter kapitulieren vor der Liebe ihrer Kinder. Die jüdische Tochter darf den christlichen Sohn unter der Bedingung heiraten, daß sie sich nicht christlich trauen läßt und Jüdin bleibt.

›Hinter Mauern‹ war das letzte Theaterstück, das Else mit ihren Eltern sah. Daniel fand es sehr gut. Minna fand es zu flach und erklärte, Shakespeare wäre ihr lieber gewesen. Die armen Kirschners ahnten nicht, daß ihre Tochter gerade dabei war, die Mauern zu durchbrechen und ihnen ein weitaus gehaltvolleres Drama zu bescheren als das des Herrn Nathansen.

Fritz bekam eine Stellung als Bibliothekar in der Berliner Staatsbibliothek. Außerdem schrieb er weiter Theaterkritiken. Sein Buch über Rilke hatte er immer noch nicht beendet.

Else fand zwei Zimmer und das Bett, den Tisch, die Stühle dazu. In ihrem letzten Brief aus dem Elternhaus schrieb sie an Fritz: »Ich will Frau sein. Ich will Deine Frau sein! Ich kann's vielleicht nie, oder kann ich es doch? Vielleicht lächelst Du jetzt über meinen Brief und darüber, daß ich dem allen eine so große Wichtigkeit beimesse. Bitte, tu's nicht und zeige mir nicht Deine Überlegenheit. Sag mir, wie Du mich wünschst, und so will ich sein. Ich will aus unserer Ehe etwas Schönes, Großes, Starkes machen. Ich will eine Frau sein, die Du lieben und achten mußt.«

Im Februar 1916 verließ sie an einem frühen Morgen die Wohnung ihrer Eltern. Auf ihr Kopfkissen hatte sie einen

Brief gelegt, in dem sie ihnen mitteilte, daß sie Fritz geheiratet habe. Sie bat sie um Verzeihung.

Die zärtlichste aller Mütter und der gütigste aller Väter verziehen ihrer Tochter nicht. Sie verbannten sie aus ihrem Haus und ihren Herzen. Sie beseitigten alle Spuren von ihr. Der Name Else durfte in ihrer Gegenwart nicht mehr ausgesprochen werden.

Was brauchte man schon zu einem gemeinsamen Leben: ein Bett, einen Tisch, zwei Stühle und sehr viel Liebe. Das hatte Else vor der Heirat gesagt, und das hatte sie geglaubt. Sie hatte die Rechnung für beide gemacht, für sich und für Fritz, und sie hatte ihre Eltern als Guthaben, auf das man zurückgreifen konnte, mit veranschlagt. Gewiß hatte sie einen Krach mit ihnen vorausgesehen, bittere Worte, Beschuldigungen, Tränen, Drohungen, eine kurze Zeit der Trennung, eine längere der Mißstimmung. Sie hatte es sogar für möglich gehalten, daß sie ihr die Mitgift streichen und Fritz das Haus verbieten würden. Aber daß sie fähig wären, die Tochter zu verstoßen, einfach aus ihren Leben herauszuschneiden und so zu tun, als gäbe es sie nicht mehr, damit hatte sie nicht gerechnet. Und sie hätte auch niemals damit rechnen können, denn sie kannte doch ihre Eltern 21 Jahre lang als die besten Menschen der Welt, unerschöpflich in ihrer Liebe und Opferbereitschaft, wenn es um die Kinder ging, in ständiger Sorge und Angst um sie. Und plötzlich, von einem Tag auf den anderen, war von all dem nichts mehr da? Wodurch war diese unglaubliche Härte in ihnen ausgelöst worden? Durch die Schande, die sie über sie gebracht hatte, die Untreue ihnen und dem Judentum gegenüber? War ihnen das Judentum wichtiger als die Tochter, ihnen, die nie etwas über das Wohl ihrer Kinder gestellt hatten? Sie konnte es sich nicht erklären.

Fritz und Else bewohnten jetzt zwei kleine Zimmer in einer jener typischen Berliner Wohnungen, die hauptsächlich aus langen, dunklen Korridoren, hohen tapezierten Wänden mit schwindelerregenden Mustern und jahrzehntealtem Staub zu bestehen schienen. Bad, Klo und Küche teilten sie mit den Eigentümern der Wohnung, einem alten Ehepaar, das griesgrämig, aber gutmütig war und Pusche hieß. Der Name war für Else das einzig erheiternde an diesem Arrangement. Der Blick in den Hinterhof mit dem einzigen winterkahlen Baum war es bestimmt nicht.

Aber was machte das schon! Sie hatte Fritz, sie war seine Frau für gute und für schlechte Zeiten, sie liebte und wurde geliebt, und bald kam der Frühling, vielleicht auch das Ende des Krieges, vielleicht auch die Vergebung der Eltern. Das Leben, die Liebe, die Ehe lagen vor ihr, und sie war entschlossen, etwas Schönes, Großes und Starkes daraus zu machen.

Fritz, der, nach dreijährigem entbehrungsreichem Warten, nun endlich vier Wände und ein Bett mit seiner Babuschka teilte, hatte zunächst keine Klagen. Zwar hätte er gerne einmal eine richtige Mahlzeit gegessen und ein gut gewaschenes Hemd getragen, aber da Lebensmittel und Seife inzwischen außerordentlich knapp geworden waren, wurde Else nicht in die Verlegenheit gebracht, dafür sorgen zu müssen. Und wenn andere Frauen trotz Mangel ein sauberes Hemd, eine warme Suppe hervorzauberten, dann war das deren Sache. Er war kein Spießer, sondern ein Bohemien, dem es auf Wesentlicheres ankam. Das Wesentlichere war zur Zeit weniger das Geistige als das Körperliche, und so war zum erstenmal ein gewisses Gleichgewicht in der Beziehung des jungen Paares hergestellt.

Fritz war von morgens bis nachmittags in der Bibliothek, und manchmal ging er abends mit Else ins Theater, um anschließend eine Kritik über das Stück zu schreiben. Diese Abende waren für sie die weite, herrliche Welt. Die Tage verbrachte Else meist lesend oder Geige übend. Fritz gab ihr ein großes Pensum auf, und sie nahm es sehr ernst damit. Irgendwann, ahnte sie, würden sie wieder mehr zum Geistigen übergehen, und dann wollte sie auf der Höhe sein.

Manchmal besuchte sie ihre bunt bemalte, französische

Schwiegermutter und ihre mit Syphilis infizierte, aber unter Torturen wieder geheilte Schwägerin Luzie, die sich über Fritz' Heirat gefreut und Else herzlich aufgenommen hatte. Sie plauderte mit der Mutter auf französisch, schwatzte mit der gutherzigen, wenn auch recht törichten Luzie über Nichtigkeiten, spielte mit deren Kindern, von denen sie Ellen, ein stürmisches kleines Mädchen, in ihr Herz geschlossen hatte.

Manchmal bekam sie Besuch, aus Neugier von dieser oder jener ehemaligen Schulfreundin, heimlich von den wenigen verwegenen Vettern und Cousinen, die sich nicht, wie der Rest des Kirschner-Clans, von ihr distanziert hatten, oder von ihrem Bruder Friedel, mit dem sie seit der Kindheit eine enge und liebevolle Beziehung verband. Er war immer noch beim Militär, verbrachte aber jetzt, da Else das Haus verlassen hatte, jede dienstfreie Stunde bei den Eltern.

Sie litten sehr unter dem Bruch mit ihr, vertraute er seiner Schwester an, und sie dürften, um Gottes willen, nicht erfahren, daß er sie hin und wieder sähe.

Else erklärte, sie könne das Verhalten der Eltern nicht verstehen, und Friedel, mit den Anlagen eines kleinen Weisen, lächelte und sagte, das beruhe auf Gegenseitigkeit. Sie hätte, falls ihr das immer noch nicht klar sei, gegen den heiligsten Grundsatz ihrer Eltern verstoßen, dem der Treue zu Familie und Judentum.

Und sie, die Eltern, erwiderte Else, verstießen gegen ihren Grundsatz, den der freien Entscheidung.

Friedel verstand beide Seiten, billigte aber weder die Tat seiner Schwester noch die Zwangsmaßnahmen seiner Eltern. Daß sie die Tochter gewaltsam in eine Ehe mit einem ungeliebten Mann hatten treiben wollen, war für ihn ebenso unverantwortlich wie die heimliche Heirat Elses mit einem unakzeptablen, da christlichen Mann.

Else wurde ärgerlich: Sie sei in erster Linie Deutsche, behauptete sie, und habe als Deutsche einen deutschen Mann geheiratet. Das stimme eben nicht, entgegnete Friedel, und spätestens beim ersten Kind würde sie feststellen, daß sie nicht als Deutsche einen Deutschen, sondern als Jüdin einen Christen geheiratet habe. Ob sie darüber schon einmal nachgedacht habe? Ob sie wisse, was aus dem Kind werden solle: ein Jude, ein Christ oder ein Mischmasch, das weder zu den einen noch den anderen gehört. Ein Kind gehöre ihr und Fritz, sagte Else, und es sei sowohl ihr als ihm egal, ob es Christ oder Jude oder keins von beiden würde.

Möglich, daß es ihnen egal sei, sagte Friedel mit einem Seufzer, aber dem Kind würde es eines Tages vielleicht nicht egal sein.

Im April, zwei Monate nach der Hochzeit, stellte Else fest, daß sie schwanger war. Oh, dieses Glück! Ein Kind! Ein Kind von Fritz, dem geliebten Mann! Es war die Erfüllung ihrer Liebe. Es war natürlich auch die Erfüllung ihrer Ehe. Denn wenn sie es auch nicht so kraß sah wie ihre Mutter, die immer behauptete, der einzige Zweck einer Ehe seien Kinder, so zweifelte sie doch nicht daran, daß der selbstverständliche, natürliche und einzig wahre Weg einer Frau von der Liebe über die Ehe zu den Kindern führt. Wenigstens in diesem Punkt hätte Minna ihre Tochter noch als das gute jüdische Mädchen erkannt, das sie von Kindheit an zur Ehefrau und Mutter erzogen hatte.

Wenn ich mir heute überlege, daß die erste Schwangerschaft meiner Mutter in eine Zeit fiel, in der jede vernünftige Frau über ihren Zustand in Tränen des Entsetzens anstatt des Glücks ausgebrochen wäre, so kann ich ihr Hochgefühl nur mit dem Ausspruch begreifen, den sie während ihrer dritten Schwangerschaft geprägt hat: »Man muß von jedem Mann, den man liebt, ein Kind haben.« Das war ihre Überzeugung, und sie hat sich daran gehalten. Auf Gedeih oder Verderb, mit Ehe oder ohne, in jedem Fall aber unter den ungünstigsten Bedingungen. Fritz stand den ungünstigen Bedingungen viel vernünftiger, also mehr oder weniger mit Tränen des Entsetzens, gegenüber.

Ein Kind in zwei Zimmern, ein Säugling, der ihm mit

seinem Geschrei den Schlaf und die Ruhe, die er so dringend brauchte, rauben würde, ein Baby, das geliebt und versorgt werden wollte, wo väterliche Liebe und Sorge nicht seine Stärke waren, ein Wesen, das Geld kostete, wo das Geld, das er verdiente, kaum für zwei reichte, ein kleines Ungeheuer, das sich den Teufel darum scherte, ob Krieg war, ob Mangel am Notwendigsten herrschte, ob sie Bad und Küche mit den Pusches teilten, ob seine jüdischen Großeltern unversöhnlich waren, ob er mit Else ins Bett gehen und sie ganz für sich allein haben wollte. Eine Katastrophe!

Else lächelte über Fritz' übertriebene Befürchtungen. Von einem Mann wie ihm durfte sie keine bürgerlichen Reaktionen erwarten. Sie erklärte ihm, daß die Beschränkungen, die ihnen ein Baby auferlegte, im Grunde Bereicherungen seien und sie genug Liebe, Kraft und Mut für Vater und Kind, ach was!, für ihn und fünf Kinder hätte. Fritz schauderte und schwieg.

Der Frühling war gekommen, nicht aber das Ende des Krieges, nicht die Vergebung der Eltern. Im Gegenteil! Im Westen fand die Schlacht von Verdun statt, hinterließ Hunderttausende von Toten und Angst und Trauer bei der Zivilbevölkerung. Und was Minna und Daniel Kirschner betraf, so ließen sie sich von der Schwangerschaft ihrer Tochter, die Else ihnen durch ihren Lieblingsvetter Emanuel mitteilte, nicht erweichen. Else war eine Zeitlang niedergeschlagen, doch da sich das schlecht auf ihr Kind auswirken könnte, verbannte sie entschlossen alle schwarzen Gedanken, las heitere Bücher, spielte muntere Sonaten auf der Geige und ging im satten, grünen Park spazieren, der so fruchtbar war wie sie.

Da das Kind, so gut es die Zeiten erlaubten, ernährt werden mußte, aß sie jetzt täglich mit Fritz bei dessen Mutter zu Mittag. Sie ging auf wie ein Hefekuchen, aber ihr Gesicht, weich und gelöst, war sehr schön. Den Blick nach innen gerichtet, schien sie die Welt nur noch als vagen Hintergrund zu dem ungeheuren Akt ihrer Schöpfung wahrzunehmen.

Fritz schwankte zwischen Rührung, wenn er ihr Gesicht, und Besorgnis, wenn er ihren Körper betrachtete. Sollte aus der jungen, ungestümen Frau, seiner Geliebten, die ihre ganze Aufmerksamkeit, Bewunderung und Zärtlichkeit auf ihn konzentriert hatte, schon jetzt ein Muttertier werden? Ihre konstante Beschäftigung mit dem Embryo, der ihren Bauch dehnte, gefüttert, erheitert, spazierengetragen und vor seinen leidenschaftlichen Umarmungen geschützt werden mußte, begann ihm auf die empfindlichen Nerven zu gehen. Und als er sie das erstemal beim Stricken ertappte, einer Kunst, die ihr seine Schwester beigebracht hatte, fuhr er sie an: ob sie vorhabe, in Windeseile wie ihre eigene Mutter zu werden?

Else erschrak, und sofort stellten sich alle alten Zweifel an sich selber wieder ein. Ihr immer schwerer werdender Leib hatte sie auf den Boden der Alltäglichkeit hinabgezogen. Da saß sie, dick, träge und unbedarft, und strickte, während er, ein Künstler, ein Schöngeist, ein Luftmensch, ihr im Höhenflug entschwand. Er mußte enttäuscht von ihr sein, bereute vielleicht schon, sich an sie gebunden zu haben. Und mit Recht! War sie dafür ausgebrochen und über die Leichen ihrer Eltern gegangen? War ihr Ziel nicht die weite, freie Welt gewesen, ein Leben an der Seite eines ungewöhnlichen Mannes, der etwas anderes von ihr erwartete als selbstgestrickte Strampelhöschen? Es mußte ihr gelingen, sich über ihren Bauch, über sich selbst hinauszuheben.

Der Herbst kam und mit ihm die Kohlrüben. Meine Mutter hatte mir von dem Kohlrübenwinter erzählt, und zwar während des Zweiten Weltkriegs, in Bulgarien, als wir zwei Jahre lang fast nichts anderes als weiße Bohnen zu essen bekamen.

»...Beklag dich nicht...«, sagte sie, »...weiße Bohnen sind immer noch genießbarer als Kohlrüben! Und vor allem kann man keine Marmelade daraus machen oder Kaffee-Ersatz. Wir mußten uns das Zeug aufs Brot schmieren und trinken und ich weiß nicht was. Zeig mir eine Kohlrübe, und ich kotze heute noch.«

Damals hat sie sogar weiße Bohnen zu kochen gelernt, was ihr mit den Kohlrüben nicht gelungen zu sein scheint. Oder vielleicht war es Fritz, der sie daran hinderte, in Pusches Küche am Herd zu stehen und in einem Topf mit den unbekömmlichen Wurzeln zu rühren. Wie dem auch sei, dem Kohlrübenmief und der Kälte war in diesem Winter nicht zu entkommen.

Else, im achten Monat, frierend und verzagt, wünschte nur noch von der Last ihres Bauches befreit zu sein. Es waren ihm keine Flügel gewachsen, und das ungebärdige, offenbar um sich schlagende Kind zusammen mit den Rüben ließen selbst sie dem Akt der Schöpfung keine so heilige Bedeutung mehr beimessen.

Oft sehnte sie sich jetzt nach den Eltern, der Erfahrenheit und zärtlichen Obhut der Mutter, den gütigen Blicken und törichten Scherzchen des Vaters. Wie hätten sie sich, unter anderen Umständen, über die Schwangerschaft ihrer Tochter gefreut, hätten darüber gewacht, daß sie sich nicht erkältete oder ermüdete, hätten ein Suppenhuhn, einen Korb Briketts für sie aufgetrieben, hätten, aufgeregt und geschäftig, mit ihr auf die Geburt gewartet, sie in Stunden der Angst aufgemuntert und beruhigt. Von Fritz konnte und durfte sie all das nicht verlangen. Er war schon ohne derartige Ansprüche überfordert, dünn wie ein Skelett, ewig müde, häufig unter Kopfschmerzen und Magenverstimmungen leidend. Er tat, was er konnte, um das nötige Geld für Frau und werdendes Kind zu verdienen, und verzichtete dabei auf das, was ihm wirklich am Herzen lag: Poesie, Musik, Kunst. Nein, sie durfte ihm nicht noch mehr zumuten und damit riskieren, seine Liebe zu verlieren. Das einzig Wichtige war, diese Liebe durch eine schwere Zeit hindurchzuretten.

Das Kind, ein Junge, wurde am 5. Januar 1917 geboren. Es hatte einen hellen Flaum auf dem Kopf und ein erstaunlich glattes, fertiges Gesichtchen. Else hielt ihren Sohn glückselig im Arm, und Fritz betrachtete ihn ernst und lange.

»Das Kerlchen scheint intelligent zu sein«, sagte er schließlich, »mehr darf man auf Anhieb nicht verlangen.«

Es kamen die ehemaligen Schulfreundinnen, die verwegenen Vettern und Cousinen, der Bruder Friedel. Die Eltern kamen nicht.

Ob sie wüßten, daß sie einen Jungen bekommen hätte, fragte ihn Else.

Sie wüßten es, sagte Friedel, und hätten sich verbeten, mehr darüber zu hören.

Else, das Kind an der Brust, begann zu weinen, und Friedel, den Tränen aus der Fassung brachten, schwor bei seinem Leben, alles zu tun, um eine Versöhnung herbeizuführen.

Das Leben der dreiköpfigen Familie in Pusches zwei Zimmern wurde chaotisch und der kleine Peter keineswegs die von Else angekündigte Bereicherung. Jedenfalls nicht für den Vater. Der Säugling tat genau das, was Fritz befürchtet hatte: Er schrie aus Leibeskräften, oder er schmatzte an Elses Brust, oder er blubberte vor sich hin. Ganz still war er selten, und wenn er's zufällig war, bekam Else Angst, er könne krank sein, und fummelte so lange an ihm herum, bis er wieder kreischte. Sie war, fand Fritz, fast so unerträglich geworden wie der Säugling: schreckhaft, unberechenbar und unkoordiniert. Es roch nach ausgespiener saurer Milch, schmutzigen Windeln, Kohlenstaub und Kohlrüben. Damit sich ihr Heizmaterial auf ein Minimum beschränkte, durfte das bißchen dumpfe Wärme nicht aus dem Zimmer heraus- und keine frische Luft ins Zimmer hereingelassen werden. Wenn Fritz nachmittags aus der Bibliothek kam und die Tür zu ihren Räumlichkeiten öffnete, war er jedesmal überrascht, daß Mutter und Kind einen weiteren Tag in diesem fürchterlichen Mief gesund überlebt hatten.

Aber meistens waren es nicht nur der Mief, die zornigen oder fröhlichen Schreie Peters, die ihn empfingen, sondern die verschiedensten Leute: bewundernde Schulfreundinnen, hilfreiche Cousinen und erfreute Vettern, die sich gurrend und zirpend über das Baby beugten, Grimassen schnitten, um ihm ein verfrühtes Lachen abzuringen, die Windeln zum Trocknen über seinen Stuhl und Hampelmänner zur Belustigung über Peters Bett aufhingen, nichtsnutzige Geschenke wie einen silbernen Löffel oder einen elfenbeinernen Serviettenring auspackten und sich bei Else erkundigten, ob sie auch genug Milch habe, das Kind gut zunehme und nach den Stillzeiten das absolut notwendige »Bäuerchen« mache. Sogar Frau Pusche hatte es sich angewöhnt, im Zimmer ein- und auszugehen und mit den obligaten Worten: »Ick hab' ja immerhin drei Kinnerken großjezogen« der jungen Mutter unter die Arme zu greifen.

Fritz sagte sich, daß er Else wohl sehr lieben mußte, um all das durchzuhalten. Else hingegen stellte sich die Frage, wie lange er es noch durchhalten würde.

Seine Laune verschlechterte sich mit jedem Tag, und seine Stimmungen, die schon immer sehr schwankend gewesen waren, jagten ihn von hektischer Unruhe über Funken sprühende Gereiztheit bis in tiefste Verzweiflung. Er ging immer früher in die Bibliothek und kam immer später zurück. Traf er bei seiner Heimkehr Elses Bruder Friedel oder ihren Vetter Emanuel an, legte er gar nicht erst den Mantel ab, sondern drängte den jeweiligen, mit ihm irgendwohin zu gehen – wohin auch immer. Er zog sich auch immer öfter in die Wohnung seiner Mutter zurück, entweder um eine Theaterkritik zu schreiben oder um an seinem nicht enden wollenden Werk über Rilke zu arbeiten.

Else hinderte ihn an nichts, machte ihm keine Vorwürfe, sah ihn nur manchmal traurig an. Sie verstand nur zu gut, daß er dieser Dunstglocke aus üblen Gerüchen, diesem Durcheinander aus weiblichen Kleidungsstücken und Babysachen, ungewaschenem Geschirr und feuchten Scheuerlappen, diesem Potpourri aus Schreien, Klappern, Quietschen, Trällern und Plappern entkommen wollte.

»Du warst ein Mann«, schrieb sie damals in weiser Vorausahnung, »den man liebte – ein Christ, ein Künstler, aber kein Ehemann.«

Als sie ihn heiratete, waren ihr der Geliebte, der Künstler wichtiger gewesen als der Ehemann. Und daran hatte sich nichts geändert. Sie liebte ihn nach wie vor abgöttisch, bewunderte ihn, achtete ihn und billigte ihm mit Selbstverständlichkeit die »höhere Ebene« zu, von der er sich nicht in ein »Zille-Dasein« herablassen konnte. Der Krieg, die Eltern, ihre Unfähigkeit waren schuld an der Misere, nicht Fritz. Würden sie unter anderen, erfreulicheren Umständen zusammenleben, sie wäre mit ihrem Mann und Sohn die glücklichste Frau der Welt.

Es wurde Frühling, es wurde Sommer. Man brauchte nicht mehr zu heizen, man konnte die Fenster öffnen und die Windeln zum Trocknen in den Hof hängen. Else ging mit Peter im Park spazieren. Fritz begleitete sie häufig. Er war wieder heiterer geworden, manchmal sogar übermütig. Sein Sohn hatte dichte, blonde Locken bekommen, große, braune Augen und fein gestrichelte Brauen, die er hochzog, wenn man mit ihm sprach oder spielte, wenn man ihn wickelte oder wusch. Es gab ihm ein arrogantes Aussehen, so als fände er alles, was man sagte oder tat, albern.

»Ich glaube, das Kerlchen wird mal sehr schwierig«, sagte Fritz mit Stolz.

In dem weinroten Büchlein mit der Goldaufschrift ›Unser Kind‹ notierte Else, so wie seinerzeit Minna, die Entwicklungsphasen ihres ersten Kindes. Ich entdecke da nichts Abwegiges – außer vielleicht der Tatsache, daß er sich vor Teddybären ekelte und beim Geklimper der Spieluhr in Wutgeheul ausbrach. Die eingehefteten Löckchen sind viel heller, als die von Else in seinem Alter waren, aber sie fühlen sich genauso frisch und seidig an.

In jenem Sommer brach die Spanische Grippe aus, eine Virusepidemie, an der Zigtausende starben. Else, in panischer Angst, hatte keinen anderen Gedanken als den, ihre Familie vor dem tödlichen Zugriff der Krankheit zu schützen. Sie traf alle nur möglichen und unmöglichen Vorsichtsmaßnahmen, verließ kaum noch das Haus, ließ keinen zu sich in die Wohnung und zwang Fritz, sich nach Rückkehr aus der Bibliothek von Kopf bis Fuß zu waschen und seine Kleidungsstücke im Korridor zu lassen.

Als die Epidemie abflaute und kaum noch Todesopfer forderte, erschien ihr Vetter Emanuel. Er war bleich und verstört, starrte, während er sprach, über ihren Kopf hinweg in das Dunkel des langen Ganges: Ihr Bruder, Friedel, liege seit Tagen mit der Spanischen Grippe im Krankenhaus, hatte aber darauf bestanden, sie wegen der Ansteckungsgefahr nicht davon zu benachrichtigen. Doch jetzt... Seine Stimme erstickte, und er nahm seine Cousine in die Arme.

Sie fuhren mit dem unten wartenden Taxi ins Krankenhaus. Else kauerte auf dem Sitz, die Arme gegen den Leib gepreßt, das Gesicht verzerrt. Der Schmerz, der von ihrem Herzen ausstrahlte, war wie Wehen, Wehen, die das Ende brachten, nicht den Anfang. Friedel, ihr kleiner Bruder, Friedel, der noch nicht gelebt, noch nicht geliebt hatte! Warum hatte sie nicht über ihre Familie hinausgedacht, hatte nichts gespürt, hatte nicht eingegriffen, hatte ihn einfach dem Tod entgegengehen lassen. Und wenn sie jetzt schon zu spät käme, wenn sie seine sanften, hellen Augen nicht mehr sehen und er ihre Worte der Liebe nicht mehr hören könnte. Sie sprang aus dem Auto, bevor es noch ganz zum Stehen gekommen war, rannte die Treppen hinauf, die Gänge hinunter. Das Zimmer war weiß und hell. Sie sah die schwarzen Umrisse ihrer Eltern, die zurückwichen, um ihr am Bett Platz zu machen. Sie sah den schmalen Kopf ihres Bruders auf dem Kissen, seine zarten Knabenhände auf der Decke. Als sie sich über ihn beugte und seine kalte Stirn küßte, hatte er seinen letzten klaren Augenblick. Er lächelte und deutete mit einer kaum merklichen Kopfbewegung in Richtung der Eltern. Was er bei seinem Leben geschworen und nicht erreicht hatte, erreichte er jetzt mit seinem Tod.

Am selben Abend kehrte die verlorene Tochter mit ihrem Sohn zu den Eltern zurück. Sie legte das Kind in die Arme ihrer Mutter und warf sich in die Arme ihres Vaters. Sie weinten, Tränen der Trauer, Tränen der Reue, Tränen der Vergebung, Tränen des Glücks. Der Sohn war ihnen genommen worden, die Tochter und ein Enkel waren ihnen zurückgegeben worden. Tod und Leben, Schmerz und Glück, Gott hatte sie verdammt, Gott hatte sie gesegnet – der Kreis schloß sich.

Else blieb die sieben Trauertage hindurch bei ihren Eltern. Sie saß mit ihnen im Salon auf dem moosgrünen Sofa und empfing die Gäste. Die Tür zur Wohnung stand offen, und Onkel und Tanten, Vettern und Cousinen, Freunde und Bekannte strömten herein, packten Körbe und Taschen aus, wärmten die mitgebrachten Gerichte, schnitten den Kuchen, kochten Tee oder Kaffee, servierten ihn, wuschen das Geschirr ab. Man sprach, wie es im Judentum üblich ist, nicht über den Tod und den Verstorbenen, sondern über das Leben. Und das Leben, in Gestalt von Peter, saß auf sämtlichen Schößen des Kirschner-Clans, wurde an üppige Busen und steife Hemdbrüste gedrückt, wurde geküßt und liebkost, wurde mit Schokolade gefüttert und mit Geschenken überschüttet. Der kleine Prinz kam gar nicht mehr dazu, die Brauen zu senken. Er fand, was sich um ihn herum tat, albern, aber nicht gerade unangenehm. Er begriff sehr schnell, daß Menschen sich um seine Gunst bemühten, daß sie ihn liebten und bewunderten. Dieses Wissen wurde zum Schwerpunkt seines Lebens, formte sein Wesen und blieb ihm zwanzig Jahre lang erhalten.

Am Ende des siebenten Tages, als der letzte Gast gegangen war, erschien Fritz, um Frau und Sohn abzuholen. Else, Peter auf dem Arm, öffnete ihm die Tür, nahm ihn bei der Hand und führte ihn vor die Eltern. Er stand da, geknickt und stumm, ein Blatt Papier in der Hand. Minna strich ihm über den Arm, Daniel legte ihm die Hand auf die Schulter.

Er könne nicht sprechen, murmelte Fritz, alles, was er empfände, stünde in dem Gedicht.

Daniel nahm ihm das Blatt aus der Hand und begann laut zu lesen. Es war ein so schönes, trauriges Gedicht, daß er nicht über den ersten Vers hinauskam. Die ganze Familie löste sich in Tränen auf, und Peter begann zu schreien.

»Das Kind!« sagten Minna und Daniel wie aus einem Mund, und der Schrecken, dem Enkel mit ihren Tränen ein Leid zugefügt zu haben, verdrängte das eigene Leid. Else versuchte den Jungen zu beruhigen, aber Peter, der inzwischen erkannt hatte, daß es viel bessere Dinge auf der Welt gab als tröstende Worte, schrie weiter.

Minna nahm ihn ihrer Tochter aus dem Arm und mit einem unendlich zärtlichen Lächeln, ihn wiegend und leise ein Lied dazu summend, begann sie im Zimmer auf und ab zu gehen. Daniel, ein Stück Schokolade in der Hand, lief hinterher. Peter verstummte, richtete das Köpfchen steil auf und zog die Brauen hoch. Er schaute, so schien es Fritz und Else, triumphierend zu ihnen hinüber. Der Grundstein zu seiner Erziehung war gelegt.

Für das junge Paar begann ein neues Leben, ein Leben wie im Märchen. Goldtaler, seit langem für die Mitgift der Tochter und die Geburt des ersten kleinen Mislowitzer, der nun ein Schwiefert geworden war, zurückgelegt, fielen vom Himmel. In dem kleinen, weinroten Büchlein notierte Else: »Unser Kind bekam als Morgengabe: vom Großvater Kirschner eine Lebensversicherung, von Großmutter Kirschner ein Sparkassenbuch, nebst vielen anderen Geschenken von Onkeln, Tanten, Vettern und Basen.«

Aber das waren Kinkerlitzchen gegen die Morgengabe, die Else erhielt. Sie bestand aus einem Haus in Dahlem, dem exklusivsten Villenviertel Berlins.

Ich mag ein Jahr alt gewesen sein, als meine Mutter es verließ, und habe es, während der zehn Jahre, die ich als Kind in Berlin lebte, nicht einmal zu Gesicht bekommen. Erst im Jahre 48 oder 49, bei einem kurzen Besuch in Berlin, war ich, auf den Spuren der Vergangenheit, nach Dahlem gegangen. Die Bomben hatten dieses Viertel verschont, und so war sein ländlicher Charakter erhalten geblieben: schmale Straßen mit Katzenkopfpflaster, große Gärten mit hohen alten Bäumen, feudale, weit auseinanderliegende Villen, die, obgleich unbeschädigt, einen mitgenommenen und merkwürdig wehmütigen Eindruck machten. Vielleicht war es aber auch nur die eigene Wehmut, die ich an diesem grauen, verhangenen Vormittag in sie hineinprojizierte.

Das Haus, in dem meine Mutter endlich die weite, freie, herrliche Welt kennenlernen sollte, beeindruckte mich mehr durch seine Größe als Schönheit. Vielleicht war es damals schöner gewesen, weiß gestrichen, mit sonnengelben Fensterläden und bunten Vorhängen, auf der Terrasse Tisch und Stühle unter einem großen, blaugestreiften Schirm, im Garten Blumen, Sträucher und eine Kinderschaukel. So hatte ich es mir vorgestellt. Denn das turbulente Leben, eine nicht abreißende Kette an Feiern, Festen und Kunstsoirees, Liebesfreuden, Liebeswahn und Liebesdramen konnte sich unmöglich in diesem grauen Kasten mit den laschen Gardinen und dem kahlen Garten abgespielt haben. Während der Nazizeit war es selbstverständlich enteignet und einem Schauspieler namens Matterstock zugeschanzt worden. Nach dem Krieg, als ich es sah, wohnte ein amerikanischer Offizier mit Frau und sieben Kindern dort. Groß genug war es ja, und vermutlich hatte auch mein guter Opapa Kirschner, als er es kaufte, mit üppigem Familiennachwuchs gerechnet. Seine Blusen, Schürzen und Morgenröcke müssen damals sehr gut gegangen sein, oder Häuser waren während des Ersten Weltkrieges nicht viel wert gewesen, oder er hatte ein beträchtliches Darlehen aufgenommen. Auf jeden Fall wird ihm für sein und Minnas Glück im Unglück und für das Wohlergehen seiner geliebten, tapferen Tochter, seines charmanten, fleißig arbeitenden, wenn auch christlichen Schwiegersohnes und des einzigartigen Enkels nichts gut und teuer genug gewesen sein.

Grau unter grauem Himmel, oder wie damals weiß unter blauem Himmel, hatte ich den Beweis vor Augen. Und auch sie sah ich, das gebräunte Gesicht, die hohen Backenknochen, die leuchtenden, rehbraunen Augen. Jung und verrückt, mitgerissen von den hektischen zwanziger Jahren und mit sich reißend.

»Du hast recht«, schrieb ihr zweiter Mann an ihren ersten, »wenn Du sagst, noch heute erscheint es unfaßbar, daß dieser vitale Mensch nicht mehr am Leben sein soll. Wenn ich an ihrem Grabe bin, dann habe ich oft das Gefühl des Unwirklichen, so als ob ein Teil von mir selbst dort begraben wäre. Sie war zu sehr der menschliche Mittelpunkt unseres Kreises, als daß man sie vergessen könnte...«

Das Haus wurde eingerichtet. Daniel hatte eine große Zahl an Freunden und Bekannten, die mit Möbeln, Lampen, Stoffen und Haushaltwaren handelten, und alle wollten ihm beim Nestbau seiner Tochter behilflich sein. Man holte Waren bester Qualität aus den Lagern, man ging mit den Preisen herunter, man gab ihm zinsfreie Kredite. Wozu sind wir Juden? Um zusammenzuhalten und einander beizustehen.

Else hatte es nicht leicht, die eifrigen Händler in Schach zu halten, ihnen klarzumachen, daß sie keine wertvollen, verschnörkelten, beplüschten »Stilmöbel« haben wolle, keine zentnerschweren Kronleuchter, keine falschen Perserteppiche, sondern einfache, freundliche Sachen, in denen man sich wohl fühlte. Sie wollte auch kein behäbiges

Ehebett, keine Tapeten, keine Gardinen aus weißen Spitzen.

Ganz aus der Art geschlagen, das Mädchen, sagten die Händler und schleppten Stücke herbei, die keiner haben wollte. Die gefielen Else.

Während sie das Haus einrichtete und Fritz in der Bibliothek arbeitete, war Peter bei den Großeltern, und jeden Abend, wenn seine Mutter ihn abholte, wußten sie von neuen Erfolgen zu berichten: Ein Zähnchen war durchgebrochen, er war alleine vom Tisch bis zum Sofa gelaufen, er hatte zwei Portionen Grießbrei gegessen, er konnte vier neue Worte sagen und die wären: Owawat, Gigagaten, Pümpf und Sagakuch, in anderen Worten: Elefant, Tiergarten, Strümpfe und Taschentuch. Ihr größter Triumph war jedoch, daß sie Else zur Weihnachtszeit mitteilen konnten, der kluge Junge fürchte sich vor geschmückten Tannenbäumen. Ihr Enkel war, im Gegensatz zur Tochter, ein jüdisches Kind. Kaum war das festgestellt worden, ließen Else und Fritz ihren Sohn evangelisch taufen.

Ich glaube nicht, daß es allein Peters Furcht vor Weihnachtsbäumen war, die sie zu diesem Schritt bewogen hat, aber was es war, kann ich nicht mit Gewißheit sagen. Vielleicht die christliche Atmosphäre, die glitzernd auf die Stadt und besinnlich in die Gemüter der Menschen troff und Elses Neigung zum Christentum neu entzündete; vielleicht das alte Kindheitstrauma des in der Besenkammer verschwindenden Weihnachtsbaums, das sich offenbar bis in ihr Kind fortgesetzt hatte; vielleicht aber auch nur Fritz' christliche Mutter, die die Seele ihres Enkels retten wollte. Wie dem auch sei, Peter wurde, wie in dem weinroten Büchlein eingetragen, vom Pfarrer Rudolph in der Luisenkirche getauft. Mit Gewißheit kann ich nur sagen, daß die Großeltern Kirschner nichts davon erfahren haben.

In den ersten Tagen des neuen Jahres zog die kleine Familie in das große Haus ein. Jetzt hatte jeder mindestens drei Zimmer, um seinen Lieblingsbeschäftigungen nachzugehen. Peter konnte schreien und poltern, Fritz schreiben, nachdenken und schlafen und Else lesen, Geige üben und Gäste empfangen. Da das Haus geputzt, die Wäsche gewaschen und das Essen, das dank der Großeltern üppiger ausfiel, zubereitet werden mußten, wurde ein Dienstmädchen angestellt. Fritz und Else waren glücklich. Ihre Liebe, die sie in Pusches zwei Zimmern nicht hatten ausleben können, entfaltete sich in der Dahlemer Villa zu einem wahren Feuerwerk, dessen Folgen Fritz geschickt zu verhindern wußte. Jetzt endlich war das Leben so, wie Else es von ihm erwartet hatte: voller Musik und Poesie, heiter und ungestüm.

Sie gaben zur Einweihung des Hauses ihr erstes Fest, und unter den vielen geladenen und ungeladenen Gästen war Grete, eine junge Frau, etwas älter als Else und das Gegenteil von ihr: hoch und gut gewachsen, mit glattem, blondem Haar und festem, blauen Blick. Ein durchweg anständiger, schöner Mensch, dachte Else; eine faszinierende Frau, dachte Grete über Else.

Haus und Fest wurden ein großer Erfolg, Else und Grete Busenfreundinnen. Was die eine an der anderen bewunderte und schätzte, war genau das, was ihr selber fehlte, egal ob es sich dabei um physische oder charakterliche Eigenschaften handelte.

Grete, gewissenhaft, ruhig und tüchtig, stammte aus einer preußischen höheren Beamtenfamilie und hatte viele Gaben. Sie war Lehrerin an einer Mädchenschule: Sie konnte kochen und backen, turnen und schwimmen, einen Nagel in die Wand schlagen und einen Rock schneidern. Darüber hinaus lebte sie allein in einer kleinen Mansardenwohnung.

Else war tief beeindruckt. Hier war ihr zum erstenmal eine Frau begegnet, die sich unabhängig gemacht hatte und, im Notfall, auf keinen Mann angewiesen war. Sie fand das sehr erstrebenswert, konnte sich allerdings keinen Fall vorstellen, der sie nötigen würde, ohne einen Mann auszukommen. Grete wiederum war tief beeindruckt von Elses Lebensstil: eine glücklich verheiratete Frau mit einem bezaubernden Sohn, die ganz für die Liebe und die schönen Künste lebte, die Klavier und Geige spielte und ein großes Haus führte. Else und Grete, mit Peter im Kinderwagen, machten lange Spaziergänge, auf denen sie ebenso lange, existentielle Gespräche führten. Sie gingen gemeinsam in Museen, lasen mit verteilten Rollen Theaterstücke, hörten sich Grammophonplatten mit klassischer Musik an. Grete brachte Else das Turnen und Schwimmen bei, Else kultivierte Gretes konventionellen Geschmack in Musik und Literatur. Sie nannten sich Hänsel und Gretel, waren ein Herz und eine Seele und sich gegenseitig eine große Bereicherung.

Fritz stand der Freundschaft neutral gegenüber. Frauen brauchten nun mal die Gesellschaft anderer Frauen, und was die beiden da so trieben, konnte nicht weiter schaden. Er fand Grete sehr hübsch, ziemlich langweilig, aber nicht störend. Grete nahm von Fritz keinerlei Notiz. Mit der Zeit begann ihn das zu irritieren, und er schenkte ihr mehr Aufmerksamkeit, die bei der jungen Frau nichts anderes hervorrief als tiefes Erröten.

Ob sie ihn so uninteressant finde, fragte er sie eines Tages. Grete erwiderte, darüber habe sie noch nicht nachgedacht, und errötete bis in die untere Spitze ihres bescheidenen V-Ausschnitts.

Oft gingen sie zu dritt ins Theater oder Konzert und einmal sogar in ein Tingeltangel zum Tanz. Fritz forderte Grete zum Tango auf, und nachdem sie sich ein wenig gewunden und Else ihr gut zugeredet hatte, folgte sie Fritz auf die Tanzfläche.

Sie tanzten, und Else schaute ihnen zufrieden lächelnd zu. Es lag ihr daran, daß ihr Mann und ihre Freundin ein etwas wärmeres Verhältnis zueinander fanden.

Im Frühjahr 1918 begannen die Entscheidungsschlachten im Westen. Sie zogen sich bis zum Hochsommer hin, dann gelang den Alliierten der Durchbruch. Der Krieg ging seinem Ende und damit der Niederlage Deutschlands entgegen. Die deutsche Wehrmacht leistete an der Westfront zwar immer noch zähen Widerstand, aber ihre Verbündeten hatten bereits kapituliert. Der innere Zusammenbruch des Landes kam schneller als der an der Front. Mit der Meuterei bei der Hochseeflotte brach die Oktoberrevolution aus. Der Kaiser dankte ab, die Republik wurde ausgerufen. Am 11. November wurde der Waffenstillstand mit den Alliierten geschlossen. Friede. Und in Berlin Straßenkämpfe, politische Morde, Maschinengewehrfeuer, Hungerrevolten, verstümmelte Kriegsinvaliden, heruntergekommene Arbeitslose, Elend.

Nur ein politisch versierter Mensch wußte, was sich tat und worum es ging. Fritz und Else, ihre Verwandten und Freunde hatten nur eine blasse Ahnung. Sie waren geschichtslose Menschen. Die einen lebten in der gutbürgerlichen Welt und waren kaisertreu, dann konservativ. Die anderen lebten in der Welt der Künste und des Humanismus und waren gar nichts. Für sie war Politik banal und gemein, und man vergeudete nicht seine Zeit damit. Der Begriff Sozialismus, der meist mit Kommunismus verwechselt wurde, wirkte abschreckend auf sie. Die Industrialisierung und ihre bitteren Folgen, das hungernde Proletariat in Mietskasernen und Hinterhöfen kannten sie nur aus Büchern von Gerhart Hauptmann und Zeichnungen von Käthe Kollwitz, aber das war Literatur und Kunst. Mit eigenen Augen sahen sie es nicht. Ebensowenig wie Minna, Daniel und ihre große Verwandtschaft nie den Fuß ins Scheunenviertel setzten, wo die orthodoxen Ostjuden mit Schläfenlocken, Streimel und Kaftan ihr mittelalterliches Ghettoleben führten und eine Schande für sie, die assimilierten Juden mit deutscher Staatsbürgerschaft, waren. Politischen Größen, wie etwa Rosa Luxemburg und Karl Liebknecht, schenkten sie zwar eine gewisse Beachtung, sie empörten sich auch über deren Ermordung, aber sie vergaßen sie schnell über einer von Furtwängler dirigierten Symphonie oder einer Aufführung von Max Reinhardt. In den Zeitungen überflogen sie die politischen Nachrichten, um sich dann intensiv, die einen dem Wirtschaftsteil, die anderen dem Feuilleton zuzuwenden. Im Radio hörten sie Musik.

Die Welt war damals noch so überwältigend groß und die Nachrichtenübermittlung so beschränkt, daß selbst das, was im eigenen Land geschah, ignoriert werden konnte. Sie ignorierten es so lange, bis sie zu Ignoranten wurden.

In Dahlem, dem pastoralen, weit vom Stadtzentrum entfernten Villenviertel, hörte man keine Maschinengewehrsalven, keine Schreie, keine Explosionen. Die einzige Zeitbombe, die dort tickte, war die im Haus des jungen Paares. Aber noch tickte sie so leise, daß man sie nicht aufspüren, nicht entschärfen konnte, und so lebten Fritz und Else in befristeter Harmonie.

Peter machte, unter dem Einfluß der Großeltern, rapide Fortschritte. Er aß jetzt nur noch zartes weißes Hühnerfleisch, das Daniel und Minna zu höchst unzarten Schwarzmarktpreisen erstanden. Wenig später aß er das Hühnerfleisch nur noch, wenn der Großvater einen Zylinderhut aufsetzte, die oberen Sprossen einer Leiter erklomm und dort ein Liedchen sang. Die Großeltern, in Anbetung des kleinen Haustyrannen, waren zu allem bereit. Fritz lachte über die Einfälle seines Sohnes, aber Else fand seine Ungezogenheiten und Kapricen, von denen er ständig neue und immer originellere ausheckte, nicht so komisch. So kreierte er zum Beispiel den Ausspruch: »Hier ewig stehenbleiben« und setzte ihn in den unmöglichsten Situationen in die Tat um. »Er will unter allen Umständen anders sein als andere Leute«, schrieb Else in das Büchlein. Sie ahnte nicht, daß er zeit seines Lebens anders sein sollte.

Ich habe aus diesem Jahr ein Photo von ihr und Peter. Sie sitzt in einem reich verzierten Kleid, vollschlank und lächelnd, auf einem Stuhl, Peter splitterfasernackt, die Brauen hochgezogen, auf ihrem Knie. Er nannte sie »liebe Mutti«, dann nur noch »Liebe«, seinen Vater hingegen sprach er mit Pitt an.

Wie gesagt, es war ein harmonisches Leben, und das einzige, was Else Sorgen machte, war Gretel. Sie war absonderlich geworden, ließ sich seltener, wenn Fritz im Hause war, überhaupt nicht mehr sehen, und war bei ihren Besuchen so zerfahren und bedrückt, daß man keine existentiellen Gespräche mehr mit ihr führen, keine Theaterstücke mit verteilten Rollen lesen konnte. Hörten sie zusammen Musik, brach sie oft in Tränen aus und wehrte Elses Trostversuche heftig ab.

Else, mit ihrer Weisheit und Geduld am Ende, schrie eines Tages, was, um Gottes willen, denn mit ihr los sei? Immerhin seien sie die engsten Freundinnen und Vertrauten, die nie ein Geheimnis voreinander gehabt hätten. Es sei verletzend, ja geradezu gemein, wie sie sie plötzlich behandele!

Die selbständige, mit so vielen erstrebenswerten Eigenschaften gesegnete Grete brach zusammen und verwandelte sich in ein zuckendes, heulendes Häuflein Elend.

Sie litte an schubartigen Schwermutsanfällen, schluchzte sie, auch ihre Mutter litte daran. Ein Familienfluch! Monate ginge alles gut, und dann plötzlich...

Else, erschüttert, wollte sie in die Arme nehmen, aber Grete stieß sie zurück und rannte aus dem Haus.

Am Abend berichtete sie den Vorfall Fritz. Man müsse sich jetzt sehr um Gretel kümmern, erklärte sie, und sie aus diesem Zustand herausreißen. Ob sie nicht alle drei am Sonntag zu einem Picknick in den Grunewald fahren oder mal wieder in ein Tingeltangel zum Tanz gehen könnten?

Gott behüte, stöhnte Fritz, hysterische Frauen seien ihm ein Greuel.

Else, alleine vor die heikle Aufgabe gestellt, die Freundin aus ihrer Schwermut herauszureißen, scheiterte. Gretes Zustand verschlechterte sich nur noch und nahm immer irrationalere Formen an. Mal schien sie Else fast zu hassen, dann wieder kam sie mit Blumen im Arm und Tränen in den Augen und machte ihr krampfartige Liebes-, Freundschafts- und Treuegeständnisse.

In ihrer Not befragte Else ihre Eltern, die viel von der tüchtigen jungen Lehrerin hielten.

Das sei sehr traurig, stimmten Daniel und Minna überein, aber überhaupt kein Wunder. Eine alleinstehende Frau müsse über kurz oder lang verrückt werden, und wenn Grete schon keinen Mann fände, solle sie wenigstens schnellstens zu ihren Eltern zurückkehren. Ein Jammer um so ein gutes Mädchen!

Dann, plötzlich, trat eine Wende ein. Nicht daß danach alles besser gewesen wäre, aber auf jeden Fall war es amüsanter. Gretel geriet außer Rand und Band, erzählte frivole Geschichten, lachte viel und schrill, zog sich aufreizend an und hatte an nichts anderem mehr Interesse als daran, mit Else in Cafés zu gehen und sich dort auf peinlich mißlungene Art als Femme fatale zu gebärden.

Sie hätte ihren Schwermutsschub überwunden, sagte sie und warf den Kopf in den Nacken wie ein Pferd, das eine Bremse loswerden will. Jetzt wolle sie leben.

Es war zur selben Zeit, als Fritz eine attraktive junge Dame mit nach Hause brachte und sie seiner Frau als Baronesse Eugenie von Liebig, eine Arbeitskollegin, vorstellte. Eugenie, kurz Enie genannt, hatte feuerrote, kurzgeschnittene Locken, eine helle, mit Sommersprossen gesprenkelte Haut und schwarze Salamanderaugen, in denen winzige Fünkchen glommen. Sie war genauso klein und gedrungen gewachsen wie Else, allerdings weniger gut gepolstert und wirkte darum zierlicher.

Hat bestimmt jüdisches Blut, diese Baronesse, ging es Else durch den Kopf.

Enie blieb zum Abendessen, und die Unterhaltung war so ungezwungen, heiter und interessant, als seien sie seit

Jahren aufeinander eingespielt. Die beiden jungen Frauen lachten über dieselben Dinge, besonders über den sprühenden, drolligen Fritz, sie liebten oder verabscheuten dieselbe Musik, dieselben Bücher oder Theateraufführungen, sie verachteten Kleinbürgerlichkeit und Chauvinismus, Buttermilch und Rucksackwanderungen, sie hatten die gleiche Begeisterungsfähigkeit, wenn ihnen etwas gefiel, und die gleichen heftigen Reaktionen, wenn ihnen etwas gegen den Strich ging.

»Ihr seid wirklich aus einem Holz geschnitzt«, sagte Fritz um Mitternacht und begleitete seine Arbeitskollegin nach Hause. Enie wurde ein häufiger, von Else gern gesehener Gast. Jetzt, da mit Gretel kaum noch etwas anzufangen war, brauchte sie einen Ersatz und fand ihn in der lebhaften, intelligenten Baronesse. Allerdings war ihre Beziehung zu der nicht so harmonisch wie die zu der blonden, widerstandslosen Lehrerin, die Else verherrlicht hatte. Enie war kritisch, scharfzüngig, explosiv, und Else teilte zwar viele Eigenschaften mit ihr, nicht aber deren Raffinesse und Weltgewandtheit. Sie stritten sich oft und gingen türschlagend auseinander, um sich wenige Tage später unter Gelächter und Umarmungen wiederzufinden.

Einmal trafen Enie und Grete zufällig in der Dahlemer Villa zusammen und bescherten Else eine makabre Stunde. Grete, ein Ausbund verklemmten Übermuts, hörte nicht auf zu quatschen, zu quietschen und zu zappeln: Enie, ein Muster hochmütigen Adels, betrachtete sie entweder mit stummem Ekel oder erniedrigte sie mit einer wohlgezielten bissigen Bemerkung. Else fand die eine wie die andere widerwärtig und hatte das Gefühl, auf glühenden Kohlen zu sitzen.

Es war die Lehrerin, die als erste das Feld räumte. Wie sie eine derartig böse Person über ihre Schwelle lassen könne, fragte sie Else an der Haustür. Sie solle sich bloß vorsehen, denn eines Tages würde diese Verbrecherin sie ins Unglück stürzen.

Wie sie ein schwachsinniges Huhn zur Freundin haben

könne, fragte die Baronesse, als Else ins Zimmer zurückkam. Die nächste könne sie sich gleich im Irrenhaus suchen.

Gretel sei leider in einer Phase der Unausgeglichenheit, wies Else sie zurecht, aber sonst ein absolut anständiger und guter Mensch.

Da lobe sie sich doch die unanständigen, bösen Menschen, sagte Enie, die blieben wenigstens ausgeglichen.

Und sie brach in höllisches Gelächter aus.

Enie war die Tochter eines halbjüdischen Chemikers, der für seine Leistungen den Titel eines Barons verliehen bekommen hatte, und einer Münchner Schneiderin, die in einem eleganten Damensalon arbeitete und eine schöne, stolze und strenge Frau war. Das Paar war nicht verheiratet. Der Vater lebte in Berlin, Enie wuchs bei ihrer Mutter in München auf und kam mit zwölf Jahren in ein vornehmes Klosterinternat. Sie erhielt dort eine erstklassige, puritanische Erziehung, die sie achtzehnjährig mit dem Abitur abschloß. Zu diesem Zeitpunkt hielt es der Baron für angebracht, die Schneiderin zu heiraten und seiner Tochter Namen und Titel zu vererben. Enie zog mit ihrer Mutter zum Vater nach Berlin.

Die kleine Enie, die zweifellos unter ihrer Unehelichkeit, der Abwesenheit des Vaters, der Strenge der Mutter und der Unfreiheit und Bigotterie der Klosterschule gelitten hatte, war plötzlich die Baronesse Eugenie von Liebig, die in einer herrschaftlichen Villa lebte und von Menschen, die sie zuvor mit Geringschätzung behandelt hatten, anerkannt und hofiert wurde. Aber die Vergangenheit hatte ihre Spuren in Enies Charakter hinterlassen. Die Aggressivität und Skrupellosigkeit, mit der sie sich früher ihren Weg gebahnt hatte, der Geltungstrieb und das Mißtrauen waren nicht mehr aus ihr herauszubringen und wurden mit zunehmendem Alter immer deutlicher sichtbar.

Ich habe sie einige Jahrzehnte lang gekannt, sehr gut gekannt, und sie hat mich eine Zeitlang aufrichtig geliebt. Als

Kind fand sie mich unerträglich verzogen, und ich fürchtete ihre Wutanfälle, die noch furchtbarer waren als die ihrer Freundin Else. Als junge Frau, aus der Emigration zurückgekehrt, warf sie mir zu Recht vor, meine Mutter im Stich gelassen zu haben, und wollte nichts mehr von mir sehen und hören. Als ich dann eines Tages – ich glaube, es war im selben Jahr, in dem ich das Haus in Dahlem aufsuchte – vor ihrem Gartentor in Wannsee stand und sie mich von ihrem Liegestuhl aus entdeckte, sprang sie hoch, rannte schreiend auf mich zu und umklammerte mich. »Else«, weinte sie, »ich glaubte, da steht Else.«

Von diesem Tag an verband uns eine Beziehung, die weit über ihre Freude, ein Stück Else in mir, und meine, ein Stück Mutter in ihr gefunden zu haben, hinausreichte. Wir waren Vertraute und Komplizinnen, die sich rückhaltlos einander mitteilten. Enie führte damals ein für sie ungewöhnliches Leben, das sie unter ihrem sechzehnjährigen Sohn, Michael, und drei Männern aufteilte: Fritz, ihrem Mann, für den sie nur noch eine mit Verachtung gemischte Loyalität empfand; Leon, einem belgischen ehemaligen Bergwerksarbeiter und Kriegsgefangenen, der seit Jahren bei ihr lebte und sowohl ihre Stütze in der Nachkriegszeit als ihr Liebhaber war; und Wolfgang Jacobi, einem wohlhabenden, pensionierten Juden, mit dem sie gemeinsam luxuriöse Reisen unternahm. Alle drei liebten sie, sie liebte keinen mehr.

In den sechziger Jahren zog sie auf zwei Jahre in einen Münchner Vorort, um in der Nähe ihrer Mutter zu sein, die, weit über achtzig, in einem Damenstift auf den Tod wartete. Fritz und Wolfgang Jacobi waren inzwischen gestorben, Michael war in die Schweiz übergesiedelt, der Besitz Am Kleinen Wannsee 20a, über dreißig Jahre ihr Zuhause, verkauft worden, und Leon, zurückgeblieben, fristete in einem Zimmer ein trauriges Dasein, das hauptsächlich aus Alkohol und Zigaretten bestand.

Enie lebte zurückgezogen mit ihren Büchern und ihrem kakaofarbenen Pudel in einer kleinen Wohnung, die mit einem Teil der schönen alten Wannseer Möbel, Teppiche und Bilder eingerichtet war. Wir sahen uns damals regelmäßig. Ich fuhr am Sonnabend zu ihr hinaus und blieb über Sonntag dort. An diesen stillen Wochenenden, die wir in tiefstem Einklang verbrachten, war meine Mutter immer gegenwärtig. Enie sprach stundenlang in aller Offenheit über sie, und eines Tages gab sie mir zwei Kartons mit den schriftlichen Hinterlassenschaften meiner Mutter und meines Bruders.

Nach dem Tod der alten Frau von Liebig ging Enie zurück nach Wannsee, mietete in einer stattlichen alten Villa mit großem Garten die untere Etage und fühlte sich dort endlich wieder glücklich und zu Hause. Sie versuchte, eine neue, rein freundschaftliche Beziehung zu Leon herzustellen, aber das wollte nicht recht gelingen, da der sie nach wie vor liebte und ihr, voll des Alkohols und der Eifersucht, wüste Szenen machte. Drei Jahre später wurde Enie mitgeteilt, daß die Villa abgerissen und an deren Stelle ein Appartementhaus gebaut würde. Sie weigerte sich, die Wohnung zu verlassen. Kurz bevor die Bulldozer in den Garten eindrangen, schluckte sie dreißig Schlaftabletten und den Inhalt einer Flasche Champagner. Leon fand sie zwölf Stunden später. Sie wurde ins Krankenhaus gebracht und lag eine Woche im Koma. Als sie daraus erwachte, war ihr erstes Wort: »Scheiße!« Dann nahm sie ihr Leben wieder auf.

Sie war jetzt 71 Jahre, hatte ein kleines, faltiges Eidechsengesicht mit schwarzen, funkelnden Salamanderaugen, falsche Zähne, schütteres, fuchsrot gefärbtes Haar, das sie mit einem Haarteil auffüllte, und – um mit ihren Worten zu sprechen – einen »Truthahnhals«. Sie war rundlich, aber nicht dick geworden, trug Kleider aus wundervollen, exotischen Stoffen, die sie bei einer Schneiderin nähen ließ, pelzgefütterte Umhänge, kleine Kappen und Hüte mit Schleier, kostbaren alten Schmuck, zierliche Schuhe mit hohen Absätzen und benutzte die besten französischen Parfums. Ihre Eleganz war unkonventionell und darum perfekt und unnachahmlich. Ihre Aggressivität und ihr Geltungstrieb kamen zu der Zeit voll zum Ausbruch. Sie verkrachte sich mit den letzten ihrer langjährigen Freunde, auch mit mir, ohne daß ich gewußt hätte, worum es ging. Sie machte viel unnützen Gebrauch von dem Namen und Titel ihres Vaters. Mit 73 Jahren unternahm sie auf einem großen Frachtschiff eine Weltreise. Passagiere und Mannschaft waren von ihrer Persönlichkeit, ihrer Vitalität, ihrem Charme fasziniert. Der Barmann, ein gut aussehender Italiener, verheiratet und dreißig Jahre jünger als sie, verliebte sich in Enie, und sie erlebte mit ihm ihre letzte große Romanze. Er sei der einzige Mann gewesen, vertraute sie mir an, der sie rundum glücklich gemacht hätte. Bei Fritz sei es nur ihr Kopf und Herz gewesen, bei Leon nur ihr Körper.

Zwei Jahre später machte sie mit demselben Frachter und Barmann wieder eine, nicht minder glückliche Weltreise. Als sie davon zurückkehrte, erklärte sie ihr Leben als Frau für beendet. Der Zerfall setzte prompt und erbarmungslos ein. Sie, die bis zu diesem Tag vor Gesundheit und Intensität gestrotzt, die unbeschadet gegessen, getrunken und geraucht hatte, wie ein Wiesel gelaufen, wie ein Otter geschwommen und wie ein junges Mädchen gereist war, wurde kraftlos. Immer neue Leiden stellten sich ein, Depressionen, die in kurze manische Phasen umschlugen und sie in einen bösartigen Poltergeist verwandelten. Ihr Sohn Michael wollte sie dazu überreden, zu ihm, seiner Frau und seinen zwei Töchtern in die Schweiz zu ziehen.

»Das fehlt mir gerade noch!« schrie sie. »Mit meinem Sohn und seiner Familie in dieser gräßlichen Schweiz leben!« Sie verließ kaum noch die Wohnung, die sie haßte, weil sie sich in einem spießigen Haus ohne Garten befand. Sie las, sie hörte Musik im Radio. Leon, nun wirklich ein treuer Freund, sorgte für sie.

Ich lebte damals in Paris, und wir telefonierten mindestens einmal die Woche miteinander. Ich bat sie, mich zu besuchen. Sie liebte Paris, die Franzosen, deren Küche, deren Sprache, die sie fließend beherrschte. Sie erklärte, Paris sei für die Lebenden, und zu denen könne sie sich nicht mehr zählen.

Eines Nachts rief sie mich an und teilte mir mit, daß sie jetzt im Besitz einer hundertprozentig tödlichen Pille sei und sich umbringen werde. Ich, die ich eine »gesunde« Einstellung zum Selbstmord hätte, sei die einzige, mit der sie darüber sprechen könne. Ich sagte, sie solle wenigstens warten, bis wir uns noch einmal gesehen hätten, und flog am nächsten Tag nach Berlin.

Ich verbrachte drei Tage mit ihr in Wannsee. Sie sah aus wie ein gerupftes Vögelchen in einem schönen, exotischen Gewand. Sie duftete wie eine entstöpselte Flasche besten Parfums. Sie kochte mir meine Lieblingsgerichte. Wir sprachen, Cognac trinkend und Zigaretten rauchend, bis spät in die Nacht. Sie sprühte vor Charme, Witz und Intelligenz. Sie schenkte mir einen wertvollen Perlenring, lange schwarze und weiße Glacéhandschuhe, Spitzen und indische Tücher, die ich heute noch habe. Sie machte mir den Abschied so schwer sie nur konnte. Sie brachte sich nicht um. Zu Weihnachten rief sie mich in überschwenglicher Stimmung an und erzählte, ihr Sohn mit Familie sei bei ihr und sie verbrächten herrliche Tage. Danach wurden ihre meist nächtlichen Anrufe immer bizarrer. Sie begann mich zu beschimpfen und zu beschuldigen. Ich behandle sie genauso schlecht, wie ich ihre Freundin Else, meine Mutter, behandelt hätte. Sie befahl mir, den Perlenring meiner Schwester zu geben, die ihn sich, gut und benachteiligt wie sie immer gewesen sei, verdient hätte. Ihr Sohn, mit dem ich mich in Verbindung setzte, empfing ähnliche Anrufe. Er sagte, da sei nun nichts mehr zu machen.

Mit achtzig Jahren verübte sie auf grausige Art Selbstmord. Sie stieg mit einem eingeschalteten Fön in eine volle Badewanne.

Ich habe Else als Mutter gekannt, daß ich sie als Frau kennen, verstehen und lieben lernen sollte, verdanke ich in erster Linie Enie, ihrer Ehrlichkeit und Offenherzigkeit und den zwei vollgepackten Kartons, die sie mir damals mit den Worten: »Nimm das und mach was draus« überreichte.

Enie ist nichts an Else verborgen geblieben, weder ihre Schwächen noch ihre Stärken, weder ihre Hochs noch ihre Tiefs, weder ihre Ängste noch ihre Leidenschaften, weder ihre flüchtigen Affären noch ihre ernsten Liebesbeziehungen. Sie hat eine Zeitlang den Mann mit ihr geteilt und zwei Jahre unter einem Dach mit ihr gelebt. Sie hat sie gehaßt und geliebt, sich viele Male mit ihr zerstritten und ihr ebenso oft die aufrichtigste Freundschaft bewiesen. Zwanzig Jahre lang.

Von Enie erfuhr ich also auch von der Tragödie, die wie ein Erdbeben über Else kam, ihr Leben als liebende und geliebte Ehefrau und Mutter erschütterte, ihr Weltbild, dessen Wurzeln immer noch tief in der jüdischen Tradition verankert waren, zerschmetterte und sie erst Monate später, als eine von Grund auf verwandelte Frau, aus dem Schutt und der Asche ihrer Illusionen steigen lassen sollte.

»Es war die Stunde der Wahrheit«, hatte mir Enie erzählt, »und die mußte ja irgendwann kommen. Nur hätte ich mir für Else gewünscht, daß sie nicht so plötzlich und drastisch gekommen wäre und ich mich nicht wie ein Schweinehund benommen hätte. Aber ich hab's dir ja schon hundertmal gesagt: Ich bin eben ein böser Mensch!«

In ihrem kleinen Eidechsengesicht war der Kummer darüber, daß sie ein böser Mensch war, der Befriedigung, sich dazu zu bekennen, gewichen, und sie war fortgefahren: »Wodurch die Bombe hochgegangen ist, weiß ich eigentlich gar nicht mehr – vielleicht hat Fritz einen Brief an mich liegengelassen oder irgendsowas. Zündstoff gab es ja genug, und daß Else die Lunte nicht schon viel früher gerochen hat, war sowieso ein Wunder. Also, eines schönen Morgens platzte sie in mein Zimmer in der Bibliothek, sah aus wie eine Furie und schrie – du weißt ja, wie sie schreien konnte! –, ich sei das infamste, verworfenste, verlogenste Geschöpf auf Gottes weiter Welt. Ich hätte mich heimtükkisch bei ihr eingeschlichen, um Fritz, ihren Mann, den Vater ihres Kindes einzufangen und in ein Verhältnis hineinzumanövrieren. Ich war so überrumpelt und verwirrt, daß ich die Geschichte nicht mal leugnen konnte. Ich hab' also auf souverän gemacht und gesagt, wir seien hier in einer Bibliothek und sollten die Sache vielleicht an einem anderen Ort, zu einer anderen Stunde wie zivilisierte Menschen besprechen. Ob ich mich zu den zivilisierten Menschen zählen würde, hat sie noch lauter geschrien, ich sei nichts anderes als ein skrupelloses, abgefeimtes Luder und weder zivilisiert noch Mensch und ihre Freundin Grete, mit ihrem feinen Gespür, hätte das alles vorausgesehen und sie, Else, vor mir, Enie, gewarnt.

Wenn sie nicht mit dieser Grete mit ihrem feinen Gespür gekommen wäre, wer weiß, vielleicht hätte ich mich noch weiter beherrschen können. Aber das ist mir einfach über die Hutschnur gegangen. Ich bin in die Luft gegangen wie eine Rakete, entsetzlich!... Und habe gebrüllt: Deine gute, anständige Grete mit ihrem feinen Gespür war meine Vorgängerin bei deinem Mann, und wahrscheinlich lagen noch ein paar andere dazwischen. Von wegen ich habe deinen treuen Ehemann in ein Verhältnis hineinmanövriert! Daß ich nicht lache!

Du, Angeli, mir wird heute noch übel, wenn ich daran denke. Ich hab' doch gewußt, wie sehr sie ihren Fritz geliebt und an ihre Ehe geglaubt hat. Wirklich, sie war davon überzeugt, daß sie mit ihm und er mit ihr bis in alle Ewigkeit glücklich verheiratet bleiben würde. Und dann, von einer Minute auf die andere, erfährt sie, daß sie ihr herrlicher Fritz, für den sie über Leichen gegangen wäre, am laufenden Band betrügt, belügt und zum Narren hält: mit mir, seiner platonischen Arbeitskollegin, mit Grete, ihrer über jeden Zweifel erhabenen Busenfreundin, mit Krethi und Plethi. Kannst du dir vorstellen, was da in ihr passiert ist? Ein Erdrutsch, plötzlich alles weg. Ich hatte Angst, sie kippt mir um, so elend hat sie ausgesehen. Ich bin auf sie zugestürzt, um sie zu halten, zu umarmen, um Verzeihung zu bitten. Aber sie hat beide Arme vorgestreckt... so... und hat gesagt: Rühr mich nicht an! Rührt mich alle nicht mehr an! Und ist gegangen.«

Enie sah mich an, als sei ich Else: Tränen in den Augen, ein Zittern um den Mund, die Arme immer noch vorgestreckt. »Ich schwöre dir, Angeli«, sagte sie mit leiser, eindringlicher Stimme, »ich habe damals schon gewußt, daß wir die Else, die sie bis dahin gewesen war, nie mehr wiedersehen würden.«

Der Kapp-Putsch, der Berlin zum Schlachtfeld zu machen drohte, der vierundzwanzigstündige Generalstreik der sozialistischen Arbeiterschaft, der es in eine Totenstadt verwandelte, die galoppierende Inflation, der man mit Koffern voll wertlosem Geld hinterherrannte, und die Arbeitslosigkeit, die sich in grauen Menschenschlangen durch die Stadt wand, all diese existenzbedrohenden Stürme, die Deutschland peitschten, fegten bereits den Boden für das kommende Unheil frei. Das war der Hintergrund, vor dem sich Elses persönliches Drama abspielte.

Zunächst war sie betäubt und keines klaren Gedankens, keines eindeutigen Gefühls fähig. Sie war wie ein Vogel, der, den Zähnen einer Katze gerade noch entkommen, vom Schock gelähmt, bewegungslos auf einer Stelle hockt, anstatt sich seiner Flügel zu bedienen. Sie spürte den Schmerz wie ein dumpfes Rumoren und wußte, daß er in dem Moment, in dem sie aus ihrer Starre erwachte, in tobende Folterqualen ausbrechen würde. Sie wünschte, nie mehr zu erwachen, nie darüber nachdenken zu müssen, was ihr Mann, was ihre Freundinnen ihr angetan hatten, nie mit den sich daraus ergebenden Folgen konfrontiert zu werden.

Sie brachte Peter mit der Erklärung, sie fühle den Anfang einer Grippe, auf ein paar Tage zu ihren Eltern, lief stundenlang kreuz und quer durch den Grunewald, setzte sich schließlich auf eine Bank und starrte vor sich hin. Ein Liebespaar ging an ihr vorbei, ein Mikrokosmos seliger Zweisamkeit im schleudernden Weltall. In einiger Entfernung blieben sie stehen und küßten sich. Else begann in Erinnerung an die Seligkeit ihres eigenen, verlorenen Mikrokosmos zu weinen. Oh, das Glück, das sie in den gestohlenen Stunden in regennassen Parks und muffigen Konditoreien empfunden hatte, der unerschütterliche Glaube an die Liebe, das Vertrauen in Pitt, die Zuversicht, aus ihrer Ehe etwas Schönes, Großes und Starkes zu machen! Und er, er hatte alles in den Dreck gezogen, hatte sie auf furchtbare Weise hintergangen, erniedrigt, zerbrochen.

Rotglühende Wut stieg in ihr auf, trocknete im Nu ihre Tränen, jagte sie nach Hause. Fritz schrieb an seinen ›Dionysischen Freuden‹, einem Theaterstück, an dem er seit Beendigung und Publikation des Rilke-Buches arbeitete. Else, hinter ihm in der Tür stehend, sagte, sie müsse mit ihm sprechen.

Ob er nicht erst die Szene fertig schreiben könne, fragte er irritiert.

Er könne die Szene fertig schreiben, wenn sie mit ihrer Szene fertig sei. Dann hätte er mehr Zeit als genug dazu.

Er drehte sich überrascht zu ihr um. Noch nie hatte sie so barsch und sarkastisch mit ihm gesprochen, geschweige denn darauf bestanden, daß er seine Arbeit, aus welchem Grund auch immer, unterbreche. Ihre Augen waren enorm groß und dunkel, der kalte Blick so beunruhigend wie ihre Stimme.

Ob etwas passiert sei, wollte er wissen.

In der Tat, sagte sie und sah in seinem Gesicht Unsicherheit mit böser Ahnung, böse Ahnung mit schrecklicher Gewißheit wechseln.

Ja, sagte sie, sie wisse über alles Bescheid. Über seine Liebschaft mit Enie, sein Verhältnis mit Grete, und das, was noch dazwischen liege, wolle sie gar nicht wissen.

Er war grünlich-blaß geworden, und seine große, eindrucksvolle Nase ragte aus den angespannten Gesichtszügen noch größer hervor.

Er könne ihr alles erklären, sagte er, zündete sich mit zappelnden Händen eine Zigarette an und begann, eine Verteidigungsrede vorbereitend, im Zimmer auf und ab zu gehen.

Da sei sie aber gespannt, sagte Else, er solle sich ja etwas Überzeugendes einfallen lassen.

Er suche gar nicht nach Ausflüchten, erwiderte Fritz, er wolle sie nur darüber aufklären, was in einem Mann, einem Künstler, einem Intellektuellen vor sich gehe. Denn ein Künstler, ein Intellektueller sei kein normaler Durchschnittsmensch, der sich in einem Haus mit Frau und Kind zur Ruhe setzen könne. Er sei ein Suchender, ein unruhiger, oft gequälter Geist, der Freiheiten, Anregungen und Impulse brauche, die ihm ein häusliches Dasein schwer vermitteln könnten. Damit meine er nicht, daß er dieses häusliche Dasein mit einer geliebten Frau und einem prächtigen Sohn nicht zu schätzen wisse, bei Gott, nein, es sei das A und das O. Aber die Liebe dürfe eben keine Fessel werden, die Ehe kein Gefängnis, sonst laufe er Gefahr, seine Schaffenskraft einzubüßen.

Jetzt hatte Else endlich die Antwort auf die Frage, die sie sich von Jugend an mit ehrfürchtigem Schauder gestellt hatte: Wie sieht es in einem Künstler aus? Was denkt er? Wie lebt er? So also dachte und lebte er, und sie hatte es sich eigentlich etwas anders vorgestellt, etwas geistiger, etwas metaphysischer, nicht nur auf erotische Abenteuer konzentriert. Sie fand sein Verhalten genaugenommen nicht mehr so ehrfurchtgebietend, und wenn sie dann auch noch selber dadurch in Mitleidenschaft gezogen wurde, ziemlich unerfreulich.

Else schwieg, und Fritz, vor ihr stehenbleibend und ihr Gesicht in beide Hände nehmend, fragte, ob sie ihn begreife.

Sie entgegnete, ja, sie begreife ihn, aber wenn er ihr all

das vor der Hochzeit gesagt hätte, hätte sie auch begriffen, daß sie ihn nicht heiraten könne. Denn ihre Auffassung von Liebe und Ehe sei eben keine künstlerische, sondern die einer normalen Durchschnittsfrau, die die Schaffenskraft ihres Mannes nicht unbedingt ihren Freundinnen verdanken wolle. Also solle er sich jetzt entscheiden: entweder Enie, Grete, Krethi und Plethi oder sie.

Sie natürlich, beteuerte Fritz, denn sie sei die einzige, die er liebe. Das andere, das seien sporadische Abenteuer, und es sei geradezu lächerlich zu glauben, daß die ihr etwas wegnähmen und seine Liebe zu ihr, seine Ehe mit ihr, beeinträchtigten. Im Gegenteil, sie bestärkten nur sein Gefühl für sie und bereicherten ihre Ehe um eine dritte Dimension.

Das sei zu hoch für sie, erklärte Else, und sie persönlich könne und werde auf die Bestärkung und Bereicherung verzichten.

Sie zog aus dem gemeinsamen Schlafzimmer aus, und Fritz begann um die Fesseln ihrer Liebe, das Gefängnis seiner Ehe zu fürchten.

Die Entdeckung seiner Untreue zog weite Kreise und richtete viel Verheerung an. Fritz brach seine Beziehung zu Enie ab, bei der man zu diesem ungünstigsten aller Zeitpunkte eine Schwangerschaft festgestellt hatte; Else brach ihre Beziehung zu Grete ab, die daraufhin den längst fälligen Nervenzusammenbruch erlitt. Baronesse und Lehrerin begaben sich in ärztliche Behandlung, die eine, um sich des Kindes, die andere, um sich der Schuldgefühle zu entledigen. Else, um sich das ganze Debakel in Ruhe zu überlegen, fuhr mit ihrer Mutter, ihrem Sohn und dem Dienstmädchen Hedwig in einen Kurort bei Heidelberg. Fritz, der mit einem Schlag von einer Ehefrau, zwei Geliebten, einem geborenen und einem ungeborenen Kind entlastet worden war, vertiefte sich in seine ›Dionysischen Freuden‹. Vielleicht waren die der Anlaß, Else in einem Brief darüber zu belehren, wie man sich, auch in ihrem prekären Fall, über den Schmerz zur wahren Freude durchringen könne und müsse.

Sie antwortete darauf: »...Was Du Dir alles so ausdenkst und von einer Frau verlangst, ist keiner richtigen Frau möglich. Es ist ja erstrebenswert – und doch: für mich hat das einen unangenehmen Beigeschmack, dieses über den Schmerz zur Freude gelangen, diese letzte Einsicht. Das ist so unlebendig, so edel und voller engelhafter Güte. Weißt Du, Frauen solcher Art finde ich immer etwas schrecklich, so was liegt mir doch nicht. Wenn ich an solche Frauen denke, stelle ich sie mir immer etwas gretchenhaft vor, mit himmelwärts gerichtetem leeren Blick...«

Und ein paar Zeilen weiter: »Ich glaube, eine Frau, selbst wenn sie Künstlerin ist, hat nie ein solches Übermaß an Egoismus wie ein Mann, selbst wenn er kein Künstler ist. Für eine Frau steht die Liebe immer an erster Stelle, für einen Mann nie – oder nur so lange, wie er die Frau noch nicht erobert hat. Das liegt in der Natur der Dinge, und man sollte sich damit abfinden oder nie ›haben‹ lassen, jedenfalls nicht mit Haut und Haar, Herz und Seele. Na schön, das nächste Mal!«

Gedanklich hatte Else den Sprung bereits geschafft, gefühlsmäßig noch nicht. Fritz' unverantwortliches Verhalten hatte ihr Weltbild ein für allemal zerstört und ihr eine Wunde geschlagen, die nie wieder gänzlich verheilen sollte. Aber ihre Liebe lebte noch und der Gedanke, ihm, dem Künstler und Intellektuellen, zu vergeben, war zwingender als der, den Ehemann und Geliebten aufzugeben. Vielleicht würde er sich nach diesem Schreck ändern, vielleicht würde sie die Kraft haben, nach seinen Vorstellungen zu leben, vielleicht könnte sie ihn, über sich selbst und ihre Bedürfnisse hinaus, lieben. Ja, aber vielleicht würde er sich nie ändern und sie todunglücklich machen, vielleicht würde ein Leben nach seiner Fasson, selbst wenn sie sich ihm anpaßte, ihre Ehe zerrütten, vielleicht sollte sie ihn zum Teufel jagen.

Sie war in einem Zustand quälender Zerrissenheit, pendelte ständig zwischen apathischer Niedergeschlagenheit und euphorischer Hoffnung, zwischen Ergebenheit und Rebellion. Sie fürchtete die Nächte, in denen sie nicht schlafen konnte, die Blicke ihrer Mutter, die nicht merken durfte, wie es um sie und ihre Ehe stand, die tausend Fragen ihres Sohnes, der unerbittlich auf Antwort bestand. Sie mußte Heiterkeit und Gelassenheit vortäuschen, wo ihr nichts schwerer fiel, als sich zu verstellen. Eine Angina erlöste sie aus diesem Dilemma. Jetzt durfte sie sich offiziell schlecht fühlen, vergrämt und ungeduldig sein. Jetzt hatte Minna eine Erklärung für das sprunghafte Benehmen ihrer Tochter, denn nur was sichtbar war, hatte Gültigkeit für sie. Sie packte Else ins Bett und ließ sofort den Arzt kommen. Zu ihrem Glück war er Jude, ein gemütlicher, in Angina bewanderter Herr, der lange mit Mutter und Tochter schwatzte, die Lektüre, die Else auf ihrem Nachttisch aufgestapelt hatte, lobte und dann »Gurgelwasser«, Aspirin und gegen die Schlaflosigkeit Adalin verschrieb.

Von diesem Tage an kam Else, ein Muster an physischer Gesundheit, nie mehr ohne Barbiturate aus.

Alles hatte nun seine Ordnung. Else konnte nachts schlafen und tagsüber in Ruhe über die Zukunft nachdenken, die, die ihr mit und die, die ihr ohne Fritz bevorstehen würde. Ihre Mutter pflegte sie mit kalten Wickeln, Hühnersuppe und Gurgelwasser; Peter wurde, wegen der Ansteckungsgefahr, nur bis zur Tür gelassen und ging meistens mit Hedwig spazieren; der gemütliche Arzt kam täglich ungerufen, schaute ihr in den Hals, stellte gute Fortschritte fest und verplauderte eine Stunde mit Mutter und Tochter.

Else, Schlaf simulierend, schlug sich tapfer durch das Dickicht ihrer pendelnden Gedanken und Gefühle, und eines schönen Morgens stand sie auf einer taufrischen Lichtung, und alles war so hell und klar, daß sie sich nicht erklären konnte, warum sie nicht gleich den Weg dorthin gefunden hatte. Den Weg in die Vergebung, den Weg über sich selbst und ihre Bedürfnisse hinaus.

Sie stand auf, setzte sich an den Tisch und schrieb im Überschwang ihrer neu errungenen Erkenntnis an Fritz: »Nein, es wird sich gar nichts zwischen uns ändern. Mein Herz ist groß, und es ist noch ein neues Stückchen Liebe für Dich hinzugekommen. Ich fürchte nichts, nichts außer dem Gefühl, daß ich Dich hindern und beschränken, daß Du nicht wachsen könntest meinetwegen. Und bitte, verschweige mir nichts, nicht aus Angst, nicht aus Mitleid, nicht aus Bequemlichkeit. Tu's nicht, versprich es mir! Ich komme ja, wenn ich sehe, es ist nicht allzu ernst, schnell drüber hinweg. Ich bin elastisch, das weißt Du doch, und nicht der Mensch, der sich passiv der Trauer hingibt. Ich brauch' die Fröhlichkeit ja so sehr und verschließe mich ihr nie...«

Sie fühlte sich wie neu geboren, aber Arzt und Mutter verordneten eine weitere Woche Bettruhe. Ein Rückfall durfte nicht riskiert werden.

Sie lag zufrieden in ihren weichen, weißen Kissen und las die Novellen von Gogol, die Märchen von de Costa, die Briefe von Flaubert, die sie begeisterten.

»Man findet immer Ähnlichkeiten zwischen Künstlern«, schrieb sie an Fritz, »höre, was er da zu seiner Geliebten sagt: Du brauchst normale und gewollte Dinge, Du brauchst Beweise, Tatsachen. Du liebst mich ungeheuer, sehr, mehr, als man mich je geliebt hat und als man mich lieben wird; aber Du liebst mich, wie eine andere lieben würde, mit der gleichen Besorgnis um die Nebendinge und den gleichen unaufhörlichen Miseren. Oder: Du beklagst Dich so sehr über meine krankhafte Persönlichkeit und über meinen Mangel an Hingabe, daß ich das schließlich bitter grotesk finde; mein Egoismus verdoppelt sich nur, wenn man ihn mir unaufhörlich unter die Augen hält. Nun, Pitt, sind da etwa keine Ähnlichkeiten?«

Peter durfte wieder in ihr Zimmer. Er saß auf dem Boden und spielte geräuschvoll mit seinem Baukasten, oder er lag neben ihr im Bett und stellte, die Brauen hochgezogen, Fragen, von denen Else die interessantesten in das weinrote Büchlein eintrug:

»Mutti, wie entsteht ein Mensch? Wie entstand der erste Mensch? Wie entstand Gott? Wie entstehen Worte? Wie entstand die Sprache? Wie kommen die Menschen, wenn sie begraben sind, aus der Erde in den Himmel? Mutti, warum darf ich nicht ungezogen sein, wenn mich der liebe Gott so geschaffen hat? Mutti, denk mal, so 'ne ganz kleine Ameise gegen die ganz große Welt! Wie macht die das?«

Ja, wie machte die das wohl? Und sie, wie machte sie das? Und Peter, wie würde er das machen?

Else nahm ihn in die Arme, diesen zu schönen, zu intelligenten Sohn, den Fritz gezeugt und sie geboren hatte. Sie küßte ihn mit wilder Zärtlichkeit.

»Mutti«, sagte er, »ich hab' dich so lieb, daß ich dich heiraten muß. Dann ziehen wir in unser Haus und wohnen zusammen, und der Papa kann sich 'ne andere Frau suchen.«

Fritz' ›Dionysische Freuden‹ machten Fortschritte, nicht nur auf dem Papier. Elses Briefe, ihr Wille, ihn in seiner Kreativität weder zu hindern noch zu beschränken, beflügelten ihn. Er liebte seine Frau und wollte sie unter keinen Umständen verlieren. Allerdings hatte er nie ernsthaft daran gedacht, daß sie ihn verlassen könnte. Was er befürchtet hatte, war, daß sie ihm das Leben mit Eifersuchtsszenen, Drohungen, Meutern und Grollen verbittern würde. An die Möglichkeit, daß sie von einem Tag auf den anderen umschwenken und ihm die Fesseln der Liebe, das Gefängnis der Ehe erlassen würde, daran hatte er gar nicht zu denken gewagt. Er hatte sie einerseits zwar immer für eine kluge und starke Frau gehalten, andererseits aber gefürchtet, daß sie die Bürgerlichkeit, die ihr Milieu und ihre Erziehung in sie hineingepflanzt hatten, nicht würde aus sich herausreißen können. Daß es ihr so plötzlich und radikal gelungen sein sollte, kam einem Wunder gleich. Er wußte dieses Wunder, das ihm ein Leben nach seiner Fasson ermöglichte, zu schätzen und auszunutzen.

Denn da war ein junges Mädchen, hübsch, unschuldig und scheu, das zur Zeit neue Impulse in ihm entfachte und seinen Eroberungsdrang schürte. Sie war nicht mit dem schweren Brocken, Grete, zu vergleichen, die in schuldzerfressener Liebe auf ihm gelastet hatte, und schon gar nicht mit der ungebärdigen, anspruchsvollen Enie, in die er wiederum verliebt gewesen, genaugenommen immer noch verliebt war. Sie war schlicht und einfach ein junges Mädchen, das sich standhaft weigerte, seine Geliebte zu werden, und ihn damit reizte.

Da Else das Telefonverbot aufgehoben hatte, rief er sie jetzt oft an, und sie war gleichmäßig liebevoll, heiter und gelassen. Sie war es so sehr, daß es ihn auf die Dauer zu verletzen begann. Sie verfuhr mit ihm, fand er, wie mit einem zurückgebliebenen Kind, das man wegen seines Gebrechens besonders lieb hat. Es ärgerte und bedrückte ihn um so mehr, als ihn das junge Mädchen in zunehmendem Maße wie einen Lustgreis behandelte, dessen verdächtigem Verhalten man mit zusammengekniffenen Lippen und Schenkeln begegnen mußte. In seiner Not und auf Elses dringende Aufforderung hin, ihr nichts zu verschweigen, weihte er sie in sein Problem mit dem jungen Mädchen ein und klagte ihr sein Leid. Sie erschrak selbst vor dieser Eröffnung nicht und stand ihm mit Trost und Rat bei:

»Ach, Pitt, was willst Du nur, und was bist Du doch für ein kleiner Junge und großer Träumer. Nein, Du wirst Dich nie ändern – mit 18 warst Du so, und mit 60 wirst Du so sein. Immer enttäuscht von den Frauen, die Deinem Wunschbild nicht entsprechen und beim Schritt vom Schmerz zur Freude meistens auf der Strecke bleiben. Sag mir, was legst Du da alles in das arme Mädchen hinein? Wieso bist Du so ungeduldig und stürmisch und willst sie gleich in den ersten Tagen mit Haut und Haaren haben?

Wie wirst Du ihr auf die Dauer unbequem werden, wenn sie Dich nicht wirklich liebt. Du bist nur auszuhalten, wenn man Dich liebt, und bei mir hast Du halt Glück gehabt. Ich nahm alles hin und nahm alles auf und öffnete mich Dir sofort, aber ich liebte Dich ja auch. Glaub nicht, daß es immer so sein muß. Und bitte, glaub nicht, daß ich dem Mädchen feindlich gegenüberstehe. Sie ist bestimmt reizend, und ich könnte sie sicher liebhaben, schon weil Du sie magst. Ich will sie auch kennenlernen, wenn sie es will. Ich nehme einen Anlauf und springe mit beiden Beinen in das Neue hinein. Ist ja nicht das erste und wird bestimmt nicht das letzte Mal sein...«

Keine Frage, Else hatte sich verwandelt. Ob die Verwandlung zu dieser Zeit noch aufgepfropft, vielleicht sogar erzwungen war und sie zum ersten- und letztenmal in ihrem Leben eine Rolle spielte, oder ob sie sich wirklich schon so weit von den Liebesabenteuern ihres Mannes distanziert hatte, daß sie in ihnen weniger Gefahr als Lächerlichkeit sah, ist schwer zu sagen. Ich glaube, daß sie immer noch mehr gelitten als gelacht hat, wenngleich sie bereits wie eine Schlange bei der Häutung war: Ein paar Fetzen waren schon abgefallen, der Rest klebte noch an ihr.

Auch Fritz schien noch nicht ganz davon überzeugt, daß sie tatsächlich »über den Schmerz zur Freude und damit der letzten Einsicht« gelangt war, denn als Else ihm vorschlug, sie zu besuchen, hielt er ein Zusammentreffen für verfrüht. Gewiß fürchtete er, daß ihr neues Bewußtsein noch nicht gefestigt genug war, um seinem Erscheinen, der physischen Nähe, dem gemeinsamen Bett standzuhalten. Aber Else war anderer Ansicht.

Sie schrieb an ihn: »Mein Geliebter, weißt Du, was ich zu Dir sagen möchte: Ach, red doch nicht, red nicht soviel Unsinn, das ist ja alles gar nicht wahr! Briefe sind was Furchtbares, geschriebene Worte noch gefährlicher als gesprochene. Sie lassen sich nicht leugnen, sie stehen da schwarz auf weiß und gehen nicht mehr weg. Und ich kenn' Dich doch, Du Brausekopf. Immer raus mit allem und immer radikal, himmelhochjauchzend, zu Tode betrübt. In Deinem Wesen bist Du fast ebenso Frau wie ich. Oder bin ich männlich? Also jetzt Punkt für Punkt: Das Wiedersehen wird quälend? Nein, es wird himmlisch. Du bist vernünftig geworden? Nein, das wirst Du nie. Du hast keine Sehnsucht nach mir? Doch, genauso furchtbare wie ich nach Dir. Mein Liebster, ich habe gar keine Angst davor, nur erst beisammen sein und lachen und zuerst gar nichts Wesentliches sprechen. Ich werd' Dir's nicht schwer machen, ich bin ja nur selig, daß Du kommst...«

Als Fritz sich schließlich ein Herz faßte und zu Else fuhr, hielt sie, was sie in ihren Briefen versprochen hatte. Sie machte es ihm nicht schwer, sprach über nichts Wesentliches, lachte viel. Ihr Wiedersehen wurde also nicht quälend. Himmlisch wurde es allerdings auch nicht. Fritz, wie Else vorausgesagt hatte, war keineswegs vernünftig geworden und kümmerte sich mehr um die Ehefrau eines gewissen Herrn Hecht als um die eigene. Die kleine Frau, wie er, die Hechtin, wie Else sie nannte, machte Urlaub ohne ihren Mann und verfiel dem Charme des Poeten auf der Stelle. Fritz fand beim besten Willen nichts an ihr, dem er hätte verfallen können, aber ihre Bewunderung und Verliebtheit genügten, um ihm die Zeit angenehm zu vertreiben. Else schien es, nach außen hin, nicht zu verdrießen. Sollte Fritz seinen Spaß und die Hechtin ihre Gefühlsduselei haben. Aber bitter enttäuscht war sie bestimmt.

Sie hatte dieses Wiedersehen, so voller Bedeutung für sie beide, zelebrieren wollen: den Abschied von ihrer Puppenhauswelt; die Vergebung seiner Schandtat als Ehemann und die Anerkennung seiner Rechte als Künstler und Intellektueller; den Beginn einer neuen gemeinsamen Lebensphase, zu der sie sich durch Schmerz und Verzweiflung bis zu der Einsicht durchgeschlagen hatte, daß die Liebe einer Frau altruistischer und die eines Mannes egoistischer Natur ist und man sich damit abzufinden habe. Nein, sie hatte ihm das nicht in Worten sagen, sie hatte es ihn durch leidenschaftliche Nächte und zärtliche Tage, durch fröhliches Lachen und nachsichtiges Lächeln fühlen lassen wollen. Und da kam er, ein zerstreuter, charmanter, unwiderstehlicher Poet, kein Deut verändert und zog eine Hechtin ins Netz. Es war nicht der Flirt mit der kleinen, unbedeutenden Frau, der sie verletzte, es war die Banalität der Situation, in der der Ehemann sich den Teufel darum schert, was sich in seiner Frau vollzogen hat, vollzieht und fernerhin vollziehen könnte. Es war die Überheblichkeit eines Mannes, der sich der Liebe einer Frau so sicher glaubt, daß er es nicht der Mühe wert hält, sich ihr wert zu machen. Und es war der Moment, in dem Fritz seine Frau verlor.

Es war weder ihm, noch war es ihr bewußt. Ihr Verhalten ihm gegenüber veränderte sich nicht, ihr Verhalten dem Leben gegenüber jedoch gewaltig. Die Worte, die sie ihm in ihrem ersten Brief nach der »letzten Einsicht« geschrieben hatte: »Ich bin elastisch und nicht der Mensch, der sich passiv der Trauer hingibt. Ich brauch' die Fröhlichkeit ja so sehr und verschließe mich ihr nie ...«, mußten jetzt bewiesen werden. Wenn ihr die Fröhlichkeit nicht an der Seite ihres Mannes beschieden war, dann mußte und würde sie sie anderweitig finden.

Fritz fuhr drei Tage später nach Berlin zurück, und Else begann das Leben ohne ihn. Als erstes fielen die dicken, langen Zöpfe, das letzte, äußerliche Überbleibsel des guten jüdischen Mädchens, und wurden durch einen kurzen buschigen Schnitt ersetzt. Als nächstes legte sie sich eine schicke Zigarettenspitze zu und gewöhnte sich das Rauchen an. Darauf puderte sie sich das Gesicht und tupfte eine Spur Rouge auf die Lippen. Dann besah sie sich, Zigarettenspitze in der Hand, im Spiegel. Sie war 27 Jahre, durch Kummer und Angina einige Pfund leichter und durch ihre neue Lebenseinstellung verführerischer geworden.

»... Du wirst Deine Freude an mir haben, Liebster«, schrieb sie an Fritz, »laß es Dir sagen, die Herren hier machen mir heftig den Hof. Alle finden mich sehr hübsch, und das bin ich jetzt auch. Gestern haben wir bis zwölf Uhr nachts getanzt, und ich hätte noch bis fünf tanzen können. Es war himmlisch!«

Ein Mann tauchte auf, ein Dichter natürlich, der sie in vielem an Fritz erinnerte und damit die wichtigsten Voraussetzungen erfüllte. Allerdings war er auch noch, wie sie an ihren Mann schrieb, ein Mensch, dem sie vertrauen konnte. Was mir bemerkenswert erscheint, ist, daß er der erste Mann in ihrer fünfjährigen Ehe war, dem sie mehr als eine rein freundschaftliche Zuneigung entgegenbrachte, vielleicht sogar ein paar Küsse und Versprechungen schenkte.

Ihre Briefe an Fritz wurden immer leichter, ironischer und berührten kaum noch das Thema ihres gemeinsamen Lebens. Sie schrieb über den inzwischen abgereisten Verehrer: »... Heute habe ich wieder einen Brief von meinem Dichter bekommen mit Photographien, diesmal en face. Es ist noch nicht die Antwort auf meinen. Die wird ja dann wohl zehn Photos und zwanzig Seiten enthalten. Aber ich hab' mich gefreut, sehr, und das Bild ist hübsch ...«

Oder über die »kleine Frau«: »... Ich glaub', die Hechtin hat Sehnsucht nach Dir, sie sieht nämlich sehr schlecht aus. Bewunderung verschönt. Sie fragte, ob Du wiederkämst. Ich sagte nein und sie: ›Wie schade! Aber da ist ja sowieso nichts zu machen, Ihr Mann ist ein so ernster Mensch und Ihnen bestimmt treu.‹ Die kennt Dich wirklich fabelhaft, mein Lieber. Soll ich sie aufklären?«

Und als Daniel Kirschner Frau, Tochter und Enkel auf ein Wochenende besuchte und sie nach Baden-Baden fuhren, berichtete sie: »... Baden-Baden ist ein wunderschöner Ort, so elegant, Tennis und Hallenbad, Tanz und Theater, alles hat man. Ich würde gerne mal ein paar Wochen dort sein und bin gleichzeitig verzweifelt, daß ich auf so was Appetit habe. Das ist doch sehr oberflächlich, nicht wahr? Aber so ist das nun leider – mich reizt die Einsamkeit, und mich reizt das leichte Leben mit viel Fröhlichkeit und vielen Kleidern. Mein einziger Trost ist, daß es mir nach vierzehn Tagen langweilig würde. Vater hat alles sehr genossen, aber Mutter meinte trocken, sie könne auf solchen Klimbim verzichten, fremde Leute seien nichts für sie, und am wohlsten fühle sie sich zu Hause mit ihrer Familie. Manchmal wünschte ich, so wie Mutter zu sein, sie hat nie das Gefühl, etwas zu versäumen, und ich habe es so oft und so schmerzhaft.«

Neue Töne, neue Selbsterkenntnisse, neue Verlockungen. Wären die ausgeblieben, wenn Fritz sie anders behandelt hätte? Wäre sie wirklich zeit ihres Lebens eine liebende, treue, ganz auf Mann und Kinder eingestellte Ehefrau und Mutter geblieben? Hätte sie, die Lebenshungrige, Neugierige, Genuß- und Begeisterungsfähige, nichts anderes gelockt, verführt und aus der überlieferten Rolle geworfen?

Ich werde auf diese Fragen nie eine Antwort bekommen, auch meine Mutter, die sie sich mit zunehmendem Alter und Elend immer dringlicher stellte, scheint keine gefunden zu haben. Aber damals, nach dem Zusammenbruch ihrer Ehe, den sie noch nicht als solchen erkannte, stellte sie sich keine Fragen. Sie begann sich treiben zu lassen und folgte nur dem Sog der Fröhlichkeit.

Else kehrte nach vierwöchiger Abwesenheit zu Fritz in das Dahlemer Haus zurück. Es schien Freude und Eintracht zu herrschen. Die beiden Namenlosen, der vertrauenswürdige Dichter und das widerborstige junge Mädchen, waren als unergiebig erkannt und fristlos entlassen worden. Fritz war häuslicher und umgänglicher geworden, Else selbstbewußter und unabhängiger. Sie nahm ihren Mann nicht mehr so ernst, stand seinen künstlerischen Gaben mit weniger Achtung und seinen menschlichen Schwächen mit Gleichmut gegenüber. Ihr Leben gehörte nicht mehr ihm, sie hatte einen großen Teil davon für sich selber abgezweigt.

Sie ging oft allein aus, traf Verwandte und Bekannte, verbummelte einen Nachmittag auf dem Kurfürstendamm, besuchte Theater und Konzerte, für die Fritz keine Zeit oder Lust hatte. Sie vermißte bei all diesen Unternehmungen ihre Freundin Grete und stellte zu ihrer eigenen Überraschung fest, daß ihr das Vergangene nicht mehr weh tat und sie keine Ressentiments gegen die ehemalige Geliebte ihres Mannes empfand. »Irren ist menschlich«, und Else hatte jetzt sehr viel Nachsicht mit menschlichen Schwächen. Sie rief Grete an. Die beiden Frauen trafen sich im Grunewald, sie wanderten Arm in Arm durch eine herbstliche Idylle und führten ein langes, existentielles Gespräch über die komplexen Beziehungen zwischen Mann und Frau. Ihre Freundschaft hatte über die Tücken der Liebe gesiegt, und das ließen sie Fritz mit kleinen Seitenhieben spüren.

Wenn dem so ist, sagte sich der, dann kann man den Kreis vielleicht auch noch um die zweite Geliebte erweitern.

Er sah Enie fast täglich in der Bibliothek und hatte, nach einer langen Periode, in der sie ihm mit beißender Verachtung begegnet war, Zentimeter für Zentimeter an Boden zurückgewonnen. Es hatte ihn einen großen Aufwand an Charme und Geist, Überredungskünsten und Liebesbeteuerungen gekostet, aber jetzt war das Eis gebrochen und die kleine, ungebärdige Baronesse gezähmt worden. So, wie die Freundschaft zwischen Else und Grete, blühte die Liebe zwischen Fritz und Enie erneut auf.

Else war sich darüber klar, daß Fritz und Enie in der Bibliothek zusammentrafen, aber sie hatte ihn nie danach gefragt. Sie wollte nichts darüber wissen. In diesem Fall tat das Vergangene noch weh, denn Enie war etwas ganz anderes als Grete. Sie war kein gutherziger Mensch, keine wahre Freundin, sie war eine gefährliche Nebenbuhlerin, die nicht davor zurückgeschreckt war, ihr, Else, den Boden unter den Füßen wegzureißen, die nicht davor zurückschrecken würde, ihr den Mann wegzunehmen. Else war also unangenehm überrascht, als plötzlich der Name Enie wieder in Fritz' Vokabular auftauchte. Enie, sagte er, der er ja hin und wieder in der Bibliothek begegne, wie sie sich denken könne, hätte sie beide zu einem Hausball eingeladen. Ob sie nicht Lust hätte hinzugehen. Es würde bestimmt ein hübsches Fest.

Else hatte immer Lust, auf hübsche Feste zu gehen, und da es sowieso nicht zu verhindern war, daß sich Fritz und Enie hin und wieder in der Bibliothek, und wahrscheinlich nicht nur dort, begegneten, war es vielleicht ratsam, sich dieser Schlange ins Gedächtnis zu rufen und an der Seite ihres Mannes bei ihr zu erscheinen.

Fritz im Smoking, Else im Abendkleid gingen zum Hausball. Er war der Auftakt zu einer Periode, die sich über drei Jahre hinzog und deren Ende Else ein Fiasko nannte. Fritz verdankte dieser Ära seinen größten schriftstellerischen Erfolg, ein Lustspiel, das unter dem Titel ›Margherite durch drei‹ heute noch in Boulevardtheatern aufgeführt wird. Else verfaßte über dasselbe Thema einen aufschlußreichen Drehbuchentwurf. Den fand ich, siebzehnjährig, im Beisein meiner Schwester Bettina in einer mit Büchern, Briefen und Dokumenten vollgestopften Kiste.

Das war in Sofia gewesen, kurz nach Ende des Krieges. Unsere Mutter hatte in dem einzigen Zimmer, das ich mit ihr teilte, ihren Nachmittagsschlaf gehalten, und Bettina, längst verheiratet, war auf einen kurzen Besuch vorbeigekommen. Wir waren auf die überdachte Veranda, die uns als Abstellkammer diente, hinausgegangen und hatten aus purer Langeweile die Kiste geöffnet und darin herumgestöbert. Dabei fand ich einen ganz gewöhnlichen Schreibblock, von der ersten bis zur letzten Seite mit der hastigen Schrift unserer Mutter bekritzelt.

»Mutti hat ein Drehbuch geschrieben«, hatte ich gesagt, »das müssen wir lesen!«

Wie genau ich mich an alles erinnere: an die Schwüle des Nachmittags, das Summen unzähliger Fliegen, Bettinas

Kleid, das sie sich aus einem blau-weiß karierten Plumeauüberzug hatte nähen lassen. Ich saß auf einem Stuhl, und sie hockte hinter mir auf dem Rand der Kiste und las über meine Schulter mit. Wir kicherten. Zu komisch, was Mutti sich da alles ausgedacht hatte! Doch dann, mit dem Fortlauf der Handlung, die sie in Bilder aufgeteilt hatte, schlich sich ein Unbehagen in mir ein. Die Personen kamen mir allzu bekannt vor, und wenn die aus dem Leben gegriffen waren, warum sollte dann ihr Verhalten, von dem zu lesen mir ausgesprochen peinlich war, erfunden sein?

Wir kamen zum 22. Bild, bei dem es sich um einen Hausball handelte. Sie schrieb, ohne sich dabei um zutreffende Worte, geschweige denn einen besonderen Stil zu bemühen:

»Festlich, hell, eine Musikkapelle, viele Blumen. Elegante junge Leute tanzen, sitzen an kleinen Tischen, trinken, lachen, Friedel (Fritz) und Esther (Else) treten auf. Eva (Enie) läuft ihnen entgegen, gibt Friedel mit vielsagendem Lächeln die Hand, begrüßt Esther formell. Eva ist in ihrem Fahrwasser, dreht sich zierlich hierhin und dahin, kokettiert, strahlt, zeigt sich. Tanzt auffallend. Esther spricht mit Evas Eltern. Ängstlich und unsicher schaut sie immer wieder zu Friedel hinüber. Der holt sich Eva, spricht und tanzt ausgelassen mit ihr. Man droht ihm mit dem Finger. Gruppen stehen zusammen, beobachten Friedel und Eva, flüstern, tuscheln, lachen. Esther steht unbeholfen in einer Ecke, den Blick auf Friedel gerichtet. Helmut, ein Intimus des Hauses, fordert Esther zum Tanz auf. Er tanzt wundervoll. Esther wacht auf, ihre Bewegungen werden lebhaft, ihre Augen strahlen. Sie tanzt hingegeben und immer nur mit Helmut. Hin und wieder suchen ihre Augen Friedel, der jetzt verdrossen mit Eva auf einem Sofa sitzt. Das Gesicht Evas wird ärgerlich und spöttisch. Esther ist imstande, einen ihrer Freunde zu entzücken, so war es nicht gemeint. Alte Damen und Herren, die beieinandersitzen und das Treiben beaufsichtigen, schütteln über Esthers und Helmuts hemmungsloses Tanzen entrüstet den Kopf. Helmut führt Esther zu einem Sessel. Über sie gebeugt, bittet er, sie wiedersehen zu dürfen.«

An diesem Punkt angekommen, hatte ich den Block zugeschlagen und in die Kiste zurückgeworfen.

»So 'n Quatsch«, hatte ich erklärt, »ist ja ganz langweilig.«

Bettina, lachend, hatte mir zugestimmt und gesagt: »Hat schon immer eine blühende Phantasie gehabt, unsere Mutter.«

Plötzlich war mir alles klar, unerwünscht klar gewesen, und ich hatte gewußt, daß uns in den nächsten Szenen eine Eröffnung bevorstehen würde, die sogar die gutgläubige Bettina in Zweifel stürzen könnte. Woher war diese Eingebung gekommen, da ich, außer ein paar Kindheitsanekdoten, nie etwas über das Vorleben meiner Mutter erfahren, nie von dem wundervollen Tänzer Helmut, der in Wirklichkeit Hans hieß, gehört hatte. Ich weiß es nicht. 25 Jahre später hat meine Schwester zu mir gesagt: »Ich war ja immer die Unschuld vom Lande, aber du, du weißt es schon sehr lange, nicht wahr?«

Nach dem Hausball und seinen unerfreulichen Enthüllungen – für Else der Rückfall ihres Mannes in die Affaire mit Enie, für Fritz die offensichtliche Bereitschaft seiner Frau, ihn mit einem anderen zu betrügen – war er es, der die Ehe zu retten versuchte.

Elses Verwandlung in eine souveräne Frau, die ihm, dem Mann, Künstler und Intellektuellen, Freiheiten einräumte, die für seine Kreativität notwendig waren, war eine Sache und eine begrüßenswerte, aber daß diese Verwandlung so weit gehen würde, daß auch sie, Frau, Mutter und normaler Durchschnittsmensch, davon zu profitieren gedachte, ging zu weit. Damit hatte er nicht gerechnet, hätte er gar nicht rechnen können, denn die Gewißheit, daß sie ihn liebte, so wie eben nur eine Frau zu lieben verstand, stark, treu, bodenständig und genügsam, hatte er nie in Zweifel gezogen. Nicht, daß er jetzt, nach einer provokativ durchtanzten Nacht mit einem lächerlichen Beau, an ihrer Liebe zweifelte, o nein, er war sich nach wie vor seiner Überlegenheit bewußt, aber Vorsicht konnte nicht schaden. Er hatte Else noch nie so entfesselt gesehen, und das in den Armen eines fremden Mannes, der seine stündlich wachsende Verliebtheit und Begierde schamlos zur Schau gestellt hatte. Gewiß war es von ihrer Seite Rache gewesen, eine verständliche Reaktion auf seine neuerliche Entgleisung, ein Beweisen-Wollen: Was du kannst, kann ich auch. Aber er war nicht umsonst Schriftsteller! Er wußte, daß die Racheaktionen einer Frau nicht sehr einfallsreich waren und sie meistens in das Bett desjenigen warfen, der sich in dem Maße um sie bemühte, in dem sie der Ehemann vernachlässigte. Und er sah es ja auch ein, er hatte sich mehr seinen sporadischen Abenteuern gewidmet als ihr. Das mußte aufhören, denn es stand für ihn außer Frage, daß sie ihm wichtiger war als die kleinen Affairen, ja sogar wichtiger als die große Romanze mit Enie. Aus diesen Überlegungen heraus beschloß er, als Feuilletonredakteur an eine große Breslauer Zeitung zu gehen, ein Posten, den man ihm kürzlich angeboten hatte. Er würde alle Versuchungen Berlins hinter sich lassen und in Breslau ein neues, verantwortungsbewußtes Eheleben beginnen. Er verabscheute die Provinz, aber das war das Opfer, das er Else bringen und ihr damit beweisen würde, daß sie ihm über alles ginge.

Else war ausgesprochen bestürzt über Opfer und Beweis, aber nicht, wie er erwartet hatte, im positiven Sinn. Sie fand den Einfall, nach Breslau zu ziehen, schlicht und einfach entsetzlich.

Sie liebe Berlin, schrie sie auf, Dahlem, ihr Haus, ihr Leben, ihre Freunde hier.

Er auch, sagte er, aber das sei eben das Opfer.

Sie habe ihn nie um ein Opfer gebeten, noch dazu um eins, unter dem sie mehr leiden würde als er. Denn er hätte dort wenigstens seine Arbeit und in kürzester Zeit ein Breslauer Mädchen, während sie nur die Oder hätte, um sich reinzuwerfen.

Ob ihr Berlin wichtiger sei als er und ihre Ehe, fragte er. Sie scheute sich nicht, eine Weile zu überlegen, dann sagte sie: Wenn ein zwingender Grund vorläge, zwischen ihm und Berlin zu wählen, würde sie natürlich ihn wählen. Aber der liege ja nun nicht vor, und darum verstünde sie nicht, warum sie sich beide unglücklich machen sollten.

Ob ein guter Neuanfang ihrer Ehe kein zwingender Grund sei? Ob das Glück darüber nicht schwerer wiege als das Unglück, in der Provinz zu leben?

Sie glaube nicht, daß ein Ortswechsel für das Gelingen einer Ehe entscheidend sei, es sei die innere Einstellung. Man müsse die Ursache eines Übels beseitigen, nicht die Symptome.

Sie weigere sich also, es mit ihm in Breslau zu versuchen?

Versuchen könne man es ja, wenn er darin sein und ihr Heil sehe.

Früher, sagte Fritz beleidigt, wäre sie selig gewesen, mit ihm nach Sibirien zu gehen.

Ja, früher... sagte Else traurig.

Fritz erkannte, daß ein Ortswechsel und Neuanfang noch viel dringender waren, als er geglaubt hatte, und ging auf eine Probezeit nach Breslau.

Sie schrieb ihm: »Pittchen, es ist immer noch nicht besser. Es pladdert, in der Nacht ist Schnee gefallen, jetzt taut alles. Die Straßenbahnen kommen durch den Matsch nicht mehr durch, Peterchen hat Husten, und das Telefon ist kaputt. Sehr erfreulich! In mir sieht's auch nicht besser aus als in Berlins Straßen. Matschig. Der Tag hat keinen Höhepunkt, alles gleichweg langweilig. Und überhaupt... Na schön, immerhin habe ich die Geige und Bücher. Ich lese Renoir, Spengler, Otto Braun, all die Bücher, die wir uns haben kommen lassen. Ach Pitt, wir hätten's so gut haben können. Wir hatten soviel: einen süßen Sohn, ein schönes Haus, Freunde, Musik, Theater... aber: ›tu l'a voulu, George Dandin‹. Jetzt haben wir Breslau.«

Sie hatte also Fritz gewählt, aber ohne einen Funken Freude, ohne den Glauben oder auch nur die Hoffnung, daß das Leben in der Provinz ihre Ehe retten könnte. Wie sollte es das auch? Wie stellte sich Fritz das vor? Daß sie plötzlich, »trautes Heim, Glück allein«, ein inniges, weltabgewandtes Familienleben führen würden? Er, der gute Ehemann und Vater, der frühmorgens in die Redaktion ging und pünktlich um fünf Uhr nach Hause kam. Sie, die geschäftige Ehefrau und Mutter, die sich die Tage mit häuslicher Arbeit und Kindererziehung vertrieb. Abende, an denen sie – Hand in Hand – lesend beieinander saßen, Nächte, in denen sie – Kopf an Kopf – zufrieden nebeneinanderlagen, Sonntage, an denen sie, Peter in der Mitte, an der Oder entlangspazierten oder einen kleinen Ausflug ins Grüne machten. Er, der Künstler und Intellektuelle, der Anregungen und Impulse brauchte, die ihm ein häusliches Dasein nicht vermitteln konnten; sie, obgleich normaler Durchschnittsmensch, eine Frau, die schmerzhaft unter der Angst litt, etwas zu versäumen; Peter, der so an seinen Großeltern hing, daß eine Trennung von ihnen unvorstellbare Folgen haben würde.

Die Geschichte hatte weder Hand noch Fuß. Erst setzte Fritz alles daran, ihr, einem gutbürgerlichen Mädchen, beizubringen, daß die Liebe keine Fessel und die Ehe kein Gefängnis sein dürfe, und dann versuchte er, das Rad zurückzudrehen, und sie, die sich inzwischen vom Schmerz zur Freude und damit der letzten Einsicht durchgebissen hatte, in die Provinz an den häuslichen Herd zu verbannen. Er hatte zielstrebig ihre heiligsten Grundsätze zerstört, und jetzt wollte er sie in Breslau wieder beleben. Eine Wahnsinnsidee, aber da eine Trennung von ihm für sie nicht in Frage kam, sah sie sich gezwungen, ihm zu folgen.

Den wundervollen Tänzer hatte sie nicht wiedergesehen, aber er hatte Wünsche und Begierden in ihr geweckt, die nicht mehr zum Schweigen zu bringen waren. Sie hatte in schlaflosen Nächten und grauen Stunden mit ihm getanzt, sich in seine Arme, an seinen Körper geschmiegt und gefühlt, wie in dem ihren eine rotglühende Sonne aufging. Welche atavistischen Ängste hatten ihren letzten Schritt in die weite, freie Welt vereitelt? Hatte sie ihre Chance ein für allemal verspielt? Würde sie ihm nie wieder begegnen? Sie war untröstlich bei diesem Gedanken.

Und dann, wenige Wochen vor dem Neuanfang in Breslau, gab ihr das Schicksal noch eine Chance.

»Rate mal«, schrieb sie an Fritz, »wer mir ›Unter den Linden‹ über den Weg gelaufen ist? Na, nicht so schwer! Dein Rotfuchs, die kleine Enie. Wir begrüßten uns und machten dann sehr zivilisierte Konversation. Allerdings hatte ich Mühe, den leicht kratzigen, bissigen Ton, der sich mir gegenüber in ihrer Stimme eingenistet hat, zu glätten. Erstaunlich, daß er so viele Monate siegreich überdauert hat. Heute habe ich ihr einen Brief geschickt und sie gefragt, ob sie mit mir zum Reimann-Ball, in der Kunstakademie, gehen möchte. Wir hatten nämlich darüber gesprochen, und als ich ihr sagte, daß ich die Eintrittskarten billiger haben könnte, hat sie ganz hungrige Augen bekommen. Auch Herrn Huber habe ich geschrieben und ihn gefragt, ob er mitkommen möchte. Du erinnerst Dich doch an Herrn Huber, den schönen Mann, mit dem ich auf Enies fatalem Hausball pausenlos getanzt habe. Das hat Dir gar nicht gefallen, und Du hast prompt erklärt: der Mann sei in dem Maße langweilig, in dem er gut aussähe. Wenn ich das nun über Deine kleinen Mädchen sagen würde! Wie immer, er hat bis jetzt nicht angerufen. Entweder der Rotfuchs, der es nicht erträgt, daß sich ein Mann ihres Kreises für eine andere Frau als sie interessiert, hat dagegengearbeitet, oder das Telefon war schon kaputt, als er versucht hat anzurufen. Ist ja auch egal! Aber neugierig bin ich doch, ob ich ihn ›zufällig‹ auf dem Ball treffe.«

Sie durchtanzten eine zweite Nacht, die hübsche, kleine Haremsdame Else und der große, schöne Spanier Hans. Sie tanzten in einer Traumwelt aus märchenhaften Dekorationen, buntschillerndem Licht, bizarren Phantasiegestalten und süßer Musik. Else schmiegte sich in die Arme, an den Körper des herrlichen Tänzers, und die rotglühende Sonne in ihr ging gar nicht mehr unter. Sie tranken Champagner, ließen die Kelche aneinanderklingen und sahen sich dabei in die schmelzenden Augen. Sie küßten sich in den abgelegenen Gängen und taumelten unter dem Ansturm unbezähmbarer Leidenschaft.

Es war eine jener Nächte, an die man später, wenn alles vorbei ist, mit Wehmut an die Verzückung der Liebe und mit Verlegenheit an den Urheber der Verzückung zurückdenkt.

Hans begleitete Else in den Morgenstunden nach Hause. Es war Januar, und Berlin hatte sich mit Schnee geschmückt – eine weiße, jungfräuliche Braut. Sie spürten keine Kälte, keine Müdigkeit, sie waren Schlafwandler in einer lautlosen, glitzernden Märchenwelt.

Dahlem schlief. Das Haus schlief. Peter und das Dienstmädchen Frieda schliefen. Er folgte ihr auf dem Pfad vom Gartentor zur Haustür, von der Eingangshalle zum Salon, von der Zimmerschwelle zur Couch. Dann folgte sie ihm das letzte Stückchen Weg in die weite, freie Welt.

Mir ist wenig über Hans Huber bekannt. Erst wurde er totgeschwiegen, dann war er tot. Er muß verhältnismäßig jung gestorben sein, aber selbst Enie, die einzige, die mir von ihm erzählt hat, wußte nicht, woran. Sie hatte bereits in den späten zwanziger Jahren ihre Beziehung zu ihm abgebrochen, zu dem Zeitpunkt, als er der nationalsozialistischen Partei beitrat.

Hans Huber war der Sohn des damaligen bayrischen Landwirtschaftsministers und stammte aus einer vermögenden, alteingesessenen Münchner Familie. Nach dem

Krieg, den er drei Jahre brav an der Front verbracht hatte, war er nach Berlin gegangen, um dort Jura zu studieren.

Enie, aus Wut über seine politische Haltung, hatte Briefe und Photos von ihm zerrissen, aber ein historisches, wie sie es nannte, existierte noch. Auf dem sah man drei Herren Arm in Arm. Der erste lächelte ironisch, der zweite mannhaft, der dritte abwesend: Fritz, Hans und Erich in höchst fragwürdiger Eintracht. Der mannhaft Lächelnde in der Mitte war Hans, und soweit man es auf der kleinen, verblichenen Aufnahme erkennen konnte, war er eine attraktive Erscheinung.

Else beschreibt ihn in ihrem Drehbuchentwurf als groß, schwarzhaarig, leidenschaftlich, sehr gutaussehend, wundervoll gewachsen. Charakterlich: gerade, ehrlich, beständig, durch und durch anständig. Primitiv im Denken und Fühlen, ganz fest in seiner Liebe.

Enies Beschreibung hat sich auf zwei Sätze beschränkt: »Er war saudumm und ist ein hohes Nazitier geworden.«

Der Darstellung der beiden Damen ist nichts mehr hinzuzufügen. Außer vielleicht meine Vermutung, daß er von den drei Männern wohl derjenige gewesen ist, der meine Mutter wirklich geliebt hat.

Fritz fuhr, einem sechsten Sinn folgend, bald darauf auf ein Wochenende nach Berlin. Er hatte ein ungutes Gefühl. Elses Briefe waren immer kürzer und nichtssagender geworden, und telefonisch hatte er sie nicht erreicht.

Sie empfing ihn mit liebenswürdiger Unverbindlichkeit, etwa so wie eine Pensionsinhaberin einen Stammgast begrüßt, dessen Zimmer noch nicht frei ist.

Ihre Freude sei überwältigend, sagte Fritz, ob er schon so nach Breslau rieche, daß sie sich ihm nicht nähern könne?

Sie lachte, küßte ihn sanft und erklärte mit feierlichem Nachdruck, sie freue sich immer, ihn zu sehen, daran hätte sich nichts geändert und würde sich nichts ändern – nie!

Ihr sanfter Kuß und ihre bedeutungsvoll vorgetragenen

Worte hatten einen ominösen Beigeschmack. Fritz sah sie aufmerksam an. Sie trug ein schlichtes, schwarzes Kleid mit langen Ärmeln und einem weißen Pikeekragen. Ihr Gesicht mit der matten, olivfarbenen Haut, den hohen, fast wimpernlosen Augenlidern und dem zarten Mund erinnerte ihn an eine Madonnen-Ikone.

Das neue Kleid stehe ihr ausgezeichnet, bemerkte er.

Das neue Kleid sei drei Jahre alt.

Das sei ein fabelhafter Farcendialog, knurrte er. Wo denn der Peter stecke?

Er hatte ein paar Tage bei den Großeltern bleiben wollen.

Sie hatte Feuer im Kamin gemacht und eine Flasche Wein auf den Tisch gestellt. Der Wein hatte für Fritz einen noch ominöseren Beigeschmack als ihre Begrüßung. Else machte sich nichts aus Alkohol, welcher Art auch immer, und trank ihn nur in kleinen Mengen zu ganz besonderen Anlässen.

Seine Abwesenheit wirke Wunder, sagte Fritz, jetzt trinke sie sogar schon Wein.

Ja, hin und wieder. Sie sei auf den Geschmack gekommen, und außerdem spreche es sich besser bei einer Flasche Wein.

Fritz wurde ungeduldig. Die Situation hatte wirklich verdammt viel Ähnlichkeit mit einem mittelmäßigen Boulevardstück. Sie solle die Präliminarien jetzt lassen, fuhr er auf, und ihm klipp und klar sagen, was los sei. Er sei weder naiv noch primitiv, noch vertrottelt und ahne schon die ganze Zeit, was kommen würde. Sie hätte beschlossen, nicht nach Breslau zu ziehen, das sei es doch wohl.

Das sei das eine, sagte Else freundlich, und das andere: Sie hätte sich in einen Mann verliebt und mit dem ein sporadisches Abenteuer – wie er es nennen würde. Klipp und klar, das wär's.

Fritz fühlte, wie er blaß wurde, äußerlich und innerlich. Else war für ihn wie die Sonne, ein Zentralkörper in seinem Leben, hell, heiß und kraftspendend. Sie zog ihre

Bahn, sie ging auf, sie ging unter, sie war hinter den Wolken, aber sie war immer da. Jetzt plötzlich war an ihrer Stelle ein schwarzes Loch, eine schreckliche Leere, in die er hineingesaugt wurde.

Else hatte verletzten Stolz erwartet, Protest, beißende Worte, nicht aber aufrichtigen Schmerz, wie sie ihn jetzt in seinem Gesicht entdeckte.

Sie ging zu ihm, legte die Arme um seinen Hals und ihre Wange an seine.

So schlimm sei es doch gar nicht, tröstete sie, und es erspare ihm außerdem Breslau.

Ihr erspare es Breslau, wieso ihm?

Ihr und ihm, denn er wolle doch wohl nicht ohne sie dort bleiben.

Sondern wo?

Hier natürlich, in Berlin, bei ihr.

Das müsse er sich erst überlegen.

Bei seinen sporadischen Abenteuern hätte er sich das offenbar nicht überlegen müssen.

Wer eigentlich der Mann sei, lenkte Fritz ab, ob er ihn kenne?

Es sei Hans Huber.

Jetzt müsse er sich's wirklich überlegen.

Warum er so ein Problem aus der Sache mache, fragte Else. Sie liebe ihn, Fritz, und er liebe sie, und alles andere sei doch wohl unwesentlich.

Fritz kehrte nach Berlin zu Else zurück. Sie machte es ihm so leicht und angenehm wie möglich, ließ ihn ihr neues Liebesglück nicht spüren, ersparte ihm ein Zusammentreffen mit Hans Huber, bestand allerdings auf getrennten Schlafzimmern. Er war tief deprimiert. Sein Theaterstück, die ›Dionysischen Freuden‹, war abgelehnt worden, er fühlte sich verkannt, verschmäht, alleingelassen, und Else, so liebevoll und diskret sie auch war, leuchtete von innen heraus. Dieses Leuchten seiner Frau ging ihm entsetzlich auf die Nerven und erinnerte ihn stündlich daran, daß nicht er dessen Urheber war, sondern ein lächerlicher Beau, mit viel Körper und wenig Kopf. Er kannte Else jetzt acht Jahre, kannte das kleine jüdische Mädchen, die rückhaltlos liebende Frau, die reif und einsichtig gewordene Partnerin, aber die Ehebrecherin, die ihn mit seinen Waffen schlug und sich dann nicht einmal die Mühe machte, ihre Untreue zu verbergen, die kannte er wahrlich nicht. Und da ihm, dem nur mit sich selber Beschäftigten, entgangen war, daß sich Elses Metamorphose von der Larve zum Schmetterling langsam und schmerzhaft vollzogen hatte, stand er vor einem Rätsel. Er wußte nicht mehr, wie er sich dieser Unbekannten gegenüber verhalten, wie er sie behandeln sollte. Es schien ihm, als würde sie mit jedem Tag größer und stärker und er in demselben Maß lahmer und schwächer. Er war keine Kämpfernatur, kein kraftvoller Mensch, der aus dem Bauch heraus lebte. Er war ein Luftmensch, ein purer Intellektueller, und er war ein Schlappschwanz. Er ließ sich die Zügel willenlos von Else aus der Hand nehmen.

Sie sah, wie unglücklich er war, und es tat ihr weh. Jetzt, da sie es begrüßt hätte, wenn er, mit wem auch immer, eine kleine oder große Liebschaft gehabt hätte, nahm er die Gelegenheit nicht wahr. Morgens ging er in die Bibliothek, wo er seine Arbeit wieder aufgenommen hatte, nachmittags kam er pünktlich zurück. Er verbrachte die meisten Abende zu Hause, saß in einem Sessel, las und rauchte, schrieb keine Zeile mehr. Wenn sie ausging und ihm auf Wiedersehen sagte, blickte er sie stumm mit verhangenen Augen an. Sein Gesicht war klein und spitz geworden, seine Nase um so größer. Er sah aus wie ein überdimensionaler Vogel mit gebrochenen Flügeln. Sie strich ihm über den Kopf, sagte ihm, daß sie ihn liebe. Er nickte und küßte ihre Hand.

Else, zwischen einem trostbedürftigen Ehemann und einem kopflos eifersüchtigen Geliebten, geriet in Bedrängnis. Die Situation war unerfreulich, darum beschloß sie, schleunigst eine bessere, alle zufriedenstellende Lösung zu finden. Und die würde sich nur in einem weiblichen Wesen finden, welches das Gleichgewicht zwischen ihrem, Elses, erfülltem und Fritz' ödem Liebesleben wieder herstellte. An Wesen dieser Art hatte es dem unwiderstehlichen Poeten nie gemangelt, und wenn er jetzt, aus unerfindlichen Gründen, keine Anstalten machte, eins aufzutreiben, dann würde sie es für ihn tun.

Sie inszenierte ein kleines Fest mit viel Wein, Musik und Gesellschaftsspielen. Sie lud Enie, Grete und die attraktivsten Damen ihrer Bekanntschaft ein. Sie lud Hans Huber ein.

Sie sollten sich nun alle mal wie erwachsene, intelligente Menschen benehmen, sagte sie zu Fritz, und sich als solche miteinander vertragen.

Es klappte. Enie sah entzückend aus, und Else ließ ihr den Vorrang, sorgte dafür, daß sie immer im Mittelpunkt stand. Zu ihrer Erleichterung brauchte sie gar nicht lange in die Glut zu pusten, bis es zu knistern, dann zu züngeln und zu lodern begann.

Die Gäste gingen in den frühen Morgenstunden, Hans und Enie blieben zurück. Man konnte sich einfach nicht trennen, man liebte sich. Nicht nur die zwei Paare, auch die zwei Männer, auch die zwei Frauen. Sie lagen sich abwechselnd in den Armen, sie tanzten, sie küßten sich, sie tranken sich zu:

»Auf die Liebe!« rief Else.

»Auf das Leben!« rief Enie.

»Auf die Freundschaft!« rief Hans.

»Auf Else«, sagte Fritz.

Sie warfen die Gläser an die Wand.

Fritz setzte sich an den Flügel und spielte den Rosenkavalierwalzer. Enie saß, wie einst Else, neben ihm auf der Bank und schaute verzückt zu ihm auf. Else lag in Hans' Armen und lächelte einer fernen Erinnerung zu. Sie hatte einen weiten Weg zurückgelegt.

Es dämmerte. Ein klarer Morgen, der die ersten Verheißungen des Frühlings in sich barg. Ein stiller, unberührter

Morgen, in dem, bis zum Erwachen der Stadt, die Hoffnung schlummerte. Ein neuer Tag wurde geboren und lag noch heil und unschuldig vor ihnen. Nein, sie konnten sich nicht trennen. Und warum sollten sie auch? Das Haus war ja so groß und ihre Liebe, ihre Freundschaft nicht minder.

Von da an waren sie ein Kleeblatt, und vierblättrige bringen im allgemeinen Glück.

Enie verließ das Haus ihrer Eltern, Hans Huber seine kleine Wohnung. Wie gesagt, Platz gab es in der Dahlemer Villa genug, und wenn die Kirschners sie auch nicht für diesen spezifischen Zweck vorgesehen hatten, so würden sie doch im passenden Moment einsehen, daß das Haus eben auch als Unterkunft für liebe Freunde verwendbar war. Aber noch war der passende Moment nicht gekommen. Man mußte sich erst einleben, beschnuppern, feststellen, ob der hoffnungsträchtige Morgen, der sie zusammengeführt hatte, auch hielt, was er versprochen hatte. Und bis dahin mußte Peter, unter einem Vorwand, bei den Großeltern und die Großeltern in Unwissenheit gelassen werden. Aber sicher nicht für lange, denn das Leben zu viert ließ sich sehr gut an.

Mit dem nun vorherrschenden Gleichgewicht waren Fritz' Depression, Hans' Eifersucht und Enies Kratzbürstigkeit verschwunden, und Else freute sich an der Bereicherung, die die zwei neuen Hausbewohner in den Alltag brachten. Fritz erkannte, daß Hans nicht nur ein lächerlicher Beau mit viel Körper und wenig Kopf war, sondern ein Mensch, der durch Großzügigkeit, Offenheit und Ehrlichkeit beeindruckte und ihn, Fritz, mitunter sogar damit beschämte. Hans wiederum begeisterte sich neidlos an Fritz' Geist, Witz und Wissen, und was die beiden Frauen betraf, so waren sie ganz im Bann ihrer jeweiligen Liebe und sich dadurch schwesterlich zugetan. Darüber hinaus funktionierte der Haushalt jetzt viel besser, denn Hans war ein praktisch veranlagter Mann, der ein Bild aufhängen und ein wackelndes Stuhlbein reparieren konnte, und

Enie eine begabte Köchin, die mit wenig Geld schmackhafte Mahlzeiten zuzubereiten und sogar größere Gesellschaften flink und gekonnt zu bewirten verstand. Es konnte eigentlich gar nichts mehr schiefgehen, und unter diesem optimistischen Aspekt wurde Peter nach Hause geholt.

Er fand die neue Konstellation sehr vergnüglich, wußte sofort, daß mit der Tante nicht über Gebühr zu spaßen und mit dem Onkel alles zu machen war. Er fand ihn viel netter als den Vater, der nie so richtig mit ihm gespielt und immer nur zerstreute Antworten gegeben hatte. Mit Onkel Hans konnte man toben, Huckepack durch die Straßen galoppieren, U- und S-Bahn fahren, Eis essen, die Leute ärgern; und wenn man hundert Fragen stellte, bekam man hundert fast zufriedenstellende Antworten.

»Onkel Hans, bist du jetzt der neue Mann von Mutti, und ist Tante Enie die neue Frau von Papa?«

»Nein, Peterchen, deine Mutti und dein Papa sind Mann und Frau und Tante Enie und ich sind die Freunde von beiden.«

»Schlaft ihr alle im selben Bett?«

»Himmel, Kind, wie kommst du denn darauf! Wir haben noch nie im selben Bett geschlafen, jeder schläft in seinem eigenen.«

Peter überbrachte die Botschaft den Großeltern, die nicht klug daraus werden konnten und Else anriefen. Das Kind sei wieder mal vollkommen überkandidelt, sagten sie, und phantasiere sich da lauter dummes Zeug von neuen Onkeln und Tanten und Betten zusammen. Wie er denn darauf käme?

Einer Aufklärung war nicht mehr auszuweichen.

Daniel und Minna wurden zum Abendessen eingeladen. Sie kamen mit einem Topf Gänseklein und Dutzenden von Mürbeteigkreppchen. Else stellte ihnen ihre und Fritz' allerbesten Freunde vor: die entzückende Baronesse und den prachtvollen Sohn eines bayrischen Ministers.

»Hoch erfreut«, sagten die Kirschners und waren es.

Es wurde ein gelungener Abend. Die Baronesse hatte ein vorzügliches Diner zubereitet, von dem sie, zu Minnas Belustigung, behauptete, es sei koscher. Der Sohn des Ministers stellte, zu Daniels angenehmer Überraschung, zahlreiche ernste Fragen nach Sitten, Bräuchen und Gesetzen des Judentums. Else und Fritz schienen so glücklich und innig verbunden wie nie zuvor. Zur Sorge war, unberufen, überhaupt kein Anlaß. Irgendwann flocht man in die Unterhaltung ein, daß Hans und Enie vorübergehend in dem Dahlemer Haus wohnten. Eine finanzielle Flaute, wie sie leider auch in Adels- und Ministerkreisen vorkomme.

Daniel und Minna nickten verständnisvoll: Ja, ja, der Krieg hatte viele ins Unglück gebracht.

Als die Kirschners, voll des Lobes über den köstlichen Abend, gegangen waren, blieb man ein wenig betreten zurück, stimmte darin überein, daß sie liebenswerte Menschen seien, und bedauerte, sie so hinters Licht führen zu müssen.

Es sei ja leider nicht das erste Mal, sagte Else, und Fritz fügte zu Hans' Mißfallen hinzu, und würde vielleicht nicht das letzte Mal sein.

Die ersten Unruhen, die sich sehr schnell zu Turbulenzen auswuchsen, traten bereits nach kurzer Zeit auf.

Enie, mit blitzenden Augen und eingezogenem Kopf, so als stünde sie noch mitten im Geschehen, hat mir erzählt:

»Szenen und Krawalle um nichts und wieder nichts! Es war nicht auszuhalten! Hans hatte Fritz gebeten, einen Schraubenzieher zu kaufen, und der hatte es vergessen, ich suchte überall meinen Kamm, fand ihn auf Elses Nachttisch, und schon gab es den schönsten Krach. Vollkommen irre, und natürlich waren das nur Ventile, um die Wut abzulassen, die aus ganz anderen Gründen in uns kochte, jedenfalls in Hans und mir. Wir waren die stärker Liebenden und darum die Schwächeren. Hans vergötterte Else und ich Fritz, und wir hatten nur einen Wunsch: die ganze Bagage los zu sein und die Vergötterten für uns allein zu haben. Aber Fritz wollte mich und Else Hans nicht heiraten. Die dachten überhaupt nicht daran. Else wußte schon damals, daß ihr der gerade, gute Hans, ihre deutsche Eiche, eines Tages auf die Nerven gehen würde, und Fritz wollte im Grunde nur in Frieden gelassen werden. Außerdem waren die beiden immer noch ein Herz und eine Seele, auch wenn sie nicht mehr miteinander schliefen. Und dann war da der Sohn und die gemeinsame Vergangenheit – er ihre, sie seine erste große Liebe, und so weiter und so fort. Das spürten Hans und ich natürlich und fühlten uns... wie soll ich sagen... na, irgendwie erniedrigt. Ich war die Mätresse, Hans der Liebhaber, und wenn der Reiz vorbei wäre, wäre halt alles vorbei, und Fritz und Else würden sich wieder ganz zusammentun. Und so wär's bestimmt auch gekommen, wenn der Erich nicht in dieses Kuddelmuddel hineingeraten und wie eine Fliege im Spinnennetz hängengeblieben wäre. Else war es ja Wurscht, was für Schaden sie anrichtete, so lange sie nur ihr Vergnügen hatte. Ohne Rücksicht auf Verluste – Hans, Fritz, Peter, ich, ihre Eltern... und dann auch noch das Kind!«

Im September des Jahres 1921 stellte Else fest, daß sie schwanger war. O je, wieder ein so ungünstiger Zeitpunkt! Sie lief, wie immer in Krisenfällen, in den Grunewald, um dort die Sache zu überdenken. Sie lief und dachte, aber die Eingebung blieb aus. Sie wußte nur, was sie nicht tun würde: Sie würde sich nicht scheiden lassen, Hans nicht heiraten, das Kind nicht abtreiben lassen. Alles andere würde sich finden, und als sie zu diesem Schluß gekommen war, ließ sie der Freude, schwanger zu sein, freien Lauf. Wie herrlich, wieder ein Kind in sich wachsen zu fühlen, den Akt der Geburt zu erleben, ein winziges, warmes, wundervolles Geschöpf im Arm zu halten, es stillen, küssen, lecken zu können, sehen, wie es zu einem kleinen Menschen wird. Niemand konnte ihr dieses Glück streitig machen oder auch nur verderben.

Sie hielt ihren Zustand wochenlang geheim, um ihn in Ruhe genießen zu können, denn sie wußte, daß sie mit der Eröffnung Stürme hervorrufen würde, gegen die sie ein Höchstmaß an Standhaftigkeit und Willenskraft aufbringen müßte. Erst im Dezember, vielleicht in der Hoffnung, daß die Weihnachtszeit eine milde, der Mitteilung zuträgliche Stimmung verbreiten würde, verkündete sie die frohe Botschaft, und damit war der Friede in der Dahlemer Villa endgültig zerstört.

Hans war zunächst einmal selig und davon überzeugt, daß Else ihn jetzt heiraten würde. Fritz war entsetzt und fand, Else sei ein für allemal zu weit gegangen. Dann verlangte Hans, daß Else die Scheidung einreiche, und Fritz, daß sie die Schwangerschaft unterbreche. Daraufhin nannte Hans Fritz einen Verbrecher, der sich des Kindesmordes schuldig machen wolle, und Fritz Hans einen Halunken, der sie mit kriminellem Leichtsinn und hinterhältigen Motiven in diese Situation hineingeritten habe. Hans erklärte, wenn Fritz die Situation nicht passe, könne er ja das Haus verlassen, und Fritz empörte sich, daß es sein Haus sei, und wenn jemand es verließe, dann sei es er, Hans.

Else, die sich bis dahin neutral verhalten und die Männer abwechselnd mit so lapidaren Sätzen wie: wir werden sehen … man sollte hier keine überstürzten Beschlüsse fassen … zu beschwichtigen versucht hatte, verlor zum ersten Mal die Beherrschung und schrie: sie schlage vor, daß beide das Haus verließen. Sie pöbelten sich hier an wie die Proleten und wollten über ihren Kopf hinweg entscheiden, was mit ihr und ihrem Kind zu geschehen habe. Sie, Else, sei die einzige, die das Recht habe, über sich und ihr Kind zu entscheiden. Basta.

In dem Fall, sagte Fritz erbittert, möge sie doch die Freundlichkeit haben und sowohl ihren Ehemann als den Vater des Kindes in ihre Entscheidung einweihen. Oder seien da vielleicht doch noch ein paar kleine Zweifel?

Nein, erwiderte Else, der der Zorn auf die beiden Männer den notwendigen Mut verlieh, da seien keine. Sie würde weder ihr Kind noch ihre Eltern umbringen, und das bedeute, daß eine Schwangerschaftsunterbrechung ebensowenig in Frage käme wie eine Scheidung.

Ob das arme Geschöpf ein Bastard werden solle, fragte Fritz.

Keineswegs, erklärte sie kalt, sie sei ja immerhin verheiratet. Hans und Fritz sahen sich stumm und fassungslos an, und Else, die merkte, daß sie die Grenze überschritten hatte, sagte beschwichtigend, sie seien jetzt alle in einem Zustand der Unzurechnungsfähigkeit, sollten sich erst einmal beruhigen und die Dinge auf sich zukommen lassen.

Sie standen vor dem Weihnachtsbaum, Hans mit Peter auf dem Arm, rechts von ihm Else, links Enie. Sie sangen: »Stille Nacht, heilige Nacht, alles schläft, einsam wacht...«

Fritz begleitete sie auf dem Flügel. Die Kerzen brannten und leuchteten in den weit geöffneten, andächtigen Augen des kleinen Jungen. Else blickte gerührt von einem zum anderen.

Oh, wie sie sie liebte, ihren schönen Sohn, ihren klugen Mann, ihren aufrechten Geliebten, das Kind in ihrem Leib! Sie würde sie nie verlassen, keinen von ihnen, sie gehörten zusammen, sie mußten das »Sesam-öffne-dich« finden, das in ein glückliches Miteinanderleben führen könnte. Sie würden es finden.

Enies Gesicht war nicht gerührt, es war sogar ausgesprochen böse, und die Stimme, mit der sie die menschenverbindenden Worte sang, war klar und scharf. Sie war die einzige, die alles voraussah: Else und Fritz würden sich nicht scheiden lassen, er, der nur seinen Frieden wollte, würde dem Kind seinen Namen geben, und sie würde ihren Eltern einen neuen Bären aufbinden und behaupten, das Kind sei von Fritz. Hans, in seiner hörigen Liebe, würde schließlich zu allem ja und amen sagen und die

Hoffnung, Else doch noch eines Tages heiraten zu können, nicht aufgeben. Und was würde sie, Enie, machen? Wahrscheinlich auch nichts anderes als Hans, denn es war immer noch besser zu viert – und bald fünft – mit dem geliebten Fritz als ohne ihn zu leben. Also würde alles so weiterlaufen wie zuvor.

Sie ging in die Küche und begoß die Gans. Sie hätte gerne Else auf dem Bratblech liegen sehen. Sie verabscheute diese Frau, der es mit schamloser Rücksichtslosigkeit gelingen würde, Mann, Geliebten und zwei Kinder unter einem Dach zu vereinen, während sie als fünftes Rad am Wagen, sechsundzwanzigjährig, mann- und kinderlos zum Warten verurteilt war. Diese Ungerechtigkeit, diese himmelschreiende Ungerechtigkeit!

Else kam in die Küche gelaufen und streckte mit einer ungeduldigen Gebärde die Hand nach ihr aus: »Bescherung!« rief sie.

»Schon genug Bescherung!« schrie Enie und knallte die Ofentür zu.

Else brach in Lachen aus. Sie lachte mit dem Genuß und der Hemmungslosigkeit, mit der sie alles im Leben tat, und Enie gelang es nicht, ernst und abweisend zu bleiben. Die beiden Freundinnen liefen aufeinander zu und lagen sich, von Gelächter geschüttelt, in den Armen.

Es wurde ein frohes Weihnachtsfest, mit einer schönen Bescherung, einer köstlichen Gans und einem überglücklichen Peter.

»Ach Mutti«, sagte er, als er im Bett lag und Else sich über ihn beugte: »Das Allerschönste ist doch Leben, und das Allerschlimmste ist Tod. Ich möchte nie sterben, ich will immer mein Leben haben.« Er hatte es 27 Jahre.

Es kam genauso, wie Enie es vorausgesehen hatte. Einige Kräche und Versöhnungen später erklärte sich Fritz, der nur seinen Frieden haben wollte, bereit, dem Kind seinen Namen zu geben, und Hans in seiner hörigen Liebe sagte ja und amen. Die Großeltern Kirschner, denen die Tochter einen neuen Bären aufgebunden hatte, waren entzückt über die zweite Schwangerschaft, und Else, glücklich, ihr Ziel erreicht zu haben, trug ihren wachsenden Bauch mit Stolz.

Das Kind, eine Tochter, wurde am 8. Juni 1922 geboren und erhielt den Namen Bettina. Hans, außer sich vor Freude, stürmte als erster mit einer Flasche Champagner ins Krankenhaus. Else, den Säugling im Arm, sah ihn mit feuchten, zärtlichen Augen an: »Deine Tochter«, sagte sie. Er küßte ihr Gesicht, ihre Hände, den schwarz behaarten Kopf des Neugeborenen, er fragte, ob er es halten dürfe. Sie gab ihm das Kind, und er nahm es geschickt wie eine bewährte Mutter entgegen, trat mit ihm ans Fenster und betrachtete mit einem Ausdruck inbrünstiger Liebe das Wunder des knapp ausgebrüteten Gesichtchens.

»Mein Kind«, sagte er leise, »meine schöne, kleine Tochter.«

Eine Welle des Unbehagens schlug über Else zusammen, eine Mischung aus Schuldbewußtsein und Furcht. Hier war ein Mann, ein stolzer, hingebungsvoller Vater, den sie dazu verdammt hatte, sein Kind zu verschweigen, ein Mann, dessen Gefühl, durch den Verstand ungefiltert, mit elementarer Kraft aus ihm hervorbrach, einer Kraft, die ihr womöglich das Steuer aus der Hand reißen würde. Sie streckte spontan die Arme nach dem Kind aus, und er legte es gefügig an ihre Brust zurück.

Die Großeltern kamen mit Malzbier und Hühnersuppe, Fritz mit Peter, Enie mit einem Strauß bunter Sommerblumen. Minna und Daniel umarmten und beglückwünschten ihren Schwiegersohn zu seiner neuen Tochter. Fritz brachte ein säuerliches Lächeln zustande. Hans verabschiedete sich hastig und lief aus dem Zimmer. Enie schleuderte Else einen wilden Blick zu. Die hob ihr, mit unschuldigem Gesicht, das verschnürte, schwarz behaarte Paket entgegen. Peter musterte es, wie einst seinen Teddybären, mit unverblümtem Ekel.

Ob er sich nicht freue, daß sie ihm ein kleines Schwesterchen geschenkt habe, fragte Else.

»Ein schwarzweißes Hündchen wäre mir lieber gewesen«, antwortete er beleidigt.

Fritz, Else einen Kuß auf die Stirn drückend, flüsterte, ihm wäre ein schwarzweißes Hündchen auch lieber gewesen.

»Das nächste Mal«, versprach Else und lachte.

Das Kind hätte Fritz' schwarzes Haar, rief Enie und schlug in maßlos übertriebenem Entzücken die Hände zusammen.

Und eine Druckknopfnase, sagte Fritz.

Die würde sich schon noch auswachsen, meinte Daniel.

Für ein Mädchen sei es wünschenswert, erklärte Minna, wenn sie sich nicht zu Fritz' Nasengröße auswüchse.

Enie lachte schrill, und Else verdrehte die Augen und ließ sich ins Kissen zurückfallen.

Jetzt sollten sie aber mal den Champagner trinken, den der gute Hans vorsorglich mitgebracht habe, sagte Fritz und griff nach der Flasche.

Der Korken knallte, Champagner ergoß sich auf den Boden, der Säugling begann zu schreien, Peter sprang jubelnd in die Pfütze, Enie kreischte, Daniel eilte mit zwei Zahnputzgläsern herbei, und Minna griff sich das Kind und barg es schützend in ihren Armen: »Überkandidelt«, murmelte sie, »vollkommen überkandidelt.«

Man trank auf die kleine Bettina Schwiefert, das Neugeborene, das erst 45 Jahre später durch einen unglückseligen Zufall erfahren sollte, daß es die Tochter von Hans Huber, einem ihr unbekannten Mann, ist.

Über Bettinas erste Jahre existiert kein Erinnerungsbüchlein mit eingehefteten Locken und Bemerkungen zu ihrer physischen und geistigen Entwicklung. Aber von Enie habe ich gehört, daß sie ein reizendes Kind war, besonders gutartig, problemlos, immer zufrieden und fröhlich und ihrem Vater so lächerlich ähnlich, daß ihre Abstammung nur den naivsten unter den Ahnungslosen verborgen bleiben konnte. Zu denen gehörten die Großeltern Kirschner.

Für Hans wurde Bettina Lebensinhalt, Verbindungsglied zu der ihm immer mehr entgleitenden Else und der Köder, den er in der Hoffnung nach ihr auswarf, daß sie sich zugunsten ihrer Tochter doch noch bereit erklären würde, ihn zu heiraten. Aber Else biß nicht an. Sie beruhigte ihr Gewissen mit der Einsicht, daß die Unterschlagung des Vaters für das Kind weniger schädlich sein würde als eine unglückliche Ehe mit demselben. Schließlich und endlich war für das Glück eines Kindes in erster Linie die Mutter ausschlaggebend.

Sie nannte die Kleine ihren Wonneproppen und bedeckte ihre fetten Schenkelchen, den prallen Bauch, die dicken Backen mit Küssen und sanften Bissen.

Ob er sich nicht freue, ein so schönes Schwesterchen zu haben, fragte sie Peter, der verdrossen daneben stand.

Er freute sich keineswegs. Er konnte diesen ekelhaften Teddybären, der ihm die geliebte Mutti abspenstig machte, nicht ausstehen.

Er müsse immer ganz zart mit der kleinen Bettina umgehen, belehrte ihn Else.

»Na, sie wird doch nicht gleich schreien, wenn ich ihr mal mit dem Finger in die Augen pieke«, entrüstete sich der.

Er solle sich unterstehen! Wenn er pieke, würde sie hauen.

»Es ist eben alles nicht so eingerichtet, wie es sein sollte«, sagte Peter mit einem tiefen Seufzer.

Nein, das war es in der Tat nicht.

Bettina wurde hinter dem Rücken der Großeltern evangelisch getauft, und bei der Prozedur traten Fritz als Vater und Hans als Taufpate auf. Die Taufe war einer der vielen Anlässe, dem eine heftige Auseinandersetzung voranging und mehrstündiges Schweigen, erbittertes von Fritz', leidendes von Hans' Seite, folgte. Beide Männer fühlten sich in ihren Rollen fehlbesetzt, und für beide war das Kind ein

Unglück: für den einen, weil er es nicht haben wollte, für den anderen, weil er es nicht haben durfte.

Else irritierte sowohl Hans' abgöttische Liebe zu dem Kind und das ständige Pochen auf sein Anrecht als auch Fritz' ablehnende Kälte und das ewig zur Schau gestellte Unrecht, das man ihm zugefügt hatte. Hatte sie diesen zwei Männern nicht das Beste gegeben, was man zu geben vermag? Liebe, Kinder, ein schönes Haus, in dem sie leben konnten, wie es ihnen paßte? Andere Ehemänner hätten sich glücklich geschätzt – und dafür gerne eine kleine Unannehmlichkeit in Kauf genommen –, wenn ihnen die eigene Frau eine Geliebte ins Bett gelegt hätte. Andere Liebhaber wären dankbar gewesen, wenn ihnen für das Kind, das sie leichtsinnigerweise gezeugt hatten, die Vaterschaft erspart geblieben wäre. Aber diese beiden waren unfähig oder unwillig, das Positive an der Geschichte zu sehen, und geradezu darauf versessen, sich und ihr die besten Jahre zu vergällen. Sie war jung, sie war hübsch, sie war gesund. Sie brauchte, wie sie in einem ihrer frühen Briefe an Fritz geschrieben hatte, die Fröhlichkeit doch so sehr. Und wozu lebte man schließlich in Berlin, dem Zentrum von Kunst, Literatur und Theater, von zügellosen Festen und internationalen Salons, von genialen Männern und schönen Frauen, von Laster und Geist? Wozu hatte Fritz die guten Beziehungen zu Theater- und Presseleuten und sie ein großes Haus? Wozu war Enie eine charmante Baronesse und Hans ein wundervoller Tänzer? Damit sie streitend um einen Tisch oder beleidigt jeder in einem Zimmer saßen? Das war doch schlichtweg absurd!

Sie erklärte, die Strindbergsche Tragödie satt zu haben und das Leben genießen zu wollen. Sie stürzte sich in die »goldenen zwanziger Jahre«, und Hans, der nur Else und das Kind, Enie, die nur Fritz, und Fritz, der nur seinen Frieden haben wollte, folgten ihr.

Ich stelle mir die zwanziger Jahre wie einen Kometen vor, der in der kurzen, sternenlosen Nacht zwischen zwei Weltkriegen eine breite, leuchtende Spur hinterläßt.

In den späten zwanziger Jahren geboren, also zu einem Zeitpunkt, als er schon am Verlöschen war, habe ich von seinem ungeheuren Glanz und seiner Größe nur erzählen hören. Die, die mir davon erzählten, es waren viele, sowohl in Deutschland als in Israel, schienen noch immer in seinem Bann zu sein. Sie sprachen von jenen Jahren mit Märchenerzählerstimme, mit verträumtem oder verschmitztem Lächeln, mit Wehmut oder einer plötzlichen Erregung. Ein alter Herr, der nicht mehr sicher auf den Beinen war und jeden Schritt vorsichtig erwog, hat mir, zu meiner Besorgnis, sogar den Charleston vorgetanzt. Den hatte er damals im Jockey-Club mit einem blonden Bubikopf-Mädchen in grünem Kleid aufs Parkett gelegt, und die Erinnerung daran muß seine Beine beflügelt haben. Eine nicht minder alte Dame hat mir die Schlager der damaligen Zeit vorgesungen, und mit jedem wurde ihre Stimme jünger. Das war hier, in Jerusalem, gewesen, und beide gibt es heute nicht mehr. Es gibt sie fast alle nicht mehr, die Glücklichen, die den Kometen gesehen haben, und die goldenen zwanziger Jahre, aus den bitteren Ausklängen des Ersten Weltkriegs geboren, am bestialischen Auftakt des Zweiten krepiert, sind Legende geworden.

Mit vielem, was diese zwanziger Jahre hervorbrachten, wuchs ich noch auf, und zweifellos bin ich auch davon beeinflußt worden. Aber erst Jahrzehnte später, als ich die Sperre zur Vergangenheit aufhob, kam es zu mir zurück und vermischte sich mit dem, was ich gehört, gesehen, gelesen hatte. Aus dem Puzzle ist nie ein Bild geworden. Durch mein Gedächtnis spuken Namen von Literaten und Kritikern, Malern und Architekten, Komponisten und Dirigenten, Regisseuren und Schauspielern; von Theatern und Kinopalästen, Nachtclubs und Ballhäusern, Restaurants und Cafés, Zeitungen und Verlagen; Melodien aus der ›Dreigroschenoper‹ sind hängengeblieben, Schlagerrefrains, Liederfetzen, Text- und Gedichtfragmente von Mehring und Tucholsky, Kästner und Ringelnatz, Klabund und Brecht; Eindrücke von Bildern, Zeichnungen, Karikaturen, die ich hier und da gesehen habe.

Von meiner Mutter habe ich nichts über die zwanziger Jahre erfahren. Sie sprach damals in Bulgarien, unserem Exil, nie mit mir über die Vergangenheit. Wahrscheinlich fürchtete sie, mich damit zu verstören und die schlafenden Wölfe des Heimwehs von neuem zu wecken. Nur einmal, als ›Der träumende Mund‹ mit Elisabeth Bergner in Sofia gezeigt wurde, durchbrach sie das Tabu. Die Bergner war für sie, wie für viele Frauen ihrer Generation, ein Idol gewesen, und sie hatte den Film schon einige Male in Berlin gesehen. Als wir uns auf den Weg ins Kino machten, war sie aufgeregt wie ein junges Mädchen, das zu ihrem ersten Rendezvous geht.

»Ich bin in jedes Theaterstück gerannt, in dem die Bergner auf der Bühne stand«, vertraute sie mir an. »Sie war die Größte! Ich sehe sie noch als ›Puck‹ in der Sommernachtstraum-Inszenierung von Max Reinhardt. Was für ein Glück, daß ich das alles noch mitbekommen habe... das kann mir keiner nehmen, keiner!«

»Wann war denn das?« fragte ich.

»In den zwanziger Jahren, den sogenannten goldenen.«

»Waren die zwanziger Jahre wirklich so golden?« habe ich später von Enie wissen wollen.

»Sie waren phantastisch«, hat sie gesagt, »gar keine Frage. Der Aufbruch in eine neue, moderne, emanzipierte Zeit, die keine Chance hatte. Ein grandioser Totentanz! Was Berlin damals, sozusagen über Nacht, an Kunst- und Geistesriesen ausgespuckt hat, ist einfach unglaublich. Die Hälfte davon waren Juden. Na ja, es ist uns gelungen, alles umzubringen: die Juden, die Kunst und den Geist.«

Else stürzte sich also in die goldenen zwanziger Jahre, durch die sich bereits der Rost zu fressen begann. Sie nahm alles mit – Kultur und Laster. Die kurze, eruptive Blütezeit, eine Mischung aus Erneuerung und Dekadenz, die oft dem Untergang vorausgeht, verwandelte die Stadt sowohl in eine Metropole der Kunst und des Geistes als in ein Sodom und Gomorrha.

Berlin war nicht mehr kaiserliche Residenz mit strenger Etikette, prüden Sitten und preußischer Disziplin, es war das Herz, der Liebling, der Besitz seiner Bewohner, die es endlich, von den Zwängen erlöst, nach eigenem Geschmack gestalteten und ihm ihr Gesicht, ihren Charakter aufprägten. Es war ein verwegenes Gesicht, ein weltoffener Charakter. Neue klare Formen, neue straffe Linien, neue freie Sitten, ein neuer freimütiger Ton brachen sich Bahn. Der Bauhaus-Stil galt als schick, der Sport, die Nacktkultur, der Kintopp, der Foxtrott, der Nachtclub, der Illustrierten-Fortsetzungsroman, das Sechs-Tage-Rennen im Sportpalast, der aus Amerika importierte Sexappeal. Der schlagfertige, wendige Berliner wurde geboren und die kesse, nüchterne Berlinerin mit dem »gewissen Etwas«. Es war die große Zeit der Frauen, die, plötzlich von der Kette gelassen, als autonome Individuen an der Welt der Männer teilhaben und ihren unterdrückten oder verdrängten Gefühlen, Gedanken, Erwartungen und Bedürfnissen Ausdruck geben durften. Sie entledigten sich ihrer Schürzen und Mieder, ihrer zuckrigen Femininität, ihrer sexlosen Willfährigkeit und präsentierten sich in duftigen, losen Kleidern, mit unbedeckten Knien, herzförmig geschminkten Mündchen und Herren-Haarschnitt – verführerische Gamines, im doppelten Sinn um vieles leichter.

Sie saßen rauchend und trinkend an den Bars, standen, frivole Lieder singend, auf den Brettern der Kabaretts, tanzten knapp bekleidet in den Varietés, sprangen in hautengen Badetrikots ins Wasser, zeigten sich in den zwielichtigsten Lokalen, flirteten sich durch die Nächte, begeisterten sich für die schwarze, nacktbusige Tänzerin Josephine Baker und den schwergewichtigen Boxer Max Schmeling; und wenn ihnen ein Mann gefiel, dann sagten sie nicht nein.

Else fühlte sich in dieser aus den Fugen geratenen Welt wie ein Fisch im Wasser. Jetzt schwamm sie nicht mehr gegen den Strom, sondern einem Schwarm Gleichgesinnter voran. Ihr Charme war provokativ geworden, ihre Intelligenz scharf, ihre Vitalität hektisch, ihre Fröhlichkeit zu laut. Sie gab den Ton an, sie riß mit oder setzte durch.

Hans war verzweifelt und rasend vor Eifersucht. Wie ein treuer deutscher Schäferhund lief er an ihrer Seite, ließ sie nicht aus den Augen, versuchte sie zurückzuzerren, wenn einer der vielen, die sie umschwirrten, zu dicht in ihre Nähe rückte. Er ging Else mit seiner zentnerschweren Liebe, die sie so beglückt, seinem leichten bayrischen Dialekt, den sie so hübsch gefunden, seiner Zuverlässigkeit, die sie so beeindruckt hatte, entsetzlich auf die Nerven. Warum konnte er nicht lockerer werden und mit ihr gemeinsam wild und ausgelassen sein? Warum konnte er sich nicht mit einer anderen Frau amüsieren? Warum mußte er sie mit seiner teutonischen Redlichkeit erdrücken und Männer, die viel witziger und interessanter waren als er, vergraulen? Sie versuchte, nicht an die Zukunft zu denken, die wie eine dichte, graugelbe Nebelwand vor ihr stand und sie bedrohte. Sie konnte nur von einem Tag bis zum anderen sehen und mußte jede Stunde so vorausplanen, daß sie ihr Abwechslung und Fröhlichkeit bot und sie am Nachdenken hinderte.

Ihr Haus wurde zum beliebten Treffpunkt lebenslustiger Leute, die die Tür immer offen und Else immer bereit fanden, etwas zu unternehmen. Sie veranstaltete Musikabende und Tanzparties, Soiréen, an denen über Literatur diskutiert wurde, und Feste, von denen Lotte, eine Cousine Elses, behauptete, es seien Orgien gewesen.

Lotte, eine der wenigen Verwandten meiner Mutter, die, dank ihrer Auswanderung nach Palästina, den Holocaust überlebt hat, war damals, als ich sie traf, immer noch eine gutaussehende Frau, mit einem Schopf silbergrauen Haars, hellen Augen und einer kompakten Figur.

»Ich war die einzige von den ganzen Kirschners«, erzählte sie mir, »die Else hin und wieder zu ihren Parties eingeladen hat. Ich war nämlich sehr hübsch, tolerant und außerdem auch ein bißchen aus der Art geschlagen. Ich hatte mich als Gymnastiklehrerin ausbilden lassen, und welches gute, jüdische Mädchen wählt schon so einen anstößigen Beruf! Aber gegen Else war ich natürlich ein Unschuldsengel, die hat man in unserer Familie für verrückt erklärt, und kein Mensch durfte wissen, daß ich zu diesen Feten ging. Mir selber war es etwas unheimlich, aber ich war neugierig und wollte sehen, was sich da tut. Liebchen, ich kann dir sagen, es hat sich viel getan!«

Mit der Erinnerung an das, was sich getan hatte, war ein schlüpfriges Lächeln in ihr Gesicht und ein großer, süßsaurer Bonbon in ihren Mund gekommen. Sie schien daran zu lutschen und ihn von einer Backe in die andere zu schieben. In diesem Moment war sie mir leider unsympathisch geworden. »Was hat sich denn da nun getan?« fragte ich ungeduldig.

»Sex«, hat sie gegluckst und den Bonbon auf ihrer Zunge hin und her gerollt, »schwüle Musik, spärliches Licht und überall Kissen. Schauspielschülerinnen, oben ohne, haben Getränke serviert und wahrscheinlich noch ein paar andere Leckerbissen dazu, und die Gäste, auch nicht viel verhüllter, haben Ringelpiez mit Anfassen gespielt. Na, du bist ja nun auch nicht von gestern, Liebchen, und verstehst, was ich meine. Ich habe natürlich nicht dabei mitgemacht.«

Lottes Beschreibung deckt sich weitgehend mit der Elses. In ihrem Drehbuchentwurf schildert sie das Fest, auf dem sie Erich Schrobsdorff begegnete, folgendermaßen:

»Haus und Garten im Festschmuck, Girlanden, Lampions, alle Möbel fort, weiche Lager überall, verhülltes Licht. Eine wilde, tanzende, trinkende Menge. Esther (Else) in Hosen, die ausgelassenste, wildeste. Helmut (Hans) dicht hinter ihr, sucht sie zu dämpfen. Esther lacht, schreit, steckt alle an mit ihrem Jubel. Sie küßt einen Bekannten, rennt zum nächsten. Da kommt sie an einem Lager vorbei, auf dem Ulrich (Erich) mit einem Mädchen liegt. Sie schaut sich nach den beiden um, sieht Ulrich an, geht weiter, kommt nach einer Weile wieder, bleibt stehen, sieht lächelnd zu, wie die zwei sich küssen.

Ulrich: ›Wer ist diese Frau?‹

Das Mädchen: ›Die Frau des Hauses... aber komm doch!‹

Sie sucht ihn an sich zu ziehen und wieder zu küssen. Ulrich, abwesend, schaut Esther nach. Sie kommt zurück, lächelt lockend. Ulrich steht auf, geht ihr nach in den Garten.«

Zu diesem Zeitpunkt soll Erich, 28 Jahre alt, auffallend gutaussehend und kerngesund, noch nie mit einer Frau geschlafen haben. Die Behauptung stammte von Alfred, Erichs jüngerem, leichtlebigen Bruder, und ich habe sie nie bezweifelt.

»Das Erilein war ja nicht von dieser Welt«, hat er mir voller Heiterkeit erzählt, »der schwebte ja immer in höheren Sphären. Die Frauen waren hinter ihm her wie der Teufel hinter der armen Seele, aber er hat geglaubt, sie wollten mit ihm Gedichte lesen oder sich seine philosophischen Betrachtungen anhören. Was anderes hat ihn überhaupt nicht interessiert. Wäre Else nicht gekommen, hätte zugepackt und ihm gezeigt, was Liebe ist, hätte er's höchstwahrscheinlich nie gelernt.«

Es war dann auch Alfred gewesen, der das unschuldige Erilein dazu überredete, mit ihm auf das Fest in der Dahlemer Villa zu gehen. Er war dort häufiger, gern gesehener Gast, denn er beteiligte sich an allen Spielen, ausgenommen den kulturellen, für die er so wenig übrig hatte wie sein älterer Bruder für die frivolen. Nicht, daß der prüde oder misogyn gewesen wäre, ganz und gar nicht. Es gab Frauen, ästhetische, stille, die ihm gefielen, es gab Belustigungen und Eigenarten, die er bei anderen mit Selbstverständlichkeit akzeptierte, doch was ihn selber betraf, so fehlten ihm einfach das Interesse und die Zeit. Er war ein sehr bedächtiger, umständlicher und pedantischer Mann, und sein Beruf, den er nicht liebte, dafür aber mit um so größerer Gewissenhaftigkeit ausübte, und das Geistige, in das er sich nach Arbeitsschluß vertiefte, nahmen ihn voll in Anspruch.

Er wäre an jenem Abend auch lieber zu Hause geblieben, aber da er, teils aus exzessiver Höflichkeit, teils aus fataler Nachgiebigkeit, nicht nein sagen konnte, zog er sich langsam und sorgfältig um, steckte eine Nelke ins Knopfloch und folgte Alfred in sein Verhängnis.

Erich hatte schon viele Festlichkeiten über sich ergehen lassen: gepflegte Gesellschaften, bei denen gespeist, Konversation gemacht und zivilisiert getanzt wurde, elegante Bälle, auf denen sich das Großbürgertum gedämpft amüsierte und persönliche oder geschäftliche Beziehungen anknüpfte. Auf einem Künstlerfest war er jedoch noch nie gewesen. Er liebte Theater und Oper und empfand große Bewunderung für gute Schauspieler, Regisseure und Sänger; er las aufmerksam das Feuilleton verschiedener Berliner Zeitungen und war beeindruckt von der sprachlichen Präzision und Gewandtheit erstklassiger Kritiker und Essayisten. Aber da keinerlei Verbindung zwischen deren und seinen Kreisen bestand, hatte er nie einen Künstler oder Literaten kennengelernt. Er hielt es auch nicht für unbedingt notwendig, da er die Kunst auf der Bühne, den Geist auf dem Papier viel lieber ungestört genoß. Erich war ein zurückhaltender Mann, der sich nicht gerne in fremde Reviere begab.

Und nun stand er mitten im Getümmel dieser aus der Entfernung geschätzten, aus der Nähe bedenklich anmutenden Bohemiens und kam sich in seinem vornehmen Anzug, mit dem Monokel um den Hals und dem Siegelring am Finger, ziemlich fehl am Platze vor. Etwas mehr Licht und weniger Lärm, bequeme europäische Sessel statt wüster orientalischer Lager, ein unverbindlicher Flirt statt bacchantischen Geknutsches wären ihm lieber gewesen. Aber er war kein Spielverderber und außerdem sehr gründlich. Er wollte sich das genau ansehen und hinter die Lustbarkeiten und Eigenarten dieser Leute kommen. Sein Bruder war bereits in der Menge untergetaucht, und so begann er mit liebenswürdigem Lächeln durch die Räume zu wandern, um das Treiben, soweit das bei der roten Schummrigkeit möglich war, zu studieren. Das war insofern nicht leicht, als ihn dauernd jemand zu irgend etwas animierte und in das Geschehen verwickelte. Einer drückte ihm ein Glas Wein in die Hand und dann gleich die ganze Flasche in die andere; ein anderer beschwipster Herr drängte ihn in eine Ecke, um ihm mit weinerlicher Stimme eine unzusammenhängende Geschichte zu erzählen; eine junge Frau nahm ihm Glas und Flasche wieder aus den Händen und zog ihn zum Tanzen in ein kerzenbeleuchtetes Zimmer, eine andere zog ihn wieder heraus und geradewegs zu einem der wüsten orientalischen Lager, auf das sich niederzulassen Gelenkigkeit erforderte. Gelenkigkeit war nicht Erichs Stärke und bacchantisches Geknutsche eigentlich auch nicht, aber da ihm die Höflichkeit verbot, nein zu sagen, ließ er das Mädchen machen und landete ungeschickt auf einem Kissenberg.

Die Kleine war hübsch, aber leider etwas aufdringlich. Sie zog ihm entschlossen das Jackett aus, dann auch noch die Weste, umschlang ihn mit beiden Armen und begann ihn zu küssen.

So etwas war Erich noch nie passiert. In seinen Kreisen waren die Spielregeln anders. Die Damen warteten gesittet darauf, daß der Mann die Initiative ergriff. Aber genau daran war bei ihm immer alles gescheitert. Er war ein passiver Mann, der vor der überflüssigen Prozedur, eine gesittete Dame zu verführen, zurückschreckte. Der Rollentausch gefiel ihm. Das Mädchen, aufdringlich oder nicht, hatte Unternehmungsgeist und ein festes Ziel im Auge. Er brauchte sich nur lotsen zu lassen.

Und dann tauchte plötzlich diese Frau auf. Eine merkwürdige Erscheinung in türkischen Pluderhosen und mit einer wilden Haarmähne. Nicht sein Typ, aber auf eine beunruhigende Art attraktiv. Sie ging an ihm und dem Mädchen vorbei, schaute sich nach ihnen um, sah ihn, Erich, ungeniert an, ging weiter, kam zurück, blieb stehen, blickte lächelnd auf sie herab, entfernte sich wieder. Er sah ihr nach.

Wirklich eine merkwürdige Erscheinung und unerhört dreist. Wer diese Frau sei, fragte er das Mädchen, und sie antwortete, sie sei die Frau des Hauses.

Wahrscheinlich war es der Wein, das Licht, die Musik, die Küsse des Mädchens, die ihn umtobende Menge. Er war nicht mehr in seiner Welt, er war nicht mehr er selber. Er fühlte ein ungeheures, ihn peinlich berührendes Verlangen nach der Frau in den Pluderhosen. Sie hatte ihn verhext.

Sie kam nach einer Weile wieder, hypnotisierte ihn mit einem Lächeln. Eine elementare Kraft ging von ihr aus, ein zwingender Wille. Er stand auf und folgte ihr wie ein Schlafwandler in den Garten.

In Elses Drehbuchentwurf wird es jetzt lebhaft:

»Sie rennt durch den Garten, Ulrich hinterher. An der Laube holt er sie ein, packt sie, küßt sie und sie ihn, wild wie verdurstet. Dann sind sie wieder im Haus und tanzen, Auge in Auge, sinnlich. Friedel kommt auf sie zu und deutet mit vorwurfsvollem Kopfschütteln auf Helmut, der einer Statue gleich in einer Ecke steht und die Geliebte beobachtet. Esther hebt bedauernd die Schultern. Eva taucht auf und versucht, Esther zu überreden, sich um Helmut zu kümmern. Die lacht, nimmt Ulrichs Hand und führt ihn in ein dämmriges Zimmer. Sie legen sich eng umschlungen auf den Diwan und trinken Sekt. Helmut ist ihnen nachgegangen und späht durch den Türspalt. Friedel, der den Unglücklichen entdeckt, will ihm den Anblick ersparen und ihn wegziehen. Helmut, in ohnmächtiger Wut, macht sich frei, greift nach ein paar herumstehenden Gläsern und schmettert sie gegen die Tür. Ulrich und Esther fahren erschrocken hoch.«

Ich kann mir vorstellen, wie entsetzt der verhexte Erich gewesen sein muß. Da wird er zum erstenmal in seinem Leben aktiv, rennt, küßt, tanzt und läßt sich mit einer Frau, zu einem anderen Zweck als dem, ihr Gedichte vorzulesen, auf einem Diwan nieder, und da schmeißt ein Wahnsinniger mit Geschirr um sich. So ist das also, wenn man die höheren Sphären verläßt und sich auf profanen Boden begibt. Eine sehr ernüchternde Erfahrung.

Ob sie wisse, wer sich diese Frechheit erlaubt habe, fragte er die Frau in den Pluderhosen.

Else, vom Schreck erholt und von der Komik der Situation überwältigt, sagte unter lautem Gelächter, das müsse wohl ein Eifersüchtiger gewesen sein, der sich darüber aufrege, daß sie sich mit Erich auf den Diwan zurückgezogen habe. Er solle sich nichts daraus machen, wer immer es gewesen wäre, er sei ja schon wieder zur Räson gekommen.

Aber Erich fand die Situation gar nicht komisch. Lautstarke Szenen und unbeherrschte Menschen waren ihm ein Greuel. Menschen hatten sich nicht gehen zu lassen und schon gar nicht, wenn es sich dabei um einen so kläglichen Primitivaffekt wie die Eifersucht handelt. Erich kannte keine Eifersucht, er kannte auch Liebe und Leidenschaft nur auf einer höheren Ebene. Liebe empfand er für seine Mutter, der einzigen in seiner Familie, mit der er sich verwandt fühlte, und Leidenschaft oder wenigstens ein ähnliches Gefühl für die Kreationen menschlichen Geistes. Die eine Empfindung entsprang dem Herzen, die andere dem Kopf. Eifersucht war für ihn etwas, das sich in den unteren Regionen abspielt, und diese durften nie, aber auch nie, die Oberhand über Herz und Kopf gewinnen.

Er danke für den ereignisreichen Abend, sagte er, doch jetzt sei es leider Zeit für ihn zu gehen.

Else geriet in Panik. Sie hatte sich, wie es ihre Art war, Hals über Kopf in diesen Mann verliebt. Alles an ihm erschien ihr nobel: sein Gesicht mit den stark ausgeprägten Zügen, seine Haltung, seine Umgangsformen, seine Kleidung; ja selbst auf dem Diwan, in verfänglicher Pose, war er noch nobel geblieben. Sie kannte nur seinen Vornamen, und wenn er jetzt ginge, indigniert über den albernen Zwischenfall, enttäuscht von ihr, die mit Männern dieser Art verkehrte, vielleicht sogar abgestoßen von den eigentümlichen Sitten in der Dahlemer Villa, würde sie ihn nie mehr wiedersehen.

Es wäre ihr ausgesprochen unangenehm, sagte sie, wenn er jetzt mit dem Eindruck ginge, in eine Horde Wilder geraten zu sein. Sie wären im Grunde genommen alle recht zivilisierte Menschen, und er solle doch noch zehn Minuten bleiben und in Ruhe und Freundschaft ein Glas Sekt mit ihr trinken.

Erich blieb weit über die zehn Minuten hinaus, denn die zivilisierte Seite, die Else ihm nun zeigte, war etwas, das er zu schätzen wußte. Aus der merkwürdigen Pluderhosen-Erscheinung mit der wilden Haarmähne und den dreisten Manieren, die ihn beunruhigt, erregt und verhext hatte, wurde Else Schwiefert, die Dame des Hauses, eine kluge, humorvolle und gebildete Frau, die ihn jetzt intellektuell verführte. Intuitiv hatte sie erkannt, daß Erich ein Mann des 19. Jahrhunderts war, ein Romantiker und Idealist, der mit den Dichtern und Denkern jener Epoche lebte. In das intime Boudoir seiner Sinne und Seele gelangte man sicherer über die Wendeltreppe des Geistes als über den Diwan!

Sie verwickelte ihn also in ein Gespräch über die schönen Künste, ein Thema, das sie zu Erichs Verblüffung besser beherrschte als er selber. Sie war, was die Klassiker betrifft, mindestens so gut belesen wie er und ihm in zeitgenössischer Literatur, Theater und Musik weit voraus. Ihr Geschmack war so sicher wie ihr Urteil unbestechlich und durchdacht. Hier war eine Frau mit weiblichem Instinkt und männlichem Denkvermögen, und diese Kombination war ihm, der sich in den reaktionären Kreisen des Großbürgertums bewegte, noch nie begegnet.

Nein, sie war nicht sein Typ, und dennoch war es ihr gelungen in sein Inneres vorzudringen und dort ein wohltuendes, kleines Feuer zu entzünden.

Als Else Erich Schrobsdorff kennenlernte, lebte er immer noch bei seinen Eltern in der Ahornallee in Westend. Die Villa, im kühnsten Jugendstil gebaut und durch einen großen, kunstvoll angelegten Garten von der Außenwelt geschützt, hatte die Dimensionen und das Aussehen eines kleinen Schlosses.

Erich fühlte sich dort sehr wohl. Er hatte seine Zimmer, seine Bibliothek, seine Ruhe und Bedienung, und dem eisernen Griff seines Vaters hätte er sich auch nicht in einer eigenen Wohnung, am anderen Ende von Berlin, entziehen können. Davon abgesehen, war ihm der Gedanke, sich seinem Vater zu entziehen, ebensowenig in den Sinn gekommen wie der, das Haus seiner Eltern zu verlassen.

Sein Vater, Alfred senior, ein preußischer Junker und ein unnahbarer, despotischer Mann mit einer vierschrötigen Statur und dem großen Schädel und grimmigen Gesicht eines Löwen, war das unumstrittene Oberhaupt der Familie. Er hatte den Adelstitel seiner verarmten Vorfahren zugunsten einer lukrativen Karriere abgelegt, sich in Berlin unter das Volk der Geschäftemacher gemischt, zum günstigsten Zeitpunkt eine Immobilienfirma gegründet und mit der rapide wachsenden Stadt und einem höchst unaristokratischen Erwerbssinn Millionen verdient. Als er so weit gekommen war, hatte er Annemarie, ein Mädchen aus gutem Bürgerhaus, geheiratet und mit ihr drei Söhne gezeugt. Annemarie war ein schönes, zartes, überspanntes Geschöpf, das seine nie erfüllte romantische Sehnsucht virtuos auf dem Klavier und dilettantisch in lyrischen Gedichten auslebte. Mit den Jahren wuchs sich ihre schmale Gestalt zu einer stattlichen Figur aus, ihr überspanntes Wesen zu einem skurril verschrobenen Charakter und ihre romantische Sehnsucht zu einem grünen und einem blauen Biedermeierzimmer, wo sie den Träumen, die ihr das Leben versagt hatte, nachhing. Allein ihr Gesicht, hell und fein wie das einer Porzellanfigur, änderte sich kaum.

Der preußische Junker schenkte seiner Frau so gut wie keine Beachtung. Solange Annemarie keine trivialen, weibischen Ansprüche an ihn stellte – und das tat sie nicht – und eine gute Hausfrau und Mutter war – und das war sie –, konnte sie klimpern und kritzeln und im Reich ihrer Träume leben, so wie er in der Welt der Immobilien. Beider Gedanken und Wünsche haben sich nie gekreuzt.

Erich liebte und verehrte seine Mutter, von der er das distinguierte Aussehen, die romantische Ader, die Flucht in Träume und die Kunstbegeisterung geerbt hatte. Sie war diejenige in der Familie, mit der er sich geistig und emotionell verbunden fühlte, die seine Gemütsbewegungen und Interessen teilte und sein Verlangen, Philosophie und Literatur zu studieren, verstanden und unterstützt hatte. Das allerdings hatte dem Sohn wenig genützt. Sein Vater war grundsätzlich dagegen gewesen. Lächerlich, brotlose Geisteswissenschaften zu studieren, war seine Reaktion gewesen. Wozu hatte er schließlich den Adelstitel abgelegt, die Ärmel hochgekrempelt und ein gewaltiges Unternehmen aufgebaut? Und wozu hatte er drei Söhne in die Welt gesetzt? Doch wohl zu dem einen, wenn nicht einzigen Zweck, daß sie mit ihrem ganzen Verstand, ihrer ganzen Energie dem väterlichen Werk dienten, es noch um ein Dreifaches vergrößerten und nach seinem Tod so weiterführten, daß sein erstklassiger Ruf und Name keinen Schaden litt.

Selbstverständlich hatte sich Erich dem Willen seines Vaters gebeugt und statt der brotlosen Geisteswissenschaften Volkswirtschaft studiert. Die drei Söhne waren zu gegebener Zeit in das Bauunternehmen eingetreten, Walter, der Älteste, und Alfred, der Jüngere, mit ererbter geschäftlicher Begabung, Erich ohne dieselbe, widerwillig – aber um so pflichtbewußter.

Pflichterfüllung stand in Erichs Leben an erster Stelle. Damit ersetzte er sein Defizit an Realismus, Kraft und

Durchsetzungsvermögen. Da er sich nicht dem widmen durfte, was ihm lieb und heilig war, mußte er in dem ihm zugewiesenen reizlosen und mühsamen Beruf seinen ganzen Einsatz an Verantwortungsbewußtsein und Gewissenhaftigkeit aufbieten. Und wenn er mit der Dynamik seines Vaters, der Gewitztheit seiner Brüder nicht Schritt halten konnte, dann mußte das eben mit einem Höchstmaß an Arbeit und Disziplin ausgeglichen werden.

Erich verbrachte die Wochentage im Büro und auf Bauplätzen, die Sonntage – auch das gehörte zu seinem Pflichtenkreis – mit seiner Familie. Nur an den Abenden und in den Nächten durfte er sich mit seinen Dichtern und Denkern in den Elfenbeinturm zurückziehen und sich statt mit dem Grundriß mediokrer Mietshäuser mit dem seiner erhabenen Weltanschauung beschäftigen.

Diese Weltanschauung hat Hitler, den Holocaust, den Zweiten Weltkrieg und die Vernichtung von sechzig Millionen Menschen überlebt.

Auch noch im Jahre 1948 schrieb Erich Schrobsdorff an seine Tochter Angelika: »Wie gerne würde ich nun auch Dir, liebe Angeli, helfen und Dich allmählich mit dieser eigentlichen Welt, der allein wesentlichen, der Welt der absoluten Werte, des Schönen, Wahren und Guten bekannt machen...«

Am Tag nach dem Fest erhielt Else von Erich Schrobsdorff einen großen Strauß erlesener Blumen mit einem Kärtchen, in dem er sich mit vollendeter Höflichkeit für ihre Gastfreundschaft bedankte. Sie war enttäuscht. Da war nicht eine einzige rote Rose in dem Strauß, nicht ein inhaltsreiches Wort auf dem Kärtchen. Sie war noch enttäuschter, als im Laufe des Tages kein Anruf von ihm kam, tröstete sich dann aber mit dem Gedanken, daß es in seinen Kreisen vielleicht als unschicklich galt, sich gleich am nächsten Tag zu melden. Er war ein Mann der Formen, nicht der Leidenschaften. Sie kannte Männer dieser Art nicht, hatte keine Anhaltspunkte, wie sie in diesem oder jenem Fall reagierten, keine Richtlinien, wie sie zu behandeln waren. Sie hatte geglaubt, mit dem gedämpften Ausklang des Abends den richtigen Draht zu ihm gefunden und ihn für sich gewonnen zu haben. Jetzt begann sie daran zu zweifeln. Vielleicht gab es gar keinen Draht zu ihm. Vielleicht war der ereignisreiche Abend, wie er ihn mit einem Anflug von Ironie genannt hatte, nichts anderes für ihn gewesen als ein einmaliger Abstecher in eine skurrile Welt und sie, Else, der Beginn eines Abenteuers, das zu beenden er nicht für wert hielt. Sie ließ die Nacht noch einmal vor sich abrollen: den erotischen Teil, der so unfein mit zertrümmerten Gläsern, und den kultivierten, der mit Handküssen und einem langen, tiefen Blick in ihre Augen geendet hatte. Was würde in seiner Erinnerung überwiegen, der geräuschvolle Abbruch einer körperlichen oder die stille Übereinkunft einer geistigen Beziehung? Oder war von beiden kein nachhaltiger Eindruck zurückgeblieben, und der Wunsch nach einer Fortsetzung hatte ihn nicht einmal gestreift?

Die Tage vergingen, und je mehr ihre Hoffnung von ihm zu hören schwand, desto begehrenswerter wurde er für sie.

Else war seit jeher von dem »ganz anderen« verführt worden. Das »ganz andere«, das war die weite, freie, christliche Welt gewesen und die Menschen, die zu ihr gehörten. Ihr Weg in diese Welt hatte über Fritz, den Intellektuellen, Hans, den Gemütsmenschen, ja sogar Grete, die blonde, geradlinige Busenfreundin, geführt. Sie hatte geglaubt, ihr Ziel erreicht und das »ganz andere« erobert zu haben. Bis Erich sich in ihr Leben verirrte. Erich war ein Herr. Er hatte den makellosen Schliff, die charakterliche Integrität eines Herren. Und er hatte den Charme der Dekadenz, die das alltäglichste menschliche Verhalten veredelte wie Patina einen gewöhnlichen Gegenstand. Er, Erich, veredelte für sie die banale Wirklichkeit des »ganz anderen« und wurde damit zum Symbol für eine noch weitere, schönere, noble Welt. Die zu erobern, sollte ihr letztes Ziel werden.

Erich brauchte eine gute Woche, um zu einem Entschluß zu kommen. Er verschob die Entscheidung, ob er Else wiedersehen sollte oder nicht, von einem Tag auf den anderen. Hätte er spontan entschieden, wäre er zu einem positiven Ergebnis gekommen, denn das Feuerchen, das sie in seinem Inneren entfacht hatte, glühte immer noch. Aber soweit er sich erinnern konnte, hatte er sich nie eine Spontaneität zuschulden kommen lassen, und außerdem war es ja gerade das Feuerchen, das ihm besonders viel zu denken gab. Es konnte sich womöglich in einen kleinen Brand ausbreiten.

Hätte es sich bei Else um eine Frau seiner Kreise gehandelt, hätten sich die Überlegungen in einem viel kleineren, übersehbaren Radius gehalten, denn er war keineswegs abgeneigt, sich mit einer ihm entsprechenden Frau in ein ernsthaftes Liebesverhältnis einzulassen. Aber bei Else sprach alles dagegen. Sie war keine Frau, mit der man einen wohltemperierten Umgang pflegen, die man den Eltern vorstellen und auf Veranstaltungen seiner Kreise mitnehmen konnte. Nein, das konnte man wahrlich nicht. Ihre grenzenlose Vitalität faszinierte und erschreckte ihn in gleichem Maße. Else war ein Vulkan, immer kurz vor dem Ausbruch. Ihre Gedanken und Gefühle schienen ständig zu brodeln und eine Hitze auszustrahlen, die auf die Dauer unerträglich sein würde. Er tanzte nicht gerne auf dem Vulkan. Was ihm vorschwebte, waren Gleichmaß, Ausgewogenheit und Beständigkeit, und Else hatte vieles zu bieten, aber gewiß nicht das. Ihre Vergangenheit, ihr gegenwärtiger Lebenswandel, von dessen Lebhaftigkeit er eine Kostprobe genossen hatte, waren undurchsichtig. Sie hatte ihm erzählt, daß sie verheiratet sei und zwei Kinder habe. Ihr Mann mußte ein merkwürdiger Kauz sein, dem es egal war, was sie trieb. Oder vielleicht doch nicht. Vielleicht war er es gewesen, der die Gläser gegen die Tür geschmissen hatte. Nein, es war besser, sich von dieser lauten, haltlosen Gesellschaft fernzuhalten und auf ein Liebesverhältnis, und sei es auch ein unernstes, zu verzichten. Es mußte ja auch schon an den äußeren Umständen scheitern, denn wo sollten ihre amourösen Treffen stattfinden? Sein Vater würde schlichtweg verbieten, daß er in dessen unbescholtenem Haus eine »Buhlschaft« mit einer unbekannten, anrüchigen Person unterhielte, und Elses Mann würde sich, trotz aller Merkwürdigkeit, auch dafür bestimmt bedanken. Es gab allerdings die Möglichkeit, mit ihr zu verreisen, an einen stillen Ort mit viel Natur und wenig Menschen. Er stellte sich ein schönes, altes Hotel in rustikalem Stil vor, große Federbetten, grüne Kachelöfen. Ein kleines Abenteuer, kurz und schmerzlos, ein längst fälliges Debüt, das man endlich hinter sich bringen mußte.

Sie fuhren in die zuckersüße Landschaft des Tegernsees, in ein rustikales Hotel mit großen Federbetten.

In der Dahlemer Villa blieben ein trostloser Hans, ein sprachloser Fritz und eine schadenfrohe Enie zurück.

»Aller guten Dinge sind drei«, kicherte sie, aber die beiden Männer kicherten nicht mit.

Erich lernte von Else die Liebe kennen und, da ein so günstiger Zeitpunkt nie wiederkehren würde, ihre Lebensgeschichte dazu. Sie hatte ganz richtig kalkuliert: Mit seinem Durchbruch in das Labyrinth der Sinne sah er alles, was sie ihm mitzuteilen hatte, aus einer rosig benebelten Perspektive.

Gewiß, er hätte es nicht komplizierter treffen können: eine Jüdin, die mit ihrem Mann, dessen Geliebter, einem Liebhaber und zwei Kindern von verschiedenen Vätern unter einem Dach lebte. Aber was spielte das letztendlich für eine Rolle! Er liebte sie ja nicht, hatte nie an eine ernsthafte Beziehung gedacht. Ein kurzes Intermezzo, das war alles. Dafür war sie wie geschaffen. Eine Frau mit immer neuen, schillernden Facetten, nie langweilig, nie banal, nie konventionell. Ihre Leidenschaft und Zärtlichkeit, ihre Gedankengänge und Beobachtungen, ihre Art zu lachen, sich zu bewegen, sich zu freuen – alles war so echt, so ursprünglich, so lebendig, daß sie ihn, den Schwerfälligen,

Introvertierten damit ansteckte und Dinge entdecken, erfühlen, erfahren ließ, die ihm 28 Jahre lang entgangen waren. Es gab Stunden, in denen er sich wie neu geboren fühlte, sich wie ein junger, unbeschwerter Mann benahm, närrisch und übermütig das Leben genoß. In diesen Phasen war er ihr sehr nahe, hatte sie sogar lieb, fürchtete den Abschied von ihr, die Rückkehr in seine Welt der absoluten Ordnung und der Zwänge.

Aber dieses Gefühl verwirrte ihn. Es paßte nicht in sein Konzept. Er durfte nicht unter den Einfluß dieser Frau geraten – einer Jüdin, die in absoluter Anarchie lebte, wie er in absoluter Ordnung. Er hatte überhaupt nichts gegen Juden, im Gegenteil, er schätzte sie als eine kulturelle Bereicherung Deutschlands. Er hatte auch nichts gegen Anarchie, solange sie sich im privaten Bereich hielt und nicht zu einem öffentlichen Ärgernis wurde. Aber mit seinem Leben und seiner Person war weder das eine noch das andere zu vereinbaren. Das mußte er sich, das mußte er – vor allen Dingen – ihr sagen. Sie durfte sich keine Illusionen machen und glauben, es ginge nun immer so weiter.

Er wird es ihr am letzten Abend gesagt haben, unerhört taktvoll und weitschweifig, wie es seine Art war. Und sie wird ihm mit einem kleinen, duldsamen Lächeln zugehört und sich dabei gedacht haben: Ach, red nur, red doch nur, du großer, schöner, ahnungsloser Kindskopf. Zu gegebener Zeit wirst du schon merken, wie ich dir fehle, ich, die Jüdin, die dein Leben so bereichert wie meine Glaubensgenossen Deutschland.

Erich verließ zwar nicht das Haus seiner Eltern, aber er wurde Stammgast in der Dahlemer Villa. Ich werde leider nie erfahren, wie Else die drei Männer unter einen Hut gebracht und wie sie ihre Gunst unter ihnen aufgeteilt hat. Auch der Drehbuchentwurf gibt darüber keinen zuverlässigen Aufschluß. Er läßt nur durchblicken, daß sich Hans mit Erich und Erich mit Hans und Fritz mit beiden abfand. Und das hat wohl weniger an Elses diplomatischer Geschicklichkeit, als an den Männern selber gelegen. Der eine wollte Else ganz und gar, der zweite nur ein bißchen, und der dritte war schon längst aus dem Spiel. Hätten alle drei die gleichen Ausschließlichkeitsansprüche an sie gestellt, wäre ein Arrangement unmöglich gewesen, so aber kamen sie miteinander zurecht. Zwar rumorte in Hans die latente Eifersucht, gemischt mit Verlustangst, in Erich ein gewisses Unbehagen und in Fritz eine sporadische Gereiztheit, aber davon abgesehen, waren sie eben alle »kultivierte« Menschen, vom Wesen her unaggressiv und sich gegenseitig sehr sympathisch. Erich schätzte Fritz' umfassende Bildung und Hans' Integrität, und Fritz und Hans waren von Erichs lückenloser Persönlichkeit beeindruckt. Auf diese Weise profitierte jeder von den guten Eigenschaften des anderen, und am meisten profitierte Else. Sie gingen oft zusammen aus oder saßen bis spät in der Nacht zusammen, unterhielten sich über Kunst und Literatur, spielten Klavier, tranken ein paar Flaschen Wein, die Erich mitgebracht, aßen eine Erbsensuppe, die Enie gekocht hatte, fühlten sich wohl und einander zugetan.

Für mich war Erich, mein Vater, die Würde in Person. Ich habe ihn nie anders erlebt als gemessen, bedächtig, geistesabwesend und mit einem stillen Humor, der ihn oft zu ungeschickten kleinen Scherzen verleitete, die uns und ihn gleichermaßen belustigten. Einen Erich, der über die Stränge schlägt und die Rolle des ersten oder zweiten Liebhabers spielt, kann ich mir schwer vorstellen. Was ihn dazu verleitet hat, von den Höhen seines Elfenbeinturms herabzusteigen, bleibt im dunkeln. Für Else stand fest, daß sie das auslösende Moment war. In ihrem Drehbuchentwurf charakterisierte sie Erich und die Situation, in die er hineinschlidderte, folgendermaßen: »Er ist groß, blond, hat viel Charme. Ein komplizierter, schwankender, weicher Mensch. Auch er wird fast wider Willen durch Esther (Else) in das Chaos hineingerissen. Merkt erst nach und nach mit Erstaunen, daß er Esther liebhat und sie ihm nötig ist.«

Es werden viele Monate vergangen sein, bis er es merkte, und als es soweit war, wird er nicht nur erstaunt gewesen sein, sondern einen Heidenschrecken bekommen haben. Denn damit brach sein wohlüberlegtes Konzept wie ein Kartenhaus zusammen, und er sah sich einer Situation gegenüber, der er überhaupt nicht gewachsen war. Die abstrusen Zustände in der Dahlemer Villa, zu denen er in entscheidendem Maße beitrug, erschienen ihm plötzlich unhaltbar. Die Rolle, die er dort spielte, war seiner unwürdig. Warum sollte er eine Frau mit dem Mann, mit dem sie verheiratet war, und dem, der sie liebte, in gewisser Weise teilen, dem einen Respektlosigkeit widerfahren lassen, dem anderen Schmerz zufügen, vor den Kindern den guten Onkel mimen, vor den Großeltern Kirschner verschwinden, den eigenen Eltern, die aus seinem Verhalten schlossen, er habe nun endlich die richtige, ihm ebenbürtige Frau gefunden, blauen Dunst vormachen, die Arbeit und Lektüre vernachlässigen?

So durfte es auf keinen Fall weitergehen. Aber eine Ehe mit Else kam nicht in Frage. Da waren seine Eltern, die sie, eine Jüdin, eine geschiedene Frau mit zwei Kindern, nie und nimmer akzeptieren würden, und da waren seine Grundsätze, die ihm verboten, eine Frau aus einem so andersartigen Milieu und mit einem dem seinen entgegengesetzten Charakter und Temperament – egal ob Jüdin oder Christin – zu heiraten. Für ihn war die Ehe weniger Liebe als Pflicht, nicht nur lebenslängliche Verbindung mit einer Frau, sondern Vereinigung zweier Familien. So betrachtet, war Else das denkbar ungeeignetste Heiratsobjekt.

Also was blieb? Nichts anderes, als sich von ihr zu trennen. Es war die einzige Lösung, aber die in die Tat umzusetzen, fiel ihm inzwischen alles andere als leicht. Das kurze, unverbindliche Intermezzo hatte, wie eine zu Tal donnernde Lawine, immer mehr an Umfang und Schwung gewonnen, und seine Gefühle, die ihm nie einen Streich gespielt hatten, waren dabei, sich selbständig zu machen. Er stellte mit Bestürzung fest, daß er in den letzten Monaten mehr gelebt als nachgedacht hatte, ja, man könnte fast sagen, daß er gedankenlos gelebt hatte. Es war Else gewesen, die im alltäglichen Bereich Beschlüsse gefaßt und Entscheidungen getroffen hatte, und das war ihm ausgesprochen entgegengekommen. Die Entscheidung, ob man zum Essen ausging, in welches Restaurant, ob alleine oder zu fünft, kostete sie eine Minute, während er dazu einen ganzen Nachmittag gebraucht hätte. Sie wußte bereits beim zweiten Akt, ob eine Theateraufführung gut oder nur mittelmäßig war, und konnte ihm in zwei Sätzen erklären, woran das lag. Sie konnte ihm auf der Stelle sagen, welche Mängel ein von seiner Firma gebautes Haus hatte und welche Vorzüge. Selbst sein Haar entging ihr nicht, und sie entdeckte sofort, wenn es zu lang war oder zu kurz geschnitten.

Er stellte sich sein Leben ohne sie vor. Die Tage im Büro, die Abende in seiner Bibliothek oder auf Geselligkeiten seiner Kreise mit Menschen seiner Art und Frauen seines Typs. Ein Leben in Gleichmaß und Ausgewogenheit. Ein Leben ohne ihre Wärme, die ihn umfing wie die laue Luft des ersten Frühlingstages nach einem langen, eisigen Winter. Ohne ihre tiefe, volle Stimme, ihre großen, unverhüllten Augen, ihre befreiende Natürlichkeit, die ihm die eigenen Hemmungen nahm.

Und da erkannte er, wie seinerzeit Fritz, daß sie für ihn wie die Sonne war, ein Zentralkörper in seinem Leben, hell, heiß und kraftspendend. Die Trennung von ihr würde ein Rückzug in die Dämmerung sein, eine klamme, farb- und konturenlose Dämmerung ohne Anfang, ohne Ende.

Erich fand eine Zwischenlösung: eine gemeinsame, lange Reise in südliche Länder. Ein Aufschub des unabänderlichen Endes, ein letzter schöner Ausklang ihres Liebesverhältnisses.

Else war noch nie im Ausland gewesen, und sie hatte sich ihr Leben lang danach gesehnt. Der Gedanke, mit einem Mann, den sie liebte, weit wegzufahren in fremde, südliche Länder, von denen sie nur gehört, gelesen und geträumt hatte, schöne, alte Städte zu sehen, weiße Dörfer unter tiefblauem Himmel, das Meer, Palmen und Orangenbäume, war so überwältigend, daß der Gedanke an Hans nicht einen Atemzug lang auftauchte. Sie fiel Erich um den Hals, sie lachte und weinte vor Glück.

Erst als sie allein war, begann sie zu überlegen – nicht etwa, ob sie Hans zuliebe auf die Reise verzichten solle, nein, das konnte kein Mensch von ihr verlangen, sondern wie sie es ihm beibringen könnte. Sie glaubte zu wissen, wie er reagieren würde! Er würde sie mit dieser furchtbaren Verzweiflung, die sie schmerzte und damit erboste, anflehen, nicht zu fahren. Er würde ihr die alte Litanei vorbeten, um sie davon zu überzeugen, daß das, was sie zu tun gedachte, unfair, impulsiv, selbstsüchtig, gefährlich, verantwortungslos, gewissenlos sei. Daß sie, wenn schon nicht an ihn, dann wenigstens an die armen Kinder denken solle. Daß sie endlich einmal zur Vernunft kommen und sich darauf besinnen müsse, was wirklich Wert im Leben habe, und das sei beileibe nicht Vergnügen und Abenteuer, sondern die Familie: Eltern, Kinder, ein Mann, der bereit wäre, mit ihr durch dick und dünn zu gehen. Daß er sie liebe, wie sie kein Mensch jemals geliebt habe oder lieben würde.

Und sie, Else, würde mit grollender Ungeduld warten, bis er zu Ende geredet hätte, und nichts dagegenzusetzen haben. Denn er würde ja, in allem was er sagte, recht haben, und ihr einziges Argument, daß sie auf das Schöne und Erregende im Leben einfach nicht verzichten könne, würde für Hans kein Argument sein. Also würde sie schweigen und er, jetzt in der zweiten Phase der hilflosen Wut, schwerere Geschütze auffahren: Sie solle sich darüber klar sein, daß sie eine Frau mittleren Alters sei, dreißig Jahre, also nicht mehr jung. Viel Zeit stünde ihr nicht mehr zur Verfügung, und wenn sie noch ein paar Jährchen so weitermache, könne sie damit rechnen, mutterseelenallein auf der Strecke zu bleiben. Nach einer Frau in den Dreißigern mit zwei Kindern würde kein Hahn mehr krähen. Auch er nicht. Denn selbst die größte Liebe müsse zerbrechen, wenn man sie ununterbrochen mit Füßen trete, und er sei ganz kurz davor, den Schlußstrich zu ziehen.

Und dann würde er wieder mit München kommen und seinem Landbesitz und seiner Bierbrauerei und dem herrlichen Leben, das sie dort zu viert führen könnten, und sie würde in ihrem Inneren schaudern. Bayern und Bier und Hans, der mit roten Wangen und Lederhosen um sie herumbalzte. Also dann schon lieber kein Hahn und Berlin. Aber natürlich würde es Hähne geben, die nach ihr krähten, an erster Stelle Hans, mit dem sie immerhin eine Tochter hatte, eine Tochter, mit der er verrückt spielte und die er nie aufgeben würde, selbst dann nicht, wenn er eines Tages wirklich die Nase von ihr voll haben sollte.

Also, so würde die Sache verlaufen, und sie wünschte, sie bereits hinter sich zu haben, denn sie konnte sein verzweifeltes Gesicht nicht mehr ertragen und die alte Litanei und ihr eigenes schlechtes Gewissen, das er so gut zu manipulieren verstand. Aber was war ein schlechtes Gewissen gegen die Seligkeit, die sie auf dieser Reise auskosten würde! Sechs Wochen Erich, Sonne, faszinierende, fremde Länder – ein Auftakt zu einem neuen, veredelten Leben.

Am Abend teilte sie Hans ihr Vorhaben mit.

Es geschah nichts von dem, was sie vorausgesehen hatte. Hans flehte nicht, wetterte nicht, appellierte nicht an ihr Gewissen. Er wurde zu einer Art Eiszapfen, bläulichweiß, starr und kalt, und sagte mit einer spröden Stimme, die sie nicht an ihm kannte: Wenn sie mit Erich auf die Reise ginge, würde er auf der Stelle das Haus verlassen und weder sie noch seine Tochter jemals wiedersehen. Es sei ihre Entscheidung, und die solle sie bitte jetzt, sofort, treffen.

Der Schreck war wie ein Schlag in den Magen. Else fühlte ihn nach unten in die Gedärme, nach oben in die Brust ausstrahlen. Ihr Hals war so trocken, ihre Zunge so dick, daß sie kaum schlucken konnte.

Sie hatte gewußt, daß da ein Punkt war, an dem Hans sich nicht mehr biegen lassen würde, aber sie hatte diesen Punkt noch nicht erwartet. Jetzt kam er ihr höchst ungelegen. Aber sie mußte entscheiden: entweder Hans, die unbeugsame Eiche, bis ans Ende ihrer Tage oder Erich, das schwankende Rohr, für die Zeit einer Reise, an deren Ende die Ungewißheit stand. Ihre Antwort war klar: Erich, die Reise und die Ungewißheit. Sie hatte immer die Liebe gewählt, die Fröhlichkeit, das »ganz andere«, sollte sie jetzt auf Kosten dieser Schätze die Sicherheit wählen? Nein, nicht sie! Es gab nur dieses eine Leben, mit einer kurzen Jugend und klein bemessenen Dosen an Glück. Die Zukunft war ein hypothetischer Begriff. Für die zu planen, hieß die Rechnung ohne den Wirt machen. Hatte sie ihr Schicksal in der Hand? Sollte sie ein momentanes, greifbares Glück der fernen, unbekannten Sicherheit opfern und, anstatt ihr Leben zu genießen, sich dagegen abschirmen?

Er warte, sagte Hans.

Da war beim Klang seiner spröden, fremden Stimme und den ultimativ herausgepreßten Worten nur noch ein kleines Zucken in ihren Eingeweiden. Sie hatte sich entschieden. Trotzdem wollte sie versuchen, ihn einem Gespräch zugänglich zu machen und seinen Entschluß zu mildern.

Sie würde verreisen, sagte sie, das sei definitiv. Aber er solle doch bitte an Bettina denken, er könne das Kind doch nicht für das Verhalten seiner Mutter strafen und unglücklich machen.

Wenn hier jemand das Kind unglücklich mache, sagte er, dann sei sie es. Daß sie das begreife und nie vergesse, sei das einzige, worauf er noch Wert lege. Und im übrigen habe er nicht die Absicht, sich mit ihr über Bettina zu unterhalten. Sie sei ihre Tochter und habe den Namen ihres Mannes Fritz und würde hoffentlich von ihrem Geliebten Erich versorgt werden.

Ob das seine Abschiedsworte seien, fragte Else mit Abscheu.

Ja, sagte er, und verließ das Zimmer.

Sie folgte ihm nicht. Sie hörte ihn die Tür zum Kinderzimmer öffnen, hörte die freudigen Schreie Bettinas, schlug mit einer gequälten Grimasse die Hände über die Ohren und versuchte an die Reise zu denken, an Sonne, Meer und südliche Nächte. Aber es kamen keine Bilder, es kam nur ein trockenes Schluchzen, das schmerzte, als stünde ihr Brustkorb in Flammen.

Noch am selben Tag verließ Hans Huber die Dahlemer Villa. Er hinterließ einen Brief an Fritz und Enie, in dem er sie seiner Freundschaft versicherte. Von Else nahm er mit keinem Wort, keinem Blick Abschied. Sie sah ihm aus dem Fenster nach, als er den Kiesweg hinunter zum Gartentor ging. Ein hoher, schön gewachsener Mann. Ein Fremder, den sie zu lieben geglaubt, mit dem sie vier Jahre zusammengelebt, mit dem sie eine Tochter hatte. Ein Mann, der sie als erbitterter Feind verließ, um nie mehr zurückzukehren. Sie wurde von einem würgenden Gefühl der Trauer und der Panik überwältigt. Einen Moment lang war sie versucht, das Fenster aufzureißen und seinen Namen zu schreien. Er konnte die Frau und die Tochter, die er über alles liebte, doch nicht auf diese grausame Art verlassen! Ohne einen Blick zurück, ohne ein Wort, das seinem Fortgehen die Unwiderruflichkeit nahm. Aber sie wußte, daß es hoffnungslos war und er nur – falls überhaupt – zurückkommen würde, wenn sie sich ganz für ihn entschiede. Und das konnte sie nicht, auch nicht Bettina zuliebe. Sie mußte nach ihren eigenen Gesetzen leben.

Sie wandte sich ab und ging ins Kinderzimmer. Peter lag auf dem Bauch und malte ein Bild, Bettina hockte daneben und sah ihm gespannt zu. Else setzte sich auf einen Stuhl und sah ihre Kinder an, den schönen, schmalen Jungen mit den blonden und das stämmige kleine Mädchen mit den schwarzen Locken. Liebte sie ihre Kinder nicht genug? War sie eine schlechte Mutter?

Wenn man eine Mutter an ihrer Pflichterfüllung maß, dann war sie eine schlechte Mutter. Wenn man sie aber an ihrer Liebe maß, dann war sie die beste Mutter der Welt. Sie liebte ihre Kinder mit einer brennenden Liebe. War das nicht genug? War das nicht entscheidender als die Pflichterfüllung?

Bettina kam mit ausgestreckten Armen auf sie zu. Else nahm sie auf den Schoß, drückte sie an sich, küßte das kleine Gesicht. Hans' Augen, seine Nase, sein Mund.

Peter blickte mit hochgezogenen Brauen auf und sah sie strafend an. Ihre Augen, ihre Nase, ihr Mund.

»Onkel Hans«, sagte er, »ist weggegangen. Er hat uns Adieu gesagt. Schade, nicht wahr?«

Else nickte.

»Mach hoppe, hoppe, Reiter«, bettelte Bettina.

Sie ließ die jauchzende Kleine auf ihren Knien reiten.

»Fällt er in den Graben«, sang sie, »fressen ihn die Raben...«

»So 'n Quatsch«, entrüstete sich Peter, »Raben fressen keine Leute.«

»Fällt er in den Sumpf, macht der Reiter einen...«

»Plumps«, kreischte Bettina.

Am Abend teilte Else Fritz und Enie mit, daß sie mit Erich für sechs Wochen verreise. Die Kinder würde sie während dieser Zeit bei ihren Eltern unterbringen, sie wisse nur noch nicht, was sie denen wieder für eine Lüge auftischen solle.

Fritz sah seine Frau mit einem langen, milden Blick an, dann sagte er, es sei vielleicht besser, wenn sie jetzt alle mal mit dem Lügen aufhörten und reinen Tisch machten. Das Luftschloß, das sie da aufgebaut hätten, sei sowieso dabei einzustürzen. Hans hätte sich als erster gerettet, er und Enie würden folgen. Sie hätten beschlossen zu heiraten. Er dürfe doch wohl annehmen, daß sie, Else, in eine Scheidung einwillige.

Der erste Stein des einstürzenden Luftschlosses hatte sie bereits getroffen. Das war der zweite. Sie war leicht benommen und schwieg.

Enie, die Siegerin, die Else endlich die Beute entrissen hatte, begann aus Mitleid mit der Freundin zu weinen.

Sie solle keine Angst haben, schluchzte sie, sie und Fritz würden immer für sie dasein.

Und was sie den Eltern sagen solle, fragte Else, was den Kindern? Erst Vater und Onkel, dann weder noch.

Der nächste hätte ja schon die Klinke in der Hand, tröstete Enie und grinste unter Tränen.

Die Frage sei nur, ob er die Klinke auch runterdrücken würde, sagte Else.

Da verlasse er sich ganz auf sie, erklärte Fritz, und davon abgesehen, würde Erich ein sehr guter Vater und Schwiegersohn werden, vielleicht nicht so gut wie Hans, aber bestimmt besser als er.

Sie fände das alles überhaupt nicht komisch, sagte Else verärgert, aber sie dächte gar nicht daran, sich dadurch die Reise vermiesen zu lassen: »Ich fahre und hinter mir die Sintflut!«

»Weißt Du noch, wie es anfing? Da standen wir am Anhalter Bahnhof, ganz verwirrt, ich mit schwerem Herzen und Gewissensbissen. Du suchtest die Schlüssel zum Koffer, dann Deinen Hut, dann Deine Zigaretten. Es war ein Lärm und Rennen und Schreien, und wir liefen verzweifelt hin und her. Dann saßen wir endlich im Zug, und als er sich langsam und fauchend in Bewegung setzte, löste sich alles in mir, und ich begann mich zu verwandeln. Reisen, das heißt für mich ein anderes Leben beginnen. Das bin dann nicht mehr ich, mein Denken wird anders, mein Fühlen wird anders, und wenn ich mich im Spiegel anschaue, ist mein Gesicht verändert. Alles ist stark und klar.«

So beginnen Elses Reiseerinnerungen, die sie nach ihrer

Rückkehr, in Berlin, schrieb und Erich zum Geburtstag schenkte. Sie ließ sie zu einem schmalen, sonnengelben und meerblauen Büchlein binden und tippte sie mit violettem Farbband. Es ist ein rührendes Büchlein, in dem sich Elses Wesen und Charakter mit großer Eindringlichkeit offenbaren:

»In der Nacht schlief ich herrlich, und morgens waren wir in München, saßen glückselig in einem ganz häßlichen Café und frühstückten. Dann fuhren wir weiter, und jede Stunde sagte ich mir hundertmal: Venedig! Und das Herz schlug so stark, daß ich es überall spürte, im Hals, im Magen, in den Fingerspitzen. Der Zug fing an zu klettern, ich wußte, dort hinter dem Brenner liegt Italien, und je höher wir kamen, desto heftiger wurde die Spannung in mir. Die große Sehnsucht, durch Jahre genährt, sie sollte sich endlich erfüllen. Das Atmen wurde mir schwer, Goethe, dachte ich, und dann mischte sich Vorstellung und Wirklichkeit, und ich sagte kein Wort mehr.

War es tatsächlich kahl und braun und noch nicht Frühling den Berg hinauf, war es wirklich so, daß wir hinunter mitten in blühende Bäume und grüne Wiesen fuhren? Fast wollte ich weinen. Bozen, Trient, Verona, Padua – da waren schon die schönen Namen. Wir stiegen in eine kleine Bahn um und traten ans Fenster. Die Landschaft, der Himmel, die Luft – alles war anders und ich wie im Traum. Und dann kam Venedig.

Als wir aus dem Bahnhof hinaustraten, war es mit meiner Fassung vorbei. Ich begann tatsächlich zu weinen. Die schmalen, dunklen Kanäle, die stolzen Häuser in so herrlichen Farben – blau und braun und dunkelrot wie Blut, die hoch gewölbten edlen Brücken, die Gassen, in denen Wäsche von einem Fenster zum anderen flatterte. Stufen führten hinab zum Wasser, wo tiefschwarze Gondeln warteten. Feierlich und still glitten wir durch die Kanäle, vorbei an prächtigen Gebäuden. Die Gondoliere führten leise den Kahn. Wir hielten an den Stufen eines Palazzos – das war das Hotel. Das Zimmer hatte weißen Marmorboden, und das Fenster ging auf einen kleinen Kanal, in dem das Wasser fast schwarz war. Ich setzte mich auf das breite Fensterbrett und lehnte mich weit hinaus. Da sah ich den Canale Grande und draußen das offene Meer.

Wir gingen zu Bett, und ich puffte verzweifelt mein Kopfkissen, denn es war hart wie ein Stein, und die Decke war sehr dünn. Ich fror erbärmlich, und nur weil mir so kalt war, mußte ich zu Dir kommen, nicht wahr, Erichlein, nur um mich zu wärmen. Aber dann wurde es immer nichts mit dem Schlafen. War das meine Schuld? Wir hatten also eine Auseinandersetzung über ›Vernunft‹ und ›Erholung‹, und Du warst sehr ernst und ich sehr traurig. Aber es war doch nötig, denn der Wahnsinn war über mich gekommen. Diese Luft, diese Stadt, dieser Himmel, das Meer und das Leben in den Straßen mit ewigem Lachen und ewiger Zärtlichkeit, es stieg mir zu Kopf, es ging mir ins Blut. Ich lief durch die Stadt, und ich leuchtete so von innen heraus, daß alle mich ansahen und sich freuten, und ich liebte alle Italiener, alle Frauen und alle Kinder, mochten sie noch so schmutzig sein, und ich war in alles und jeden verliebt. Was mußtest Du ertragen, Du Armer, an Dir tobte sich meine Lebensfreude aus.

Wir lagen auf weißen Marmorstufen, dicht am Wasser, in glühender Sonne; spazierten über den Fischmarkt und durchs Ghettoviertel, wo sich eine Horde bettelnder kleiner Jungen mit dem Ruf ›Jehudi, Jehudi‹ auf uns stürzte; fuhren am Abend zur Serenata weit hinaus aufs Meer, wo in lampiongeschmückten Gondeln, unter großen, nahen Sternen, junge Männer und Frauen leidenschaftliche Lieder sangen. Soll man da auch noch die Fassung bewahren und sich schämen, wenn man sentimental wird? Ich schämte mich nicht. Die Tränen liefen mir über das Gesicht, und ich betete, daß es nie aufhören solle.

Wenn wir ›gebildet‹ wurden und in die ›Accademia‹ gingen oder Kirchen besichtigten, sehnte ich mich so nach Luft und der Sonne, daß mir alle Bilder und Kirchen gleichgültig wurden. Du lasest mir ernst schwerwiegende Dinge über Kultur, Kunst und Geschichte vor und ärgertest Dich, wenn ich nicht zuhörte. Aber ich wollte immer nur draußen sein und durch die Gassen laufen. Weißt Du noch, wie wir jeden Morgen zuerst auf den Markusplatz gingen – zur Morgenandacht –, wie wir sagten, und wie wir jedesmal unter den Arkaden stehenblieben und in mir ein Jubel aufstieg, so stark, daß ich dachte, ich könnte es nicht aushalten, ohne zu schreien oder zu weinen oder zu tanzen. Die Schönheit, die Freude am Dasein, die Lebendigkeit überall, es war so unbeschreiblich herrlich!«

Von Venedig fuhren sie nach Brioni. Sie schreibt:
»Man sah zuerst nur ein großes Hotel, einen weißen, sonnigen Platz und viele elegante Leute. Mir wurde ein bißchen ängstlich und unbehaglich. Hier gab's bestimmt Prätentionen! Venedig, ja Venedig hatte auf mich gewartet, das war mir mit offenen Armen entgegengekommen, aber Brioni war feindlich. Und dieser Eindruck war richtig, nur machte es mir später nichts mehr aus, denn ich gewöhnte mich ein, und es war ja auch so schön. Einmal aber brachen doch der Überdruß und der Widerwillen heftig aus mir heraus. Die segelten und spielten Golf nur, um sich gut und passend dafür anzuziehen, die kamen nie auf den Gedanken, über die herrlichen Wiesen zu gehen oder ans Meer. Die waren nur Schale und drinnen leer. Du nanntest mich voreilig und intolerant, und wir zankten uns ernstlich. Das war wohl das einzige Mal, und es ist ja auch gar nicht so schlimm, wenn man zusammenlebt. Dann ist alles so schnell wieder gut.

Einmal fuhren wir im Segelboot auf die Narzisseninsel, die winzig ist und voller Blumen. Wir legten uns ins hohe Gras und waren ganz zugedeckt mit Narzissen und Blättern, und ich wühlte mich hinein so tief ich konnte, wie in ein weiches Bett, zog dann die Bluse aus, den Rock und noch einige Kleidungsstücke mehr, und lag selig da, in glühender Sonne. Wir waren sehr verrückt an diesem Tag, und ich wollte da ewig liegenbleiben, wie eine Eidechse. Ich wollte nicht fort, ich bohrte die Finger ganz tief in die Erde und preßte mein Gesicht hinein, um den süßen Duft in mich einzuatmen, so daß ich ihn nie mehr vergessen würde.«

Von Brioni ging es weiter über Ragusa nach Mostar:

»Die Basare waren das Schönste. Da lagen die braunen, bärtigen Männer mit den klugen, ruhigen Augen unbeweglich auf ihren Bänken, rauchten aus langen Pfeifen und tranken Kaffee aus winzigen Täßchen, die dauernd auf einem Tablett über die Straße getragen wurden. Verschleierte Frauen, die aussahen wie Marabus, schritten an uns vorüber. Sie trugen lange, blaue Capes mit einer tief ins Gesicht fallenden Kapuze und darüber noch einen schwarzen Schleier.

Wir mieteten einen Wagen und fuhren durch die Stadt, sahen türkische Häuser, die hinter Mauern verborgen in Höfen standen, sahen Moscheen mit schlanken Minaretts und Friedhöfe, endlos weit, mit schiefstehenden Grabsteinen. Wir fuhren an einem Flüßchen entlang, an dessen Ufer zwei Frauen saßen, die sich hastig und angstvoll vor uns verhüllten. All das war so fremd und wunderbar: Die Häuser mit den eng vergitterten Fenstern, die so hoch liegen, daß es unmöglich ist hineinzuschauen, die merkwürdig scheuen Frauen, die nie die Sonne auf ihrer Haut fühlen, den Wind, das Meer, die die Blicke der Männer und dieses Leben widerspruchslos ertragen.«

Von Mostar fuhren sie über Sarajevo und Agram nach Wien:

»Der Expreßzug nach Wien war so wundervoll bequem und gepflegt, daß ich die Zivilisation plötzlich wieder herrlich fand. Wir wurden kurz vor Wien aus dem schönsten Schlaf geweckt, und als ich fertig angezogen war, standest Du gemächlich auf, holtest umständlich Schwamm und Haarbürste, Eau de Cologne und Haarwasser, Zahnpasta und Frisierhaube aus dem Koffer, und als Du nun alles so schön draußen hattest, fuhr der Zug in Wien ein, und Du mußtest viel rascher wieder einpacken, als Du ausgepackt hattest. Du konntest Dir nicht mal die Zähne putzen, und daraufhin war der ganze Tag für Dich in Unordnung geraten. Aber ich lachte herzlich.

In Wien zogen wir in das herrlichste Hotel, das es gab, und hatten ein Zimmer mit Vorzimmer und Bad. Und wir badeten und badeten und schrubbten den ganzen Balkan von uns ab, und Du wuschest mir so gründlich den Kopf, daß er mir noch zwei Tage danach weh tat. Von dem Hotel konnte ich endlich auch Berlin anrufen, und die Kinder kamen ans Telefon und trösteten mich ein bißchen über das nahe Ende der Reise hinweg. Und dann zogen wir los.

Wir fuhren mit einem Fiaker zum Prater, wo an diesem schönen Sonntag ganz Wien versammelt schien. Es war ein ungeheurer Trubel, Blumenkorso gab's und Pferderennen, Lunapark, Theater, Kaffeehäuser, alles zusammen.

Abends gingen wir in den Redoutensaal zu ›Figaro‹ und am nächsten Abend ins Josephstädter Theater, wo wir ein Stück von Galsworthy sahen. Wir machten einen Ausflug in den Wienerwald und auf den Kahlenberg, und der Wald war so licht und hellgrün wie kein Wald bei uns. Auf dem Rückweg gingen wir in eine alte Kirche, in der gerade Gottesdienst war, und wie immer in katholischen Kirchen, war ich ganz entzückt und gefangen. Einmal waren wir in einem mondänen Tanzlokal, das sich in nichts von derartigen Etablissements in Berlin unterschied. Dennoch tanzten wir bis vier Uhr früh. Wir durchstreiften die Altstadt mit ihren glatten, grauen Häusern, fuhren nach Schönbrunn mit seinen merkwürdig, bis zur Unkenntlichkeit beschnittenen Bäumen, die mir leid taten, weil man sie so verstümmelt hatte, gingen in die Liechtenstein-Galerie und standen lange erschüttert vor dem wundervollen Bild der Botticelli-Madonna. Aber die Rückreise lag wie ein immer dunkler und kühler werdender Schatten über unseren Erlebnissen. Es kam der letzte Tag, und als die Koffer aus dem Hotelzimmer geholt wurden, standen wir dabei, als wären es Särge. Es kam eine letzte gemeinsame Fahrt im Schlafwagen, die letzte gemeinsame Fahrt im Taxi. Dann die Trennung. Es war die schönste Reise meines Lebens, ungetrübt vom Anfang bis zum Ende. Denk ich an sie, weiß ich, was Glück ist.«

Sie müssen in ihrer äußeren und inneren Gegensätzlichkeit ein eigentümliches Paar gewesen sein. Else, ein wirbelnder Derwisch, klein und drall, stillos gekleidet und schlecht frisiert, ungestüm lachend und jubelnd, schreiend und weinend; Erich, zwei Köpfe größer als sie, von den Spitzen seiner maßgefertigten Schuhe bis zum Panamahut eine makellose Erscheinung, langsam in der Bewegung, versonnen in der Betrachtung und sowohl akustisch wie emotional gedämpft. Wie hat er das ausgehalten, dieses ununterbrochene Feuerwerk an ekstatischen Gefühls- und Begeisterungsausbrüchen? Es wird ihn wohl manchmal befremdet, manchmal auch wieder mitgerissen haben, wie etwa auf dem Markusplatz oder der Narzisseninsel. Aber alles in allem wäre ihm etwas mehr Ruhe und Gemessenheit sicher entgegengekommen. Wahrscheinlich gab es auch Stunden, in denen Else ihr Glück etwas weniger stürmisch manifestierte, in der prätentiösen Atmosphäre Brionis zum Beispiel, oder wenn Erich sie zurechtgewiesen hatte, daß man in einer Kirche nicht zappelt und im Bett auch mal Vernunft walten lassen muß. Sie wird dann ihre zivilisierte Seite hervorgezaubert und Erich mit ihren originellen Beobachtungen und klugen Betrachtungen sofort zurückerobert haben. Man entkam ihr nicht, der kleinen, drallen Else, diesem Ausbund an Lebenslust, dieser Quelle an Zärtlichkeit und Wärme, dieser Flamme an klarer, heller Intelligenz. Trotz des einen oder anderen Vorbehalts muß sie für Erich auf dieser ersten, langen Reise die Offenbarung wahrhaftigen Lebens gewesen sein.

Else hat ihrem Drehbuchentwurf folgende »Aussage« vorangesetzt:

»Alle Personen sind, trotz des ungeheuerlich zerrütteten Lebens, das sie führen, nicht unanständig. Alle handeln wie unter einem Zwang, sind grenzenlos schwach. Sie werden geschoben und lassen sich treiben, finden nicht die Kraft zu widerstehen, spüren außerdem den Reiz dieses ungeordneten, hektischen Lebens. Alle Beziehungen fangen leicht und harmlos an und wachsen den Beteiligten über den Kopf. Niemand von den Menschen ist kalt und berechnend; alle sind im Grunde anständig und ehrlich. Zum Schluß unglücklich und vom Schicksal verletzt, bleiben sie arm und mit leeren Händen zurück. FIASKO.«

Wir sind nun also in der Phase des Fiaskos, das mit Elses Rückkehr nach Berlin über sie hereinbricht. Es gibt keinen Hans mehr, wird ihn nie mehr geben. Fritz und Enie haben sich, unter Hinterlassung des Scheidungsantrags, einiger leerer Stellen, wo einstmals Möbel und Bücher standen, und heller Flecken, wo einstmals Bilder hingen, nach Wannsee abgesetzt. Und Erich, dem telepathischen Ruf des Vaters und der Pflicht folgend, verabschiedete sich, um in das elterliche Haus zurückzukehren.

Die Dahlemer Villa war öde und kalt, Berlin grau und verregnet. Else legte sich ins Bett, nahm zwei Schlaftabletten und zog die Decke über den Kopf. Sie konnte sich nicht vorstellen, daß sie je wieder die Kraft und das Verlangen haben würde aufzustehen. Sie sah sich einer Hydra gegenüber, neun steil aufgerichtete, züngelnde, zischende Köpfe, die sich, kaum abgeschlagen, wieder erneuerten.

Wie sollte sie sich, die nie ohne den Schutz, die Unterstützung, die physische Nähe eines Mannes gelebt hatte, plötzlich alleine durchschlagen, alleine in einem großen, gespenstisch leeren Haus, das immer voller Menschen gewesen war, voller Stimmen, Geräusche, Betriebsamkeit und Trubel? Wie sollte sie ihren zwei vaterlosen Kindern das Gefühl der Sicherheit und Geborgenheit geben, wenn sie es selber verloren hatte? Wie sollte sie ihnen das Verschwinden eines für selbstverständlich hingenommenen Vaters und eines geliebten Onkels erklären und sie an die Gegenwart eines neuen Mannes gewöhnen, der, weil er nie lange blieb, mehr Verwirrung als Vertrauen in ihnen wekken mußte? Wie sollte sie die Kinder mit den, gewiß recht spärlich ausfallenden, Alimenten ernähren? Und was sollte sie ihren Eltern sagen? Daß Hans, der gute Freund und Sohn eines Ministers, auf und davon war und Enie, die gute Freundin und Baronesse, mit Fritz jetzt in Wannsee wohne und ihn demnächst heiraten werde? Ganz zu schweigen von Erich, von dessen Existenz die armen Kirschners keine Ahnung hatten. Sollte sie ihn vielleicht als ihren Geliebten vorstellen, ein neuer Goy, mit dem sie seit einem Jahr ein Verhältnis hatte und der gar nicht daran dachte, sie zu heiraten? Der, wenn sie es genau überlegte, jetzt vielleicht sogar daran dachte, sich aus der Affäre zu ziehen, ihr höflich und taktvoll, wie es seine Art war, Freundschaft anzubieten, möglicherweise finanzielle Unterstützung. Er war ein hochanständiger, aber leider sehr schwacher Mann, und sollten seine Eltern Wind von der Geschichte bekommen und ihn unter Druck setzen, würde er bestimmt klein beigeben.

Sie zweifelte plötzlich an allem und jedem, und am meisten zweifelte sie an sich selber.

Sie hatte drei Männer gehabt, jetzt hatte sie keinen. Sie hatte das Leben für eine Spielwiese gehalten, jetzt war es ein Schlachtfeld. Sie hatte Kampf und Sieg nur auf dem Gebiet der Liebe, des Genusses und Vergnügens kennengelernt, nicht auf dem des täglichen Lebens. Sie war darauf nicht vorbereitet, war nicht dafür gerüstet.

Else war auf dem Amoklauf in die weite, freie, christliche Welt in eine Sackgasse gerannt, und es fällt mir schwer zu begreifen, warum sie in diesem Moment nicht wenigstens versucht hat, sich mit den Grundbegriffen des täglichen Lebens vertraut zu machen und damit zu beweisen, daß sie im Falle des Falles für sich und ihre Kinder sorgen könnte.

Aber für sie war die Ehe nach wie vor Bestimmung und Erfüllung einer Frau und der Mann derjenige, der ihr Status, materielle Sicherheit und eine Lebensaufgabe, um nicht zu sagen Lebensberechtigung gab. Und wenn sie sich auch später über die Moralbegriffe ihrer Generation hinweggesetzt hatte, so war das nicht im Zuge einer allgemeinen Emanzipation geschehen, sondern allein im Bereich der sexuellen Freiheit. Ihre ungenutzte Begabung und Intelligenz, ihre aufgestaute Vitalität und Kraft hatten offenbar nur ein Ventil, und das war das der Erotik und des Lebens in Freude. Erst in der späten Phase ihrer schonungslosen Selbsterkenntnis schreibt sie in einem Brief an mich: »Strenge Dich an, mache etwas aus Dir, ich schwöre Dir, es lohnt sich. Schau, wie ich meine Begabung und Intelligenz ein Leben lang verzettelt habe, und nun sitze ich da. Folgerichtig!«

»Er ist so schwer, dieser Anfang! Noch kann ich nicht glauben, daß es wieder beginnt, das Leben, das alltägliche Leben, das so schwer zu ertragen ist...«

Mit diesen Zeilen begann Else den Begleitbrief zu ihren Reiseerinnerungen. Statt sich der Gegenwart zu stellen und wenigstens eins der zahlreichen Probleme in Angriff zu nehmen, vergrub sie sich einen guten Monat lang in das verlorene Paradies der Reise.

»Wo ist die Zeit, da ich immer lachen und mich freuen konnte? Ich will mich hart machen, nicht nachgeben, nur nicht nachgeben, sonst halte ich's nicht aus, versinke in Tränen, in tiefer Traurigkeit. Dann ist alles schwarz, das Schöne, das war, zerrinnt, wird unwirklich. Die Kraft, die ich brauche, um glücklich und schön zu sein, verläßt mich,

ich falle zusammen, bin matt, hilflos, elend. Geschieht das, ist alles verloren. Ich muß einen Halt finden, denn ich bin wie ein Kind, das zum erstenmal alleine laufen soll und nun schwankend dasteht. Dieses Büchlein hier soll mir helfen: Zu ihm flüchte ich mich, wenn es über mir zusammenzuschlagen droht: der Alltag, der Druck, die dunklen Gedanken...«

Sie ging zu ihren Eltern, um Peter und Bettina abzuholen. Das Glück, ihre Kinder wiederzusehen, wieder zu fühlen, war so groß, daß es die dunklen Gedanken kurzfristig verscheuchte. Kinder und alte Leute, sagte sie sich, leben in ihrer eigenen Welt. Die einen kommen schnell über Veränderungen hinweg, die anderen nehmen sie gar nicht mehr ganz wahr. Sie brauchte bei den Eltern gar keine tiefschürfenden Erklärungen abzugeben.

Sie fragten, ob es schön bei ihrer Freundin in Italien gewesen sei.

Himmlisch, sagte Else.

Sie war braungebrannt und sah blühend aus. Das genügte, um Minna und Daniel weder an dem Besuch bei der Freundin noch an dem Wohlergehen ihrer Tochter zweifeln zu lassen.

Die Kinder waren in bester physischer und seelischer Verfassung und wollten nur wissen, ob die Mutti ihnen etwas mitgebracht habe.

Na bitte, so leicht war das!

Else fuhr mit ihnen in die Dahlemer Villa zurück. Einige Stunden ging alles gut. Die Kinder waren mit der Wiederentdeckung ihrer Spielsachen, dem Garten, dem Dienstmädchen Frieda beschäftigt. Aber als der Abend kam, fragte Bettina, wo denn der Papa Fritz und der Papa Hans seien, und Peter sagte mit einem Achselzukken: »Die versteht aber auch wirklich gar nichts.«

Die vierjährige Bettina, ein durchweg gutgläubiges Kind, verstand in der Tat gar nichts, und als ihr die Mutter erklärte, daß die beiden Papas für längere Zeit verreist seien, nahm sie es gelassen und ohne weitere Fragen hin. Anders der inzwischen neunjährige Peter.

Wenn ich mir sein Photo aus diesem Jahr betrachte, dann weiß ich, daß es ein schweres Unterfangen war, ihn mit Lügen oder Halbwahrheiten abzuspeisen, und ich könnte mir sogar vorstellen, daß es Else bei ihm gar nicht erst versucht hat. Er trägt auf dem Bild einen schwarzen Russenkittel mit kleinem Stehkragen und breitem Ledergürtel und hat das Gesicht eines schönen Kindes mit dem Ausdruck eines klugen Erwachsenen. Da ist die ausgeprägte Stirn mit den arrogant angehobenen Brauen, die alerten Augen, denen nichts entgeht, und die tief eingeschnittenen Mundwinkel, die Eigenwilligkeit und Skepsis ausdrücken. Es ist nichts Zufälliges in diesem Gesicht, nichts Vages. Der Junge sieht, hört und fühlt nicht nur, er denkt, er will wissen, er will dahinterkommen. Ich glaube, er war der einzige von uns Kindern, der unsere Mutter so sah, erfaßte, liebte und akzeptierte, wie sie war.

Als Else die Aufzeichnungen der Reise beendet hatte, wurde ihre Vermutung, schwanger zu sein, fast zur Gewißheit. Sie konnte es trotzdem nicht glauben. Die Ärzte hatten ihr nach einer komplizierten Unterleibsentzündung erklärt, daß sie auf weitere Kinder verzichten müsse. Sie war über diese Eröffnung sehr unglücklich gewesen, denn ihr Vorsatz, von jedem Mann, den sie liebte, ein Kind zu bekommen, hatte noch nicht an Gültigkeit verloren und war mit ihrer Leidenschaft für Erich wieder voll aufgeflammt.

»Ich habe auf der Italienreise mit deinem Vater in jeder Kirche, die wir uns ansahen, um ein Kind gebetet«, hat sie mir in ihrer gläubigen Phase erzählt, »und meine Gebete sind erhört worden.«

Sie muß in den Kirchen also nicht nur gezappelt und sich gewünscht haben, wieder draußen zu sein, sondern auch ein kleines, aber ungewöhnlich wirksames Gebet gesprochen haben. Selbst ihr Arzt, den sie schließlich aufsuchte, betrachtete die Schwangerschaft als ein Wunder. Else natürlich auch.

Ein Kind von Erich, ein Produkt der glückseligen Reise, ein Geschenk des Himmels, ein Fingerzeig Gottes!

In solchen Kategorien muß sie gedacht und darüber vollkommen vergessen haben, daß die Umstände, unter denen der arme Wurm ausgetragen und geboren werden sollte, wieder höchst ungünstig waren, und die Probleme, von denen es vorher schon mehr als genug gegeben hatte, sich um ein Vielfaches vermehren würden. Oder vielleicht glaubte sie, daß Gott jetzt nicht nur den Zeigefinger ausstrecken, sondern gleich die ganze Hand über sie und das entstehende Kind halten werde.

Erich, in seiner Hochanständigkeit, konnte ihr jetzt nicht mehr entgleiten. Sein Vater, der preußische Junker, würde zwar die unsolide Jüdin ablehnen, aber das hatten auch die Kirschners bei Fritz, dem unsoliden Goy, getan. Erst Peter hatte die Borniertheit und Intoleranz ihrer Eltern gebrochen, das neue kleine Wunder würde das gleiche bei Erichs Eltern bewirken.

Die Schwangerschaft gab Else einen ungeheuren Auftrieb. Ihre Verzagtheit schlug von einem Tag auf den anderen in Tatendrang um. Sie fürchtete nichts mehr, nicht die Unschlüssigkeit Erichs, nicht die Böswilligkeit seiner Eltern, nicht die Verzweiflung ihrer Eltern, nicht die Scheidung, nicht Peters Entrüstung, wenn er feststellen mußte, daß es nun wieder kein schwarzweißes Hündchen war, nicht die mitleidigen oder verständnislosen Blicke ihrer Bekannten und Freunde, nicht Regen noch Sturm.

Es war Erich, der von dem Geschenk des Himmels als erster Mitteilung erhielt, und ich wage kaum, mir seinen heftigen, wenn auch gesitteten Schrecken auszumalen. Da das Problem Else für ihn schon nicht zu bewältigen war, wie da erst das Problem Else mit Kind!

Er wird ihr also seine Bedenken langatmig auseinandergesetzt und dabei den zwei einzigen Alternativen – Ehe, die für ihn nicht in Frage kam, oder Abtreibung, die er, ein lauterer Mann und gläubiger Christ, nie und nimmer verantworten konnte – ausgewichen sein. Und sie wird sich dabei gedacht haben: Ach, red du nur, red nur, du großer, schöner, ahnungsloser Kindskopf, du wirst schon noch sehen, wie dieses halbjüdische Kind dein Leben bereichern wird.

Also wird er den Beschluß in eine fernere Zukunft verschoben und seine Eltern in Unwissenheit gelassen haben. Und sie wird weiter vorgeprescht sein und ihren Eltern eine lückenhafte Beichte abgelegt haben. Bei der wurde das Intermezzo mit Hans selbstverständlich verschwiegen, und so traf die ganze Schuld Fritz. Ihn, der ihre Tochter zuerst verführt und entführt hatte, um dann die Ehe zu brechen und sie und seine Kinder wegen einer christlichen Baronesse zu verlassen, wollten sie nie mehr wiedersehen. Den anderen, diesen Filou, der Schande über ihre Tochter gebracht hatte, dafür umgehend.

Erich wurde also den Kirschners präsentiert, und als er mit liebenswürdigem Lächeln und einem Strauß auserlesener Blumen die Wohnung betrat, Daniels Hand drückte, Minnas küßte, konnten sie nicht verbergen, daß sie beeindruckt waren. Ihre Entrüstung wich der Anerkennung, ihre vorausgeplante brüske Begrüßung einem leisen »hoch erfreut«, ihre abweisenden Mienen einem hilflosen Lächeln. Ihre Weltordnung war durcheinandergeraten. Vor ihnen stand ein Herr und kein Filou, ein Goy zwar, aber einer mit großer Klasse. Wie sollten sie das mit der Schande, die er über ihre Tochter gebracht hatte, zusammenbringen?

Erich wurde in den Salon gebeten und mit Kaffee und Kuchen bewirtet. Man sprach über Immobilien, für die sich Daniel sehr interessierte, und über Goethe, Minnas und Erichs deutschen Lieblingsdichter. Über die Schande sprach man nicht.

Erst als Erich gegangen war, erinnerten sich Daniel und Minna wieder daran und stellten ihre Tochter zur Rede: Ob sie nach all dem Schlamassel in ihrem Leben – ein nichtsnutziger Ehemann, eine kaputte Ehe, zwei vaterlose Kinder – jetzt auch noch ein uneheliches in die Welt zu setzen gedenke? Warum, in Gottes Namen, sie und Erich nicht schon längst verheiratet wären?

Das läge nicht an ihr, sagte Else, sondern in erster Linie an Erichs Vater, der eine Ehe mit einer Jüdin, noch dazu einer geschiedenen mit zwei Kindern, nicht dulden würde.

Das sei doch die Höhe, empörten sich die Kirschners, das sei doch eine glatte Unverschämtheit! Nur weil sie einen anderen Glauben habe, dulde sie dieser Unmensch nicht in seinem Haus? Jüdin hin, Jüdin her! Deutschland sei doch wohl ihr Land, deutsch ihre Sprache, deutsch ihre Kultur, deutsch ihre Familie, deutsch ihre Erziehung!

Wie das mit Fritz gewesen sei, erkundigte sich Else, der ja auch *nur* einen anderen Glauben gehabt habe und ansonsten deutsch, deutsch, deutsch, deutsch gewesen sei. Warum sie da nicht »Christ hin, Christ her« gesagt, sondern ihm und sogar ihr ein Jahr lang das Haus verboten hätten.

Das eine sei mit dem anderen gar nicht zu vergleichen, erklärte Minna, und Daniel meinte aufmunternd, das seien doch nur Kinkerlitzchen, und es würde noch alles gut werden. Ihr Erich sei ein prächtiger Mann und ein ehrenwerter Mensch, das sehe man auf den ersten Blick. Elslein solle sich keine Sorgen machen.

Sie machte sich aber Sorgen. Ihre erste Euphorie war verflogen, und sie mußte sich eingestehen, daß die Folgen des Wunders nicht dessen erster Leuchtkraft entsprachen. Erich war zwar so weit gegangen, seinem Vater die Liaison mit ihr zu beichten, doch hatte der, nach einem Kreuzverhör zu Elses Personalien, erklärt, er könne den Verkehr mit einer Frau dieser Art nicht billigen und erwarte, daß sich sein Sohn dementsprechend verhalte. Erich, zwischen der Forderung seines Vaters, die Beziehung abzubrechen, und der Elses, der Beziehung mehr Substanz zu geben, hin- und hergerissen, verhielt sich zurückhaltend. Er begegnete sowohl dem alten Schrobsdorff als Else mit vagem Entgegenkommen, war dem einen ein guter Sohn, der anderen ein verläßlicher Gefährte und überließ die Entscheidung dem Deus ex machina.

Elses anfängliche Zuversicht, ihr Tatendrang und Frohsinn machten einer großen Müdigkeit Platz. Sie, die die vorangegangenen Schwangerschaften genossen hatte, begann unter dem psychischen und physischen Druck zu leiden. Sie fühlte sich einsam in dem großen Haus, in dem keine Feste und Gesellschaften mehr stattfanden, Bekannte, die sich amüsieren wollten, ausblieben und die wenigen eingeweihten Freunde sie mit gutgemeinten, aber nutzlosen Ratschlägen und Aufheiterungsversuchen mehr bedrückten als ermutigten.

Auch die Kinder, an einen turbulenten Haushalt, die Anwesenheit zweier Männer und eine immer lebhafte Mutter gewöhnt, begannen sich der freudlosen Atmosphäre bewußt zu werden. Erich, der nur am Abend erschien, entweder um mit Else auszugehen oder ein paar stille Stunden mit ihr zu verbringen, war ein schlechter Ersatz. Zwar brachte er den Kindern oft Geschenke mit, war lieb und duldsam mit ihnen, nahm Bettina auf den Arm, strich Peter über den Kopf, aber er war und blieb ein Gast, von dem man nicht mehr erwarten konnte und verlangen durfte als von jedem beliebigen Onkel, der auf Besuch kam. Bettina begnügte sich damit, freute sich mit ihm, war zutraulich und anschmiegsam, Peter dagegen stand ihm mit kaum verhohlener Ablehnung gegenüber. Else erklärte sich seine Haltung als Eifersucht, eine normale Reaktion, die jeder heranwachsende Junge auf den Geliebten seiner Mutter empfinden mußte, und war nicht weiter beunruhigt. Mit der Zeit, wenn Peter sich an Erich gewöhnt, ihn in sein Leben integriert und festgestellt hätte, daß ihm, dem Sohn, ihre Liebe voll und ganz erhalten bliebe, würde sich seine Einstellung bestimmt ändern.

Sie war, was ihre Kinder betraf, eine schlechte Psychologin. Gewiß war Peter eifersüchtig auf den Eindringling, der in dem Leben seiner geliebten Mutter eine so große Rolle spielte, aber das alleine war es nicht. Es war Erichs Wesen, das ihm fremd und unangenehm war: seine Zurückhaltung und Methodik in allem, was er tat und sagte, sein Mangel an Spontaneität und Überschwenglichkeit – zwei Charakterzüge, die er an sich und seiner Familie kannte und ohne die ihm die Menschen und das Leben fade vorkamen. Peter brauchte die starke menschliche Beziehung, die sich für ihn in Leidenschaft und Hingabe ausdrückte, das volle, wilde Leben, in dem es keine Grenzen gab und kein Kalkül. Er war schon damals eine festgefügte kleine Persönlichkeit, unbestechlich und kompromißlos. Erich war und blieb für ihn Onkel Schrobsdorff, der Fremde, dessen stille Güte und Großzügigkeit für ihn nur ein lauer Ausgleich für das Fehlen wahrhaftiger Liebe und totaler Einsatzbereitschaft waren.

In dieser Zeit suchte die verstörte Else Fritz und Enie am häufigsten auf. Nur zu ihnen, die sie von Grund auf kannten, denen sie nichts vorzumachen, nichts zu verbergen brauchte, hatte sie rückhaltloses Vertrauen. Dort, in dem kleinen, gemütlichen Haus mit dem verwilderten Gärtchen fühlte sie sich wohl und geborgen, dort konnte sie sich aussprechen, weinen, schimpfen und manchmal auch mit Enie lachen, so wie sie sich früher aus bösen Situationen herausgelacht hatten. Auch für Erich wurde das ländliche Wannsee bald ein Refugium, und seine Zuneigung zu Fritz und Enie vertiefte sich zu einer lebenslänglichen Freundschaft. Die beiden Männer, die das Bedürfnis, in Frieden gelassen zu werden, miteinander teilten und sich in ihrer schöngeistigen Weltanschauung fanden, machten lange Spaziergänge am See entlang oder zogen sich auf ein Stündchen in Fritz' Bibliothek zurück, um sich philosophischen Betrachtungen hinzugeben. Die beiden Frauen, die sich in Temperament und Urwüchsigkeit glichen, trafen sich in ihrer Liebe zum klaren, einfachen Leben, von dem ihre Männer so gut wie nichts verstanden.

Enie gab keine nutzlosen Ratschläge, und sie achtete

nicht auf jedes Wort. Sie sagte, was sie dachte, gerade heraus, oft schonungslos, und das war Else lieber als das vorsichtige, verbale Herumgetaste, bei dem sie sich vorkam wie eine Todgeweihte in den Händen stümperhafter Ärzte.

Sie solle jetzt bitte nicht jammern, fuhr die Freundin sie an, sie habe genau gewußt, was sie tue, und das könne man von Erich wahrlich nicht behaupten. Der wisse das nie und würde es nie wissen. Der bekomme die Dinger aufgehalst, und dann schleppe er sie pflichtbewußt weiter. Ein Mann weich wie Butter. Für ihn sei das ganze Leben nur ein »Mitgefangen, mitgehangen«.

Als Elses Schwangerschaft weithin sichtbar wurde, legte ihr Erich nahe, Berlin zu verlassen. Hier, wo es nicht zu vermeiden sei, Bekannten zu begegnen, würde sie womöglich auf Intoleranz, Gehässigkeiten und Schmähungen stoßen, und das wolle er ihr ersparen. Sie sei zur Zeit weder physisch noch psychisch in der Lage, sich über Unerfreulichkeiten dieser Art gelassen hinwegzusetzen. Ein warmer, schöner, harmonischer Ort, an dem niemand sie kenne, ein hübsches, komfortables Hotel, in dem sie sich entspannen und ausruhen könne, würde ihr ausgesprochen guttun. Er hätte da an Lugano gedacht...

Else begann zu lachen, ein klägliches, bitteres Gelächter. Sie danke ihm sehr für seine Umsicht und Fürsorge, sagte sie, aber wenn es nach ihr ginge, würde sie die Gehässigkeiten ihrer Mitmenschen und seine Nähe dem harmonischen Lugano fern von ihm vorziehen. Nur ginge es hier ja nicht um sie.

Es war die Stunde der Wahrheit, die sich zwölf Jahre später unter fatalen Umständen wiederholen sollte. Else, die zu einer Gefährdung werden konnte, wurde abgeschoben. Sanft, umsichtig und auf Erichs Kosten. An einen schönen, warmen Ort, in ein hübsches, komfortables Hotel, wo sie niemand kannte und der Makel, der sie alle in eine unbequeme Lage zu bringen drohte, vertuscht werden konnte.

Else, verzagt und unsicher, setzte sich nicht zur Wehr. Sie brachte Peter zu ihren Eltern und fuhr mit der kleinen Bettina nach Lugano.

Erichs Verhalten hatte sie grenzenlos enttäuscht. Dieser Mann hatte weder Rückgrat noch natürliche Instinkte. Das Kind, das sie trug, sein Kind, war nichts anderes für ihn als ein peinliches Mißgeschick, das man verstecken mußte. Zu der absurden Angst vor seinem Vater gesellte sich ein gewisser Widerwillen gegen ihren unästhetischen Bauch, mit dem in der Öffentlichkeit sich zu zeigen, ihn in Verlegenheit brachte. O ja, sie kannte ihren Erich, seine Idiosynkrasien und Verschrobenheiten, die sie immer so belustigt hatten. Aber nun war es gar nicht mehr lustig, es war sogar abgrundtief traurig und unverzeihlich. Anstatt in einem Moment, in dem sie nichts dringender brauchte als ihn, voll und ganz zu ihr und seinem Kind zu stehen, schickte er sie in die Verbannung, anstatt ihr Liebe zu geben und einen Halt, gab er ihr Geld und gute Worte. Und das Schlimmste daran war, daß er sein Verhalten als einwandfrei betrachtete und ihn kein schlechtes Gewissen plagte. Er glaubte tatsächlich, ihr nichts Besseres bieten zu können als einen geruhsamen Aufenthalt an einem schönen Ort, in einem komfortablen Hotel. Was konnte sich eine Schwangere, die nur noch aus Bauch bestand, sonst wohl wünschen? Frauen mit ihren undurchsichtigen Gefühlsaufwallungen und merkwürdigen körperlichen Sensationen waren für Erich nach wie vor unverständliche Wesen. Er kannte seine Mutter, aber die stand über der Gattung allgemeiner, mit einem Unterleib behafteter Weiblichkeit, und ihre Gefühlsaufwallungen galten hauptsächlich der Kunst. Und was Else betraf, so war die als Frau so aus der Art geschlagen, daß sie außerhalb der Norm stand und keine Vergleichsmöglichkeiten mit ihren Geschlechtsgenossinnen bot. Woher sollte der arme Erich also wissen, daß jede Frau, selbst die, die über oder außerhalb der allgemeinen Weiblichkeit stand, nicht nur materielle, sondern auch moralische Unterstützung, nicht nur Pflichtbewußtsein, sondern auch Zärtlichkeit braucht. Nein, er, der mit einem Bein in der männlichen Welt der Geschäftemacher und mit dem anderen in der der Dichter und Denker stand, konnte es nicht wissen, und fühlen konnte er es offenbar auch nicht.

Das war für Else der wunde Punkt. Sie, die nur aus dem Gefühl heraus lebte, egal, ob sie sich und andere damit verletzte, litt unter Erichs Rationalismus, seinem Mangel an Intuition, seiner Unfähigkeit, das zu geben, was sie animalische Wärme nannte. Und obgleich sie immer versuchte – bis zu ihrem Lebensende –, seine großen menschlichen Vorzüge über seine angeborenen Schwächen zu setzen, ihn nicht dafür anzuklagen, ja sogar häufig die Schuld für sein Verhalten auf sich selber zu nehmen, gelang es ihr nicht immer, einen tiefen Groll auf ihn zu unterdrücken. Zwar wurde der mit den Jahren, dem Wandel von Liebe zu Freundschaft und schließlich mit den politischen Ereignissen, die sie in eine totale Abhängigkeit von Erich zwangen, immer schwächer, aber damals, als ihre Liebe und die damit einhergehenden Erwartungen und Ansprüche noch lebendig waren, lag sie heftig mit Erich und sich selber im Zwiespalt.

Ihre Briefe an Fritz und Enie schwanken zwischen Ressentiments, Einsicht, Resignation und köstlicher Selbstironie:

»...Heute ist es eine Woche, daß ich Berlin verlassen habe. Die Reise war trotz Schlafwagen so anstrengend – 22 Stunden saß ich mit der armen Tina auf der Bahn –, daß ich offen gestanden nicht weiß, wie ich weiter oder auch nur zurückkommen soll. Bin total erschöpft. Der erste Eindruck von Lugano war allerdings so schön, daß ich ganz fröhlich wurde und alle Ängste vergaß. Sanfte, glitzernde Seen, gewaltige Berge, ein strahlend blauer Himmel, heiße Sonne. Leider hat sich das bald gegeben, man sah vor Nebel weder See noch Berg, und dann begann es sich einzuregnen, erst nieselnd, dann in Strömen, und dabei ist es geblieben. Weiß Gott, ich fasse diese Reise nicht als Vergnügungsreise auf. Nur für die eh schon graue Stimmung ist ein zusätzlich grauer Himmel nicht das Wahre. Ich habe den Süden überhaupt satt, kann die Menschen nicht ertragen. Aber vielleicht liegt es nur daran, daß meine andere Reise in den Süden so schön war und ich damals so glücklich. Auf Kosten anderer. Es kommt alles auf einen zurück, pflegt meine Mutter zu sagen, und recht hat sie!

Dies nur ein kurzer Bericht der äußeren Umstände, von meinem inneren Zustand wollen wir schweigen. Über den ist sowieso schon zu viel geredet worden, besonders von Erich, der glaubt, Taten durch kluge Worte ersetzen zu können. Trugschluß! Was aus dem Reden herausgekommen ist, sehen wir, was weiterhin geschehen soll, wissen wir nicht...«

Else fühlte sich von Gott und der Welt verlassen, und als ihr Fritz und Enie in diesem Moment unvorsichtigerweise schrieben, daß Erich ein offenbar reges Leben in Berlin führe, bricht es aus ihr heraus:

»...Daß sich so viel um Erich herum tut, hat mich nicht entzückt. Auf diese Weise werde ich dann wohl überhaupt nichts mehr von ihm hören. Er ruft zwar plötzlich an oder schickt Geld, aber meine Bitten, er möge mir schreiben, verhallen im Leeren. Warum sollte er auch? Tagsüber hat er geschäftlich zu tun, abends gesellschaftlich, und schwerfällig ist er außerdem. Bei ihm dauert ein Brief vierundzwanzig Stunden und jeder Entschluß ein Jahr. So zwischendurch mal ein paar Zeilen kritzeln oder spontan und aus dem Gefühl heraus handeln, das kann er nicht. Jedes Wort muß schön und tief sein, jede Tat hundertmal überlegt, gedreht und gewendet werden. Was dabei herauskommt, sehe ich – weder Brief noch Tat. Ich habe resigniert, der Mann ist nicht mehr zu ändern. Dreißig Jahre lebt er bei seinen Eltern und tanzt nach der Pfeife seines unmenschlichen Vaters. Nie hat er gewagt, das zu tun, was er wirklich wollte, ob es privat oder beruflich war, nie wird er es wagen. Er ist gut, aber schwach. Macht ihm keine Vorwürfe, er wird schön mit den Nerven runter sein. Na, ich bin es auch. Ich falle von einem Zustand in den anderen, bin aufgeregt, beleidigt, wütend, ungeduldig, verzweifelt. Dein Ratschlag, Pitt, ist gut, aber leider nicht durchführbar. Wie soll ich das machen: wie eine Schildkröte leben? Mein Panzer wächst so langsam, außerdem bin ich nicht der Mensch oder das Tier, das in einem leben könnte. Was hat man dann noch vom Leben, wenn man nichts mehr an sich rankommen läßt? Aber so ein paar Monate hätte ich vielleicht doch gerne einen Panzer...«

Statt eines Panzers bekam sie eine immer dünnere Haut, und ihre nervösen Zustände und Schlafstörungen wurden täglich schlimmer. Schließlich ging sie zu einem Arzt, der, wie sie schrieb, ständig an ihr rumdokterte und sich wunderte, daß seine Medikamente nicht halfen.

»...Glaubt Ihr, ich schlafe? Ich schlafe überhaupt nicht mehr. Nie mehr. Ich lese immerzu und lauter Mist. Hier gibt es eine Leihbibliothek, die sich zur Aufgabe gemacht hat, den Geschmack der Leute um ein weiteres zu verderben. Gestern vertiefte ich mich in einen Roman, in dem es sehr viele Dienstmädchen gab, und alle bekamen ein Kind, und 50 Prozent starben bei der Entbindung. Soll ich das nun als Wink auffassen? Und mit dem Kreuzworträtselraten ist das auch so eine Sache. Entdecke ich eins in einer Illustrierten, stürze ich mich drauf, aber neulich habe ich mir ein ganzes Rätselheft gekauft, und kaum hatte ich es erwartungsvoll aufgeschlagen, war die Lust weg. Ich glaube, der Reiz des Ratens liegt in der Rarität. Wo liegt der Reiz nicht in der Rarität? Nach dem Fiasko mit dem Rätselheft habe ich mir dann also eine Handarbeit (!) gekauft. Die letzte habe ich mit sieben Jahren gemacht, und die ist besser gelungen als die, die ich jetzt mache. Aber wenn Mutter mich so mit Nadel und Faden sehen könnte, würde sie aufatmen und glauben, daß ich jetzt doch noch zu meiner wahren Bestimmung zurückgefunden habe.

Das Schönste an meinen Tagen ist das Baden. Ich liege stundenlang in der Wanne und komme mir dann, was Form, Farbe und Nützlichkeit betrifft, wie eine Qualle vor.

Das Hotel ist immer noch gut besucht – lauter Leute, die ich nicht mit der Feuerzange anfassen möchte. ›Feine‹ Damen, die Monate hier wohnen, ein Heidengeld dafür ausgeben und sich, ich weiß nicht von was, erholen. Sie sitzen hauptsächlich in der Halle, plaudern geziert und halten jede, die nicht zu ihrem Kreis gehört, für eine verdächtige Person. Besonders wenn sie schwanger ist und nie ein Mann auftaucht, der diesen Zustand legitimiert.

Heute ist Sonntag, alles ist grau und verschwommen. Ich frage mich, ob ich jemals wieder einen schönen Sonntag haben werde. Früher habe ich die Sonntage nicht gemocht, jetzt, wenn ich an sie zurückdenke, kommen sie mir köstlich vor. So ist es mit allem...«

Es war jetzt Anfang Dezember, und in Lugano wurde es immer ungemütlicher. Elses Stimmung fiel mit dem Barometer und dem Ausbleiben von Erichs Briefen und Taten. Das einzige, was sie noch freute, war die kleine Bettina, die alles schön fand und jeden mit ihrer Liebenswürdigkeit und Zufriedenheit entzückte, und Enies Briefe:

»...Du kannst Dir nicht vorstellen«, schreibt sie an die Freundin, »wie ausgehungert ich nach Berliner Neuigkeiten bin, und keiner erzählt so witzig und lästert so böse wie Du. Und mit keinem kann ich doch richtig quatschen, außer mit Dir und Pitt. Die meisten haben so einen eigentümlichen Ton, so ein unspontanes Briefdeutsch, zusätzlich belastet von der Unsicherheit, wie sie nun eigentlich mit mir sprechen sollen: heiter, optimistisch und ›ist ja alles nicht so schlimm‹ oder mahnend, belehrend und ›verspiel jetzt bloß nicht deine letzte Karte‹ oder beides zusammen, auf daß ich nur zu wählen brauche zwischen nicht so schlimm und letzte Karte. Du und ich, wir sprechen halt dieselbe Sprache, und Dir kann ich sagen, wie mir wirklich zumute ist.

Was Du mir von Erich erzählst, kann ich leider nicht glauben. Wie soll er mich nicht verwünschen nach all den Schwierigkeiten, Scherereien und Kosten, die ich ihm gemacht habe und mache. Er hat doch gar nicht gewußt, was da auf ihn zukommt, weltfremd und versponnen, wie er ist. Außerdem hat er es gar nicht gewollt und sich nur seiner Anständigkeit wegen den Dingen gefügt.

Nein, Weihnachten sind wir nicht zusammen. Er würde ja gerne kommen, aber er traut sich nicht wegen seiner Eltern. Es wäre das erste Weihnachten, das er ohne sie feiert, und wenn dann auch noch herauskommt, daß er es mit der Jüdin verbringt, wäre die preußische Ehre der Familie Schrobsdorff verloren. Wann wir uns überhaupt sehen, weiß ich nicht, und, um ehrlich zu sein, ich kann nicht mehr! Ich versündige mich vielleicht, es könnte ja alles viel schlimmer sein, oder es kann noch schlimmer kommen. Aber ob schlimmer oder besser, so wie es einmal war, wird es nie mehr. Wir haben alles zerstört!...«

Als Weihnachten näher rückte und in dem Hotel Aufbruchstimmung herrschte, hielt es Else nicht länger in Lugano aus. Sie schrieb an Enie:

»...Hier ist's stinklangweilig, kein Mensch mehr. Regen. Eine alte Ziege rennt rum, die jeden aushorcht, eine junge Witwe, die schon zwei Männer verloren hat und reizend ist, kränkelt vor sich hin, ein elegantes französisches Ehepaar mit Auto mäkelt am Essen rum. Früher schwatzte ich abends mit einer alldeutschen adeligen Gutsbesitzerin, einem schwerkranken Herren, dem ausgerechnet hier die Frau ausgerissen ist, und einer vergnügten, aber dummen Schweizerin. Das war mein Kreis!

Gestern hat mich Wilhelm Herzog angerufen und gesagt, ich solle doch nun endlich nach Davos kommen. Ich möchte ja schrecklich gerne und würde mich umgehend auf den Weg machen, wenn ich nicht Angst um Tina hätte. Wahrscheinlich Unsinn, denn Davos ist ein Winterkurort wie jeder andere. Ich wollte schon immer mal im Winter hoch ins Gebirge. Der viele Schnee, die klare Luft, alles so weiß und rein, ich stelle mir das herrlich vor. Auch mein Arzt meint, passieren würde nichts, die Reise ist kurz, die Entbindung erst in einem Monat, aber es wäre dort so deprimierend. Blödsinn! Nicht die Kranken deprimieren mich, sondern die Dummen. Ich brauche Menschen, nicht ›feine‹ Leute, ich brauche Gespräche, nicht Medikamente...«

Else fuhr also einen Monat vor der Entbindung, die in Berlin stattfinden sollte, nach Davos zu Wilhelm Herzog, einem guten Freund und damals sehr bekannten Schriftsteller. Von dort aus schrieb sie noch einen kurzen, eiligen Brief an Fritz:

»Pitt, nimm mir wenigstens die eine Sorge ab und kümmere Dich endlich um Peterlein. Du vernachlässigst ihn in einer Weise, die er Dir eines Tages vorwerfen wird. Er ist immerhin schon zehn, und wenn er auch bei meinen Eltern in bester Obhut ist, fehlt ihm vielleicht doch manchmal der Vater. Wer soll mit ihm Weihnachten feiern? Meine Eltern feiern es bestimmt nicht, nicht einmal ihm zuliebe. Und was wird mit Tina? Die arme Kleine freut sich so auf Weihnachten und fragt jeden Tag, wann wir nach Berlin zurückfahren. Ach, Schluß!«

Am Morgen des 24. Dezember trat sie die Rückreise nach Berlin an. Sie hatte es absichtlich so geplant, denn ihr graute vor dem einsamen Abend ohne Erich, in fremder Umgebung und in Gesellschaft bitterer und trüber Gedanken. Je weniger sie diesem Tag Beachtung schenkte, je unfeierlicher sie ihn beging, desto besser. Allerdings hatte sie vor, die Reise in Freiburg zu unterbrechen und in dem Hotel, in dem sie ein Zimmer reserviert hatte, eine kleine Weihnachtsfeier für Bettina zu improvisieren. Aber man betet eben nicht ungestraft in katholischen Kirchen um das Unmögliche und hat damit dann auch noch Erfolg. Das Kind schien es für einen guten Einfall zu halten, seine Mutter in ihrem Wunderglauben weiter zu bestärken, indem es verfrüht, am Heiligen Abend, zur Welt gebracht werden wollte. Es wußte wohl nicht, welcher Belastung es sich damit aussetzte.

Else, die gerade die Kerzen an dem hastig gekauften, winzigen Weihnachtsbäumchen angezündet hatte, pustete sie wieder aus, und die immer liebenswürdige und zufriedene Bettina fand, das ginge zu weit, und begann zu weinen.

»Stell dir vor«, tröstete die Mutter sie, »jetzt bekommst du das schönste Weihnachtsgeschenk, das sich ein kleines Mädchen wünschen kann, ein Brüderchen oder Schwesterchen, ein richtiges Christkind.«

Das Christkind, ein Mädchen, wurde mit einem sogenannten »Glückshäubchen« geboren, einem Überbleibsel der Plazenta, das wie ein Taschentuch auf seinem spärlich behaarten Köpfchen lag. Ein weiteres Zeichen! Es war fast schon zu viel des Guten. In diesem Moment fand Else den richtigen Namen für das symbolbeladene Kind: Angelika.

Erich, von der Geburt seiner Tochter benachrichtigt, fuhr am nächsten Tag nach Freiburg. Er war nicht das, was man einen stolzen, glücklichen Vater hätte nennen können. Um so mehr, als das Kind ein Mädchen war. Das hatte ihm gerade noch gefehlt! Er hatte gehofft, daß er – wenn schon, denn schon – Vater eines Sohnes werden würde. Söhne hatten mehr zu bieten, fand er. Das einzige, was dieses Mädchen zu bieten hatte, war, daß es sich zu seiner Geburt den Heiligen Abend ausgesucht hatte. Vielleicht lag wenigstens darin ein tieferer Sinn.

Er war sehr beunruhigt. Da war nicht nur die erste Begegnung mit seiner Tochter, für die er, egal ob gut oder schlecht geraten, zeitlebens die Verantwortung würde tragen müssen, sondern auch das Wiedersehen mit Else, deren irrationale Stimmungen, von Weinkrämpfen bis zu Wutausbrüchen, ihn immer noch verfolgten und bedrückten. Durch die Trennung, die sie ihm nachzutragen schien, und die Entbindung, die unvorhersehbare Vorgänge in Körper und Seele einer Frau auslösen sollen, hatte sich ihr Zustand womöglich noch verschlimmert.

Er fand eine neue Else: schön und blaß mit großen Rehaugen, still und in sich gekehrt, mit sanftem Lächeln. Erich wagte kaum, sich zu bewegen. Er näherte sich ihr auf Zehenspitzen, schweigend, lächelnd und mit dem beschwörenden Gedanken: Lieber Gott, laß sie immer so blaß und in sich gekehrt bleiben!

Sie hob das Neugeborene hoch wie einen Siegerpokal aus purem Gold: »Angelika«, sagte sie leise und andächtig.

Erich betrachtete das madenartige Geschöpf mit der ihm eigenen Höflichkeit, doch je länger er es betrachtete, desto besorgter wurde er. Er hatte noch nie einen Säugling aus der Nähe gesehen und konnte sich beim besten Willen nicht vorstellen, daß daraus etwas Menschliches werden sollte. »Glaubst du, das Kind ist normal?« fragte er schließlich verlegen.

Else begann zu lachen. Jetzt, da sie ihre Tochter im Arm hielt, mit der Kraft, Glück und Zuversicht in sie zurückgekehrt waren, fand sie Erichs Weltfremdheit wieder belustigend. Sie beteuerte, daß es sich hier nicht nur um ein normales, sondern ein perfektes, ein wunderschönes Kind handele. In siebzehn Jahren, wenn er zum erstenmal mit ihr tanzen ginge, würde er der stolzeste Vater auf Gottes weiter Welt sein.

Jetzt mußte Erich lachen. Er lachte nie aus sich heraus, sondern tief, langsam und in abgerundeten Tönen in sich hinein.

Ob sich zwischen jetzt und siebzehn Jahren vielleicht auch etwas mit dem Kind anfangen lasse, wollte er wissen, oder ob das von einem Mädchen zuviel verlangt wäre.

In spätestens zwei Jahren, sagte Else, würde er Hals über Kopf in seine Tochter verliebt sein und viel zuviel mit ihr anfangen.

Aha, machte Erich mit einem skeptischen Blick auf den häßlichen Säugling und lachte noch einen einzigen tiefen Ton.

Man hat mir erzählt, daß ich ein eigentümliches Baby war. Ich hätte nie geschrien, mir dafür aber mit Ingrimm das Gesicht zerkratzt. Meine Mutter, von den Großeltern Kirschner aus Leibeskräften unterstützt, geriet in Panik. Zu dritt zogen sie mit mir zu einem Arzt. Der untersuchte mich und stellte fest, daß ich nicht, wie befürchtet, taubstumm war, sondern in jeder Beziehung ein kerngesundes Kind. Er schlug vor, mir Fäustlinge anzuziehen und im übrigen froh zu sein, daß ich nicht schreie. Die Fäustlinge erbosten mich so, daß ich schrie. Es herrschte allgemeine Erleichterung: Gott sei Dank, ein ganz normales Kind!

Ich wurde von den Fäustlingen befreit, verstummte sofort und nahm meine frühere Tätigkeit wieder auf.

Da das Zeitalter der Psychologie noch nicht angebrochen war, machte man sich bis zur nächsten Eigentümlichkeit keine weiteren Gedanken über mein Verhalten. Irgendwann hörte ich auch auf zu kratzen, die roten Striemen verheilten, und ich wurde ein rundes, blondes, hübsches Baby.

Meine Erinnerung reicht bis in mein zweites Lebensjahr zurück. Sie besteht nicht aus zusammenhängenden Abläufen, sondern aus schemenhaften Bildern, die aber plötzlich in einem unbedeutenden Detail so eindringlich werden können, daß ich nicht sicher bin, ob sie mir von der Erinnerung oder aus einer Erzählung überliefert wurden.

Wir wohnten damals in Wannsee, in der Lindenstraße, einer abschüssigen Straße, an deren höchstem Punkt unser Haus stand. Ich sehe einen ungewöhnlich großen, asymmetrischen Raum, der mit Parkett ausgelegt ist. Auch einen schwarzen, aufgeklappten Flügel sehe ich und eine lange, gepolsterte Bank, die vor der Fensterwand zur Terrasse steht. Eine Treppe verbindet den Raum mit der oberen Etage, in der sich Bettinas und mein gemeinsames Kinderzimmer befindet. Es hat bemalte Wände, große Motive, von denen ich nicht mehr weiß, was sie darstellten, nur der Farben entsinne ich mich noch genau: ein klares Blau, Gelb und Orange.

Der Garten ist groß und senkt sich mit der Straße. Es stehen viele Bäume darin, und das Gras ist dicht und hoch. Die Beerensträucher sind im hinteren Teil des Gartens, einem schmalen Streifen, der sich an die Rückseite des Hauses anschließt. Die Terrasse sehe ich deutlich und nie ohne meine Großeltern, die zierliche, schwarzgekleidete Minna mit dem schmalen, dunklen Gesicht und dem eisengrauen Haar und den kleinen, rundbäuchigen Daniel mit der rosa Glatze und der Warze unterhalb des linken Mundwinkels. Sie sitzen an einem runden Tisch unter einem Sonnenschirm, der – aber das kann ich auch später dazugedichtet haben – Muster und Farben eines Fliegenpilzes hat. Sonnenschirme sind für mich bis zum heutigen Tag Symbole der Geborgenheit, denn sie bleiben untrennbar mit den Großeltern verbunden. Omutter und Opapa Kirschner tauchen in meinen Erinnerungen noch vor der Mutter auf, was daran liegen mag, daß die Phase des ersten bewußten Erkennens in ihre Abwesenheit fiel. Sie war, so hat man mir später erzählt, auf einer langen Reise mit meinem Vater gewesen, und die Großeltern wohnten während dieser Zeit bei Bettina und mir in Wannsee.

Sie waren also die ersten Menschen, die ich mit Bewußtsein liebte und die mir mit ihrer gleichmäßigen Güte, Geduld und Zärtlichkeit das Gefühl unbedingter Geborgenheit vermittelten, ein Gefühl, das ich bei meiner Mutter nie finden sollte. Ich sehe sie nicht nur auf der Terrasse am runden Tisch, mich mit Scherzen, Liedchen und kleinen Spielen zum Essen ermunternd, ich sehe sie auch auf Spaziergängen mit Bettina, mir und Linda, der mächtigen Neufundländerhündin, in deren dickes, schwarzes Fell verkrallt ich schon meine ersten Gehversuche gemacht hatte. Meine Schwester und ich laufen voraus, Linda, in ewiger Rettungsbereitschaft, folgt uns dicht auf den Fersen, Omutter ruft mit einer Stimme, die ich immer noch im Ohr habe: »Halt, halt, halt, halt...« Es ist eine klare, klingende Stimme, die sich mit jedem »halt« etwas höher schraubt. In dieser ersten Erinnerungsserie tritt dann schließlich auch meine Mutter in Erscheinung: ein Strohhut mit einer enormen Krempe, ein großes, lachendes Gesicht, dunkelbraun, mit starken, weißen Zähnen und aufgerissenen, phosphoreszierenden Augen. Ein wildes, fremdes, erschreckendes Gesicht, das ich noch nie gesehen hatte. Ich weiß – oder hat man es mir erzählt –, daß ich auf einem hohen Möbelstück saß und meine Großmutter mich gerade anzog. Das Gesicht kam näher, wurde immer größer, immer erschreckender, und ich begann zu weinen, klammerte mich an Omutter, versteckte mich in ihren schützenden Armen.

Und mein Vater? Er wird weder in den ersten schemenhaften noch den darauf folgenden exakteren Erinnerungsbildern sichtbar. Und doch, wurde mir berichtet, war er oft bei uns in Wannsee und verfolgte meine Entwicklung vom madenartigen Geschöpf zum possierlichen Kleinkind – zwar aus gewisser Distanz, aber mit wachsender Verwunderung und Aufmerksamkeit.

Auch meinen Bruder Peter sehe ich nicht, doch das mag daran liegen, daß der damals in einem Internat war und uns nur selten besuchte. So kamen die beiden Männer, die ich in meinem Leben am meisten bewunderte, erst ab meinem vierten Lebensjahr in den Fokus. Bis dahin spielten die Frauen, die mich bemutterten, umhegten und verhätschelten, eine wesentlichere Rolle. Elisabeth und Gertrud sind deutlich auf dem Bildschirm meiner frühesten Erinnerungen.

Sie kommen den Kiesweg zum Haus herauf, Elisabeth von walkürenhafter Statur, mit hellen, zierlichen Gesichtszügen, einem rosa Sommerkleid und einem kleinen weißen Hut; Gertrud, dunkel, mit breitem Gesicht und schwerknochigem Körperbau, ebenfalls im leichten Kleid, aber ohne Hut. Ich spiele mit Bettina im Garten, und sie sagt mir, das seien die beiden Mädchen, die sich bei unserer Mutter vorstellen.

Gertrud, das Zimmermädchen, und Elisabeth, die Köchin, werden für mich zu unentbehrlichen Familienmitgliedern. Ich sehe mich in der Badewanne, über mir Gertruds gutmütiges Gesicht. Sie wäscht mich sanft mit einem großen, weichen Schwamm, sie singt: »Alle meine Entlein schwimmen auf dem See...«

Ich sehe Bettina und mich auf Elisabeths behäbigem Schoß. Sie hat einen Arm um meine Schwester, den anderen um mich gelegt und erzählt uns spannende Geschichten. Morgens, wenn ich noch im Bett liege, höre ich die beiden Mädchen in Zimmern und Küche hantieren, höre ihre Schritte, ihre Lieder, rieche Bohnerwachs und frisch gekochten Kaffee – auch das ist für mich Geborgenheit.

Meine Mutter tritt dann immer deutlicher hervor und wird bald zur Zentralfigur in meinem Leben. Ihr Gesicht verdrängt jedes andere, wird zum schönsten, geliebtesten Gesicht meiner kleinen Welt. In meiner Erinnerung sieht es aus wie eine dunkle Sonne, ihre Stimme klingt wie schwarzer Seidensamt, ihr Körper fühlt sich an wie bauschige Sommerwolken, und sie riecht nach feuchter Erde.

Sie nennt mich ihr Klammeräffchen, denn ich suche ständig ihre physische Nähe, hänge an ihrem Hals, ihrer Hand, ihrem Rock, krieche förmlich in sie hinein. Sie drückt mich an ihren Bauch, ihre Brust, nimmt mich auf ihren Arm, ihren Schoß, überschüttet mich mit immer neuen Zärtlichkeiten, närrischen und sanften, stürmischen und verspielten. Ich sehe den hochstämmigen Fichtenwald, durch den ich mit meiner Mutter gehe, um Bettina von der Schule abzuholen, den See mit seinen Segelbooten und Wasservögeln, an dem wir zusammen spielen, das graue, massive Auto, in dem wir zum Einkaufen fahren; und ich sehe Menschen, die in unserem Haus ein und aus gehen, viele Menschen, von denen kein einziges Gesicht in meinem Gedächtnis haften geblieben ist. Sie reden, lachen, spielen Grammophon, liegen in der Sonne, essen, rauchen, trinken, benehmen sich mitunter wie alberne Kinder. Sie lächeln mir zu, greifen nach mir, versuchen mich auf ihre Knie zu ziehen. Ich bin ein ernstes, zurückhaltendes, scheues Kind, fürchte mich leicht, ekele mich leicht. Ich mag Menschen nicht, keine Erwachsenen und keine Kinder. Ich habe Angst vor ihnen. Aber Tiere liebe ich. Kein Tier macht mir angst, und sei es noch so groß, kein Tier ekelt mich, und sei es noch so schmutzig. Ich bin verrückt nach Fell, egal, ob es so hart und schwarz ist wie das der Neufundländerhündin Linda oder so daunenweich und weiß wie das meines Angorakaninchens Hoppelchen. Ich spüre sein Fell unter meinen Händen, an meiner Wange. Ich sehe uns durch den großen, asymmetrischen Raum laufen, ich in Ballettschuhen auf Zehenspitzen, Hoppelchen in kurzen Sätzen hinterher. Wochenlang laufe ich nur noch auf Spitzen durchs Haus. Die Zehen, obgleich in Watte verpackt, tun mir weh, manchmal bluten sie sogar. Aber ich finde es aufregend, anders zu laufen als gewöhnliche Menschen. Wie bin ich auf die Ballettschuhe gekommen? Ich weiß es nicht mehr. Ich habe sie mir gewünscht und habe sie bekommen, so wie ich alles, was ich mir wünsche, bekomme. Ich wachse mit sehr viel Liebe und erfüllten Wünschen in einem wunderschönen Gehege auf. Mit der Außenwelt und seinen Bewohnern komme ich kaum in Berührung, und wenn es unbedingt sein muß, dann nur an der Hand meiner Mutter.

Ich erinnere mich noch genau an den schrecklichen Zwischenfall beim Friseur. Ich sitze auf einem hohen Stuhl unter einem weißen Umhang, und der Friseur, ein freundlicher Mann, schneidet mir die Haare. Meine Mutter läßt meine Hand los und sagt, sie gehe nur eine Minute in das Lebensmittelgeschäft nebenan, um etwas einzukaufen. Bevor ich protestieren kann, ist sie verschwunden. Ich sehe mich im Spiegel, allein unter fremden Leuten in einem kleinen Raum. Und dann kann ich plötzlich nicht mehr atmen, schnappe nach Luft, werde weiß und von Panik gepackt. Der Friseur stürzt aus seinem Geschäft und holt meine Mutter. In dem Moment, wo sie neben mir steht, ist das Gefühl, ersticken zu müssen, vorbei.

»Ich fürchte, wir werden es nicht leicht mit ihr haben«, sagte meine Mutter, »sie ist ein kompliziertes Kind.«

Es war eine gute Zeit für Else damals, vermutlich die beste ihres Lebens. Die Zone nervenverschleißender Turbulenzen, die sie von einer Liebe, Lüge, Komplikation und Ungewißheit in die nächste geschleudert hatte, lag hinter ihr. Sie sah ihre Zukunft so, wie man eine Landschaft an einem strahlend schönen Tag aus dem Fenster eines sich senkenden Flugzeuges erblickt: ein zauberhaftes, perfekt gestanztes Muster aus geometrischen Formen und klaren Farben, alles ordentlich und übersichtlich, keine verwischten Linien, kein Durcheinander, keine Verunstaltung. Auf diesem Stück Erde, das so viel Schönheit, Helligkeit und Fröhlichkeit versprach, war sie im Begriff zu landen.

Erich hatte sie noch immer nicht geheiratet, aber jetzt war es nur noch eine Frage der Zeit. Mit Angelika, an der er seine Ernsthaftigkeit entdeckt hatte und darüber hinaus die Nase seiner Mutter, war sie sich seiner sicher geworden und konnte in Ruhe abwarten.

Je komplizierter seine Tochter wurde, desto mehr interessierte er sich für sie, und das, was ihn früher nur die Höflichkeit und das Pflichtbewußtsein zu tun veranlaßt hatten, tat er jetzt aus einem langsam, aber stetig wachsenden Bedürfnis heraus. Und damit wurde er entschlossener, fester und offener. Und Else, die während der Schwangerschaft eine Zerrüttung ihrer Beziehung gefürchtet hatte, erkannte, daß eine neue, wunderbare Wendung eingetreten war. Sie liebte ihn jetzt nicht mehr mit der lauten, wilden Leidenschaft, die ihn kopfscheu gemacht hatte, und er empfand sie nicht mehr als Fremdkörper in seinem Leben. Sie fühlten sich durch die gemeinsame Tochter tief verbunden, und jeder nahm die Nachteile des anderen leicht und schätzte und genoß die Vorzüge: sie Erichs Integrität, seine Zuverlässigkeit und materielle Großzügigkeit, er Elses intellektuelle und emotionale Vitalität, mit der sie Scharen von Menschen anzog und zum Mittelpunkt eines sich ständig erweiternden Kreises wurde. In diesen Kreis wurde man nur unter der Voraussetzung aufgenommen, daß man unbürgerlich oder zumindest tolerant, klug oder zumindest amüsant, Künstler oder zumindest Kunstverständiger, Literat oder zumindest Literaturkenner, nichtsnutzig, aber zumindest begabt war. Erich, der zu Menschen dieser Art nie Zugang gehabt hatte, fühlte sich angeregt und bereichert und verbrachte mehr und mehr Zeit in der Lindenstraße.

Else war so ausgeglichen wie nie zuvor in ihrem Leben und nie wieder danach. Sie führte das Leben, das ihrem Temperament entsprach: ohne Alltag und Routine, unabhängig und doch finanziell gesichert. Sie hatte all das, was ihr wichtig oder unabdingbar erschien: ihre Kinder, einen erstklassigen Mann, einen großen, interessanten Freundeskreis, ein schönes Haus, eine ländliche Umgebung und gleichzeitig die Nähe der Stadt, Abgeschiedenheit und Natur, wenn ihr danach zumute war, Gesellschaft und Betriebsamkeit, wenn sie darauf Lust hatte, Reisen ins Ausland mit Erich, Reisen nach Hiddensee mit Freunden, große Verehrer und kleine, harmlose Flirts.

Sie war 35 Jahre, kerngesund und auf eine exotische Art schön. Ja, sie hatte alles, alles außer der Ehe. Und obgleich sie sämtliche Konventionen und Zwänge der bürgerlichen Gesellschaft von sich abgeschüttelt hatte, war die Ehe für sie nach wie vor die Krönung eines Frauenlebens.

Man hat mir erzählt, daß ich wie eine Trophäe von meiner Mutter in das Haus der Schrobsdorffs getragen wurde. Ich muß etwa drei Jahre alt gewesen sein und habe keine Erinnerung an unseren Siegeseinzug, aber es fällt mir nicht schwer, ihn mir vorzustellen.

Meine Mutter in einem schlichten, aber eleganten Kostüm, mit Glacéhandschuhen und einem Hut aus weichem Filz, ich in einem dunkelblauen Hamburger Mäntelchen mit weißem Pikeekragen, auf dem frisch geschnittenen Bubikopf eine kleine, ebenfalls dunkelblaue Melone. Ich saß auf ihrem rechten Arm, ängstlich, verwundert und ein Plüschtier an mich gedrückt. So stiegen wir die Freitreppe aus weißem Marmor empor, und meine Mutter, wissend, daß wir durch einen Spalt in den schweren, dunklen Portieren beobachtet wurden, trug den Kopf sehr hoch und lächelte mit einem Hauch von Ironie.

Auf dem breiten Absatz vor der hochgewölbten Flügeltür sagte sie zu mir: »Du brauchst keine Angst zu haben, mein Häschen, wir besuchen deine Großeltern Schrobsdorff, und die freuen sich schon sehr auf dich.« Dann zog sie an dem Bronzeknauf.

Ein Dienstmädchen in schwarzem Kleid, weißem Spitzenschürzchen und Häubchen öffnete uns, sagte »Guten Tag, gnädige Frau« und half meiner Mutter, mir den Mantel auszuziehen. Der Vorraum war mit schwarzem Holz getäfelt, und die Lampen aus Milchglas waren Schwäne. Meine Mutter nahm mich wieder auf den Arm, strich mir die Haare und das türkisgrüne, auf der Brust gesmokte Samtkleid glatt und wartete, bis ihr das Dienstmädchen die Tür geöffnet hatte und zur Seite getreten war. Die Halle vor uns war immens groß, hoch wie eine Kirche und düster. Das Licht kam nur durch die Fenster der umliegenden Räume und aus ein paar matt leuchtenden Lampen aus farbigem Glas. Auf dem Boden lagen große Perser in gedämpften Farben, und um den Kamin standen ein paar schwere Sessel und ein niedriger, ovaler Tisch mit goldenen O-Beinen.

Meine Mutter drückte mich fester an sich und ging auf eine Gruppe Menschen zu, die bewegungslos wie die Figuren eines Denkmals dastand. Im selben Moment löste sich aus dem erstarrten Haufen eine weibliche Gestalt und lief mit ausgestreckten Armen und unter jubelnden Lauten auf uns zu. Sie war hoch und mächtig und trug ein langes, groß geblümtes Kleid, aus dem ein kleiner Kopf mit einem wunderhübschen Porzellangesicht und einer Puderquaste silberweißen Haares herausragte.

»Willkommen, Else«, rief sie, »Angelika, geliebtes Kind...«

Sie war jetzt schon in greifbarer Nähe, und die Menschengruppe, zum Leben erwacht, setzte sich, auf uns zu, in Marsch.

Das war zu viel für mich. Dem Bericht nach habe ich gesagt: »Ich wünschte, das wären alles Tiere!« und schaudernd das Gesicht am Hals meiner Mutter vergraben.

Einen Moment lang herrschte Totenstille, und in die hinein stieg aus einem Sessel am Kamin ein grimmiges Lachen auf, gefolgt von einem graubemähnten Löwenhaupt. Wie auf Kommando brach die ganze Gesellschaft in erlöstes Gelächter aus. »Zeigen Sie doch mal das Kind her«, sagte der preußische Junker zu meiner Mutter, »scheint ein merkwürdiges Kerlchen zu sein.«

Sie trat vor den Sessel, und um uns herum, im Halbkreis, scharte sich die Gruppe. Ich habe vorsichtig aufgeschaut, erst lange und prüfend den neuen Großvater betrachtet, dann den Rest der Familie: den kugelköpfigen Onkel Walter mit den kleinen, zerdrückten Gesichtszügen und den kalten Augen; den verschmitzten Onkel Alfred mit dem starken blonden Haarwuchs und dem fleischigen Gesicht; einige steife Herren und gezierte Damen, bei denen es sich um nähere Angehörige des Hauses Schrobsdorff handelte.

»So, so«, hat der Großvater gesagt, »ein putziges kleines Mädchen« und meiner Mutter die Hand entgegengestreckt.

Das war das Signal gewesen, das alle steifen Herren und gezierten Damen dazu genötigt hat, ihr ebenfalls die Hand zu drücken. Wir waren akzeptiert, wir waren Mitglieder der Familie, und Annemarie, meine neue Großmutter, preßte uns ekstatisch an ihren bugförmigen, groß geblümten Busen.

Erich heiratete Else im Jahre 1930, kurz nach dem erfolgreichen Debüt im Hause Schrobsdorff, drei Jahre vor der Machtübernahme Hitlers. Sie hatte jetzt einen ihr angetrauten Ehemann, er eine legale Ehefrau und Tochter, Angelika einen legitimen Vater, Bettina und Peter einen tadellosen Stiefvater, Minna und Daniel einen liebenswürdigen Schwiegersohn, Annemarie und Alfred senior die erste Schwiegertochter und das erste Enkelkind. Jeder hatte, was er wollte und brauchte, außer Erichs Vater, der nicht unbedingt eine Jüdin als Schwiegertochter gebraucht, und Elses Sohn, der unter keinen Umständen einen, wie auch immer gearteten, Stiefvater gewollt hatte. Aber das spielte keine Rolle. Hauptsache, es herrschte Ordnung, und die herrschte jetzt und wurde noch weiter untermauert.

Daniel, dessen Engrosgeschäft mit dem Wirtschaftskrach im Jahr 29 pleite gegangen war, und Minna, die nicht mehr zum eigenen Vergnügen, sondern zu einem kleinen Nebenverdienst Tischdecken bestickte, wurden von den Schrobsdorffs zum Kaffee eingeladen, und die stellten erleichtert fest, daß die beiden, wenn auch nicht gerade standesgemäße, so doch gute und ehrbare Leute waren, deren Grundsätze, was Familie und Pflichten betraf, mit den ihren übereinstimmten. Man unterhielt sich von Geschäftsmann zu Geschäftsmann, von Mutter zu Mutter und knüpfte eine Beziehung an, die von Seiten der beiden Frauen nicht ohne Zuneigung und von der der beiden Männer nicht ohne Respekt war. Die Einladungen wiederholten sich in regelmäßigen Abständen und schlossen sogar das Weihnachtsfest ein, eine Ehre, die die Kirschners trotz des Unbehagens, das sie ihnen verursachte, nicht zurückzuweisen wagten.

Else nahm Abschied von Wannsee und zog mit Erich und ihren Töchtern in ein vornehmes Haus in Berlin-Grunewald. Elisabeth und Gertrud kamen mit. Die zu umfangreiche Linda und das nicht stubenreine Hoppelchen wurden durch einen irischen Setter und zwei blaugraue Perserkatzen ersetzt. Die gaben ein dekoratives Trio ab. Peter, inzwischen vierzehnjährig, schön und klug, faul und leichtsinnig, verliebt in seine Mutter und feindselig seinem Stiefvater gegenüber, kam nach Salem, dem exklusivsten Internat Deutschlands. Bettina, neunjährig, ein nach wie vor zufriedenes kleines Mädchen, liebte ihren neuen Papa, den einzigen in ihrem Leben, der ihr ein wahrer Vater werden sollte. Angelika hing immer noch wie ein Klammeräffchen an ihrer Mutter, entdeckte aber bald ihren Vater und verfiel ihm mit scheuer, ehrfürchtiger Leidenschaft.

Aus Else war Frau Doktor Schrobsdorff geworden, eine Dame mit allem, was dazugehört, aber ohne deren Allüren. Ihr Ankleidezimmer war gefüllt mit seidener Unterwäsche, Kleidern für jede Saison und Gelegenheit, Mänteln aus Stoff und aus Pelz, Schuhen und Sandalen mit hohen Absätzen und Hüten mit breiten Krempen, Federn und Schleiern. Ihr Haar hatte den neuesten Schnitt, ihre Lippen waren geschminkt, ihre Fingernägel rot lackiert. Sie war so schlank geworden, wie es ihr gedrungener Körperbau, und so modisch, wie es ihr Interesse zuließen. Aber sie hatte nie die Figur und die geschliffene Eleganz, die beeindruckten. Da war immer eine Locke, die sich nicht bändigen ließ, abgesprungener Nagellack, verrutschte Strumpfnähte. Im Grunde machte sie sich wenig aus Mode und Kosmetik und überhaupt nichts aus Schmuck.

Im selben Jahr wurde Fritz Schwieferts »Margherite durch drei« uraufgeführt, die Komödie, die er Else und der Epoche in der Dahlemer Villa verdankte. Sie gingen zusammen zur Premiere, die zwei großen, esoterischen Männer, die zwei kleinen, erdnahen Frauen. Sie sahen noch einmal jenes Stück Vergangenheit an sich vorüberziehen, aus dem zwei Ehen, zwei Kinder und ein Nazi hervorgegangen waren und das, wie auf der Bühne so auch im Leben, mit einem »Ende gut, alles gut« seinen Abschluß gefunden hatte. So glaubten sie.

Das Theaterstück wurde ein durchschlagender Erfolg,

und Fritz gelangte zu Ruhm und Geld. Er zog sich auf ein prächtiges Anwesen »Am Kleinen Wannsee« zurück. Enie erwartete ein Kind und war mit der Schwangerschaft, dem Erfolg ihres Mannes und den Annehmlichkeiten eines Wohlstandslebens glücklich und dadurch milder geworden.

Das war die Lage im Jahr 1930. Es herrschten Ordnung und Klarheit.

Else hatte einen weiten, gefahrvollen Weg aus dem Textiljuden-Milieu in die preußische Oberschicht, vom kleinen bürgerlichen Mädchen zu einer Dame der großen Welt zurückgelegt. Sie war dem roten Faden ihrer Träume gefolgt, und sie hatte ihr Ziel erreicht. Es gab »das ganz andere« nicht mehr. Sie war ein Teil davon geworden, sie war mit Leib und Seele integriert.

Das Haus in der Hubertusallee, in Grunewald, war eine zweistöckige Villa, wenn man das Souterrain, in dem die Portiersleute, Herr und Frau Höhne, wohnten, nicht mitzählte. Sie war weiß und ich glaube mit Efeu bewachsen. Die Fenster waren hoch und schmal, und an der Vorderseite, genau in der Mitte des Hauses, wuchs ein bauchiger Balkon aus ihm heraus. Es gab nur einen kleinen Vorgarten mit einer Hecke, die den Zaun verdeckte. Der Eingang war an der linken Seite.

Morgens hielt vor dem Haus der Bolle-Wagen, und ich lief hinunter, um den zwei feisten, braunen Pferden Würfelzucker zu geben. Meine Mutter stand am Fenster, um aufzupassen. Sie hatte ständig Angst, mir könne etwas passieren, so wie ich ständig Angst hatte, ihr könne etwas passieren.

Ich habe noch genau die Aufteilung des Hauses im Gedächtnis, die Größe und Form der Zimmer, die schönen, alten Möbel, Perser- und Velourssteppiche, die vielen Bilder, Kronleuchter, Wolkenstores und langen, vollen Vorhänge aus schweren Stoffen. In der unteren Etage war die geräumige, über zwei Stockwerke hohe Eingangshalle, auf deren einer Seite, zur Straße hin, der sehr große Wohnraum, das Eßzimmer, das Schlaf- und Ankleidezimmer meiner Mutter lagen und auf der anderen das Schlafzimmer meines Vaters, seine Bibliothek und die Küche. Eine Treppe mit einem massiven Holzgeländer und einem dunkelgrünen Läufer führte aus der Halle in die obere Etage, in der sich die Zimmer von Bettina und mir, Peter und den Mädchen befanden.

Mit jedem dieser Zimmer verbinden mich glasklare Erinnerungen: das Kinderzimmer voll bunter Spielsachen, in dem sich Bettina und ich von einem Bett zum anderen Kissenschlachten lieferten, mein Vater uns vor dem Einschlafen Märchen vorlas und dann, mal auf lateinisch, mal auf deutsch das ›Vaterunser‹ mit uns betete; Peters Zimmer mit dem großen Himmelbett, das er nur ein knappes Jahr bewohnte und in dem meine Schwester und ich im Winter so gerne auf dem Fensterbrett saßen, Erdnüsse aus der Schale aßen, schwatzten und ins Schneetreiben hinaussahen. Dort veranstalteten wir auch kleine Feste, kochten in unserer Puppenküche Ungenießbares und luden meinen Vater dazu ein. Ich sehe ihn noch auf dem Boden sitzen, in unbequemer Haltung, einen bedenklichen Ausdruck im Gesicht, ein winziges Tellerchen in der Hand, und ich könnte schwören, daß er beim ersten Bissen sein berühmtes »O la la« gesagt hat. Und die hell erleuchtete Halle sehe ich von den obersten Stufen der Treppe aus, auf denen Bettina und ich, fiebrig vor Aufregung, kauerten und den Einzug der Gäste beobachteten: Damen im Abendkleid, Herren im Smoking. Oh, dieser Glanz und das Mysterium, das von diesen schönen Frauen und vornehmen Männern ausging, der Duft, eine Mischung aus Parfum und Orienttabak, der zu uns aufstieg, die Vielfalt an Stimmen und Lachen, die Tanzmusik, die eine kleine Kapelle spielte: »Das gibt's nur einmal, das kommt nicht wieder, das ist zu schön, um wahr zu sein...«

Verdammte Erinnerungen, glasklar und unheimlich. Warum ist der Filmstreifen in meinem Kopf nicht gerissen, nicht einmal verblaßt? Warum sehe ich immer noch den Brokatsessel, in dem meine Mutter oft am Vormittag saß und las, den zierlichen Sekretär, an dem sie Briefe schrieb, den Flügel, der zwischen einem der Fenster und der Balkontür stand. Warum ist mir die Sitzordnung um den runden Eßzimmertisch nicht entfallen – mein Vater zu meiner linken Seite, meine Mutter zu meiner rechten und mir gegenüber Bettina – die hohen, schmalen Rückenlehnen der Stühle, der gold-schwarze Rand der Teller, die silbernen Serviettenringe, in denen unsere Namen eingraviert waren? Warum überkommt mich noch heute das Gefühl der Verlorenheit, wenn ich an das Schlafzimmer meiner Mutter denke – weißer Schleiflack, hellgrauer Veloursteppich, rötliches Dämmerlicht, das durch die bordeauxfarbenen Vorhänge schimmert, auf dem Nachttisch eine Wasserkaraffe und eine Tablettenschachtel. Und sie so klein in dem riesigen Bett, die Daunendecke bis zur Nasenspitze hochgezogen, die fast wimpernlosen Augen mit den hohen Lidern krampfhaft geschlossen. Sie war mir so fern in ihrem betäubten Schlaf, aus dem sie nur schwer und langsam wieder zum Leben erwachte.

Ich entsinne mich nicht, jemals meinen Vater in ihrem Schlafzimmer gesehen zu haben, auch in seinem eigenen sah ich ihn nur, wenn ich tagsüber darin liegen durfte, weil ich krank war. Er hatte ein wunderschönes Bett, ähnlich dem meines Bruders, mit einem Dach aus dunklem Holz und einem golddurchwirkten dunkelblauen Vorhang, den man zuziehen konnte. Wo ich ihn am häufigsten gesehen habe, meinen Vater, war in seinem Heiligtum, der Bibliothek. Es war ein ehrfurchtgebietendes Zimmer, das gut zu ihm paßte. Alle vier Wände waren von unten bis oben mit Büchern bekleidet, und die gaben mir ein Gefühl tiefer Ruhe. Ich durfte nur in die Bibliothek, wenn mein Vater da war und ich mich dort ganz ruhig und leise verhielt. Wir saßen dann nebeneinander auf dem dunkelblauen Samtsofa, er mit einem aufgeschlagenen Buch, ich mit im Schoß gefalteten Händen. Manchmal legte er den Arm um mich und küßte mich auf die Schläfe oder das Haar. Er unterhielt sich mit mir, ernst, wie mit einer Erwachsenen, oder er las mir aus einem der Bücher vor. Ich verstand nicht viel, aber es war ergreifend schön. Im Grunde war alles ergreifend schön, was er tat und sagte. Er selber war ergreifend schön. Nie erlebte ich ihn anders als von Kopf bis Fuß perfekt gekleidet, das Monokel um den Hals, die Nadel mit der Perle in der Krawatte, den Siegelring am Finger, das volle, dunkelblonde Haar, das an beiden Seiten in tiefen Buchten aus der Stirn zurückwich, sorgfältig gekämmt und wunderbar nach Eau de Cologne duftend.

Ja, er war wunderbar, mein Vater, und so ganz anders als alle anderen. Man konnte ihn nicht mit dieser wilden Klammeräffchenliebe lieben wie die Mutter oder sich so tief und warm geborgen fühlen wie bei den Großeltern Kirschner oder um etwas weinen und betteln wie bei Gertrud. Man konnte ihn nur aus einer gewissen Distanz anschwärmen. Das tat ich, und das taten alle, die ihn kannten. Ich habe nie erlebt, daß jemand ein lautes oder respektloses Wort zu ihm gesagt hat, nicht einmal meine Mutter, die zu der Zeit sehr oft schrie und tobte. Auch nicht Elisabeth, die inzwischen die höchste Instanz in unserem Haus war und uns alle reglementierte, sogar meinen Vater, aber nur ganz ruhig und bestimmt, nie auch nur eine Spur unhöflich. Ich habe sie einmal zu ihm sagen hören: »Herr Dr. Schrobsdorff, Sie tun Angelika keinen Gefallen, wenn Sie ihr jeden Wunsch erfüllen. Ein Kind muß wissen, wo die Grenzen liegen. Also ein zweiter Hund kommt mir nicht ins Haus!«

Ich hatte mir einen Hund gewünscht, der mir allein gehört, aber der kam dann tatsächlich nicht ins Haus. Elisabeth war die einzige Person, die wußte, wie ich zu behandeln war, und hätten meine Eltern ihre Erziehungsmethoden nicht immer wieder unterminiert, wäre ich wahrscheinlich ein weniger kompliziertes Kind gewesen und geworden.

Elisabeth stammte aus Stralsund, wo ihr Vater einen

Kolonialwarenladen besaß und die Mutter ihr die deftigen pommerschen Kochkünste beigebracht hatte, unter denen wir alle litten. Als sie zu uns kam, mochte sie Ende Zwanzig gewesen sein, eine junge Frau, aber von ungewöhnlicher Reife und Klarsicht.

»Du machst mir jetzt keine Sperenzchen«, pflegte sie zu mir zu sagen, »und ißt diese halbe Scheibe Brot auf! Warum kannst du dich nie normal benehmen? Sieh dir deine Schwester an!«

Sie liebte mich, daran war kein Zweifel, aber mehr noch, und ich vermute heute, aus einem tiefen Gerechtigkeitssinn heraus, liebte sie Bettina, das normale Kind, das bestimmt nicht wußte, aber instinktiv ahnte, daß sie nicht dieselben Privilegien wie ihr älterer Bruder und ihre jüngere Schwester genoß, und es für selbstverständlich hielt, nicht deren Ansprüche zu stellen.

Elisabeth blieb nichts verborgen. Sie hatte den Spökenkiekerblick, mit dem sie jeden von uns durchschaute und alles, was sich zusammenbraute, voraussah.

Damals schon, in der Hubertusallee, als endlich Ordnung herrschte und es an nichts fehlte.

Der Wechsel vom ländlichen Wannsee in die Stadt, in ein Haus ohne Garten, vom ungebundenen Dasein in ein geregeltes Eheleben, bekam Else schlecht. Der Tag, die Woche, die Monate verliefen mit einer Gleichförmigkeit, die sie anstatt ruhig, rastlos machte. Morgens um acht Uhr verließen Bettina, um in die Schule zu gehen, Erich, um in sein Büro zu fahren, das Haus. Um ein Uhr kamen sie zurück, und wir aßen gemeinsam zu Mittag. Danach gingen die Kinder zum Spielen in ihr Zimmer, Erich zog sich auf eine Stunde in seine Bibliothek zurück. Um drei Uhr fuhr er wieder in sein Büro, und die kleinen Mädchen gingen mit ihr oder Gertrud spazieren. Zwischen sieben und acht kam Erich nach Hause, machte sich lange und umständlich frisch, las den Kindern ein Märchen vor, betete mit ihnen das ›Vaterunser‹ und gesellte sich zu ihr ins Wohnzimmer, wo sie alleine oder mit Freunden saß. Meistens hatte sie etwas für den Abend geplant, und Erich schloß sich ihr ohne Einwand an, begleitete sie zu kulturellen Veranstaltungen, in Restaurants und auf Parties, war charmanter Gastgeber oder liebenswürdiger Gast. Doch sie merkte, daß er müde war und in vielen Fällen lieber unbehelligt zu Hause geblieben wäre.

Am Dienstag und Freitag lieferte sie ihre Töchter am frühen Nachmittag bei den Großeltern Kirschner ab und fühlte sich verpflichtet, auch ein halbes Stündchen bei ihnen zu bleiben. Am Sonntag hatten sie geschlossen – Erich, Bettina, Angelika und sie – um Punkt ein Uhr im Hause Schrobsdorff anzutreten. Die gemeinsame Mittagstafel, mit schwerem Essen und konventionellen Gesprächen, die anschließende Ruhestunde, der Spaziergang im Grunewald und die Rückkehr zu Kaffee, Kuchen und Schlagsahne waren eine Familientradition, die unter keinen Umständen verletzt werden durfte.

Ihr Leben war Chaos gewesen, ein steiles Auf und Nieder leidenschaftlicher Gefühle, die sie, mal glücklich, mal unglücklich, in Atem gehalten hatten. Jetzt war es Ordnung und Routine, ein laues, stilles Wasser ohne Tiefen, ohne Wirbel, ohne Klippen. Sie trieb nicht mit der Strömung dem offenen Meer oder unerforschten Ufern entgegen, sie drehte sich träge und zentimeterweise im Kreis. Natürlich hatte sie ihre Freunde und Bekannten, die kleinen, harmlosen Flirts und großen Verehrer, die ihr von der Lindenstraße in die Hubertusallee gefolgt waren, aber jetzt waren auch diese Beziehungen und Zusammenkünfte gewissen Zwängen, der Rücksichtnahme auf Erich, der Etikette, auf die er Wert legte, unterworfen. In Wannsee hatte man gegessen und geschlafen, Musik oder Lärm gemacht, im Garten getobt oder in der Sonne gelegen, wann es einem paßte. Freundinnen und Freunde waren zu den unmöglichsten Zeiten gekommen und gegangen, hatten bei ihr übernachtet und aus dem Stegreif Picknicks und Parties inszeniert. Man war in Mondnächten schwimmen und im Schneetreiben rodeln gegangen. Man war albern gewesen, kindisch, verrückt, doch selbst Erich hatte daran Spaß gehabt, war Freund und Geliebter, manchmal sogar kleiner Junge gewesen. Jetzt war er, der bis zu seinem zweiunddreißigsten Lebensjahr ausschließlich Sohn in dem Haus seiner Eltern gewesen war, plötzlich Ehemann und Vater, Versorger einer vierköpfigen Familie, Vorstand eines aufwendigen Haushalts. Und da er nichts leichtnahm und ihm nichts leichtfiel, brauchte er zu der Erfüllung seiner Familienpflichten ein Übermaß an Zeit und Kraft, möglicherweise sogar die gleiche Überwindung wie zu seiner Arbeit.

Else war sich all dessen bewußt, war Erich dankbar, empfand manchmal Mitleid mit ihm, liebte ihn mit dieser neuen, leidenschaftslosen Liebe, fühlte sich nach wie vor tief mit ihm verbunden. Aber sie war keine Frau, die sich etwas vormachen und mit Hilfe des Selbstbetrugs in eine Zufriedenheit hineinmogeln konnte, die sie schlicht und einfach nicht empfand. Sie hatte genau das erreicht, was zu erreichen sie sich gewünscht und vorgenommen hatte. Sie bereute nichts, o nein, keineswegs, sie freute sich auch an vielem, das ihr dieses neue Leben bot, wußte genau, daß sie für eine Frau mit ihrer unbrauchbaren Erziehung und dem Hang zur Bequemlichkeit das große Los gezogen hatte, doch das änderte nichts an dem Gefühl der Lustlosigkeit und Leere, das sie immer häufiger und anhaltender quälte.

Die Schlaflosigkeit, seit ihrer Jugend ein Symptom innerer Unruhe und Spannung, quälte sie wieder sehr, und das Erwachen war, infolge der Barbiturate, die sie jede Nacht schluckte, schwer und von Kopfschmerzen und Benommenheit begleitet. Erst wenn ihr Elisabeth eine Kanne starken Kaffees gebracht und sie einige Tassen davon getrunken hatte, kam sie wieder zu sich.

»Frau Schrobsdorff«, warnte Elisabeth von Zeit zu Zeit, »Sie machen sich mit diesem Zeugs kaputt.«

»Wenn ich es nicht nehme und die Nacht nicht schlafe, bin ich noch kaputter«, gab Else verdrossen zur Antwort.

Sie war wütend auf sich selber. Ausgerechnet sie, ein so gesunder, physisch robuster Mensch, mußte von einem Übel heimgesucht werden, gegen das offenbar kein Kraut gewachsen war. Ihre Nerven wurden immer mürber und Zornesausbrüche, zu denen sie immer geneigt hatte, zu cholerischen Anfällen. Geringfügige Anlässe, wie Angelikas Kompliziertheit, Bettinas Schwerfälligkeit, Peters Faulheit, über die sie der Internatsleiter immer wieder in Kenntnis setzte und sie aufforderte, ihrem unerhört begabten, aber nachlässigen Sohn ins Gewissen zu reden, brachten sie jetzt zur Raserei.

Sie brüllte ihre Töchter an und rannte aus dem Zimmer, bevor die noch wußten, worum es eigentlich ging; rief ihren Sohn an, brüllte nicht minder und hing ein, bevor er etwas sagen konnte. Bereute sofort, rannte zurück ins Zimmer und überhäufte ihre Töchter mit Zärtlichkeiten; rief ihren Sohn ein zweites Mal an und floß über vor Liebe. Sie schwor sich jedes Mal von neuem, nie wieder zu schreien. Was konnten die armen Kinder schließlich dafür? Sie hatten keine Schuld an ihren labilen Nerven. Sollten sie also ruhig etwas kompliziert, schwerfällig und faul sein. Hauptsache, sie waren glücklich.

Ich fürchtete die Wutanfälle meiner Mutter mehr als die Hexe aus ›Hänsel und Gretel‹. Es waren Momente der Angst und des Schreckens, von denen ich schon mehr als genug kannte. Auf einem Bild aus diesen Jahren, das der Maler Jäckel, ein Freund meiner Eltern, von mir gemalt hat, sehe ich aus wie eine Käthe-Kruse-Puppe, die voller Argwohn und Ablehnung in die Welt blickt. Meine Schwester behauptet noch heute, ich sei ein entsetzliches Kind gewesen: still und böse. Mein Bruder schrieb in einem seiner letzten Briefe: »Schon damals war sie eine eigenwillige und selbstbewußte kleine Persönlichkeit, eine kommende Lucrezia Borgia...« Fast decken sich die Aussagen meiner Geschwister, nur daß Peter, der nicht wie Bettina unter mir zu leiden hatte, es etwas positiver gesehen hat.

Meine Eltern hielten mich ab meinem fünften Lebensjahr für ein hochbegabtes Kind, denn zu der Zeit konnte ich bereits lesen und darüber hinaus dichten. Das erste Gedicht, das ich meiner resignierten Schwester aufsagte, lautete:

»Schon bin ich erwachet / der Himmel ist dunkel, die Sterne glitzern / was soll ich auf der Erdenwelt? / ich hab' kein Mann, ich hab' kein Kind / was soll ich auf der Erdenwelt? / ich möchte lieber ins Himmelszelt.«

Bettina sagte nur: »Du spinnst vollkommen«, aber meine Eltern waren erschüttert, möglicherweise mehr vom Inhalt als von der Lyrik. Wie immer, für sie war ich ein großes Talent, was in den folgenden Gedichten, meiner Meinung nach, nicht so recht zum Durchbruch kommt. Sie behandeln kein so brennendes Problem wie meine Mann- und Kinderlosigkeit, sondern preisen in pathetischen Worten die Natur und Weihnachtszeit. Im Ansatz ähneln sie denen meiner Großmutter Schrobsdorff, von der ich also nicht nur die Nase geerbt hatte. Sie wird wohl auch diejenige gewesen sein, die mich mit ihrem blauen und grünen Biedermeierzimmer und der Grotte im Garten dazu inspiriert hat. An diesen Orten nämlich schrieb sie ihre Gedichte, und dort las sie sie mir vor, zum Glück nicht nur die eigenen. Es waren herrliche Zimmer, stilgerecht bis zum Spucknapf und Klingelzug, die Glanzstücke in dem auch sonst spektakulären Haus, das mich für die quälenden Mahlzeiten entschädigte. Ich saß zwar gerne an der prachtvoll gedeckten Tafel, aber anstatt zu essen, beobachtete ich gespannt die Schrobsdorffsche Sippe: den Großvater, der am Kopfende der Tafel präsidierte und zu dem meine Beziehung darin bestand, daß ich zur Begrüßung vor ihm knickste und dann die Stirn zu einem flüchtigen Kuß hinhielt; meine Großmutter in einem ihrer großgeblümten Kleider, die sie bei stümperhaften Schneiderinnen nähen ließ, damit diese armen Wesen auch einmal etwas verdienten; Onkel Walter mit dem zusammengedrückten Gesicht, dem ich mit Abneigung gegenüberstand, und dessen Lächeln, das aussah, als bisse er auf eine Zitrone, ich nie erwiderte; seine Frau Leonie, er hatte sie erst kürzlich geheiratet, eine extravagante Erscheinung, die nicht der rein deutschen Rasse entsprungen sein konnte und zwei Jahre später an einer Bauchhöhlenschwangerschaft starb; Onkel Alfred, das schwarze Schaf der Familie, der mich mit seinen Scherzen, Albernheiten und Grimassen entzückte; und noch dieser oder jener Verwandte, der am Tisch der Reichen gespeist wurde und sich immer mit stiller Demut verhielt.

Ich saß zwischen meiner Mutter und meinem Vater, die mir kleine Bissen vom Reh- oder Hasenbraten, vom Fasan oder Rebhuhn auf den Teller legten und mich von Zeit zu Zeit inständig baten, die auch in den Mund zu stecken. Ich war ein Kind, das essen für genauso überflüssig hielt wie Hals und Ohren zu waschen und sich leicht vor dem Anblick von Speisen, welcher Art auch immer, ekelte. Aber war das Mahl endlich vorüber und die Erwachsenen hatten sich, um mindestens ein Kilo schwerer, in verschiedenen Zimmern zu einem Schlummer ausgestreckt, begann für Bettina und mich der aufregende Teil des Tages. Manchmal durften wir, mit Helga Lange, der Chauffeurstochter, in der obersten Etage, auf der die Zimmer nicht mehr benutzt wurden und die Möbel unter weißen Tüchern unheimlichen Gestalten glichen, Gespenster spielen oder im Garten Verstecken oder in dem gepflasterten Hof vor dem turmähnlichen Haus von Helgas Eltern ›Hopse‹.

Manchmal wollte ich lieber alleine bleiben und verträumte eine Stunde im Wintergarten zwischen exotischen Pflanzen oder im Musikzimmer auf dem Eisbärfell, dessen naturgetreuer Kopf mit dem geöffneten Maul und der roten Zunge mich faszinierte. Oft kam es auch vor, daß meine Großmutter auf die Ruhestunde verzichtete, um sich mir zu widmen. Las sie mir keine Gedichte vor, spielte sie auf dem Flügel, und das mit Perfektion und viel Gefühl.

Ich saß neben ihr auf der gepolsterten Bank, und ihre Hunde, Strolchi, ein betagter, aus dem Leim gegangener Dackel, und Pucki, ein übellauniger Pinscher, beide parfümiert und mit großen Seidenschleifen versehen, hörten ihr mit der gleichen Andacht zu wie ich. Ja, das waren schöne Stunden, und auch der obligate Spaziergang im Grunewald gefiel mir. Wir fuhren im Konvoi dorthin, ich mit den Großeltern in einem enormen schwarzen Wagen, den der livrierte Herr Lange, durch eine Glasscheibe von den Herrschaften getrennt und mittels eines Sprachrohrs mit ihnen in Verbindung, chauffierte. Wir gingen in zwei Gruppen, eine männliche, die sich über Immobilien unterhielt, eine weibliche, die aktuelle Tagesthemen erörterte. Die anschließende Kaffeestunde wurde mir, dank meines ausgeprägten Abscheus vor Torten und Schlagsahne, erspart.

Das also waren die Sonntage bei den Großeltern Schrobsdorff, deren strenges Ritual mir ein Verhalten aufzwang, das manchmal, trotz allen Vergnügens, zur Bürde wurde. Nie fühlte ich mich in dem Haus in der Ahornallee so frei, so wohl und warm wie in der Wohnung meiner Großeltern Kirschner. Sie liebte ich mit einer elementaren, ausgeglichenen Liebe, in die sich nicht, wie bei der schmerzhaften zu meiner Mutter, der ehrfürchtigen zu meinem Vater, Angst mischte. Es war eine Liebe, die mich fröhlich machte und von der Beklemmung, die ständig in mir lauerte, erlöste. Es gab nichts Beruhigenderes, als in dem dämmrigen Wohnzimmer zu sitzen, Omutter auf dem kleinen Podest an ihrem Nähtisch, Opapa in dem Ohrensessel unter der grünbeschirmten Stehlampe; nichts Lustigeres als seinen runden Bauch, seine rosa Glatze, die Warze unterhalb seines linken Mundwinkels, von der er behauptete, sie sei ein Klingelknopf, und »klingelingeling« machte, wenn ich darauf drückte; und es gab nichts Vertrauteres als die schwarzen Kleider meiner Großmutter, das Medaillon an ihrem hohen Kragen, das bewölkte Gesicht, aus dem mit jedem Blick auf mich die Sonne brach.

Bei ihnen war ich nicht das komplizierte Kind, das verschrobene kleine Mädchen, das große Talent, bei ihnen war ich schlicht Kind, geliebtes Kind, das man mit Ruhe und Umsicht behandeln mußte.

Mit fünf Jahren wurde ich in der Privatschule, unserem Haus direkt gegenüber, eingeschult, ein gewaltiger Fehler meiner Eltern, der wahrscheinlich auf meine Fähigkeit, lesen und dichten zu können, zurückzuführen war. Die Schule war der erste Ort, an dem ich mich stundenlang alleine, in einer fremden Umgebung, unter fremden Kindern aufhalten mußte.

Ich hatte den Kontakt zu Gleichaltrigen immer gemieden und war nicht dazu zu bewegen, an Kinderfesten, zu denen ich eingeladen wurde, teilzunehmen. Kinder waren mir noch unheimlicher als Erwachsene, denn sie waren unkontrolliert, und dem Krach, den sie veranstalteten, den Gruppenspielen, die sie spielten, den Verhaltensweisen ihren Altersgenossen gegenüber lag häufig eine Grausamkeit zugrunde, die sich mir instinktiv mitteilte. Und nun war ich plötzlich mit fünf dieser kleinen Poltergeister in einen Raum gesperrt und machte sie mir obendrein zu Feinden, indem ich mich ängstlich und mißtrauisch von ihnen isolierte. Mit der Lehrerin ging es mir nicht besser, denn die brachte mich mit unschreibbaren Wörtern und unlösbaren Rechenaufgaben in schreckliche Verlegenheit und meine Mitschülerinnen zu hämischem Gelächter. Die Schule wurde für mich zur Folter und ich Opfer undefinierbarer, aber keineswegs simulierter Zustände. Meine Eltern waren ratlos und versuchten die Plage des Lernens mit den Freuden des Tanzens auszugleichen. Ich bekam also Höschen und Kittelchen aus hellblauem Satin und begann Ballettunterricht zu nehmen. Das nun war etwas ganz anderes! Meine Mutter durfte den Stunden beiwohnen, die Lehrerin, schlank und agil in ihrem schwarzen Trikot, imponierte mir, und die kleinen Mädchen, alle so hellblau und bemüht wie ich, waren mir fast sympathisch. Ich tanzte mit Begeisterung und dem Bestreben, so schnell wie möglich eine Primaballerina zu werden.

Was die Berufswahl anbelangte, hatte ich gar keine Sorgen. Für mich stand fest, daß ich zusätzlich zur Primaballerina Dichterin und Gutsbesitzerin werden würde. Der erste und zweite Beruf würden nicht schwer zu bewältigen sein, denn ich war bereits auf dem besten Wege und hatte sogar schon Erfolge zu verzeichnen. Aber mit der Verwirklichung des dritten war ich weitgehend auf meinen Vater angewiesen. Er war derjenige, der das viele Geld hatte und mir das Notwendige, das man als Gutsbesitzerin brauchte, kaufen mußte.

Ich teilte ihm meinen Plan mit, und er hörte sehr ernst zu und sagte: »O la la.« Es war der Auftakt zu einem längeren Denkprozeß, bei dem er vor sich hinmurmelnd im Zimmer auf und ab ging. Ich wartete still und geduldig. Als er stehenblieb und mit einem:»Ja ...gut ...fertig ... aus ...« zur Decke emporblickte, wußte ich, daß der Moment gekommen war. Er lächelte mich an, setzte sich neben mich und fragte, wie ich mir einen Gutshof vorstelle. Da ich genaue Vorstellungen hatte, konnte ich sie ihm prompt mitteilen: ein Herrenhaus, Ställe, viele, viele Tiere und ein riesiger Garten mit Feldern, Wiesen, Wäldern.

Ob für den Anfang ein normales Landhaus, zwei Ställe, ein paar Tiere und ein schöner, großer Garten mit Blumen und Obstbäumen genügen würden, wollte er wissen.

Ich überlegte, fand, daß es für den Anfang genüge, und nickte.

Gut, sagte er, das ließe sich machen.

Am Wochenende fuhren wir in die Mark Brandenburg, in ein kleines Dorf an einem großen See. Es lag etwa fünfzig Kilometer von Berlin entfernt und hieß Pätz. Ich erfuhr, daß ein Teil des Dorfes, sehr viel Grund und Boden und eine Ziegelei den Schrobsdorffs gehörte.

»Und der See«, fragte ich, »gehört der uns auch?«

»Bescheidenheit ist nicht gerade deine Stärke«, sagte mein Vater und lachte in sich hinein, »nein, der See gehört uns nicht, aber das Haus da drüben, das gehört uns. Möchtest du es haben?«

Ich starrte das Haus an, ein richtiges großes, schönes Haus, für Menschen gebaut. Bisher hatte ich immer nur Puppenhäuser geschenkt bekommen. »Darf ich es wirklich haben?« flüsterte ich.

»Ja«, erklärte mein Vater, »von nun an gehört es dir, deiner Mutter und deiner Schwester.«

»Natürlich«, sagte ich leicht enttäuscht, »denen auch.«

Und so kam Pätz in unser Leben.

Pätz war der Wendepunkt in Elses Leben. Es gab ihr die Freiheit zurück, das ungebundene Dasein ohne Zwänge und Routine, den Schlaf, die sprühende Vitalität, das strahlende, tief gebräunte Gesicht. Nie waren ihre Anziehungskraft auf Menschen stärker, ihre Erfolge bei Männern größer als in der Zeitspanne zwischen 1932 und 35. Nie hat sie so hemmungslosen Gebrauch davon gemacht.

Es wäre jetzt leichter für mich und wirkungsvoller für die Geschichte, wenn ich behaupten könnte, sie habe die Katastrophe vorausgewittert und sich ins Leben fallen lassen, bevor es sie fallen ließ. Sie habe sozusagen ihren Schwanengesang gelebt. Aber so war es nicht, jedenfalls nicht am Anfang, im Jahre 1932; später vielleicht, als sie trotz aller verzweifelten Versuche, sich zu blenden und bis zur Bewußtlosigkeit zu betrügen, doch immer wieder Momente unausweichlicher Klarsicht hatte, die, wie Phantomschmerzen, auch in den langen Strecken der Umnachtung weiterwirkten. Mag sein, daß sie da aus dem Gefühl heraus handelte: Es ist sowieso alles egal, und nun nehme ich mit, was mitzunehmen ist. In einem Brief aus dem Jahre 1943, in dem sie mich warnte, meinen Vater zu verlieren, wenn ich nicht »vernünftiger« würde, schreibt sie darüber: »... Vielleicht würdest Du es nicht merken, vielleicht würde Papa es nicht zeigen, aber innerlich würde etwas bei ihm zerbrechen. Und wenn es erst einmal dazu kommt, dann ist nichts, gar nichts mehr zu machen. Dann hast Du ihn verloren. Für immer. Glaube mir, daß ich das ganz genau weiß, denn ich hatte ihn auch verloren durch Unvernunft, Egoismus, Vergnügungssucht. Ich habe nicht danach gefragt, was gut für Papa ist, ich habe nur danach gefragt, was gut und leicht für mich ist. Er hat gearbeitet, und ich habe mich amüsiert. Er hat nie etwas gesagt, aber in seinem Inneren war er bitter enttäuscht, und er hat mich nicht mehr so lieb gehabt wie früher. Nie wieder konnte ich zurückholen, was ich verloren hatte. Papa betet die Pflicht an, die Güte und die Anständigkeit...«

Das also war die Bilanz, die Else aus diesen vier Jahren gezogen hat, und sie ist nie damit fertig geworden.

Es ist sinnlos, sich zu fragen, was damals über sie gekommen ist. Sie selber hätte auf diese Frage vermutlich die Achseln gezuckt und geantwortet: »Der Wahnsinn.« Sie war alles andere als ein klarer Mensch, der seine Handlungen reflektiert und sich darüber Rechenschaft ablegt. Das kam erst später, nach dem Zusammenbruch, und da mit schonungsloser Selbsterkenntnis. Aber bis dahin lebte sie, trotz hoher Intelligenz, Erfahrung und sporadischer Einsicht, nur aus einem Wust an Gefühlen und Trieben heraus und ließ sich, wie sie in einem frühen Brief an Fritz Schwiefert schrieb, nicht von der Vernunft leiten, sondern von ihren Gefühlen verleiten.

Pätz, ein Nest am Ende der Welt, in dem man die Zivilisation abwerfen und sich uneingeschränkt den Freuden der Natur und Sinne hingeben konnte, war das auslösende Moment. Es war eine Mischung aus Dahlem und Wannsee, doch mit dem entscheidenden Unterschied, daß Elses Männerbeziehungen in Dahlem von der Liebe motiviert gewesen und in Wannsee platonisch geblieben waren. Beides war nun nicht mehr der Fall. Gewiß war sie in diesen und jenen verliebt, aber es ging auch ohne Gefühle und sogar besser.

Pätz wurde ein Dorado für viele. Freunde brachten Bekannte mit und Bekannte Freunde, Frauen ihre heimlichen Liebhaber und Männer ihre neuesten Geliebten, Eltern ihre Kinder und Kinder ihre Spielkameraden. Man lag in der Sonne, badete im See, spielte Boccia und Krocket, amüsierte sich auf harmlose und harmvolle Weise, fand sich, trennte sich, verliebte sich, betrog sich, verkrachte sich, versöhnte sich.

Es war gewiß kein banaler, langweiliger Kreis. Viele der Männer waren berühmt oder wurden es, viele der Frauen waren schön oder auf diese oder jene Art reizvoll. Originell waren sie, bis auf Ausnahmen, die man aus irgendeinem Grund tolerieren mußte, alle. Für Politik interessierte man sich nicht oder erst kurz vor Toresschluß. Geld spielte keine Rolle, solange man genug zum Leben hatte und Freunde, die Feste gaben und Häuser auf dem Land besaßen. Sie waren keine Materialisten, sie waren keine Idealisten. Sie waren liberal und nur dann engagiert, wenn es um »höhere Werte« ging: um Kunst und Kultur, Literatur und Geisteswissenschaften. Das Motto hieß: »Hoppla, wir leben!«

Zu Elses unmittelbarer Gefolgschaft gehörten Ellen Gallweit, die Tochter ihrer ehemaligen Schwägerin Luzie, und Walter Slezak, der Sohn des zwei Zentner schweren Opernsängers Leo Slezak. Ellen hatte sich zu einer zwanzigjährigen Femme fatale entwickelt, die sehr hoch und schön gewachsen, platinblond gefärbt, durchgehend nußbraun gebrannt und provozierend gekleidet, staunendes Aufsehen erregte, wo immer sie ging und stand, und Begeisterung, wo immer sie lag. Es ging die Legende, die sich bis zum Tod ihres letzten mir bekannten Liebhabers hielt, daß Ellen ein Naturtalent in Sachen Liebe gewesen sei, lernbegierig, wenn es sich um neue Spielarten handelte, und zu allem mit Freuden bereit. Sie war darüber hinaus ein herzensguter, immer lustiger und zu exhibitionistischen Schaustücken aufgelegter Mensch, eine begabte Zeichnerin und, dank ihrer Infantilität, ein wunderbarer Spielkamerad für Kinder jeden Alters.

Walter Slezak, damals ein hübscher blonder Taugenichts, Anfang Zwanzig – als ich ihn in den sechziger Jahren wiedersah, ein Monstrum mit dem Gewicht seines Vaters –, hatte in der Liebe die gleichen Meriten wie Ellen, war auch stets lustig und voller extravaganter Einfälle, die, unter Mitwirkung der jeweils Anwesenden, dann auch mit Leben erfüllt wurden. Er fuhr Rennen auf der Avus und soll Mercedes als Rennwagen berühmt gemacht haben.

Es waren also diese zwei sehr jungen Experten in Frohsinn und Sex, die mehr noch als alle anderen an Else hingen, und mit denen sie, wie sie es nannte, den »Unklugen spielte«. Sie war gewiß nicht die einzige, die das tat. Pätz war das Dorado für Unkluge.

Auch Peter nahm in den Ferien an den Vergnügungen teil. Er war jetzt in der Pubertät, einer Phase, in der Jungen im allgemeinen innerlich und äußerlich ungenießbar sind. Nicht so Peter. Er war die Schönheit und der Charme in Person und wurde von Ellen in die Kunst der Liebe und von Walter Slezak in die des Autofahrens eingeweiht.

Seine ungewöhnlich starke Beziehung zur Mutter wird in diesen Jahren, in denen sie sich von der kreatürlichen Liebe eines Kindes zu der reflektierten eines jungen Mannes wandelt, deutlich geprägt worden sein. Es war viel weniger die Mutter, die er damals kennenlernte, als die Frau.

1940, als sie schon zwei Jahre getrennt waren, er in Griechenland, sie in Bulgarien, gesteht er ihr in einem Brief: »... Und was die Liebe angeht, sag mal, weißt Du eigentlich, wie sehr ich Dich liebe? Nein, das weißt Du ganz bestimmt nicht, denn ich liebe Dich ja mehr als sonst Söhne ihre Mütter, weil ich Dich nicht nur als Mutter liebe, sondern auch als ... wie soll ich das sagen? ... als, nun als Frau, ja, als Frau, ich kann es nicht anders ausdrücken ...«

Else, so viel und heftig geliebt, worin lag ihr Geheimnis? Ich, die ich sie auch so heftig liebte, weiß es nicht. Ich glaube, keiner, der ihr verfiel, hat es gewußt. Ich sehe sie vor mir in den weiten Strandhosen, die man damals trug, und einer zerknitterten Bluse: ein kleiner Bauchansatz, runde Schultern und Arme, ein kurzer Hals und darauf der schöne Kopf mit der noblen Nase, den dunklen Sonnenaugen und dem zart geschwungenen Mund. Sie lacht, sie hat die Fröhlichkeit, die sie so braucht, sie versäumt nichts.

Aus dieser Zeit stammte ihr Spitzname »Schnuff«. Ich weiß nicht, wer ihn ihr gegeben hat und aus welchem Grund, aber von da an bis zu ihrem Tod wurde sie von ihren Freunden nur noch Schnuff genannt. Auch Erich nannte sie so, während er von ihr den Beinamen »der Gute« erhielt. Dessen Ursprung ist leicht zurückzuverfolgen.

Schnuff, die den Unklugen spielte, und der Gute, der die Pflicht, die Güte und die Anständigkeit anbetete. Sie waren ein ungleiches Paar, das da im Getriebe des Dritten Reiches hängenbleiben sollte.

Aber davon ahnten sie noch nichts.

Pätz war für mich ein weißes Haus mit blauen Fensterläden und einem roten Ziegeldach. Es war ein grüner Kachelofen, Holzdielen, Federplumeaus und Waschschüsseln aus dickem, mit Blümchen verziertem Porzellan. Es war ein riesiger Garten mit Apfel-, Birnen-, Pflaumenbäumen, mit Himbeer-, Stachelbeer-, Johannisbeersträuchern, mit Studentenblumen, Astern, Dahlien, mit Schmetterlingen, Bienen und großäugigen Grashüpfern, mit Ginster- und Holunderbüschen, mit Kräuter- und Gemüsebeeten, mit Bäumen, auf die man klettern und unsichtbar in dicht belaubten Zweigen sitzen, mit einer Schaukel, auf der man in den Himmel fliegen konnte, mit einer Jauchegrube, um die man einen großen Bogen machte, und einem Brunnen, aus dem man Wasser pumpte; es war der gekräuselte blaue, der wogenschlagende graue, der spiegelglatte silberne See mit scharfem, langem Schilf und braun-samtenen Schmackeduzchen, mit Fischen, die unter der Wasseroberfläche glitzerten, mit einem schmalen Steg aus ungehobeltem Holz und einem grün gestrichenen Ruderboot; es war das vierschrötige Haus der Schwankes, mit der häßlich-gemütlichen Wohnung und den dampfenden Ställen, mit dem eingezäunten

Hof und dem Misthaufen, mit den Hühnern und dem schönen, aggressiven Hahn, mit den Ziegen und Schweinen und später den Ponys; es war die breite, gutherzige Emma und der dürre, wortkarge Otto Schwanke, die Haus, Hof und Garten besorgten und mich ungeschickt dabei helfen ließen; es war die Gastwirtschaft Lieske, quer über die Straße, in der man Bier und Apfelsaft holte, und, ein Stück weiter, der Fleischerladen Riesenbarg, in dem es die gute, selbstgemachte Wurst gab; es waren die gehorsamen Nachbarskinder Carla und Vera von Güstrow mit ihrer Gouvernante und den riesigen, grauen Doggen; es war Aal grün mit Gurkensalat und rote Grütze mit flüssiger Sahne; es waren Hitze und milchig verhangener Morgen und Regen, der gegen die Scheiben trommelte, und lange blaue Dämmerung und furchterregendes Gewitter und Mondnacht, in der man die Elfen tanzen sah.

Pätz, das war die Romanze mit meinem Bruder, der, in der Sonne liegend, mit einem Grashalm von mir gekitzelt werden wollte – den glatten, schmalen Rücken rauf und runter, den Hals, die Schultern, die langen Beine…, und neben uns das Grammophon mit den neuesten amerikanischen Platten, zu denen er summte und sang und mit der Hand den Takt auf den Boden schlug, dann plötzlich aufsprang, mich in die Arme nahm und mit mir tanzte, mich im Kreis herumwirbelte, mich in die Luft warf, auffing, küßte; es waren die Spiele mit Ellen, von ihr erfunden und irrsinnig komisch: Verkleiden oder als Nachtgespenster unsere Mitbewohner erschrecken oder nackt vom Haus bis zum See durch den Garten rennen oder Wettbewerbe wie etwa, wer von ihr, Bettina und mir am lautesten rülpsen konnte; es war auch die Entdeckung des weiblichen Körpers, den sie meiner Schwester und mir, splitternackt vor dem Spiegel stehend, demonstrierte und von Kopf bis Fuß erklärte. Es war der erste Klein-Mädchen-Schwarm für schöne ältere Frauen, wie die zarte, blonde Ibi Wendtausen und die blühende, schwarze Ilse Hirsch, deren kleiner Mann mit der Glatze und den stark geschliffenen Brillengläsern unser Kinderarzt war, der einzige, dem es mit Witz und ruhiger Logik gelang, mich von meinen undefinierbaren Krankheiten zu heilen; es war die Begegnung mit dem Tod in Form eines geschlachteten Zickleins, dessen erstarrenden Körper ich lange mit intensiver Neugierde betrachtete, und einer ertrunkenen Frau, die man unweit von unserem Haus aus dem See zog, ein Ereignis, das ich auf keinen Fall versäumen wollte, und ausriß, um mir die Wasserleiche aus nächster Nähe anzusehen; es war die Bekanntschaft mit Ilja, einem dämonisch dreinblickenden Weißrussen, der aussah wie der Struwwelpeter und meiner Mutter ewig nachrannte; mit Herrn Gypkins, einem auffallenden Mann, der Sportautos fuhr und viel zu laut gekleidet war, der blitzblaue Augen hatte und eine Kappe silberner Haare – ein widerlicher Mann, mit dem meine Mutter sich merkwürdig benahm, anders als mit allen anderen, und dem ich darum auch nie die Hand gab, nie, was immer er anstellte, um mich dazu zu bringen.

Pätz war die erste bedrückende Ahnung davon, daß Männer und Frauen noch eine andere Seite hatten als die, die sie mir zeigten, eine unheimliche, nicht zu begreifende, die plötzlich in einer Bewegung, einem Lachen, einem Wort, einem Blick, den sie miteinander tauschten, aufzuckte, grell und gräßlich wie die Blitze im blauschwarzen Himmel, vor denen ich mich unter dem Federplumeau versteckte.

Und es war kindliches, ahnungsloses Glück, das mir, am Heiligen Abend mit einem Glückshäubchen geboren, in die Wiege gelegt worden war.

Im Jahre 1932 war Else noch diskret und Erich ahnungslos. Das fröhliche Leben, in dem man sich ganz der Natur und den Sinnen hingab, spielte sich in Pätz ab und wurde gesittet, wenn Erich das Wochenende dort verbrachte. In der Hubertusallee herrschten noch Ordnung und Routine. Angelika und Bettina gingen zur Schule und wurden dienstags und freitags bei den Großeltern Kirschner abgeliefert. Erich verbrachte die Tage im Büro und schloß sich am Abend Else und ihrem Unterhaltungsprogramm an. Elisabeth sorgte für den reibungslosen Ablauf des Haushalts und Gertrud für die Kinder. Einmal in der Woche kam die Waschfrau und einmal im Monat eine winzige, bucklige Schneiderin, die Kinderkleidchen nähte. Am Sonntag ging man immer noch zum Mittagsmahl zu den Großeltern Schrobsdorff.

Elses bevorzugte Freundin während dieser Zeit war die um einige Jahre jüngere Ilse, die Frau des Kinderarztes. Die Basis dieser Freundschaft war die gemeinsame Lebenslust der beiden Frauen, waren Jubel, Trubel, Heiterkeit, waren vertrauliche Enthüllungen über ihre jeweiligen Flirts und stundenlanges »Quatschen«, wie sie es selber nannten. Es war eine intime Beziehung ohne Tiefen. Selbst als sich die Stunde der Wahrheit näherte, Ilse zur überzeugten Zionistin geworden, auf ihrer und ihrer Familie Auswanderung nach Palästina bestand und Else, von ihrem Sohn unter Druck gesetzt, hin und wieder den Kopf aus dem Sand ziehen mußte, scheint ein wahrhaft ernstes Gespräch zwischen ihnen nicht stattgefunden zu haben.

Ilse, die jetzt 83jährig, schön, charmant und in ihrem Wesen jung und positiv geblieben, in Jerusalem lebt und sich zu Recht meine Vize-Mutter nennt, besitzt heute noch das Heft, in dem sie die Parties eintrug, die sie teils mit ihrem Mann, teils mit Else in der Hubertusallee gegeben hat.

Es mutet mich merkwürdig an, wenn ich, etwa unter dem Datum 30. Mai 1933, die Speisen und Getränke aufgelistet sehe, die an diesem Abend serviert wurden – Erdbeer- oder Pfirsichbowle, kalter Kalbsbraten oder heiße Würstchen –, und gespenstisch, wenn ich die Namen der geladenen Gäste lese, alle längst tot, viele davon mir persönlich oder durch zahlreiche Anekdoten bekannt: der geschniegelte, blasierte Gypkins, der mit seiner Erfindung, dem »Sarotti-Mohren«, berühmt geworden ist; das Maler-Trio Fritsch, Röhricht und Heini Heuser, von denen wir abwechselnd gemalt wurden; der gewaltige Wendtausen, der mit seiner bezaubernden Frau Ibi nach England emigrierte und dort der deutsche Nachrichtensprecher bei BBC wurde; der komische, kleine Friedel Strindberg, von dem behauptet wurde, daß er der Sohn von Wedekind sei; der von mir geliebte Arzt, Fritz Rotbart, der nach Amerika ging, und seine Freundin Sonja, deren gemeißelte Schönheit und pflanzenhafte Passivität mich faszinierten; mein Onkel Alfred, der zweite Sohn des Hauses Schrobsdorff, der eine Jüdin heiratete, Ali Gito, eine romantisch verdüsterte junge Frau, die am Flügel lehnte und ›Liebe kommt, Liebe geht…‹ sang; die Schauspielerin Hilde Körber mit ihrem Mann Veit Harlan, der später die bösesten Propagandafilme fürs Dritte Reich drehte.

»Du kannst dir nicht vorstellen«, sagt Ilse, »wie vergnügt wir damals waren.«

Doch, ich kann es mir vorstellen, und warum hätten sie nicht vergnügt sein sollen? Sie waren junge Menschen, übermütig, zuversichtlich, ichbezogen, verliebt in das Leben, verliebt in die Liebe. Sie hatten den Ersten Weltkrieg erlebt, die Abdankung des Kaisers, die Wirren und Wehen der Weimarer Republik, die Inflation, die Arbeitslosigkeit, den Wirtschaftskrach. Sie waren von einem Schreck in den anderen gefallen, und trotzdem war ihnen der Pikkel, der ausgerechnet am Tag des ersten Rendezvous mit einem begehrten Mann aufblühen mußte, wichtiger gewesen als etwa eine Terroraktion der SA.

Politische Katastrophen brachen über sie herein und gingen wieder vorüber. Wenn man sich über jede graue Haare wachsen ließe, wäre man mit dreißig alt. Man war ihnen ausgeliefert, ob man nun klagte oder sich amüsierte – und dann schon lieber amüsieren!

»Ich sehe sie noch tanzen«, sagt Ilse, »Erich, der Gute, mit Josepha, Peter mit Ibi, Schnuff mit Gypkins… ›Das gibt's nur einmal, das kommt nicht wieder…‹, das war damals der große Schlager, und wir haben alle mitgesungen. Du kannst dir nicht vorstellen, wie verrückt wir waren!«

Doch, ich kann es mir vorstellen, und warum hätten sie nicht verrückt sein sollen? Das Leben war schön, die Liebe war schön, man selber war schön, am schönsten in diesen Nächten, die nie wiederkamen.

»Und dann, wenn alle Gäste gegangen waren«, sagt Ilse, »haben Schnuff und ich noch zusammengesessen und das Fest ausklingen lassen. Manchmal dämmerte schon der Morgen, aber wir mußten natürlich noch jeden, der da war, durchquatschen.«

Else und Ilse saßen dann in dem großen Raum mit den zur Seite gerückten Möbeln, den leeren Gläsern, den mit Resten bekleckerten Tellern, den vollen Aschenbechern und ließen das Fest ausklingen. Es brannte nur noch eine Lampe, und sie hatten die hochhackigen Schuhe ausgezogen und sich auf der Couch ausgestreckt oder in Sesseln zusammengekuschelt. Else rauchte eine letzte Zigarette, Ilse aß ein letztes Törtchen; sie kicherten, sie flüsterten, sie vertrauten sich an, daß der eine sie geküßt und der andere zum Tee eingeladen habe.

Ja, das gab's nur einmal.

Im Frühling 1932 machten Else und Erich eine Reise nach Palma. Von dort schrieb Else ihrer Freundin einen langen Reisebericht:

»Liebes Ilschen, nun trat ich soeben vom Schlafgemach in ein kleines Salönchen und von dort auf den Balkon, und nun liegt vor mir das ganze tiefblaue (keine dichterische Übertreibung, es ist wirklich tiefblau!) Meer und über mir ein ebenso tiefblauer Himmel mit strahlender Sonne. Auf dem Balkon, wie schon erwähnt, sitzt Deine Freundin Schnuff, im Gewand der Nacht, ist bereits braun und schreibt, während der Gute noch schläft (dessen Schlaf möchte ich haben!).

Soll ich Dir nun von der Reise erzählen? Die war ja nicht unkomisch – ein bißchen Kintopp, ein bißchen Alptraum: Auto, Bahn, Auto, Flugzeug, Auto, Schiff, Auto, Palma, alles in allem 40 Stunden. In Stuttgart stiegen wir ins Flugzeug, fünf Stunden später stiegen wir in Marseille aus.

Merkwürdig! Übrigens ist das Fliegen nicht für mich erfunden worden. Rundheraus: Es ist scheußlich. Die Maschine holpert über ein Feld, hält, rast los, steigt, macht einen Lärm wie zehn DKWs und fliegt. Unter Dir nichts als Wolken. Alles grauweiß. Ich hatte vorsichtshalber schon viele Pillen geschluckt, und bis Genf ging's auch. Aber ab Genf wurde mir sauschlecht, ob vom Fliegen oder von den Pillen, weiß ich nicht. Das Ding schwankte, als sei es besoffen, und ich hatte ein ganz ähnliches Gefühl. Mein Guter war außer sich, weckte mich andauernd, um mich auf irgendwelche mir unsichtbaren Schönheiten aufmerksam zu machen, fand mich desinteressiert und begriff nicht, warum ich immer wieder einschlief. Typisch Erich!

Vom Flugzeug gingen wir dann aufs Schiff und kamen vom Regen in die Traufe. Schaukeln kann man das schon nicht mehr nennen. Sämtliche Passagiere verschwanden fluchtartig in den Kabinen, nur ich saß munter im Speisesaal, aß, trank, rauchte und schlief anschließend so gut, wie ich seit Jahren nicht mehr geschlafen habe. Bin eben ein Mensch des Wassers, nicht der Luft.

So, und nun kommt das Schönste: Da wir bis Marseille geflogen waren, wurde mein Schrankkoffer mit allem Hab und Gut per Bahn geschickt. Glaubst Du, er kam an? Er kam nicht an. Und verstehst Du, was das heißt? Ich saß da in einem Reisekostüm, keine Wäsche, keine Kleider, keine Schuhe, nichts. Alle in Weiß und ich jeden Tag in demselben langweiligen, viel zu warmen Kostüm. Abends mußten wir auf dem Zimmer essen, da Abendtoilette obligat war. Ilschen, ich heulte vor Verzweiflung. Mein Guter litt und duldete still, und wir kauften nach und nach ein paar Sachen, alles miesester Qualität, denn hier gibt's nichts Anständiges. Und als ich dann recht, aber schlecht eingekleidet war, traf der Koffer ein...

Palma ist nicht sehr schön, zu groß und staubig, aber abends, wenn Korso ist, ist es sehr hübsch. Die ganze Stadt voller Menschen und Musik. Dein Mann, Walter, hätte hier seine Freude. Hübsche Mädchen gibt's, mit schwarzen Augen und einem dicken, langen Zopf auf dem Rükken. Und wonnige Kinder, aber keine Kinderwagen. Die Mütter schleppen die winzigsten Würmer auf dem Arm mit sich herum, und manche sehen schon etwas welk aus. Was das Hotel betrifft, so ist es in erster Linie luxuriös und in zweiter Linie ziemlich doof. Voll mit Engländern, und was dieses Land an häßlichen Weibern produziert, gibt's gar nicht.

Vorgestern badeten wir zum erstenmal. Vom Hotel geht man im Badeanzug hinunter, sitzt auf den Felsen und sonnt sich. Das Meer ist herrlich, ziemlich warm und ganz ruhig. Wenn ich Wasser und Sonne habe, brauche ich nichts anderes mehr zu meinem Glück...«

Dem folgen ein paar Zeilen von Erich:

»Liebe Familie Hirsch, ich sehe an der Fülle der Seiten, daß meine Frau bereits alles berichtet hat. Es wird etwas verworren sein, einseitig dargestellt, wie immer, aber ich muß es ja nicht lesen. In edler, männlicher Zurückhaltung habe ich ihr Wimmern ertragen, bis der Koffer – so wie ich es ihr vom ersten Tag vorausgesagt hatte – eintraf. Dann begann meine zweite Prüfung: überall Fummels, Schuhe, Bänder, Hüte, auf allen Tischen, auf MEINEM Bett, wo nicht? Das wird immer schlimmer mit dem Alter. Wo es hinführt, sehe ich täglich an den alten Engländerinnen: neunzig Jahre, Kleid hellgrün (Meerjungfrau), kleine Malfiliale im Gesicht, glitzernde Shawls, Stirnband. Wenn man also von besagter Weiblichkeit und einigen anderen unästhetischen Dingen wie klebende Messer (nur ein bißchen am Griff) absieht, dann ist es sehr schön und erholsam...«

Es war die letzte große gemeinsame Reise, die Else und Erich machen sollten.

Im Sommer desselben Jahres machte ich meine erste Reise mit Eltern und Schwester. Wir fuhren im Auto nach Wasserburg am Bodensee. Mein Vater und meine Mutter wechselten sich am Steuer ab. Er war ein schlechter, geistesabwesender Fahrer und sie eine schlechte, nervöse Fahrerin. Sie schrie: »Guter, schau um Himmels willen auf die Straße!«, und er bat: »Schnuff, sei bitte nicht so hipperig.«

In Wasserburg wohnten wir in einem Hotel direkt am See. Die Mahlzeiten nahm man auf einer langen, überdachten Veranda ein. Es gab fast jeden Mittag Felchen, kleine Fische mit unsagbar vielen Gräten. Meine Mutter zerlegte sie mit größter Sorgfalt, und mein Vater redete mir gut zu, aber ich rührte sie nicht an. Natürlich hatte sich doch noch irgendwo eine Gräte versteckt und an der würde ich erstikken.

»Ein kompliziertes Kind«, seufzte meine Mutter, und mein Vater sagte: »O la la!«

Uns schräg gegenüber saß ein Paar, der Herr mit dem Rücken, die Dame, recht jung noch und hübsch, mit dem Gesicht zu mir. Ich merkte, daß sie mich beobachtete und, wenn ich einen schnellen, heimlichen Blick zu ihr hinüberwarf, lächelte. Ihr Lächeln veranlaßte mich, eine düstere Miene aufzusetzen, und sie, leise in sich hineinzulachen. Das Spiel wiederholte sich jeden Mittag und wurde zu einem Circulus vitiosus: Je grimmiger ich dreinblickte, desto mehr lachte sie. Dann, eines Tages, betrat sie den Speisesaal mit einem großen, unter einem Tuch verborgenen Gegenstand. Sie kam auf uns zu, begrüßte meine Eltern, stellte den Gegenstand vor mich auf den Tisch und lüpfte das Tuch. Ich schaute auf eine Miniaturlandschaft hinab, mit Wiesen aus Moos und Wäldern aus kleinen Zweigen und Flüssen und einem See aus blauem Glas. Es war ein wahres Kunstwerk, das schönste, das ich je gesehen hatte.

»Das habe ich für dich gemacht«, sagte die Dame, »gefällt es dir?«

Ich sah zu ihr auf, und zum erstenmal blieb sie ernst, und ich lächelte.

Am nächsten Tag kam sie nicht zum Mittagessen. Sie war abgereist und ich traurig.

Wir blieben zehn Tage, aber außer an die Felchen, die Dame und die Miniaturlandschaft erinnere ich mich nur noch an die Mäuse, eine erhebliche Zahl entzückender Feld- und Springmäuse, die Bettina und ich in der Scheune neben dem Hotel mit Brot und Käseresten fütterten, und an Peter, der aus dem nahe gelegenen Internat auf einen Tag zu uns gekommen war. Er war sechzehn, zehn Jahre älter als ich, und in meinen Augen ein erwachsener Mann. Er trug lange Hosen und um den Hals ein goldenes Kettchen mit einem herzförmigen Anhänger, auf dem drei Worte eingraviert waren. Als er mich auf den Arm nahm, versuchte ich sie zu lesen, aber es war eine fremde Sprache.

Peter erklärte mir, daß das Herz ein Geschenk von Ellen sei, die Sprache englisch und die Worte »Everybody loves you« hießen. Ich solle sie ihm nachsprechen, denn es sei höchste Zeit, daß ich einen so wichtigen Satz auch auf englisch sagen könne. Ich sagte: »Everybody loves you.«

Über unsere Rückfahrt nach Berlin schreibt Else an ihre Freundin Ilse, die Ferien in Dänemark machte:

»... Wasserburg liegt hinter uns. Wir fuhren bei 40 Grad Hitze nach Berlin zurück und blieben einen Tag in Würzburg, wo uns ganz barockig vor den Augen wurde. So was von Barock! Aber wunderschön. Als wir in Oberhof landeten, bockte unser bis dahin vorbildlich artiges Auto (nur eine Reifenpanne in der ganzen Zeit!) und zeigte keinen Schimmer von Ehrgeiz mehr. Das war am vorletzten Tag. Nach einer Weile des vergeblichen Anlassens sahen wir erstaunt viele gelbe Flammen zum Himmel lodern. Der Vergaser brannte, und Erich meinte verträumt: ›Ein Wunder, daß der Wagen nicht mit uns allen in die Luft geflogen ist.‹

In Oberhof warteten wir nun also, bis das Auto repariert war, und fuhren dann bei 50 Grad Hitze bis Berlin. Es handelt sich hier um eine leichte Übertreibung, aber die Sonne wollte und wollte wirklich nicht untergehen. Die gute Sonne, hätten wir sie heute! Am Donnerstag kamen wir in Berlin an; am Freitag stürzten die Kinder und ich –

da 60 Grad Hitze – ins Halensee-Bad, wo uns Angelis Kleidchen und mein Mützchen geklaut wurden (besser als umgekehrt!), und um fünf Uhr nachmittags saßen wir, auf der Flucht vor der Hitze, im Zug nach Königswusterhausen und fuhren gen Pätz. Wir und Fritschs – alle drei Fritschs. Als wir ankamen, war es ja dann auch gleich trübe und kühl. Gesegnetes Land! Ich war nicht die Spur neugierig auf Berlin, und Pätz in Trübheit ist mir lieber als Berlin bei Sonne.

Hier herrscht jetzt furchtbarer Lärm. Schniefke Fritsch (acht Jahre alt und furchtbar dick) brüllt, Tina quengelt, Angeli weint, Ellen legt Patiencen, Herr Fritsch stiftet Ruhe, Olli, der Terrier, balgt sich mit Heidi, dem Spitz, Frau Fritsch liest Partitur und singt dazu. Eben ist durch die Erschütterung des Hauses im oberen Stock eine Waschschüssel mit Wasser vom Waschtisch geknallt. Die Stube schwimmt, Frau Schwanke wischt auf, Gertrud schüttelt den Kopf. Morgen kommt Heinz Riefenstahl und außerdem ein Boccia, das wir noch schnell in Berlin gekauft haben. Friedliches Landleben!...«

Das Jahr 1933 brachte drei Ereignisse mit sich: Adolf Hitler wurde Reichskanzler, Peter zog in der Hubertusallee ein, Bettina und Angelika wurden aus der Schule genommen. Eins hatte nichts mit dem anderen zu tun.

Über das erste Ereignis waren Erich und Else bestürzt, entsetzt, außer sich. Wie war es möglich, daß ein wildgewordener Fatzke, den sie alle nicht ernst genommen hatten, mit seiner Terror- und Verbrecherbande an die Macht kam?

Zum zweiten hatte Else beschlossen, Peter, der die letzte Klasse übersprungen hatte und sich jetzt auf das in staatlichen Schulen abzulegende Abitur vorbereiten mußte, an die Kandare zu nehmen und aufzupassen, daß er fleißig und diszipliniert lernte.

Zum dritten waren sie übereingekommen, daß eine Hauslehrerin das gegebene sei, weil der Schulbesuch der

Mädchen längere Aufenthalte in Pätz vereitele und Angelika als Schülerin sowieso zu keinerlei Hoffnung berechtige, Bettina leider auch nicht.

Peter nahm von dem Zimmer mit dem Himmelbett Besitz. Er stellte sein Grammophon auf, vertauschte ein goldgerahmtes Stilleben mit einem Frauenakt von Toulouse-Lautrec, zog Kleidungsstücke, Bücher, Hefte und eine Menge Krimskrams, den er gesammelt oder geschenkt bekommen hatte, aus Koffern und Taschen und ließ alles da liegen, wo es gerade hingefallen war. Seine Mutter, nach einem verzweifelten Blick auf das Chaos, bemerkte, das sei ja ein sehr guter Anfang, und schickte Gertrud, damit sie Ordnung mache.

Angelika und Bettina wurden der neuen Hauslehrerin, Fräulein Meinhardt, vorgestellt. Sie war jung und pummelig, hatte ein rundes Gesicht, sehr viele Löckchen und sehr wenig Autorität. Die Kinder kicherten, und sie kicherte mit. Else zählte ihr die Fächer auf, in denen ihre Töchter leistungsschwach, und die, in denen sie leistungsfähig waren. Die Liste fiel ungleich aus. Bettina war gut im Zeichnen und Singen und Angelika im Lesen und Turnen, alles andere war gleich Null. Fräulein Meinhardt schien etwas erschrocken, faßte sich dann aber und meinte wohlgemut, das würde sie schon machen.

Am 1. April fand der Boykott der neuen Machthaber statt.

SA und SS grölten durch die Stadt, postierten sich vor den Häusern jüdischer Akademiker und vor den Warenhäusern und Läden jüdischer Besitzer, besudelten deren Schaufenster mit zotigen Parolen, beschimpften und attackierten diejenigen, die es wagten, die Geschäfte zu betreten, und diejenigen, die sie in den Straßen und Verkehrsmitteln wegen einer großen Nase oder krauser Haare als Juden identifizierten. Am Abend setzten sie ihre Streifzüge durch Kinos, Kabaretts, Theater und Nachtlokale fort und machten mit Fäusten und Stiefeln Ordnung in der degenerierten, entarteten, verjudeten Lasterhöhle Berlin.

Es war kein Aprilscherz.

Else rief ihre Eltern an und schärfte ihnen ein, das Haus nicht zu verlassen.

Erich rief die Hirschs an und sagte folgenden, mir von Ilse überlieferten Satz: »Kommt mit eurem Sohn sofort zu uns, und bringt so viele jüdische Kinder mit, wie ihr könnt.«

Sie kamen, wenn auch nur mit dem eigenen Kind.

Es war ein trauriger Abend im Wohnzimmer vor dem brennenden Kamin, vielleicht der erste traurige, den die fröhliche Ilse, der witzige Walter, die lebhafte Else und der liebenswürdige Erich miteinander verbrachten. Else saß in einem Sessel, etwas zusammengeduckt, die Augen weit geöffnet und starr. Erich ging vor sich hinmurmelnd im Zimmer auf und ab, blieb stehen, schaute zur Decke empor, nahm seine Wanderung wieder auf.

»Guter«, fragte Else, »verstehst du das?«

Er sah sie abwesend an, der Denkprozeß war noch nicht abgeschlossen. Erst zwei, drei Minuten später sagte er: »Ich werde mich hüten, das auch noch verstehen zu wollen. Man läßt sich nicht auf die widerwärtige Denkweise des Pöbels ein. Aber verlaß dich drauf, das, was sie sich heute erlaubt haben, erlauben sie sich nicht ein zweites Mal. Sie haben sich damit selber die Kehle durchgeschnitten. Hitler, dieser kriminelle Ladenschwengel mit der Schmalzlocke, ist so gut wie tot. Da machen die Deutschen nicht mit.«

»Die Deutschen haben den kriminellen Ladenschwengel gewählt«, sagte Walter Hirsch.

»Der Abschaum hat ihn gewählt, oder glaubt ihr tatsächlich, das gesamte Volk, das geistige Deutschland, das wir zu Recht lieben, steht plötzlich geschlossen hinter einem geisteskranken Verbrecher?«

Nein, sagte Else, das glaube sie wahrhaftig nicht. Das Ganze sei wohl nur ein Spuk gewesen.

Am nächsten Tag war der Spuk vorbei. SA und SS waren von den Straßen verschwunden, die zotigen Parolen von den Schaufenstern entfernt, jüdische Kaufhäuser und Geschäfte mit Kunden, jüdische Restaurants und Kinos mit Besuchern gefüllt. Na, bitte! Else, Erich und ihr Freundeskreis waren sich darüber einig, daß es zu solchen exzessiven Ausschreitungen nicht mehr kommen würde. Der Kerl hatte gemerkt, daß er da auf dem falschen Gleis war. Wenn er so was noch mal versuchte, wäre er weg!

Else, ihre Töchter, Fräulein Meinhardt, Gertrud und Ellen machten sich zwei Tage später auf den Weg nach Pätz; Peter und Erich wurden in der Obhut Elisabeths in Berlin zurückgelassen.

Wenn das mal gutgeht, dachte Else und bat Peter zum soundsovielten Mal, gewissenhaft zu lernen und auf Erich Rücksicht zu nehmen.

Er umarmte sie, drehte sich mit ihr im Kreis, küßte sie und versprach, sich tadellos zu benehmen.

Erich wandte sich wieder seinen Pflichten zu und, mit noch größerer Inbrunst als zuvor, seinen Büchern. In ihnen fand er die Bestätigung, daß das deutsche Volk ein Volk des Geistes und des Humanismus war. Er las auch jeden Abend eine halbe Stunde lang eine der Zeitungen, die sich in einer Ecke der Bibliothek zu einem Turm gestapelt hatten. Er kam einfach nicht dazu, dieser Lektüre mehr Zeit und Aufmerksamkeit zu widmen, brachte es aber auch nicht über sich, die alten Exemplare unberührt wegzuwerfen und die neueste Ausgabe zu lesen. So kam es, daß er im April 1933 eine Zeitung vom Juni 1932 las und beruhigt darüber einschlief.

Peter nutzte die Tage mit Schlafen, Gedichte lesen und Grammophon spielen. Bei Dunkelheit verließ er das Haus und ließ sich von Walter Slezak in das Berliner Nachtleben einführen. Auf diese Weise lernte er Sergette von Cjeka Cajado kennen, die sechzehnjährige Tochter einer Polin und eines portugiesischen Adligen, ein bildhübsches, wildes Geschöpf, in das er sich Hals über Kopf verliebte.

Elisabeth saß in der Küche, trank starken, schwarzen

Kaffee, rauchte Zigaretten und sah mit Spökenkiekerblick in eine düstere Zukunft.

»Das wird alles ein sehr schlechtes Ende nehmen«, murmelte sie, meinte damit sowohl das deutsche Volk als die Familie Schrobsdorff.

Meine erste Begegnung mit dem Dritten Reich fand bereits am Tag seiner glorreichen Entstehung statt. Als ich am frühen Morgen ins Wohnzimmer lief, um dort, in dem Brokatsessel meiner Mutter, ein Buch zu lesen, sah ich Elisabeth auf dem Balkon eine Fahne hissen. Das fand ich ungeheuer spannend, und ich rannte zu ihr hinaus.

»Mach, daß du reinkommst«, sagte sie mürrisch, »es ist kalt.«

Aber ich dachte gar nicht daran, denn der Anblick, der sich mir bot, war viel zu aufregend. Jedes Haus um uns herum war beflaggt, und zwar mit einer Fahne, die ich noch nie, jedenfalls nicht bewußt, gesehen hatte. Es war eine rote Fahne mit einem schwarzen Zeichen in der Mitte.

»Warum hängen denn heute überall Fahnen?« wollte ich von Elisabeth wissen.

»Weil wir heute einen neuen Führer haben, der ›Heil Hitler‹ heißt.

»Heil? So einen Vornamen gibt's ja gar nicht.«

»Du wirst dich wundern, was es alles gibt.«

Sie schüttelte die Fahne aus und steckte sie in den Halter. Ich sah, daß es eine schwarz-weiß-rote Fahne war.

»Du hast die falsche Fahne«, sagte ich, »kuck mal, die andern sind alle viel schöner.«

»Es sind Scheißfahnen.«

»Was?« fragte ich erschrocken, denn ich hatte noch nie so ein Wort aus ihrem oder aus irgendeinem Mund gehört.

»Komm«, sagte sie plötzlich sehr sanft, legte den Arm um mich und führte mich ins Zimmer zurück, »das, was ich eben gesagt habe, ist ein Geheimnis zwischen uns, das sagst du keinem Menschen, denn sonst kann ich nie wieder ein Geheimnis mit dir haben. Schwörst du's mir?«

Ich schwor und war sehr stolz, ein Geheimnis mit Elisabeth zu haben.

Aber die interessante Fahne, deren Vorsilbe ich keinem Menschen sagen durfte, ließ mich nicht ruhen. Immer wieder lief ich zum Fenster, schaute hinaus und wünschte mir, unseren Balkon auch so schön schmücken zu können. Als meine Mutter aufgestanden war, zeigte ich ihr den großartigen Anblick der beflaggten Häuser.

»Wunderbar«, sagte sie ohne eine Spur von Begeisterung.

»Unsere ist gar nicht hübsch«, klagte ich, »ich will auch so eine andere.«

»Wir haben keine andere.«

»Wir können eine kaufen.«

»Bitte, Angeli, laß mich in Ruhe.«

Ich quengelte den ganzen Vormittag, und irgendwann verlor meine Mutter die Nerven und brüllte mich an. Ich begann zu weinen und sie zu bereuen, und daraufhin gingen wir zusammen in die Stadt, um die heißbegehrte Fahne zu kaufen.

»Eine ganz kleine«, sagte meine Mutter, »mehr Geld habe ich nicht.«

Ich gab mich mit einer ganz kleinen zufrieden, und als wir damit auf die Straße kamen, begann ich sie stolz hin und her zu schwenken.

Meine Mutter hielt ein Taxi an, und der Fahrer warf einen Blick auf das Fähnchen und sagte: »Na, prost Mahlzeit.«

Kaum im Haus, rannte ich in die Küche zu Elisabeth. Sie starrte mich und die neue Errungenschaft in meiner Hand schweigend an, ging dann zu meiner Mutter und sagte: »Wissen Sie, Frau Schrobsdorff, ich finde, das geht zu weit. Vielleicht kaufen Sie Angelika auch gleich noch das Parteiabzeichen.«

Keiner wollte die Fahne auf dem Balkon befestigen, selbst Gertrud nicht. Erst als mein Bruder gegen Mittag aufstand und ich ihn darum bat, tat er mir den Gefallen. Meine Mutter und Elisabeth sahen ihm stumm dabei zu.

»Laßt dem Kind doch die Boulette«, sagte er, »sie hat doch keine Ahnung.«

Als mein Vater nach Hause kam, zog ich ihn sofort auf den Balkon und zeigte ihm die neue Fahne.

»O la la«, sagte er, »wo kommt die denn her?«

Ich erzählte ihm, daß meine Mutter sie mir gekauft hatte.

»Schnuff«, rief er ins Zimmer, »mußte das sein?«

Ich fand, daß sie sich alle höchst merkwürdig benahmen und Dinge sagten, die überhaupt nicht zu verstehen waren.

Als ich am nächsten Morgen auf den Balkon lief, um meine ganz kleine Fahne zu betrachten, war sie weg.

»Das war bestimmt der Wind«, sagte Elisabeth, »der Wind, der Wind, das himmlische Kind... und nun trink bitte deinen Kakao.«

Es war ein sehr unfriedliches Jahr. Nicht wegen Hitler, den man, dank eines Elfenbeinturms und eines Refugiums in Pätz, nicht unbedingt mitbekommen mußte, sondern wegen der Mißstimmungen und Mißgeschicke innerhalb der Familie, die nicht zu ignorieren waren. Hörte man Hitler im Radio, schaltete man es ab, sah man seine Gefolgschaft, einzeln oder im Gleichschritt, schaute man weg, las man eine beunruhigende Schlagzeile in der Zeitung, legte man sie beiseite. Aber gegen Peters Eskapaden, Erichs Magenschmerzen und Angelikas Blasenkatarrh mußte man etwas unternehmen.

Else verließ überstürzt Pätz und fuhr nach Berlin zurück.

Ihre unerwartete Ankunft hatte eine peinliche Enthüllung zur Folge. Else fand Peter anstatt am Schreibtisch, wo er um elf Uhr hingehörte, mit Sergette im Himmelbett.

Aber es war nicht Sergette, die sie bestürzte, es war auch nicht der Anblick der beiden Halbwüchsigen zusammen im Bett, es war Peters Pflichtvergessenheit, die sie erschütterte, sein Leichtsinn und Egoismus, mit dem er in den Tag hineinlebte, Eigenschaften, die sie nur allzu gut an sich selber kannte. Was sollte aus dem Jungen werden, wenn er, bereits mit knappen siebzehn Jahren, diesen Weg einschlug, seine Begabungen, die so viel größer waren als die ihren, verzettelte, immer nur nahm, ohne zu geben, sie und den Guten, die alles für ihn taten, mit einem charmanten Lächeln vor den Kopf stieß?

Sie stand auf der Schwelle, starrte das zerknirschte Pärchen an, versuchte ihre Wut zurückzuhalten. Aber wie immer gelang ihr das nicht.

»Mach, was du willst, Peter«, schrie sie, »zerstör dir dein Leben, aber erwarte von Erich und mir keine Hilfe mehr!«

Sie drehte sich um und schlug die Tür hinter sich zu.

Das war der Auftakt zu einem unersprießlichen Familienleben. Bei Erich hatte der Arzt ein beginnendes Magengeschwür festgestellt, ein Leiden, das damals eine langwierige und außerordentlich unangenehme Behandlung erforderte. Sein Gesicht und sein Körper waren schmaler geworden, die zwei Falten, die sich von den Nasenflügeln zu den Mundwinkeln hinabzogen, tiefer, sein Blick noch geistesabwesender und sein Aussehen dadurch noch nobler. Obgleich er sich schlapp, oft elend fühlte, blieb er liebenswürdig und geduldig, erfüllte mit unverminderter Gründlichkeit seine Pflichten und verkürzte weder die Arbeitsstunden im Büro, noch versäumte er, den Kindern abends Märchen vorzulesen und das ›Vaterunser‹ mit ihnen zu beten. Allerdings ließ er Else jetzt immer häufiger alleine ausgehen oder sich bei ihren Gästen entschuldigen und zog sich mehr und mehr in seine Bibliothek zurück.

Angelika, deren Blasenkatarrh zu der Zeit mit nichts anderem geheilt werden konnte als mit Ruhe, Wärme und literweise Beerentraubenblättertee, mußte sechs Wochen lang im Bett bleiben, ein Umstand, in dem sie gewisse Vorteile entdeckte. Sie durfte tagsüber im Himmelbett ihres Vaters liegen, mußte nicht an Fräulein Meinhardts törichtem Unterricht teilnehmen, hatte oft Besuch von den Großeltern Kirschner, die ihr abwechselnd vorlasen, von Ellen, die mit ihr ›Mensch ärgere dich nicht‹ spielte, von Sergette, die ihr Zauberkunststücke vormachte, vom Arzt, Onkel Hirsch, der sie mit leichter Hand und viel Humor behandelte, und wenn sie Kaviar zum Mittagessen verlangte, bekam sie ihn. Das arme Kind aß ja so gut wie nichts mehr, war nur noch Haut und Knochen, und wenn es nun mal auf Kaviar Appetit hatte, dann war der besser als nichts. Angelika war und blieb ein kompliziertes Kind, aber immer noch einfacher als Peter, mit dem Else überhaupt nicht fertig wurde.

Er trieb sie zum Wahnsinn und wickelte sie kurze Zeit darauf um den kleinen Finger, arbeitete 24 Stunden und verschwand zwei Tage, ließ sich von Erich nichts sagen, gab ihm patzige Antworten, erklärte, ihn nie wieder behelligen zu wollen, und bat ihn eine Weile später um Geld, verkrachte sich mit Sergette und feierte in einem Hotel, einem Restaurant, einer Bar ausgiebig Versöhnung und machte Schulden, brachte den Großeltern Kirschner extravagante Geschenke mit und pumpte sie gleichzeitig an, fuhr nach Wannsee zu seinem Vater, zerstritt sich mit ihm, schwor, ihn nie wieder sehen zu wollen, und verbrachte das nächste Wochenende mit Sergette bei ihm, verschwand eines Abends, führerscheinlos, in Erichs Wagen, fuhr ihn aus Versehen zu Schrott, entstieg ihm wie Phönix aus der Asche und erklärte geknickt, von nun an nur noch lernen zu wollen. Die Phase der Zerknirschung hielt fast eine Woche an, dann ging alles von neuem los.

Else schrie, tobte, warnte, drohte, flehte und schrieb ihm Briefe, die, im Gegensatz zu ihren verbalen Ausbrüchen, voller Einsicht und Klugheit, Liebe und Großzügigkeit, Toleranz und bedingungsloser Ehrlichkeit waren.

Es war ein endloses Drama an Zerwürfnissen und Waffenstillständen, an lautstarken Szenen und innigen Versöhnungen, das da in der Hubertusallee über die Bühne ging.

»Denn schau«, schrieb Peter im Jahr 1940 an seine Mutter, »wo wir uns am nächsten sind, das ist in unserer wilden Unvernunft und Impulsivität.«

Else wäre es sehr viel lieber gewesen, wenn ihr Sohn nicht ihre wilde Unvernunft und Impulsivität geerbt hätte. Denn die waren es, die ihr Leben auf Gedeih oder Verderb beherrschten, die andere unglücklich und sie schuldig gemacht hatten. Sie war alles andere als stolz darauf und fürchtete um ihren Sohn, der auf dem besten Wege war, ihre Fehler zu wiederholen. Aber sie würde ihn ebensowenig davor bewahren können wie sich selber.

Else hatte oft Stunden schwerer Verzagtheit, in denen sie unter ihren eigenen Unzulänglichkeiten litt, unter der Angst um ihre Kinder, unter dem bedrückenden Gefühl einer stetig fortschreitenden Entfremdung zwischen Erich und ihr. Aber die Stunden der wilden Unvernunft und Impulsivität überwogen bei weitem.

Eines Tages verlor mein Vater die Beherrschung. Er hatte früher noch nie die Beherrschung verloren, und er verlor sie auch nie wieder. Es war nur ein kurzer Ausbruch, aber für mich ein fürchterliches und unfaßbares Ereignis, etwa so, als wäre aus heiterem Himmel plötzlich ein Sturm über uns hereingebrochen und hätte uns das Dach über dem Kopf weggerissen.

Es war einige Wochen nach meiner Krankheit, beim Mittagessen. Wir saßen um den runden Tisch, mein Vater zu meiner rechten, meine Mutter zu meiner linken Seite und mir gegenüber Bettina. Peters Zimmer lag über dem Eßzimmer, und wenn er gegen Mittag aufstand und zu lernen begann, tat er das immer zu seinen amerikanischen Jazzplatten und klopfte mit dem Fuß den Takt dazu. Man hörte also das Klopfen, das leise Klirren der Kristalle am Kronleuchter, der über dem Tisch hing. Und, an besonders lauten Stellen, auch die Musik. An diesem Tag war es ein Lied, das Peter und ich allen anderen vorzogen: »San Francisco, open your golden gates...« Er hatte mir diese

Zeile beigebracht, und wir hatten sie oft zusammen gesungen. Mein Vater hatte Kartoffelpüree auf dem Teller, ohne Soße, und dazu irgendein Stück mageres Fleisch. Elisabeth achtete streng darauf, daß er Diät hielt, und kochte immer wieder dasselbe. Es muß nach einem großen Krach mit meiner Mutter gewesen sein, denn Peter lernte schon fast eine Woche, und eine Woche klopfte und klirrte es, und mein Vater aß dazu Kartoffelbrei.

Und dann plötzlich passierte es: Er ließ die Gabel im Püree stecken, sprang von seinem Stuhl auf, warf die zusammengeknüllte Serviette auf den Tisch und sagte mit sehr lauter, unfreundlicher Stimme: »Ich habe jetzt endgültig von allem genug!« Daraufhin drehte er sich um und verließ das Zimmer.

Wir waren alle drei vor Schreck erstarrt. Meine Mutter und Bettina waren sehr blaß geworden und ich bestimmt auch. Was war mit meinem Vater los? Was hatte er mit den Worten »von allem« gemeint? Hätte er »davon« gesagt, dann hätte es der Kartoffelbrei oder das Klopfen oder beides zusammen sein können, von dem er genug hatte. Aber »von allem«, das konnte sogar mich einschließen und meine Mutter.

Ich sah sie an. Ihr Gesicht war jetzt nicht mehr erstarrt, sondern, im Gegenteil, wie aufgelöst und sehr traurig. Bettina, die nie vor anderen weinte, lief aus dem Zimmer. Ich fragte, ob mein Vater auch von mir endgültig genug habe.

Natürlich nicht, sagte sie, mein Vater liebe mich wie keinen Menschen auf der Welt. Aber er habe es sehr schwer mit dem Magenleiden und der vielen Arbeit. Er gönne sich keine Ruhe, na ja, und dann passierten eben mal solche Dinge.

Am Abend kam mein Vater ins Kinderzimmer. Er war wie immer, still, versonnen und liebenswürdig, las uns, auf seine gelungene Art, ein Märchen vor und betete mit uns das ›Vaterunser‹ auf lateinisch. Aber sein Gutenachtkuß war anders – so als hätte er mich lange nicht gesehen oder würde mich lange nicht mehr sehen.

Im Jahr 1934 starb Reichspräsident von Hindenburg, und Hitler machte sich als »Führer« und Reichskanzler zum Staatsoberhaupt.

Er saß nun also fest im Sattel, aber er schien vernünftig geworden zu sein. Gewiß, Deutschland war jetzt eine Diktatur, in der es nur noch eine einzige Partei, die NSDAP, gab. Und es waren ein paar unerfreuliche Verordnungen erlassen worden: nichtarische Beamte, ausgenommen Kriegsteilnehmer, hatten in den »Ruhestand« zu treten; Neuaufnahmen von Nichtariern an Schulen und Hochschulen hatten eingeschränkt zu werden, und »Unerwünschten« konnte die deutsche Staatsangehörigkeit entzogen werden. Aber es war zu keinen neuen Ausschreitungen gekommen, und die meisten der 500000 Juden, die damals im Dritten Reich lebten, sahen keinen dringenden Grund, Deutschland zu verlassen.

In diesem Jahr bekam Else von Erich ein rotes Auto und Angelika ein Pony geschenkt. Das Auto war so groß und schwer, daß Else es nicht wenden konnte, und das Pony so faul, daß Angelika es nicht zum Laufen brachte. Das trug viel zur allgemeinen Heiterkeit bei.

Peter hatte das Abitur spielend und mit den besten Noten bestanden, und das brachte ihm Erichs Wohlwollen in Form eines beachtlichen Schecks ein. Dem folgte dann allerdings die Mahnung, sich jetzt nicht auf die faule Haut zu legen, sondern sich Berufsgedanken zu machen. Peter bedankte sich herzlich sowohl für den Scheck als für den Tip mit den Berufsgedanken und fuhr mit Sergette nach Italien.

An Elses Lebensstil hatte sich nichts geändert. Sie und ihre Freunde lebten vergnügt in den Tag hinein, und das Thema Adolf Hitler wurde, wenn überhaupt, nur witzelnd, bagatellisierend oder angeekelt erwähnt. Man konnte nicht von ihnen verlangen, diese Schießbudenfigur mit seinen kreischenden Stakkatoreden, seinem Arier-Fimmel und seinen überkandidelten Zukunftsprogrammen ernst zu nehmen. Wo war man denn? Doch wohl in

Deutschland, einem hochzivilisierten, hochkultivierten Land!

Allein Ilse Hirsch, Elses intime Freundin, die seit Jahren Mitglied einer zionistischen Vereinigung war und durch Warnungen und Aufrufe beeinflußt, behauptete standhaft, daß es Zeit wäre, Deutschland zu verlassen und nach Palästina auszuwandern.

Else lachte. Das sei jetzt für die Zionisten ein gefundenes Fressen, meinte sie, Panik verbreiten, auf daß sich Palästina mit Juden fülle. Das sei ja genauso überkandidelt wie Hitlers Zukunftsprogramme. Und ausgerechnet sie, Ilse, die mit beiden Beinen auf dem Boden stehe, lasse sich solche verschrobenen Flausen in den Kopf setzen. Sie solle jetzt endlich damit aufhören. Deutschland sei ihr Land, Berlin ihre Stadt.

Noch, sagte Ilse, aber vielleicht nicht mehr lange.

Na schön, dann solle sie nach dem »Noch« in Palästina Kartoffeln, oder was immer, pflanzen, aber in der Zwischenzeit ihr Leben hier genießen.

Sie genossen es beide.

In einem Brief schreibt Else an ihre Freundin, die sich offenbar auf einer Reise befand:

»... Vorgestern waren Alfred, Anja, Nelly Dreifuß, Herr Schönborn, Heini und Josepha bei mir. Alfred hat uns, wie immer, mit seiner Filmkamera nervös gemacht; Josepha war entzückend, denn kaum tat sie den Mund auf, kam Blödsinn heraus; Herr Schönborn kommt aus New York und ist zur Zeit mein Verhältnis – damit Du es weißt, wenn man's Dir bei Deiner Rückkehr berichtet. Erich ist nämlich von Mittwoch bis Montag verreist, und ich gehe andauernd tanzen und speisen mit Herrn Schönborn. Mit anderen übrigens auch. Ich habe ja das Auto und treffe mich von morgens bis abends mit verschiedenen Herren: Strindberg, Walter, Heini und Heinz Riefenstahl – letzterer ist nämlich unerhört dekorativ. Ich komme mit den Tagen, die Erich fort ist, gar nicht aus. Gestern holte ich Dein total vereinsamtes Knäblein ab – kein Aas kümmert sich um es. Wir – Tina, Angeli und Dein Sohn, Tommy, fuhren also Auto, gingen spazieren, kauften Ostereier und trafen schließlich auf eine Armee Nazis mit Musik und Fahnen – Tausende von Nazis! Wir standen am Straßenrand, und während Angeli emphatisch vortrat, den Arm hob und ›Heil‹ rief, trat Tommy mehrere Schritte zurück, sah Angeli fasziniert an, hob den Arm – den falschen – und lispelte ›Heil‹. Worauf er vor Scham rot wurde. Erich, dem ich diese Geschichte erzählte, meinte, er sei eben ein sehr kluger Junge...«

Wir haben 1934 noch mit Omutter und Opapa Kirschner zusammen Weihnachten gefeiert, sowohl bei uns in der Hubertusallee als bei den Großeltern Schrobsdorff.

Es war das letzte Mal, und das Wegfallen dieses Ereignisses wird das einzige gewesen sein, das die guten Großeltern Kirschner im Zuge der großen, beklemmenden Ereignisse nicht bedauert haben.

Am 24. Dezember hatten wir immer ein geballtes Programm. Morgens fand meine Geburtstagsfeier statt mit anschließendem Frühstück, Champagner, an dem ich auch mal nippen durfte, und natürlich vielen Geschenken. Mit denen spielte ich, bis um vier Uhr die Großeltern Kirschner eintrafen und von meinen Eltern die nächste Bescherung vorbereitet wurde. Damit wir ja nichts von den Vorbereitungen sahen, mußten wir alle im Kinderzimmer verschwinden und dort bei geschlossener Tür warten. Ich war so aufgeregt, daß Omutter mir wiederholt die Hand auf die Stirn legte und seufzte: »Das ist alles zu viel für das Kind. Sie wird uns noch krank werden.«

Aber Opapa lächelte und meinte: »Vor Freude wird man nicht krank, nicht wahr, mein Angelinchen?« Und dann stellte er mir die Frage, die an keinem meiner Geburtstage ausblieb: »Ist's schön, Geburtstag zu haben?«

Da mein Vater jedes Geschenk mit dem größten Ordnungs- und Schönheitssinn plazierte und immer wieder vor den Baum treten mußte, um eine Kerze geradezurücken, eine Krippenfigur einen Zentimeter vor oder zurück zu stellen, dauerte es unerträglich lange und hätte noch viel länger gedauert, wenn meine entnervte Mutter nicht kurzen Prozeß gemacht, die Tür aufgerissen und uns gerufen hätte. Wir kamen dann alle aus unseren Zimmern, Elisabeth und Gertrud in dunklen Kleidern, Peter, noch schnell die Krawatte bindend, und stiegen die Treppe hinab.

Meine Mutter saß am Flügel und spielte: ›Ihr Kinderlein kommet...‹, mein Vater zündete gerade die letzte Kerze an, und Opapa, den der Anblick der bunten, glitzernden, mit vielen brennenden Kerzen geschmückten Tanne nach wie vor in heillose Angst versetzte, sagte: »Liebes Fräulein Gertrud, könnten Sie bitte einen Eimer Wasser holen.«

Erst wenn der gefüllte Eimer neben dem Baum stand und er jede Kerze auf eine Gefahr hin gemustert hatte, beruhigte er sich etwas, und meine Mutter stimmte ›Stille Nacht, heilige Nacht‹ an. Wir, bis auf die Großeltern, die »Christ der Retter ist da...« nicht über die Lippen brachten, und meinem Vater, der zu keinem richtigen Ton fähig war und daher nur vor sich hin brummte, sangen mit.

Hatten wir uns etwas mühsam durch das Lied manövriert, las mein Vater uns die Geburt Jesu aus dem Neuen Testament vor: »Der Engel sprach zu ihnen: Fürchtet euch nicht! Siehe, ich verkündige euch große Freude, die allem Volk widerfahren wird; denn euch ist heute der Heiland geboren, welcher ist Christus, der Herr, in der Stadt Davids...«

Darauf fand die Bescherung statt, die reichlich und zur allgemeinen Zufriedenheit ausfiel. Doch ich hatte kaum Zeit, mit dem neuen Schub Geschenke zu spielen, denn um sieben Uhr mußten wir schon bei den Großeltern Schrobsdorff erscheinen. Und hier brach die totale Weihnacht über uns herein. Ich habe nie wieder einen derartigen Aufwand und Luxus gesehen wie den in der Schrobsdorffschen Villa. Das mußte man dem preußischen Junker lassen: Er war nicht geizig, und er verstand es zu repräsentieren.

Der Gabentisch für die etwa fünfundzwanzig Festteilnehmer reichte von einer Wand der riesigen Halle bis zur andern; die Edeltanne, das makelloseste Exemplar seiner Gattung, berührte mit ihrem großen, funkelnden Stern die sechs Meter hohe Decke und war mit silbernen Kugeln, Lametta und einer Unzahl Kerzen geschmückt. Die gedeckte Tafel mit ihrem Kristall und Silber war fast so lang wie der Gabentisch und so glitzernd wie der Weihnachtsbaum.

Und wir waren alle in Harmonie und Wohlgefallen versammelt: die Dienstmädchen in besonders hübschen Spitzenschürzchen, der Gärtner, der Chauffeur Lange mit Frau und Tochter in ihrer Sonntagskleidung, die aussah, als sei sie eine Nummer zu klein, ein paar vom Schicksal benachteiligte Verwandte, die sich dezent im Hintergrund hielten, und die drei Söhne des Hauses, Erich mit seiner jüdischen Frau und seinen jüdischen Schwiegereltern, Alfred mit seiner jüdischen Frau und seiner jüdischen Schwiegermutter, Walter mit seiner jüdischen Verlobten Ulli.

Ich weiß nicht, wer von der weitläufigen Familie Schrobsdorff überhaupt wußte oder ahnte, daß das Haus ihres Oberhauptes jüdisch verseucht war, und bin ziemlich sicher, daß nicht einmal die Großeltern über den Stammbaum ihrer zweiten und dritten Schwiegertochter informiert waren. Anja hat rechtzeitig alle Spuren ihrer Abstammung beseitigt, denn ihre Mutter ertrank zu gegebener Zeit im Pätzer See, und bei Ulli, mit einem Parteimitglied und hohen Offizier als Mann, werden Nachforschungen wohlweislich unterlassen worden sein. Ich jedenfalls habe das böse Geheimnis der Damen erst lange nach dem Krieg erfahren, und zu diesem Zeitpunkt waren die meisten schon unter der Erde.

Aber im Jahre 1934 herrschten, wie gesagt, noch Harmonie und Wohlgefallen, und die kleine, rundliche Else, die stämmige Anja und die geschmeidige Ulli – eine dunkler als die andere – sangen zur Klavierbegleitung ihrer Schwiegermutter Weihnachtslieder.

Oh, es war wunderbar – der Glanz und die Pracht und die Feierlichkeit, die festlich gekleideten, andächtigen Menschen, der Duft aus Bienenwachs und Pfefferkuchen, die erhabenen Weihnachtslieder. Ich stand neben Opapa Kirschner und hielt seine Hand, denn ich wußte, daß er uns bereits alle in Flammen aufgehen sah. In dieser überwältigenden Atmosphäre wagte er es nicht, um einen Eimer Wasser zu bitten, und mußte sich wohl auch eingestehen, daß der beim Umfang der Tanne wenig ausgerichtet hätte. So blieb er tapfer, lächelte, wenn auch ein wenig gequält, sein bezauberndes Lächeln und dachte wahrscheinlich an seinen ersten Fehltritt, Elsleins kleines, zerzaustes Bäumchen, das er vor seinem Vater Aaron in der Besenkammer hatte verschwinden lassen. Und Omutter, noch etwas kleiner geworden, das Gesicht noch etwas tiefer von Schwermut und Skepsis gezeichnet, schaute ernst und unbeteiligt vor sich hin. Woran dachte sie? An ihren toten Sohn, mit dem ihr Leben anders verlaufen wäre, der sie geliebt, geehrt, gestützt hätte wie ein guter jüdischer Sohn, dem nichts über die Mutter geht, die Familie, die enge Verbundenheit derer, die gleichen Blutes und gleichen Glaubens sind? Dachte sie an ihre Tochter, die ihre Eltern im Geist und Herzen längst verlassen hatte, die, obwohl in derselben Stadt, in einer anderen Welt lebte und sie, die Mutter, nur noch als Belastung empfand? Dachte sie an ihre Enkelkinder, von denen die Mädchen nicht mal ihren Ursprung kannten, die in einem Vakuum aufwuchsen, einer Scheinwelt, in der es alles gab, nur keinen Halt?

Oh, ich war glücklich an diesem 24. Dezember, an dem es drei Bescherungen gab und Glanz und Pracht und Feierlichkeit. Und Eltern und Großeltern und Geschwister. Und Harmonie und Wohlgefallen.

Im Jahr 1935 führte der Führer die Wehrpflicht wieder ein. Nur Staatsangehörige deutschen und »artverwandten« Blutes konnten »Reichsbürger« werden. Der Verkauf jüdischer Zeitungen wurde verboten. Eheschließungen zwischen Juden und Staatsangehörigen deutschen Blutes wurden verboten. Juden wurde verboten, deutsche Hausangestellte unter fünfundvierzig Jahren zu beschäftigen. Alle jüdischen Beamten wurden »beurlaubt«.

Im Juni diesen Jahres schrieb Else an ihre Freundin Ilse: »... Wir haben schöne Pfingsten gehabt, waren mit Alfred, Anja, Jäckel und Brigitte in Pätz, haben entweder Boccia gespielt oder uns von der Sonne braten lassen. Ich bin sehr braun. Der Gute fährt heute nach Frankfurt, und da Du doch auch gerade da bist, könnt Ihr Euch ja treffen. Er hat eine Geliebte nach der anderen – wer hätte das von ihm gedacht! Letzte Woche war's das blonde Irenchen, diese Woche ist's die schwarze Gaby Oppenheim. Du mußt Dich dranhalten, wenn Du noch was abbekommen willst. Gestern war ich mit Deinem Mann Walter, Heini Heuser und Narzissa im Café. Ich lud alle auf morgen, Sonntag, zu mir zum Abendbrot ein, Margerita und Wendtausend auch noch dazu. Es gibt Eier mit Sardellen, Hühnchen mit Kaisererbsen und Erdbeeren. Ein Jammer, daß Du nicht hier bist. Walter freut sich auf die Auswanderung nach Palästina – na, Du ja auch. Hat wieder versucht, mich auch dazu zu bekehren, aber das soll er nun mal lassen. Auch Euch sehe ich noch lange nicht im gelobten Land, wäre ja auch undenkbar – Berlin ohne Euch, Ihr ohne Berlin.

Zu Tinas Geburtstag hatten wir eine große Kindergesellschaft. Alfred und Ellen waren auch da, und die übertreffen an Infantilität ja nun jedes Kind. Alfred spielte mit Ellen ›Hänschen piep mal‹ und faßte ihr dabei so oft an den Busen, daß es sogar der harmlosen Tina auffiel. Als ein kleines Mädchen bei einem Ratespiel das Wort ›Feder‹ sinngemäß beschreiben sollte, sagte sie: Es ist klein, länglich und kommt von Vögeln. Daraufhin waren Alfred und Ellen nicht mehr zu ertragen. Sie schrien und lachten wie die Irren, und ich mußte sie schließlich rausschmeißen. Das wären die letzten Neuigkeiten aus Berlin. Interessant, nicht wahr? Komm bald wieder – Deine Albernheiten fehlen mir...«

Es gibt Momente, in denen ich an dem Verstand meiner Mutter und deren Freunden zweifele. Hatte sie, hatten die so wenig politisches Wissen und Gewissen, daß sie sich ruhig weiter durch eine Diktatur spielten, in der denen, die nicht deutschen oder artverwandten Blutes waren, langsam, aber sicher die Menschenrechte entzogen wurden? Natürlich wird meine Mutter an andere Menschen auch andere Briefe geschrieben oder andere Gespräche mit ihnen geführt haben, und ihre Freunde haben gewiß nicht nur Boccia und ›Hänschen piep mal‹ gespielt. Es ist anzunehmen, daß sie Stunden des Grauens und Entsetzens durchlebten, leider hielten sie es aber für überflüssig, unklug oder aussichtslos, daraus Konsequenzen zu ziehen. Die einzigen aus diesem Kreis, die es bereits zu dem Zeitpunkt taten, waren Walter und Ilse Hirsch, aber ausgerechnet die scheint meine Mutter, dem Ton des Briefes nach, in keiner Weise ernst genommen zu haben. »... Auch Euch sehe ich noch lange nicht im gelobten Land, wäre ja auch undenkbar – Berlin ohne Euch, Ihr ohne Berlin...«

Wie aber hat Erich, mein Vater, seinen Humanismus und Else, meine Mutter, ihre Ehrlichkeit mit dem vereinbaren können, was in Deutschland passierte? Sie müssen ihre Grundsätze in einem Geheimfach verschlossen und geglaubt haben, da kann man sie wieder rausholen, wenn der Spuk vorbei ist. Der Spuk, der immer spukiger wurde und bei dem man immer mehr im Geheimfach verschließen mußte, hoffend, daß es da intakt bliebe.

Nein, ich weiß nicht, was in ihnen vorgegangen ist, weiß es für den Verlauf der Geschichte immer weniger und fürchte, sie selber haben es nicht gewußt.

Im Frühling dieses Jahres verließ Peter die Hubertusallee und zog in eine winzige Dachgeschoßwohnung in unmittelbarer Nähe des Kurfürstendamms.

Die Beziehung zwischen ihm und Onkel Schrobsdorff, wie er ihn nach wie vor nannte, die sich mit dem glänzend bestandenen Abitur und dem großzügigen Scheck gebessert zu haben schien, hatte bald darauf einen Tiefpunkt erreicht. Peter ertrug die Pflichtbesessenheit Erichs ebensowenig wie Erich Peters Pflichtvergessenheit. Erich erklärte, es sei unmöglich, daß sich ein junger, gesunder Mann die Nächte und Tage um die Ohren schlug, anstatt einen Beruf, ein Studium oder zumindest eine nützliche Beschäftigung ins Auge zu fassen. Peter erklärte, es sei eine Zumutung, von ihm zu verlangen, sich mit siebzehn Jahren bereits auf eine Lebensaufgabe vorzubereiten. Ob er vielleicht Onkel Schrobsdorff zuliebe Immobilienmakler werden solle oder Philosoph oder, um ganz auf Nummer Sicher zu gehen, Beamter. Er habe keine Ahnung, was er mit seinem Leben anzufangen gedenke, und werde, wie er sich kenne, in absehbarer Zeit auch keine haben. Das einzige, was er wisse, sei, daß er nicht in diesem dreckigen Land bleibe, wenn es hier so weiterginge. Das überließe er dann denen mit Pflicht- und Verantwortungsbewußtsein.

Im Sommer dieses Jahres verlobte sich Ellen mit Jack Blackwood, einem englischen Korrespondenten, der sehr wenig sagte und sehr viel trank; Ilse Hirsch fuhr für vier Wochen nach Palästina, um sich über die dortigen Lebensbedingungen zu informieren; Anja, Alfreds jüdische Frau, brachte ein männliches Zwillingspaar zur Welt, und ihr Mann baute ein großes Herrenhaus in Pätz.

Im Herbst dieses Jahres trennten sich Else und Erich.

Das war an sich nicht überraschend. Es war eine schlechte Ehe, und unter normalen Umständen wäre die Trennung ein vernünftiger Entschluß gewesen. Aber die Umstände waren leider nicht normal, und der Zeitpunkt der Trennung macht die Sache selbst dann dubios, wenn man die Liebes- und Eheverbindung der beiden rekonstruiert und daraus schließt, daß sie von Anfang an zum Scheitern verurteilt und allein auf Elses Durchsetzungsvermögen und Erichs Verantwortungsbewußtstein zurückzuführen war.

Else hat sich in diesem Punkt nie etwas vorgemacht und in verschiedenen Briefen unmißverständlich darauf hingewiesen. Wie etwa in dem an Enie während ihrer dritten Schwangerschaft: »...Er hat doch gar nicht gewußt, was da auf ihn zukommt, weltfremd und versponnen, wie er ist. Außerdem hat er es gar nicht gewollt und sich nur seiner Anständigkeit wegen den Dingen gefügt...«

Else war sich ihrer Schuld und Erichs Unschuld also immer bewußt, aber rechtfertigt die anfangs von ihr erzwungene, dann von ihr zerrüttete Ehe den Beschluß Erichs, sich im Jahr 1935 von ihr zu trennen? War er wirklich so weltfremd und versponnen, daß er die politische Lage für keinen Hinderungsgrund hielt und in den deutlichen Anzeichen der Judenpogrome lediglich Spukbilder sah, die keinen Anlaß zu ernsthaften Befürchtungen gaben? Oder waren da vielleicht doch von seiner Familie aufgestachelte Bedenken, denen man mit einer Trennung – die ja auch ohne Hitler erfolgt wäre – vorbeugen sollte? Und Else? Wie hat sie darauf reagiert?

Ich bin ganz sicher, daß sie Erichs Entscheidung nicht mit den politischen Ereignissen in Zusammenhang gebracht hat, denn die Integrität des Guten, seine unbedingte Zuverlässigkeit und Solidarität standen für sie außer Zweifel. Darüber hinaus war sie nach wie vor davon überzeugt, daß die Zustände in Deutschland, so ekelerregend sie auch waren, keine wirkliche Gefahr darstellten, und schon gar nicht für sie, die sie sich so weit vom Judentum entfernt hatte, daß allein die Eintragung in der Geburtsurkunde sie als Jüdin auswies. Demnach war Erichs Wunsch, sich zu trennen, eine rein persönliche und keineswegs überraschende Entscheidung für sie, und ich könnte mir sogar vorstellen, daß ihr der Gedanke, wieder vollständig unabhängig zu sein und keinerlei Rücksicht mehr nehmen zu müssen, nicht unwillkommen war. Solange sie sich nicht scheiden ließen – und das stand ja überhaupt nicht zur Debatte –, würde ihr Leben ohne große Veränderungen so weitergehen wie zuvor. Sie war schon lange ihre eigenen Wege gegangen und mehr in Pätz und mit ihren Freunden zusammen gewesen als mit Erich.

Ihr Plan war, nach Wannsee zu ziehen, an einen Ort, den sie liebte und der ihr und den Kindern das bot, was sie in Berlin vermißten: Natur, Wasser, einen Garten. Unter diesem Gesichtspunkt würde es leicht sein, Bettina und Angelika den Umzug zu erklären und sie nicht zu beunruhigen.

Erich würde jedes Wochenende zu ihnen kommen und ihre Beziehung viel entspannter und zwangloser sein, als sie es in der gemeinsamen Wohnung in letzter Zeit gewesen war. Sie würden gute Freunde bleiben oder vielleicht sogar noch bessere werden.

Sie trennten sich also in bestem Einvernehmen im Winter 1935.

Wir waren nach Wannsee gezogen, in eine Straße, die »Am Birkenhügel« hieß und auch wirklich ein richtiger Hügel war mit vielen Birken, deren weiße, schwarzgefleckte Stämme und hellgrüne Blätter mir sehr gefielen. Das Haus war kleiner als alle, die wir bis dahin bewohnt hatten, aber wunderhübsch. Es gehörte ein schöner, großer Garten dazu, und ich hatte mein eigenes Zimmer mit holzgetäfelten Wänden. Ich war etwas verwirrt über den Wechsel, aber eigentlich nicht traurig. Meine Mutter hatte mir erklärt, daß es für Kinder besser sei, außerhalb der Stadt zu leben, und daß ich im Grunde jetzt drei Häuser hätte: eins in Wannsee, eins in Berlin und eins in Pätz. Das leuchtete mir ein, und ich fand es aufregend, drei Häuser zu haben. Natürlich vermißte ich manchmal meinen Vater, am Abend zum Beispiel, wenn er Bettina und mir Märchen vorgelesen hatte, oder am Sonntag morgen, wenn alle anderen noch im Bett waren und wir zwei alleine frühstückten. Auch die stillen, andächtigen Stunden in der Bibliothek fehlten mir. Aber sehr viel hatte ich ihn ja wirklich nicht gesehen, und er hatte mir versprochen, jeden Sonntag nach Wannsee zu kommen, mich hin und wieder nach Berlin zu holen und einen Teil der Ferien mit uns allen in Pätz zu verbringen. Und so war es auch.

Außerdem hatte er mir einen Hund geschenkt, einen irischen Terrier, der nur mir gehörte. Er hieß Flash, hatte ein kurzhaariges, rotblondes Fell und einen Schnauzbart, den man jeden Morgen bürsten mußte. Wenn er sich besonders freute oder verlegen war, grinste er. Nein, ich übertreibe nicht: Er zog die Oberlippe zurück, zeigte alle seine Zähne, wand, drehte und krümmte sich wie ein Mensch, der sich totlacht.

Meine Mutter kaufte mir noch einen Wellensittich dazu, einen grünen, der trotz all meiner Bemühungen kein Wort sprechen lernte, dafür aber ungeheuer kreischte und oft auf meiner Schulter saß.

Elisabeth war bei meinem Vater in der Hubertusallee geblieben, und Gertrud war, nach dem Tod ihrer Mutter, zu ihrem Vater und den jüngeren Geschwistern zurückgekehrt, um ihnen den Haushalt zu führen. Wir hatten ein Mädchen, von dem ich nichts anderes mehr weiß, als daß sie Katholikin war und jeden Sonntag zur Kirche ging. Es scheint für mich das einzig Bemerkenswerte an ihr gewesen zu sein. Vielleicht weil ich noch nie zur Kirche gegangen war, außer zur Besichtigung. Ich hatte mein religiöses Wissen ausschließlich von meinem Vater, und das genügte vollauf. Ich wußte, daß Jesus Jude war und die Juden ein Volk, das vor langer Zeit in Palästina gelebt hatte. Er hatte mir viele Geschichten von Jesus erzählt oder vorgelesen. Sie waren immer sehr eindrucksvoll gewesen, und er hatte mir ihre ethische Bedeutung, wie er es nannte, erklärt. Christ sein, hat er mir gesagt, heiße nicht, jeden Sonntag in die Kirche rennen, sondern sich im Sinne Jesu benehmen: anständig, gütig, gerecht, ehrlich. Allein das sei wichtig im Leben und hänge nicht von irgendeiner Religion ab, sondern nur von einem selbst. Wenn ich etwas älter wäre, würde er mir die Bergpredigt vorlesen und mit mir die

Matthäuspassion hören, in denen sei alles enthalten, was er unter Menschsein verstünde.

Wir wohnten nicht lange »Am Birkenhügel«, etwa ein halbes Jahr, und diese Zeit hat sich mir nicht stark eingeprägt. Ich kann mich an keinen einzigen Gast erinnern, sondern nur an die zwei nächtlichen Besucher, die mich, obgleich sie leise und verstohlen ins Haus kamen, aus dem Schlaf weckten und sehr beunruhigten. Mein Zimmer lag neben dem Wohnzimmer, und da ich immer nur bei angelehnter Tür schlief, hörte ich genau, was sie sagten.

Der eine war Peter, der mit gesenkter, aber schrecklich dringlicher Stimme unsere Mutter um Geld bat. Sergette, sagte er, sei zur Zeit bei ihrer Mutter in Warschau und dort krank geworden. Er müsse unter allen Umständen zu ihr fahren. Unsere Mutter erklärte, weder das Geld für diese Reise zu haben noch meinen Vater darum bitten zu können. Die Situation habe sich geändert, seit sie mit uns in Wannsee lebe und er dadurch doppelte Ausgaben habe. Er zahle sich bereits dumm und dämlich, und sie denke gar nicht daran, ihm auch noch Geld für eine vollkommen überflüssige Reise nach Polen aus der Tasche zu ziehen. Und im übrigen mache er, Peter, sie mit seinen überkandidelten Einfällen und seiner Rücksichts- und Verständnislosigkeit ihr gegenüber sehr traurig. Peter sagte kein Wort mehr und verließ das Haus offenbar wütend, ohne sich von ihr zu verabschieden. Wie ich später erfuhr, ist er im Viehwagen nach Warschau gefahren.

Der zweite heimliche Besucher war Gypkins, den ich sofort an seiner tiefen, sonoren Stimme erkannte. Er sagte, er habe sich entschlossen, so schnell wie möglich nach Amerika auszuwandern, und sei gekommen, um ihr Adieu zu sagen. Da war eine lange Pause, und dann fragte meine Mutter, ob er wahnsinnig geworden sei, er als Arier – es war das erste Mal, daß ich das Wort hörte, und ich verstand es nicht – habe ja nun wirklich keinen Grund, Deutschland zu verlassen. Darauf sagte Gypkins, er als Arier habe allen Grund, ein Land zu verlassen, in dem man ihm dieses lächerliche Wort wie eine Auszeichnung anhänge. Und sie täte gut daran, dasselbe zu tun, denn Deutschland sei auf dem besten Wege, eine Jauchegrube zu werden.

Ich bin sicher, daß mir dieses Gespräch im Gedächtnis haften geblieben ist, weil darin das mir unbekannte Wort »Arier« und die mir aus Pätz bekannte Jauchegrube vorkamen. Ich habe den Sinn und die Zusammenhänge damals natürlich nicht verstanden und auch nicht gewagt, meine Mutter danach zu fragen, weil sie nicht wissen sollte, daß ich, anstatt zu schlafen, gelauscht hatte.

Während der Zeit, die wir »Am Birkenhügel« wohnten, sind Bettina und ich nicht mehr von Fräulein Meinhardt unterrichtet worden. Ich ging auch nicht zur Schule. Den ganzen Sommer verbrachten wir bis in den Herbst hinein in Pätz, und das war herrlich. Dort war es genauso wie früher, viele Menschen, die kamen und gingen, immer lustig waren und Unfug trieben. Ich hatte mein Pony und dazu einen kleinen Wagen, in dem ich kutschieren konnte, und meinen irischen Terrier, Flash, den ich oft zum Lachen brachte, und meine Schaukel, auf der ich in den Himmel flog, und meinen Baum, in den ich kletterte, um zu dichten. Auch mein Vater kam, blieb eine ganze Woche bei uns und nahm mich mit in die Ziegelei, in Onkel Alfreds neues Haus, auf weite Spaziergänge und zu Bootsfahrten.

Weihnachten und Neujahr verbrachten wir in der Hubertusallee. Es gab, wie immer, drei Bescherungen und viel Glanz, Pracht und Feierlichkeit bei den Großeltern Schrobsdorff. Aber Omutter und Opapa Kirschner und auch Peter waren nicht dabei.

Am Silvesterabend gingen meine Eltern aus, mein Vater im Smoking, meine Mutter in einem langen Abendkleid aus flaschengrünem Taft. Sie sahen sehr schön aus. Bettina und ich blieben mit Elisabeth zu Hause und feierten dort mit Luftschlangen, Scherzartikeln und Bleigießen. Elisabeth trank Schnaps und wurde sehr vergnügt, dann plötzlich furchtbar traurig. Sie brachte uns zu Bett und erzählte uns noch das Märchen vom ›Rumpelstilzchen‹. Das mochten wir alle sehr, besonders die Stelle, wo es tanzt und mit dem Fuß aufstampft und singt: »Ach, wie gut, daß niemand weiß, daß ich Rumpelstilzchen heiß...«

Im März 1936 wurde Juden das Reichstagswahlrecht entzogen. Es war das einzige antijüdische Gesetz, das in diesem Jahr erlassen wurde, denn im August fanden in Berlin die Olympischen Spiele statt, und unter diesem Aspekt hielt man es für ratsam, die Weltöffentlichkeit nicht zu verärgern.

Else zog mit ihren Töchtern vom Birkenhügel in die Hohenzollernstraße, in ein größeres, zentral gelegenes Haus, von dem man in wenigen Minuten Schule, Bushaltestelle und Läden erreichen konnte. Sie hatte mit Erich beschlossen, die Kinder in die Wannseer Schule zu schicken. Es würde der weltfremden, verwöhnten Angelika guttun, endlich einmal unter Kindern ihres Alters zu sein und ein ganz normales Leben zu führen. Dieses ganz normale Leben sollte nun also im Jahr 1936 beginnen.

Bettina, inzwischen vierzehn, war zwar nicht beglückt über den merkwürdigen Einfall der Eltern, fügte sich aber protestlos. Nicht so Angelika. Sie setzte dem Vorhaben einen Widerstand entgegen, der einem Verbrechen an ihr gerecht geworden wäre. Else, die sehr wohl erkannte, daß ihrem Verhalten nicht nur Ungezogenheit, sondern Angst zugrunde lag, litt, aber blieb hart. Es war höchste Zeit, daß sie und ihre Kinder nicht nur die leichte, vergnügliche Seite des Lebens kennenlernten, sondern die, die Ernst und Disziplin erforderte. Es würde sonst nie etwas aus ihnen werden.

Else war jetzt dreiundvierzig Jahre, also in einem Alter, in dem sich Frauen gewisse Gedanken über die Zukunft zu machen beginnen. Seit sie in Wannsee lebte, hatte ihr Bedürfnis nach Jubel, Trubel, Heiterkeit nachgelassen. Sie war nun wieder viel mit Fritz und Enie zusammen, fuhr mit ihnen in die Stadt, wo sie sich mit Erich trafen und so wie früher einen gemeinsamen Abend verbrachten, ins

Theater gingen, zum Essen in ein Restaurant oder in die Hubertusallee, wo sie vor dem Kamin lange Gespräche führten und Fritz auf dem Flügel spielte.

Es waren diese Abende, die ihr jetzt am meisten gaben, es waren diese beiden Männer, die sie am leidenschaftlichsten geliebt hatte und mit denen sie, das wußte sie jetzt, bis zu ihrem Lebensende am tiefsten verbunden bleiben würde: Fritz, der erste, der ihr das Tor zur schönen, weiten, christlichen Welt geöffnet hatte. Erich, der letzte, der es hinter ihr schließen sollte. Und Enie, die Feindin, dann Freundin, die sie seit zwanzig Jahren kannte und jede Phase ihres Lebens vom kleinen jüdischen, ehegläubigen Mädchen bis zur reifen, sich über alle Konventionen und Skrupel hinwegsetzenden Frau miterlebt hatte. Wer stand ihr näher als diese drei Menschen, die sie mit ihrer Wärme, Lebensfreude und Intelligenz entzückt und mit ihrer Selbstsucht und Gewissenlosigkeit verletzt hatte?

Sie sprachen oft und gerne über die Vergangenheit, die ihnen, durch die Distanz verklärt, so erfüllt und wunderbar erschien. Sie hatten gelebt, geliebt, gelitten, doch auch das Leid, ja gerade das, war für sie Inbegriff ihrer Jugend geworden, ein produktives Leid, aus dem ein neues Gefühl, eine neue Kraft, ein neuer Anfang hervorgegangen waren. Würde das jemals wiederkommen, würden sie über die nächsten zwanzig Jahre, wenn sie vor einem Kamin beisammensäßen, mit demselben Lächeln, demselben Humor, derselben sanften Wehmut darüber sprechen können?

Hitler, die Nazis und deren verabscheuenswerte Politik waren dieser Idylle sehr fern. Sie waren sich grundsätzlich darüber einig, daß es sich hier um eine Verbrecherbande handelte, eine Schande für das geistige Deutschland, eine Besudelung aller menschlichen Werte, eine vorübergehende schwere Zeit, die sie mit zusammengebissenen Zähnen, zugehaltener Nase und abgewandtem Gesicht überstehen müßten. Sie konnte nicht lange anhalten, denn wenn es den Nazigegnern im eigenen Volk nicht gelänge, diesen Tyrannen loszuwerden, dann würde die Welt dafür sorgen. Und bis dahin hatten Erich und Fritz ihre Elfenbeintürme, in denen sie Geist und Seele pflegten, und Else und Enie ihre Gärten, in denen sie die Natur genossen. Natürlich gab es Zwischenfälle, in denen der Wirklichkeit nicht zu entkommen war und einem der Dreck um die Ohren flog, wie etwa das Parteiabzeichen an Walter Schrobsdorffs Revers, mit dem er eines Sonntags zur Mittagstafel erschien und damit prompt Angelikas Frage, was er denn da für eine Brosche trage, herausforderte; oder Anlässe, die einem Momente grellen Zweifels und dumpfer Bangigkeit bescherten, wie die Auswanderung der Hirschs, denen Erich und Else in der Hubertusallee eine Abschiedsparty gaben.

Ja, das Undenkbare war eingetreten, und Elses schöne, strahlende Freundin Ilse, mit der sie so viel gealbert und gelacht, ihr geistreicher Freund Walter, mit dem sie sich so gut amüsiert hatte, gingen nach Palästina. Und mit ihnen ging ein Stück ihres geliebten Berlins, unersetzbar, unwiderruflich.

Sie waren alle gekommen, alle außer Gypkins, der Deutschland schon verlassen hatte. Es wurde getrunken, mehr als üblich, getanzt, hektischer als gewöhnlich, aber die leichte, fröhliche Stimmung früherer Feste wollte nicht aufkommen. Da war nicht nur die Traurigkeit über den Verlust der Freunde, da war die bestürzte Frage: Waren deren Befürchtungen berechtigt? Ließ es sich in Deutschland nicht mehr leben? Waren alle in Gefahr?

Um Mitternacht hielt Erich eine kleine Abschiedsrede. Er redete oft, gerne und gut, wählte mit Bedacht schöne, runde Worte, würzte sie mit leisem Humor und einer Prise Pathos. Aber diese kleine Rede enthielt eine große Dosis Pathos und keinen Humor. Ilse, die mir die Abschiedsparty oft geschildert hat, erinnert sich nur noch an den Tenor der Rede, und der, behauptet sie, sei sehr schön, aber etwas sentimental gewesen.

Doch dann geschah etwas sehr Lustiges, über das sie

heute noch lacht: »Als er geendet hatte«, erzählte sie mir, »herrschte bedrücktes Schweigen, und alle waren furchtbar traurig, und da hat Fritz Rotbart, um die Stimmung zu retten, plötzlich gesagt: ›So, und jetzt schmeißen wir alle die Gläser an die Wand!‹ Und dein Vater, noch ganz in sich und seine Rede versunken, war in einem Nu da und hat gerufen: ›Nein, nein, nein, bitte nicht!‹ Es waren nämlich sehr wertvolle Champagnerkelche. Ich sage dir, Angeli, es war zu komisch!«

Ilse und Walter Hirsch mit ihren zwei kleinen Söhnen verließen Berlin im April 1936 mit einem Zug jüdischer Auswanderer, der vom Anhalter Bahnhof abging. Es waren Hunderte und Aberhunderte, die sich auf dem Bahnsteig und an den Fenstern des Zuges drängten, Hunderte und Aberhunderte, die all das zurückließen, was sie sich aufgebaut, was sie geliebt hatten. Und plötzlich tauchte ein Mann in diesem Gewimmel auf, blond, elegant und die Menge um einen Kopf überragend.

»Ich war so überrascht, deinen Vater zu sehen«, sagte Ilse, »und irgendwie war es mir auch etwas peinlich, weil man doch sofort sah, daß er nicht zu uns gehörte, ich meine, daß er kein Jude war. Aber natürlich habe ich mich auch gefreut und ihm gewinkt. Er hat sich einen Weg zu uns gebahnt, und als er vor uns stand und mir der Gedanke kam, daß wir uns vielleicht zum letztenmal sehen, war mir doch recht elend.«

Er hat ihr zum Abschied zwei Bücher gegeben, die heute noch in ihrer Bibliothek stehen. Das eine heißt, passenderweise, ›Unser Deutschland‹, das andere ›Berlin‹. Und die Widmung darin lautet: »Liebes Ilschen, falls Dir in Jahren die Erinnerung an Berlin entschwinden sollte, blättere in diesem Buch, und vielleicht denkst Du auch dann an uns – was nicht schaden könnte. Auf baldiges Wiedersehen. Herzlichst Dein Erich.«

»Ja«, sagte Ilse, »das war dein Vater. Er lebte in einer anderen Welt.«

Ich ging also in die Wannseer Schule, und gegen die war die Privatschule in der Hubertusallee das Paradies gewesen. Die Klassenlehrerin, die uns in fast allen Fächern unterrichtete, war ein Drachen, der es hauptsächlich auf mich, die reiche, verzärtelte Einzelgängerin, abgesehen hatte. Die Kinder, obgleich alle jünger, waren viel größer und robuster als ich, trugen häßliche Kleider und hatten grobe Gesichter und Zöpfe. Es gab Busenfreundinnen, die immer nur Arm in Arm gingen, die Köpfe zusammensteckten, kicherten und tuschelten, und Cliquen, die zusammen Streiche ausheckten und sich rüpelhaft benahmen. Wenn wir Pause hatten, stand ich allein in der entferntesten Ecke des Hofes und hoffte, daß mich niemand bemerke, denn die Cliquen waren bedrohlich und die Busenfreundinnen giftig wie alte Jungfern. Aber man schenkte mir höchstens einen bösen Blick oder ein hämisches Wort.

Es kam häufig vor, daß ich am Morgen kotzte, dann brauchte ich nicht in die Schule zu gehen. Das hatte dann wieder den Nachteil, daß ich noch weniger als gewöhnlich mit dem Pensum mitkam und mich der Drachen bei einer falschen oder gar keiner Antwort furchtbar anpfiff und in die Ecke stellte. Mein Leben war eine einzige Qual geworden, und ich beneidete meine Schwester, bei der Dr. Rotbart, der jetzt anstelle Onkel Hirschs unser Arzt war, auf dem rechten Auge eine Tuberkulose festgestellt hatte. Damit war der Schulbesuch nach einem Monat für sie beendet, und sie mußte zu Hause bleiben und durfte nur noch liegen und essen.

Wahrscheinlich hätte man mich, des Kotzens wegen, auch wieder aus der Schule genommen, doch bevor das geschehen konnte, kam Karin in mein Leben.

Ich sehe sie an der Seite des Drachens das Klassenzimmer betreten: ein Mädchen, noch größer, robuster, häßlicher gekleidet als die anderen, das hellhäutige, blauäugige Gesicht noch etwas gröber, die Zöpfe noch dicker und länger, dafür aber aus purem Gold.

»Das ist eure neue Mitschülerin, Karin Schröder«, sagte

der Drachen und führte sie zu meiner Bank, der einzigen, auf der noch ein Platz frei war. Karin nickte mir zu, setzte sich, packte ihre Schulsachen aus und verschränkte, weitere Anordnungen abwartend, die Arme über der Brust. Ich erkannte, daß da ein Mensch neben mir saß, der noch nie Angst empfunden hatte.

An diesem Tag schrieben wir eine Klassenarbeit im Rechnen, und nachdem ich mir das Blatt angeschaut hatte, wußte ich, daß ich keine einzige der Aufgaben würde lösen können. Neben mir saß Karin, rechnete mit affenartiger Geschwindigkeit und schrieb die Endergebnisse in ihr Heft. Als sie lange vor der angesetzten Ablieferungsfrist fertig war, warf sie einen Blick auf mein Blatt, sah, daß nichts geschehen war, und schob mir ihr Heft ein Stück zu. Ich war so fassungslos, daß ich überhaupt nicht reagierte und weiter vor mich hinstarrte. Sie gab mir einen Tritt unter der Bank und schob das Heft noch etwas näher. Das war der Moment, in dem wir unzertrennliche Freundinnen wurden und meine Qual, ob im Klassenzimmer oder auf dem Hof, ein Ende hatte.

Karin war nicht nur meine Freundin – treu wie Gold, hart wie Stahl –, sie war auch meine Leibwächterin und Jüngerin. Sie schenkte keinem der anderen Mädchen Beachtung, und wenn mich eine von denen schief ansah, brauchte Karin nur einen Schritt auf sie zu zu machen, um sie in die Flucht zu schlagen. Man neidete mir Karin und ihre unerschütterliche Freundschaft sehr. Man wußte, wer sie war: eine erstklassige Sportlerin, ein As im Völkerballspiel und die Führerin ihrer BDM-Gruppe.

Mich beeindruckte das überhaupt nicht. Ich machte mir nichts aus Sport, fand Völkerballspiel scheußlich und interessierte mich nicht für die Funktion einer BDM-Führerin.

Als Karin ihren Antrittsbesuch in unserem Haus machte, erschien sie in ihrer Uniform. Wahrscheinlich war es ihr bestes Stück, oder sie wollte meiner Mutter imponieren, vielleicht kam sie aber auch gerade von irgendeiner ihrer Strick-, Sing- oder Sportveranstaltungen. Auf jeden Fall stand sie in voller Montur vor unserer Tür – dunkelblauer Rock, weiße Bluse, schwarzer Schlips mit Lederknoten, irgendwo das Hakenkreuz, ich weiß nicht mehr wo –, der Prototyp des strammen Hitlermädchens.

Meiner Mutter verschlug es sekundenlang die Sprache. Sie blickte von Karin zu mir und wieder zurück, und ich sagte stolz: »Das ist Karin, meine neue Freundin.«

»Wunderbar«, sagte meine Mutter und gab dem Mädchen die Hand. Karin knickste. Sie wurde von ihren Eltern, die mich an unsere Portiersleute in der Hubertusallee, Herrn und Frau Höhne, erinnerten, sehr gut und streng erzogen. Sie sagte immer bitte und danke und guten Appetit und Heil Hitler – letzteres aber nicht bei uns, weil sie wußte, daß ich das albern fand. Sie fragte mich einmal, warum ich nicht im BDM sei, und ich antwortete, in gutem Glauben, daß das der einzige und wahre Grund sei, weil ich keine Lust auf so was Blödes hätte. Karin akzeptierte sowohl diese Erklärung als meine Unlust ohne weitere Fragen. Sie akzeptierte alles, was ich sagte, tat, unterließ, forderte. Da ich nicht ihre Interessen teilte, paßte sie sich meinen an. So lasen wir uns stundenlang abwechselnd Märchen, Geschichten und ganze Bücher vor. Wir hörten gemeinsam Grammophonplatten, von Schlagern bis zu Opernarien. Und dann studierte ich zum Geburtstag meiner Mutter ein Ballett mit ihr ein. Karin tanzte wie ein Elefant im Porzellanladen, aber sie tat es unverdrossen und mit Freuden und erntete bei dem sehr disziplinierten Publikum, dem es gelang ernst zu bleiben, großen Beifall. Ich wiederum wurde, dank meiner Freundin, eine gute Schülerin, schrieb fehlerfreie Klassenarbeiten bei ihr ab und gab immer die richtigen, mir von ihr zugeflüsterten Antworten.

Karins an Hörigkeit grenzende Ergebenheit gab mir ein Gefühl der Sicherheit und der Verantwortung. Da sie aus ärmlichen Verhältnissen kam, mußte ich dafür sorgen, daß es ihr an nichts fehlte und sie die schöne Seite des Lebens kennenlernte und mit mir teilte. Karin kam mit, wenn wir nach Berlin fuhren, einen Ausflug in den Spreewald machten, die Ferien in Pätz verbrachten. Sie mußte auf dem Pony reiten, den kleinen Wagen kutschieren, mit mir zusammen – sie auf dem Brett stehend, ich sitzend – schaukeln. Wir bauten uns im Garten Hütten, in denen wir zwei alleine wohnten, und kletterten in meinen Baum, allerdings ohne zu dichten, denn das konnte ich Karin nicht beibringen. Ich, die ich immer höchsten Wert darauf gelegt hatte, daß mir etwas »ganz allein« gehörte, war jetzt nur glücklich, wenn Karin daran teilhatte. Ich teilte mit ihr meine Tiere und meine Bücher, meine Spielsachen und meine Kleidungsstücke; und als ich ein Paar Rollschuhe geschenkt bekam, gab ich Karin den linken, und wir liefen gemeinsam jede auf einem Rollschuh.

Karin, das große, stramme Hitlermädchen, machte aus mir und ich, der kleine komplizierte Mischling, machte aus ihr ein neues, glückliches Kind. Das war im Jahr 1936.

Im Laufe des Jahres 1937 wurde die Zahl jüdischer Schüler an deutschen Schulen noch weiter eingeschränkt. Juden erhielten nur noch in besonderen Fällen Auslandspässe.

Bei dem Erlaß dieses Gesetzes hatte Else zum erstenmal ein ausgesprochen mulmiges Gefühl, so als sei sie in eine Falle geraten und die kurz vor dem Zuschnappen. Nicht, daß diese Verordnung auf sie anwendbar gewesen wäre – sie war immerhin mit einem Reichsdeutschen verheiratet und hatte mit ihm ein gemeinsames Kind. Aber da waren ihre Eltern, da waren Verwandte und Freunde, die unter das Gesetz fielen. Und da stellte sie sich nun doch die Frage: Was für neue, ungeheuerliche Maßnahmen würden die Nazis ergreifen? Wann würde ihnen Einhalt geboten werden?

Erich war genauso beunruhigt wie sie und meinte, daß man sich jetzt doch einmal gewisse vorbeugende Gedanken zur Situation machen müsse. Nicht, daß ihr und den Kindern Gefahr drohe, auch nicht ihren Eltern, den alten

Leutchen, aber Überlegungen, was zu tun sei, wenn... hätten noch nie geschadet.

Else sprach – auch zum erstenmal – ohne Umschweife mit ihren Eltern über die Lage, stieß aber nur auf Resignation – heitere von seiten ihres Vaters, trübe von der ihrer Mutter.

»Um uns ist's sowieso nicht mehr schade«, sagte Minna.

»Wir haben keine Weltreise mehr vor«, lächelte Daniel.

»Ja, aber die Jungen«, seufzte Minna, »um die wird's einem angst und bange. Die Zionisten von uns sind ja, zum Glück, schon in Palästina, Paula, Bruno und die Kinder, Lotte und ihr Mann, Emanuel und seine Frau und Söhne. Aber, mein Gott, da drüben mit den Arabern wird's auch nicht besser sein. Und überhaupt, man entkommt seinem Schicksal nicht.«

»Mach dir keine Sorgen um uns, Elslein«, beschwichtigte Daniel, »es wird nie so heiß gegessen wie gekocht, und die Sache wird sich schon wieder beruhigen.«

Da war ihr Sohn Peter allerdings anderer Ansicht. Die Sache würde sich alles andere als beruhigen, sagte er, und sie täte gut daran, sich nicht beruhigen zu lassen.

Das hatte Else gerade noch gefehlt! Was sie suchte, war die Bestätigung, daß die Nazis noch immer nicht so ernst zu nehmen seien, und nicht die Warnung, daß sie nicht ernst genug genommen werden konnten.

Warum er immer und auf allen Gebieten so maßlos übertreiben müsse, fragte sie ihn irritiert. Ob er nicht endlich mal erwachsen und damit etwas ausgewogener werden könne? Sie hielte es für wichtiger, daß er sich über sein Leben Gedanken mache, anstatt über Herrn Hitler und Konsorten. Das sei doch im Grunde nur ein Ablenkungsmanöver, mit dem er sich vor persönlichen Entscheidungen zu drücken versuche. Wenn er ihr wirklich helfen und Sorgen und Kummer ersparen wolle, dann gewiß nicht mit düsteren politischen Prognosen, sondern damit, daß er seinem Leben eine Richtung und einen Inhalt gebe.

Er habe nicht gewußt, erwiderte Peter, daß sie in ihren

Ansichten und Analysen so beeinflußbar sei. Das Bild, daß sie sich von ihm mache, sei doch wohl auf Onkel Schrobsdorffs Mist gewachsen, und das, das sie sich von den Deutschen mache, auch. Er ein fauler, oberflächlicher Wirrkopf und die Deutschen ein Dichter-und-Denker-Volk, das kurz mal vom Teufel versucht würde, wie alle großen Geister, aber selbstverständlich wieder zu sich und seiner Tradition zurückfände. Wenn hier von ihnen beiden jemand verantwortungslos oder vollkommen wirr sei, dann sei es Erich, nicht er. Er halte Erich für einen Mann, der zu schwach sei, einem massiven Druck standzuhalten, und zu realitätsfremd, um zu sehen, was sich wirklich um ihn herum abspiele. Sie dürfe in diesen zwei Punkten nicht auf Erich setzen.

Sondern vielleicht auf ihn? fragte Else ironisch.

Das könne er nicht beschwören, aber er sei auf jeden Fall immer bereit, sich mit ihr zu beraten und ihr moralisch beizustehen.

Oh, dieser Sohn, dieser Spinner, dieser Phantast! Als ob er wußte, wo oben und wo unten war! Gewiß war Erich schwach, realitätsfremd und nach wie vor unter dem Einfluß seiner Familie, der sie nie getraut hatte. Und trotzdem war er der einzige, auf den sie sich voll und ganz verlassen konnte. Nie würde er gegen sein Gewissen, seine ethischen Grundsätze handeln.

Es war kurz nach dieser Auseinandersetzung mit ihrem Sohn, als Else, beim traditionellen Sonntagmittagessen im Hause Schrobsdorff, das Parteiabzeichen an dem imposanten, groß geblümten Busen ihrer Schwiegermutter entdeckte. Sie traute ihren Augen nicht, aber so oft sie auch weg- und wieder hinschaute, da war das Hakenkreuz, und Annemarie, sich des Affronts offenbar gar nicht bewußt, benahm sich so unbefangen und exaltiert wie eh und je.

Erich übersah das Abzeichen beharrlich, und es war Alfred, der Else nach dem Essen, als sich die Familie zu einer Ruhestunde zurückgezogen hatte, beiseite nahm und sagte, er müsse mit ihr sprechen. Sie gingen in den Wintergarten, und Alfred schloß die Tür hinter ihnen.

»Jetzt hat deine Mutter also auch schon Kippe mit den Nazis gemacht«, sagte Else.

»Mußte sie, mußte sie«, kicherte Alfred, »mein alter Herr darf ja nicht in die Partei, weil er Freimaurer ist, also mußte sie ran an den Speck. Irgend jemand muß ja, nicht wahr, sonst leidet das Geschäft darunter. Purer Opportunismus! Mein Vater hat nichts für den Proleten übrig, und meine Mutter weiß man gerade, daß der Kerl Hitler heißt und man dazu Heil sagt.«

Er schüttelte sich vor Lachen.

»So wahnsinnig komisch finde ich das gar nicht.«

»Wenn alles so komisch wäre wie das«, sagte Alfred und wurde ernst, »könnten wir uns getrost totlachen, aber leider ist es das nicht. Die Situation wird ausgesprochen brenzlig. Was soll ich mit meiner Schwiegermutter anfangen? Ich mag die alte Dame, sie ist ein stiller, feiner Mensch, aber was soll ich jetzt mit ihr anfangen? Anja macht mir die Hölle, die macht sie mir sowieso wegen allem und nichts, aber in diesem Punkt besonders. Sie will, daß ich ihre Mutter rausbringe, aber erstens kriegt sie gar keinen Paß mehr, und zweitens kann ich sie ja nicht irgendwo absetzen und sagen, nun sieh zu, wie du weiterkommst. Scheußliche Situation! Sag mal, was machst du eigentlich mit deinen Eltern?«

»Gar nichts«, sagte Else trocken, denn das ging ihr nun wirklich zu weit. Alfred war noch nie ernst zu nehmen gewesen, aber jetzt drehte er zu allem Überfluß vollkommen durch. »Gar nichts«, wiederholte Alfred, »aha.«

»Kannst du mir vielleicht einen Grund sagen, warum ich etwas mit ihnen ›machen‹ sollte?«

»Um zu verhindern, daß die Nazis etwas mit ihnen machen.«

»Ich bitte dich, Alfred, es sind alte Leutchen, von Geburt an deutsche Staatsbürger, die sich weder politisch noch privat je etwas haben zuschulden kommen lassen. Also spiel bitte nicht verrückt.«

»Nicht ich spiele verrückt, Schnuff, sondern unsere grandiosen Machthaber. Es geht hier nicht um Schuld oder Unschuld, um alt oder jung, um deutsche oder chinesische Staatsbürgerschaft, sondern um Rasse. Daß mein Bruder, Erilein, auf dem Mond lebt, wußte ich, aber daß du dich jetzt auch dahin zurückgezogen hast, ist mir neu. Du und Anja, ihr seid durch die Ehe mit uns und die gemeinsamen Kinder geschützt. Ulli sowieso. Die hat einen Parteigenossen zum Mann, und ihre Eltern sind, ich weiß nicht wo, verschüttgegangen. Aber denen, die nicht mit ›arischen Reichsbürgern‹ verheiratet sind, geht's an den Kragen, verstehst du! An den Kragen! Und viele von denen, die gegen die Nazis waren – ich spreche jetzt von Ariern –, werden auch anfangen zu wackeln, denn denen wird's zwar nicht direkt an den Kragen gehen, aber an ihre Stellungen und Vermögen und Familien und was sonst noch alles. Also komm runter von deinem Mond und werd ein bißchen wachsamer!«

Am Abend berichtete Else ihrem Guten von dem Gespräch. Er habe, leider Gottes, nicht ganz unrecht, sagte Erich. Natürlich sei vieles aufgebauschte Spekulation, und natürlich würde es alten, im Ruhestand lebenden Leuten nicht an den Kragen gehen, aber der Grundton... nun ja, er mache sich selber die größten Sorgen und würde jedem jüngeren, nicht geschützten Juden raten, das Land zu verlassen, bis diese Pest vorüber sei.

Else schwieg. Sie wollte nichts mehr hören. Mit jedem Gespräch wurde ihr ein Stück Boden mehr unter den Füßen weggezogen. Selbst wenn sie Peters Gefasel und Alfreds Übertreibungen nicht so ernst nehmen konnte, ein Fünkchen Wahrheit war wohl doch nicht wegzudenken. Und dieses Fünkchen war durch Erichs vorsichtige Worte ein Brand geworden. Wenn schon der Gute sagte, Alfred habe leider Gottes nicht ganz unrecht, und er würde jedem jüngeren, nicht geschützten Juden raten, das Land zu verlassen, dann war das ein Warnruf von größtem Gewicht. Else ging zu Enie, der einzigen, die ihre Sprache sprach, erzählte ihr, was Peter, was Alfred, was Erich gesagt hatten, und fragte sie, was sie davon halte.

Peter sei achtzehn und noch nicht ausgegoren, sagte sie, aber was die Schrobsdorffs betreffe, und zwar die gesamte Familie, denen gehe jetzt der Arsch mit Grundeis ab. Was sie in keinster Weise überrasche. Das alte Ungeheuer würde jeden, die Söhne inbegriffen, dem Geschäft opfern; Walter sei das Abbild seines Vaters, aber obendrein hinterhältig und bösartig; Alfred sei gutherzig, habe aber nicht die Spur eines Rückgrats, und die alte Dame, na, die könne man vergessen. Der einzige in der Familie, der Charakter habe, sei Erich, aber Charakter habe noch nie über Gewissenlosigkeit gesiegt. Sie könne ihr wirklich nicht sagen, wie die Familie reagieren würde, wenn ihnen die Nazis die Pistole auf die Brust setzen sollten. Um Anja mache sie sich keine Sorgen, die sei noch schlimmer als die Schrobsdorffs, um Ulli auch nicht, die habe Walter längst ins Trockene gebracht, aber sie, Else, sei exponiert und noch dazu von Erich getrennt. Ob sie nicht wieder zusammen unter einem Dach leben könnten.

Nein, sagte Else, das könne sie vom Guten, nach allem, was sie ihm schon angetan habe, nicht auch noch verlangen.

Schuldgefühle und Edelmut seien unter normalen Umständen zwar sehr ehrenwert, erklärte Enie, aber in dieser kritischen Situation wohl nicht angebracht.

Jetzt war der Boden unter Elses Füßen ganz weg, und sie hatte das Gefühl, auf hoher See zu sein. Schwindel und Ekel wechselten mit Resignation und Indifferenz. Berlin begann sie anzuwidern. Es röchelte im Würgegriff der Nazis, und ein neues, teutonisches Berlin voller Fahnen und Paraden, Uniformen und treudeutscher Kleidung, Schillerscher Dramen und Wagnerschem Getöse, erhobener Arme und zusammenschlagender Hacken wurde geboren. Nein, es war nicht mehr ihr Berlin, aus dem man ihre Wurzeln riß, aus dem immer mehr vertraute Gesichter, die sie aus der Ferne als Künstler verehrt, die sie aus der Nähe als Freunde geliebt hatte, verschwanden. Sie wollte fort aus dieser Stadt, in der sie geboren, mit der sie aufgewachsen war, in der sie das Leben, die Liebe, das Glück kennengelernt hatte und die jetzt für sie zu einer feindseligen Fremde wurde.

Sie beschloß, für längere Zeit nach Pätz zu gehen, wohin sich kein Hakenkreuz und kein Stiefel, kein strahlend-fanatischer Blick und kein verschrecktes jüdisches Gesicht verirren würden.

Dr. Gerhard Richter kam ins Haus, ein Germanist, Mitte Dreißig, mit erstklassigen Referenzen und ebenmäßigen Gesichtszügen, mit einem tadellosen Charakter und einer fabelhaften Figur. Er trug das dunkelblonde Haar glatt zurückgekämmt und über den braunen, ernsten Augen eine Brille mit schmalem Goldrand. Er war das Prachtexemplar eines Hauslehrers, und mit ihm und ihren Töchtern ging Else nach Pätz.

Ich mochte Dr. Richter sehr. Ich mochte die meisten Männer, vertraute ihnen viel mehr als den Frauen und hielt sie für klüger. Daß ich damit recht hatte, zeigte sich gleich beim Unterricht. Fräulein Meinhardt hatte gekichert und einem überhaupt nichts erklären können; Dr. Richter kicherte nie und erklärte alles mit etwas, das er Logik nannte. Mit dieser Logik konnte er auch viele meiner Ängste wegerklären. Er mochte mich genauso gerne wie ich ihn, tanzte aber nie nach meiner Pfeife. Er blieb ernst und entschieden. Er war überhaupt ein ernster und entschiedener Mann. Auch im Umgang mit meiner Mutter.

»Frau Schrobsdorff«, sagte er oft, »bitte, lassen Sie mich das machen. Angelika weiß genau, was falsch und was richtig ist.«

Und zu mir: »Angelika, du bist ein intelligentes Mädchen, und es steht dir ausgesprochen schlecht, wenn du dich wie ein kleines Kind benimmst.«

Ich kam mir dann sehr albern vor und genierte mich. Er unterrichtete mich gründlich in Fächern, für die ich Interesse zeigte, ließ mich viele Aufsätze schreiben und ersparte sich und mir die Mühe mit Mathematik.

»Es hat einfach keinen Zweck, Herr Dr. Schrobsdorff«, hörte ich ihn einmal zu meinem Vater sagen, und der erwiderte: »Dann lassen wir es wohl lieber.«

Mein Vater hielt auch sehr viel von Dr. Richter und ließ ihn mir sogar Religionsunterricht geben. So lernte ich auch, als ich schon etwas fortgeschrittener war, daß meine Mutter Jüdin ist, wie Jesus. Natürlich habe ich ihm das nicht geglaubt. Juden gab es damals vor vielen Jahrhunderten und jetzt schon seit Ewigkeiten nicht mehr. Es mußte sich bei Dr. Richters Eröffnung um eine seiner seltenen Anwandlungen zu Scherzen gehandelt haben, und ich habe tüchtig gelacht.

Es kamen viel weniger Menschen als früher nach Pätz, und das gefiel mir. Meine Freundin Karin verbrachte die Oster- und Sommerferien bei uns, Ellen kam mit ihrem Verlobten, Onkel Jack, der Maler Heini Heuser mit seiner Tochter Narzissa, Onkel Alfred mit Tante Anja, den Zwillingen, dem Kindermädchen und dem gerade geborenen Baby, Marianne, und Peter mit seiner neuen Freundin Liena.

Liena, siebzehnjährig, mit einer etwas zu pummeligen Figur und einem exotischen Gesicht, in dem alles groß, düster und schön war, regte mich sehr auf. Sie hatte die Augen einer Katze, nur daß sie schwarz waren und noch dazu schwarz umrandet, und einen violett geschminkten Mund mit sehr vollen Lippen. Als Tochter des berühmten russischen Ballettänzerpaares Victor und Tatjana Gsovsky, die in Berlin eine Ballettschule eröffnet hatten, tanzte sie natürlich auch, und das, sowie ihre finstere Unnahbarkeit, machte sie unwiderstehlich für mich. Peter war verrückt nach ihr, und obgleich ich es für unmöglich hielt, daß Liena auch nach ihm, oder wem auch immer, verrückt sein könnte, hörte ich sie eines Abends im Garten zu ihm sagen: »Ich liebe dich, ich liebe dich, ich liebe dich...« Ich wünschte mir sehr, daß sie das auch einmal zu mir sagen würde, aber der Wunsch blieb unerfüllt.

Dafür durfte ich Peter, wie immer, mit einem Grashalm kitzeln, und manchmal nahm er mich Huckepack und galoppierte mit mir im Kreis. Ich liebte ihn mindestens so sehr wie Liena.

Ja, es war eine schöne Zeit. Mein Pony Mucki hatte ein Fohlen bekommen, das wir Shetty nannten. Es war das liebenswerteste Geschöpf, das ich je gesehen hatte, nicht größer als ein Schäferhund und mit noch langem, sandfarbenem Fell bedeckt. Ich legte mich neben es ins Stroh, die Arme um seinen Hals geschlungen, das Gesicht in seine unglaublich weichen Nüstern gepreßt.

In diesem Jahr kaufte mein Vater ein Pferd, ein richtiges, das Immergrün hieß. Es war rötlichbraun, hatte eine schwarze Mähne, einen schwarzen Schweif und einen herzförmigen weißen Fleck auf der Stirn. Meine Mutter, die irgendwann einmal Stunden im Tattersall genommen hatte, wollte plötzlich reiten. Sie war sehr sportlich geworden, und ich glaube, daß das dem ebenfalls sehr sportlichen Dr. Richter zu verdanken war. So schwamm sie an seiner Seite, zu meinem Entsetzen, quer über den ganzen Pätzer See, mindestens drei Kilometer und wieder zurück. Ich war außer mir vor Angst um sie, aber Dr. Richter beteuerte, daß ihr nichts passieren könne, weil sie eine ausgezeichnete Schwimmerin sei und er, darüber hinaus, sein Diplom als Lebensretter gemacht habe. Wie gesagt, ich vertraute ihm, saß aber immer mit dem Fernglas auf dem Steg, bis sie ans andere Ufer und wieder zurück geschwommen waren.

Ja, und dann begann sie zu reiten. Zuerst nur im Garten, an der Longe, die Dr. Richter hielt, immer im Kreis. Aber das Pferd hatte die Eigenart zu stolpern, über alles und nichts. Dr. Richter trainierte es stundenlang, aber es stolperte weiter. Meine Mutter sagte, da könne man nichts machen, und fing an, früh am Morgen auszureiten. Zum

Frühstück war sie immer zurück und erzählte uns, wie köstlich es wäre, durch den Wald zu reiten, und wie oft Immergrün gestolpert sei. Eines Morgens kam sie nicht zurück. Wir warteten, ich heulend, eine Stunde, dann organisierte Dr. Richter eine Suchaktion. Er, Emma und Otto Schwanke, Gertrud und ich würden in verschiedenen Richtungen den Wald durchkämmen. Da es sich sofort herumgesprochen hatte, daß Frau Dr. Schrobsdorff und Immergrün verschwunden seien, beteiligte sich bald das ganze Dorf. Irgendwann fanden wir Immergrün, munter auf einer Wiese grasend, und etwa einen halben Kilometer weiter meine Mutter, im Unterhemd, die Bluse um den gebrochenen Oberschenkel geschnürt, auf allen vieren durch den Wald robbend. Immergrün, berichtete sie, sei gestolpert, mit ihr gefallen und unglückseligerweise auf ihren Beinen gelandet.

Ich habe die folgenden Wochen in Pätz in besonders glücklicher Erinnerung. Meine Mutter konnte sich mit ihrem gegipsten Bein nicht von der Stelle rühren und war von morgens bis abends, von abends bis morgens in greifbarer Nähe. Meine Schwester, die wegen ihrer Tuberkulose immer noch liegen und essen mußte und dadurch sehr dick geworden war, konnte nicht hinter mir herlaufen und mich ärgern, dafür konnte ich es um so mehr. Aus Rache sagte sie mir dann eines Tages, daß ich eine alte Jungfer würde, denn Mädchen, die dichteten, würden das immer. Ich habe sofort, und mit großer Trauer, aufgehört zu dichten. Aber es gab genug Abwechslung.

Da waren Ellen, die immer die Flaschen vor ihrem Verlobten versteckte, und Jack, der sie suchte wie wir die Ostereier; da waren Liena, die schön und finster im Schatten eines Baumes saß und unnahbar war, und Peter, der zu ihren Füßen lag und ihr vorlas; da waren Alfred und Anja, die sich lautstark stritten, und die wunderhübschen Zwillinge, der eine hell, der andere dunkel, die stumm und starr dasaßen oder -standen, wo man sie gerade hinstellte oder -setzte; da waren Heini Heuser, der unser Haus malte, und

Dr. Rotbart, unser Arzt, in den ich heftig verliebt war und darum mit allen Mitteln versuchte, seine Aufmerksamkeit von seiner Patientin Bettina auf mich zu lenken; da waren Karin, mit der ich die Ställe ausmisten durfte, und das Fohlen Shetty, das an Regentagen meine Mutter im Wohnzimmer besuchte; da waren die Schwankes, die mir erlaubten, die Ziegen mit Kleie zu füttern, was ich so ausgiebig tat, daß sich ihre Bäuche wie Fesselballons blähten; da war Dr. Richter, der meine Mutter auf den Armen von einem Zimmer ins andere schleppte, mit Peter und Ellen Gymnastik machte und Immergrün trainierte; und da war schließlich der Großvater Schrobsdorff, der einen Schlaganfall erlitten hatte, linksseitig leicht gelähmt war und sich in Onkel Alfreds Haus davon erholte. Ich ging oft zu ihm, beileibe nicht aus Mitleid, sondern aus Neugier. Wenn ich vor ihm geknickst hatte, setzte ich mich ihm gegenüber und ließ ihn nicht aus den Augen. Er war in keiner Weise zugänglicher geworden, und das hielt meine Großmutter für ein sehr gutes Zeichen. Sie wuselte ständig um ihn herum und machte ihn damit sehr nervös.

»Angelika«, pflegte er zu knurren, »das Schlimmste am Kranksein ist, daß man die Familie dann noch weniger los wird als sonst. Merk dir das.«

Ich weiß nicht, was Else dazu veranlaßt hat, im Herbst mit Dr. Richter und ihren Töchtern auf ein halbes Jahr in die französische Schweiz, nach Crans-sur-Sierre zu gehen.

Es könnte sein, daß dieser Aufenthalt ein Versuchsballon war, mit dem man herausfinden wollte, ob Else und die Kinder im Falle eines Falles in die Schweiz ausweichen und sich dort über eine längere Zeitspanne aufhalten könnten. Wenn es tatsächlich so war, muß Else mit dem Gedanken, Deutschland zu verlassen, wenigstens gespielt haben. Doch dann wird sich herausgestellt haben, daß eine Emigration in die Schweiz, wegen der dortigen Bestimmungen, undurchführbar war.

Es kann aber auch ganz anders und der Grund viel simplerer Natur gewesen sein. Else, die in der Abgeschiedenheit von Pätz ein unbeschwertes, nur durch einen Beinbruch gehandicaptes Leben geführt hatte, fürchtete sich, nach Wannsee zurückzukehren. Denn wenn Wannsee auch nicht mitten in Berlin war, so lag es doch schon in dem gefährlichen Umkreis, in dem man dem Nazibazillus und bösen Nachrichten und Zwischenfällen ausgesetzt sein konnte. Sie hatten sich alle so wohl gefühlt in der Freiheit und Reinheit, die einem nur die Natur vermitteln konnte, und unter Dr. Richters umsichtiger Obhut, der den Kindern ein Freund, der ihr ein Liebhaber geworden war. Sollten sie jetzt wieder zurück in die obhutlose Hohenzollernstraße, die Kinder in die Schule und sie in eine vergiftete Atmosphäre?

Warum sollte sie sich dieser Beklemmung, warum sollte sie die zwar geheilte, aber immer noch geschwächte Bettina, die komplizierte Angelika eventuellen schädlichen Einflüssen ausliefern? Sie wird sich mit Erich beraten haben und auf Zustimmung gestoßen sein. Denn auch in ihm hatten sich arge Zweifel und Befürchtungen eingenistet, die ihn sogar bis in seine Bibliothek verfolgten. Es wurde ihm fast unmöglich, dem Zerfall seines Deutschlands auszuweichen, die wachsende Zahl von Parteiabzeichen auf den Revers scheinbar anständiger Leute zu übersehen, lobende Bemerkungen zu überhören, die sich auf den Aufstieg des Dritten Reiches, die wirtschaftlichen Leistungen, die neue, wohltuende Ordnung in Land und Volk bezogen. Es wurde immer schwieriger für ihn, sich den zweideutigen Fragen und Vorschlägen seiner Familie zu entziehen und mit seinem Bruder Walter, der ihm rundheraus zu einer Scheidung von Else geraten hatte, Krach zu vermeiden. Ja, ein längerer Aufenthalt Elses in einem absolut ruhigen und sicheren Land würde für alle Beteiligten eine Entspannung sein.

Else bevorzugte die französische Schweiz, die ihr die Sprache und Küche bot, die sie so liebte. Ein kleiner idyllischer Ort, hoch in den Bergen, mit Massen jungfräulichen

Schnees und strahlend blauem Himmel. Wie gut würde ihnen das tun, Bettina zur Nachkur, Angelika zur Appetitanregung und ihr zum allgemeinen Wohlbefinden.

Dr. Richter wurde in die Schweiz geschickt, um diesen Allheilort zu finden, und er fand ihn in Crans-sur-Sierre, einem Bilderbuchdorf, das sich am Fuße gigantischer Berge in eine Talmulde kuschelt. Er mietete ein Chalet, das sich außerhalb des Dorfes, am Ende der Welt, befand und nur mit Pferdeschlitten oder Skiern erreichbar war. Es bestand aus einem Erdgeschoß und zwei Etagen, war aus dunklem Holz und einfach, aber gemütlich eingerichtet. Er engagierte ein Mädchen, das Eugenie hieß und französisch kochte, und besorgte vier Paar Skier in verschiedenen Größen und zwei Rodelschlitten. Dann telegrafierte er Else, daß alles zu ihrer und der Kinder Ankunft bereit sei.

Sie trafen Anfang Oktober ein. Der erste Schnee war bereits gefallen, und die Kinder jubelten über die Märchenlandschaft. Else breitete die Arme aus, warf den Kopf in den Nacken und jubelte mit. Sie waren in einer neuen, glitzernden Scheinwelt gelandet.

Ich habe noch das Photo meiner Mutter aus Crans-sur-Sierre. Sie trägt eine Baskenmütze, einen schwarzen Pullover, aus dem ein weißer Kragen schaut, eine schwarze Skihose mit einem weißen Gürtel und weißen, wadenhohen Gamaschen. Sie lehnt an dem schmiedeeisernen Geländer der Treppe, die zum Haus hinaufführt, und hinter ihr sieht man ein Stück Tannenwald und sehr viel Schnee. Ihr Blick ist nach unten, auf denjenigen gerichtet, der sie photographiert, und in ihrem braungebrannten Gesicht ist ein Lächeln, das kurz davor ist, in Lachen umzuschlagen. Dieses Lächeln an der Grenze zum Lachen habe ich sehr oft an ihr gesehen, wenn sie Dr. Richter anschaute. Er reizte sie mit seinem Ernst zum Lachen. Selbst ich, als Kind, habe mitbekommen, daß sie sich gerne über ihn lustig machte und er dann stundenlang beleidigt war, nicht sprach, nur sehr knappe Antworten gab und einen noch tieferen Ernst zur Schau stellte als gewöhnlich. Bettina und ich fanden das sehr komisch und nannten ihn dann eine beleidigte Leberwurst.

»Frau Schrobsdorff«, pflegte er zu sagen, »wenn es Ihnen Spaß macht, meine Autorität zu untergraben, bitte schön.«

Er wird wohl oft unter meiner Mutter und den ungleichen Voraussetzungen gelitten haben. Ein junger Mann, sozusagen in ihren Diensten, schwerfällig und hilflos verliebt, und sie, eine Frau von Welt, schillernd, erfahren und ihn als Liebhaber benutzend. Obgleich es auch eine ernste Seite in ihrer Beziehung gab. Ich glaube, sie hat mit ihm häufiger und offener über ihre Ängste, Entmutigung und Ratlosigkeit gesprochen als mit anderen. Ich glaube auch, daß er es war, der sie dazu bringen wollte, ihren Töchtern die Wahrheit zu sagen und damit dem, was noch kommen konnte, vorzubeugen. Nur so ist es zu erklären, daß er mir damals, in der Schweiz, am Beispiel Jesu – dem einzigen Juden, den ich vom Hörensagen kannte – erfolglos beizubringen versuchte, daß meine Mutter Jüdin ist.

Meine Mutter setzte ihr sportliches Leben in Crans-sur-Sierre fort, und Bettina und ich mußten mitmachen. Dr. Richter schien in jeder Sportart bewandert zu sein. Morgens wurde unter seiner Anleitung auf der verglasten Veranda Gymnastik getrieben, nach dem Frühstück gab er uns Skiunterricht. Ich hätte sowohl auf das eine als das andere verzichten und den ganzen Tag am Bach spielen können. Der floß in der Nähe unseres Hauses am Waldrand entlang, und Bettina und ich, in hohen Gummistiefeln, zertraten das Eis und ließen selbstgebastelte Flöße auf den freigelegten Strecken schwimmen. Bei diesen kalten, nassen, aber fesselnden Spielen holte ich mir einen zweiten Blasenkatarrh, der, wesentlich schlimmer als der erste, nicht mehr mit Beeren-Trauben-Blättertee geheilt werden konnte. Ich mußte einmal wöchentlich ins Krankenhaus, das sich in Montana, einem etwa acht Kilometer entfernten Städtchen, befand und nur mit einem Pferdeschlitten erreichbar war. Dort wurde mir die Blase ausgespült, eine höchst schmerzhafte Prozedur, die mein Heulen und Schreien rechtfertigte. Meine Mutter, die meine Schmerzen nicht ertragen konnte, verließ in dem Moment, in dem sich mir der Arzt näherte, fluchtartig das Zimmer. Es war Dr. Richter, der mich mit sanfter Gewalt fest in den Armen hielt, meine Stirn und mein Haar streichelte und ruhig auf mich einsprach.

War die Behandlung vorbei, wurde ich, in viele Decken verpackt, in den Pferdeschlitten gelegt, den Kopf im Schoß meiner Mutter, die Beine auf den Knien Dr. Richters. Und für diese Fahrt zurück, die ich furchtlos genießen konnte, lohnte sich die ausgestandene Tortur. Ich lag selig da, lauschte den Glocken an den Hälsen der Pferde, dem Rauschen des Waldes, durch den wir fuhren, dem Zischen der Kufen auf dem harten Schnee. Ich blickte in die tief verschneite Märchenlandschaft mit ihren wogenden, glitzernden Flächen, den mächtigen Bergen, deren höchste Spitze bei Sonnenuntergang errötete, den unendlichen Himmel, mal blendend blau und hoch, mal perlgrau und die Kronen der Bäume streifend, mal in Milliarden wirbelnder Flokken zerstäubend. Ich hätte ewig, eng an meine Mutter geschmiegt, durch die verzauberte Landschaft gleiten können, in der es Feen gab und Schneekönige, Heinzelmännchen und Eisprinzessinnen.

Am 23. Dezember traf mein Vater ein und brachte in zwei großen Koffern die Geschenke mit. Es war eine andere, mehr improvisierte, weniger pompöse Weihnachts- und Geburtstagsfeier, aber ich empfand sie als besonders schön.

Dr. Richter fuhr mit Bettina und mir auf Skiern in den Wald, um, nach langer Inspektion, eine geeignete Tanne zu fällen und sie auf zwei aneinandergebundenen Rodelschlitten nach Hause zu ziehen. Wir schmückten sie alle gemeinsam und waren dabei sehr fröhlich und ausgelassen. Die Erwachsenen tranken Rotwein und lachten, wie ich meinen Vater und Dr. Richter selten hatte lachen hören.

Meine Mutter sah aus wie die schöne Indianerin in meinem Buch, die die Weißen gefangengenommen hatten.

Am Morgen des Weihnachtstages feierten wir, wie immer, meinen Geburtstag, und anschließend machte ich mit meinem Vater eine lange Schlittenfahrt. Er sprach von Jesus, den er im Scherz meinen Bruder nannte, weil wir am selben Tag geboren waren, und ich wollte zum soundsovielten Mal hören, wie man ihn ans Kreuz geschlagen hatte. Mein Vater erzählte, langsam, mit verträumtem Blick, und dann kam endlich die Stelle, an der sich mein ganzer Körper mit einer Gänsehaut bedeckte: »Und als man ihn ans Kreuz geschlagen hatte«, berichtete er, »kam eine Finsternis über das ganze Land, und um die neunte Stunde rief Jesus: ›Mein Gott, mein Gott, warum hast du mich verlassen!‹ «

»Meinst du«, fragte ich nach einer langen Pause, »daß Gott mich auch eines Tages verläßt?«

»Nein«, sagte mein Vater, »er hat weder Jesus verlassen noch verläßt er dich. Jesus hat es nur in dem Moment der Verzweiflung und des Schmerzes geglaubt, und auch bei dir können vielleicht einmal Momente der Verzweiflung und des Schmerzes kommen, in denen du es glaubst. Aber dann erinnere dich daran, was ich dir jetzt sage: Er verläßt dich nie!«

Mein Vater blieb bis zum 30. Dezember bei uns. Er spielte mit Bettina und mir, las uns vor, betete mit uns, führte abends, wenn wir schon im Bett lagen, lange Gespräche mit meiner Mutter und Dr. Richter, aber keinem von uns ist es jemals gelungen, ihn zum Skifahren zu überreden. Er sagte, Sporttreiben und Gemüseessen – wovon Dr. Richter auch sehr viel hielt – seien abartige Erfindungen.

Kaum war er abgereist, brach Peter wie ein Sturm über uns herein, baute mit Bettina und mir riesige Schneemänner, veranstaltete wilde Schneeballschlachten, lernte bei der entzückten Eugenie französisch kochen und bei Dr. Richter halsbrecherische Turnübungen und erklärte, obgleich er noch nie auf Brettern gestanden hatte, der geborene Skiläufer zu sein.

Ich werde nie unsere erste gemeinsame Skitour vergessen, in der wir im Gänsemarsch, Dr. Richter voraus, ich als letzte hinterher, einen hohen, zum Training geeigneten Hügel erklommen. Allerdings war nur die eine Seite des Hügels dazu geeignet, die andere schloß mit einem Stacheldrahtzaun ab, bei dem es sich vermutlich um die Abgrenzung eines Weidegeländes handelte. Kaum hatten wir alle die Kuppe erreicht, und Dr. Richter setzte zu einer ersten Anweisung an, stieß sich Peter an der verkehrten Seite des Hügels mit einem: »Nun lernt man alle schön« ab und raste in senkrechter Fahrt auf den Zaun zu. Meine Mutter, die ihren Sohn, ich, die ich meine Mutter in Gefahr sah, stürzten schreiend hinterher. An uns vorbei schoß Dr. Richter und brüllte: »Hinwerfen!« Glücklicherweise befolgten wir alle drei seinen Befehl und ließen uns fallen. Oben auf dem Hang stand, zu einer kleinen Salzsäule erstarrt, Bettina. Ihre Reaktionen waren immer etwas verlangsamt, dann aber um so heftiger. So setzte sie sich so abrupt in Bewegung, daß sie sofort stürzte und bis zur Mitte des Hügels hinunterrollte. Dr. Richter, der einzige, der stand, stieß seine Stöcke in den Schnee, griff sich mit beiden Händen an den Kopf und rief: »Blick ich umher in diesem edlen Kreise, welch hoher Anblick macht mein Herz erglühn...!«

Ebenso unvergeßlich wie dieser mißglückte Skiausflug bleibt für mich der Silvesterabend. Nach dem Essen fuhren wir im Pferdeschlitten nach Montana und gingen dort in ein Nachtlokal, das erste meines Lebens. Ich sehe es vor mir: eine viereckige Tanzfläche aus schwarzem Marmor, drum herum Sitzecken, durch niedrige Holzwände voneinander getrennt, an denen entlang gepolsterte Bänke mit vielen Kissen, runde Tische mit ebenfalls schwarzen Marmorplatten, darauf kleine Lampen mit roten Schirmen. Auf einem Podest eine Vier-Mann-Kapelle. Ober im Frack, Herren und Damen in Abendtoilette.

Und ich erlebe ihn noch einmal, diesen aufregenden Augenblick, in dem das Licht bis auf eine schummrige rote Beleuchtung erlosch und die Kapelle zu einem leidenschaftlichen Tango ansetzte. Ich sehe Peter aufstehen, die rechte Hand aufs Herz legen und eine tiefe Verbeugung vor unserer Mutter machen und sie sich lächelnd erheben und mit ihm zur Tanzfläche gehen. Ich sehe sie tanzen, Peter hoch, schlank, in einem dunklen Anzug, sie klein, zierlich, in einem langen schwarzen Samtkleid. Ich war so stolz auf das wunderschöne Paar, das meine Mutter und mein Bruder war, so voll des Glücks. Wir tranken Champagner, wir lachten und küßten uns, wir liebten uns sehr. Und dann fuhren wir durch die blau-silberne Sternennacht nach Hause, Peter neben dem Kutscher auf dem Bock, meine Mutter, Bettina und ich unter einer dicken Decke auf dem Rücksitz, Dr. Richter uns gegenüber auf dem Klappsitz.

Peter knallte mit der Peitsche und sang den Schlager: »Wann wirst du wieder bei mir sein ...«, und meine Mutter legte die Arme um Bettina und mich, zog unsere Köpfe an ihre Brust und sagte: »Jetzt fahren wir geradewegs in den Himmel.«

Es war das letzte Mal, daß sie ihre drei Kinder um sich hatte.

Am 13. 3. 1938 marschierten deutsche Truppen in Österreich ein. Die Verordnungen, die in diesem Jahr erlassen wurden, waren folgende:

Juden müssen ihr Vermögen angeben.
Juden werden bestimmte Gewerbe untersagt.
Juden müssen ab 1. 1. 39 Kennkarten bei sich führen.
Jüdische Ärzte gelten ab 30. 9. 38 nur noch als »Krankenbehandler«.
Alle jüdischen Straßennamen müssen entfernt werden.
Juden dürfen ab 1. 1. 39 nur noch jüdische Vornamen haben. Wenn sie deutsche Namen führen, müssen sie zusätzlich den Namen »Israel« bzw. »Sara« annehmen.

Jüdische Reisepässe werden mit einem großen »J« versehen.
Rund 15 000 »staatenlose« Juden werden nach Polen abgeschoben.
Juden dürfen weder Waffen besitzen noch führen.
Der Gesamtheit aller Juden wird eine Sühneleistung von 1 Milliarde Reichsmark auferlegt.
Juden müssen alle Schäden des Pogroms – der sogenannten Reichskristallnacht – auf eigene Kosten sofort beseitigen.
Juden dürfen keine Geschäfte und Handwerksbetriebe mehr führen.
Juden dürfen keine Theater, Lichtspielhäuser, Konzerte und Ausstellungen mehr besuchen.
Alle jüdischen Kinder werden aus deutschen Schulen entfernt.
Alle jüdischen Betriebe werden aufgelöst.
Juden dürfen sich ab sofort zu bestimmten Zeiten und in bestimmten Gebieten nicht mehr bewegen.
Juden werden Führerschein und Zulassungspapiere für Kraftfahrzeuge entzogen.
Juden müssen ihre Betriebe verkaufen, ihre Wertpapiere und Schmucksachen abliefern.
Juden dürfen keine Universitäten mehr besuchen.

Else kehrte mit ihren Töchtern Ende März, also nach dem Anschluß Österreichs, nach Wannsee in die Hohenzollernstraße zurück.

Die erste Verordnung in diesem Jahr, die der Vermögensangabe, erfolgte Ende April. Auch diese Verordnung nahm Else immer noch nicht zum Anlaß, ihr Leben zu ändern. Und Erich schien ihr Verhalten zu billigen. Es gab offenbar niemanden, der dem Wahnsinn Einhalt gebieten konnte.

Das Jahr 1938 ist für mich eins der unerklärbarsten und tragisch-absurdesten. Die Früchte aus fünf Jahren Leichtgläubigkeit, die an geistige Umnachtung grenzte, wurden jetzt reif.

Leider waren Else und Erich kein Einzelfall, Hunderttausende sind ihrer Fehleinschätzung zum Opfer gefallen. Aber Wurzeln, wie in Elses Fall, und Weltanschauung wie in dem Erichs sind nur mit einem Stück Herz herauszureißen, und wer will schon ein Stück Herz herausgerissen haben und wissen, daß es nie mehr heilt. Erst wenn das ganze Herz auf dem Spiel steht und der Selbsterhaltungstrieb einsetzt, läßt man sich lieber verstümmeln.

Ich verstehe das heute mehr denn je und kann es trotzdem nicht fassen. Es ist die Passivität Erichs, das Mit-sich-machen-Lassen Elses, das gänzlich Wirre dieser beiden keineswegs beschränkten, ungebildeten und mittellosen Menschen, das mir unbegreiflich bleibt.

»Wir wußten nicht mehr, was tun, Erich und ich...«, schreibt Else in einem Brief an ihre Freundin Ilse Hirsch in Palästina, und dieses Nicht-Wissen äußerte sich bei ihnen in einem hektischen Drang, lauter unsinnige Dinge zu tun, die in einigen Fällen noch tiefer ins Desaster führten.

Jetzt, da es wirklich angebracht gewesen wäre, Bettina und Angelika zu Hause unterrichten zu lassen, wurden sie wieder eingeschult, diesmal in eine höhere Mädchenschule in Nikolassee, zwanzig Minuten Busfahrt von Wannsee entfernt. Darüber hinaus fuhren sie zweimal in der Woche in die Stadt, denn Bettina mußte dort unbedingt eine Kunstschule und Angelika die Ballettschule von Victor und Tatjana Gsovsky besuchen. Manchmal schauten sie anschließend bei den Großeltern Kirschner vorbei, denen Else zur Aufheiterung einen Wellensittich geschenkt hatte. Sie hatten ihn Pipa genannt, betreuten ihn mit großer Sorgfalt und freuten sich, wenn er unter gräßlichem Gekreische im Zimmer herumflog, sich auf Daniels Glatze oder Minnas Schulter niederließ, eine Zeitung zerfetzte, aus ihrer Hand Körner pickte und, Wunder über Wunder, das erste und letzte Wort, seinen Namen, Pipa, von sich gab.

»Er bringt Leben ins Haus«, sagte Daniel und erzählte von der wilden Jagd, die jeden Abend stattfand, wenn der

Wellensittich ins Bauer zurück sollte und sich nicht einfangen ließ.

Ist Else nicht schon beim Anblick ihrer entrechteten, schutzlosen Eltern ein Stück Herz herausgerissen worden? Diese zärtlichsten Eltern und Großeltern der Welt, die jetzt ihre Heiterkeit einem Vogel verdankten und selber zu Vögeln geworden waren, vogelfreien Vögeln, verschreckten, verletzten kleinen Vögeln, die sich kaum auf die Straße wagten und so wie ihr Wellensittich in einem Käfig vegetierten, einem Käfig, den man ihnen auch noch nehmen und dann den Hals umdrehen konnte.

Natürlich hat Else es damals nicht für möglich gehalten, daß ihnen der Hals umgedreht werden könnte, aber war das, was man ihnen antat, nicht schon schlimm genug? Sie konnte den psychischen Schmerz ihrer Eltern ebensowenig ertragen wie den physischen ihrer Kinder. Sie rannte vor deren Elend weg, so wie ich, Jahre später, vor dem ihren wegrannte.

»Es kommt eben alles auf einen zurück«, pflegte sie zu sagen. Sie sagte es in den letzten zehn Jahren ihres Lebens immer öfter und mit einer gewissen Genugtuung, denn sie sah in jedem Schlag, der sie traf, nur noch eine gerechte Strafe.

Und so rannte sie in diesem Jahr 1938 nicht nur vor den Eltern weg, sondern vor sich selber. Das war das Schlimmste. Sie rannte wie ein gejagter Hase im Zickzack, sinnlos, haltlos, hilflos, und nahm jede Mulde, jede Höhle, jedes Gebüsch wahr, um sich darin zu verstecken, vor denen, die sie jagten, vor denen, die gejagt wurden, vor sich selber. Und sie verlor sich immer mehr.

Die systematische Judenverfolgung begann im Juni 1938, und bis dahin herrschte in der Hohenzollernstraße noch ein »normales« Leben.

Erich, der mit Elisabeth aus dem Haus in der Hubertusallee in eine Wohnung am Johannaplatz gezogen war, kam jedes Wochenende. Sein Magengeschwür war verheilt, aber er war erschöpft und verstört. Zweimal schlief er auf der Fahrt nach Wannsee am Steuer ein und landete, zum Glück in langsamem Tempo, an einem Baum. Seine Zuversicht, daß das geistige Deutschland über das des Pöbels siegen würde, war peinigenden Zweifeln gewichen.

Fünf Jahre waren seit der Machtübernahme des kriminellen Ladenschwengels vergangen, und nichts war geschehen. Erich stand dem Zusammenbruch seiner Welt mit stiller Verzweiflung gegenüber. Außerdem machte er sich schwere Sorgen um Else, der die Kraft, die ihm der Glaube, die Abgeklärtheit, die ihm sein humanistisches Gedankengut schenkte, fehlten. Sie hatte kein inneres Sanctum, in das sie sich zurückziehen konnte, und nur mit dem könnte es gelingen, diese furchtbare Zeit mit Würde zu überstehen. Wie sollte er ihr den richtigen Weg weisen, den einzigen, der aus dem Labyrinth dunkler Ängste herausführte? Und wie Angelika, die nach den Nürnberger Gesetzen in die Rubrik der Mischlinge 1. Grades fiel und laut Dr. Rotbart an psychischen Störungen litt – Alpträume, Atemnot, klaustrophobische Zustände –, wie konnte er seine geliebte Tochter vor grauenhaften Entdekkungen bewahren?

Sie gingen noch immer in die Schrobsdorffsche Villa zum Sonntagsmittagessen. An dem nahm jetzt häufig Dora Taslakowa, eine bulgarische Ärztin, teil, die den alten Herrn während seines Schlaganfalls betreut hatte und auf die die Großeltern große Stücke hielten.

Sie war eine resolute, unverheiratete Frau, eine fähige, gewissenhafte Ärztin und darüber hinaus die einzige, von der sich der despotische Großvater etwas sagen ließ.

Diese Mittagessen waren wegen des linientreuen Bruders Walter, der auf politische Klarheit in der Familie pochte, und wegen des ewig zerstrittenen Paares Alfred und Anja – von ihr wurde behauptet, sie drohe die Zwillinge aus dem dritten Stock zu schmeißen, wenn sich ihr Mann nicht ihrer jeweiligen Forderung beuge – unerfreulich, und selbst Hasenbraten und Reis Trauttmansdorff konnte sie nicht retten. Allein Großmutter Annemarie tirilierte nach wie vor, in ihrer musik- und lyrikgeschwängerten Sphäre entging ihr wohl, daß unten am Tisch Uneinigkeit herrschte, und ihre zwei Hunde, der dicke Dackel und der übellaunige Pinscher, trugen immer noch große Seidenschleifen und verströmten eine unbekömmliche Duftmischung aus Hundehaar und Eau de Cologne.

Zu Ostern fuhren sie nach Pätz, und Erich versteckte Dutzende von Eiern mit soviel Gründlichkeit und Bedacht, daß viele davon unauffindbar waren und er, den das nicht ruhen ließ, bis in den späten Abend weitersuchte.

Karin, die sich zu einem noch strammeren, treudeutschen Jungmädchen entfaltet hatte, war mitgekommen, und Else fühlte sich in ihrer Gesellschaft unbehaglich. Das Mädchen war Angelika in der Entwicklung weit voraus, schon fast kein Kind mehr, und es konnte nicht mehr lange dauern, bis sie argwöhnisch wurde, an Else »artfremde« Züge und an deren Freunden undeutsches Verhalten entdeckte, daß sie Bemerkungen aufschnappte, die in ihrem Milieu, absichtlich oder zufällig wiederholt, sie alle in Gefahr bringen konnten. Man wagte nicht mehr frei vor ihr zu sprechen, schloß ängstlich die Türen, warf sich warnende Blicke zu, war ständig auf der Hut und sich mit Wut und Furcht bewußt, daß dieses kleine, arische Trampeltier mehr Macht hatte als sie alle zusammen.

Angelika, bei der Else behutsam nachforschte, ob Karin manchmal Dinge sage oder frage, die sie nicht ganz verstünde, wußte überhaupt nicht, wovon ihre Mutter sprach, und erklärte, Karin sei ihre beste Freundin und sie verstünden sich in allem. Es war eine jener ausweglosen Situationen, bei denen man nur auf Gott vertrauen und hoffen konnte, daß es gutginge. Zum Glück blieb Karin nur eine Woche. Sie fuhr mit Erich nach Berlin zurück, und kaum waren die beiden aus dem Haus, erschien Peter mit Liena.

Er richtete seine Besuche seit längerem so ein, daß er seinem Stiefvater nicht begegnete. Seine Feindseligkeit gegen ihn wuchs in dem Maße, in dem die Entrechtung und Verfolgung der Juden fortschritt. Auch seine Beziehung zum eigenen Vater, dessen Indifferenz ihn immer verletzt hatte, sah er jetzt nur noch aus politischer Sicht, und die ermöglichte es ihm, seine Bitterkeit gegen ihn zum Ausdruck zu bringen.

Else erkannte, daß sich bei ihrem Sohn persönliche Ressentiments mit objektiver Kritik mischten, und versuchte ihn darauf aufmerksam zu machen, daß die Nazis von Erich und Fritz nicht minder gehaßt wurden als von ihm selber.

Oder ob er seinem Vater und Stiefvater vielleicht vorwerfen wolle, daß sie arisch seien?

Was er ihnen vorwerfe, sei, daß sie den Kopf in den Sand steckten oder in ihre Bücher. In Luftschlössern sitzen und hassen und sich dank des Hasses auch noch für unantastbar sauber zu halten, sei etwas zu leicht und vielleicht sogar noch schlimmer, als aus Überzeugung bei der Schweinerei mitzumachen. Um sie herum würde ihren jüdischen Mitbürgern der Garaus gemacht, und sie hätten nichts anderes dagegenzuhalten als ihren gottverdammten Haß. Der eine baue weiter Häuser für die Drecksbande, und der andere schreibe weiter Filme und Bücher für sie, aber Hauptsache, man sei gegen die Nazis und flüstere sich das hinter geschlossenen Türen und Fenstern ins Ohr.

Was sie sonst tun sollten, fragte Else, auf die Barrikaden steigen und sich totschießen lassen?

Widerstand leisten, seinetwegen passiven, da er sich Fritz und Erich nicht gut als Aktivisten vorstellen könne, aber eben Widerstand! Nicht auch noch mitmachen! Jede Arbeit, die sie für diese Monstren verrichteten, egal welcher Art, jede Mark, die sie an ihnen verdienten, heiße mitmachen. Wenn jeder, der angeblich gegen die Hitler-Diktatur sei, auch nur passiv Widerstand leisten würde, dann sähe die Sache schon anders aus. Aber so sei es ja eben nicht. Das Geld, das die »anständigen« Nazigegner an den Nazis verdienten, sei ihnen bei weitem wichtiger als ihre ad absurdum geführten ethischen Grundsätze und das Schicksal der Juden.

Er sei noch sehr jung, sagte Else, und könne sich den passiven Widerstand, der doch wohl der Grund seiner Untätigkeit sei, dank seines arbeitenden Vaters und Stiefvaters leisten. Es sei doch alles nicht durchdacht, was er da von sich gebe. Große Worte und nichts dahinter! Als ob man eine Diktatur mit passivem Widerstand stürzen könne! Lächerlich und vergeudete Zeit, diese Diskussion! Er sei der letzte, der es sich erlauben könne, solche Reden loszulassen. Er führe ein durch und durch privilegiertes Leben, tue nur das, was ihm Spaß mache, sehe genauso untätig zu, wie den Juden der Garaus gemacht würde, und maße sich dann auch noch an, über die anderen, insbesondere den einzigen, der sie, seine Mutter, seine Schwestern und jetzt auch noch seine Großeltern über die Runden bringe, zu Gericht zu sitzen. Ob er sich nicht in Grund und Boden schäme?

Nein, sagte Peter, das tue er nicht, denn er sei dabei, die Konsequenzen aus seiner Einstellung zu ziehen und dieses Scheißland zu verlassen, so wie es jeder sogenannte anständige Deutsche tun müsse.

Was dann aus dem passiven Widerstand würde, wenn alle Anständigen das Land verließen, fragte Else, und inwiefern das den Juden helfe, wenn alle, die sie noch unterstützten, verschwänden und nur die Nazis zurückblieben? Ob er nicht merke, was er da für eine Makulatur zusammenrede? Und im übrigen, wo er denn hingehen würde, wenn er Deutschland verließe, und wovon er, wo immer er auch hinginge, leben wolle, er, der nie einen Schlag Arbeit getan habe, überhaupt nicht wisse, was Arbeit sei, und nichts anderes zu bieten habe als sein Schulwissen? Oder ob er da mit der finanziellen Unterstützung, also dem dreckigen Geld, das seine Väter an den Nazis verdienten, rechne?

Nein, sagte Peter, damit rechne er bestimmt nicht. Er kenne ja die Einstellung der beiden Herren und wisse, daß er keine müde Mark von ihnen sehen würde, wenn er die Frechheit habe, sie zu beschämen, indem er ihren Opportunismus nicht teile und damit mehr Gewissen beweise als sie. So was lasse man sich nicht gerne von einem gewissenlosen Faulenzer beweisen. Er würde sich schon durchschlagen, darauf könne sie sich verlassen. Er sei jung, gesund, nicht gerade dumm, vielleicht nicht einmal unbegabt, spreche drei Sprachen fließend, würde andere sehr schnell lernen und habe ein so sonniges Gemüt, daß man sich darum reißen würde, ihm zu helfen.

Er lachte, nahm seine Mutter in die Arme, sagte, daß er gewiß manchmal Makulatur rede und große Töne spucke, aber im großen und ganzen leider recht habe. Und er reiße sich in diesem Fall beileibe nicht darum, recht zu haben oder zu behalten. Unglückseligerweise könne er sie nicht von der Notwendigkeit, dieses Land zu verlassen, überzeugen. Er bete nur zu Gott, daß die Erkenntnis dieser Notwendigkeit nicht zu spät für sie komme.

Else nahm ihn nicht ernst. Er war ja noch so jung, ihr kleiner Peter, und genauso heftig und überschwenglich in seinen Emotionen wie sie. Er warf jetzt alles in einen Topf, Nazis und Deutsche, kindlichen Idealismus und nicht verarbeitete Eifersucht, Bitterkeit, Opportunismus und unausweichliche Zwänge, Ansprüche an andere, die nicht Hand und Fuß hatten, und Notwendigkeiten, die ihm in den Kram paßten. Aber er war ja, Gott sei Dank, zu klug, zu bequem und zu verliebt in Liena, um seine Idee auszuwandern auch durchzuführen. Wäre er in einem Beruf ausgebildet und in der Lage, in einem anderen Land auf eigenen Füßen zu stehen, hätte sie nichts dagegen gehabt, daß er Deutschland verließe. Doch unter den gegebenen Voraussetzungen – kein Studium, kein Beruf, kein gar nichts – sah sie die Gefahr für ihn in einem anderen Land und gewiß nicht in Deutschland. Was sollte ihm hier schon passieren? Genauso wenig wie ihren Töchtern. Halbjuden mit einem deutschen Reichsbürger als Vater passierte nichts. Und irgendwann würde er schon zu sich kommen und einsehen, daß es so nicht weiterginge. Oder eine seiner vielen Begabungen würde durchbrechen, und er würde sich nur noch darauf konzentrieren. Ach, sie kannte doch ihre Kinder in- und auswendig: den von jeher ungebärdigen Peter, die komplizierte Angelika und die gutartige Bettina, die ihr nie Kummer machen würde.

Es war ruhig in Pätz dieses Frühjahr. Viele von Elses nahen Freunden hatten Deutschland verlassen, unter ihnen Wendtausend mit seiner Frau Ibi und Walter Slezak, der, obgleich kein Jude, mit der Erklärung, das Dritte Reich sei nicht sein Land, nach Amerika emigriert war. Ellen war mit Jack Blackwood für einige Wochen nach London gefahren und entschlossen, sich dort mit ihm in absehbarer Zeit niederzulassen, und Fritz Rotbart stand kurz vor der Emigration nach Amerika.

Else blieb zurück, und jeder neue Abschied war wie ein Aderlaß. Sie fühlte sich schwächer, einsamer, leerer werden. Wann, wie und wo würde sie ihre Freunde, die ein so wesentlicher Bestandteil ihres Lebens gewesen waren, wiedersehen? Würde sie sie jemals wiedersehen?

Ich habe nichts gewußt. Das ist das einzige, was ich mit Bestimmtheit sagen kann. Auch nichts geahnt. Inwieweit ich etwas gespürt habe, so wie Tiere, die vor einem Erdbeben unruhig werden, kann ich nicht sagen. Aber ich glaube, es muß so gewesen sein, denn einer meiner Alpträume weist darauf hin. Ich habe ihn schon oft erzählt, einmal sogar in einem meiner Bücher beschrieben und immer darüber gewacht, daß ich nichts dazu erfinde, sondern ihn genauso wiedergebe, wie ich ihn geträumt habe: Meine Mutter, mein Vater, Peter, Bettina und ich stehen zusammen auf dem obersten Absatz der niedrigen Treppe, die von dem Haus in der Hohenzollernstraße in den Garten führt. Das Licht ist gelb wie Schwefel und fließt aus einem unsichtbaren Himmel auf uns herab, die Bäume sind schwarz, starr und scharf umrissen. Es herrscht Totenstille. Mein Vater sagt zu uns: »Wenn der Leichenwagen vorfährt, müssen wir alle, so schnell wir können, zu ihm hinlaufen und einsteigen. Wem es gelingt, der ist gerettet, wem es nicht gelingt, der fällt tot um.«

Der Leichenwagen fährt vor, ein langes, schwarzes, glänzendes Auto. Es sind nur etwa dreißig Meter bis zur Straße. Mein Vater läuft als erster los, dann mein Bruder, dann meine Schwester. Sie fallen auf halber Strecke tot um. Meine Mutter packt meine Hand und zieht mich hinter sich her die Treppe hinunter auf den schmalen, mit Kies bestreuten Weg. Wir rennen, kommen aber nicht einmal so weit wie die anderen. Meine Mutter fällt und reißt mich mit sich hinab.

Dieser Traum bringt meine Angst und das Wittern einer tödlichen Gefahr so klar zum Ausdruck, daß ich nicht verstehe, wie ich unwissend und ahnungslos gewesen sein kann. Aber so war es. Es ist nichts in mein Bewußtsein gedrungen, oder ich habe es an der Schwelle desselben abgeblockt. Wenn das der Fall war, ist es mir gut gelungen. Ich habe die letzten Jahre in Berlin immer wieder nach Anhaltspunkten durchsiebt, aber keinen gefunden, aus dem sich hätte schließen lassen, daß ich etwas *gewußt* habe. Meine Eltern hatten das feinmaschige Sicherheitsnetz so weit gespannt, daß sich nur ihre eigene Unruhe und Angst auf mich übertragen haben kann. Ich lebte in einer Enklave, und jeder Mensch, der mit mir in näheren Kontakt kam, wurde instruiert, nie und unter keinen Umständen über gewisse Dinge mit mir zu sprechen. Die gewissen Dinge waren Juden und Nazis. Unter den gegebenen Umständen, meinten sie, sei es weiß Gott besser, das Kind in dem Glauben zu lassen, daß es seit Jesus keine Juden mehr gebe und die Nazis Menschen seien wie alle anderen. Die Verwirrung und der Schaden, den man bei ihr anrichtete, wenn man sie ausgerechnet jetzt mit dem wahren Sachverhalt konfrontierte, würden verheerend sein. Es ist mir klar: Was immer sie taten, ob falsch oder richtig, taten sie aus Sorge und Liebe.

Ich lebte in selbst erdachten Spielen und Büchern. ›Der

kleine Lord‹, Brentanos Märchen oder ›Nils Holgerssons Reise mit den Wildgänsen‹, das war meine Welt. Natürlich wußte ich, wer und was Hitler, Goebbels und Göring waren, aber ich kannte sie hauptsächlich, weil der eine einen Pinsel unter der Nase hatte, der zweite einen Klumpfuß und der dritte faszinierend fett war. Außerdem begegneten wir manchmal Goebbels' fünf Töchtern, die nicht weit von uns entfernt wohnten und deren Vornamen alle mit einem H, wie Hitler, begannen. Es waren hübsche, niedlich gekleidete Mädchen, an denen ich, zu meinem Bedauern, keinen Klumpfuß entdecken konnte. Und von Göring gab es Postkarten, auf denen er mit einem Wurf junger Löwen im Zoo abgebildet war und einen davon im Arm hielt. Aber was diese drei sonderbaren Gestalten sonst trieben, interessierte mich ebensowenig wie das, was Karin im BDM trieb. Entgegen den Befürchtungen meiner Mutter hatte sie keinerlei Ambitionen, uns zu bespitzeln oder auch nur herauszufinden, was es mit unserer Familie auf sich hatte. Ich war ihre Freundin, an deren schöner, aufregender Welt sie stunden- oder tageweise teilhaben durfte, und ich könnte mir sogar vorstellen, daß sie sich über den »Mischling 1. Grades« hinweggesetzt hätte. Doch zu dieser Probe aufs Exempel ist es nicht gekommen.

Ob mich meine Eltern im Jahr 1938 der Gefahr der Schule aussetzten, weil sie eine gewisse »Normalität« aufrechterhalten wollten und damit den Kindern und vielleicht auch denen, die uns in Wannsee kannten, beweisen wollten, daß bei uns alles seine Richtigkeit hatte, weiß ich nicht. Es hatte jedenfalls nicht lange seine Richtigkeit, denn keine zwei Monate später geschah es, daß ich bei einem Ballspiel in der Schule den Ball aus purem Versehen ins Ziel schoß und damit Siegerin wurde. Es geht nichts über einen Sieg, auf welchem mediokren Gebiet auch immer. Meine Mitschülerinnen, von denen ich mich bis dahin mit Erfolg ferngehalten hatte, stürzten in lichterloher Begeisterung auf mich zu und stellten mir die Sein-oder-nicht-Sein-Frage: »Sag mal, warum bist du eigentlich nicht im BDM?« Es war ihnen völlig unverständlich, daß so ein Mordsmädel, das einen Ball ins Ziel schießen konnte, nicht dem »Bund Deutscher Mädchen« angehörte. Ich fand sie widerlich, diese roten, verschwitzten, dummdreisten Bolzen, und antwortete laut und deutlich: »Weil ich BDM doof finde.«

Sie wichen entsetzt vor mir zurück, und meine Mutter, der ich den Vorfall erzählte, schien nicht minder entsetzt zu sein. Von diesem Tag an brauchte ich nicht mehr zur Schule zu gehen. Vielleicht habe ich mich über all das gewundert, aber den Zusammenhang zwischen dem ins Ziel geschossenen Ball, der Frage meiner Mitschülerinnen, meiner Antwort und der Befreiung von der Schule habe ich gewiß nicht herstellen können.

Wann hat Elses Zusammenbruch begonnen? Er kam nicht plötzlich. Sie zerbrach stückchenweise, immer ein Stück mehr, bis es an die Fundamente ging und sie in den eigenen Trümmern lag und schrie und heulte wie ein Tier, das man gefangen, auf den Rücken geworfen und an den Beinen gefesselt hat.

Bis dahin war sie eher ruhig, zu ruhig, so als sei sie etwas benommen und auf die Hilfe ihrer Mitmenschen angewiesen, egal, was die mit ihr vorhatten, Gutes oder Ungutes, Hauptsache sie ließen ihre Hand nicht los.

Sie war nicht mehr dieselbe. Manchmal hatte es den Anschein, als kehrten ihre Lebensgeister zurück, zum Beispiel wenn sie in der Sonne lag oder mit Enie im Wannsee schwimmen oder mit ihren Töchtern im Wald spazierenging. Dann kroch sie unter der Glasglocke, die sie von der Welt trennte, hervor, und in ihr Gesicht, ihre Stimme, ihre Bewegungen kam wieder Leben. Aber es hielt nie lange an.

So war es im Sommer. Ihrem letzten Sommer in Deutschland. Sie schickte ihre Töchter in Begleitung Ellens, die aus London zurückgekehrt war, nach Pätz. Sie wollte den Ort, an dem sie immer so glücklich gewesen war, nicht in dem Zustand, in dem sie sich befand, wiedersehen. Die Erinnerung an die Vergangenheit würde die Wirklichkeit der Gegenwart noch unerträglicher machen.

Sie blieb allein in der Hohenzollernstraße. Sie schlief mit schweren Schlaftabletten, und es gab Regentage, an denen sie nicht aufstand. Sie las, ohne den Inhalt aufzunehmen. Sie dachte, aber die Gedanken lösten sich auf, bevor sie noch eingesunken waren und einen Sinn ergaben. Manche fuhren in sie hinein wie ein Messer, und sie schrie gequält auf: »Ich kann nicht! Nein, ich kann nicht mehr!«

Was war es, was sie nicht mehr konnte?

Sie konnte nicht mehr lachen und nicht mehr weinen, nicht mehr sich belügen und sich nicht der Wahrheit stellen, sich nicht ganz fallen lassen und sich nicht aufrichten, nicht bleiben und nicht weggehen, sich nicht als Jüdin und nicht mehr als Deutsche fühlen, nicht mehr leben und nicht mehr sterben.

Enie kam und schrie sie an: Schlappmachen, ja, das könne ihr so passen! Sie sei, weiß Gott, nicht die einzige, die zu leiden habe. Hunderttausende litten, machten wesentlich Schlimmeres durch als sie, seien in Not und akuter Gefahr. Und sie, die sich immer noch frei bewegen, die nicht stündlich damit rechnen müsse, daß ihr der letzte Stuhl unterm Hintern weggezogen würde, mache schlapp!

Sie wisse nicht mehr, wo es langgehe, sagte Else.

Ach nee! Als ob das einer von ihnen wisse! Kein Aas wisse es, außer den Scheißnazis, den elenden. Sie solle sich, zum Teufel noch mal, zusammenreißen, aufstehen und ins Bad gehen. Oder ob sie da auch nicht mehr wisse, wo es langgehe?

Else erhob sich und ging ins Bad.

Erich kam und hielt ihr einen langatmigen religionsgeschichtlichen Vortrag, dessen Quintessenz der Glaube war, der Glaube, der jedem Menschen innewohne und nur darauf warte, entdeckt zu werden, der Glaube, dessen weltüberwindende Kraft inneren Halt und Frieden spende, der Glaube, ohne den man in einer Zeit, in der die höchsten menschlichen Werte in den Dreck getrampelt und die Verderbtheit zum Credo erhoben werde, nicht überstehen könne.

Else erhob sich und machte sich auf, die weltüberwindende Kraft des Glaubens zu finden.

Erich wies ihr den Weg, und das mit Hilfe der von ihm verehrten Frau seines Freundes, Professor Werner Sombart. Corinna Sombart, eine geborene Rumänin russisch-orthodoxen Glaubens, eine Dame mit hoher Bildung und noch höherem Gottvertrauen, malte im Kreise gleichgesinnter Freundinnen Ikonen. Sie trafen sich zu diesem Zweck zweimal in der Woche, pinselten, führten erbaulich-religiöse Gespräche, tranken Tee aus einem Samowar und fieberten dem Auftritt Vater Johanns entgegen.

Vater Johann war die Krönung dieser Zusammenkünfte, ein weißrussischer Pope adeliger Abstammung mit dem Gesicht und der Gestalt eines El Grecoschen Christus und der Ausstrahlung eines »heiligen Mannes«.

Ich zitiere aus einem Brief Erichs an Corinna Sombart im Jahr 1949: »... Vater Johann wiederzusehen war wirklich für mich eine ganz große Freude. Er war vollkommen unverändert im Aussehen und strahlte eine reine und herrliche Menschlichkeit aus, wie ich es bei ganz wenigen Menschen nur erleben durfte. Wahrlich ein heiliger Mann...« Vater Johann war inzwischen Bischof in New York geworden.

Ich bezweifle, daß die Ausstrahlung Vater Johanns auf die wohlsituierten und nicht mehr ganz jungen Damen der Gesellschaft eine rein heilige war. Es muß sich da etwas Rasputinisch-Erotisches in die Aura des heiligen Mannes gemischt haben, das die Damen kirre machte. Bei Else war es zweifellos so. Sie war ja nun schon vielen Männern begegnet, aber einem in schwarzem, lose fallendem Gewand mit einem großen Kreuz auf der Brust, mit langem, zu einem Knoten geschlungenen Haar, einem durchgeistigten, bleichen Gesicht und einer derart weltüberwindenden Glaubenskraft noch nie.

Ich bin überzeugt, daß sie sonst zu den Kränzchen der

Corinna Sombart einmal und nie wieder erschienen wäre, denn Handarbeit, auch wenn es sich dabei um Ikonenmalen handelte, Tee, auch wenn er aus einem Samowar kam, und erbauliche Gespräche sagten ihr, selbst in tiefster Verzweiflung, nicht zu. Doch als Vater Johann ins Zimmer glitt, ihr eine schmale, wächserne Hand entgegenstreckte, sie aus den sanftesten, schönsten aller Rehaugen anblickte und mit melodischem, russischem Akzent: »Gelobt sei Jesus Christus« sagte, war sie entschlossen, ihm in den Glauben zu folgen.

Hat sie ihn geliebt, verehrt, angebetet? Ich weiß es nicht. Hat er sie als Mann mit dem Charme der Unverführbarkeit gereizt oder als Geistlicher mit einem direkten Draht zu Gott fasziniert? Auch das weiß ich nicht. Es wird von allem etwas gewesen sein. Aber was mir viel wichtiger scheint, ist die Frage, ob sie damals tatsächlich den Glauben gefunden hat, wie sie in einem Nachkriegsbrief an Fritz Schwiefert behauptet. Einem Brief Peters aus dem Jahr 1939, der eine Antwort auf ihre Mitteilung ist, daß sie zum Christentum konvertiert sei, entnehme ich allerdings das Gegenteil. In dieser Mitteilung muß sie sich über ihren Übertritt mit Ironie ausgelassen und ihre Beweggründe als opportunistisch bezeichnet haben. Als ihr entsetzter Sohn ihr vorhielt, daß ihr Glaubenswechsel, da nicht aus Überzeugung vollzogen, doppelt so unverzeihlich wäre, berichtigte sie sich und erklärte, zum Glauben gekommen zu sein.

Gewiß waren es Unsicherheit und berechtigte Angst vor der Reaktion ihres Sohnes, die sie mal so und mal so schreiben ließen. Doch darüber hinaus werden ihre Beweggründe, aus Chaos und Verzweiflung geboren, nicht eindeutiger Natur gewesen sein. Sie klammerte sich an den neuen Glauben wie an einen Rettungsring und gestand sich wohl erst viel später ein, daß der ein Loch hatte, durch das langsam, aber sicher die Luft entwich. Aber am Anfang, da bin ich sicher, hat sie alles versucht, um den Glauben und damit einen inneren Halt zu finden. Es gab keinen anderen mehr.

Wann kam zwischen Else und Erich zum erstenmal in diesem Jahr das Thema Emigration zur Sprache? Wann fiel das Wort Scheidung? Es kann nicht erst im November gewesen sein, nach dem Pogrom, dem man den schönen Namen »Reichskristallnacht« gegeben hat. Denn Anfang Januar war sie bereits mit Dimiter Lingorsky verheiratet, einem Bulgaren, den man zu diesem Zweck erst auftreiben und nach Berlin importieren mußte. Es ist unmöglich, daß man dieses Kunststück in knappen zwei Monaten fertiggebracht hat. Ich nehme also an, daß Else und Erich spätestens Ende des Sommers den Gedanken, mit dem sie jeder für sich vermutlich schon länger jongliert hatten, endlich aussprachen.

Nur hatten sie damit leider zu lange gewartet. Else konnte Deutschland auf normalem Weg nicht mehr verlassen, und selbst wenn es ihr noch auf diese oder jene Art gelungen wäre, war nichts zu ihrer Aufnahme in einem anderen Land vorbereitet. Sie wußten nicht einmal, welches Land in Frage kommen, ihr ein Visum erteilen, ihr Exil gewähren würde. Und wie sollte sie, wo auch immer, ihren Lebensunterhalt verdienen, oder wie sollte Erich sich durch den Dschungel schärfster Devisenverordnungen schlagen und ihr, vielleicht auf Jahre, das nötige Geld zukommen lassen? Und was sollte mit den Kindern geschehen? Sollte man die, für den Fall, daß sich doch noch ein geeignetes Land fände, von der Mutter trennen? Sollte man sie mit der Mutter in die Emigration schicken? Es war alles zu spät und alles unmöglich.

Else wird gesagt haben: »Du siehst, Guter, wir kommen nicht weiter. Wie man's auch dreht und wendet, überall Fußangeln. Also lassen wir's. Es ist zwar gräßlich, hier zu leben, aber wenn's bei den alten Bestimmungen bleibt, sind wir wenigstens nicht gefährdet.«

Es blieb nicht bei den alten Bestimmungen.

Im Juli wurden vier neue Verordnungen erlassen, darunter die, daß Juden ab 1. 1. 1939 Kennkarten bei sich zu führen hätten, und Mitte August die, daß Juden, die deutsche Vornamen hatten, der zusätzliche Name Sara oder Israel in Paß und Papiere gestempelt würde.

Von seiten des preußischen Junkers und seines ältesten Sohnes Walter setzte massiver Druck auf Erich ein.

Ob er sie alle in die Bredouille bringen wolle, fragten sie, ob er immer noch nicht sehe, wohin das führe? Jeder vernünftige Jude hätte bereits Deutschland verlassen, jeder, der jetzt noch die Gelegenheit dazu habe, verlasse es Hals über Kopf. Aber er und Else rührten keinen Finger und verließen sich offenbar auf den lieben Gott. Es sei eine halbe Minute vor zwölf, und wenn die Uhr abgelaufen und Else immer noch nicht verschwunden wäre, sei das Spiel sowohl für sie als für ihn aus. Als Mann einer Jüdin könne er sein Baugeschäft an den Nagel hängen und in den Ruhestand treten, so man ihm Ruhe ließe. Ob er sich schon einmal überlegt habe, was für verheerende Auswirkungen seine Ehe mit einer Jüdin auf das Schrobsdorffsche Unternehmen haben würde? Es sei eine unerhörte Verantwortungslosigkeit von ihm.

Ob sie erwarteten, fragte Erich zurück, daß er sich, zugunsten des Unternehmens, seiner Frau und Tochter gegenüber verantwortungslos verhalten solle?

Gott behüte! Anständigkeit sei in ihrer Familie immer oberstes Gesetz gewesen. Das einzige, was sie von ihm erwarteten, sei, daß er seine Frau und Tochter in Sicherheit bringe, und sie würden ihm in jeder Beziehung behilflich sein.

Wenn sie einen einwandfreien Vorschlag hätten, wie Else zu helfen sei, ließe sich darüber reden. Aber auf Diskussionen, wie man Else auf die schnellste und ihnen opportunste Art verschwinden lassen könne, lasse er sich nicht ein.

Es war nicht nur der Druck seiner Familie, dem Erich nachgab, es war auch Panik und die Einsicht, daß er mit der Situation nicht fertig werden konnte, daß er ihr ohnmächtig gegenüberstand. Also hat er seinem praktischen, tatkräftigen und darüber hinaus einflußreichen Bruder und seinem Vater die Erlaubnis gegeben, die Sache in die Hand zu nehmen, natürlich unter der ausdrücklichen Voraussetzung, daß sie mit einem einwandfreien Vorschlag kämen.

Hatte er sich damit schuldig gemacht? Nein, würde ich sagen, denn war nicht das, was er anstrebte, Else in Sicherheit zu bringen, und mußte er sich nicht helfen lassen, wenn er selber nicht dazu in der Lage war? Darüber hinaus war Else im Prinzip damit einverstanden, Deutschland, in dem die Zustände für sie unhaltbar geworden waren, zu verlassen. In anderen Worten: Er hatte nach bestem Wissen und Gewissen gehandelt.

Elses Schicksal lag in Erichs Händen, und sie vertraute ihm blind. Seine Schwäche, seine Weltfremdheit, seine Versponnenheit, Eigenschaften, die sie am Anfang ihrer Beziehung beunruhigt, oft sogar enttäuscht hatten, fielen für sie jetzt nicht mehr ins Gewicht. Was überwog, waren seine Güte, seine Anständigkeit, sein Verantwortungsbewußtsein, auf das sie sich letztendlich immer hatte verlassen können. Wenn es einen Menschen gab, der sie in dieser verhängnisvollen Lage nicht fallen lassen würde, dann war es der Gute, und sie bedauerte, bedauerte zutiefst, ihn durch Leichtsinn und Egoismus verletzt und als Mann verloren zu haben. Sie war die letzte, die ihm Vorwürfe machen oder ihn beschuldigen würde. Vorwürfe und Beschuldigungen hatte sie nur für sich selber.

Die Schrobsdorffs machten sich also an die Aufgabe, Else zu helfen und damit ihre Staatsaufträge zu retten. Walter war ja nun gut bewandert in den Bestimmungen, Denkvorgängen und Zukunftsplänen der Nazis, und Else loszuwerden war auch gar nicht das Problem. Das Problem war Erich, der sich aus moralischen Erwägungen nicht scheiden lassen würde, es sei denn, man fände einen Grund, der ihn von der Notwendigkeit überzeugte.

Und sie haben ihn gefunden. Wer, weiß ich nicht. Vielleicht Dora Taslakowa, die bulgarische Ärztin und Freundin des Hauses, die des öfteren an den Beratungen teilnahm, Else gern hatte und ihr, im Gegensatz zu den anderen, ohne jeden Hintergedanken helfen wollte.

Die einzige Möglichkeit, Else aus dem Land heraus- und in ein anderes, auf unvorhersehbare Dauer, einzuschleusen, war ein neuer, nichtdeutscher Paß. Und an so einen Paß kam man durch die Eheschließung mit einem Staatsangehörigen des in Betracht gezogenen Landes.

Das Land, das aus guten Gründen in Betracht gezogen wurde, war Bulgarien. Die guten Gründe waren Dora Taslakowa, deren drei Brüder in Bulgarien lebten und sich dort nach dem geeigneten Heiratsobjekt umsehen konnten, die Deutschfreundlichkeit der Bevölkerung, die es Erich ermöglichen würde, geschäftliche Beziehungen zur finanziellen Absicherung Elses anzuknüpfen, die allgemeine Schlamperei in diesem Land, bei der gewisse Unregelmäßigkeiten nicht weiter auffallen oder nicht so ernst genommen werden würden, das wunderbare Klima mit langen Sommern und viel Sonne – genau das Richtige für Else –, die Gastfreundschaft und Herzlichkeit der Bulgaren, die ihr über vieles hinweghelfen würden, die hübsche Hauptstadt Sofia, in der es sich angenehm leben ließe.

Wenn das kein einwandfreier Vorschlag war, was war es dann! Er wurde Erich unterbreitet, und der, im Zimmer auf und ab gehend, vor sich hinmurmelnd, und dann die Endsumme seiner Gedanken in einem »soso, aha!« zusammenfassend, erbat sich Bedenkzeit.

Bedenkzeit, meinte Walter, sei bei einer halben Minute vor zwölf eigentlich nicht mehr drin.

Sie könnten schon mal die Fühler ausstrecken, kam ihm Erich entgegen, aber eine Entscheidung könne erst fallen, wenn er alles gründlichst durchdacht und mit Else darüber gesprochen hätte. Sie haben die Fühler ausgestreckt, und Erich hat alles gründlichst durchdacht, und ich nehme an, daß das bis zur »Reichskristallnacht« gedauert hat.

Daß meine Mutter nicht mehr dieselbe war, habe ich nicht gemerkt. Höchstens, daß sie etwas anders war, stiller, nachdenklicher, eben nicht mehr so laut und ungestüm, aber das hat mir eigentlich gefallen. Sie schrie Bettina und mich auch nicht mehr so oft an. Wenn wir eine Dummheit gemacht hatten, zuckte sie die Schultern und meinte: »Wenn's nichts Schlimmeres ist«, und wenn ich mich über etwas beklagte, zum Beispiel, daß ich aus meinen Haaren nie einen dicken, langen Zopf würde machen können, sagte sie: »Deine Sorgen und Rothschilds Geld möchte ich haben!«

Ich war etwas traurig, daß sie nicht mit uns nach Pätz fuhr, aber sie hat mir dann erklärt, daß sie Wichtiges in Berlin zu erledigen habe und es mit Ellen doch genauso schön sei. Es war auch wirklich sehr schön mit ihr, und wir haben die ganze Zeit »den Unklugen gespielt«, wie meine Mutter das nannte.

Ende Juli fuhren wir nach Wannsee zurück, und ich brauchte immer noch nicht zur Schule zu gehen. Karin kam nicht mehr so oft wie früher, weil sie sehr viel im BDM zu tun hatte, und meine Mutter mußte immer noch Wichtiges in Berlin erledigen.

Mein Vater schenkte mir einen Waschbären mit einem langen, seidigen, schwarzen Pelz, einem winzigen, spitzen Gesicht mit einer silbergrauen Maske und einem unerhört buschigen Schwanz, dessen Spitze ebenfalls silbergrau war. Wir nannten ihn Bingo, bauten ihm einen großen Zwinger im Garten und stellten eine Waschschüssel hinein. Ich saß stundenlang mit Bingo im Zwinger.

Er wusch mit seinen kleinen, schwarzen Händchen jeden Bissen, bevor er ihn aß, und ich wollte sehen, ob er vielleicht auch ein Taschentuch wüsche. Ich gab ihm eins, und er hat auch angefangen es zu waschen, dann aber gemerkt, daß es nicht eßbar war, und es vor Wut zerfetzt. Eines Tages hat er von mir und dem Zwinger genug gehabt und sich nachts unter dem Zaun durchgegraben. Eine Frau entdeckte ihn in der Hohenzollernstraße in der Krone eines Baumes, und wir mußten die Feuerwehr holen. Man hat ein Sprungtuch ausgebreitet und Bingo hineingeschüttelt. Es ist ihm überhaupt nichts passiert, aber ich konnte nicht mehr aufhören zu weinen, denn plötzlich war mir klar geworden, daß sich der arme Bär so schrecklich nach der Freiheit sehnte. Wir haben ihn dann in den Zoo gegeben, wo er wenigstens Gesellschaft hatte.

Zweimal in der Woche hatte ich Ballettunterricht bei Tatjana Gsovsky. Sie war noch schöner als ihre Tochter Liena, größer, sehr schlank, mit einem feinen, schmalen Gesicht und einem Wust schwarzer Locken. Es ist merkwürdig, aber ich erinnere mich an keine der anderen Ballettschülerinnen, nur an Liena und Tatjana – vielleicht, weil die beiden so eindrucksvoll waren, daß alle anderen gegen sie verblaßten.

Ich sehe noch den großen Saal mit den Spiegelwänden und den Stangen und Tatjana in ihrem schwarzen Trikot und dem Stöckchen in der Hand. Und ich sehe Liena mit sehr verdrossenem Gesicht und in schlampiger Haltung an der Stange Übungen machen und ihre Mutter auf sie zugehen und ihr einen kleinen Schlag aufs Kreuz versetzen. Auch ich erhielt oft kleine Schläge auf die Beine, denn meine 1. und 5. Position waren selten perfekt.

Peter kam oft, stürmte in den Saal, unterbrach die Stunde, umarmte und küßte Tatjana, Liena, mich und verschwand in der anliegenden Wohnung. Er schien ganz zur Familie zu gehören, mehr als zu unserer.

Einmal nahm mich meine Mutter mit in sein Zimmer. Es lag im Dachboden, war sehr groß und hatte schräge Wände und Holzbalken. Überall lagen Decken, Kissen, Teppiche herum, und die Wände waren mit Plakaten, Photos und Bildern, die er selber gemalt hatte, bedeckt. Ich fand es sehr schön, so bunt und gemütlich. Er hatte eine siamesische Katze mit blauen Augen und Silberblick. Peter sagte, sie sei wild und kratze, aber wenige Minuten später lag sie in meinen Armen und schnurrte. Meine Mutter und mein Bruder standen am Fenster, die Rücken mir zugewandt, und sprachen mit leisen Stimmen. Trotzdem hörte ich, daß es um Geld und eine Reise ging, die Peter machen wollte. Und dann sagte meine Mutter, daran erinnere ich mich genau: »Peter, man kann nicht einfach abhauen und sagen: hinter mir die Sintflut.«

Es regnete stark an diesem Tag, und ich war sehr beunruhigt und fragte sie auf dem Heimweg, ob jetzt die Sintflut hereinbräche. Sie sagte nein, natürlich nicht, und wie ich immer auf so dumme Einfälle käme?

Ich habe in dieser Zeit wenig von dem verstanden, was die Erwachsenen sagten und taten. Auch die Geschichte mit Vater Johann war merkwürdig. Er wohnte in einem Mietshaus im vierten Stock, und während meine Mutter und ich die Treppen hinaufstiegen, erklärte sie mir, daß wir zu einem russischen Priester gingen, einem heiligen Mann. Ich fragte sie, wie man heilig werden könne, und sie antwortete: indem man gut und gütig ist. Ich war sehr gespannt und wurde auch nicht enttäuscht, als er die Tür öffnete. Vater Johann sah in seinem langen, schwarzen Gewand, mit dem gekräuselten Bart und einer Frisur, wie nur Frauen sie trugen, wirklich nicht aus wie ein gewöhnlicher Mensch. Er hätte Jesus sein können, mit dem blassen, schönen Gesicht und den bleichen Händen. Was mich störte, war seine Umgebung, die überhaupt nicht zu ihm paßte. Wir standen in einem kleinen, unordentlichen, düsteren Vorraum, in dem es muffig roch, und er legte seine bleichen Hände auf meinen Kopf und segnete mich. Das war alles. Doch meiner Mutter hat es offenbar genügt. Sie war still und andächtig, als wir drei Minuten später die Treppe wieder hinunterstiegen, und ich habe nicht gewagt, sie zu fragen, warum mich der russische Priester in diesem muffigen Vorraum gesegnet hatte.

Omutter und Opapa Kirschner sah ich in dieser Zeit selten und wenn, dann immer nur kurz. Sie kamen auch überhaupt nicht mehr nach Wannsee und gingen nie mehr mit mir spazieren. Ich bedauerte das sehr und bat meine Mutter, einmal einen ganzen Tag bei ihnen bleiben und dort auch übernachten zu dürfen. Sie sagte, das gehe nicht mehr, weil die Großeltern schon alte Menschen seien, die man nicht überanstrengen solle. Ich versprach, ihnen keine Mühe zu machen, aber da wurde sie nervös und sagte, ich solle Ruhe geben.

Ich habe der ganzen Sache nicht getraut, denn die Großeltern freuten sich immer schrecklich, wenn wir kamen, und ich merkte genau, daß sie uns gerne bei sich behalten hätten. Aber auch sie sagten nie ein Wort darüber.

Der Wellensittich war sehr komisch, flog und hüpfte im Zimmer herum, brabbelte aufgeplustert vor sich hin oder machte sich lang und dünn und kreischte uns an. Omutter und Opapa sagten, er sei wie ein Kind, und so behandelten sie ihn auch.

Warum habe ich nicht ihre unendliche Trauer gespürt und geweint, geweint wie bei meinem Waschbären, den die Menschen der Freiheit beraubt hatten und der im Sprungtuch zappelte und schrie. Aber sie schrien eben nicht, sie lächelten, wenn wir kamen, und gingen liebevoll auf unsere Freuden und Sorgen ein.

Im Oktober 1938 kamen wieder zwei neue Verordnungen heraus:

Jüdische Reisepässe wurden mit einem »J« versehen.

Rund 15 000 »staatenlose« Juden wurden nach Polen abgeschoben. Am 7. November fand das Attentat Herschel Grynszpans auf den Gesandtschaftsrat von Rath in Paris statt.

Am 8. November kam es zu heftigen Ausschreitungen gegen Juden. Erich rief bei Else in Wannsee an und verlangte, daß sie mit den Kindern umgehend zu den Schwieferts ginge und dort so lange bliebe, bis sie sicher in die Hohenzollernstraße zurückkehren könnte. Er hätte bereits mit Fritz und Enie darüber gesprochen, und sie erwarteten sie.

Else packte das Notwendigste in eine Tasche. Ihre Hände zitterten. Bei jedem ungewohnten Geräusch auf der Straße hielt sie den Atem an und lauschte. Zum erstenmal spürte sie die Angst physisch, in ihren Eingeweiden, in den hämmernden Schlägen ihres Herzens, in der ausgedörrten Kehle. Sie sagte Bettina und Angelika, daß die Schwieferts beschlossen hätten, das große Atelier, das ihnen so gut gefiele, zu vermieten und sie für ein paar Tage dort hinzögen. Es wäre doch hübsch, ganz in der Nähe von Papa Fritz, Tante Enie und Didi zu wohnen. Die Kinder fanden das auch und freuten sich.

Das Atelier war ein extravaganter Bau, der sich in dem großen Garten, ein paar Schritte von dem Wohnhaus entfernt, befand. Es war mit alten, rustikalen Möbeln eingerichtet und bestand aus einem riesigen, wunderschönen Raum mit einem Kamin, in dem ein Erwachsener aufrecht stehen konnte, einem Schlafzimmer mit anschließendem Bad, in dessen tief in den Boden eingelassene, große Marmorwanne man ein paar Stufen hinabsteigen mußte, einer kleinen Küche und einem zweiten Zimmer, das, ins Dach hineingebaut, über eine Wendeltreppe erreichbar war. Kein Wunder, daß Bettina und Angelika den Einfall ihrer Mutter großartig fanden und mit Begeisterung dort einzogen.

Einen Tag später, am 9. November, starb von Rath an den Folgen des Attentats, und in jener Nacht fand das Pogrom statt. Am nächsten Morgen, dem 10. November, waren die Straßen der Berliner Innenstadt mit Scherben und demoliertem Hausrat bedeckt und die Luft mit Rauch geschwängert. Von den zwölf großen Synagogen waren neun weitgehend zerstört, Hunderte von jüdischen Geschäften verwüstet, 10000 Juden festgenommen und in das Konzentrationslager Sachsenhausen verschleppt, 91 Juden erschlagen und erschossen, zahllose verprügelt und verletzt worden.

Peter rannte zu den Kirschners, Erich fuhr zu Else und den Kindern nach Wannsee.

Sie müßten hier raus, sagte Peter zu seinen Großeltern, sie dürften nicht einen Tag länger in dieser Hölle bleiben.

Daniel und Minna, die die ganze Nacht nicht geschlafen und Todesängste ausgestanden hatten, sagten, er solle doch vernünftig sein! Sie seien alte Leute, und es gebe kein »Heraus« mehr für sie.

Peter, der ihre Resignation nicht ertragen konnte, schrie, es gebe immer ein Heraus, wenn man es mit allen Kräften anstrebe, wenn man es wirklich wolle und daran glaube.

Ihnen fehle der Moses, lächelte Daniel, und Minna sagte, sie wolle und glaube gar nichts mehr, und ihre einzige Sorge seien Else, er und die Mädchen. Aber es heiße ja, daß Halbjuden und Juden, die mit Deutschen verheiratet seien, nicht ein Haar gekrümmt werde. Ob er auch dieser Meinung sei?

Er denke nicht in Kategorien wie Halbjuden und Juden, die mit Deutschen verheiratet seien, sagte Peter. Schon aus Gewissensgründen müßte jeder, der auch nur einen Tropfen jüdischen Blutes habe, aus dieser Kloake, die sich Deutschland nenne, raus. Er jedenfalls werde in dem Moment, in dem er seine Papiere und ein bißchen Geld zusammenhabe, draußen sein. Es könne sich nur noch um ein paar Tage handeln.

Was seine Mutter dazu sage, fragte Minna mit einem Seufzer.

Seine Mutter halte ihn für unzurechnungsfähig, weil er Deutschland verlassen wolle, und er halte seine Mutter für unzurechnungsfähig, weil sie in Deutschland bleiben wolle. Man werde ja sehen, wer von ihnen beiden recht behalten würde.

Es gebe für sie keine Alternative mehr, sagte Erich zu Else, als Deutschland zu verlassen, und es gebe keine andere Möglichkeit, es zu verlassen, als die einer fiktiven Eheschließung mit einem Ausländer. Er habe alles genau durchdacht, und es sei der einzige Ausweg. Ob sie damit einverstanden sei, wenn ja, würde er alles schnellstens in die Wege leiten.

Ob er sich von ihr scheiden lassen wolle, fragte Else.

Er wolle nicht, er müsse, da sonst dieser Plan undurchführbar sei.

Ob er diesen Plan schon lange gehabt habe? Und wer ihn ausgeheckt habe? Seine Familie?

Sie setze die falschen Prioritäten, sagte Erich, es gehe hier nicht darum, daß er sich von ihr scheiden lassen, sondern darum, daß er sie in Sicherheit bringen wolle. In Anbetracht dessen sei es unfair von ihr, diese argwöhnischen Fragen zu stellen. Es sei richtig, daß ihm sein Vater und Bruder Walter diesen Vorschlag vor einigen Wochen gemacht hätten, aber er habe ihn nur als allerletzte Möglichkeit in Betracht gezogen. Er habe von ganzem Herzen gehofft, daß es nie dazu kommen würde, aber nun sei es dazu gekommen, und er bitte sie, sachlich und gerecht zu bleiben und ihm keine unlauteren Motive zu unterstellen.

Ihm bestimmt nicht, aber seiner Familie. Jetzt hätten sie doch endlich die Gelegenheit, sie loszuwerden, und das auch noch unter dem moralischen Deckmäntelchen, sie retten zu wollen. Nein, diese fabelhafte Chance gebe sie den feinen Herren nicht. Lieber hier verrecken als mit Pauken und Trompeten abgeschoben werden. Warum könnten denn Anja und Ulli in Deutschland bei ihren Männern bleiben und würden nicht von der Familie Schrobsdorff »gerettet«? Könne er ihr das vielleicht sagen? Wenn nicht, sie könne es. Weil in dem einen Fall Walter, im anderen Anja sich nicht kleinkriegen ließen und außerdem so gerissen seien, daß sie sogar die Nazis an der Nase herumführten. Aber in ihrem Fall habe man ja ein leichtes Spiel. Er, Erich, sei weich und sie dämlich, und beide hätten sie den Kopf verloren. Also müßte sie daran glauben. Nein, sie mache ihm keine Vorwürfe, und sie beschuldige ihn nicht – sie habe ja gar kein Recht dazu. So wie sie sich ihm gegenüber benommen habe, sei es nur allzu verständlich, daß er sich nicht auch noch in diesen Abgrund von ihr reißen lassen wolle. Sie hätte ihn schließlich jahrelang im Stich gelassen, hätte seine Anständigkeit mit Unanständigkeit vergolten, also könne sie jetzt, in dieser infernalischen

Situation, nicht auch noch seinen vollen Einsatz erwarten und müsse dankbar sein, daß er sie in Sicherheit bringen wolle. Aber das könne er sich nun auch ersparen.

Erich stand da, wo ihn Elses Ausbruch überrascht und festgenagelt hatte, einige Meter von ihr entfernt, neben Fritz' Flügel, auf dem ein Photo von Enie und Else aus der Dahlemer Zeit aufgestellt war. Ein Ausdruck ungeheuerlicher Bestürzung hatte sein Gesicht gelähmt. Er sah aus wie ein Schlafwandler, der, durch einen Ruf geweckt, feststellt, daß er sich fünf Stock über der Erde auf dem äußersten Rand des Fenstersimses befindet. Else hatte mit furchtbarer Treffsicherheit immer ins Schwarze gefeuert, und Gedanken, die er nie zu denken, geschweige denn sich einzugestehen gewagt hatte, waren plötzlich konkret geworden und in die empfindlichsten Zentren seines Wesens eingedrungen. Sein Vorhaben, Else in einem anderen Land in Sicherheit zu bringen, war nicht selbstlos. Es bedeutete, sich selber in Sicherheit zu bringen. Und auch, wenn er aus den von ihr genannten Gründen ein Recht dazu haben sollte, war das Unrecht damit nicht auszulöschen. Denn hier ging es nicht mehr um sein persönliches Recht Else gegenüber, sondern um das kollektive Unrecht seines Volkes den Juden gegenüber.

Else blickte zu Erich hinüber, und als sie ihn so stehen sah, mit hängenden Armen und fassungslosem Gesicht, kam ihr der Gedanke, daß er vielleicht hilfloser sein könnte als sie selber. Was hatte sie eigentlich von ihm erwartet? Daß er sich zusammen mit ihr in eine lebensgefährliche Lage brächte und sagte, was dir widerfährt, widerfährt auch mir – er, der bei dem ersten physischen und psychischen Fußtritt zusammenbrechen würde? Daß er mit ihr emigrierte – er, der unfähig war, ohne den finanziellen Rückhalt des Schrobsdorffschen Bauunternehmens zu existieren? Würde es ihr helfen, einen Mann an ihrer Seite zu haben, der nicht in der Lage wäre, die Kraft, die praktische Geschicklichkeit, die materiellen Mittel aufzubringen, um sich, sie und die Kinder über Wasser zu halten? Hatte sie nicht schon immer gewußt, daß er ein Herr war, aber kein Mann und Probleme nicht im existentiellen Nahkampf, sondern nur in der ihm angemessenen, vornehmen und bedächtigen Form bewältigen konnte? Hatte sie also von ihm erwartet, daß er sich jetzt mit fünfundvierzig Jahren, in einer apokalyptischen Situation, in einen Zeus verwandelte? Nein, das wohl nicht, aber vielleicht hatte sie erwartet, daß er sich, wenn schon nicht der Situation, dann wenigstens sich selbst stellte.

»Erich«, sagte sie, »das ist die Stunde der Wahrheit, und aus der können wir uns nicht mehr herausmogeln. Das einzige, was wir noch tun können, ist, uns nichts mehr vorzumachen und uns gegenseitig, soweit es in unserer Macht steht, zu helfen. Ich erwarte nicht von dir, daß du ein Heiliger bist, und du erwarte bitte nicht von mir, daß ich in einem Moment, in dem mein Leben zerstört wird, sachlich und gerecht bin. Vielleicht kann ich es irgendwann, vielleicht werde ich es nie können. Vielleicht bleibe ich hier in dieser Hölle, vielleicht lasse ich mich in die Wüste schikken. Ich weiß momentan überhaupt nichts mehr.«

Erich setzte sich in einen Sessel und strich sich ein paarmal mit beiden Händen von der Stirn abwärts über das Gesicht, das von einer Minute auf die andere grau und schlaff geworden war. »Ich weiß soviel wie du«, sagte er dann, »und die Entscheidung liegt bei dir. Wenn du hierbleiben willst, lasse ich mich selbstverständlich nicht scheiden, aber so, wie die Dinge laufen, kann ich nicht sagen, wie lange du noch durch die Ehe mit mir geschützt sein wirst. Wenn du das Land verlassen willst, werde ich sofort alle notwendigen Vorbereitungen treffen. Wie gesagt, die Entscheidung liegt bei dir.«

»Dir wäre es lieber, wenn ich das Land verließe, nicht wahr?«

»Ja«, sagte Erich, »unter den gegebenen Umständen wäre es mir lieber.«

In Wannsee gab es keine Reichskristallnacht, und hätte es sie gegeben, wäre meiner Mutter gewiß eine einleuchtende Erklärung dazu eingefallen: »Weißt du, das ist so ein neues Spiel, das die Deutschen jetzt spielen...«

Ich habe erst viele Jahre später, ich weiß nicht mehr wann und bei welcher Gelegenheit, von dem Pogrom erfahren und versucht, einen Hinweis darauf in meiner Erinnerung auszugraben. Aber es ist mir nicht gelungen. Die Reichskristallnacht ist spurlos an mir vorübergegangen.

Wenn ich an die zweieinhalb Monate, die wir »Am kleinen Wannsee 20a« wohnten, zurückdenke, dann liegt über dieser Zeit ein Hauch von Traurigkeit und erster Ahnung. Etwas war anders geworden, entscheidend anders und nicht mehr vor mir zu verbergen. Es ging von meiner Mutter aus, die noch stiller geworden war und gleichzeitig von elektrisierender Unruhe getrieben. Selbst wenn sie nicht ziellos durch Haus und Garten lief, sondern mit einem Buch oder Rätselheft in einem Sessel saß, war es, als warte sie ständig angespannt auf irgend jemand oder irgend etwas. Schaute ich zu ihr hinüber, entdeckte ich, daß sie gar nicht las oder Rätsel riet, sondern ins Leere starrte und an der Haut ihrer Nagelbetten zupfte, eine neue Angewohnheit, die mir gar nicht gefiel, denn manchmal zupfte sie so lange, bis es blutete.

Es war ein November mit nebelverhangenen Morgen, lichtlosen Tagen und früh hereinbrechender Dunkelheit. Ich war oft alleine in dem großen Atelier, an dem langen Tisch, der, nicht weit vom Kamin entfernt, hinter dem mit Chintz bezogenen Sofa stand. Ich spielte stundenlang mit mir allein Gesellschaftsspiele: Domino, Mensch ärgere dich nicht, Mikado, legte Patiencen, baute zahllose Kartenhäuser. Karin war aus Wannsee fortgezogen, eine Erleichterung für meine Eltern, aber ein großer Verlust für mich. Gerade jetzt hätte ich eine Freundin gebraucht, ein robustes, furchtloses Mädchen, das mich vor meiner Ahnung schützte, so wie damals vor den Mitschülerinnen.

Meine Mutter war oft bei Enie im anderen Haus, und

Bettina ging mehr und mehr ihre eigenen Wege. Sie war inzwischen sechzehn Jahre alt, vom Fett der Mast- und Liegekur befreit und im Begriff, weibliche Formen zu entfalten. Dem Wesen nach war sie zwar immer noch Kind, aber gegen mich, fünf Jahre jünger und weitere fünf Jahre in der Entwicklung zurück, fast schon eine Erwachsene. Ich weiß bis heute nicht, inwieweit sie von unserer Mutter über die Situation aufgeklärt worden war. Ihre Erinnerungen an diese Zeit sind ganz anders als meine, und sehr viel scheint verschüttet und verdrängt. Sie war in der Pubertät, zeigte die ersten Anzeichen von Verschlossenheit und Widerborstigkeit und war mehr auf die Vorgänge in ihrem Körper als auf die Ereignisse um sie herum konzentriert. Natürlich wußte sie mehr als ich, aber bestimmt nicht alles. Es werden Halbwahrheiten gewesen sein, sorgfältig gesiebt und verdünnt, um sie vor einem Schock zu bewahren. Sie war kein Mensch, der viel fragte, und das, was sie wußte und nicht sagen sollte, behielt sie für sich. Ich entsinne mich nicht, ein verdachterregendes Wort von ihr gehört oder auf eine kniffelige Frage von der Art: »Warum darf ich eigentlich nicht mehr nach Berlin?« eine Antwort bekommen zu haben, mit der sich etwas anfangen ließ. Sie wurde in solchen Fällen barsch und brummte etwas wie: »Was hast du denn in Berlin zu suchen!« Aber es gab auch Stunden, in denen wir einträchtig miteinander spielten oder uns abends, wenn wir im Bett lagen, Geschichten erzählten. Wir teilten das Dachzimmer, das mit seiner tiefgezogenen Decke und den schrägen Wänden, mit den niedrigen Couchen und bunten Teppichen wild romantisch war.

Oft spielte ich auch mit Fritz' und Enies Sohn Didi im Garten, doch war er erst fünf Jahre alt, und an richtige Spiele mit ihm war nicht zu denken. Das Beste, was man mit ihm machen konnte, war Unfug treiben, und das ging Tante Enie auf die Nerven. Sie arbeitete mit Vorliebe im Garten, jätete Unkraut, stutzte Sträucher oder harkte das Laub zusammen, das knöchelhoch die Erde bedeckte. Ich sehe sie noch, klein und energisch, in langen Hosen, ein im Nacken gebundenes Tuch um den Kopf, die Harke in der Hand. Ihren flinken, scharfen Augen entging nichts, und ihre Schreie: »Didi, Angeli, ich hau' euch die Hucke voll, wenn ihr das noch einmal macht!« erreichten uns in den entferntesten Ecken. Sie war sehr launisch in jenem Herbst und mindestens so jähzornig, wie meine Mutter es einmal gewesen war. Ich erinnere mich, vielleicht mehr der Worte als der Lautstärke wegen, eines besonders bösen Anpfiffs. Tante Enie wühlte wie ein Maulwurf in der feuchten, dunkelbraunen Erde, und meine Mutter hatte mir ein belegtes Brot in den Garten gebracht, das ich ungesehen, so glaubte ich, im Gebüsch verschwinden ließ.

»Angeli«, brüllte sie da, »du bist der verwöhnteste Balg auf Gottes weiter Erde! Spielst Prinzessin auf der Erbse, machst deiner Mutter das eh schon schwere Leben noch schwerer und denkst, das ginge immer so weiter. Du kannst Gift drauf nehmen, mein Kind, das tut es nicht!«

Didi, der neben mir stand, schnitt eine komische Grimasse, nahm meine Hand und zog mich mit sich fort.

»Die schreit jeden an«, versuchte er mich zu trösten, aber mir ging das schwere Leben meiner Mutter nicht mehr aus dem Kopf. Was war denn schwer an ihrem Leben, da sie doch alles hatte, was man sich wünschen konnte? Ich verstand es einfach nicht.

Und dann, eines Tages, als ich wieder mit Didi im Garten spielte, Tante Enie Laub zusammenharkte und meine Mutter sich zu einem Mittagsschlaf hingelegt hatte, hörte ich furchtbare Geräusche aus dem Atelier: Schluchzen und Stöhnen, Wimmern und Heulen. Ich sah, wie Tante Enie die Harke wegschleuderte und ins Haus rannte. Sie hatte in ihrer Hast die Tür hinter sich offen gelassen, und ich, in irrsinniger Angst um meine Mutter, lief hinterher. Doch als ich auf der Schwelle stand, wagte ich mich nicht weiter in den Raum hinein, denn da, auf der breiten Couch unter dem Fenster, lag eine Frau, die nichts mehr mit meiner Mutter zu tun hatte. Sie wand und krümmte sich, schnellte hoch, ließ sich fallen, schmiß sich von einer Seite auf die andere. Tante Enie warf sich über sie, versuchte sie in die Arme zu nehmen und festzuhalten. Als ihr das nicht gelang, sprang sie auf und lief in Richtung Telefon, sah mich erstarrt auf der Schwelle stehen und schob mich schnell in den Garten hinaus.

»Deine Mutter hat eine schreckliche Migräne«, sagte sie, »du brauchst keine Angst um sie zu haben. Ich hole gleich den Arzt, und heute abend ist alles wieder gut.«

Ich rannte durch den Garten auf die Straße, die da, wo wir wohnten, das Ende einer Sackgasse war. Unserem Grundstück gegenüber lag ein Altersheim, und ein paar alte Leute hatten einen Ausflug auf die Straße gewagt und sich dort auf den drei grün gestrichenen Bänken niedergelassen. Ich setzte mich zu ihnen und starrte, so wie sie, die Straße hinunter, die vollkommen leer war.

Ich dachte: Es wird nie mehr so wie früher, Mutti wird nie mehr so wie früher, ich werde nie mehr so wie früher, unser Leben wird nie mehr so wie früher… Und ich konnte nicht aufhören, diese Sätze zu denken, wieder und wieder und wieder, bis die Ahnung zur Gewißheit geworden war und der Hauch von Traurigkeit eine bedrückende Trauer: Nein, es wird nie mehr so wie früher…

Einen Tag nach der Reichskristallnacht kam der Erlaß heraus, daß die Gesamtheit der deutschen Juden eine Sühnezahlung von 1 Milliarde Reichsmark zu leisten und alle Schäden des Pogroms auf eigene Kosten sofort zu beseitigen hätten. Dem schlossen sich in schneller Folge acht weitere Erlasse an, darunter die, daß Juden keine Geschäfte und Handwerksbetriebe mehr führen, keine Theater, Lichtspielhäuser, Konzerte und Ausstellungen mehr besuchen, sich zu bestimmten Zeiten und in bestimmten Gebieten nicht mehr bewegen dürften. Daß jüdische Kinder nicht mehr deutsche Schulen und jüdische Studenten nicht mehr deutsche Universitäten besuchen dürften, daß Juden Führerscheine und Zulassungspapiere entzogen würden, daß sie ihre Betriebe verkaufen und ihre Wertpapiere und Schmucksachen abliefern müßten.

Else hatte die Entscheidung getroffen, Deutschland zu verlassen. Erich hatte mit Hilfe seines Vaters, seines Bruders Walter, der bulgarischen Ärztin Dora Taslakowa und dem Rechtsanwalt Dr. Filier alles schnellstens in die Wege geleitet. Erich und Else ließen sich scheiden, eine Formalität, die keine Vorbereitungen erforderte.

Else bekam einen Nervenzusammenbruch. Erich ging zu dem damals berühmten Astrologen van Hogerwörth, damit der aus den Sternen läse, was kein Sterblicher mehr voraussehen konnte. Else wurde also von einem Arzt, einem Astrologen und einem russischen Priester behandelt: Der erste gab ihr Beruhigungstabletten, der zweite stellte ihr jeden Morgen ein Tageshoroskop, der dritte hielt ihren Glauben aufrecht. Abends kam Erich, um festzustellen, wie die Therapien anschlugen.

Und dann kam Peter.

Er fand Erich und Else, Fritz und Enie vor dem brennenden Kamin im Atelier und meinte, das sei ja hier sehr hübsch – so wie in alten Zeiten.

Sie sahen ihn alle vier vorwurfsvoll an. Ob er erwartet hätte, daß sie schon auf gepackten Koffern säßen, fragte ihn sein Vater.

Gott bewahre, sagte Peter.

Was ihnen die Ehre seines Besuches verschaffe, fragte sein Stiefvater.

Das Übliche, sagte Peter, aber das zum letztenmal. Er, im Gegensatz zu ihnen, säße nämlich auf gepackten Koffern, habe alle Papiere beisammen und brauche nur noch das Geld für die Reise nach Portugal und eine kurze Überbrückungszeit.

Wieso ausgerechnet Portugal? fragte Else.

Weil ihm Jack Blackwood, Ellens Verlobter, dazu geraten habe.

Auch ein Grund! sagte Enie.

Und was er in Portugal zu tun gedenke, fragte Erich.

Arbeiten, was immer sich fände.

Das sei doch eine Schnapsidee, rief Fritz, und rausgeschmissenes Geld! Denn wenn er das in Portugal ausgegeben hätte, wäre er wieder zurück, und das Theater begänne von neuem.

Hier irre Goethe, sagte Peter. Für ihn gebe es nur ein Immerweiterweg von dem Land seiner Väter und kein Zurück mehr.

Ach Peter! seufzte Else mit einem ängstlichen Blick auf Fritz' und Erichs gekränktes Gesicht.

Er halte sich offenbar für den einzigen Antinazi auf weiter Flur, bemerkte sein Vater.

Keineswegs, erwiderte Peter, aber für einen der wenigen, der nicht aus Zwang, sondern aus moralischen Gründen konsequent sei.

Sein Stiefvater fuhr auf: Was er, Peter, Konsequenz nenne, nenne er, Erich, Verantwortungslosigkeit. Aber eine große, demonstrative Geste liege ihm natürlich viel mehr als eine gute, unauffällige Tat, das Risiko eines Emigrantendaseins mehr als der Trott eines bürgerlichen Lebens. Ob er mit seinen ehrenwerten Moralbegriffen schon einmal an seine Großeltern gedacht habe, die ihn unter diesen grausamen Umständen mehr brauchten als das liebe Brot; an seine Mutter, die die schwerste Periode ihres Lebens durchmache, an seine Schwestern, denen ein böses Erwachen bevorstünde? Ob er nicht merke, daß die Selbstgefälligkeit, mit der er seine moralische Haltung an die große Glocke hänge, nichts anderes sei als ein Weglaufen vor der Pflicht, seinen Nächsten beizustehen?

Er liebe seine Großeltern, seine Mutter und seine Schwestern, erklärte Peter, aber man dürfe nicht von ihm verlangen, ihretwegen zum Handlanger eines Systems zu werden, das es sich zur Aufgabe gemacht habe, den letzten Funken Menschlichkeit in sich auszutreten und mit bestialischen Methoden Hunderttausende von schuld- und schutzlosen Menschen zu verfolgen, zu entrechten, zu verschleppen, zu erschlagen, zu quälen und zu berauben.

Denn jeder, der in diesem Verbrecherland bleibe und sich dank eines arischen Stammbaums ein sogenanntes normales Leben leiste, mache sich zum Handlanger, mache sich schuldig, mache sich dreckig. Und das bringe er nicht über sich, für niemanden, nicht für seine Mutter, die er über alles liebe, nicht für seine Großeltern, nicht für seine Schwestern. Es gehe hier um eine viel größere Verantwortung als die seiner Familie gegenüber. Es gehe hier um das heiligste Gesetz: Mensch zu sein, Mensch zu bleiben. Und das könne man nicht in diesem Land.

Es herrschte ein langes, unbehagliches Schweigen, dann sagte Fritz: In anderen Worten, er, Erich und Enie, um nur drei zu nennen, seien keine Menschen oder würden zumindest keine bleiben.

Das sei sein Standpunkt, erklärte Peter, sie hätten den ihren.

Er solle sich wirklich schämen, sagte Else, so den Unklugen zu spielen und dann auch noch Geld zu verlangen.

Er könne nicht einmal des Geldes wegen seine Einstellung ändern, lächelte Peter.

Er hätte von mir, mit oder ohne diese Einstellung, kein Geld bekommen, sagte Fritz.

Er wäre nach wie vor bereit, ihn zu unterstützen, wenn es um eine Berufsausbildung oder ein Studium ginge, sagte Erich, aber er würde sich hüten, eine Reise ohne Hand und Fuß zu finanzieren. Das sei doch nur Drückebergerei.

Enie erklärte, sie würde ihm das Geld geben, damit er am eigenen Leibe erfahre, daß man mit überspanntem Quatsch nicht weit komme.

Er solle doch jetzt bitte vernünftig sein, sagte Else, und einsehen, daß sein Platz hier sei und er als Halbjude...

Sie solle, um Gottes willen, aufhören, unterbrach er sie, sie sollten, um Gottes willen, alle aufhören! Das sei ja zum Kotzen! Er hätte seinen Standpunkt in eindeutigen Worten klargemacht, aber die liefen an ihnen ab wie Wasser an der Ente. Sie behandelten ihn wie einen Kretin, und das sei gewiß das einfachste. Nur nicht ernst nehmen, denn sonst laufe man Gefahr, Zweifel an sich selber aufkommen zu lassen. Er könne auf ihre Ratschläge, Belehrungen und Verdrehungen verzichten! Sich diesen Stuß anzuhören, wäre selbst für einen Haufen Geld ein zu hoher Preis gewesen, wie dann erst für gar keines. Er verabschiede sich hiermit: von seinem Stiefvater, der ihn für einen Drückeberger halte, von seiner Stiefmutter, die ihn für einen Quatschkopf halte, und von seinem Vater, bei dem er sich für nichts anderes zu bedanken habe als für sein arisches Erbe, ein großes Privileg heutzutage, mit dem es einem zur Zeit noch gelinge, dank eines reichsdeutschen Passes, über die stinkende Grenze zu kommen. Aber in dem Moment, wo er drüber sei, würde er zum nächsten deutschen Konsulat gehen und sich ein »J« und den Namen Israel reinstempeln lassen. Auf daß er ein für allemal nichts mehr mit diesem verfluchten Volk zu tun habe.

Er ging, ohne Fritz, Erich und Enie die Hand zu geben. Else folgte ihm.

»Peter«, sagte sie, »warum willst du dir unbedingt dein Leben zerstören?«

»Ich würde es zerstören, wenn ich hierbliebe«, gab er zur Antwort, »und nicht dadurch, daß ich weggehe. Und selbst wenn ich es dadurch zerstören sollte, wäre es die richtige Wahl, denn ich gehöre zu euch, deren Leben man zerstört.«

Eine Woche später begleitete Else ihren Sohn zum Bahnhof Zoo. Er hatte das nötige Geld von Jack Blackwood bekommen und ging nach Faro, einem kleinen Städtchen in Portugal.

In einem seiner späteren Briefe schrieb er an seine Mutter: »... Weißt Du noch, unser Abschied? Oh, wie oft hat mich das gequält, diese Szene auf dem Bahnhof Zoo. So kurz war alles, und Du warst so traurig und so tapfer, und ich war so schlecht zu Dir. Zwei Monate, Tag und Nacht, hätte ich vorher bei Dir sein müssen. Ach, Muttilein, so viele Vorwürfe deswegen. Immer werd' ich Dein Lächeln sehen, wie Du die Treppen hinaufgingst und wie in diesem

Lächeln das Weinen stand, offener als in allen Tränen. Und Deine Hand, wie gewaltsam erhoben, hing wie ein toter Vogel in der Luft. Ich hatte nur noch die Erinnerung an ein sehr fernes Winken, eins von früher. Und ich stürzte nicht zu Dir, obgleich ich wußte, daß nur dies nötig war, daß dies unsere unwiderruflichsten Minuten waren...«

Sie sahen sich nie wieder.

Ich erinnere mich nicht an den Tag, an dem ich Peter zum letztenmal gesehen habe. Er wird es bestimmt nicht als letztes Mal zelebriert, sondern so getan haben, als sei er nur schnell vorbeigekommen und würde nächste Woche wiederkommen. Vielleicht hat er mich etwas länger an sich gedrückt und etwas heftiger geküßt, vielleicht ist nichts von all dem gewesen, und ich habe ihn das letzte Mal – ja, ich weiß nicht, wann – gesehen. Es ist furchtbar, kein bewußtes letztes Mal zu haben, wenn man einen Menschen, den man liebt, dann nie, nie mehr wiedersieht. Peter war wie eine Sternschnuppe in meinem Leben, ein leuchtender kleiner Himmelskörper, der einem entgegenfällt und erlischt. Physisch erlischt. Geistig habe ich ihn zwanzig Jahre später kennengelernt, durch seine Briefe an unsere Mutter.

Es hat Tage gedauert, bis ich meiner Mutter wieder ins Gesicht sehen konnte, ohne gleichzeitig das Bild der fremden, unheimlichen Frau auf der Couch zu sehen. Sie hat es natürlich gemerkt und war noch liebevoller zu mir als gewöhnlich, aber sie hat nie mit mir über ihren »Migräneanfall« gesprochen. Der Arzt kam oft, und einmal fragte ich: »Mutti, bist du krank?« Sie sagte, nein, sie sei vollkommen gesund, nur die Nerven seien etwas angeschlagen, aber das sei keine Krankheit. Sie war auch wieder ruhig geworden, ruhiger, als ich sie jemals erlebt hatte, und sie hörte viel Musik, mit geschlossenen Augen und einem fast glücklichen Ausdruck im Gesicht. Ich wußte, daß sie weit weg war. Manchmal setzte ich mich zu ihr in den Sessel, und dann sagte sie mir, wer die Musik komponiert habe, und machte mich auf die Stellen aufmerksam, die sie am liebsten hatte. Sie sagte, es gebe nichts Schöneres als Musik.

Ich durfte auch wieder nach Berlin, um, zusammen mit Bettina, Omutter und Opapa Kirschner zu besuchen. Wir wurden von Herrn Budau, dem Chauffeur meines Vaters, zu ihnen gebracht und etwa zwei Stunden später wieder nach Wannsee zurückgefahren.

Es waren schöne Stunden bei den Großeltern. Wir spielten Schreibspiele und Quartett, aßen Kreppchen, tranken Malzkaffee und amüsierten uns über Pipa, den Wellensittich. Manchmal kam Elisabeth dazu. Sie führte meinem Vater nach wie vor den Haushalt und kaufte für die Großeltern alles ein, was sie zum Leben brauchten.

»Sie ist ein wunderbarer Mensch«, sagte Omutter, »ich weiß nicht, was wir ohne sie täten.«

Ich fragte, ob sie selber gar nicht mehr einkaufen gehen könnten, und sie antwortete, sie seien schon alt und das Tragen falle ihnen schwer. Ich wollte wissen, ob sie sich vor dem Tod fürchte, und da sagte sie, nein, im Gegenteil, sie freue sich auf ihn. Der Tod sei für alte Menschen überhaupt nichts Schlimmes, sondern in vielen Fällen eine Erlösung. Ich bat sie, noch lange nicht zu sterben, denn ohne sie würde es für mich gar nicht mehr so schön sein auf der Welt, und da nahm sie mich in die Arme und sang das Lied von Pipifax dem Kleinen: »Fünf mal hunderttausend Teufel zogen einstmals in die Welt, ach, die armen, armen Teufel hatten keinen Pfennig Geld...«

Ich lachte, aber eigentlich nur ihr zu Gefallen. Sie war so klein und zerbrechlich geworden und ihre Stimme auch.

Am Nikolaustag gingen mein Vater, Bettina und ich zu den Großeltern Schrobsdorff. Meine Mutter kam nicht mit. Onkel Walter und Tante Ulli waren da, Onkel Alfred, Tante Anja und die Zwillinge. In der düsteren Halle hing ein Adventskranz von der Größe eines Lastwagenrades, und die mit Geschenken gefüllten Stiefel, die wir bekamen, hätten einem Riesen passen können. Onkel Walters Gesicht kam mir noch zerquetschter vor als früher, und ich erwiderte sein Lächeln immer noch nicht. Tante Ulli, fand ich, hatte Ähnlichkeit mit einer glitschigen, öligen Otter.

Onkel Alfred und Tante Anja waren böse aufeinander, und die Zwillinge sahen aus wie Märchenprinzen, aber sie bewegten sich nur, wenn man sie aufzog. So kam es mir vor.

Nach dem Essen ging ich mit der Großmutter in die Biedermeierzimmer. Sie fragte mich, ob ich im grünen oder blauen Zimmer sitzen wolle, und ich entschied mich fürs grüne, weil grün die Hoffnung ist. Der Dackel Strolchi und der Pinscher Pucki waren mitgekommen und legten sich jeder in sein Biedermeierkörbchen. Die Großmutter nahm plötzlich meine Hand und sagte, daß ich ihre Lieblingsenkelin sei und sie immer an mich denken und für mich beten würde. Dann las sie mir ihr neuestes Gedicht vor, das ›Am Abend‹ hieß.

»Wie ist die Stube seltsam doch, / so eingefangen von der tiefen Stille, / und über den vertrauten Dingen / schwebt es verhalten noch wie eine Melodie. / Hebt nicht die Uhr mit müden Schlägen an / und geht von leisen Schritten noch / ein Zittern durch die alten Schränke? / Von der Erinnerung geweckt, steht manches auf, was hier und dort gewesen, / denn in den Gärten geht der Abend um mit zärtlichen Gebärden.«

Als sie geendet hatte, legte sie den Arm um mich und zog meinen Kopf an ihren gewaltigen, groß geblümten Busen. Sie begann zu weinen, und ich, tief bewegt von dem Gedicht und ihren Tränen, weinte mit.

Von der Erinnerung geweckt, steht manches auf...

Else schluckte jeden Morgen eine Beruhigungstablette. Dann rief sie den Astrologen van Hogerwörth an, der ihr bereits das Tageshoroskop gestellt hatte. Es gab Tage, an denen die Konstellation der Sterne in Beziehung zu ihr sehr gut war und sie furchtlos und mit Erfolg alles unternehmen und erledigen konnte, was anfiel. Es gab Tage, an denen er ihr riet, zu Hause zu bleiben, da die Bestrahlung ungünstig war. An den erfolgversprechenden Tagen fuhr sie nach Berlin, entweder allein, um Vater Johann aufzusuchen und die wenigen Freunde, die ihr noch nahestanden, zu treffen, oder mit Enie, um Einkäufe für ihre Auswanderung zu machen. Bulgarien, eins der wenigen Länder, über das sie noch nie ein Wort gehört hatte, war bestimmt sehr rückständig, und man mußte von Büchern über Toilettenutensilien bis zur kompletten Garderobe an alles denken.

Die drei Brüder der Ärztin Dora Taslakowa hatten den geeigneten Mann für Else bereits gefunden und ihn als einen fünfunddreißigjährigen, einfachen, aber außerordentlich anständigen und gutmütigen Mann beschrieben. Er war für die ihm angebotene Summe bereit, eine fiktive Ehe mit Else einzugehen, und sollte am Neujahrstag in Berlin eintreffen.

Else war dank der Tabletten, des Tageshoroskops und der glaubenspendenden Fürsorge Vater Johanns in einem ausgeglichenen Zustand. Leicht benebelt, aber gerade das empfand sie als angenehm. Was immer sie sah, hörte und fühlte, war wie in Watte gepackt. Hatte sie ihre Besorgungen erledigt, ging sie mit Enie in ein Café, zu einer Verabredung mit Ellen oder mit Erich zum Mittagessen in ein Restaurant. Ihre Beziehung zueinander war noch nie so tief, so fest, so innig gewesen. Vielleicht liebten sie sich jetzt – sie hilflos in den Trümmern ihres Lebens, er wehrlos in denen seiner Welt – zum erstenmal richtig. Vielleicht akzeptierten sie sich jetzt, von der Stunde der Wahrheit geläutert, im Griff des Wesentlichen gefangen, zum erstenmal rückhaltlos und verziehen einander: er ihre Fehler, sie seine Schwäche. Vielleicht hätten sie jetzt, wo das Ende gekommen war, ein gute Ehe führen können.

Sie sprachen über die bevorstehenden Ereignisse: Bulgarien, das so viel Sonne und Früchte zu bieten hatte; Sofia, in dem die Luft besonders gut sein sollte; Dimiter Lingorsky, Elses zukünftiger Mann, der keiner Sprache außer Bulgarisch mächtig war, sonst aber allen Anforderungen entsprach; Dora Taslakowas Brüder, von denen Mitko den Bräutigam nach Berlin begleiten, Zwetan Erich an seiner Import-Export-Firma beteiligen und Wesselin, der beste Beziehungen zu Ämtern und Obrigkeit hatte, für einen reibungslosen Ablauf auf diesem Gebiet sorgen würde. Es wurde weiterhin besprochen, daß Else einen kleinen Kosmetikkurs absolvieren sollte, denn in Bulgarien war so etwas sicher gefragt, und Beschäftigung sowie ein kleiner Nebenverdienst konnten nie schaden. Es war alles gut durchdacht und organisiert, außer der Frage, was mit den Kindern geschehen sollte.

Hier setzten bei Erich und Else Konfusion und Ratlosigkeit ein. Sollten sie die halbwüchsige Bettina und die überempfindliche Angelika aus ihrem Land und Leben herausreißen und auf den Balkan verpflanzen, wo die Existenz- und Bildungsbedingungen nicht gerade auf dem höchsten Stand waren und sie sich in einer so fremden Umgebung und Sprache schwer, wenn überhaupt, zurechtfinden würden.

Undenkbar, sagte Erich.

Sollten sie die Kinder von Else trennen und ausgerechnet im Land ihrer Verfolger, dem Mutter und Großeltern zum Opfer gefallen und in dem sie als Mischlinge ersten Grades abgestempelt waren, aufwachsen lassen?

Unmöglich, sagte Else.

Man verschob den Beschluß von einem Mal aufs andere. Es eilte ja auch nicht. Die Kinder waren nicht gefährdet und konnten sowieso nicht zusammen mit Else Deutschland verlassen. Man würde abwarten, wie sich deren Leben in Bulgarien entwickelte und wie die Kinder, besonders Angelika, die mit der Mutter verwachsen war, ohne sie auskommen würden. Wichtig war nur, sie so lange wie möglich in Unkenntnis zu lassen – der Schock, so oder so, war nicht zu umgehen, und Else fürchtete diesen Moment mehr als den ihres Abschieds von Berlin, den sie in schlaflosen Nächten wieder und wieder durchlebte: das Fauchen der Lokomotive, der Ruf: »Bitte, einsteigen!«, das Zukrachen der Türen, das erste Anrucken des Zuges, das langsame, quietschende, ächzende Rollen aus der Bahnhofshalle und rechts und links die Straßen, die Häuser, die Bäume, der Himmel ihrer Stadt, aus der sie mit zunehmender Geschwindigkeit herausgetragen, herausgeschleudert, verbannt wurde.

Weihnachten feierten sie im Atelier: Erich und Else, Fritz und Enie, Bettina, Angelika und Didi, die Großeltern Kirschner. Es war ihr letzter gemeinsamer »Heiliger Abend« und für Daniel und Minna das erste Wiedersehen mit Fritz und Enie nach zwei Jahrzehnten. Sie, die immer noch in dem Glauben waren, Fritz sei Bettinas Vater und der Alleinschuldige an der Scheidung ihrer Tochter, hatten beschlossen, ihm seinen Fehltritt zu verzeihen. Es war eine stürmische Versöhnung, an der sich sogar die ahnungslosen Kinder beteiligten. Oder war es ein Abschied? *Der* Abschied?

Die Kerzen brannten am Weihnachtsbaum, der Eimer Wasser stand daneben. Sie sangen, von Fritz auf dem Flügel begleitet, ›Stille Nacht, heilige Nacht‹ und ›O du fröhliche, o du selige, gnadenbringende Weihnachtszeit...‹

Die Großeltern sahen die Kinder an und lächelten. Enie sah Else an und hob die Schultern. Fritz sah mit gequältem Gesicht auf die Tasten hinab und Erich mit versonnenem Blick zur Decke empor. Es folgte die von Erich gelesene Weihnachtsgeschichte: »Siehe, ich verkündige euch große Freude...«, die Bescherung, der von Enie zubereitete farcierte Gänsebraten, die nochmalige Besichtigung und Beschäftigung mit den Geschenken und schließlich das widerwillige Zubettgehen der Kinder.

Der Moment, in dem man den Großeltern Kirschner die bevorstehende Emigration ihrer Tochter nach Bulgarien und die sich daraus ergebenden Begleitumstände mitteilen mußte, war gekommen. Erich füllte ihre Gläser mit Cognac, die der Großeltern mit einem Likör. Er war es, dem die Eröffnung zufiel, und nachdem er einen großen Schluck getrunken hatte und einige Male, von den ängstlichen Blicken der Anwesenden begleitet, im Zimmer auf und ab gegangen war, begann er zu sprechen. Er legte auch in diesem Fall Wert auf gewählte Worte und gut formulierte Sätze, und so nahm die unerfreuliche Mitteilung die Form eines geschliffenen kleinen Vortrags an.

Else, die Augen auf ihre verwirrten Eltern gerichtet, begann unruhig zu werden, und Enie sagte in eine Atempause hinein: »Der langen Rede kurzer Sinn, Else verläßt dieses Scheißland, und recht hat sie!«

Eine Minute lang herrschte von seiten Erichs vorwurfsvolles, vom Rest der Zuhörer betretenes Schweigen, dann sagte Daniel: »Ich bin überzeugt, daß ihr das Richtige tut, und glücklich, daß Else in Sicherheit gebracht wird.«

»Ja«, sagte Minna, »Gott sei Dank, eine Sorge weniger! Aber was wird aus den Kindern?«

»Das haben wir noch nicht entschieden«, sagte Else, »wir müssen sehen, wie sich alles entwickelt.«

»Die armen Kinder«, seufzte Minna, »die armen, armen Kinder.«

»Es ist ja nicht für immer«, erklärte Erich, »es handelt sich hier nur um eine Überbrückungszeit, ein paar Jahre...«

»Rechnest du nach Adam Riese?« unterbrach ihn Enie.

»Enie«, sagte Fritz, »sei nicht so negativ, das hilft uns nicht.«

»Negativ oder positiv«, sagte Minna, »das eine hilft soviel wie's andere.«

»Wir werden immer für euch dasein«, beteuerte Erich, »Fritz, Enie, Elisabeth und ich. Ihr seid nicht alleine. Und wir dürfen den Glauben nicht verlieren. Den Glauben an das Gute. Das Gute wird siegen.«

»Bis das kommt, Erich«, lächelte Minna, »so es überhaupt kommt, haben mich längst die Würmer gefressen. Also kann ich mir diesen Glauben sparen.«

»Mutter«, sagte Else, »mach es mir bitte nicht noch schwerer.«

Minna stand auf, ging zu ihrer Tochter, setzte sich neben sie auf die Couch und nahm ihre Hand: »Mein Herzblatt«, sagte sie, »ich will es dir, Gott behüte, nicht noch schwerer machen. Ich weiß doch, wie hart es gerade dich trifft, denn du hast dich doch nur noch als Deutsche gefühlt und gar nicht mehr als Jüdin. Und jetzt plötzlich reißt man dir alles weg, und du bist für die Deutschen nicht nur keine Deutsche mehr, sondern... ach, ich mag es gar nicht aussprechen. Ich habe immer um dich gefürchtet, nicht, weil ich so etwas erwartet habe – wer hätte so etwas Entsetzliches für möglich halten können –, sondern weil es falsch und gefährlich ist, sich gegen etwas zu wehren, was man ist, was man von wem oder was auch immer prädestiniert war zu sein. Das kann man nicht einfach wegwischen oder abschütteln oder verleugnen. Man ist es, Kind, und da kannst du dich auf den Kopf stellen und auf jede nur mögliche Art so tun, als seist du es nicht, aber du bist es.«

Sie sah zu Daniel hinüber, und der lächelte und nickte und sagte: »Laß sie jetzt, Minna, sie wird ihren Weg schon finden.« Und dann zu Fritz: »Spiel uns doch etwas auf dem Klavier vor. Ich hab' dich jetzt zwanzig Jahre nicht mehr spielen hören, und ich hab' es doch immer so gern gemocht... weißt du noch, der Rosenkavalierwalzer!«

Noch ein Wort, dachte Else, und ich fange an zu schreien und höre nie wieder auf, nie wieder! Sie stand schnell auf, murmelte etwas von Kaffee und ging in die Küche.

»Kaffee ist genau das Richtige«, rief Enie strahlend und folgte ihr.

»Wo sind deine Tabletten?« fragte sie Else, »nimm eine und versau deinen Eltern nicht den Abend. Wir sollten uns alle in Grund und Boden schämen vor diesen Menschen!«

Sie polterte und klirrte in der Küche herum. Eine Tasse fiel zu Boden und zerbrach.

»Scherben bringen Glück«, sagte sie grimmig.

Im Atelier begann Fritz den Rosenkavalierwalzer zu spielen.

»Auch das noch«, murmelte Enie und dann, eine Hand auf Elses Schulter legend: »Nun heul schon endlich!«

Aber Else heulte nicht. Sie stand am Fenster und schaute in das Dunkel, das wie eine schwarze Wand vor ihr stand, und sagte: »Natürlich schäm' ich mich in Grund und Boden, Enie, aber weißt du, es war doch schön!«

Das also war mein letztes Weihnachtsfest in Deutschland. Ich könnte sagen, mein letztes Weihnachtsfest überhaupt. Wir haben es noch zwei, drei Jahre gefeiert, aber es war nur eine klägliche Imitation.

Es sind kleine Glanzlichter, die mir vom Heiligen Abend im Jahr 1938 im Gedächtnis geblieben sind, visuelle Eindrücke vor dem Hintergrund einer schweren, dunklen Liebe. Es war, besonders in den letzten Jahren, kaum noch vorgekommen, daß ich die Menschen, die ich am meisten liebte, meine Eltern und Großeltern, gemeinsam um mich hatte. Und nun waren sie alle da und überschwemmten mich mit dem Glück, sie zu haben, und der Furcht, sie zu verlieren. Nein, ich glaube nicht, daß es eine Vorahnung war, sondern vielmehr das Gefühl der Verlustangst, das in jeder großen Liebe enthalten ist. Darüber hinaus wird der emotionale Aufruhr der Erwachsenen auf mich eingewirkt und sich in dem Zusammenspiel von Feierlichkeit und Überschwang als etwas Einmaliges eingeprägt haben. Wie immer, an diesem Abend ist mir bewußt geworden, daß Liebe eine schwere, dunkle Unbekannte ist.

Es ist außerdem der Abend, mit dem meine Erinnerung an Omutter und Opapa Kirschner abreißt. Ein merkwürdiger Umstand, denn ich muß sie in dem folgenden halben Jahr, in dem ich noch in Deutschland war, öfter gesehen haben. Was ist vorgefallen oder in mir vorgegangen, daß die letzten Besuche in meiner Erinnerung gelöscht wurden?

Die naheliegendste Erklärung, besser gesagt Vermutung, die ich habe, ist, daß ich in ihrer Wohnung, ihrem Leben, so wie in dem meiner Mutter, ein Unheil gewittert habe, das mich verstörte und meine Beziehung zu ihnen insofern beeinflußte, als sie für mich jetzt nicht mehr der Inbegriff der Geborgenheit waren. Das Unheil hatte sich zwischen uns gedrängt, die Spontaneität, mit der ich sie geliebt hatte, war einem Gefühl banger Unsicherheit gewichen, der letzte Winkel meiner »heilen« Welt damit zerstört worden.

Aber in meiner Erinnerung, die mit dem Weihnachtsabend 1938 abbricht, verkörpern sie noch die heile Welt, und so sehe, höre und fühle ich sie zum letztenmal im Atelier: Omutter in ihrem schwarzen Kleid, am Kragen die emaillierte Brosche, in dem eisengrauen Haar der große Hornkamm, in dem schmalen, olivfarbenen Gesicht die mir vertraute Schwermut, in ihren Augen der Glanz der Liebe; Opapa, rund und kurzbeinig, unterhalb des rechten Mundwinkels mein Klingelknopf, die braune Warze, um die rosige Glatze der weiße Haarkranz und in dem Gesicht mit den lebhaften Wassertropfenaugen das wunderbare Lächeln reinster Güte und Bescheidenheit. Sie sitzen dicht beisammen, wie Vögel in einem Nest, und sie ziehen mich zwischen sich in dieses Nest, und ich fühle das Glück ihrer Nähe und Wärme, ihrer Arme und Hände, ihrer Wangen und Lippen. Ich höre ihre Stimmen, Omutters besorgte Frage: »Bist du auch nicht zu leicht angezogen, mit den nackten Knien und den kurzen Ärmeln?«, und Opapas nie ausbleibende Bemerkung: »Ist schön, Geburtstag zu haben, nicht wahr, Angelinchen?«

Und dann kommen meine Eltern und setzen sich zu uns. Sie sprechen, sie lachen miteinander, und ich, in der Mitte, werde immer kleiner und kleiner, bis ich nur noch ein Punkt bin in einem Meer von Liebe.

Und da kommt die Angst, und ich denke: Ach, wenn ich doch vor ihnen sterben könnte.

Elses zukünftiger Ehemann, Dimiter Lingorksy, der am Neujahrstag in Begleitung Mitko Taslakoffs in Berlin eintraf, war ein mittelgroßer Mann mit einem gurkenförmigen Gesicht. Die Nase war dünn und langgezogen, und dem Schädel fehlte der Hinterkopf. Er hatte schwarzes, starkes Haar, das, an den Schläfen zu kurz geschnitten, als kleiner Busch aus seinem Kopf wucherte, braune, etwas zu nahe beieinanderstehende Augen und einen Körper, bei dem die Beine etwas zu kurz gekommen waren, der Torso dafür aber eine beachtliche Länge aufwies. Nichtsdestoweniger war er das, was man in den unteren Schichten Bulgariens einen schönen Mann nannte, und ich wurde in späteren Jahren Zeugin scheuer oder dreister Liebesbeweise von seiten unserer Dienstmädchen. Mitko war klein, drahtig, behende und hatte ein breites Nußknackergesicht, das infolge einer ausgeprägten Mimik mit einer Menge interessanter Falten aufwarten konnte. Er war Ingenieur, hatte in Deutschland studiert und sprach fließend Deutsch. Dimiter Lingorsky sprach ausschließlich Bulgarisch und hatte weder studiert noch fest in einem Beruf gearbeitet, was insofern keine Rolle mehr spielte, als ihm die Heirat mit Else von nun an ein gutes Einkommen sicherte. Aber er war gutmütig und freundlich. Else und Erich, die die Männer vom Bahnhof abholten, erkannten sogleich, daß sie es nicht besser hätten treffen können, und kamen dem Bräutigam mit Wohlwollen entgegen. Mitko, der immerhin maßgeblich an der Beschaffung dieses Prachtexemplars beteiligt gewesen war, rieb sich zufrieden die Hände und schnitt viele erfreute Grimassen. Er sollte Else in der kommenden Zeit ein guter und hilfsbereiter Freund werden.

Die zwei Bulgaren wurden in einem hübschen Hotel in der Nähe des Kurfürstendamms untergebracht, und nachdem sie die Koffer in ihren Zimmern abgestellt hatten, nahm man in der Hotelhalle einen Willkommenstrunk ein.

»Meine Frau und ich«, sagte Erich, ohne den Irrtum zu

bemerken, »sind Ihnen von Herzen dankbar. Auf Ihr Wohl, Herr Lingorsky.«

Dimiter, der kein Wort verstanden hatte, lächelte zustimmend und sagte: »Nastrave.«

Man stieß nach bulgarischer Sitte wiederholt miteinander an und wünschte sich Glück, Gesundheit, Frieden und ein langes Leben. Nichts von all dem sollte Else beschieden sein.

Sie trat, drei Tage vor der Hochzeit, zum russisch-orthodoxen Glauben über. Vater Johann vollzog die heilige Handlung und taufte sie Elisawetha. Er vollzog auch die Zeremonie der Vermählung, denn Else hatte plötzlich beschlossen, sich kirchlich trauen zu lassen.

Was sie zu diesem Schritt bewogen hat, werde ich nie erfahren. Selbst wenn sie damals ihren Glauben entdeckt haben sollte, hätte sie der heiligen Handlung der Taufe nicht auch noch die der kirchlichen Trauung hinzufügen müssen. Hatte sie sich derart in den Glauben hineingesteigert, daß ihr sogar eine fiktive Ehe heilig war und sie dazu den Segen der Dreifaltigkeit benötigte? Dachte sie, je wirklichkeitstreuer die Ehe vollzogen würde, desto sicherer sei sie gegen eventuellen Argwohn? Oder lockte sie eine russisch-orthodoxe Trauung, deren theatralisches Ritual ihr so gut gefiel, daß sie die Gelegenheit, sich zu gregorianischen Gesängen die Krone aufs Haupt setzen zu lassen, nicht ungenutzt vorübergehen lassen wollte? Möglicherweise war es von allem etwas, und die Absurdität dieses Unterfangens schien ihr nicht weiter aufzufallen. Noch weniger Erich. Er sah darin nur einen Beweis ihrer endlich errungenen Gläubigkeit und atmete erleichtert auf. Sie hatte ihr inneres Sanctum gefunden.

Die Trauung fand in der russischen Kirche in Berlin statt. Die Trauzeugen, Fritz und Enie Schwiefert, hielten die zu großen Kronen mit erlahmenden Armen über die Köpfe des Paares. Erich lauschte ergriffen den herrlichen Gesängen. Dimiters treuherziges Gesicht schien, unter dem Aufbau der reich verzierten Krone, noch länger geworden zu sein. Vater Johann verströmte Heiligkeit. Und Else, kniend, in der Hand eine brennende Kerze, auf der Brust das von Erich geschenkte edle Kreuz, das Gesicht ernst, die Augen sehr weit geöffnet, was dachte sie in diesen makabren Stunden? Dachte sie: Jetzt habe ich doch noch meinen christlichen Gott gefunden und werde stark und ruhig meinen Weg ins Exil antreten? Oder: Ich werde ihnen allen zeigen, daß man mich nicht kleinkriegen kann? Oder: So wie heute haben wir noch nie den Unklugen gespielt!

Sie feierten die Hochzeit in einem eleganten Restaurant: Else, ihr neu angetrauter Mann, ihre zwei geschiedenen Männer, Enie, Mitko und Vater Johann.

Sie tranken Champagner und wurden recht heiter. Erich hielt eine humorvolle kleine Rede. Vater Johann und Fritz plauderten über Iwan den Schrecklichen. Enie und Mitko tranken sich ein über das andere Mal zu, wobei sie immer lauter »Nastrave« schrie und er immer verzücktere Grimassen schnitt. Else lernte ihre ersten bulgarischen Worte: »kack«, »kackste«, »kackwo« und wollte sich über das »kack« schier totlachen. Dimiter, der neben ihr saß, entdeckte, daß ihr der Rock ein wenig hochgerutscht war, und zog ihn ihr schüchtern, aber entschieden über die Knie. Fiktive Ehe hin, fiktive Ehe her, Else war jetzt Gospodja Elisawetha Lingorska, die ihm und seinem Namen keine Schande machen durfte.

Ja, es war eine unterhaltsame Feier, bei der Enie natürlich wieder über die Stränge schlug, ihr Glas hob und rief: »So, und jetzt trinken wir alle aufs Dritte Reich, das uns dieses gelungene Fest beschert hat und noch viele, viele andere bescheren wird!«

Eines Tages sagte meine Mutter: »Mein Häschen, ich habe eine schöne Überraschung für dich! Du ziehst mit Bettina zu deinem Vater und Elisabeth nach Berlin. Freust du dich darüber?«

»Und wie!« strahlte ich, »du dich auch, nicht wahr?«

Sie sah mich merkwürdig an, rief dann: »Mein Gott, jetzt hätte ich beinahe vergessen, Herrn Liedke anzurufen!« und rannte zum Telefon.

Als Bettina nach Hause kam, sagte ich: »Du, wir ziehen jetzt alle wieder zu Papa nach Berlin!«

Sie sah mich merkwürdig an und antwortete: »Ja, ich weiß.«

»Ich kann's kaum noch erwarten!«

»Hm.«

»Freust du dich nicht?«

»Doch.«

Etwa eine Woche später, an einem Sonntag, kam mein Vater mit Auto und Chauffeur nach Wannsee, um uns abzuholen.

»Machen wir vorher noch einen kleinen Spaziergang«, sagte er zu mir.

Es war ein naßkalter Tag, Ende Januar. Flash, mein Hund, war sehr ausgelassen, raste vor uns her, raste zurück, warf Tannenzapfen in die Luft, grinste mich an. Ich lachte, aber mein Vater war an diesem Tag besonders abwesend. Er murmelte vor sich hin und schien nichts um sich herum wahrzunehmen. Plötzlich blieb er stehen und sagte: »Angelika, du weißt, daß wir heute nach Berlin fahren und du mit Bettina bei mir wohnen wirst.«

Jetzt fiel mir auf, daß er meine Mutter in diesem Satz ausgelassen hatte, und ich sagte: »Mutti doch auch.«

»Nein, deine Mutter bleibt noch ein paar Tage länger in Wannsee.«

»Und dann kommt sie.«

»Sag mal, meine Tochter, liegt dir eigentlich gar nichts daran, mal mit deinem alten Vater alleine zu wohnen? So zum Ausprobieren, weißt du, um zu sehen, ob dir das gut gefällt. Vielleicht gefällt's dir sogar sehr gut, oder?«

»Es gefällt mir bestimmt sehr, sehr gut.«

»Na, siehst du.«

»Und Mutti kommt später.«

»Angelika, du bist ein großes Mädchen und mußt den

Rockzipfel deiner Mutter jetzt mal ein bißchen loslassen. Du verlierst sie nicht, auch wenn sie mal eine Zeitlang nicht mit dir zusammenlebt.«

Er hatte sehr nachdrücklich gesprochen, und damit er nicht glaube, ich würde nicht gerne mit ihm zusammenleben, schwieg ich. Am Nachmittag fuhren wir los. Mein Vater, Bettina, ich und Flash. Meine Mutter begleitete uns nicht zum Auto. Sie umarmte und küßte mich und sagte: »Bis bald.« Dann schloß sie rasch die Tür hinter uns.

Das Haus, in dem mein Vater wohnte, befand sich in Grunewald, am Johannaplatz, ein runder, von wenigen Häusern umstandener Platz, auf den vier Straßen mündeten. In der Mitte war eine winzige, ebenfalls runde Gartenanlage mit Rasenflächen, Blumenbeeten, Büschen und Bänken. Es war ein vornehmes, weißes, dreistöckiges Haus in einer sehr schönen Villengegend. Die Wohnung meines Vaters war nicht weniger schön und vornehm und hatte einen Wintergarten, der mir besonders gut gefiel. Viele der Möbel, Teppiche und Bilder stammten aus der Hubertusallee, einige waren neu dazugekommen. Seine Bibliothek war vollständig da, sein Himmelbett durch ein himmelloses, sehr großes Bett ersetzt worden, über das eine wunderschöne, nachtblaue Decke gebreitet war.

Ich fragte, wo Bettina und ich schlafen würden, und Elisabeth erklärte, daß wir alle drei zusammen unsere eigene Wohnung, eine Etage höher, hätten. Es war eine hübsche, hell eingerichtete Dachgeschoßwohnung mit einem bauchigen Balkon. Mein Vater sagte, daß wir nur dort schlafen würden und uns tagsüber, wann immer wir wollten, in seiner Wohnung aufhalten könnten.

Am Abend aßen Bettina und ich allein mit ihm zu Abend. Elisabeth hatte all das gekauft, was ich gerne aß: saure Gurken, geräucherte Flundern und Schweizer Käse. Sogar einen Baumkuchen hatte sie gebacken. Mein Vater ließ uns ein halbes Glas Rotwein trinken. Es war sehr schön mit ihm, nur etwas ungewohnt, weil meine Mutter nicht dabei war. Sie rief später an und fragte, wie uns das Leben mit Papa gefalle.

Ich sagte: »Sehr, sehr gut« und erzählte ihr von der Wohnung im Dachgeschoß und dem halben Glas Wein und dem Wintergarten.

Elisabeth brachte uns zu Bett. Sie legte die große Puppe Lore, die ich zu Weihnachten geschenkt bekommen hatte, neben mich und sagte, sie sei die ganze Nacht gleich nebenan in ihrem Zimmer und wir könnten jederzeit zu ihr kommen.

Mein Vater las uns eine Geschichte vor und betete mit uns das ›Vaterunser‹.

Er küßte mich, strich mir über das Haar und sagte: »Meine Kleine, meine Kleine...« Und dann in gespielter Verblüffung: »Ach nein, das bist du ja gar nicht mehr. Du bist ja jetzt meine Große, und wir werden ein sehr schönes Leben zusammen haben.«

Als er das Zimmer verlassen hatte, begann ich zu weinen. Bettina stand auf und setzte sich zu mir aufs Bett. Ihr Gesicht sah geschrumpft und gelblich aus.

»Du bist eine dumme Nuß«, sagte sie, ohne barsch zu klingen, »und wirklich zu alt, um nach Mutti zu weinen.«

»Glaubst du, daß sie bald zu uns kommt?« fragte ich.

»Ich weiß es nicht... wollen wir zu Elisabeth gehen?«

Ich nickte und stand auf.

Elisabeth schlief auf einer so breiten Couch, daß wir alle drei Platz darauf hatten. Sie nahm Bettina auf die eine, mich auf ihre andere Seite, legte die Arme um uns und erzählte eine Geschichte. So schliefen wir ein.

Die letzten Wochen in Berlin waren für Else ein Alptraum. Dimiter Lingorsky war kurz nach der Hochzeit nach Bulgarien zurückgefahren, und sie zog, einige Tage nachdem die Kinder Wannsee verlassen hatten, in eine Pension, nicht weit vom Johannaplatz entfernt. Morgens bis mittags ging sie in den Kosmetikkurs und lernte Gesichtsmassage, die Kunst des Schminkens, die Anwendung verschiedener Schönheitsmittel und Maniküre – lauter Dinge, die sie in ihrem Leben nicht im geringsten interessiert hatten. Die Nachmittage und Abende teilte sie so ein, daß sich keine Lücke des Allein- oder Unbeschäftigtseins ergab. Sie sah Freunde, auch solche, die ihr in früherer Zeit nahegestanden, aber nicht zum Kreis der letzten Jahre gezählt hatten. Sie ging zu ihnen zum Kaffee oder Abendbrot, traf sich mit ihnen in der Stadt, um ein Kino, Theater oder Konzert zu besuchen. Manchmal begegnete sie einem alten Verehrer oder Liebhaber und ging mit ihm essen. Aber es war alles nur wie ein fernes, verzerrtes Echo aus einer weit zurückliegenden, nie mehr wiederkehrenden Zeit. Sie hatte die Welt ihrer Freunde bereits verlassen, konnte für deren Sorgen und Freuden, Gedanken und Ansichten kein Interesse mehr aufbringen. Der mit Albernheiten, Witzeleien und Esprit gewürzte Ton früherer Unterhaltungen machte sie unwillig, tiefschürfende intellektuelle Gespräche empfand sie als mondänen Zeitvertreib. Was gingen sie noch abstrakte Kunst- und Geistesfragen an? Was verband sie noch mit diesen Leuten, die ein gesichertes Leben führten und es für wichtig hielten, stundenlang über die Szene im dritten Akt eines Stückes zu diskutieren, die der eine so, der andere so und der Kritiker angeblich überhaupt nicht verstanden hatte. Ja, das war auch ihr Ton gewesen, den sie amüsant gefunden, das waren ihre Diskussionen und Gespräche gewesen, in die sie sich mit Verve geworfen hatte. Jetzt fand sie das alles nur noch lächerlich, manchmal sogar empörend. Die Fragen, die sie interessierten, waren: Wie kommt man mit Angst und Schmerz zurecht, ohne daran kaputtzugehen? Wie lebt man alleine in einem fremden Land, unter fremden Menschen, deren Sprache, Sitten und Kultur man nicht kennt? Wie schützt man seine Kinder vor lebenslänglichen seelischen Schäden? Wie übersteht man den Abschied von seinen Eltern, wissend, daß man sie in der Hölle zurückläßt und mit großer Wahrscheinlichkeit nie mehr wiedersehen wird? Wie soll man jemals begreifen, was für bestialische Instinkte in dem hochkultivierten, hochzivilisierten deutschen Volk ausgebrochen sind, wie soll man jemals damit fertig werden?

Aber das waren unerfreuliche Fragen, Fragen, die Betretenheit und Ratlosigkeit hervorriefen oder, noch schlimmer, banale Ratschläge oder überhebliche Belehrungen. Es gab außer der klarsichtigen Enie, die Elses Lage verstand, und der warmherzigen Ellen, die sie instinktiv erfühlte, keinen Menschen, mit dem sie sich unumwunden aussprechen und Verständnis voraussetzen konnte, das tiefer ging als momentane Betroffenheit oder irritierendes Mitleid. Selbst Vater Johann, der auf alle Probleme, Ängste und Schmerzen das Trostpflaster Glauben legte, verschaffte ihr auf die Dauer keine Erleichterung.

Sie ging am Sonntag in die russische Kirche, versank eine Weile in den ästhetischen Anblick kostbarer, farbenprächtiger Gegenstände, schön kostümierter Priester und brennender Kerzen, in Weihrauchduft und liturgische Gesänge und trat dann wieder auf die ihr feindlich gesonnene Straße, in der sie jeder forschende Blick, jeder ihr folgende Schritt, jeder sich nähernde SS-Mann verschreckte.

Aber das Schlimmste war das Beisammensein mit ihren Eltern und Töchtern. Die Schicksalsergebenheit der einen und die Verwirrung der anderen waren schwerer zu ertragen als alles, was ihr persönlich geschah. Sie fürchtete jeden Gang zu den Eltern, jeden Besuch der Töchter mit einer Intensität, die ihr physische Übelkeit verursachte. Worüber sollte man sprechen, wenn man das Elend der zwei alten Menschen und die flehenden Fragen in den Augen der Kinder sah? Wie sollte man nicht in Tränen ausbrechen, die Wahrheit aus sich herausschreien? Wäre es nicht besser, zusammen mit ihnen zu weinen, zusammen mit ihnen zu schreien, anstatt dieses groteske Theater zu spielen und so zu tun, als sei ja alles in Ordnung oder zumindest nicht so schlimm, wie es den Anschein hatte.

Warum konnte man seinen Eltern nicht sagen: Hört zu, womöglich sind das unsere allerletzten Stunden, und darum laßt uns über die Vergangenheit sprechen, über meine Kindheit, die so glücklich war, über die Güte und Liebe, die ich von euch empfangen habe, und meine Reue, sie euch schuldig geblieben zu sein.

Warum konnte man seinen Kindern nicht sagen: Hört zu, ich will euch nichts mehr vormachen, und darum laßt uns über die Zukunft sprechen. Wir gehen einer sehr harten Zeit entgegen, aber wenn wir zusammenbleiben und zusammenhalten, wenn wir uns lieben und helfen, werden wir sie überstehen.

Aber dann saß sie mit unglücklichem Gesicht vor ihren Eltern, mit krampfhaftem Lächeln vor ihren Töchtern, und die Worte steckten ihr quer im Hals, gingen nicht rauf und gingen nicht runter, bis sie daran zu ersticken glaubte.

Die Scheu vor den zu lange betrogenen Eltern, die Angst um die zu lange belogenen Kinder waren stärker als das quälende Bedürfnis, die erlösende Wahrheit zu sagen.

So sprach sie mit ihren Eltern weiter über Belanglosigkeiten und wich den immer vorwurfsvolleren Blicken ihrer älteren, den immer ängstlicheren Fragen ihrer jüngeren Tochter aus.

»Mutti, warum wohnst du denn in dieser scheußlichen Pension und nicht bei uns?«

»Weil die Wohnung zu klein ist, das weißt du doch, mein Engel.«

Und Bettinas hartes Schweigen und Angelikas erwartungsvolles kleines Gesicht und statt einer offenen Antwort ein neues Plüschtier, das von den Vorgängen abzulenken schien. Und wenn der Besuch dann vorbei war, kamen Erschöpfung und Verzweiflung und die bittere Selbstanklage: »Ich war eine schlechte Tochter, ich war eine schlechte Mutter. Was ist mein Leid gegen das meiner Eltern, die wie Aussätzige in ihrer Wohnung vegetieren, gegen das meiner Kinder – Peter in Portugal, kaum in der Lage, sich über Wasser zu halten, Bettina und Angelika zwischen Deutschland und Bulgarien, zwischen

Mutter und Vater. Und mir die Hände gebunden, die Zunge rausgerissen, die Möglichkeit genommen, es wiedergutzumachen.«

Die Tage vergingen, der Abreisetermin rückte näher. Else begann ihn herbeizusehnen. Lieber in der Verbannung in einem fremden Land als in der Verbannung im eigenen Land leben. Lieber den Kindern die Chance geben, sich ungestört in die neuen Verhältnisse einzuleben, als sie immer wieder durch trostlose Besuche bei ihr aus dem Gleichgewicht bringen. Lieber die Eltern nicht mehr sehen, als erstarrt bei ihnen sitzen und ihnen keinen Trost, keine Hoffnung geben können.

Lieber durch die Straßen einer unbekannten, wie auch immer gearteten Stadt gehen als durch Berlin, in dem sie ewig auf der Hut sein mußte, Erinnerungen abzuwürgen.

Sie erlaubte sich keine Erinnerungen mehr, keine sentimentalen Anwandlungen, kein Selbstmitleid. Es war aus, und es war gut so. Die Menschen, zu denen sie einmal gehört hatte, das Land, das einmal das ihre, und die Else, die sie einmal gewesen war, gehörten der Vergangenheit an. Und die Vergangenheit war tot, so wie sie innerlich tot war.

Sie verabschiedete sich. Manche ihrer Freunde fielen ihr um den Hals und weinten. Andere wünschten ihr Glück, sagten: »Unser Schnuff wird es bestimmt schaffen!«, sprachen vom Ende der Verbrecherbande, vom Wiedersehen und Feiern. Else hatte keine Tränen, keine Worte. Sie lächelte, nickte und sagte: »Adieu.«

Sie ging zu den Großeltern Schrobsdorff, so wie sie das erste Mal zu ihnen gegangen war, mit hoch erhobenem Kopf und einem kleinen ironischen Zug um den Mund. Nur war sie diesmal nicht die Siegerin, die Angelika wie eine Trophäe in den Armen hielt, sie war die Geschlagene, die mit leeren Armen abzog.

Der preußische Junker saß im Herrenzimmer in seinem braunen Ledersessel. Er gab Else die Hand und sagte: »Nichts für ungut, Else, und Hals- und Beinbruch.«

Annemarie, seine Frau, drückte sie an das große, weiche Polster ihres Busens. Sie weinte.

»Mach dir keine Sorgen um die Kinder, sie können nirgends besser aufgehoben sein als hier. Und um deine armen Eltern werde ich mich kümmern, ich werde selber zu ihnen gehen. Es wird ihnen an nichts fehlen!«

»An nichts…«, sagte Else, lächelte und nickte.

Sie verabschiedete sich von Fritz und Enie.

»Du wirst mir sehr, sehr fehlen«, sagte Fritz, »und wenn ich dir irgendwie helfen kann…«

»Nicht mir«, unterbrach ihn Else, »aber den Kindern. Schreib deinem Sohn, ruf ab und zu Bettina an und spiel ein bißchen den Vater.«

»Und wenn du schlappmachst, bring' ich dich um!« schrie Enie, warf sich auf Else, küßte ihr Gesicht, schluchzte und fluchte in einem.

Am Tag vor der Abreise ging Else zu ihren Eltern.

»Machen wir's kurz, Elslein«, sagte ihr Vater, »wir sehen uns ja nicht zum letztenmal.«

»Das könnte ihr so passen!« scherzte ihre Mutter.

Sie versuchte, sie sich einzuprägen, wie sie da standen, zwei kleine, mühsam lächelnde Gestalten, umgeben von den dunklen, schweren, mit ihnen alt gewordenen Möbeln, in dem schütteren Licht eines grauen Nachmittags. Ihre Eltern in der Wohnung, in der sie geboren und aufgewachsen war und die sie eines Morgens heimlich verlassen hatte, um das »ganz andere« zu entdecken, um die schöne, weite, christliche Welt zu erobern.

Am Abend, als es dunkel war, fuhr sie mit Ellen zum Johannaplatz. Sie stieg die Treppen hinauf, sehr schnell, sehr leise – eine Einbrecherin in der schönen, weiten, christlichen Welt. Die Kinder waren auf ihren Besuch vorbereitet und sehr aufgeregt.

»Bleibst du jetzt bei uns?« fragte Angelika mit einem Gesicht, in dem die Angst die Hoffnung überschattete.

Else sah Erich an.

»Jetzt kommt erst mal alle ins Zimmer«, sagte er, »setzt

euch hin und hört mir fünf Minuten lang ruhig zu, falls ihr das könnt... Elisabeth, kommen Sie bitte auch.«

Sie setzten sich. Die Kinder blickten erwartungsvoll zum Vater auf, die Erwachsenen schauten bedrückt zu Boden.

»Also«, sagte Erich, erspähte einen Fussel auf seinem Ärmel und entfernte ihn umständlich, »also, ich habe eine große Überraschung für euch: Wir machen alle eine Reise nach Bulgarien. Das ist ein sehr hübsches Land auf dem Balkan... ich werde es euch morgen im Atlas zeigen. Es gibt Rosenfelder dort, riesige Rosenfelder. Aus den Rosenblättern gewinnt man das Rosenöl und das wird...«

»Guter«, mahnte Else.

»Eure Mutter ist mal wieder sehr hipperig, also kann ich euch jetzt nicht sagen, wofür man das Rosenöl verwendet. Hauptsache ist ja auch, daß wir alle dorthin reisen, nicht zusammen, sondern in Intervallen... das macht die Sache spannender. Zuerst fährt eure Mutter, ein paar Wochen später fahren Angelika und ich, dann kommt Bettina mit Ellen. Wenn wir alle dort sind, fahren wir gemeinsam ans Schwarze Meer, im Süden, und machen Ferien. Und nun sagt bloß, daß das nicht schön ist!«

Ellen fand es himmlisch und war ganz außer sich vor Freude. Bettina auch. Else lächelte. Elisabeth schwieg.

»Ist das Meer wirklich schwarz?« erkundigte sich Angelika, und Else, die auf alles gefaßt gewesen war, nicht aber auf diese unschuldige Frage, atmete erleichtert auf.

»Sie ist ja noch ein Kind«, sagte sie sich, »Gott sei Lob und Dank, daß sie noch ein Kind ist!«

Am nächsten Tag brachte sie Herr Budau, Erichs Chauffeur, zum Anhalter Bahnhof. Sie hatte darauf bestanden, alleine zu fahren. Es war der erste sonnige, warme Frühlingstag in jenem Jahr. Die Bäume trugen bereits einen grünen Flaum und die Frauen helle Kleider. Frühling lag in der Luft, auf den Gesichtern der Menschen, in dem rasanten Tempo der Autofahrer.

Else saß im Fond des Wagens, rauchte eine Zigarette

und sah zum Fenster hinaus. Sechsundvierzigmal hatte sie den Frühling in dieser Stadt erlebt, und einer schien ihr schöner als der andere. Sie liebte den Frühling sehr, das Erwachen der Natur, das zarte, alles verschönende Licht, die Wärme auf der Haut, die Erwartung in sich, das Gefühl, intensiver zu lieben, intensiver geliebt zu werden. Berlin im Frühling, Pätz im Frühling, ihre Kinder im Frühling ... ob sie das alles noch einmal ... Sie schloß die Augen und würgte die Gedanken ab.

Sie hielten vor dem Bahnhof. Herr Budau holte die Koffer aus dem Wagen, winkte einen Gepäckträger herbei, gab ihm Anweisungen. Else wollte sich verabschieden.

»Nee, nee«, sagte der Mann, »ick laß Sie nich alleene.«

Er begleitete sie zum Zug, machte den Waggon ausfindig, wartete, bis der Gepäckträger die Koffer im Abteil verstaut hatte. »So, dat wär's dann wohl«, sagte er, nahm Elses Hand und schüttelte sie, »jute Reise, Frau Dr. Schrobsdorff, und ick wollt Ihnen noch sajen, et tut mir von janzem Herzen leid. Aber et rächt sich allet, Frau Dr. Schrobsdorff, allet, und dat hier auch!«

»Danke, Herr Budau«, sagte sie und fühlte den Druck in der Kehle, das Brennen in den Augen, »leben Sie wohl.«

Sie wandte sich schnell ab, stieg die zwei Stufen zum Waggon hinauf, drehte sich noch einmal um.

Er stand immer noch da, das rote, dicke Gesicht unter der dunkelblauen Chauffeursmütze ernst und bekümmert.

Sie winkte ihm kurz zu, und er rief, jede Silbe betonend: »Auf Wie-der-sehen!«

Und jetzt weinte Else all die Tränen, die sie bei keinem Abschied geweint hatte. Sie saß in eine Ecke ihres Abteils gedrückt und weinte in ihr viel zu kleines, dünnes Taschentuch und hörte das Fauchen der Lokomotive, den Ruf: »Bitte, einsteigen!«, das Zukrachen der Türen und die Worte des Chauffeurs: »Aber et rächt sich allet, Frau Dr. Schrobsdorff, und dat hier auch ...«

Die Trennung von meiner Mutter war furchtbar, aber noch schlimmer waren die Umstände, unter denen sie erfolgte; das Nicht-Wissen, warum es passierte, das Nicht-Verstehen, warum Bettina und ich bei meinem Vater wohnten und sie in dem häßlichen Pensionszimmer, in dem wir herumsaßen wie in einem Krankenzimmer am Bett einer Schwerkranken, befangen, beunruhigt, ratlos, worüber man sprechen, was man mit sich und der Kranken anfangen sollte, welche Fragen man stellen durfte und welche diesen hilflosen, verzweifelten Ausdruck in ihrem Gesicht heraufbeschworen. Denn natürlich merkte ich, daß es da ein Geheimnis gab, ein schreckliches Geheimnis, das meine Mutter unendlich traurig machte und uns nicht verraten werden durfte. Das Geheimnis war immer da, ob wir nun Puzzles zusammensetzten oder ins Aquarium gingen oder ein neues Plüschtier kauften. Es bedrückte mich mit jedem Mal mehr und wurde schließlich zu einer solchen Last, daß ich die Besuche bei ihr zu fürchten begann. Als sie dann zu uns kam und mein Vater uns mitteilte, daß wir alle eine Reise machen, sie aber als erste vorausfahren und wir ihr ein paar Wochen später folgen würden, war es fast eine Erleichterung. Lieber sie eine Zeitlang gar nicht zu Gesicht bekommen, dann aber die alte Mutti wiederfinden, als sie in diesem Pensionszimmer zu sehen.

Ich habe in den vier Monaten, die ich ohne sie in Deutschland blieb, nicht unter ihrer Abwesenheit gelitten, vielmehr: ihre Abwesenheit hat mir das Leid erspart. Gewiß hatte ich Sehnsucht nach ihr und ließ mir immer wieder schwören, daß wir auch ganz bestimmt zu ihr nach Bulgarien führen, aber das Leben mit meinem Vater war so schön, daß die glücklichen Stunden bei weitem überwogen, und ich glaubte, nie wieder darauf verzichten zu können.

Es war das erste Mal, daß ich in intimer Nähe mit ihm lebte und er mir eine Liebe und Aufmerksamkeit schenkte, die weit über das frühere Maß hinausgingen. Hatte ich ihn zuvor aus einer gewissen Distanz verehrt, betete ich ihn jetzt als meinen allmächtigen Vater an. Ob er in einem seiner eleganten Pyjamas im Badezimmer vor dem Spiegel stand, sich rasierte und mir mit dem Pinsel einen Seifentupfer auf die Nase setzte, ob er in Turnhosen mit Herrn Sommer, dem Gymnastiklehrer, der jeden Morgen kam, Freiübungen machte, ob er in Unterhosen auf dem Bettrand saß und seine Sockenhalter befestigte, er war und blieb ein anbetungswürdiger Mann.

Ich durfte am Morgen in sein Schlafzimmer gehen und mich neben ihn auf die Daunendecke legen, ich durfte mit ihm zusammen den Anzug für den Tag auswählen und alleine die Krawatte dazu; ich durfte ihm beim ausgiebigen Frühstück die Sprotten in kleine, grätenlose Filets zerlegen und ihn manchmal ins Büro begleiten, von dem mich Herr Budau wieder zurückfuhr. Ich durfte sogar in seine Bibliothek kommen, wenn er Besuch hatte. Es war immer Herrenbesuch – der massige Astrologe, Herr van Hogerwörth, zum Beispiel, der sehnige Herr von Löpa, der ein Gut besaß, oder der hellblonde, rosige Rechtsanwalt Dr. Filier, der, so hatte mir Papa erzählt, aus einer Hugenottenfamilie stammte. Wenn ich in der Tür erschien, sagte mein Vater: »Ah, da ist ja meine Tochter. Komm herein, Angelika, und setz dich ein Weilchen zu uns.«

Ich knickste dann, sagte »Guten Tag« und setzte mich still auf die Kante eines Sessels. Aber eigentlich war ich nur gekommen, um die Worte: »Ah, da ist ja meine Tochter« zu hören.

An den Vormittagen war ich meistens alleine mit Elisabeth. Ich spielte im Wohnzimmer oder Wintergarten, häufig auch bei ihr in der Küche, die für ihren gewaltigen Umfang zu klein war. Sie schien mir noch dicker geworden zu sein, dafür aber viel milder. Wenn ich rote Tusche auf den Tisch kleckerte oder eine halbe Stunde an einem Brötchen herumnagte, seufzte sie nur, schimpfte aber nicht. Und manchmal setzte sie sich mit einem Glas Schnaps, Kaffee und Zigaretten zu mir an den Tisch und sprach von der »guten alten Zeit«.

Bettina besuchte nach wie vor die Kunstschule und kam erst um ein Uhr nach Hause. Sie hatte sich seit der Trennung von unserer Mutter und unter dem Einfluß Ellens, die täglich den Nachmittag mit uns verbrachte, zu einem jungen Mädchen entwickelt. Die Verwandlung schien über Nacht vor sich gegangen zu sein und hatte mein Verhältnis zu ihr verändert. Mit ihren hübschen Beinen und Brüsten, ihren schulterlangen, schwarzen Locken und der makellosen, elfenbeinfarbenen Haut war sie für mich die erwachsene Schwester und damit eine Respektsperson geworden. Ihre oft schroffe Verschlossenheit, die sich in den letzten Monaten noch verschärft hatte, war jetzt in Offenherzigkeit und beständige Fröhlichkeit umgeschlagen, die sich wohltuend auf mich auswirkten. Die Nachmittage und Abende, die ich mit ihr und Ellen verbrachte, zählen zu meinen letzten kindlich unbeschwerten Erinnerungen.

Ellen, die Vulgarität und Naivität, weibliche Durchtriebenheit und menschliche Großzügigkeit in sich vereinte, hatte das rare Talent, aus jedem Tag ein einmaliges Ereignis und aus Dingen, die einem zuwider waren, ein Fest zu machen. Halswaschen, was ich für eine unnötige Quälerei hielt, wurde ein gemeinsames, ausgelassenes Badefest; Spielsachen wegräumen zu einem Groß-Reinemache-Fest, das damit endete, daß ich sogar in den Regalen Ordnung machte; ein Stärkungsmittel mit einem schauerlichen Geschmack einnehmen wurde zu einem allgemeinen Umtrunksfest, bei dem Ellen die doppelte Menge schluckte. Und die Stadtbummel, die wir zusammen unternahmen, die Einkäufe für die kommende Reise, die Würstchen-Essen bei Aschinger, die Ausflüge ins Grüne! Nie hatte ich Angst, wenn wir in die Vorstadtbahn stiegen und die Türen hinter uns zuknallten, denn Ellen machte sofort ein magisches Zeichen, das mir die Atemnot, die mich in solchen Momenten überfiel, fernhielt.

Man hat alles von mir ferngehalten in diesen letzten vier Monaten, gründlicher noch als zuvor und mit großem Erfolg. Man hat mich so vollgestopft mit Nachsicht, Liebe und süßem Leben, daß ich nicht einmal mehr Fragen stellte. Das Glück der letzten Monate in Deutschland wurde zum zusätzlichen Unglück der ersten Jahre in Bulgarien. Es war eine unheilvolle Vorbereitung auf das bittere Leben im Exil, machte die Dissonanz noch greller, die Sehnsucht nach dem verlorenen Paradies noch schwerer.

Ich suche heute noch nach bedeutsameren Erinnerungen aus den letzten Tagen vor meiner Abreise, als es die seichten sind, die blieben: die neuen schwarzen Lackkoffer mit dem gelben Monogramm, die Herr Budau eines Tages in die Wohnung trug; das Photo, das mein Vater als Abschiedsbild von mir machen ließ: ich im blauen Schottenkleid, den Arm um Flash gelegt, beide im Profil, beide sehr alert auf einen Punkt schauend, an dem etwas Interessantes vor sich gegangen sein muß; das Horoskop, das mir van Hogerwörth stellte und das mein Vater mir mit dem Ergebnis zeigte, daß ich mich von da an für eine Persönlichkeit ersten Ranges hielt; der Besuch auf der Dachterrasse des Eden-Hotels, wohin mich mein Vater mitgenommen hatte, um Bekannte zu treffen, und ich, geblendet von der Eleganz, berauscht von der Tanzmusik, die ganze Nacht dort sitzen bleiben wollte.

Das Photo mit Flash ist mir Jahre später wieder in die Hände gefallen, auch das erstaunlich akkurate Horoskop, auch die zahlreichen Briefe, die ich während dieser Zeit an meine Mutter schrieb und in denen ich ihr mit kindlicher Begeisterung die Abenteuer mit Ellen, die Stunden mit meinem Vater schilderte und ihr immer wieder beteuerte, daß meine Freude auf das Wiedersehen und die schöne, gemeinsame Ferienreise ans schwarze Meer riesen-riesenriesengroß sei.

Sie wollten mir alle den Abschied ersparen, und das ist ihnen gelungen. Ich habe keine letzten Erinnerungen, die das Bild geschlossen hätten. Ich habe nicht adieu gesagt und damit den Schnitt vollziehen können. Ich suche immer noch.

Elisabeth stand am Fenster, sie füllte es ganz aus. Sie lächelte nicht, sie rührte sich nicht. Ich rief: »Paß gut auf Flash auf, bis ich wiederkomme!« und winkte. Sie hob langsam die Hand und bewegte die Finger.

Herr Budau hielt uns die Wagentür auf: »Guten Tag, Herr Dr. Schrobsdorff«, sagte er ernst, »guten Tag, Angelika.«

Ich verließ Deutschland wie eine Schlafwandlerin, an der Hand meines Vaters, die große Puppe Lore im Arm.

Fiasko

Ein Brief Elses aus Sofia, Bulgarien, an ihre Freundin Ilse Hirsch in Jerusalem, Palästina:

»Juli 1939

Liebes Ilschen, hab herzlichen Dank für Deinen Brief, der mich sehr gefreut, in einigen Punkten aber auch etwas befremdet hat. Was ich festgestellt habe, ist folgendes: Die Leute im Ausland sind genauso falsch orientiert und informiert wie die im Inland. Ihr seht schwarz, was noch grau ist, wir sahen grau, was schon schwarz war. Wir erfuhren zu wenig, Ihr zu viel. Bei uns wurde gelogen, im Ausland wird gelogen. Im Grunde läuft es auf dasselbe hinaus: Kein Mensch weiß, was wirklich gespielt wird.

Ich, die ich jetzt draußen bin, entdeckte mit Erstaunen, daß sogar kluge und politisch versierte Leute keine Ahnung haben von dem, was in Deutschland tatsächlich geschehen ist und was nicht. Und Du hast auch keine. Wie könntest Du Dich sonst wundern, daß unser Freund, Fritz Rotbart, das Land verlassen mußte ohne einen Pfennig Geld in der Tasche. Er ist, weiß Gott, keine Ausnahme, sondern die Regel. Und warum willst Du nicht verstehen, daß es Menschen gibt, die nicht mit derselben Begeisterung wie Du und Walter nach Palästina auswandern wollten, um so mehr als ja auch dort weder Ruhe noch Frieden herrschen und von Sicherheit keine Rede sein kann. Und wie kannst Du behaupten, daß mein Peter in dieselbe Not geraten wäre, wenn er sich vernünftig benommen und nicht darauf bestanden hätte, als Volljude behandelt zu werden? Ich zum Beispiel bin der Meinung, daß er sich wie ein Idiot benimmt. Daß er Deutschland verlassen hat, gut. Er wäre zwar genauso als Deutscher anerkannt worden wie seine Schwestern jetzt auch, aber das wollte er nicht, es war seine Einstellung, sein Recht, er war zu stolz dazu. Schön, aber wozu sich als Volljude deklarieren, zum Judentum übertreten, sich ein ›J‹ in den Paß stempeln lassen wollen? Religiös ist er nicht, Zionist ist er nicht, und nach Palästina auszuwandern, würde er sich schwer hüten. Also warum und wozu, um Himmels willen? Warum verpatzt er sich sein Leben, gefährdet es sogar? Seine Überzeugung, seine Empörung, seine Solidarität – lauter unehrliches Gefasel und zu fünfzig Prozent Bequemlichkeit. In einem festen Beruf zu arbeiten, das war ihm zu anstrengend und zu bürgerlich, lieber in Portugal im Exil hungern, das ist auf jeden Fall interessanter und hat sogar einen Beigeschmack von Märtyrer- und Heldentum. Ich kenne Peter wie meine Westentasche, kenne seine Proklamationen, seine demonstrativen Gesten, seine Selbstbespiegelung. Wir lieben uns, aber das mindert keineswegs meinen Zorn über seine törichten Eskapaden. So weit Peter...«

Ein Brief Peters aus Faro, Portugal, an seine Mutter:

»Geliebte Mutti, zu Deinen zwei Bezeichnungen ›Proklamation‹ und ›Präsentierbrett‹, die beide ein Extrem bedeuten, das nicht ganz der Wahrheit entspricht, will ich Dir folgendes sagen: Es gibt Momente in unserem Leben, die uns zwingen, nicht nur die Klarheit in uns zu haben, sondern sie auch auszusprechen. Du vergißt, daß ich dem Konsulat ja nicht meinen Standpunkt darlegen, sondern nur die mir zur Verfügung stehenden Mittel benutzen will, um eine rechtliche Unterscheidung zu liquidieren. Außerdem glaube ich nicht ganz zu Unrecht zu handeln, wenn ich durch meine Person zu beweisen imstande bin, was ein Jude ist – oder vielleicht, was *auch* ein Jude ist, in einer Zeit, die nach dem Inferioren verurteilt.

Vielleicht verstehst Du mich jetzt etwas besser. Ich habe meinen Entschluß nicht gefaßt, um ein anderer zu werden (ich weiß, daß ich nie ein Jude, wie Du ihn Dir vorstellst, sein werde) nicht, um irgendwem zu nützen oder gar zu kämpfen. Das alles hat ja gar nichts damit zu tun. Du mißverstehst mich völlig: Ich will das doch nicht tun, um etwas zu ändern wie Du. Ich nehme doch nichts an, ich wechsele doch nicht über den Weg. Ich bin JUDE und sage es, so wie ich es immer getan habe. Ist denn das etwas Besonderes, etwas Neues? Von anderen weiß man's – die brauchen es nicht erst zu sagen. Von mir weiß man's nicht, also muß ich es sagen. Das sind Selbstverständlichkeiten, Mutti, denn Du kannst tun, was Du willst, Du wirst es nicht ausradieren können, daß ich eine jüdische Mutter habe. Und das soll mir einmal leid tun, daß ich nicht verheimliche, was ich bin? Wieso sollte ich denn verkehrt lang denken – was hat denn überhaupt der Verstand damit zu tun? Ich hatte doch nie die Wahl, ich habe mich doch nicht zu einem Standpunkt durchgerungen. Ich habe getan, was für mich zu tun das Natürlichste auf der Welt war, was sich ganz von selbst ergab. Innere Klarheit – äußere Klarheit. Aus. Ich bin derselbe geblieben, Mutti, und darauf kommt es an. Denn wie käme ich dazu, bitte, sage mir, wie käme ich dazu, mich einmal dazuzurechnen und das andere Mal nicht, weil es günstiger für mich wäre? Was Du von ›meinem Land‹ (Palästina) sagst, ist gänzlich verfehlt. Es ist nicht mein Land und wird es nie sein. Uns zu einer Nation formen zu wollen ist Verkennung unseres Wertes und der Sinnfälligkeit unserer Geschichte. Ganz abgesehen davon, daß mir der Begriff ›mein Land‹ oder ›Heimat‹ überhaupt nichts sagt, und da ich, ohne das geringste Bedauern und ohne irgendeinen Verlust dabei zu empfinden, heimatlos bin, werde ich nie in die Versuchung geraten, mich, sei es für mein ›Heimatland‹ (Deutschland), sei es für Palästina, zu entscheiden. Deutschland verdanke ich nur die Sprache, das ist allerdings viel. Dafür ist sie auch das einzige, was ich behalten durfte und behalten will. Palästina verdanke ich nichts, und der Zionismus ist ein schlechtes Plagiat aller unsinnigen Bestrebungen unserer Zeit. Was wäre schon damit gewonnen, daß wir ›ein Volk‹ wären? Doch nicht mehr als zurückzugehen, anstatt vorwärts. Wenn Du nun also meine Entscheidung als die eines heimatlosen Juden gutheißen und einsehen kannst, daß sie notwendig ist – so wie ich einsehe, daß die Deine (Übertritt zum Christentum) für Dich notwendig war –, so wäre für uns nicht mehr und nicht weniger erreicht als eine unbegrenzte Achtung vor unseren entgegengesetzten Zielen…«

Fortsetzung von Elses Brief an Ilse Hirsch:

»Was mich betrifft, so ist alles noch unklar. Kein Mensch konnte die Katastrophe, die Anfang November als sogenannte Reichskristallnacht über uns hereinbrach, voraussehen. Sie hat auch mir das Genick gebrochen. Bis dahin dachte ich verbissen, ich schaffe es, ich werde bleiben und es durchstehen. Es war manchmal höllisch und oft, immer häufiger, hatte ich nur einen Wunsch: weg von Deutschland, wieder frei sein, wieder atmen können. Und doch, jetzt da ich draußen bin, weiß ich, Deutschland ist mein Land, und nur dort ist mein Leben, und ich hätte weiter durchhalten müssen, und ich hätte es geschafft. Du sprichst von Entwürdigung, sagst jetzt wahrscheinlich, meine Einstellung sei nicht zu vertreten. Vielleicht hast Du recht, und dennoch... ich bereue, gegangen zu sein, bereue es bitter. Nicht so sehr meinet- als der Kinder wegen hätte ich durchhalten müssen, denn ich habe sie und mich in Unordnung, Zweifel und Chaos gestürzt.

Wir wußten nicht mehr, was tun, Erich und ich, es schien, als seien die Bestimmungen in Deutschland für mich untragbar. Da faßten wir den Entschluß, der uns beiden so unendlich schwerfiel: Wir ließen uns scheiden, und ich bin seit einem Vierteljahr hier in Bulgarien und mit einem Bulgaren verheiratet. Heute weiß ich, daß wir hätten bleiben können, denn weder die Kinder noch ich wären unter die im November herausgekommenen Gesetze gefallen. Ich habe unter dem Druck von Angst und Verzweiflung gehandelt, und ich verwünsche mich dafür. Was ich an Erich verloren habe, begreife ich erst jetzt, obgleich – innerlich habe ich ihn gar nicht verloren; mit meinem Entschluß, Deutschland zu verlassen, habe ich ihn vielmehr zurückgewonnen. Aber meine Eltern, was wird aus ihnen? Sie sind allein, alt und können nicht mehr weg.

Ich leide keine Not. Erich hat sich hier an einer Exportfirma beteiligt, und finanziell ist für uns gesorgt. Morgen trifft er mit Angelika ein, in zwei Wochen kommt Bettina in Begleitung Ellens. Wir fahren dann alle ans Schwarze

Meer. Gemessen an der Not und dem großen Unglück zahlloser Menschen, habe ich es gut und keinen Grund, verzweifelt zu sein. Aber es bleibt das bittere Gefühl, daß ich mich treiben, zwingen, kleinkriegen ließ. Immer war es falsch, wenn ich den Ratschlägen anderer folgte und nicht meinem Gefühl und Instinkt.

Was nun werden wird, weiß ich, wie gesagt, noch nicht. Es entscheidet sich alles erst im Herbst. Vielleicht gehe ich zurück nach Deutschland, jetzt, da ich die bulgarische Staatsangehörigkeit habe, kann ich es ja. Vielleicht bleibe ich hier und nehme die Kinder zu mir. Für die – zumindest für Bettina – ist Bulgarien kein gutes Pflaster, denn sie kann sich hier nicht in dem Fach, das ihr liegt, ausbilden. Angelika, verwöhnt und anspruchsvoll, wie sie ist, wird es gar nicht gefallen. Um so mehr, als sie die letzten Monate allein mit ihrem geliebten und in sie vernarrten Vater gelebt hat und der ihr natürlich jeden Wunsch erfüllte. Aber vielleicht wäre es gut für sie, in bescheidenere Lebensverhältnisse zu kommen. Nur ist hier alles so schwierig, Gott, Ihr werdet es noch schwerer haben, es ist ja nirgends so bequem, so ordentlich, so sauber wie in unserem ... na, lassen wir das!...«

Bulgarien war in der Tat nicht so bequem, so ordentlich und so sauber wie das Dritte Reich, nirgends war es doch so bequem, so ordentlich und so sauber! Daß meiner Mutter die Ironie ihrer Worte nicht aufgefallen ist!

Bulgarien war das Aschenputtel Europas. Ich weiß nicht, warum es so zurückgesetzt war. Es passiert immer noch, daß Leute, die mich darauf ansprechen, sagen: »Als Sie damals in Jugoslawien (andere sagen Rumänien) waren...« Und ich, entrüstet: »Ich war in *Bulgarien!*« Und die: »Ja, natürlich, das war doch auch gemeint.« Aber sie können sich nicht einmal den Namen des Landes merken. Bis zum heutigen Tage ist ihre einzige Assoziation bei der Erwähnung Bulgariens das hohe Alter, das man dort, dank Knoblauch und Yoghurt, erreicht.

Es gab viel Knoblauch dort, das stimmt, und einen vorzüglichen Yoghurt aus Schafsmilch, der so fett war, daß man ihn mit dem Messer schneiden konnte. Doch gab es auch das Rhodope- und Rila-Gebirge mit einem wunderschönen Kloster aus dem 10. Jahrhundert, es gab das Schwarze Meer mit endlosen goldgelben Stränden, es gab Wälder und Flüsse, Wiesen, auf denen ansehnliche Schafherden weideten, und Ebenen voll des herrlichsten Obstes und Gemüses; es gab Weinberge mit den besten Trauben, die ich je gegessen habe, und die von meinem Vater erwähnten Rosenfelder; es gab aber auch Tabak-, Mais- und Sonnenblumenfelder, reizende kleine Städtchen und Dörfer von einer Ursprünglichkeit, die man primitiv nennt; es gab die Hauptstadt, Sofia, eine hübsche, lebhafte Stadt am Fuß des Witoschagebirges, in der sich etwas Orient, etwas Mitteleuropa und sehr viel Balkan mischten und die eine Anzahl stattlicher Gebäude, wie Universität, Akademie der Wissenschaften, Nationalmuseum, Staatsbibliothek, Oper und Theater, zu bieten hatte, außerdem das Schloß und die Alexander-Newsky-Kathedrale. Es war ein schönes, fruchtbares Agrarland, ein Bauernvolk von großer Herzlichkeit und Gastfreundlichkeit – slawische Seelen, denen die 500jährige türkische Herrschaft einen islamischen Stempel aufgedrückt hatte, Menschen mit Freude am Essen und Trinken, Singen und Tanzen; hübsche, vitale Frauen mit starken Haarmähnen, sehr männliche Männer mit einem ausgeprägten Sinn für Ehre und Würde. An der Spitze stand Boris, ein kleiner, zarter, sehr liberaler und beliebter König, der, so sagt man, von seinen deutschen Verbündeten im Jahr 1944 umgebracht wurde, weil er sich weigerte, ihnen seine bulgarischen Juden auszuliefern.

Das war für mich Bulgarien in der Zeitspanne 1939 bis 1944.

Fortsetzung von Elses Brief an Ilse Hirsch:

»Ich tue wie immer gar nichts. Wenn man ein Leben

lang verwöhnt, wenn einem immer alles Unangenehme und Schwere abgenommen wurde, ist man wahrscheinlich unfähig, plötzlich zu arbeiten und sich eine Existenz aufzubauen. Ich möchte zwar gerne, aber ich werde es nicht können. Und zuerst muß ich mich wiederfinden, muß mir über die Situation klar werden, muß mich fassen. Dann kommen meine Geliebten – Erich und die Kinder; ja und dann wird ein anderer Grund kommen, der mich am Arbeiten hindert. Denn im Grunde bin ich faul und leichtsinnig und meine Kräfte und Gaben sind immer unausgewertet geblieben oder auf falschen Gleisen gelaufen. Es hat niemand gegeben, der sie auf die richtigen umgeleitet hätte.

Ich habe viele Freunde hier, bin beliebt und auch immer mal wieder geliebt. Nun bin ich schon so alt, und trotzdem sagt man noch ›Fräulein‹ zu mir, verliebt sich in mich, findet mich amüsant und klug. Ich bin eben ein Blender!

Ich habe gerade noch einmal unsere beiden Briefe durchgelesen und fürchte, über den meinen wirst Du nicht sehr erfreut sein. Oder ist Dir jetzt vielleicht einiges klarer geworden? Ach, es ist so viel passiert, daß man es gar nicht klar ausdrücken kann. Erst allmählich wird man es überblicken können. Bei Deinem Brief erstaunt mich immer wieder die Erwähnung, daß Menschen ›ohne Geld‹ raus mußten. Du, es soll viele gegeben haben, die ohne ihre Gesundheit, ohne gerade Glieder, ohne klaren Verstand herausgekommen sind. Und manche überhaupt nicht, weil sie schon vorher umgebracht wurden. Die zu Hause litten so unsagbar, daß ihnen das Materielle total gleichgültig wurde.

Leb wohl, mein Ilschen. Verzeih, wenn ich etwas gesagt habe, was Dir mißfällt. Mir scheint, Ihr seid schon viel gefestigter als wir. Unsere Nerven liegen noch bloß, und manchmal schreien wir vor Schmerz.

Deine Else«

Meine Mutter auf dem Bahnsteig in Sofia: Das Bild, das sich mir eingeprägt hat, ist das einer jungen, braungebrannten Frau in einem weißen Kleid aus Musselin, einen breitkrempigen Strohhut auf dem Kopf, an den kleinen Füßen hochhackige Sandalen, im Gesicht das Leuchten, das ich aus früheren Zeiten kannte, ihre Augen wieder dunkle Sonnen – die alte Mutti!

Sie rannte auf uns zu, die Arme weit geöffnet, lachend, jubelnd. Oh, das Glück, sie wiederzusehen, wiederzuhaben, ihren weichen Körper zu fühlen, die Arme, die mich so fest an sie drückten, die Lippen, die mein Gesicht mit wilden, kleinen Küssen bedeckten, die Hände, die mir das Haar aus der Stirn strichen. Ihre warme, dunkle Stimme wieder zu hören, das tiefe Lachen, die Kosenamen: mein Häschen, mein Affenschwänzchen, mein Schmaltier, mein Piepmatz. Ihren Duft einzuatmen, sonnendurchtränkte Erde mit einem Hauch Parfum.

Oh, das Glück, die alte Mutti wiedergefunden zu haben!

Wir fuhren mit einem Taxi zum Hotel. Es war ein altes Vehikel, mit fleckigen Sitzen, das in den Fugen knirschte. Der Fahrer redete sehr laut vor sich hin, wahrscheinlich fluchte er. Es war siedendheiß und die Stadt ein Hexenkessel: Autos aus den frühen dreißiger Jahren, die noch nie gewaschen worden waren und schon einige Zusammenstöße hinter sich zu haben schienen; klapprige Straßenbahnen, die mehr humpelten als fuhren und ohrenzerreißend in den Schienen quietschten; Droschken, die hierzulande Faitons genannt wurden, mit peitschenknallendem Kutscher auf dem Bock und schellenklirrenden Pferden, die um den Hals blaue Kugelketten gegen den bösen Blick trugen; hoch bepackte Esel und von Maultieren oder Ochsen gezogene Karren, auf denen abenteuerliche Lasten schwankten; Autobusse und Camione, die sich rücksichtslos durch den chaotischen Verkehr hupten. Ein Gewimmel an Menschen, hemdsärmelige Männer mit Schnurrbärten, die zu meinem Erstaunen oft Arm in Arm oder, noch merkwürdiger, mit ineinandergehakten kleinen Fingern gingen, hutlose Frauen mit nackten, bisweilen schwarz behaarten Beinen, die sich bei den Händen hielten und viel zu erzählen zu haben schienen; Bauern mit weißen Wadenwickeln und roten Bauchbinden und Bäuerinnen in bunt bestickten Trachten, die große Körbe und bauchige Krüge schleppten; Jungen mit kahlrasierten Köpfen und Mädchen mit dicken Zöpfen in schwarzen Kittelschürzen oder der Uniform ihrer jeweiligen Schule; ebenfalls kahlrasierte Soldaten in schäbigen und geschniegelte Offiziere in adretten Uniformen; schicke enzianblaue Kadetten mit roten Lackgürteln, an denen silberne Säbel blitzten. Mietshäuser, nicht höher als fünf Stock, mit mitgenommenen Fassaden und ungeputzten Fensterscheiben, kleine Häuser mit unordentlichen Vorgärten, viele Läden, Lokale und Verkaufsbuden, die einen ramponierten Eindruck machten.

»Das ist ja hier eine komische Stadt«, sagte ich.

Meine Mutter erklärte mir, daß das die Innenstadt sei und es in anderen Vierteln sehr schöne Gebäude und Kirchen gebe.

»Ist es hier immer so heiß und laut?« erkundigte sich mein Vater besorgt.

Meine Mutter lachte und fragte, ob es ihm etwa nicht gefiele.

»O la la«, sagte er.

Der hellblonde, rosige Dr. Filier, der uns nach Bulgarien begleitet hatte und vorne neben dem fluchenden Fahrer saß, drehte sich zu uns um. Sein Gesicht war violett und tropfte. Er lächelte mühsam, nickte und sagte: »Der Balkan, wie er leibt und lebt.«

Das Hotel Bulgarie – der Name wurde mit französischem Akzent ausgesprochen – war das beste und neueste der Stadt, ein großer, behäbiger Bau, der sich fast in Berlin hätte sehen lassen können. Auch die Gegend, in der es sich befand, war nicht so balkanisch. Die Straße war breit und mit gelben Klinkersteinen gepflastert, die Fassaden der Häuser trugen noch nicht die Narben der Vernachlässigung. Dem Hotel direkt gegenüber stand das Schloß. Es war von einer hohen Mauer umgeben, über die nur ein Stück des Daches und die Kronen wuchtiger Laubbäume hinausragten. Ein paar Schritte weiter, auf derselben Straßenseite, war die russische Kirche, deren goldenes, mit kleinen Kuppeln verziertes Dach an einen spitzen Hut mit Pompons erinnerte.

Wir hatten in der dritten Etage zwei geräumige Schlafzimmer, die durch einen Salon miteinander verbunden waren. Vom Fenster konnte ich auf das Schloß hinabschauen. Es war ein freundliches, weißes Gebäude – nicht viel größer und weniger pompös als das Haus meiner Großeltern Schrobsdorff – in einem hübschen, natürlichen Park.

Ich hielt vergeblich nach dem König oder zumindest einem Mitglied der königlichen Familie Ausschau. Ihre Namen kannte ich bereits und wußte, dank eines großen Gemäldes, das in der Hotelhalle hing, und zahllosen Postkarten, die an allen Ecken und Enden verkauft wurden, wie sie aussahen. Ich fand den Prinzen Simeon, ein rundes Kleinkind mit blondem Hahnenkamm, entzückend und identifizierte mich mit der achtjährigen Prinzessin Marie Luise, die denselben Bubikopfschnitt hatte wie ich und auch ähnliche Kleider trug. Sie waren eine unbulgarische Familie.

Die Bulgaren, die zu uns in den Salon kamen, entweder um mit meinem Vater und Dr. Filier Geschäfte abzuwikkeln oder uns einen freundschaftlichen Besuch abzustatten, gefielen mir nicht. Sie hatten schwere Knochen, runde oder kantig-breite Gesichter und einfach zu viel Haar: auf dem Kopf, auf Armen, auf Beinen, und wenn es sich um Männer handelte, auf den Wangen, die, obgleich glatt rasiert, immer schwarz beschlagen waren. Darüber hinaus hatten sie keine Manieren. Sie fielen über mich her, umarmten, liebkosten, küßten mich, und ich, die ich mit wildfremden Leuten höchstens einen Händedruck getauscht hatte, war so entsetzt, daß ich mich nicht einmal zur Wehr setzen konnte, sondern einfach wie ein Käfer totstellte.

»Das sind hier aber komische Leute«, sagte ich zu meiner Mutter, und sie erklärte mir, daß es warme, herzliche Menschen seien, die ihre Gefühle offen zeigten.

Wenn mein Vater zu tun hatte, zeigte mir meine Mutter die Stadt: die Alexander-Newsky-Kathedrale, ein kolossaler, mehr in die Breite als Höhe wachsender Jahrhundertwendebau, der mich durch seine Größe, die vielen goldbekuppelten Ausbuchtungen und bogenförmigen, bunten Fenster in achtungsvolles Staunen versetzte; das Denkmal des säbelschwingenden Alexander Newsky hoch zu Roß, der die Bulgaren vom türkischen Joch befreit hatte; die Moschee mit ihrem hohen, schlanken Minarett, die einer geballten Faust mit erhobenem Zeigefinger ähnelte; das türkische Bad, in dem sich die Bulgaren, die unverständlicherweise kein Badezimmer hatten, mit Bürsten die Haut vom Leibe schrubbten; und schließlich den Markt, den ich für das Aufregendste hielt, was Sofia zu bieten hatte. Das war Orient, »Tausend und eine Nacht«, reich an Leben und Farben, Gerüchen und Geräuschen, exotischen Gestalten, fremdländischem Gebaren, ungewöhnlichen Waren. Da gab es Berge von Obst und Gemüse, das man nur steigenweise kaufen konnte, weil ein Kilo weniger kostete als das kleinste Geldstück; da gab es halbe Schafe oder Schweine, die in der Hitze an Haken hingen, enorme Tonnen mit weißem Schafskäse, riesige Räder Kaschkawal, Eimer mit Yoghurt und Ketten von Lukanki, einer sehr harten, scharf gewürzten Salamiart; da gab es neue und alte Kleidungsstücke, gesponnene und ungesponnene Wolle, bestickte Decken, bunte Kelims, große Kessel aus Kupfer und bemalte Krüge aus Ton; da gab es jede Art von Ramsch und Kitsch und lebendige Hühner, Gänse und Lämmer, die man zu Hause eigenhändig schlachtete; da gab es Märchenerzähler, die in jaulendem Sing-Sang endlose Geschichten zum besten gaben, Bosaverkäufer mit reich verzierten Gefäßen auf dem Rücken, Buden, in denen Schkembe Tschorba, eine Suppe aus Innereien, verkauft wurde, und Bauernmädchen, halbe Kinder noch und halbe Sklaven, die sich für einen Hungerlohn als Dienstmädchen verdingten.

»Das sind hier aber komische Sitten«, sagte ich zu meiner Mutter, und sie erklärte mir, daß es orientalische Sitten wären, an denen nur wir Anstoß nähmen, die die Leute hier aber als ganz normal empfänden.

Ich machte mit meinem Vater Faitonfahrten durch den Borisowa Gradina, einen großen, schönen Park, der nach dem König benannt war, besichtigte viele Kirchen mit ihm und ließ mir aus einem Fremdenführer interessante Dinge über Land und Leute vorlesen. Abends ging ich mit meinen Eltern, Dr. Filier und einigen Bulgaren, die sich nicht abschütteln ließen, essen. Die bulgarische Küche, eine sehr beschränkte Auswahl an Gerichten, hielt ich für eine Zumutung. Entweder sie troff vor Öl, oder sie wurde in einer Einheitssoße aus Zwiebeln, Knoblauch und süßem, rotem Pfeffer zusammengekocht. Natürlich rührte ich das nicht an und ging am liebsten in die volkstümlichen Lokale, in denen Schaschlik und Kebab auf einem rauchenden, zischenden Rost gegrillt, viel Sliwowitz und Rotwein getrunken, große, weiße Brote in Stücke gerissen, Unmengen an Fleisch und Salaten verzehrt, geschrien, gelacht und gesungen wurde. Kleine Kinder liefen herum, Babys wurde die diskret verhüllte Brust gegeben, alte, schwarzgekleidete Mütterchen verkauften Blumen, und manchmal erschien eine Drei-Mann-Kapelle mit Dudelsack, Trommel und Geige und spielte bulgarische Volkslieder und -tänze.

»Nicht wahr«, sagte ich eines Abends, als ich bereits im Bett lag und den vergangenen Tag noch einmal überdachte, »das ist hier wirklich ein komisches Land.«

»Ein recht temperamentvolles Land«, meinte mein Vater, und meine Mutter sagte: »Du darfst es nicht immer mit Deutschland vergleichen.«

Sie sahen zärtlich-besorgt auf mich hinab, und ich lachte und beharrte darauf: »Aber komisch ist es trotzdem!«

Bettina und Ellen trafen in Sofia ein, und die Familie fuhr gemeinsam ans Schwarze Meer. Alle waren in froher Ferienstimmung, denn jeder hatte, was er sich wünschte: Else ihre zwei Töchter und Erich, Bettina ein neues Selbstbewußtsein, das sie ihrem hübschen Aussehen und den Blikken der Männer verdankte, Angelika ihre Eltern, Ellen die Aussicht auf eine neue Schicht Bräune und kleine Abenteuer, Erich das Gefühl, daß bis dahin alles nach Plan verlaufen war und er für seine Familie im Rahmen dessen, was in seiner Macht stand, gut gesorgt hatte.

Da war ein wolkenloser Himmel, strahlende Sonne, blaugrünes Meer. Sie wohnten einige Kilometer außerhalb Warnas in St. Constantin, einem ehemaligen Kloster, das, in ein Hotel umgebaut, wenig Komfort und viel Romantik zu bieten hatte. Es lag in einer grünen Wildnis, fast schon einem kleinen Dschungel, der abrupt in einen märchenhaften, nur von wenigen Badegästen besuchten Sandstrand überging. Sie fanden eine abseits gelegene Felsengruppe, die dem vom Sonnenbrand gefährdeten Erich Schatten und Angelika Gelegenheit zum Spielen bot, und verbrachten dort den ganzen Vormittag. Else in einem dunkelblauen Badeanzug, das zu große, kostbare Kreuz, das ihrem Glauben Ausdruck verlieh, um den Hals, Ellen in einem weißen, der ihre Formen und ihre Bräune gewagt zur Geltung brachte, lagen stundenlang in der Sonne; Erich ging sinnend am Strand auf und ab oder las in der schattigen Felsengrotte ein Buch; Bettina hielt sich hauptsächlich im klaren, warmen Meer auf, und Angelika, einen großen Strohhut auf dem Kopf, spielte vor sich hin oder ließ sich von ihrer Schwester das Schwimmen beibringen.

Was braucht man mehr zum Glück, dachte Else, als die Gegenwart geliebter Menschen, Sonne und Meer? Und sie verstand kaum noch, was sie über viele Jahre von einem Vergnügen, einer Liebesaffäre, einem Abenteuer ins nächste getrieben hatte. Am Nachmittag machten sie Ausflüge nach Warna und in ein drei Kilometer entferntes Dorf, wo die Zeit seit dem Mittelalter stehengeblieben war und sie in einem der Bauernhäuser Rotwein tranken und Käse dazu aßen. Erich mietete für Angelika einen Esel, der Florinka hieß und sie über gewisse Mißstände, wie bulgarisches Essen und die Stunden, die sie früher zu Bett gehen und allein im Hotel bleiben mußte, hinwegtrösten sollte. Denn abends wurde unter den Sternen, einem wachsenden oder abnehmenden Mond, am Rand des Schwarzen Meeres mit seiner weißen Gischtrüsche getanzt.

Was brauchte man mehr zu seinem Glück als warme Nächte, ein paar Liter Wein und Liebe. Else liebte Erich, den sie, wie sie meinte, mit dem Entschluß, Deutschland zu verlassen, innerlich zurückgewonnen hatte; Ellen hatte mit dem schönsten Mann am Ort, dem dunkelbraunen, muskulösen Lebensretter Johnny, eine romantische Affäre; und die siebzehnjährige Bettina hatte sich in Mizo Stanischeff, einen vierzehn Jahre älteren Dozenten der Anatomie, verliebt.

Und so tanzten sie Tango, englischen Walzer und Slowfox, und im Hotel saß Angelika im Nachthemd auf der Treppe und wartete in atemloser Angst auf ihre Angehörigen, die entweder geflohen oder umgebracht worden sein mußten.

Else und Erich wußten immer noch nicht, was mit den Kindern geschehen sollte, und die harmonische Umgebung ließ sie einen Entschluß, der unweigerlich zu Unruhen geführt hätte, immer wieder hinauszögern.

Wer wußte, wann sie je wieder so froh und einträchtig beieinander sein würden? Wie konnten sie das erste Glück Bettinas stören, die unter den immer ernsteren Werbungen eines durchaus akzeptablen Mannes aufblühte? War es nicht gerade für sie, die immer im Schatten gestanden hatte, von größter Wichtigkeit, durch die Verehrung eines reifen, gutaussehenden Mannes, der balkanische Würde und Wärme mit westlicher Bildung verband, die Selbstsicherheit zu gewinnen, die ihr so lange gefehlt hatte? Und Angelika, die so selig war, Vater und Mutter wieder gemeinsam um sich zu haben und in Bulgarien nichts anderes sah als ein »komisches« Land, in dem man kurz mal Ferien machte, wie konnten sie ihr mit der Andeutung, daß sie dort vielleicht eine Weile leben mußte, einen Schrekken einjagen? Außerdem spielte Else tatsächlich mit dem Gedanken, jetzt, da sie die bulgarische Staatsangehörigkeit hatte, wieder nach Deutschland zurückzukehren. Else und Erich führten an den Abenden, an denen sie nicht tanzten, sondern am Strand auf und ab gingen, lange ratlose Gespräche, deren einziges Resultat der Beschluß war, noch ein wenig abzuwarten.

In diesen Stunden war die Nacht schwarz, die Brise vom Meer kalt und die gelebte Idylle ein farcenhaftes Intermezzo zwischen dem Alptraum der Vergangenheit und dem der Zukunft.

»Meine kleine, süße Mutti«, schrieb Peter, »nun bist Du in Warna, hast Deine Kinder und den Guten wieder und – was willst Du eigentlich noch mehr? Es ist doch alles zu komisch – wie im Puppenspiel: Zusammenkommen, Glück, Beieinanderbleiben, Trennung, Abschied, Schmerz, neues Zusammenkommen – alles wie an Schnüren...«

Ja, alles wie an Schnüren und man selber nichts anderes als eine Marionette, hilflos dem Zug der Schnüre ausgeliefert.

Die Würfel fielen am 1. September, fünf Tage vor ihrer Rückreise nach Sofia.

Ellen und Bettina waren mit ihren Kavalieren unterwegs, Else, Erich und Angelika mit ihrem Esel Florinka waren ans Meer gegangen. Es war ein strahlender Tag, aber für die Bulgaren war die Badesaison beendet, und es konnte so heiß sein, wie es wollte, sie gingen nicht mehr ins Wasser. Kein Mensch außer ihnen war am Strand, bis plötzlich in der Ferne ein Mann auftauchte. Er rannte, als würde er verfolgt, kam schnell näher, schrie etwas.

»Was hat denn der Mann?« fragte Angelika.

»Vielleicht einen Sonnenstich«, sagte Else und streckte sich auf dem Badetuch aus.

Als der Mann auf gleicher Höhe mit ihnen war, verlangsamte er das Tempo, warf die Arme hoch und schrie aus Leibeskräften: »Woina!«, dann, als er merkte, daß sie nicht verstanden: »Guerre... Krieg!«

Else und Erich starrten sich an – sie mit weit aufgerissenen Augen, er mit leicht geöffnetem Mund.

Sie hatten die politischen Ereignisse bewußt nicht verfolgt, und das war ihnen leichtgemacht worden, denn in St. Constantin gab es weder ein Radio noch ausländische Zeitungen. Also wozu ihnen nachlaufen, sich aufregen und die schöne Zeit verderben? Etwas Gutes war nicht zu erwarten, und das Böse erführe man früh genug.

»Wo ist Krieg?« fragte Angelika ihre versteinerten Eltern, »hier in Bulgarien?«

Else sprang auf: »Nein«, rief sie mit einer Stimme und einem Gesicht, als würde sie eine Freudenbotschaft verkünden, »nicht hier, mein Hase, sondern in Deutschland. In Deutschland ist Krieg!«

»Bitte, Kleine«, sagte Erich, stand langsam auf und wischte sich den Sand von den Armen, »reite schon mal voraus zum Hotel und schau nach, wo Bettina und Ellen stecken. Wir kommen sofort nach.«

Kaum hatte Angelika sich entfernt, warf sich Else in seine Arme. Sie schluchzte, sie lachte: »Das ist die Strafe«, stammelte sie, »verstehst du, Guter, es gibt eine ausgleichende Gerechtigkeit! Jetzt wird man die Nazis kurz und klein schlagen. Wir sind gerettet!«

Er schwieg so lange, daß sie die Geduld verlor. Er war so schwerfällig, der Gute! Sie schüttelte ihn und schrie: »Hörst du, Erich, wir sind gerettet!«

»Ich fürchte«, sagte er schließlich, »du siehst die Sache etwas zu einfach. Im Endeffekt magst du recht haben – Gott gebe es! –, aber bis dahin ist der Krieg eine Katastrophe. Die Nazis wollten ihn, für sie ist er kein furchteinflößender Vergeltungsschlag, sondern eine willkommene

Aufforderung, erst mal die anderen kurz und klein zu schlagen. Sie sind bis an die Zähne gerüstet, Else, und von ihrem Sieg überzeugt.«

Es war das erste Mal, daß Erich einen klarsichtigen Moment hatte, und das erste Mal, daß Else ihm keinen Glauben schenkte.

Wir fuhren am nächsten Tag nach Sofia zurück. Ich erinnere mich an mein Erstaunen über den vollgestopften, lärmenden und nach Ziegen und Knoblauch stinkenden Zug: Bauern, Soldaten, Urlauber, noch und noch Kinder, an den Beinen zusammengebundene Hühner, Lämmer und Zicklein. Zum Glück hatten wir ein Abteil für uns, doch einige hatte es sogar in unseren Wagen geschwemmt, wo sie auf ihren Koffern und Bündeln hockten, krakeelten, aßen, tranken, sangen und schliefen. Ellen hatte irgendwo einen Offizier mit weißen Handschuhen aufgegabelt, und der saß nun in unserem Abteil und flirtete mit ihr. Bettinas Verehrer, Mizo, der das Gesicht eines Fauns und das Schnurrbärtchen eines Hitler hatte, fuhr mit uns nach Sofia und fütterte meine Schwester mit Brot, Schafskäse und Weintrauben. Es muß mir einen unauslöschlichen Eindruck gemacht haben, denn ich sehe sie heute noch vor mir: Er bricht Brocken vom Brot und Käse ab, steckt sie ihr und sich in den Mund und schiebt Trauben hinterher.

»So ißt man das hier«, sagte er mit einem Stolz, der einer bahnbrechenden Erfindung würdig gewesen wäre. Bettina aß widerstandslos, was er ihr in den Mund stopfte, aber als er einmal kurz das Abteil verließ, kicherte sie und sagte: »Weißt du, er kommt mir ein bißchen vor wie unser Lehrer, Dr. Richter… dir auch?«

Ich sagte: »Vielleicht ein bißchen, aber sonst ist er schrecklich nett.«

Meine Eltern saßen am Fenster und sprachen so leise miteinander, daß ich beim besten Willen nichts verstehen konnte. Meine Mutter rauchte eine Zigarette nach der anderen und zupfte an der Haut ihrer Nagelbetten, und mein

Vater hatte ein aufgeschlagenes Buch auf den Knien, kam aber nicht zum Lesen.

»Na, da hat man doch endlich mal was für sein Geld gehabt«, sagte er, als wir acht Stunden später in Sofia ankamen.

Wir wohnten wieder im Hotel Bulgarie, und am nächsten Morgen begannen schon früh die Reisevorbereitungen. Ich war sehr aufgeregt und glücklich, nach Deutschland zurückfahren zu können. Bulgarien war mal etwas Neues gewesen, aber nun war es genug. In Deutschland war alles viel schöner, und am schönsten war der Gedanke, dort wieder mit meinen Eltern zusammenzuleben, so wie früher. Der Krieg machte überhaupt keinen Eindruck auf mich.

Meine Mutter packte Papas Koffer, und er stand mit besorgtem Gesicht daneben und meinte, so wie sie das mache, würden die Sachen vollkommen zerknittert ankommen.

Meine Mutter sagte: »Deine Sorgen und Rothschilds Geld möchte ich haben!« und legte einen Anzug auf die Hemden, was natürlich nicht richtig war. Die Hemden hätten zuoberst sein müssen.

Ich erkundigte mich, wann wir führen, und mein Vater sagte, der Zug gehe am nächsten Nachmittag um fünf Uhr dreißig.

Die Entscheidung, ob ich mit meinem Vater oder meiner Mutter einen Schlafwagen teilen sollte, fiel mir schwer, und darum fragte ich sie um Rat.

Mein Vater lief im Zimmer herum und suchte sein silbernes Zigarettenetui. Er schien die Frage nicht gehört zu haben. Meine Mutter wollte wissen, ob mir Deutschland im Krieg lieber sei als Bulgarien im Frieden.

Ich sagte, ja.

So etwas könne man nur behaupten, wenn man noch keinen Krieg erlebt hätte, sagte mein Vater, und Gott behüte dich davor, jemals einen zu erleben.

Ich würde ihn ja jetzt erleben, sagte ich.

Er hätte genug von dem Durcheinander und den Packmethoden meiner Mutter, erklärte er, und ob ich bereit sei, eine kleine Faitonfahrt mit ihm zu machen?

Natürlich war ich dazu bereit.

Wir fuhren den breiten, mit gelben Klinkersteinen gepflasterten Boulevard Zar Oswoboditel hinunter. Er führte von unserem Hotel über den Platz, auf dem das Denkmal Alexander Newskys stand, bis zum Park, der den Namen des Königs trug. Mein Vater holte eine Hand voll Kleingeld aus der Tasche, zählte es umständlich und steckte es wieder weg. Er tat oft Dinge, die keinem ersichtlichen Zweck dienten. Wir waren kurz vor dem Park, als er sagte: »Ich muß mit dir sprechen, meine Tochter.«

Hatte ich etwas geahnt? Nein, bestimmt nicht.

Der Schreck traf mich, durch keine Vorahnung gedämpft, mit voller Wucht. Ich lauschte auf das Klopfen der Hufe, das Klirren der Schellen, das Knallen der Peitsche und hoffte mit Inbrunst, er würde es sich anders überlegen und nicht sprechen.

Aber er sprach, schneller sogar als gewöhnlich und ohne die üblichen Pausen einzulegen: »Du und Bettina, ihr müßt eine Weile länger bei eurer Mutter in Bulgarien bleiben. Das ist keine Tragödie, Angelika, sondern vielmehr euer Glück. In Deutschland ist Krieg, und es kann sehr, sehr schlimm werden. Hier seid ihr in Sicherheit, und das ist mehr wert als alles, was du vielleicht vermissen wirst.«

»Und du bleibst in Deutschland, wenn es sehr, sehr schlimm wird?«

»Ich muß, mein Kind.«

»Ich will nicht in Bulgarien bleiben, ich will mit dir nach Deutschland zurückfahren.«

»Und deine Mutter hier alleine lassen?«

»Sie kann doch auch mitkommen.«

»Nein, das kann sie nicht.«

»Warum? Weil Krieg ist?«

Der Arme, er konnte nicht lügen, er sagte: »Auch deshalb.«

Da war es wieder, das Geheimnis, das schreckliche Geheimnis!

»Was ist mit Mutti?« fragte ich.

»Gar nichts ist mit Mutti. Sie ist dieselbe, die sie immer war.«

»Nein«, schrie ich auf und begann zu weinen.

Er legte den Arm um mich, zog mich ganz nahe zu sich heran und sagte: »Du mußt uns vertrauen, Angelika, was immer wir tun, tun wir, damit es dir gutgeht. Vielleicht wirst du jetzt eine Zeit durchmachen, die nicht ganz leicht ist, aber jeder Mensch hat solche Zeiten in seinem Leben, und wenn die überstanden sind, ist man viel stärker und klüger geworden und weiß das Schöne viel mehr zu schätzen. Du bist zwölf Jahre, also kein kleines Kind mehr. Du mußt deiner Mutter jetzt eine Stütze sein, sie braucht dich und Bettina mehr als alles auf der Welt. Du liebst deine Mutter doch so sehr, nun hast du die Gelegenheit, es ihr zu zeigen.«

»Dich liebe ich aber auch«, sagte ich und war etwas verlegen, weil ich ihm das noch nie gesagt hatte und es mir aufdringlich vorkam.

»Das will ich hoffen, meine Tochter«, sagte er, »ja, das will ich hoffen...«, und nach einer Weile, »daß du mich, komme was da wolle, weiter lieb hast.«

Sie zogen in eine scheußliche, möblierte Parterrewohnung in der Ulitza Mussala, einer winzigen Straße, in der ein paar betagte Häuser standen.

Bettina schaute sich um und zuckte die Schultern. Angelika rümpfte die Nase und fragte, wie lange sie da wohnen müßten.

Das solle sie den lieben Gott fragen, fuhr Else sie an, und im übrigen täten sie beide gut daran, schnellstens von ihrem hohen Roß runterzukommen. Die Zeiten hätten sich geändert. Die beiden Mädchen schwiegen, Bettina mit zusammengekniffenen Lippen und einem zornigen Blick auf die Mutter, Angelika mit dem Ausdruck eines von der Herde abgekommenen kleinen Tieres. Else nahm sie in die

Arme. Es sei nur eine Übergangszeit, sagte sie, und sie müßten jetzt alle zusammenhalten und es sich leichter machen anstatt noch schwerer.

Mit Erichs Abreise, dem blitzartigen Vormarsch der Deutschen in Polen und der Erkenntnis, daß sich das nette Provisorium in einen trostlosen Dauerzustand zu verwandeln drohte, war ihr Leben zu einem Trapezakt geworden. Sie war immer kurz vor dem Kippen, sei es in hilflose Verzweiflung, sei es in unkontrollierbare Wutausbrüche, sei es in panische Angst. Aber da, wo früher ein Sicherheitsnetz war, in das sie hineinkippen konnte, war jetzt ein Abgrund und keine Hand, die sie zurückriß. Sie alleine war für ihr Leben und das ihrer Töchter verantwortlich, und wenn sie stürzte, stürzten ihre Töchter mit. Gewiß gab es Menschen, die ihr zu helfen versuchten: Mitko Taslakoff, Zwetan Taslakoffs deutsche Frau Wilma, die zur selben Zeit wie sie nach Bulgarien gekommen und eine gute Freundin geworden war, Leo Ginis, ein weißrussischer Jude, der mit seiner Familie vor den Kommunisten nach Deutschland und vor den Nazis nach Bulgarien geflohen war und sich leidenschaftlich in sie verliebt hatte.

Aber da Mitko beruflich viel unterwegs war, Wilma von ihrem eifersüchtigen Ehemann, der Else für einen gefährlichen Umgang hielt, kurz an der Leine gehalten wurde und Leo Ginis für eine fast blinde Frau und eine magenkranke Schwägerin zu sorgen hatte, waren sie selten dann disponibel, wenn Else vor Verzweiflung, Wut oder Angst verrückt zu werden glaubte.

Wie sollte sie mit dem bulgarischen Alltag fertig werden, in dem alles so primitiv, so unzuverlässig und hingeschludert war und jeder Handgriff, jede Besorgung, jede kleinste Aktion zu einem unlösbaren Problem zu werden drohte, um so mehr, als sie über ein Dutzend bulgarischer Worte nicht hinauskam und ihr die Sprache derart fremd war, daß sie die Hoffnung, sie jemals zu lernen, aufgab, bevor sie noch den Versuch gemacht hatte. Wie sollte sie aus einer Wohnung, in der alles häßlich und verrottet war, ein gemütliches Zuhause machen, in dem man sich wohl fühlte und einen Ausgleich fand für die täglichen Scherereien und Widrigkeiten, die einem die neue Lage aufzwang? Wie sollte sie mit dem Geld auskommen, das im Vergleich zu den finanziellen Mitteln, die ihr in Deutschland zur Verfügung gestanden hatten, ein klägliches Sümmchen war? Und wie, vor allen Dingen, sollte sie mit ihren Töchtern umgehen, mit Bettina, die sich wieder verschloß, mit Angelika, die so sichtbar litt, daß sie zu einer ständigen Anklage wurde? Sie mußte ihnen Sicherheit geben, die Motivation, das Beste aus einer Situation zu machen, aus der es kein Entrinnen gab und die mit nichts anderem zu bewältigen war als mit gutem Willen, Entschlossenheit und Zusammenhalt. Doch wie konnte sie ihnen Sicherheit geben, wenn sie selber keine hatte, eine Motivation, wenn Angelika nicht einmal mit den Ursachen der Situation vertraut war, Entschlossenheit, wenn sie mutlos war, Zusammenhalt, wenn sie, anstatt geduldig und verständnisvoll auf die Mädchen einzugehen, andauernd die Beherrschung verlor?

Sie war alles andere als ein gutes Beispiel, und sie wußte es, verabscheute sich dafür und war dennoch nicht fähig, ihr unheilvolles Verhalten zu ändern.

»Muttilein«, schrieb ihr Peter, »Du mußt Geduld haben – Geduld mit Dir und mit den Menschen. Du mußt jetzt einmal aufhören zu klagen und Dich, das Schicksal und andere Menschen verantwortlich zu machen. Du mußt jetzt endlich die Tatsachen als Tatsachen nehmen und nicht als unendlich bedauernswerte Veränderungen. So bedauernswert sind sie nämlich gar nicht. Du bist undankbar, Mutti, und weißt nicht, was es wert ist, nicht mehr in Deutschland leben zu müssen, in diesem geistigen Sumpf und Dreck. Und außerdem will ich Dir mal mit Deinen eigenen Worten antworten: Denke mal, wie viele Menschen, wie viele Juden es gibt, die weitaus unglücklicher sind als Du, die hungern und nicht wissen, wo sie sich verkriechen sollen. Die ihre Kinder seit Jahren nicht gesehen haben. Deren Allernächste vielleicht ermordet oder zu Schaden gekommen sind durch das ›Elementarereignis‹, wie Du es nennst. Du bist undankbar, Mutti! Und wenn Du sagst, daß Du Dich unglücklich gemacht hast und dies nie hättest tun dürfen, so stelle Dir doch nur einmal vor, wie der andere Weg gewesen wäre. Was wäre denn dort gewesen? Nein, nein, Muttilein, ich weiß alles und bedenke alles und verstehe Dich sehr, sehr gut. Du hast es schwer, schwerer als viele, aber noch lange nicht so schwer, wie Du es haben könntest. Muttilein, meine Geliebte, halte durch und sei nicht ungerecht. Glaub mir dies: Wir beide, hörst Du, Du und ich, wir werden es schaffen. Sei ruhig und denke daran, daß ich Dich mehr liebe als alles auf der Welt. Und: die Rettung, die innere Rettung kommt immer nur aus uns...«

Große Worte, gelassen ausgesprochen. Die innere Rettung! Da war keine innere Rettung, sondern nur verschlissene Nerven, und sie war alles andere als ruhig, alles andere als sicher, daß sie es schaffen würde.

Sie holte ein Dienstmädchen vom Markt, kein halbes Kind mehr, sondern ein ausgewachsenes, etwa zwanzigjähriges Geschöpf von unwahrscheinlicher Häßlichkeit. Sie hieß Iwanka, hatte ein Gesicht, in dem alles, außer den Hängebacken und der Hühnerkeulennase, zu kurz gekommen war, und einen Körper, an dem der Busen vom Schlüsselbein bis zum Bauch und der Hintern von der Taille bis zu den Kniekehlen reichte.

Bettina und Angelika trauten ihren Augen nicht und begannen zu kichern. Iwanka, die Seele eines Menschen, wie sich sehr bald herausstellte, lachte mit, und das klang wie das aufgeregte Kollern eines Truthahns. Else schrie ihre Töchter an, sich zu benehmen und das arme Mädchen nicht zu beleidigen, und Iwanka, die nie leiser sprach als Else schrie, hielt das für den normalen Umgangston und kollerte weiter.

Mit Iwanka kam ein Schatz ins Haus. Sie schlief, wie in Bulgarien üblich, auf einem Klappbett in der Küche, lernte sehr schnell und freudig, wie man Klo und Badewanne benutzte, kochte mindestens vier der etwa zwölf bulgarischen Gerichte, wusch die Wäsche, putzte die Wohnung, verstand Elses Zeichensprache und war unbeirrbar fröhlich.

Dimiter Lingorsky kam einmal in der Woche zum Mittagessen, womit Else vor neugierigen Nachbarn den Schein einer Ehe zu wahren hoffte, beglückte Iwanka, verärgerte Angelika und riß Bettina zu Witzeleien hin. Else schrie ihre Töchter an, höflich zu sein und dem hochanständigen Mann nicht mit Spott und Feindseligkeit zu begegnen. Ihre ältere Tochter preßte die Lippen zusammen, ihre jüngere fragte: »Was will der denn hier immer, wenn du dich nicht mal mit ihm unterhalten kannst?«

Darauf hatte sie keine Antwort.

Else machte sich schreckliche Sorgen um Angelika, die emotional wieder zum Klammeräffchen geworden war, physisch zum Suppenkasper im vorletzten Stadium. Sie schwankte zwischen Drohen und Flehen, empörte sich gegen die Unvernunft der Kleinen und beschuldigte sich für das Leid, das sie ihr zugefügt hatte. Angelika wurde in dem Maße, in dem sie drohte und flehte, immer verstörter.

Bettina dagegen begann sich unter Mizos Einfluß zu festigen und von der Mutter, gegen die ein latenter Groll zum Ausbruch kam, zu entfernen. Mizo war es, der den Schaden, den Else anrichtete, wieder auffing, ihr mit seiner Liebe einen Halt und mit dem Ehrgeiz, eine waschechte Bulgarin aus ihr zu machen, ein Ziel gab. Er lehrte sie jetzt nicht nur die bulgarischen Eßsitten, sondern die bulgarische Sprache, und das mit Gründlichkeit und großem Erfolg. Als Bettina mit seinen Vorstellungen und Wünschen übereinstimmte, hielt er es an der Zeit, sie zu verführen, ein riskantes Unternehmen, denn es fand auf der Schlafcouch im Wohnzimmer statt, während Else und Angelika im Ehebett nebenan und Iwanka auf dem Klappbett in der Küche schliefen.

Bettina, wie sie mir später gestand, wußte Lektionen

dieser Art wenig zu schätzen. Aber sie gehörten nun mal dazu und waren ein weiterer, ziemlich nebensächlicher Schritt in einen neuen Lebensbereich. Das Entscheidende war, daß sie ein soviel älterer, angesehener und ihr in Wissen und Bildung weit überlegener Mann liebte. Sie begann die Kunstgewerbeschule zu besuchen, schloß Freundschaften mit anderen Schülerinnen, wurde in Mizos Familie eingeführt und akklimatisierte sich mit einer Geschwindigkeit, die ihre Mutter gleichermaßen erleichterte und beunruhigte. Sie war, fand Else, doch noch gar nicht richtig erwachsen, hatte noch gar nicht richtig gelebt, und jetzt sollte sie, anstatt junges Mädchen zu sein und diese kurze, herrliche Phase zu genießen, gleich in die Rolle einer ernsten, braven Frau springen und sich den Prinzipien eines älteren, gebieterischen und in seinen Gewohnheiten festgefahrenen Mannes fügen?

Else hatte Mizo gerne, hielt ihn für einen anständigen Mann, zweifelte nicht an seiner Liebe zu Bettina, aber daß er unflexibel war und ihr keinen Raum lassen würde, sich zu einer selbständigen Frau mit eigenen Gedanken, Vorstellungen und Ansprüchen zu entwickeln, war offensichtlich. Sollte das der Lebensweg ihrer Tochter sein – wieder im Schatten eines Menschen zu stehen, ihm neidlos den Vorrang zu lassen, sich seinen Wünschen und Forderungen anzupassen? War sie so ganz und gar die Tochter ihres Vaters, dieses Mannes, der keine Zwischentöne gekannt hatte, der in seiner Liebe wie in seinem Haß unbeirrbar gewesen war? Waren es nicht seine Augen, die hingebungsvoll zu Mizo aufsahen, sein Gesicht, das sie, die Mutter, mit zusammengepreßten Lippen und hartem Blick fixierte? Würde sie ihre Tochter verlieren? Hatte sie sie vielleicht schon verloren?

Im Oktober 1939 starb Opapa Kirschner an einer Lungenentzündung.

Omutter schrieb an ihre Tochter: »Er starb, wie er gelebt hatte: mit einem Lächeln.«

Peter schrieb an seine Mutter: »Nein, Mutti, ich denke, daß er sehr, sehr unglücklich gestorben ist, denn es war doch niemand bei ihm außer Omutter. Niemand von uns, die er geliebt und für die er sein Leben gelebt hat. Was hätte er darum gegeben, uns noch einmal bei sich zu haben, uns nur noch einmal anzuschauen, uns noch ein Wort zu sagen ...«

Das ist sicher richtig. Und trotzdem bin ich dankbar, daß er in seinem eigenen Bett, mit Omutter an seiner Seite, an einer Lungenentzündung sterben durfte. Juden starben zu der Zeit andere Tode.

Kurze Zeit darauf wurde mein fünfundvierzigjähriger Vater, im Rang eines Leutnants, zum Militär eingezogen. Meine Mutter, die nie damit gerechnet hatte, war fassungslos: »Ich verstehe nicht, wie das passieren konnte«, sagte sie ein über das andere Mal.

Für mich bedeutete es in erster Linie, daß er nicht, wie versprochen, zu Weihnachten und meinem Geburtstag zu uns kommen würde. Ich hatte mir einen Kalender zusammengebastelt, der mit dem 24. Dezember endete. Jeden Abend hatte ich einen Tag ausgestrichen. Jetzt nahm ich den Kalender von der Wand und zerriß ihn. Von da an hing nur noch Schopenhauers Zitat: »Seit ich die Menschen kenne, liebe ich die Tiere« über meinem Bett.

Wiederum kurze Zeit darauf wurde Bettinas Visum nicht verlängert, und das hieß, daß sie Bulgarien verlassen mußte. Zwei Tage vor ihrer Abreise stellte meine Mutter sie splitterfasernackt auf die verglaste, eisige Veranda. Sie stand dort eine Stunde, bibbernd, barfuß, die Arme um den Oberkörper gewickelt, mit immer kleiner werdendem Gesicht. Aber die erhoffte Lungenentzündung, die ihre Abreise zunächst einmal verhindert hätte, blieb aus. Sie holte sich nicht einmal einen Schnupfen.

Dafür wurde bei mir, die ich jeden Abend fieberte und auf ein Gewicht von 28 Kilo zusammengeschrumpft war, der Anfang einer Lungentuberkulose festgestellt.

Meine Mutter verlor den Kopf: ihr Vater tot, mein Vater

in der Armee, Bettina zwangsausgewiesen und ich im Begriff, schwindsüchtig zu werden. Sie erklärte, mit mir nach Deutschland fahren zu müssen, und ich war darüber glücklich. Wer sie davon abgehalten hat, weiß ich nicht, auf jeden Fall wurde die Reise von einer Woche auf die andere verschoben und schließlich ganz fallengelassen.

Ich muß dann ein dreiviertel Jahr ziemlich krank gewesen sein, wußte natürlich nicht, was mir fehlte, und litt hauptsächlich unter den unentwegten Versuchen meiner Mutter, Nahrung in mich hineinzustopfen.

Ich glaube, daß die Verwandlung meiner Mutter mit dieser Unglücksserie begann. Es war ihr erster Durchstoß in die Realität, die erste ehrliche Konfrontation mit sich selber, die erste Bestandsaufnahme: Was spielten die Widrigkeiten des Alltags, die Häßlichkeit der Wohnung, die beschränkten finanziellen Mittel für eine Rolle? Woher nahm sie das Recht zu jammern, sich selber zu bemitleiden, der Vergangenheit nachzutrauern und sich über die Wirklichkeit blauen Dunst vorzumachen? Es ging hier nicht mehr um die Annehmlichkeiten des Lebens, es ging einzig und allein ums Überleben, um die Rettung ihrer Kinder.

Ich habe von diesem Tag an nie wieder eine Klage von ihr gehört, nie wieder eine Träne gesehen.

Dank Dr. Filiers Geschicklichkeit wurde Bettina ein neues, unbegrenztes Visum erteilt, und zum Weihnachtsfest war sie wieder in Sofia. Es wurde, trotz kargen Zubehörs, ein Freudenfest – zumindest für Else, Bettina und Mizo. Angelika meinte, mit einem Heiligen Abend hätte das wenig zu tun.

Während des Essens erzählte Bettina von ihrem Aufenthalt in Berlin. Nein, schön sei es nicht gewesen, eher recht traurig. Omutter Kirschner, bei der sie gewohnt hatte, sei glücklich über ihren Besuch gewesen, denn sie sei ja jetzt so schrecklich einsam und habe sogar ein paarmal gesagt, das einzige, was sie sich noch wünsche, sei ein friedlicher

Tod. Elisabeth, die sehr viel Schnaps und Kaffee trinke, sorge rührend für sie, Papa, bevor er eingezogen worden sei, wäre einmal die Woche zu ihr gegangen, und auch die Großmutter Schrobsdorff würde sie manchmal besuchen und ihr viele gute Sachen mitbringen. Aber Omutter habe an nichts mehr Freude. Papa sei nur zweimal über das Wochenende auf Urlaub gekommen und sehe schlecht aus. Er habe wieder mit dem Magen zu tun und würde demnächst nach Polen abkommandiert werden. Papa Fritz gehe es gut. Er schreibe Drehbücher für den Film und habe damit großen Erfolg. Tante Enie sei unverändert, allerdings leide sie oft an Migräne und schimpfe dauernd auf die Nazis. Ja, und Ellen habe Jack Blackwood geheiratet und lebe jetzt mit ihm in London. Es sei wirklich recht traurig gewesen.

Sie gingen zur Messe in die Alexander-Newsky-Kathedrale, und Angelika betete für ihre Familie, zündete Kerzen an und steckte sie in einen Halter. Dann zündete sie eine Kerze für ihren toten Großvater an und pflanzte sie in ein mit Sand gefülltes Gefäß. Sie war schon gut mit den russisch-orthodoxen Riten vertraut und glaubte an die Kraft brennender Kerzen und Gebete.

Bald darauf zogen sie in eine andere Wohnung, die größer, heller und gepflegter war. Sie befand sich in einem langgestreckten, vierstöckigen Mietshaus, dessen rauh verputzte, dunkelgraue Fassade mit den gleichmäßig eingesetzten quadratischen Fenstern einen trüben Eindruck machte. Aber die Ulitza Oborischte, die von dem riesigen Platz mit der Kathedrale schnurgerade zum Kanal hinunterführte, war eine hübsche Straße mit einem guten Ruf. Direkt neben dem Haus befand sich die französische Botschaft, eine stattliche Villa in einem großen Garten, und ihm schräg gegenüber ein hübscher, kleiner Park.

Ob das hier nicht viel besser sei als in der früheren Wohnung, fragte Else Angelika.

Doch, meinte die, aber noch viel lieber würde sie in dem Haus der französischen Botschaft wohnen.

Wird sie sich jemals an die neuen Verhältnisse gewöhnen? fragte sich ihre Mutter.

Die Wohnung war unmöbliert, und Else mietete die gesamte Einrichtung einer Bekannten, die viel Wert auf Dauerhaftigkeit und wenig auf Schönheit gelegt hatte. Es waren kolossale, schwarz polierte Stücke, die an Särge erinnerten und die Bewegungsfreiheit einschränkten. – Else teilte Schlafzimmer und Ehebett mit Angelika, Bettina schlief hinter einer Glastür in einem Zimmer, das ebenso klein war wie die aufklappbare Schlafcouch groß, und Iwanka baute allabendlich ihr Lager in der Küche auf. Es gab, von diesen Räumlichkeiten abgesehen, noch eine kleine Eingangsbucht und ein Wohn-Eßzimmer, das unter der Wucht der Möbel – Buffet, Geschirrschrank, Tisch und Stühle – zusammenzubrechen drohte. Aber da waren ein Bad mit einer emaillierten Wanne, ein hölzerner Kasten, der, im Sommer mit Eisblöcken gefüllt, die Lebensmittel kalt, und ein eiserner Kohlenofen, der die Zimmer im Winter warm hielt. Gegen das, was kommen sollte, war die Wohnung ein Palast.

Es war ein sehr kalter Februar und die Stadt tief verschneit. Angelikas Zustand hatte sich nicht gebessert. Sie ernährte sich hauptsächlich von Iwankas Crème caramelle, spielte wie ein kleines Kind mit ihren Stofftieren, fütterte die herrenlosen Katzen im Hof und war selig, wenn es ihr mit ungeheurer Behutsamkeit gelang, ihr Zutrauen zu gewinnen. Wenn Else abends neben ihr lag, spürte sie die Beklemmung ihrer Tochter, die unruhigen Bewegungen ihrer Arme und Beine, hörte das krampfartige Nach-Luft-Schnappen. Else konnte es nicht ertragen. Das Kind machte sich absichtlich noch kränker, als es war, aß nicht, schlief nicht, unternahm nicht den geringsten Versuch, sein Verhalten zu ändern und sich den neuen Verhältnissen anzupassen. Sie schrie sie an, nahm sie gleich darauf in die Arme und bat sie, ihr nicht so viel Kummer zu machen und endlich »vernünftig« zu werden.

»Ich kann nichts dafür«, sagte Angelika, »Mutti, ich schwöre dir, ich kann nichts dafür.«

Bettina hatte ihr früheres Leben wieder aufgenommen, ging in die Kunstgewerbeschule, traf sich mit ihren Freundinnen und lernte mit Mizo Bulgarisch. Er kam fast jeden Abend zum Essen, war herzlich, charmant und für die Familie ein Lichtblick. Bettina liebte ihn, Else schätzte ihn, Angelika war in ihn vernarrt und Iwanka von ihm begeistert. Ein Glück, sagte sich Else, daß Tina an diesen Mann geraten ist.

Peters Briefe, die bis dahin regelmäßig eingetroffen und, dank einer festen Kontoristenstellung in einer Sardinen-Export-Firma, voll Zuversicht und Humor gewesen waren, kamen jetzt in immer längeren Abständen, und ihr allzu pathetischer Ton behagte Else nicht. Da war nur noch von seiner Liebe zu und seiner Sehnsucht nach ihr die Rede, von seinem Glauben an die gerechte Sache, von Durchhalten und Hoffnung, vom Unglück anderer, gegen die sie sich glücklich schätzen könnten. Da war immer wieder die Versicherung, daß es ihm gutgehe und sie sich nie die geringste Sorge um ihn zu machen brauche. Aber da war kein Wort mehr über sein aktuelles Leben, seine Arbeit, seinen Kater Ariel, seine Begegnungen und Bekanntschaften, über die er so witzig geschrieben hatte.

Und dann, eines Tages, erfuhr sie durch eine Freundin, die nach Holland emigriert war und mit ihr und Peter in schriftlicher Verbindung stand, die Wahrheit über seine Lage. Es war das eingetreten, was sie vorausgesehen und wovor sie ihn mit Warnungen, Bitten und Appellen, sich und sie nicht unglücklich zu machen, zurückzuhalten versucht hatte. Jetzt saß er in der Falle, und es war an ihr, ihn wieder herauszuholen. Sie schrieb eine Serie von Briefen an Freunde, Bekannte und Verwandte, die, in der ganzen Welt verstreut, ein Emigrantendasein führten, und flehte um Hilfe. Einer dieser Briefe war an ihren Vetter Bruno Kirschner adressiert, der mit seiner Frau Paula und seinen Kindern nach Palästina ausgewandert war und in Jerusalem lebte:

»Lieber Bruno, hier ein kurzer Sachverhalt:

Peter war eineinhalb Jahre in Portugal, hat dort auf der zuständigen Behörde erklärt, daß er Volljude sei, wurde daraufhin ausgewiesen, war, da er kein Geld für die Weiterreise hatte, vier Monate im Gefängnis und wurde auf Kosten des dortigen jüdischen Committees nach Griechenland geschickt, das einzige Land, das für Flüchtlinge noch offen war. Ich habe dem jüdischen Committee die Summe zurückerstattet, indem ich auf die Zuwendungen eines Freundes in Rio verzichtet habe. Peter hat mir seine Lage viele Monate verschwiegen, und erst jetzt, aus seinem letzten Brief, erfahre ich die volle Wahrheit. Der Brief ist trostlos. Er hat keinen Pfennig Geld, keine Arbeitserlaubnis, keine Aufenthaltsgenehmigung. All das nichts Ungewöhnliches in dieser Zeit, aber er ist doch mein Junge! Ich weiß nicht, was ich tun soll, bin machtlos und in höchster Verzweiflung. Könnt Ihr helfen? Er will nur Ruhe haben, irgendwo bleiben und arbeiten dürfen. Ich habe so entsetzliche Angst um ihn und keine Möglichkeit, ihm beizustehen. Zu uns nach Bulgarien kann er unmöglich kommen, da rutschen wir noch alle mit hinein. Wir leben immer auf Messers Schneide, und ich kann die beiden Mädchen nicht einer zusätzlichen Gefahr aussetzen. Die Leute vom jüdischen Committee haben für Peter getan, was sie nur konnten. Sie haben mir geschrieben, daß sie von seiner Haltung und seinem Mut stark beeindruckt sind. Darum dachte ich mir, daß man vielleicht von Palästina aus etwas für ihn unternehmen könnte.

Ich schreibe verwirrt und unleserlich, aber ich bin sehr aufgeregt. Ich quäle mich schon über Wochen damit. Ihr habt es auch schwer, ich weiß, und es tut mir leid, Euch damit zu belasten, aber ich muß eben alles versuchen.

Ich denke oft an Euch, an Paula – sie soll mir helfen!

Eure Else

P. S. Ein Glück, daß Vater das alles nicht mehr erleben muß.«

Die deutsche Armee hatte Anfang April Dänemark und Norwegen besetzt, am 10. 5. 1940 begann der Angriff auf Holland, Belgien und Frankreich.

Peter schrieb an seine Mutter aus Athen:

»...Ich weiß, ich kann Dich jetzt nicht mehr beruhigen – es sei denn damit: ich bin geschmeidig und im großen und ganzen nicht so leicht umzubringen. Ich habe ein relativ glückliches Temperament im Ertragen von Widerwärtigkeiten und außerdem keine Ansprüche mehr. Ich habe gelernt, mich bis zum äußersten zu bescheiden. Wenn noch dazukommt, daß ich überall Menschen finde, die sich meiner annehmen und mir helfen, ist eigentlich kein Grund zu wirklicher Sorge gegeben. Ich muß es durchstehen, und ich werde es durchstehen, und ich gehe nicht daran kaputt. Das ist ganz sicher! Es ist mein einziges Ziel, aus Europa fortzukommen. Ich verliere das nie aus den Augen, denke immer daran...«

Nein, er konnte sie nicht mehr beruhigen, und die Angst um ihn verdrängte jede andere.

Bruno und Paula Kirschner, die wie alle, die sie angeschrieben hatte, machtlos waren, hatten ihr die Adresse und Telefonnummer eines gewissen Herrn B. mitgeteilt, der in Sofia lebte und möglicherweise helfen könnte.

Else schrieb an Paula Kirschner:

»Liebe Pauline, ich danke Dir und Bruno für Eure Hilfe. Bis heute habe ich vergeblich versucht, Herrn B. zu erreichen: sechsmal telefoniert, geschrieben, schließlich eine Verabredung getroffen. Wer kam nicht? Herr B. Nun werd' ich's weiter versuchen, aber es ist wohl auch kein Weg für Peter. Er macht mir ungeheure Sorgen – wie immer –, und er ändert sich nicht. Er lernt nicht. Mit dem Kopf durch die Wand, gegen die Vernunft für die schönen Worte. Er ist wie ich. Mit schönen Gedanken und Worten beschwindeln wir uns, drücken uns. Ich, die ich jetzt so viel Bitteres durchgemacht habe und am Nullpunkt angelangt bin, habe endlich erkannt, daß einem das nicht hilft.

Ein großer Kummer war Vaters Tod. Daß ich den lieben, heiteren Opapa nie mehr sehen soll, kann ich immer noch nicht fassen.

Und meine unglückselige Mutter! Das mußte ihr passieren! Ganz alleine, und ich konnte nicht zu ihr. Während der schlimmsten Zeit hat sich ein Ehepaar um sie gekümmert – prächtige Menschen müssen das sein. Dann war Bettina bei ihr, und danach fand sie nach langer Mühe einen Mieter, der ihr ein wenig die Zeit vertrieb und mit dem sie sich gut verstand. Vor einer Woche starb der Mann plötzlich. Man weiß nicht mehr, was man mit der armen Frau tun soll. Schwierigkeiten hat sie sonst keine, man sorgt gut für sie. Von all diesen schweren Sorgen, der Unruhe, der Furcht vor dem, was noch kommen kann, abgesehen, ist Peter derjenige, der mich am meisten quält. Ich versuche zu ihm zu fahren, aber auch das ist äußerst kompliziert. Heute ist alles äußerst kompliziert! Und all die armen Menschen, über die man so Entsetzliches hört oder gar nichts mehr hört. Man schaut sich um und weiß nicht, wie man das alles ertragen soll, man sucht Lichtblicke und findet keine...«

Was hätte ich darum gegeben, vernünftig zu sein – wie es meine Mutter nannte – und ihr keinen Kummer zu bereiten. Das letzte, was ich wollte, war ihr, die ich über alles liebte, Kummer zu bereiten. Aber ich konnte nicht essen, ich konnte – schon aus Angst, daß sie es bemerkte – nicht schlafen, ich konnte die neuen Verhältnisse nicht akzeptieren, da ich ihren Ursprung nicht kannte und immer auf das Ende dieses makabren Mummenschanzes wartete. Ich wußte nicht, was sich um mich herum, und ich wußte nicht, was sich in mir tat. Ich war derart verwirrt, daß ich das Unmöglichste für möglich und das Mögliche für unmöglich hielt.

Ich erinnere mich an einen Tag, an dem ich mich wieder einmal bei Bettina über die Besuche von Dimiter Lingorsky beschwerte und sie – sei es, daß sie genug von dem

Theater hatte, sei es, daß sie unserer Mutter eins auswischen wollte – die Katze aus dem Sack ließ und sagte: »Mensch, nun hör schon auf, der ist doch mit Mutti verheiratet.« Ich war eine Zeitlang noch verstörter als gewöhnlich, nahm es aber als das Unmöglichste, das eben möglich war, hin. Und ein anderes Mal, als ich meine Mutter um eine Armbanduhr anbettelte und sie schrie: »Wenn du weiter so anspruchsvolle Wünsche hast, werden wir eines Tages kein Stück Brot mehr zu essen haben!«, war ich davon überzeugt, daß wir nun alle verhungern würden. Ich versuchte mir gar nicht mehr klarzumachen, was aus welchen Gründen stimmen konnte oder was nicht. Ich nahm es als Tatsache hin und bemühte mich dann, es in einem Ritual von Beschwörungen und Gebeten, die zur Zwangshandlung geworden waren, zu bannen. Das Ritual gipfelte jedesmal in dem Stoßgebet: »Lieber Gott, laß mich vor meiner Mutter sterben!«

Ich hatte keine andere Instanz mehr, an die ich mich wenden konnte, und meine Mutter offenbar auch nicht. Jeden Abend, bevor sie sich ins Bett legte, kniete sie davor nieder, senkte den Kopf, faltete die Hände und betete. Auf ihrem Nachttisch stand ein Photo von Vater Johann, auf dem er ernst und milde dreinblickte und sie ihres Glaubens gemahnte.

Als der Frühling im März abrupt und ungestüm über Natur und Mensch hereinbrach, änderte sich vieles in der Ulitza Oborischte und trug damit zur schnellen Besserung meines Zustandes bei.

Die heillose Angst meiner Mutter war nicht mehr auf die kranke, unvernünftige Tochter gerichtet, sondern auf den weitaus gefährdeteren, unklugen Sohn, wodurch meine Kompliziertheit nicht so schwer ins Gewicht fiel und ich weniger beachtet wurde. Da Else irrtümlich annahm, ich könne darunter leiden und mich vernachlässigt fühlen, kam sie eines Tages mit einem jungen, schwarzweiß gefleckten Kater nach Hause und legte ihn mir in den Arm. Ich vergrub mein Gesicht in seinem Seidenfell und spürte das Vibrieren eines noch unhörbaren Schnurrens in meinen Händen.

»Mutti«, sagte ich, »jetzt bin ich wieder glücklich!«

Von da an ging es aufwärts.

Paul, wie ich den Kater nannte, war nicht nur Ersatz für all das, was ich vermißte, er war eine autonome Persönlichkeit mit Witz und Denkvermögen. Ich, die ich im Laufe meines Lebens mit Katzen jeder Art zusammengelebt und sie mit nie nachlassendem Interesse beobachtet habe, weiß heute, daß es keinen zweiten Kater Paul gibt. Er hat in kürzester Zeit gelernt, alle Türen zu öffnen, indem er sich an deren Klinken hängte, sich des Klos nach menschlicher Art zu bedienen, was einen Balanceakt erforderte, sich immer neue Spiele mit mir auszudenken und meine Liebe so stürmisch zu erwidern, daß meine Wangen mit zärtlichen Bissen und meine Hände und Arme, bis zu den Ellenbogen, mit leidenschaftlichen Kratzern bedeckt waren.

Innerhalb kurzer Zeit war ich fast ein normales Kind geworden, und meine Mutter brachte eine weitere Errungenschaft ins Haus: Frau Dr. Wudy, eine zarte, blonde Wiener Jüdin, die mit ihrem christlichen Mann und einer kleinen Tochter nach Bulgarien emigriert war. Sie lehrte an der deutsch-katholischen Klosterschule Sancta Maria, die, im Gegensatz zu der säkularen deutschen Schule, nicht nach dem Stammbaum fragte. Dr. Wudy hatte sich bereit erklärt, mich für die dortige Aufnahmeprüfung vorzubereiten.

Sie verband Wärme mit Autorität und gewann damit mein Vertrauen. Ich freute mich fast auf die täglichen Stunden, die Nähe der Lehrerin, die immer so adrett und frisch aussah, ihre zärtlichen Blicke, wenn ich mich um eine richtige Antwort bemühte. Und wäre die Mathematik nicht gewesen, hätte man von einem vollen Erfolg ihres Unterrichts sprechen können.

Mit dem Frühling kam auch Leo Ginis. Er holte meine Mutter und mich jeden Nachmittag von zu Hause ab und ging mit uns ins Café Royal. Es war das vornehmste Café der Stadt und befand sich am Boulevard Zar Oswoboditel, auf dem, mit Anbruch der Dämmerung, der Korso abgehalten wurde. Tische und Stühle standen auf dem Bürgersteig, und man saß im sonnengesprenkelten Schatten mächtiger Kastanienbäume.

Leo, den Bettina und ich Opa Ginis nannten, nicht ahnend, daß er unsere Mutter wie ein Jüngling liebte, war ein untersetzter, sehr gepflegter Mann mit weißem Haar, dessen sanftes, wenn auch nicht so heiteres Gesicht mich an Opapa Kirschner erinnerte. Ich mochte ihn sehr und fühlte mich in seiner Gesellschaft wohl. Er sprach immer leise, hörte mir aufmerksam zu, strahlte Ruhe und selbst dann noch Verständnis aus, wenn ich das Eis, das zu schmelzen begonnen hatte, nicht mehr essen wollte. Er verstand, daß es steinhart sein mußte, und bestellte mir ein neues. Mit meiner Mutter unterhielt er sich in demselben einfühlsamen Ton wie mit mir, und hin und wieder sprachen sie über Berlin, das zwanzig Jahre sein Zuhause gewesen war, über Theateraufführungen, die sie beide gesehen, Konzerte, die sie gehört, Menschen, die ihnen nahegestanden hatten. Ich lauschte aufmerksam, weniger den Worten als ihren Stimmen, die klangen, als erzählten sie sich Märchen.

Einmal fragte ich Opa Ginis, ob er auch wegen des Krieges nach Bulgarien gekommen sei. Ja, sagte er, das sei der Grund gewesen.

Manchmal waren meine Mutter und ich am Samstagabend bei ihm eingeladen. Er bewohnte mit seiner Frau Rosa und seiner Schwägerin Ada ein zweistöckiges Haus, das mit sehr alten, ziemlich abgenutzten Möbeln eingerichtet war. Die kämen noch aus Rußland, erklärte mir Ada.

Sie hatte das Gesicht einer Gemme und war so schmal, blaß und fein wie ein Hauch. Ich habe sie nie sitzen oder stehen gesehen. Sie lag, elegant gekleidet, in ihrem kleinen, dunklen Zimmer auf dem Bett, und ich setzte mich in einem Sessel zu ihr und ließ mir von Baku, ihrer Heimatstadt, erzählen. Ich liebte ihre Geschichten aus Rußland, die wie Legenden aus einer anderen Welt, einem anderen, fernen Jahrhundert klangen.

Ihre Schwester Rosa war nicht weniger elegant, aber viel robuster. Sie hatte die kleinen, etwas eingedrückten Züge eines Pekinesenhündchens. Trotz der dicken, stark geschliffenen Brillengläser, hinter denen ihre Augen beinahe unsichtbar waren, konnte sie kaum sehen. Meistens lag sie, von vielen Kissen gestützt, auf einer Chaiselongue im Salon, in dem sich eine große Bibliothek mit Büchern in sieben Sprachen befand. Sie sprach eine wie die andere fließend, und jeden Tag der Woche kam eine andere Dame, um ihr in der jeweiligen Sprache vorzulesen.

Es nahmen immer noch zwei, drei andere Gäste am Abendessen teil, Menschen mit feinsten Manieren und russischem Namen und Akzent. Man sprach hauptsächlich französisch bei Tisch und aß seltsame Gerichte, von denen mir nur die Blinis mit schwarzem Kaviar schmeckten. Wenn wir uns verabschiedet hatten, begleitete uns Opa Ginis zur nächsten Ecke, an der die Faitons standen, und steckte meiner Mutter einen Geldschein für die Fahrt zu. Er vergaß es nie, denn er wußte, daß das für mich der Höhepunkt des Abends war und wir uns diesen Luxus nicht leisten konnten. Ich fragte meine Mutter, ob er sehr reich sei, und sie sagte: »Das war einmal, wie so vieles andere, aber es geht ihm immer noch recht gut.«

Noch lieber als bei Opa Ginis war ich bei Wilma Taslakowa. Sie kam aus Köln und war eine blaßblonde, vollbusige Frohnatur. Manchmal allerdings waren die Lider ihrer farblosen Augen gerötet und ihr Gesicht gedunsen, so als hätte sie geweint, und einmal hörte ich meine Mutter zu ihr sagen: »Was hattest du es nötig, ihn zu heiraten!«

Irgend etwas stimmte da also nicht, aber man merkte es ihr selten an. Sie hatte deutsche Schallplatten, die ich spielen durfte, und selbstgebackenen, deutschen Kuchen, den ich nur darum aß, weil er deutsch war, und ihre Wohnung war ein deutsches Heim, blitzblank und so tadellos eingerichtet, daß selbst die kleinen Kaffeeservietten die gleiche Farbe wie die Blumen auf den Vorhängen hatten. In Deutschland hätte ich die Wohnung süßlich gefunden, aber hier in Bulgarien, und besonders im Vergleich mit der unseren, kam sie mir wunderhübsch vor.

Wilma hatte sogar ein Auto, und mit dem fuhren wir manchmal zum Einkaufen auf den Markt oder machten Ausflüge ins Witoschagebirge, legten uns in eine Wiese voll wilder kleiner Blumen und sprachen von Deutschland. Sie erzählte mir vom Kölner Karneval und ich ihr von Pätz.

Ich ging auch wieder in eine Ballettschule, in der eine ältliche kleine Russin mit karottenrot gefärbten Haaren und Löchern im Trikot den Unterricht gab. Es war kaum vorstellbar, daß sie einmal als anmutige Ballerina in winzigem Tüllröckchen auf der Bühne gestanden haben sollte, aber wenn sie uns vortanzte, war jeder Schritt, jede Bewegung perfekt, und ihr schlampiges Aussehen fiel kaum noch auf. Sie sagte mir, ich sei begabt, und da ich nicht mehr dichtete und die Anschaffung eines Gutes in fernere Zeiten gerückt war, beschloß ich, zunächst Primaballerina zu werden.

Ja, ich machte auf allen Gebieten gute Fortschritte, und das hatte ich allein Kater Paul zu verdanken.

»Siehst du«, sagte Mutter, »wenn man will, kann man.«

Sie sah das falsch.

Mindestens dreimal in der Woche ging ich in die Alexander-Newsky-Kathedrale, die ich von unserem Haus in wenigen Minuten erreichen konnte. Ich zündete Kerzen für meine Familie an und betete um deren Schutz. Dann schaute ich zur Decke empor, in deren höchste, konkave Kuppelwölbung jemand den lieben Gott hineingemalt hatte. Er blickte weißbärtig, weißmähnig, blauäugig und wohlgenährt auf mich herab und sah aus wie ein gealterter Wotan.

»Lieber Gott«, sagte ich, »laß uns sehr, sehr bald nach Deutschland zurückkehren.«

Die Angst um ihren Sohn verließ Else nie. Sie fühlte sie wie einen dumpfen Druck in der Herzgegend, ob sie allein war oder in Gesellschaft, ob sie las oder in der Stadt eine Besorgung machte, ob sie wachte oder schlief. Ihr erster Gedanke am Morgen war *Peter*, ihr letzter Gedanke am Abend war *Peter.* Er verfolgte sie in den Schlaf, setzte sich in Alpträumen fort, ließ sie mit dem Gedanken *Peter* hochschrecken.

Wenn der Postbote kam und keinen Brief von Peter brachte, geriet sie in Panik, wenn er einen Brief von ihm brachte, auch. Was würde sie nun wieder Furchtbares erfahren? Sie riß ihn noch an der Tür auf, überflog die Zeilen. Gott sei Dank, keine neue Hiobsbotschaft, aber auch nichts, das sie hätte beruhigen können.

»Es ist alles viel besser in jeder Hinsicht«, schrieb er. »In der einen Woche, die ich nun in Athen bin, habe ich alle Beziehungen, alle Tips, alle Anregungen verfolgt und habe auch schon etwas erreicht: ein Großkaufmann, der sehr mit dem portugiesischen Konsulat liiert ist, will mir mit einer Sardinen-Vertretung behilflich sein. Es ist so: Ich bekomme die Offerten aus Portugal, gebe sie besagtem Herren weiter, der nun Firmen in Griechenland dafür interessiert. Man ist wirklich rührend zu mir, tut, was man nur irgend kann, und wird es schaffen ...«

Typisch Peter! Man wird es schaffen, er wird es schaffen! Das einzige, was er geschafft hatte, war, sich aus einem Land, in dem er hätte überleben können, ausweisen zu lassen und nun ohne gültige Papiere, ohne ein Dach über dem Kopf, ohne einen Pfennig Geld in der Tasche seiner einzigen Hose auf eine Sardinen-Vertretung zu warten.

Sie las: »Die Leute vom jüdischen Committee unterstützen mich nach wie vor, können aber wegen meines Aufenthaltes hier nichts machen, da sie mich als fünfzig Prozent (nur hundert Prozent!) nicht eintragen und vor der

Polizei vertreten dürfen. Sie sagen: Sehen Sie zu, wie Sie zu Rande kommen, wir können nichts tun, selbst wenn wir wollten...«

O Gott, sitzt zwischen allen Stühlen, der Junge! Erst gerät er in Teufels Küche, weil er sich als Volljude deklariert, jetzt gerät er in Teufels Küche, weil er Halbjude ist. Sind die denn alle wahnsinnig geworden? Und soll ich dabei nicht wahnsinnig werden!

Sie las: »Es wäre natürlich schön, wenn ich einen ganz kleinen Zuschuß von Dir bekäme, da ich mit dem, was ich jetzt habe, nur mit Ach und Krach durchkomme. Ich hoffe aber, daß die Sardinen-Geschichte klappt, und wenn sie sich gut anläßt, kann ich vielleicht ein eigenes Büro aufmachen. Die Räume hat man mir bereits kostenlos zur Verfügung gestellt. Du siehst also, was man alles für mich tut...«

Büroräume! War ja auch das Wichtigste in seiner Situation! Vielleicht war der Junge schon verrückt – ein Wunder wäre es nicht, nach allem, was er durchgemacht hat. Was faselt er sich da zusammen! Tut er das nur, um mich zu beruhigen, oder glaubt er etwa selber daran – muß daran glauben, weil ihm sonst alle Felle wegschwimmen? Unrealistisch war er ja schon immer, aber so unrealistisch!

Sie las: »Sei wegen Bulgarien ganz unbesorgt. Erstens tue ich nichts, bevor ich mit Dir gesprochen habe, und zweitens, wenn es so ist, wie Du sagst, ist es ja noch besser hier. Also, Muttilein, ich komme auf keinen Fall zu Dir, werde Dich nicht ins ›Unglück‹ stürzen. Aber ich wiederhole Dir immer wieder: Komm Du her, damit wir uns einmal von Grund auf aussprechen können. Komm so schnell Du kannst, möglichst noch vor dem 25. April, weil dann ein bestimmter Termin abläuft. Komm gleich, was hält Dich denn in Sofia? Die Kinder werden schon ein paar Tage ohne Dich fertig werden. Aber das Aller-aller-allerwichtigste ist, daß wir beide uns jetzt sehen...«

O Gott, ihr Junge! Sie mußte ihm helfen, komme, was

da wolle! Sie schickte ihm umgehend Geld, sie war entschlossen, das nächste Flugzeug nach Athen zu nehmen, und kündigte ihm ihre Ankunft an. Das war am 15. April.

Er schrieb: »Daß Du nun doch so schnell kommst, macht mich verrückt vor Freude. Du ahnst nicht, wie ich Dich erwarte, mein Geliebtes! Also, ich bin am Dienstag, dem 23. April, um 18.30 am Flugplatz...«

Sie teilte ihren Töchtern mit, daß sie auf zwei, drei Tage zu Peter nach Athen flöge. Bettina nahm es gelassen hin, Angelika bekam einen hysterischen Anfall. Sie schrie, sie weinte, sie flehte, die Mutter solle nicht nach Athen fliegen. Sie würde nie mehr wiederkommen, sie wisse, daß sie nie mehr wiederkäme, und sie wolle lieber vorher sterben.

O Gott, ihre Kleine! Sie hatte sich gerade so gut erholt, und nun würde es wieder von vorne anfangen. Sie mißtraute ihnen allen und zu Recht. Abschied, Trennung und Reise waren für sie zum Trauma geworden. Es steckte immer etwas Schreckliches, Unfaßbares, Unwiderrufliches für sie dahinter. Und wenn ihr, Else, nun wirklich etwas passierte, was ja in einer Zeit, in der jeder unbedachte Schritt ins Verhängnis führen konnte, nicht auszuschließen war? Wenn man schon auf den hiesigen Behörden mißtrauisch wurde und anfing, ihren Fall aufzurollen? Wenn man sie nicht mehr nach Bulgarien zurückließe oder sie nicht mehr aus Griechenland herauskäme? Alles war möglich, war sogar zu erwarten unter den gegebenen Umständen. Sie lebten auf Messers Schneide und konnten nur durchkommen, wenn sie sich mit äußerster Vorsicht und Besonnenheit verhielten. Und da wollte sie plötzlich sich und ihre Töchter gefährden, Risiken eingehen, die ins Verderben führen konnten, das strapazierte Gleichgewicht ihrer Kleinen einem kurzen Beisammensein mit ihrem Sohn opfern? Nein, sie hatte in ihrer Angst um Peter und ihrer Sehnsucht nach ihm unvorsichtig gehandelt. Sie schrieb ihm eine Expreßkarte, daß sie ihre Reise verschieben müsse. Die Karte kam zu spät an.

Peter schrieb: »Sag mal, was ist eigentlich los? Ich warte

schon den zweiten Abend, und Du kommst nicht. Ist Dir etwas geschehen? Bist Du krank? Warum gibst Du keine Nachricht? Ich verstehe nichts mehr und mache mir Sorgen. Sag mir umgehend, was geschehen ist und wann Du ankommst...«

Nein, sie konnte ihn nicht so enttäuschen, konnte ihn nicht in seiner Not alleine lassen. Sie mußte zu ihm! Aber sie mußte auf der Hut sein, vorsichtig vorgehen, jeden Schritt genauestens überlegen.

Sie bat Mitko Taslakoff, Erkundigungen einzuholen. Dabei stellte sich als erstes heraus, daß eine Visumserteilung 5000 Lewa kostet. Sie hatte keine 5000 Lewa, aber Leo Ginis würde bestimmt bereit sein, sie ihr zu leihen. Sie teilte Peter mit, daß sie Anfang Mai zu ihm kommen würde.

Er schrieb: »Natürlich bin ich enttäuscht, daß Du nun nicht gekommen bist. Ist aber nicht so arg, wenn Du Anfang Mai kommst. Regle nur schnell die Sache mit den 5000 Lewa und komm dann! Mir geht es gut, und ich leide nur darunter, nicht arbeiten zu können. Deine 1000 Lewa sind bereits aufgebraucht, fast alles ist für dringendste Kleiderreparaturen, Wäschewaschen, Porto, Schulden etc. draufgegangen, und wenn man mal nur ein wenig anständig essen will, ist das Geld vom Committee im Nu weg. Schreibe mir bitte rechtzeitig Tag und Stunde Deiner Ankunft. Ich möchte nicht ein zweites Mal vergeblich warten. Es ist nämlich widerlich, so voll von Freude und Erwartung zu sein und dann enttäuscht zu werden...«

Sie schickte ihm umgehend Geld und bat Leo Ginis um die 5000 Lewa. Er war selbstverständlich bereit, sie ihr zu leihen, hatte aber große Bedenken wegen der Reise. In ihrer Situation, meinte er, sei das wohl etwas gewagt, um so mehr, als ihr Sohn, nach allem, was vorgefallen war, vermutlich überwacht würde. Else wurde unsicher, fragte andere Freunde um Rat, stieß überall auf dieselben Bedenken, dieselben Warnungen. Sie teilte sie Peter in einem Brief mit.

Er schrieb: »Ich glaube, daß Du anfängst, sonderlich zu werden. Jetzt willst Du also plötzlich wieder nicht kommen, weil es da bei Dir Menschen gibt, die Dir kleine Männchen ins Ohr setzen. Also, mein Gutes, ich will nicht viel Worte machen: Es wird gefahren, und zwar allerschnellstens. Ich will Dich jetzt endlich sehen – und Du willst es auch! Was Dein Horoskop sagt, ist mir restlos gleichgültig, und Deinen Leuten da kannst Du bestellen, daß sie sich nicht um Dinge kümmern sollen, von denen sie nichts verstehen. Denn sie können unmöglich verstehen, wie wichtig und unumgänglich es ist, daß wir beide jetzt zusammenkommen. Was haben wir denn außer unserer Liebe in dieser Welt? Wovon sollen wir denn leben, wenn wir uns selbst in diesen Dingen Zwang auferlegen müssen? Und nun Schluß damit, denn es ist ja geradezu lächerlich, große Überlegungen darüber anzustellen, ob zwei Menschen, die sich seit Jahren nicht gesehen haben und ein paar Stunden voneinander entfernt sind, zueinander kommen sollen oder nicht...«

Else wußte nicht mehr ein noch aus: hier ihre Töchter, dort Peter, auf der einen Seite das brennende Bedürfnis, ihn zu sehen, auf der anderen die Angst, sie damit alle ins Unglück zu bringen. Darüber hinaus stellten sich bei weiteren Erkundigungen immer neue bürokratische Erschwernisse heraus: Zertifikate, die sie ungerne in die Hände der Behörden gab, eine Devisengenehmigung oder, wenn nicht die, eine notariell beglaubigte Einladung.

Wie sollte sie all diese technischen Hindernisse, die Schreckschüsse ihrer Freunde und dann auch noch die eigene Furcht überwinden? Sie schrieb Peter einen langen verzweifelten Brief, in dem sie ihm noch einmal ihre Lage schilderte, aber ein späteres Kommen nicht ganz ausschloß.

Er schrieb: »Ich verstehe leider sehr gut, daß Du noch nicht kommen kannst, aber Du mußt in Rechnung ziehen, daß es auch hier jeden Tag losgehen kann, und dann ist eine Reise natürlich illusorisch. Das, was ich Dich bitte, ist ja nur, alles Nötige zu regeln, so daß Du im gegebenen Moment keine Stunde mehr verlierst. Und im übrigen, Muttilein, geliebtes, sollst Du Dir nicht solche Sorgen um mich machen und Dir lauter unsinnige Dinge ausdenken. Denn das, was Du da sagst, daß Du immer glaubtest, schuld an allem zu haben, ist doch wirklich ganz und gar unsinnig. Ich weiß doch, daß Du keine Schuld hast, und hab' ich Dir das etwa jemals vorgeworfen? Nein, hör zu, von Schuld steht hier überhaupt nichts drin, und ich weiß sehr, sehr gut, wie schwer Du es hast, wenn ich auch manchmal so drüber hinweggehe in meinen Briefen; das tue ich aber nur, um so etwas wie Initiative in die Sache zu bringen, da Du doch so ängstlich bist. Na ja, Muttilein, ein riesiger Angsthase bist Du ja geworden! Aber nie und nimmer tue ich es, weil ich nicht begreife, daß Du einen schweren Stand hast...«

Im Juni 1940 wurde die Erteilung griechischer Visen vorläufig eingestellt.

Peter schrieb: »Das hilft uns ja einerseits aus einer gewissen Kalamität, nämlich der, uns gegenseitig Vorwürfe zu machen. Andererseits warte ich sehnlichst darauf, daß das Verbot wieder aufgehoben wird und Du endlich, endlich wirst kommen können!...«

Das Verbot wurde nicht wieder aufgehoben.

Ein halbes Jahr nach seiner Einberufung wurde mein Vater aus der Armee entlassen. Er hatte in Polen einen Nervenzusammenbruch und eine Magenblutung bekommen und war ins Lazarett eingeliefert worden. Meine Mutter teilte es mir glückstrahlend mit.

Ich sagte: »Das ist doch aber furchtbar, daß er so krank ist!«

»Es ist das Beste, was ihm und uns passieren konnte«, gab sie zur Antwort, »mach dir keine Sorgen, er ist schon wieder in Berlin, und es geht ihm viel, viel besser. Bald kommt er zu uns.«

»Bestimmt?«

»Ganz bestimmt.«

Ich rannte in die Alexander-Newsky-Kathedrale und zündete eine Kerze für ihn an. Dann sah ich zu dem gealterten Wotan empor und betete: »Bitte, laß ihn schnell kommen und uns alle mit nach Deutschland nehmen.«

Ein paar Wochen darauf kam Mizo mit leuchtendem Gesicht zum Abendessen. Er küßte meiner Mutter die Hand und verkündete: »Paris ist gefallen!«

»Soll ich das als Freudenbotschaft auffassen?« fragte meine Mutter.

»Ich finde es toll!« sagte meine Schwester.

Meine Mutter warf ihr einen stummen, kalten Blick zu, und Bettina preßte die Lippen zusammen.

Ich hatte bei all dem ein sehr unangenehmes Gefühl und verhielt mich darum still. Außerdem interessierte mich Paris überhaupt nicht.

Kurz darauf traf mein Vater in Sofia ein. Er war schmaler geworden und sein Haar an den Schläfen ein wenig silbern. Ich hatte ihn ein dreiviertel Jahr nicht mehr gesehen und war von seiner Schönheit und Eleganz so überwältigt, daß ich nicht wagte, ihm schreiend vor Glück entgegenzulaufen. Er kam auf mich zu, wobei er irgend etwas in den Taschen seines Jacketts suchte, blieb vor mir stehen und sagte: »Nun, meine Tochter, deine Freude, mich zu sehen, scheint sich ja sehr in Grenzen zu halten.« Er beugte sich zu mir nieder, und da warf ich meine Arme so stürmisch um seinen Hals, daß ihm der Panamahut vom Kopf flog.

Er sagte: »O la la, la la«, drückte mich an sich und küßte mich auf Wangen und Mund.

»Du hast noch immer dasselbe Eau de Cologne«, sagte ich, froh, seinen vertrauten Duft wiedergefunden zu haben, und er sagte: »Ja, und bei dir fühlt man immer noch jede Rippe. Aber lang bist du geworden wie der Tag vor Johann.«

Wir fuhren ins Hotel Bulgarie. Er hatte drei große Koffer mitgebracht, und in denen waren hauptsächlich Geschenke für uns. Er sagte, er würde sie später auspacken, weil ich gewisse Sachen, die für Weihnachten und meinen Geburtstag bestimmt wären, nicht sehen dürfe. Das bedeutete also, daß er uns nicht nach Deutschland mitnehmen und nicht einmal zu Weihnachten wiederkommen würde. Einen Moment lang haßte ich den gealterten Wotan in der Kathedrale.

Wir fuhren in einem Faiton zu uns nach Haus. Unterwegs sagte meine Mutter: »Ich fürchte, Guter, die Wohnung wird nicht ganz deinem ästhetischen Gefühl entsprechen.«

Sie lachte, und mein Vater antwortete: »Mein ästhetisches Gefühl ist in letzter Zeit auf härtere Proben gestellt worden.«

Aber als wir dann die Wohnung betraten, schämte ich mich sehr für sie.

Mein Vater ließ sich natürlich nichts anmerken und sagte: »Ich sehe, ihr habt alles, was ihr braucht, sogar eine Badewanne, in der sich Angelika den Hals waschen kann – was sie doch so gerne tut.«

Iwanka stapfte aus der Küche, und als sie meinen Vater sah und der ihr die Hand schüttelte, war sie derart erschüttert, daß ihr sogar das Kollern im Hals steckenblieb. Ich rief nach Paul, und er kam in großen Sätzen, flog mir an die Brust, legte die Vorderbeine um meinen Hals und bedeckte mein Gesicht mit zärtlichen Bissen.

»Das ist also der berühmte Paul, von dem du mir so viel geschrieben hast«, sagte mein Vater, »scheint mir ein echter Bulgare mit sehr viel Temperament zu sein.«

Wir blieben ein paar Tage in Sofia, und es war ein einziges Fest. In unserer Wohnung standen plötzlich Blumen, und Iwanka trug eine schwarze Kittelschürze mit weißem Kragen. Jeder kam, um Herrn Dr. Schrobsdorff zu begrüßen, uns einzuladen, mit uns essen zu gehen, und mein Vater hatte für jeden das richtige Geschenk, das passende Wort.

Wir fuhren durch die Stadt, und ich zeigte und erklärte meinem Vater die Sehenswürdigkeiten. Wenn er mich bulgarisch sprechen hörte, kam immer wieder derselbe Ausdruck ungläubigen Staunens in sein Gesicht.

»Du bist ja schon eine richtige Bulgarin«, sagte er einmal, und ich protestierte: »Nein, nie und nimmer!«

Wir gingen in die Alexander-Newsky-Kathedrale, und ich erklärte ihm, wo man die Kerzen für die Lebenden und wo die für die Toten aufstellte. Er nahm eine einzige Kerze und steckte sie in den Sand. Ich fragte, für wen die sei. Er sagte, für all die Unschuldigen, die man im Krieg umgebracht habe. Als wir die Kirche verließen, fragte ich ihn, ob es sehr schlimm im Krieg gewesen sei. Er sagte, ja, das sei es wohl gewesen. Er sei aber nun bald zu Ende, sagte ich, weil die deutsche Armee die stärkste der Welt sei und überall siege. Woher ich diese Weisheit habe, wollte mein Vater wissen. Von Mizo, antwortete ich, er habe mir gesagt, daß die deutsche Armee ein Land nach dem anderen besetze. Ob er mir auch gesagt habe, was das bedeute, ein Land zu besetzen. Nein, das habe er mir nicht gesagt.

Das bedeute, sagte mein Vater, nahm mich so fest am Oberarm, daß es weh tat, und zwang mich stehenzubleiben, sich ein Land, das einem nicht gehöre, anzueignen, und dem Volk, das darin lebe, Gewalt anzutun. Das bedeute mutwillige Zerstörung, Ausplünderung, Unterdrückung und Elend für dieses Land und dieses Volk. Ob die Deutschen so etwas täten, fragte ich erschrocken. Ja, sagte er, das täten sie, nicht alle selbstverständlich, aber mehr als genug, und ich hätte darum nicht den geringsten Grund, stolz auf die deutschen Siege zu sein.

Seine Stimme klang sehr scharf, und sein Gesicht sah so ärgerlich aus, wie ich es selten gesehen hatte. Vielleicht war er mir jetzt wegen des Krieges böse.

Ich sagte: »Entschuldige, Papa, ich hab' das ja nicht gewußt«, und er sagte schon viel freundlicher: »Aber jetzt weißt du es, Kleine, und vergiß es bitte nie.«

Wir fuhren dann alle ans Schwarze Meer: meine Eltern, Bettina mit Mizo, ich mit Paul, der in einem Einkaufskorb unter einem Netz saß und sieben Stunden lang pausenlos schrie. Diesmal wohnten wir nicht in dem Hotel in St. Constantin, sondern in der unteren Etage eines zweistökkigen, abgeschiedenen Hauses.

Es waren drei bescheiden eingerichtete Schlafzimmer, ein Duschraum, eine Terrasse und ein großer, wilder Garten, in dem Kater Paul zum erstenmal die Freiheit genoß. Ich erinnere mich an eine Unmenge Fliegen, auf die meine Mutter mit einem Handtuch Jagd machte. Die Fliegen, die sie nicht ganz tot geschlagen hatte, sammelte ich ein und pflegte sie wieder gesund.

»Angeli«, sagte mein Vater, »kannst du mir mal den Sinn von dem, was du da tust, erklären?«

»Ich freue mich, wenn sie wieder fliegen.«

»Deine Mutter bestimmt auch«, sagte er und lachte in sich hinein.

Es waren schöne, ruhige Tage. Mizo, der in einem anderen Haus wohnte, war oft mit Bettina unterwegs, und so hatte ich meine Eltern für mich alleine. Jeden Abend saßen sie bis spät in die Nacht auf der Terrasse, tranken eine Flasche Wein und unterhielten sich leise. Ich verstand nicht, was sie sprachen, nur einmal erhob mein Vater die Stimme, und sie klang ganz kaputt, so wie die auf einer Schallplatte, die sich langsam zu drehen aufhört und dann steckenbleibt: »Ich habe es gesehen, Else, mit eigenen Augen ... es sind keine Gerüchte, es ist die infernalischste ...«

Und die Stimme meiner Mutter: »Pst, Guter, bitte leise, die Kleine ...«

Ich habe damals immer wieder überlegt, was er mit eigenen Augen gesehen hat und was so furchtbar gewesen sein muß, daß seine Stimme daran kaputtging.

Aus diesem letzten Sommer am Schwarzen Meer sind mir die zwei schönsten Photos meiner Kinderzeit geblieben: das eine mit meinem Vater auf der Terrasse sitzend, er in weißem, am Hals offenem Hemd, in der Manschette den schwarzen, goldgefaßten Onyx, ich in dem blaßblauen Hängerchen, mit dem kleinen Salamander aus Granatsteinen am Ausschnitt; er mit der Spur eines Lächelns zu mir niederblickend, ich mit einem Strahlen zu ihm aufschauend, beide im Profil, seins klassisch schön, mit großer, gerade angesetzter Nase, meins tief gebräunt und bereits von den hohen Backenknochen meiner Mutter gezeichnet. Und das andere: ich mit Kater Paul im Arm, beide in die Kamera schauend – ich lachend, unter einem riesigen Strohhut, er sehr photogen, mit seinen großen, schrägen, wie mit Kohle umrandeten Augen und dem schwarzen Schönheitspflaster auf dem weißen Schnäuzchen.

Mit diesen Bildern endet der von Ahnungslosigkeit geprägte Abschnitt meiner Kindheit.

Es schien Else, als hätten sich ihre Kinder gegen sie verbündet und zeigten ihr nun, jedes auf seine Art, was sie sich ihnen gegenüber hatte zuschulden kommen lassen.

»Es kommt eben alles auf einen zurück«, sagte sie sich mit den Worten ihrer Mutter, und sie sagte es von da an immer häufiger. Es war Ende August und höllisch heiß. Erich war nach Deutschland, Else war mit ihren Töchtern nach Sofia zurückgekehrt. Angelika sollte am 1. September ihre Aufnahmeprüfung in der Klosterschule Sancta Maria machen. Sie war in gutem Zustand und viel selbständiger geworden. Das Schlimmste schien überstanden zu sein. Doch eines Nachmittags, den sie bei ihrer geliebten Wilma, der blaßblonden Kölner Frohnatur, hatte verbringen wollen, kam sie vorzeitig nach Hause. Als sie das Zimmer betrat, in dem ihre Mutter einen Brief schrieb, wußte Else sofort, daß etwas Gravierendes vorgefallen war. Die Kleine verhielt sich ruhig, zu ruhig, und in ihren Augen war ein unkindlich harter, wachsamer Blick. Else hatte ihn noch nie zuvor gesehen, diesen Blick, und er verursachte ihr Unbehagen.

Warum sie denn so früh nach Hause gekommen sei, fragte Else und hoffte, daß sich alles als eine Lappalie herausstellen würde.

Weil Wilma anderen Besuch gehabt habe, zwei deutsche Frauen, die vor ihr die Treppe heraufgestiegen seien, und da sei sie wieder umgekehrt.

Na, Gott sei Dank, das Kind war enttäuscht, das war alles. Sie griff wieder nach dem Füllfederhalter.

»Mutti«, fragte Angelika, »was sind Juden für Menschen?«

Else behielt den Füllfederhalter in der Hand und schaute auf das halb beschriebene Blatt hinab. Nur nichts anmerken lassen, so tun, als sei das die normalste Frage auf der Welt, etwa wie: Mutti, was ist Paul für eine Katzenart.

Sie sagte: »Es sind Menschen wie alle anderen.«

»Nein.«

»Sie haben eine andere Religion, das ist der einzige Unterschied.«

»Nein.«

Else legte den Füllfederhalter hin und sah auf: »Angelika«, sagte sie ärgerlich, »wenn du alles besser weißt, brauchst du mich ja nicht zu fragen.«

»Wenn du ein Mensch wie alle anderen wärst, wären wir nicht in Bulgarien.«

»*Wer* hat dir *was* erzählt?«

»Kein Mensch hat mir irgendwas erzählt. Ich habe es zufällig erfahren, von den zwei Frauen auf der Treppe, die einen Stock höher waren als ich und vielleicht dachten, ich höre es nicht. Sie müssen gewußt haben, wer ich bin.«

»Was haben sie gesagt?«

»Die eine hat gesagt: Das ist die kleine Schrobsdorff, und die andere: Ja, ein reizendes Mädchen, schade, daß ihre Mutter Jüdin ist, und die erste hat dann noch gesagt: das arme Kind.«

»Und dieses alberne Gequatsche nimmst du ernst!«

»Ja. Denn es stimmt doch.«

»Wie meinst du das?«

»Wenn du ein Mensch wie alle anderen wärst, wäre nicht passiert, was passiert ist, also ist es schade, daß du Jüdin bist. Und weil du Jüdin bist und das alles passieren mußte, bin ich ein armes Kind.«

Else starrte ihre Kleine an: die langen, braunen Streichholzbeine, die langen dünnen Arme, das geblümte Dirndlkleidchen, das interessante Gesicht, dessen obere Hälfte dem ihrer jüdischen Mutter, dessen untere dem ihres arischen Vaters glich. Und dazu der harte, wachsame Blick eines wilden, kleinen Tieres, das aus seinem Versteck einen Menschen belauert.

Nein, so ging es nicht. Else erkannte, daß sich Angelika nicht mehr täuschen, nicht mehr mit Ausflüchten und Halbwahrheiten abspeisen lassen würde – nie mehr!

»Angelika«, sagte sie, »wir wollten dich schützen und dir, so lange wie möglich, Leid und Angst ersparen. Das ist der Grund, warum wir dir nicht alles gesagt haben, und nicht, weil es etwas Schreckliches ist, Jüdin zu sein und du dadurch zu einem armen Kind wirst.«

»Wenn es nichts Schreckliches ist, warum mußtet ihr mich dann davor schützen, und warum mußten wir Deutschland verlassen?«

»Weil in Deutschland ein Diktator namens Hitler an die Macht gekommen ist und mit ihm ein Menschen- oder besser gesagt, Unmenschenschlag, der sich Nazis nennt. Und die haben nun beschlossen, die Juden zu verfolgen und aus dem Land zu vertreiben.«

»Warum?«

»Das kann ich dir leider auch nicht genau sagen.«

»Aber ungenau.«

»Weil die Juden einen anderen Ursprung haben oder, wie es die Nazis nennen, anderer Rasse sind als die Deutschen. Also müssen sie raus, denn die Nazis wollen ein deutsch-deutsches, germanisches, arisches Reich.«

»Die Juden kommen aus Palästina, nicht wahr?«

»Ja. Sie haben vor zweitausend Jahren ihr Land verloren und sind in andere Länder gegangen, um sich dort niederzulassen. Es gibt in jedem Land Juden, und sie gehören, manchmal schon seit Jahrhunderten, voll und ganz zum jeweiligen Volk, sprechen dessen Sprache, haben dessen Sitten und Kultur angenommen, kämpfen in dessen Kriegen, lieben ihr Land, wollen in keinem anderen leben. Du siehst es ja an mir. Wärst du jemals auf den Gedanken gekommen, daß ich oder Omutter und Opapa anders sind als die Deutschen?«

»Nein.«

»Na bitte!«

»Und in den anderen Ländern verfolgt und vertreibt man die Juden nicht?«

»Das ist auch schon vorgekommen, es kommt, leider Gottes, immer wieder vor.«

»Warum?«

»Kind, das ist jetzt wirklich ein zu weites Feld. Außerdem bin ich nicht sicher, es dir erklären zu können.«

»Mutti, jetzt weiß ich nicht mehr, was ich tun soll!«

»Wieso, mein Schmaltier, komm her zu mir.«

Angelika ging zu ihr, und Else zog sie auf ihre Knie.

»Wenn ich jetzt die Deutschen hasse, Mutti, und was anderes bleibt mir ja gar nicht übrig, gehört Papa auch dazu.«

»Angeli«, sagte Else langsam und eindringlich, »du mußt einen Unterschied zwischen Nazis und Deutschen machen. Dein Vater ist der beste, wunderbarste Mensch, den es gibt, und von dieser oder ähnlicher Art gibt es noch viele in Deutschland.«

»Wie viele? Mehr solche oder mehr Nazis?«

»Ich weiß es nicht.«

»Aber ich. Mehr Nazis, viel mehr.«

»Vielleicht.«

»Gehöre ich zu den Deutschen oder zu den Juden?«

»Du hast einen deutschen Vater und eine deutsch-jüdische Mutter. Du bist in Deutschland geboren und hast dort, bis du zwölf warst, gelebt. Deine Sprache und Kultur ist deutsch. Also bist du deutsch. Das Gesetz, das dich zur Halbjüdin erklärt, haben die Nazis gemacht.«

»Sind Bettina und Peter auch Halbjuden, und ist Peter darum von Deutschland weggegangen?«

»Ja.«

»Gibt es viele halbjüdische Kinder?«

»Zahllose.«

»Dürfen wir wählen, zu wem wir gehören?«

»Angelika, kein Mensch verlangt von dir eine solche Wahl!«

»Ich will nicht zu denen gehören, die dich und Omutter verfolgen und vertreiben.«

»Ich habe dir gerade den Unterschied erklärt. Es gibt Deutsche wie deinen Vater, und es gibt Nazis.«

»Werden die Deutschen den Krieg gewinnen?«

»Gott bewahre uns davor!«

»Ich hasse die Deutschen«, beschloß Angelika, »sie besetzen Länder, und sie verfolgen und vertreiben Juden. Ich hasse sie – mit ganz wenigen Ausnahmen.«

Ich hatte also die jüdische Seite gewählt. Es war für mich eine Selbstverständlichkeit, denn ich liebte meine Mutter. Es hatte überhaupt nichts mit dem Erwachen eines jüdischen Bewußtseins oder auch nur eines Dazugehörigkeitsgefühls zu tun. Ich war dazu viel zu jung, und außerdem hatte ich nicht den Schimmer einer Ahnung, was Judentum ist. Ich hatte auch kein Bedürfnis, mehr darüber zu erfahren, was daran gelegen haben mag, daß meine Mutter das Thema Juden für tabu erklärte und mir immer wieder einschärfte, nie und niemandem zu sagen, was es mit uns auf sich hatte: Ich war Deutsche, Bettina war Deutsche, sie war gebürtige, bald mit einem Bulgaren verheiratete Deutsche, und das Wort »jüdisch« dürfe nie über meine Lippen kommen. Anderenfalls würde ich uns alle damit in höchste Gefahr bringen. Sie ließ es mich schwören, und ich habe den Schwur nicht gebrochen.

Ihr Verbot hatte einen so nachhaltigen Erfolg, daß ich noch Jahre, nachdem alles vorbei war, die Worte Jude, Jüdin, jüdisch nicht aussprechen konnte. Ich hatte eine tödliche, eine unüberwindliche Angst davor.

Meine Schwester fiel auf die andere Seite, was mir damals unverständlich war. Wie konnte sie Partei für die ergreifen, die ihre Nächsten verfolgten? Gewiß war meine Mutter, wenigstens teilweise, dafür verantwortlich. Sie hätte zumindest der älteren Bettina reinen Wein einschenken, hätte ihr jedes Detail der Naziverbrechen einhämmern müssen, auf daß sie gegen die Versuchung, sich den Mächtigen anzuschließen, gefeit gewesen wäre. Sie hätte nicht untätig zusehen dürfen, wie Bettina mehr und mehr unter den Einfluß Mizos geriet, sondern sowohl ihm als ihr klarmachen müssen, daß eine Stellungnahme für die Nazis einem seelischen Mord an ihr, Else, gleichkäme.

Ich glaube, daß Bettina, ein sehr junges, desorientiertes Mädchen, das sich darüber hinaus in einer Protestphase gegen die Mutter befand, weder ihr Verhalten reflektiert hat, noch sich der Konsequenzen in ihrem ganzen Ausmaß bewußt gewesen ist. Sie dachte, sagte und tat, was Mizo dachte, sagte und tat. Denn er, ein reifer, gebildeter Mann, mußte es ja schließlich wissen. Er war die Vaterfigur, die sie wahrscheinlich ein Leben lang vermißt hatte. Sie liebte ihn, war ihm ergeben und daher bereit, für ihn durchs Feuer zu gehen. Es war für sie eine Selbstverständlichkeit, sich auf seine Seite zu stellen. So wie ich meiner Mutter wegen die jüdische Seite gewählt hatte, wählte sie, Mizos wegen, die der Nazis.

Mizo kam aus einer in Bulgarien angesehenen Ärztefamilie. Sein Vater war Arzt, einer seiner beiden Brüder war Arzt, sein Onkel war der berühmteste Chirurg des Landes. Daß sie allesamt faschistisch und himmelhochjauchzend für Nazideutschland waren, störte niemanden. Im Gegenteil. Man erwartete den Einmarsch der Deutschen sozusagen täglich und hatte nichts dagegen, sich mit ihnen zu verbünden. Insofern standen die Stanischeffs auf der richtigen Seite, was jedoch weder Mizos Benehmen noch seine Einstellung meiner Mutter gegenüber änderte. Während der ganzen Zeit, in der er die Nazifahne schwenkte und unglaubliche Ansichten und propagandistische Parolen von sich gab, war er herzlich und höflich wie eh und je, erschien jeden Abend zum Essen und nahm Anteil an ihren persönlichen Sorgen und Problemen. So betrachtet, wird vielleicht auch Bettina geglaubt haben, daß das eine mit dem anderen nichts zu tun habe und man Nazis und Mutter gleichermaßen treu bleiben könne. Ein absurder Gedanke, der absurde Formen annahm.

Ich erinnere mich noch heute eines geradezu wahnwitzigen Vorfalls in jeder Einzelheit: Es war an einem Abend, an dem Hitler eine Rede halten sollte, die selbstverständlich in Radio Sofia übertragen wurde. Wir saßen alle im Wohn-Eßzimmer, der Tisch war bereits gedeckt, aber Mizo zu aufgeregt, um vor dem großen Ereignis, das um acht Uhr stattfinden sollte, zu essen. Bettina schaltete das Radio ein, in dem deutsche Märsche gespielt wurden. Meine Mutter zupfte an der Haut ihrer Nagelbetten. Mizo zündete sich eine Zigarette an und wartete mit tiefem Ernst, der sich in gerunzelter Stirn und gekräuselten Lippen ausdrückte, auf den Beginn der Sendung. Kater Paul, dem sich die gespannte Atmosphäre mitgeteilt haben mußte, war an diesem Abend besonders ungebärdig und sprang Bettina plötzlich mit ausgestreckten Krallen ans Bein. Sie schrie wie am Spieß, und meine Mutter sagte nervös: »Bitte, Angeli, sperr den Kater aus.«

Ich hatte ihn gerade vor die Tür gesetzt, da brüllte der Radioansager, daß nun Adolf Hitler, der Führer des deutschen Reiches, eine Rede halten würde. ›Deutschland, Deutschland über alles…‹ brauste auf. Im selben Moment erhob sich Mizo, gefolgt von Bettina, und beide hoben den Arm zum »deutschen Gruß«. Der Anblick, wie sie da vor dem gedeckten Tisch mit ehernen Mienen und ausgestrecktem Arm standen, war so komisch, daß ich kurz vor dem Lachen war. Doch dann sah ich das verzerrte Gesicht meiner Mutter, und die Heiterkeit verging mir.

»Komm, Angeli«, sagte sie, und wir verließen das Zimmer.

Als das ›Horst-Wessel-Lied‹ gespielt wurde, schloß ich die Tür, aber nicht ohne vorher einen Blick auf Mizo und

Bettina geworfen zu haben. Sie standen immer noch, wie Denkmäler, in derselben Pose.

An diesem Abend gab es nicht die übliche Szene, die darin bestand, daß meine Mutter tobte und schrie und Bettina stumm und mit versteinertem Gesicht das Donnerwetter über sich ergehen ließ, um dann, im entscheidenden Augenblick, eine Unverschämtheit abzuschießen, die wie ein da capo für meine Mutter war. Diesmal verließ Else mit mir das Haus, und wir gingen in ein Kino, in dem ein Liebesdrama mit Zarah Leander gegeben wurde. Das war eine Sensation für mich, und ich wünschte, alle Entgleisungen Bettinas würden sich so niederschlagen. Als wir nach Hause kamen, lag meine Schwester wohlweislich schon im Bett, und am nächsten Morgen, kaum war sie aufgestanden, sagte meine Mutter mit unheimlich ruhiger Stimme zu ihr: »Bettina, du ekelst mich an, mach, daß du aus dem Haus kommst.«

Bettina, nach einem entgeisterten Blick, zog eine höhnische Grimasse und verschwand. Als sie bei Anbruch der Dunkelheit noch nicht zurück war, wurde meine Mutter unruhig und begann hinter ihr her zu telefonieren. Sie erreichte sie bei irgendeiner Freundin und sagte, sie solle nach Hause kommen. Bettina kam erst am nächsten Abend und hatte damit bewiesen, daß sie sich nicht nach den Befehlen ihrer Mutter richtete.

Die Kräche wiederholten sich in unregelmäßigen Abständen über zwei Jahre. Manchmal herrschte längere Zeit Frieden, dann wieder häuften sie sich. Ich nehme an, die Krisen liefen parallel zu dem siegreichen Vormarsch der deutschen Truppen, der ja auch manchmal stoppte. Es war eine böse Zeit, in der sich meine Mutter mit ihrem hilflosen Geschrei, meine Schwester mit ihrer bockig zur Schau gestellten Haltung immer tiefer in das Zerwürfnis hineinmanövrierten und sich und mir das Leben vergifteten. Ich verabscheute Krawalle, Spannung, tagelanges verbissenes Schweigen und fand das Auftreten Bettinas genauso idiotisch wie die Reaktionen meiner Mutter unerträglich.

Jetzt, da ich endlich die Wahrheit wußte, ein Umstand, der mir in gewisser Weise Erleichterung verschaffte, mich aber gleichzeitig in neue Konfliktsituationen stürzte, hätte ich die Unterstützung Bettinas gebraucht, die Gewißheit, daß es keinen anderen Weg gab als den, den ich gewählt hatte, eine geschlossene Front gegen den gemeinsamen Feind. Statt dessen hatten wir den Feind im eigenen Haus, ein unvorstellbares Geschehnis, das mich vollkommen verwirrte.

»Mutti«, fragte ich eines Tages, »hast du Bettina denn nicht gesagt, daß sie Halbjüdin ist?«

Else wurde zwischen ihren drei Kindern aufgerieben: Peter, der Volljude werden wollte, Bettina, die zu den Nazis übergelaufen war, Angelika, die sich weder von den einen noch von den anderen ein Bild machen konnte. Nun gut, Angelika war immer ein kompliziertes Kind, Peter ein problematischer Junge gewesen, aber was mit Bettina, dem unkomplizierten, problemlosen Mädchen geschehen war, das verstand sie überhaupt nicht mehr.

War das Unglück, das ihnen widerfahren war, noch nicht groß genug? Mußte sich jeder noch sein eigenes Unglück zurechtzimmern, kompromißlos die eine oder andere Seite wählen, sich in fundamentale Beschlüsse, die sie alle in Mitleidenschaft zogen und fatale Folgen haben konnten, verbeißen? Sie wählten, ihre Kinder, und sie, Else, litt, egal ob an der falschen Wahl Bettinas oder an der richtigen Peters. Oder wurde die Gefahr, in der sich ihr Sohn befand, die Angst, die sie um ihn ausstand, etwa dadurch geschmälert oder gar aufgehoben, daß er auf der richtigen Seite stand? Nicht für sie, sie war keine Heldenmutter und legte keinen Wert darauf, die Mutter eines Helden zu sein. Sie wollte ihn nicht verlieren, alles andere hielt sie für unwichtig.

Peter war nach wie vor in Athen, aber die Gefahr, aus Griechenland ausgewiesen zu werden, wuchs in dem Maße, in dem sich die Chancen, in einem anderen Land

Zuflucht zu finden, verringerten. Ein Großteil Europas war von den Deutschen besetzt oder im Begriff besetzt zu werden. Amerika und England ließen so gut wie keinen Emigranten mehr herein und schon gar nicht ein so undurchsichtiges Individuum wie Peter. Auf ein Einreisevisum nach Lateinamerika mußte man Monate warten, und die Reise kostete einige hundert Dollar. Er hatte weder die Zeit noch das Geld. Palästina, in das zu fliehen er jetzt auch bereit gewesen wäre, war ihm dank seines reichsdeutschen Passes, in dem nach wie vor das »J« fehlte, verschlossen. Die Falle war zugeschnappt.

In Griechenland mußte er jeden Monat zur Verlängerung seiner Aufenthaltsgenehmigung auf die Polizei, eine Prozedur, die ihn in Panik versetzte, denn es stand immer in Frage, ob man ihm weitere dreißig Tage bewilligen oder ihn auffordern würde, das Land innerhalb von vierundzwanzig Stunden zu verlassen, ohne daß er gewußt hätte, wohin. Eine Arbeitserlaubnis bekam er nicht. Das jüdische Committee hatte ihm die geringfügige finanzielle Unterstützung entzogen. All die lieben, rührenden Leute, die er kennengelernt und die ihm das Blaue vom Himmel herunter versprochen hatten, schienen verschwunden zu sein und mit ihnen die Sardinen-Vertretung, die Stelle als Chauffeur, Haus- oder Sprachlehrer in reichen Häusern. Das einzige, was ihn jetzt noch über Wasser hielt, war das Geld, das seine Mutter zusammenkratzte und ihm schickte.

Seine Notrufe wurden immer dringender:

»Ich danke Dir für das Geld, das wirklich in allerletzter Minute kam. Wenn ich ehrlich sein soll, hatte ich eigentlich mit tausend gerechnet. Es ist so schwer hier, und ich kann doch nicht über meine Möglichkeiten...«

»Und sag, wie ist das mit der angekündigten Geldsendung? Macht es Schwierigkeiten? Ich bin nämlich in großer Verlegenheit und weiß nicht, wie es weitergehen soll, wenn ich von Dir nichts bekomme...«

»Deine Sendung ist noch nicht angekommen. Ganz

nebenbei brauche ich das Geld dringender als dringend...«

»Sag mal, wäre es nicht möglich, aus Amerika, von Walter Slezak vielleicht, monatlich einen kleinen Zuschuß zu erhalten? Zehn bis fünfzehn Dollar würden schon genügen...«

Es zerriß ihr das Herz. Ihr Junge, ihr schöner, begabter, verwöhnter Junge, der das Leben, die Liebe, die Schönheit, die Freiheit so sehr geliebt hatte und jetzt abgerissen und einsam durch die Straßen einer fremden Stadt irrte, immer verdächtigt, verfolgt, nie wissend, wann man ihm auch dieses letzte Recht nehmen, ihn ausweisen, ihn einsperren würde. Vielleicht hatte er Hunger, kein heiles Hemd mehr am Leib, kein Dach über dem Kopf. Er beteuerte ihr zwar immer wieder, daß er genug zu essen habe, ein Zimmer, wie sie am Absender sehe, ja, auch einen Mantel, kein sehr gutes Stück, aber immerhin, und daß sie sich doch, um Gottes willen, nicht ununterbrochen diese überflüssigen Sorgen machen solle, es gehe ihm gut. Aber sie mißtraute ihm. War es ihm nicht sogar gelungen, ihr seine Inhaftierung über vier Monate zu verschweigen, indem er seine Briefe an sie über einen Bekannten in Portugal geschickt hatte?

»Muttilein«, schrieb er, »Du, ich hab' wieder Angst um Dich, Du schreibst so verzweifelt. Antworten kann ich Dir ja nichts Konkretes, aber eines will ich Dir doch sagen: Denk an das große Leiden der anderen, und stell das unsere daneben! Ich hab' es nie geglaubt, aber jetzt weiß ich: das verändert und hilft.«

Es half ihr nicht. Sie sah immer nur Peter, den geliebten Sohn, der in Not und Gefahr war, konnte das Bild eines abgemagerten, erschöpften Peter nicht vertreiben. Das große Leid der anderen war für sie ein anonymes Leid, aber das Leid ihres Kindes fühlte sie wie einen unentwegten, nicht zu lindernden Schmerz in ihren Eingeweiden. Es gab immer noch Momente, in denen sie in ihrer Verzweiflung versuchte, ihn zur Umkehr zu bewegen, ihn davon zu überzeugen, daß es gar keinen anderen Ausweg mehr gab.

»Es gibt nur eine Welt, in der ich leben kann«, schrieb er zurück, »und wenn diese Welt untergeht, werde ich untergehen, falls es keine Flucht mehr gibt. Aber niemals werde ich auch nur den Hauch eines Gedanken auf die Möglichkeit einer Umkehr verwenden oder gar den Versuch machen, aufgrund praktischer Erwägungen und des so beliebten ›Was-soll-ich-schon-machen? Es-geht-halt-nicht-anders-und-ich-kann-doch-nicht-den-Anschluß-verpassen‹ mich in das Neue finden. Denn nichts widert mich mehr an als all diese Menschen, die mit dem Neuen zu paktieren beginnen...«

Sie hatten immer noch lange heftige Auseinandersetzungen, in denen sie ihn einen querköpfigen Don Quichotte nannte und er ihr Kompromißbereitschaft und »Halbheit« vorwarf. Sie besprachen auch den Fall Bettina miteinander, und er schrieb dazu:

»Ich glaube, daß Du überhaupt keine Schuld daran hast und es zum größten Teil Bettinas Jugend und ein wenig schwere, unaufgeschlossene Mentalität ist. Deshalb ist es etwas bedenklich. Ich glaube, daß das völlige Fehlen von innerem Maß und äußerem Maßstab schuld daran ist. Das dumpfe Nicht-Herankommenlassen-Bäuerische in ihr, wie Du sagst, ist das eigentliche Problem. Verzeih bitte, wenn ich dies ausspreche, aber glaubst Du nicht auch, daß darin der Vater ans Licht kommt?...«

Trotz der Misere, in der er sich befand, war er immer noch mit Interesse und Anteilnahme bereit, sich auf seine Mutter einzustellen, ihr Beistand und moralische Unterstützung zukommen zu lassen. Seine Liebe zu ihr, die ganze Absätze seiner Briefe füllte, wuchs mit der Dauer der Trennung und der Unwahrscheinlichkeit, sie in absehbarer Zeit wiederzusehen. Er bat sie um Photos von ihr und den Schwestern. Er schrieb an Bettina und Angelika, an seine Großmutter, an Liena Gsovsky, die große Liebe in seinem kurzen Leben. An seinen Vater schrieb er keine Zeile.

Im November 1940 erklärte Bulgarien Amerika und England den Krieg. Die Postverbindung war eine Zeitlang unterbrochen. Else verbrachte fast einen Monat in heilloser Angst um ihren Sohn. Dann endlich ein Brief von ihm:

»Seit der Kriegserklärung habe ich nichts mehr von Dir gehört. Ich hoffe sehr, daß Ihr alle gesund seid, und bitte Dich dringendst, sofort zu schreiben. Mir geht es unverändert gut, gesundheitlich und auch sonst. Hier ist alles vollkommen ruhig, und Du brauchst Dir keine Sorgen zu machen...«

Am 1. September 1940 brachte ich mit Erfolg die Aufnahmeprüfung für die Schule hinter mich. Ich glaube, daß das weniger an meinen Leistungen lag als an den Nonnen, die von Frau Dr. Wudy um Nachsicht gebeten worden waren: »Das arme Kind hat ja nun wirklich keine Schuld an ihrer x-mal unterbrochenen Schulausbildung!«

Ich kam in die zweite Gymnasialklasse und war plötzlich unter vielen gleichaltrigen, bulgarischen Mädchen. Was für ein Unterschied zu meinen deutschen Mitschülerinnen! Ich wurde von allen mit großer Wärme und Herzlichkeit aufgenommen, wurde umarmt, untergehakt, bei der Hand genommen, wurde in die Schulregeln, die Namen der Schwestern und Mitschülerinnen eingeweiht. Ich habe von diesen Mädchen nie eine Grobheit erfahren, nie ein hämisches oder ordinäres Wort gehört, nie einen hinterhältigen Blick in ihren Augen gesehen. Auch ihr Verhalten untereinander war geprägt durch eine feminine Kameradschaft. Es gab Freundschaften, aber keine Cliquen, es gab übermütige, aber keine aggressiven Spiele. Ich fühlte mich wohl und geborgen in ihrer Gemeinschaft. Wir trugen schwarze Kittelschürzen mit weißem Kragen und lange schwarze Strümpfe. Das einzige, was mir mißfiel, war, daß wir die Haare nicht offen tragen durften. Ich machte gerade die erste Eitelkeitsphase durch und legte dabei besonderen Wert auf meine Haare, die ich mir jeden Abend zu Locken aufdrehte, eine mühsame Arbeit, da es keine Wickler gab und ich fest zusammengedrehte Streifen Zeitungspapier benutzen mußte. Es war eine Pein, die schön gelungenen Locken morgens im Spiegel zu betrachten und sie gleich darauf mit Klammern und Band zu zerstören.

Ich befreundete mich mit Elena und Lily, und diese Freundschaft hat jahrelange Trennung, hat sowohl das faschistische wie das kommunistische Regime überlebt.

Lily, klein und adrett, war ein Muster an Fleiß und Redlichkeit. Sie hatte schöne schwarze Zöpfe und Augen, und der Kragen an ihrer nie zerknitterten oder befleckten Schürze war schlohweiß. Da ihr Vater der Verwalter des Schlosses war, wohnte sie in einem Haus innerhalb der königlichen Domäne und wurde häufig zu der Prinzessin und dem kleinen Prinzen eingeladen.

Elena, das Gegenteil von Lily und meine intimere Freundin, war ein ungewöhnlich intelligentes Mädchen, das sich, zum Schrecken ihrer gutbürgerlichen Eltern, über alle Regeln und Konventionen hinwegsetzte. Obgleich faul und nachlässig, war sie die Beste der Klasse, was ihr ebenso gleichgültig war wie ihr Aussehen. Ich habe nie einen weißen Kragen oder einen Strumpf ohne Laufmaschen an ihr gesehen, und die zwei Knöpfe, die an ihrer lappigen Schürze fehlten, fehlten vom ersten bis zum letzten Tag unserer gemeinsamen Schulzeit. Sie hatte das Gesicht einer Katze, mit breiten Backenknochen, kurzer Nase, grünen, an den Schläfen hochgezogenen Augen und einen mageren Körper aus Gummi. Schon damals ahnte man die Femme fatale in ihr.

Mit Elena durchstreifte ich die Stadt, das lebhafte Zentrum mit seinen Lokalen, Läden und Kinos, den Markt, die vornehmen Viertel, die sich an den Zar Oswoboditel anschlossen, die Außenbezirke, das uns streng verbotene Zigeunerviertel, den Park. Wir gingen wahllos in Museen und Kirchen, in die Hallen öffentlicher Gebäude und Hotelfoyers. Wir saßen auf Bänken, Stufen, Mauern, beobachteten die Passanten, kommentierten ihr Aussehen, ihre

Kleidung, ihren Gang. Wenn Elena Geld bei sich hatte, fuhren wir von einem Ende der Stadt zum anderen Straßenbahn, mogelten uns in ein Kino, setzten uns in ein Café und spielten Liebespaar – Elena der Mann, ich das Mädchen.

Wenn ich entzückt und erheitert nach Hause kam und meiner Mutter den harmlosen Teil unserer Ausflüge erzählte, schüttelte sie den Kopf und sagte: »Du und Elena, ihr könnt nichts anderes als die Unklugen spielen! Kein Wunder, daß ihr euch gefunden habt.«

Sie sah es nicht gerne, wenn ich mich mit Elena in der Stadt herumtrieb, andererseits war sie froh, daß ich nicht mehr wie ein Kleinkind an ihrem Rock hing, sondern die ersten Anzeichen einer normalen Entwicklung zeigte. Meine Stofftiere und Puppen interessierten mich nicht mehr, die rituellen Beschwörungen und Gebete am Abend hatten wilden Spielen mit Kater Paul Platz gemacht, in die Alexander-Newsky-Kathedrale ging ich nur noch einmal in der Woche, um Kerzen für die dringendsten Fälle anzuzünden. Das Wichtigste waren jetzt meine Locken und Bücher. War ich nicht mit meinen Freundinnen zusammen, las ich mich stundenlang und konzentriert durch den Bücherschrank meiner Mutter. Ich las Wedekind und Strindberg, für die ich eine Vorliebe hatte, skandinavische Romane, die gerade in Mode waren, die Novellen von Schnitzler und Stefan Zweig, ›Werthers Leiden‹ und, da mir das so gut gefiel, gleich ›Faust‹ erster und zweiter Teil hinterher. Ich muß ein durchaus zufriedenstellendes Verständnis für komplizierte Texte gehabt haben, denn die Begeisterung, mit der ich las, war echt. Ich erinnere mich, daß ich manchmal auf erotische Stellen stieß, die mich, das naivste aller heranwachsenden Mädchen, sehr befremdeten, und für die ich keine so gelungene Interpretation fand wie etwa für ›Faust‹ zweiter Teil. Sie bereiteten mir viel Kopfzerbrechen, und ich kam nie dahinter, denn ich konnte ja unmöglich meine Mutter fragen, was Wedekind mit einer »Frauenbrust zum holden Spiel« meinte. Manchmal fragte sie mich, was ich denn jetzt schon wieder so eifrig läse, und wenn ich es ihr sagte, war sie entweder sichtlich beeindruckt und voll ungerechtfertigter Hoffnung oder schüttelte den Kopf und meinte, das sei noch nichts für mich. Doch dabei blieb es. Sie war eine sehr liberale Mutter, nur wollte sie mit Sex- und Aufklärungsfragen nichts zu tun haben. Es war ihr schlicht und einfach peinlich.

Das Jahr 1940 ging seinem Ende entgegen. Wir feierten Weihnachten und Geburtstag mit den Geschenken, die mein Vater im Sommer mitgebracht hatte. Ich war vierzehn Jahre alt geworden. Vor dem Zubettgehen betrachtete ich mich kritisch im Spiegel. Außer meinen Locken gab es nichts, das mich befriedigte, denn ich war immer noch flach wie ein Brett. Ich ging zu Iwanka in die Küche. Sie lag bereits auf ihrem Lager, und unter der Decke wölbte sich vom Hals bis zum Bauch der Hügel ihres Busens.

»Iwanka«, fragte ich, »wann wird man Frau?«

»Wenn man zum erstenmal blutet.«

»Was? Wo?«

»Unten«, kreischte sie.

»Du redest wie immer Unsinn«, sagte ich, »und diesmal auch noch ekelhaften.«

Sie kollerte, und ich verließ die Küche.

Im Januar 1941 landete das deutsche Fliegerkorps auf Sizilien. Im Februar 1941 landete das deutsche Afrikakorps in Libyen. Am 1. März 1941 wurde Bulgarien ein Land der Achse. Am 2. März 1941 marschierten die Deutschen in Bulgarien ein.

Am 4. März 1941 erhielt Else den letzten Brief ihres Sohnes aus Athen:

»Mein geliebtes Muttilein, noch ein Versuch, Dir zu sagen, daß es mir immer und in jeder Beziehung gutgeht und daß Du um mich in Zukunft ganz, ganz ruhig sein sollst. Ich bin immer bei Euch mit meinem ganzen Herzen und weiß, daß auch Du mir nah bist wie nie zuvor – und das gibt mir mehr Kraft als all meine Entschlossenheit. Ich danke Dir, danke Dir für alles, was Du bist, was Du für mich bist: mehr als meine Mutter, das Größte, das Höchste... Ich küsse Dich,

Peter«

Am 6. April 1941 besetzte die deutsche Armee Jugoslawien.

Am 11. April 1941 besetzte die deutsche Armee Ungarn.

Am 30. April 1941 besetzte die deutsche Armee Griechenland.

Wenn Else aus dem Fenster schaute, sah sie die deutschen Soldaten – graugrüne Uniformen, blank gewichste Stiefel, das Hakenkreuz in den Krallen des Reichsadlers auf der Brust. Wenn sie das Haus verließ, begegnete sie ihnen auf der Straße. Wenn sie mit Leo Ginis ins Café Royal ging, saßen sie an den Tischen.

»Und nun?« fragte sie ihren Freund.

»Man muß abwarten.«

In den Kinos liefen deutsche Filme. Im Radio wurden deutsche Märsche und Schlager gesendet, an den Kiosken deutsche Zeitungen verkauft.

»Angeli«, sagte Else, »ich verbiete dir jeden Kontakt mit den Deutschen! Ein falscher Schritt und wir sind alle geliefert.«

Angelika starrte jeden Soldaten an, blieb stehen, um sich nach ihnen umzusehen, lief manchmal wie ein verlorenes Hündchen, das hofft, einen neuen Herren zu finden, dicht hinter ihnen her.

»Bist du verrückt geworden? Was soll das!«

»Ich will doch nur hören, wie sie deutsch sprechen.«

Am Abend schloß Else Fenster und Türen und stellte die deutschen Nachrichten im BBC an. Sie setzte sich ganz nahe ans Radio und zupfte an der Haut ihrer Nagelbetten. Angelika saß neben ihr. Die englische Stadt Coventry war durch einen Bombenangriff dem Erdboden gleich gemacht worden. London stand im Zeichen des deutschen »Blitz«.

»Lieber Gott«, betete Angelika unhörbar, »laß die Deutschen den Krieg verlieren.«

Bettina kam mit dem roten V auf der Brust nach Hause. Die Anstecknadeln, mit denen man seine Solidarität mit der siegreichen deutschen Armee manifestierte, wurden an allen Ecken verkauft. Sehr viele trugen sie.

Else bekam einen Tobsuchtsanfall: sie solle das Drecksding auf der Stelle abnehmen!

Sie dächte gar nicht daran, sagte Bettina mit verbissenem Gesicht.

Dann solle sie schleunigst verschwinden.

Bettina verschwand. Sie tauchte einen Tag später wieder auf, das V auf der Brust.

Else schwieg. Drei Tage sprach sie kein Wort mit ihrer Tochter, und mit jedem Tag wurde Bettinas Gesichtsausdruck renitenter.

»Ich glaube, sie ist nicht ganz normal«, sagte Angelika.

»Ihr seid beide nicht ganz normal«, sagte Else, »sie trägt das V für den deutschen Sieg, und du läufst den deutschen Soldaten nach.«

Peters letzter Brief lag auf Elses Nachttisch, neben dem Photo von Vater Johann. Jeden Abend las sie ihn, jeden Abend betete sie für ihn. Wo war er? War er in Griechenland untergetaucht? War er in ein anderes Land entkommen? Aber in welches? Ohne Geld, ohne Papiere, und überall die deutsche Armee!

Sie lebte mit dem Schmerz und der Angst, sie gewöhnte sich daran. Es kommt alles auf einen zurück, sagte sie sich, alles! Man gewöhnt sich an alles, sagte sie sich, alles!

Eines Tages standen drei deutsche Soldaten vor ihrer Tür, einfache Männer, freundliche Gesichter. Herr Dr. Schrobsdorff hätte ihnen ihre Adresse gegeben, sagten sie, er sei damals ihr Offizier gewesen.

Sie saßen im Wohn-Eßzimmer, freuten sich, mal wieder

unter deutschsprechenden Zivilisten zu sein, tranken Sliwowitz und erzählten von Herrn Dr. Schrobsdorff.

Das sei ja zu komisch gewesen, wie der Herr Doktor kommandiert hätte! Er hätte ja immer gesagt: »Meine Herren, könnten Sie sich bitte rechts herum drehen ...«

Die drei Soldaten bogen sich vor Lachen. Angelika starrte sie unentwegt stumm an.

»Waren das Nazis?« fragte sie ihre Mutter, als die Soldaten gegangen waren.

»Ich glaube nicht«, sagte Else, »aber wissen kann man's nicht.«

Einige Zeit später stand Dr. Richter, der ehemalige Hauslehrer ihrer Töchter, vor der Tür. Er trug die Uniform der SS.

Es täte ihm leid, sagte er mit einem verlegenen Blick an seiner Uniform hinab, aber er habe keine Zivilkleidung dabei. Er sei bei der Organisation Todd und auf der Durchreise nach Griechenland.

Else lächelte ein kleines, zwischen Sarkasmus und Duldsamkeit zerrissenes Lächeln.

Er solle hereinkommen, sagte sie, die Mädchen würden sich bestimmt freuen.

Die Mädchen waren außer sich vor Freude. Sie wollten ihm unbedingt Sofia zeigen. Else meinte, das sei eine gute Idee, ein besseres Alibi gab es nicht.

Sie fuhren mit einem Faiton durch die Stadt. Dr. Richter mit der breiten Hakenkreuzbinde, Bettina mit dem roten V, Angelika mit den Locken.

»Dr. Richter«, fragte sie ihn, »bist du ein Nazi?«

»Bei der piept's«, sagte Bettina, »sie fragt jeden, ob er ein Nazi ist. Dabei weiß sie überhaupt nicht, was das ist.«

»Besser als du, sonst wärst du keiner.«

»Kinder«, sagte Dr. Richter in dem mahnenden Ton ihres ehemaligen Hauslehrers, »das ist wirklich kein Thema!«

Sie kamen vergnügt nach Hause. Mizo war schon da

und freute sich über den hohen Besuch. Man aß zusammen zu Abend.

»Bitte keine Politik«, sagte Else, als Mizo anfing, Fragen zur Lage zu stellen.

»Das wäre mir auch lieber«, sagte Dr. Richter.

Als er sich an der Tür von Else verabschiedete, fragte er, wie sie mit allem zurechtkomme? Ob er ihr irgendwie helfen könne? Es sei ihm ein Bedürfnis, ihr zu helfen.

Else schüttelte den Kopf. Sie hätten alles, sagte sie, vielleicht nicht zum Leben oder dem, was sie sich darunter vorgestellt hätte, aber zum Überleben. Er küßte ihre Hand, und sie sah ihm nach, dem flotten SS-Mann, der einst ihr Liebhaber gewesen war.

Die deutschen Soldaten brachten mich in ein furchtbares Dilemma. Ich konnte sie beim besten Willen – und den hatte ich – nicht hassen. Sie zogen mich unwiderstehlich an, nicht als deutsche Soldaten der Gegenwart, sondern als deutsche Menschen der Vergangenheit. Sie hatten diese hellen Gesichter ohne den schwarzen Schatten auf den Wangen, sie sahen so frisch gewaschen aus, und, vor allen Dingen, sie sprachen deutsch. Wenn ich dicht hinter ihnen herlief, schnappte ich Ausdrücke auf, die ich lange nicht gehört hatte. Aber auch ganz alltägliche Sätze wie etwa: »Mensch, Fritz, hätt' ich mal wieder Lust auf ein richtiges deutsches Bier!« klangen aufregend für mich. Ich wünschte mir nichts sehnlicher, als mit ihnen zu sprechen, ihnen zu sagen, daß auch ich aus Deutschland käme und Deutsch meine Muttersprache sei. Vielleicht würde ich zufällig auf einen stoßen, der aus Berlin kam, den Grunewald kannte, Wannsee kannte, die Straßen, in denen ich gewohnt hatte. Wäre es nicht herrlich, mich mit ihm an mein damaliges Leben zu erinnern, gemeinsame Anhaltspunkte, ähnliche Empfindungen und Eindrücke zu entdecken! Aber das ging natürlich nicht, und ich sah es ja ein und hielt mich fest an mein Versprechen. Auch in der Schule sagte ich kein Wort. Meine Mitschülerinnen redeten viel über die deutschen Truppen, fragten mich, ob es nicht schön für mich sei, jetzt so viele Landsleute hier zu haben. Ich sagte, ja, das sei sehr schön, und es seien auch schon einige bei uns zu Besuch gewesen. So etwas durfte ich sagen.

Die Offiziere hatten's mir besonders angetan. Es gab viele, die sehr gut aussahen, und mittags zwischen eins und zwei gingen Dutzende von ihnen an unserem Haus vorbei zur Offiziersmesse, die sich am unteren Ende unserer Straße, direkt am Kanal befand. Ich stand dann immer mit meinem Teller am Fenster, und meine Mutter erhob keinen Einspruch, weil ich geschworen hatte, aufzuessen, wenn ich mir die Offiziere ansehen dürfe. Ich aß immer noch sehr wenig, und alles war ihr recht, um mich dazu zu bringen.

Wir sahen uns jeden deutschen Film an, der in den Kinos lief. Ich kenne sie alle, die tiefgründig oder plump tendenziösen, die schwachsinnig heiteren. Ich habe keinen Namen der damaligen Schauspieler und Schauspielerinnen vergessen, von der Reichswasserleiche Kristina Söderbaum bis zum Reichswitzbold Theo Lingen; auch keinen Film vom ›Hitlerjungen Quex‹ bis zu ›Ich klage an‹, einem besonders gerissenen Film, der für die Euthanasie plädierte. Ich kann noch heute die wehmütigen Schnulzen und die ermutigenden Schlager der Kriegsjahre singen: ›Heimat deine Sterne‹ oder ›Es geht alles vorüber, es geht alles vorbei...‹ Ganz zu schweigen von Zarah Leanders: ›Davon geht die Welt nicht unter...‹, einer Behauptung, die sie im Brustton der Überzeugung vorzutragen wußte. Auch Beethovens Neunte, zu der in Ton, Bild und Wort die deutsche Wochenschau abrollte und die deutsche Armee mitsamt der deutschen Heimat freudetrunkene Siege feierte, hat sich für immer in mein musikalisches Gedächtnis eingefressen und jagt mir noch heute kalte Schauer über den Rücken. Ich haßte die Deutschen der Wochenschau und betete um ihren Tod, aber ich liebte die der Filme und identifizierte mich mit ihnen.

Die einen waren für mich die lebensbedrohende Gegenwart, die anderen die verklärte Vergangenheit.

Und dann wurde eines Tages, ohne daß ich es herausforderte, ohne daß ich mein Versprechen brach, mein sehnlicher Wunsch erfüllt. Ich schlenderte von der Alexander-Newsky-Kathedrale, in der ich um die Niederlage der Deutschen gebetet hatte, nach Hause, als mich plötzlich ein deutscher Soldat überholte, stehenblieb, sich zu mir umdrehte und mir mit einem »molle« – was »molja« ausgesprochen wird und »bitte« heißt – einen Zettel vor die Nase hielt. Es stand eine Adresse darauf, und offensichtlich wollte er wissen, wie er zu der Straße kommen könne. Was hätte ich nun also tun sollen? Ihm auf bulgarisch, von dem er kein Wort verstand, den Weg erklären? Das hätte selbst meine Mutter nicht von mir verlangt. Ich sah den Soldaten an. Er war blutjung, sehr dünn und hatte ein nettes Gesicht mit Haselnußaugen.

»Die Ulitza Rakowsky ist in der entgegengesetzten Richtung«, sagte ich, »also wenn Sie jetzt bis zur Kathedrale zurück und dann links...«

»Mein Gott«, unterbrach er mich mit strahlenden Augen, »du sprichst ja fließend deutsch! Kommst du aus Deutschland?«

»Ja«, sagte ich, »aus Berlin.«

Er packte meine Hand und schüttelte sie: »Das ist ja ein Glück«, rief er, so als hätte er eben das große Los gewonnen, »ich heiße Paul Scholz, und du?«

»Angelika«, sagte ich, »und ich habe einen Kater, der auch Paul heißt.«

»Den muß ich unbedingt kennenlernen«, erklärte er lachend, »und deine Eltern auch. Weißt du, es ist so schön, in einem fremden Land eine deutsche Familie zu finden, bei der man mal wie zu Hause sitzen und über zu Hause sprechen kann.«

Ich nickte. Ich verstand ihn aus ganzem Herzen: eine deutsche Familie, mit der man über zu Hause sprechen kann.

»Wohnst du hier in der Nähe?« fragte er.

»Ja, nur ein paar Häuser weiter, aber wir sind keine ganze Familie. Mein Vater ist in Berlin, und ich bin hier nur mit meiner Mutter und Schwester.«

»Das macht gar nichts«, versicherte Paul, »ich begleite dich.«

Die Freude, von einem deutschen Soldaten nach Hause begleitet zu werden, überwog die Angst vor meiner Mutter. Außerdem hatte ich nicht die geringste Schuld, das müßte sie einsehen.

Sie öffnete uns, und um ihren Schrecken im Keim zu ersticken, sagte ich hastig: »Mutti, das ist Paul, er hat mich nach einer Straße gefragt, und er hat Heimweh.«

Zu meiner Erleichterung lächelte sie, gab ihm die Hand und sagte: »Kommen Sie herein, Paul.«

Vielleicht dachte sie an Peter.

Paul Scholz, der neunzehnjährige, unscheinbare Junge aus einer norddeutschen Kleinstadt, besuchte uns von da an jede Woche, brachte uns deutsche Leckerbissen aus seinen Heimatpäckchen mit, aß mit uns zu Abend, erzählte uns von Deutschland und hörte mit mir am Radio deutsche Schlager: ›Wer die Heimat liebt, so wie du und ich ...‹

Paul hatte eine deutsche Familie, ich hatte einen deutschen Soldaten gefunden.

Bettina trug immer noch das V, und Else hatte sich damit abgefunden. So wie sie sich mit Angelikas zwei- und vierbeinigen Pauls abgefunden hatte. Wobei Paul, der Soldat, das weitaus kleinere Übel war, denn Paul, der Kater, war mannbar geworden und bekundete mit kräftigem Strahl und unerträglichem Gestank, daß die Wohnung sein Revier war. Manchmal gab es noch Kräche mit Bettina, aber sie waren wie ein Theaterstück, das zu oft gespielt worden war. Und manchmal, wenn sich ein Besucher weigerte, über die Schwelle zu treten, beschloß Else, den Kater loszuwerden. Aber kurz darauf sagte sie sich, daß das doch alles ganz unwichtig sei. Sollte Bettina das V tragen und der

Kater die Wohnung sprengen. Alles war besser als das spurlose Verschwinden ihres Sohnes.

In diesem Frühjahr 1941 lernten sich die achtundvierzigjährige Else und die achtundzwanzigjährige Lieselotte Schröder kennen. Sie trafen sich bei Wilma, der deutschen Frau Zwetan Taslakoffs.

Lieselotte, die Lilo genannt wurde und aus Berlin kam, war eine schöne Person – hoch, schlank, mit perfekt geformten, langen Beinen, einem winzigen Busen und breiten, etwas kantigen Schultern. Ihr Gesicht war zierlich, die tiefblauen Augen und der vollippige Mund waren sehr groß. Ihr blondes Haar sah aus wie aufgewirbelter Staub in der Sonne.

Else hatte immer ein Faible für gutaussehende Menschen gehabt, und da Lilo nicht nur einen ästhetischen Anblick, sondern Natürlichkeit und einen gewissen spröden Charme zu bieten hatte, kam sie ihr mit einer Offenheit entgegen, zu der sie in den letzten Jahren kaum mehr fähig gewesen war.

Lilo wiederum, die aus gutbürgerlichem Haus stammte und einen unausgelebten Hang zur Unbürgerlichkeit hatte, war von Elses Schlagfertigkeit und Intelligenz, ihrer Lebenserfahrung und unkonventionellen Denkart fasziniert. Hier war eine Frau, der sie sich in ihrer unerfreulichen Lage anvertrauen, mit der sie frei und ungeniert sprechen, von der sie sich beraten lassen konnte. Lilos Ehe mit einem massigen, vitalen, innerlich und äußerlich ungeschliffenen Mann war dabei, in die Brüche zu gehen. Er war als Repräsentant einer großen Import-Export-Firma auf zwei Jahre nach Sofia geschickt worden, und seine Frau war ihm widerstrebend dorthin gefolgt. Sie hatten die gemeinsame fünfjährige Tochter Beate, ein leicht kränkelndes Kind, bei ihren Eltern in Berlin zurückgelassen, denn ein dynamischer, ihr auf die Nerven gehender Mann und ein fremdes, ihr unsympathisches Land waren schlimm genug. Sie war eine kühle und wenig zärtliche Mutter.

Der Zufall wollte es, daß Else und Lilo nur drei Minuten voneinander entfernt in derselben Straße wohnten und täglichen Besuchen nichts im Wege stand. Da Else den Umgang mit Deutschen, egal ob Soldaten oder Zivilisten, mied und in der Wohnung der Schröders immer mit Gästen dieser Art rechnen mußte, war es meistens Lilo, die zu ihr ging. Die Frauen saßen dann stundenlang in dem Zimmer mit den sargähnlichen Möbeln, und Lilo störte weder der Gestank des Katers noch das Gekreische Iwankas. Für sie waren die Gespräche eine Offenbarung, für Else eine Ablenkung und Abwechslung: endlich einmal ganz normale Probleme, eine zerrüttete Ehe, Überdruß, physische Abneigung, Langeweile, Sehnsucht nach einer neuen großen Liebe, Angst vor dem endgültigen Bruch. Else gab Ratschläge aus ihrer weitreichenden Erfahrung, und mit dem Sprechen kamen die Bilder, von ganz weit her, so als sähe sie sie durch ein verkehrt herum gehaltenes Fernrohr: die Lieben, die Flirts, die Affären, das verrückte Glück, das abgrundtiefe Leid. War das tatsächlich ihr Leben gewesen? Sie konnte es nicht mehr nachempfinden, es regte sich nichts mehr in ihr. Nur wenn sie von Erich erzählte, glänzten ihre Augen, sprühten ihre Worte, denn er allein lebte noch in ihr.

»Du wirst ihn ja nun bald kennenlernen«, sagte sie zu Lilo, »und dich auf der Stelle in ihn verlieben.«

Sie lachte und ihre junge Freundin mit ihr.

Lilo mit ihrer schönen Figur und dem tiefblauen Blick hatte viele Verehrer, die für sie schwärmten, aber sie schwärmte für keinen. Sie mochte es, umworben zu werden, sie flirtete ein bißchen, aber sie blieb kühl und passiv. Sie hatte mit siebzehn Jahren an einem Schönheitswettbewerb teilgenommen und ihn gewonnen, hatte, zum Entsetzen ihrer erzkonservativen Eltern, als Schönheitskönigin an allen Litfaßsäulen von Berlin geklebt und Filmangebote bekommen. Sie hatte, weder begeistert noch begabt, Schauspielunterricht genommen, Helmut Schröder kennengelernt, sich ein wenig in den großen, stürmischen Tolpatsch verliebt, ihn geheiratet, ein Kind bekommen und festgestellt, daß sie auf beides hätte verzichten können. Sie hatte nie geliebt, nie Leidenschaft empfunden, nie Wärme gegeben. Sie bewunderte Else, die immer aus dem vollen gelebt hatte.

Erich traf Anfang Juni in Sofia ein. Diesmal fuhren sie nicht ans Schwarze Meer, denn er blieb nur zwei Wochen.

Es gebe viel zu erledigen und zu regeln, sagte er zu Else, denn die Situation sehe böse aus. Die Deutschen würden nach all den Siegen und Eroberungen jetzt nicht haltmachen. Es gehe das Gerücht, daß ihr nächstes Ziel die Sowjetunion sei. Die Bestimmungen verschärften sich. Man bekomme nicht mehr so leicht ein Visum.

In das Futter seiner Koffer hatte Elisabeth wertvollen Schmuck eingenäht: Ringe, Broschen, große Kreuze aus Halbedelsteinen.

»Guter«, sagte Else, »bitte tu das nicht! Wenn sie dich dabei erwischen...«

»Ihr braucht eine eiserne Reserve«, sagte er.

Angelika präsentierte ihm stolz ihre Locken und Bettina das V auf der Brust.

Er betrachtete beides: die Locken mit einem gewissen Zweifel, das V mit Abscheu. Er sagte zu Angelika, die Frisur sei ihm etwas zu wild, und zu Bettina, sie möge augenblicklich die Nadel abnehmen und sich hüten, sie je wieder anzustecken.

Angelika kämmte ihr Haar etwas ordentlicher, Bettina nahm augenblicklich das V ab und steckte es nie wieder an.

Erich erklärte Mizo, der am Abend in fröhlichster Unbefangenheit erschien und in tiefer Betretenheit ging, daß er Bettinas Benehmen ihrer Mutter gegenüber nicht billigen könne und sie beide höflichst bitte, nationalsozialistische Kundgebungen außerhalb des Hauses stattfinden zu lassen.

Er führte Angelika und ihre beiden neuen Freundinnen zum Eisessen ins Café Royal und bat die zwei Mädchen, seiner Tochter zu helfen, sie in der Schule anzuspornen, ihr beizubringen, daß es weniger auf Locken als aufs Lernen und Wissen im Leben ankomme. Elena und Lily waren tief beeindruckt von ihm.

Lieselotte Schröder war es nicht minder, und das, was Else mit einem Lachen vorausgesagt hatte, trat ein: Lieselotte verliebte sich auf der Stelle in Erich.

Auch Erich blieb von Lieselotte nicht unberührt. Im Grunde war sie das, was ihm damals, als er noch mit seinen Dichtern und Denkern im Hause der Eltern lebte und für Frauen wenig Interesse zeigte, vorgeschwebt hatte: eine kühle, passive Blonde, die sich ihm anpaßte und ihn nicht in den Gedanken störte, mit der er ein geruhsames Leben führen, über die schönen Künste sprechen, ins Theater gehen, am Kamin ein Buch lesen konnte. Eine hochgewachsene, schlanke Frau, mit langen, schmalen Händen und Füßen, mit Augen, die an sehr stille, tiefe Seen erinnerten.

Sie sahen sich öfter während Erichs Aufenthalt, aber nie alleine. Else bemerkte, daß die natürliche Lilo in Gegenwart Erichs an Natürlichkeit verlor und das dezente Benehmen einer höheren Tochter zur Schau stellte. Sie hörte mit Befremden, was Erich ihr über sein Berliner Leben erzählte, über gute Theateraufführungen, erstklassige Konzerte und einen interessanten Freundeskreis, der sich aus bekannten Schauspielern, Regisseuren und Wissenschaftlern zusammensetzte – Menschen seiner Gesinnung, Nazi-Gegner – gescheit, anständig, sauber. Nur so könne man diese unmenschliche Zeit überleben, sagte er.

Du lieber Himmel, dachte Else, nur so!

Die Gespräche, die sie mit ihm führte, waren anderer Art. Hier ging es wirklich ums Überleben, um die Chance derer, denen die Schlinge bereits um den Hals lag und jederzeit zugezogen werden konnte, Verfolgte wie ihr Sohn, ihre Mutter, Verwandte, Freunde, ihre Töchter, sie selber. Was würde geschehen, wenn die Deutschen weiter auf der ganzen Linie siegten, die Judenverfolgungen sich auf alle Länder Europas ausbreiteten, die Verbindung zwischen ihnen abbräche, das Geld ausginge, sie, Else, durch die Ehe mit einem Bulgaren nicht mehr geschützt wäre, das Visum der Mädchen nicht mehr verlängert würde?

Fragen über Fragen, von denen sie wußten, daß es keine Antwort darauf gab. Möglichkeiten, die erwogen und wieder verworfen wurden, ein kleines Aufflackern von Hoffnung, das schnell wieder erlosch. Entmutigung, Resignation, Ratlosigkeit, das elende Gefühl totaler Machtlosigkeit.

Er komme zu Weihnachten wieder, sagte Erich, und dann würden sie weitersehen. In einem halben Jahr könne sich die Lage ja nicht grundlegend geändert haben.

Am 22. Juni, drei Tage nachdem er Bulgarien verlassen hatte, begann der deutsche Angriff auf die Sowjetunion.

Aus diesem Sommer ist mir hauptsächlich das Schwimmbad im Gedächtnis geblieben, eine ziemlich armselige, unappetitliche Einrichtung – keine Wiese, auf der man liegen konnte, keine Bäume oder Sonnenschirme, die Schatten spendeten, nur Zementflächen, festgetretene Erde und ein Bassin mit trübem, selten gewechseltem Wasser.

Meine Mutter, die Augen geschlossen, und Lilo unentwegt auf sie einredend, lagen in Liegestühlen nebeneinander, und manchmal gingen sie unter die Dusche, weil ihnen das Wasser im Bassin zu schmutzig war. Meine Mutter hatte das Kreuz um den Hals, und im Ausschnitt ihres dunkelblauen Badeanzugs das unentbehrliche kleine Taschentuch, und Lilo hatte Brüste von der Größe unreifer Äpfel und war von Kopf bis Fuß eingeölt. Ich war die ganze Zeit im Wasser, und hin und wieder rief meine Mutter: »Angeli, komm endlich raus, du holst dir einen Blasenkatarrh.«

Ich fand es herrlich in dieser dürftigen Badeanstalt. Früher, als ich noch an alles deutsche Maßstäbe angelegt hatte, hätte ich mich geweigert, mit zahllosen dreiviertelnackten, schwitzenden Leuten ein paar Quadratmeter Boden und ein Bassin, in das die Kinder pinkelten, zu teilen. Aber jetzt erschütterten mich selbst ein dreckiges Abtrittklo oder eine Wanzenkarawane an der Wand neben meinem Bett nicht weiter. Die bulgarische Gegenwart hatte über die deutsche Vergangenheit gesiegt. Auch an die deutschen Soldaten hatte ich mich gewöhnt. Ich sah sie nicht mehr als eine aufregende Einheit, die sich aus hellen Gesichtern und deutscher Sprache zusammensetzte, sondern differenzierte mit scharfem Blick und Ohr, wer gut aussah und hochdeutsch sprach, und wer einer Beachtung nicht wert war.

Um die Mittagszeit kam die deutsche Armee ins Schwimmbad, Soldaten und Offiziere, die sich den bulgarischen Zuständen offenbar auch schon angepaßt hatten und schmutziges Wasser gar keinem vorzogen. Unter ihnen war Korvettenkapitän Dahle, ein Verehrer Lilos, in den ich mich verliebt hatte. Seither hatte ich nur noch ein Ziel: ihn mit meinen Locken – etwas anderes hatte ich immer noch nicht zu bieten – zu becircen. Wenn er, pünktlich um ein Uhr, im Schwimmbad auftauchte, ein liebenswürdiger, großer, rundgesichtiger Mann in einer strahlend weißen, goldbeknopften Uniform, war ich von seiner Erscheinung so geblendet, daß ein Abglanz davon sogar auf seine schwarze Trikotbadehose und den etwas schlaffen, fahlen Körper fiel. Die Liebe machte mich blind und seine Gegenwart, eine gelegentliche Liebkosung oder gar ein Kuß derart glücklich, daß ich noch tagelang davon zehrte und in romantischen Träumen schwelgte. Ich sah uns dann durch einen Ballsaal tanzen, er in seiner weißen Uniform, ich in einem wunderschönen Abendkleid aus Silberlamé – ein Abbild Irene von Meyendorffs, der damenhaftesten Repräsentantin des deutschen Films. Doch wenn ich mich dann im Spiegel betrachtete, überkam mich tiefe Verzweiflung. Da war immer noch keine Andeutung von Busen oder Hüften, und mein ungewaschener Hals, den ich von Zeit zu Zeit mit Eau de Cologne abrieb, war so lang und dünn wie der einer gerupften Gans.

Ich fragte meine Mutter, ob es Kinder gebe, die immer Kinder blieben, und sie sagte, nein, das gebe es leider nicht und sie halte es für einen Segen, daß ich immer noch eins sei.

Sie ahnte nicht, daß es für mich ein Fluch war, denn Korvettenkapitän Dahle würde bestimmt nicht noch zwei, drei Jahre auf meinen Busen warten.

Der Wunsch, erwachsen, Frau oder zumindest junges Mädchen zu werden, beherrschte mich mehr und mehr, ließ andere Wünsche mitunter verblassen. Natürlich wünschte ich nach wie vor, daß die Deutschen den Krieg verlören, wir nach Deutschland, in unser schönes, ehemaliges Leben, zurückkehrten, endlich eine Nachricht von Peter eintreffen, mein Vater zu Weihnachten nach Sofia kommen würde, und natürlich war die Liebe zu meiner Mutter, die Angst, sie zu verlieren, unvermindert. Aber diese Wünsche und Gefühle standen nicht mehr mit zwanghafter Dringlichkeit im Mittelpunkt. Ich betete auch nicht mehr: »Lieber Gott, laß mich vor meiner Mutter sterben«, denn ich wollte erst einmal erwachsen sein und mit Korvettenkapitän Dahle durch einen Ballsaal tanzen.

In diesem Sommer und Herbst hörte ich in den Nachrichten der BBC, daß die deutsche Armee die Ukraine und Rostow erobert hatte.

»Ich glaube, sie gewinnen den Krieg«, sagte ich zu meiner Mutter.

»Mal bitte den Teufel nicht an die Wand«, gab sie scharf zurück.

Im November hörten wir, daß die Russen Rostow zurückerobert hatten und die Offensive der deutschen Armee vor Moskau zum Stillstand gekommen war.

»Vielleicht gewinnen sie ihn doch nicht«, sagte ich.

Anfang Dezember erklärte Deutschland Amerika den Krieg.

»Jetzt brechen sie sich das Genick«, sagte meine Mutter, und wir umarmten uns.

Kurz vor Weihnachten kam mein Vater. Er brachte Dr. Filier mit. »Sollte die Verbindung eine Zeitlang unterbrochen werden«, hörte ich ihn zu meiner Mutter sagen, »seid ihr durch den neuen Vertrag mit Zwetan Taslakoff erst einmal gesichert. Und wenn alle Stricke reißen...« Da er den Satz nicht zu Ende sprach, wußte ich nicht, was dann passieren würde.

Er hatte auch eine Menge Schmuck mitgebracht, und den durften nicht nur meine Mutter und Schwester tragen, sondern sogar ich. Ich hängte mir jeden Tag ein anderes Kreuz um und war sehr stolz darauf.

Mein Vater trug eine schwarze Armbinde und Krawatte, denn sein alter Herr, wie er ihn nannte, war vor kurzem an einem dritten Schlaganfall gestorben. Der Verlust meines bärbeißigen Großvaters, von dem ich nie etwas anderes als einen flüchtigen Begrüßungskuß empfangen hatte, berührte mich überhaupt nicht. Meine Mutter sagte, es sei gut, daß ihre Väter das alles nicht mehr erlebten, aber ihre armen Mütter!

Mein Vater nickte. Ja, es sei schlimm für die beiden alten Damen, plötzlich alleine dazustehen und das auch noch in dieser fürchterlichen Zeit. Bombenangriffe und Lebensmittelknappheit, und das sei erst der Anfang. Er habe vor, seine Mutter in Pätz unterzubringen, und halte es für eine sehr vernünftige Idee, daß ihre Mutter jetzt ins jüdische Altersheim gehen wolle. Da hätte sie doch wenigstens Ansprache und es würde für sie gesorgt. Während sie in ihrer Wohnung wirklich sehr einsam und hilflos sei. Elisabeth ginge zwar dreimal die Woche zu ihr, er, so oft es seine Zeit erlaube, und auch seine Mutter würde sie immer mal wieder besuchen...

Ob sie das denn noch dürfe, unterbrach ihn meine Mutter, jetzt, wo die arme Omutter den Stern an der Tür habe.

»Was für einen Stern?« fragte ich.

»Bitte, Angeli«, sagte sie, »unterbrich uns nicht dauernd.«

»Das ist das erste Mal«, sagte ich beleidigt.

Es gab da immer noch Gefahrenzonen, denen ich ferngehalten wurde. Vom gelben Stern erfuhr ich erst, als er acht Monate später auch in Bulgarien eingeführt wurde.

Es herrschte, wie immer wenn mein Vater da war, viel Betrieb. Ich fand es sehr aufregend und verliebte mich ein bißchen in Dr. Filier, was meiner Liebe zu Korvettenkapitän Dahle aber keinen Abbruch tat. Ich verliebte mich in jeden großen gepflegten Mann, der hochdeutsch sprach.

Lilo gab eine große Abendgesellschaft für meinen Vater. Meine Mutter ging nicht hin – aber ich durfte bei den Vorbereitungen helfen und später noch etwas dabei sein. Lilo tuschte sich die Wimpern, ein Vorgang, den ich gefesselt verfolgte, und dann zog sie ein enganliegendes, schulterfreies Abendkleid an, weiß, mit großen weinroten Blumen, die schwarze Stiele und Blätter hatten. Sie sah so groß, so schlank, so schön aus, daß sie sogar Irene von Meyendorff in den Schatten stellte.

Auch meinem Vater und Korvettenkapitän Dahle fiel auf, daß sie sehr schön aussah. Seit ich wußte, was Liebe ist, spürte ich solche Dinge. Ich hatte mich für diesen Abend herausgeputzt und bekam auch viele Komplimente, aber die machten mich mehr traurig als glücklich, denn sie galten einem Kind, das man nicht für voll nimmt. Auch die schöne, mit Blumen geschmückte Wohnung, das kalte Buffet mit Delikatessen, die ich schon Jahre nicht mehr gesehen, geschweige denn gegessen hatte, die festliche Atmosphäre, die gedämpfte Musik, der Duft verschiedener Parfums und Tabaksorten, machten mich traurig, denn das alles erinnerte mich ein wenig an die Feste in der Hubertusallee.

Ich sah zu Papa hinüber, der sich mit der schönen Lilo und zwei distinguierten Herren unterhielt. Ja, in diesen Rahmen paßte er, mein aristokratischer Vater mit seinen maßgeschneiderten Anzügen und manikürten Fingernägeln, und beileibe nicht in unseren. Zum ersten Mal wurde ich mir schmerzhaft des Abgrunds bewußt, der zwischen seinem und meinem Leben klaffte. Seins war ein gepflegtes Unglück, unseres eine graue Misere. Zum ersten Mal empfand ich ihn als Außenstehenden, der kurz auftauchte und wieder verschwand, der für uns sorgte, aber nicht mit uns litt, für den ich das Kind geblieben war, das er im September 1939 verlassen hatte, und der nicht wußte, nie wissen würde, was in den letzten zwei Jahren in mir vorgegangen, was in den letzten zwei Jahren in mir kaputtgegangen war. Ich verließ rasch und leise die Wohnung.

Wie es gewesen sei, fragte mich Bettina, als ich nach Hause kam.

»Ein bißchen wie früher bei uns«, sagte ich, »und Lilo hat ein Abendkleid angehabt und sehr schön ausgesehen.«

»Das kann ich mir denken«, sagte Bettina, »die hat's doch auf Papa abgesehen.«

»Ach, du spinnst ja! Die ist doch verheiratet und kennt Papa gar nicht richtig.«

Bettina lachte durch die Nase, wie immer wenn sie sehr ungnädig war. »Mal sehen wie lange«, sagte sie.

Dr. Filier fuhr zwei Tage vor Weihnachten nach Berlin zurück, und wir feierten den Heiligen Abend und meinen Geburtstag mit Papa. Wir wußten nicht wohin mit dem Weihnachtsbaum und mußten schließlich das ganze Wohn-Eßzimmer umbauen, damit er in einer Ecke zwischen den klobigen Möbeln Platz hatte. Dimiter Lingorsky hatte uns eine lebendige Gans vom Markt mitgebracht, und die schwamm nun in der Badewanne, weil keiner, nicht einmal Ratka, das neue Mädchen, sie umbringen wollte. Ich erinnere mich nicht mehr, was aus der Gans geworden ist, gegessen haben wir sie auf jeden Fall nicht. Ratka trug schicke schwarze Strümpfe, und als sie die Suppe ins Zimmer brachte, sprang ihr Kater Paul an die drallen Waden, und sie kreischte und ließ fast die Terrine fallen. Mein Vater wußte solche Zwischenfälle nicht zu schätzen und sagte ärgerlich: »Muß das sein!« Ich versuchte ihm zu erklären, daß nicht Paul daran schuld sei, sondern die schwarzen Beine, die er vielleicht für ein Tier hielt. Wir zündeten die Kerzen am Baum an, aber die tropften und schmolzen weg wie Schnee an der Sonne.

Mein Vater las die Weihnachtsgeschichte vor: »...Denn euch ist heute der Heiland geboren, welcher ist Christus, der Herr...« Dann wollte er, daß wir ›Stille Nacht, heilige Nacht‹ singen, aber ich weigerte mich und sagte, das würde ja furchtbar klingen ohne Klavierbegleitung. Die Geschenke bestanden hauptsächlich aus praktischen Anziehsachen, die mein Vater mitgebracht hatte, wahrscheinlich für die Zeit, in der die Stricke reißen würden. Es waren viele Schlüpfer darunter, und den Umfang meiner Mutter muß er wohl nicht mehr richtig in Erinnerung gehabt haben. Sie schrie vor Lachen, als sie die Dinger sah, rannte ins Schlafzimmer, zog einen an und rief uns. Der lachsfarbene Makoschlüpfer reichte ihr von den Kniekehlen bis unter die Achselhöhlen, und sie sah wirklich schrecklich aus. Ich habe mich sehr für sie geniert. Wie konnte sie sich so vor einem Mann wie meinem Vater zeigen. Omutter Schrobsdorff hatte mir zwei Bücher mitgeschickt, alberne Jungmädchenlektüre, über die ich längst hinaus war.

Aber das Schlimmste waren die Kreppchen von Omutter Kirschner, die sie uns gebacken und in einer Schachtel, in der vorher Seife gewesen sein mußte, verpackt hatte. Ich kann diese Kreppchen nicht vergessen, dieses zerbröckelte, nach Seife riechende Gebäck, Symbol einer glücklichen Kindheit, Indiz einer zerstörten Welt, letzter Liebesbeweis meiner qualvoll zugrunde gehenden Großmutter, der man das Recht, Mensch zu sein, entzogen hatte. Damals wußte ich das nicht, und ich wußte nicht, warum ich weinte. Da war nur eine grenzenlose Trostlosigkeit in mir, das nicht in Worte zu fassende Gefühl, daß nichts in dieser Welt stimmte, daß alles verquer war und es keinen Menschen gab, keinen einzigen, an den man sich halten konnte.

»Was hat sie denn?« fragte mein Vater, als ich aus dem Zimmer lief, und meine Mutter gab zur Antwort: »Das sind die Stimmungen der Pubertät.«

Drei Tage später brachten wir meinen Vater zum Bahnhof. Es schneite, und der Wind trieb die Flocken bis auf den Bahnsteig. Mein Vater zählte seine Koffer, er zählte sie dreimal. Meine Mutter sagte: »Guter, sie sind alle da.« Er nickte und bat den Gepäckträger in höflichen Worten, sie in sein Abteil zu bringen. Ich übersetzte. Es war zehn Minuten vor Abfahrt des Zuges. Ich verfolgte den Zeiger der großen Uhr, der von Minute zu Minute sprang, und wünschte, er würde einige auslassen. Es war quälend, auf die Abfahrt eines geliebten Menschen zu warten. Meine Mutter und Schwester empfanden das auch so. Ich sah es an ihren starren Gesichtern, auf die sie nicht einmal ein Lächeln zwingen konnten.

Papa sagte zu meiner Mutter: »Es wird immer Mittel und Wege geben, die Verbindung aufrechtzuerhalten«; und zu meiner Schwester: »Bettina, deine oberste Pflicht ist, deiner Mutter beizustehen«; und zu mir: »Angelika, bitte streng dich an, lerne fleißig und mit Freude, mach deiner Mutter keine zusätzlichen Sorgen, enttäusche mich nicht«; und dann zu uns allen: »Eines Tages werden wir wieder zusammen in Deutschland sein.«

Er umarmte und küßte uns, stieg in den Zug, trat ans Fenster. Er hatte Schwierigkeiten, es zu öffnen. Wir standen alle drei da und sahen ihm bei seinen ungeschickten Anstrengungen zu. Meine Mutter machte ihm schließlich ein Zeichen, es zu lassen. Eine Minute vor Abfahrt des Zuges gelang es ihm, das Fenster zu öffnen. Ich sehe ihn noch dastehen, in seinem dunkelblauen Cashmeremantel und dem rotgrün gemusterten Seidenschal. Er hatte den Hut abgenommen, und die Hand mit dem Siegelring lag auf dem Fensterrahmen. Er schaute mit einem Ausdruck der Bestürzung auf uns herab.

»Ersparen wir uns das«, sagte meine Mutter, »bitte, Guter, geh in dein Abteil.«

»Ihr dürft nie den Glauben an das Gute verlieren!« sagte er.

»Wir gehen jetzt«, sagte meine Mutter.

Da war der schrille Pfiff, das Zukrachen der Türen.

»Angelika…«, sagte mein Vater, als sich der Zug in Bewegung setzte. Seine Lippen bewegten sich, aber ich verstand seine Worte nicht mehr.

Ich wollte mit dem Zug mitlaufen, aber meine Mutter hielt mich fest: »Komm«, sagte sie, »das hat doch keinen Zweck.«

Ich sah noch das weiße Taschentuch und hob die Hand, um ihm zu winken. Wahrscheinlich hat er es nicht mehr gesehen.

»Kommt er nicht mehr wieder?« fragte ich meine Mutter.

»Doch, er kommt wieder.«

Aber er kam nicht mehr.

Im Februar 1942 erhielt Else die erste Rote-Kreuz-Nachricht von ihrem Sohn: er sei in Palästina bei Ilse und Walter Hirsch, gesund und glücklich, Europa hinter sich gelassen zu haben. Es fehle ihm an nichts. Seine einzige Sorge sei sie, die Schwestern und die Großmutter. Er bitte um umgehende Antwort an die Adresse der Hirschs in Jerusalem.

Elses Erleichterung und Glückseligkeit waren so übermächtig, daß es sie aus der engen Wohnung in die Straßen trieb, in die Häuser ihrer Freunde, zu den Schulen ihrer Töchter.

»Peter lebt!« rief sie. »Peter ist gerettet! Peter ist in Sicherheit!«

Sie lachte, sie weinte und ihre Freunde mit ihr.

Den Abend verbrachte Else mit ihren Töchtern. Sie waren fröhlich und liebevoll. Peter hatte sie vereint. Sie sprachen über ihn, über Ilse und Walter Hirsch, über Palästina.

»Gehört den Juden das Land jetzt wieder?« erkundigte sich Angelika.

»Nein«, sagte Else, »aber viele leben dort.«

»Können wir nicht zu Peter nach Jerusalem fahren? Ich möchte gerne nach Jerusalem.«

»Vielleicht werden wir eines Tages dorthin fahren können.«

»Das wäre schön«, sagte Bettina.

»Es wird wieder schön, meine Süßen, ich verspreche euch, es wird wieder schön!«

Zum ersten Mal seit Jahren wärmte Else ein Gefühl der Zuversicht: Wir werden es schaffen! Wir werden durchkommen! Wir werden – danach – ein neues Leben beginnen! Meine Kinder und ich. Zum ersten Mal seit Jahren wagte sie von einer Zukunft zu träumen: ihre Kinder und sie, endlich in Ruhe und Sicherheit, eng miteinander verbunden und durch ihr hartes Schicksal stärker, reifer, einsichtiger geworden. Ein Leben an einem schönen Ort, nein, nicht in Deutschland, aus dem die Gespenster der Vergangenheit nie mehr weichen würden, in einem Land, in dem sie sich wieder wohl fühlen, das ihr und ihren Kindern eine neue Heimat werden könnte. Ein Land mit Sonne und Meer und warmherzigen Menschen. Ein Leben ohne Angst. Die Liebe ihrer Kinder, die Nähe ihrer Kinder, das Glück ihrer Kinder – sie ersehnte nichts anderes mehr.

Mit dem Frühling setzte eine neue Ostfront-Offensive ein. Die deutsche Armee stieß weit in den Norden und Süden der Sowjetunion vor. In Libyen eroberte sie Tobruk.

Von Erich erhielt Else nur selten ein paar nichtssagende Zeilen: er sei gesund und habe sehr viel Arbeit. Die Nachrichten ihrer Mutter, die inzwischen ins jüdische Altersheim übersiedelt war, waren nicht anders: sie sei gesund und habe nette Gesellschaft. Da jeder Brief aus und nach Deutschland geöffnet und zensiert wurde, konnte man sich nichts Wesentliches mehr schreiben. Else hatte also keine Ahnung, was sich wirklich abspielte. Sie hörte im BBC, daß sich die Bombenangriffe auf deutsche Städte vervielfachten und verstärkten, daß mehr und mehr Lebensmittel rationiert wurden. Sie hörte Gerüchte über Judendeportationen und Konzentrationslager. Jetzt, da sie von der Sorge um ihren Sohn erlöst war, lastete die um ihre Mutter und Erich auf ihr.

Anfang Mai teilte ihr Lilo mit, daß sie sich von ihrem Mann scheiden lassen und zu Tochter und Eltern nach

Berlin zurückkehren würde. Else war überrascht, denn bis dahin hatte ihre Freundin zwar zaghaft mit diesem Gedanken gespielt, ihn aber nie ernsthaft erwogen. Immerhin war Helmut Schröder ein gutmütiger und großzügiger Mann, der ihr, einer passiven, berufslosen Frau mit einem kleinen Kind, ein Wohlstandsleben bot. War es denn ratsam, in dieser Zeit einen Mann nur darum zu verlassen, weil man ihn nicht liebte?

Nein, hatte Else gesagt und gewußt, wovon sie sprach.

Aber sie, Else, hätte es doch getan.

Weil immer schon der nächste vor der Tür gestanden hätte. Und da bei ihr der nächste ja nicht vor der Tür stehe und sie doch sehr gerne ein gutes Leben führe, solle sie sich den Schritt noch einmal überlegen.

Aber Lilo war fest entschlossen.

»Nichts schlimmer«, sagte sie, »als mit einem Mann Tisch und Bett und Bad zu teilen, den man nicht mehr riechen kann.«

»Ohne ist's auch nicht komisch«, warnte Else, »besonders im Krieg, wenn einem die Bomben um die Ohren fliegen.«

»Lieber alleine mit Bomben als ohne Bomben und mit Helmut.«

»Bitte schön«, sagte Else, »tu l'as voulu!«

Lilo verließ Sofia.

»Du bist die einzige, die mir fehlen wird«, sagte sie beim Abschied zu Else, und die lachte und meinte: »Du wirst schnell was Besseres finden.«

Ende Mai rief ein Mann bei Else an, der mit leichtem bayrischen Dialekt sprach und sich als Dr. Hartmann vorstellte. Er sagte, er komme gerade aus Berlin und habe von Herrn Dr. Schrobsdorff Post und Geschenke für sie und ihre Töchter mitgebracht.

Else, erfreut, bat ihn, am Nachmittag bei ihr vorbeizukommen. Er kam – ein breiter, untersetzter Mann mit Stiernacken, Bulldoggengesicht, dem Parteiabzeichen am Revers und einer Aktentasche in der Hand.

Else verlor sekundenlang die Fassung. Sie stand in der Tür, starrte den Mann an und dachte: Ist Erich verrückt geworden, mir ausgerechnet diesen Prototyp eines Nazis zu schicken, oder stimmt die ganze Geschichte nicht und der Kerl ist von der Gestapo?

Dr. Hartmann hatte ihre Gedanken erraten, schüttelte den Kopf und erklärte: »Gnädige Frau, es ist alles in Ordnung.«

Else trat mit einem verlegenen Lächeln zur Seite: »Entschuldigen Sie«, murmelte sie, »aber einen Moment lang...«

»Das kann man Ihnen nicht verdenken!« Er lachte kurz auf, eine Art Bellen, das gut zu seinem Gesicht paßte.

Sie führte ihn ins Zimmer, und er holte Briefe, Geschenke und einen Umschlag mit Geldscheinen aus seiner Aktentasche.

Herr Dr. Schrobsdorff, sagte er, als alles auf dem Tisch lag, könne in absehbarer Zeit leider nicht nach Bulgarien kommen, da Personen, die weder bei der Partei noch beim Militär seien, kein Visum mehr bekämen.

Ob er Erich Schrobsdorff schon seit längerem kenne, wollte Else wissen.

Nein, zu seinem Bedauern erst seit kurzem, und zwar durch einen gemeinsamen Bekannten, der Herrn Dr. Schrobsdorff mitgeteilt habe, daß er nach Bulgarien führe. So sei die Verbindung zustande gekommen. Sie hätten sich eine halbe Nacht hindurch unterhalten, und er empfände die größte Hochachtung für ihren geschiedenen Mann und sei froh, ihm und ihr mit diesem kleinen Gefallen behilflich sein zu können.

Else schwieg. Sie wußte beim besten Willen nicht, wie sie mit dieser Karikatur eines Nazis umgehen sollte. Sie wußte nicht, was er über sie wußte.

Er sagte: »Gnädige Frau, um die Dinge klarzustellen: Ich war einer der ersten, dem Hitler persönlich den Blutorden verliehen hat, ich gehöre, wie Sie sehen, nach wie vor der Partei an, und ich bin durch Herrn Dr. Schrobsdorff über alles informiert. Wenn Sie ihm vertrauen, können Sie mir vertrauen.«

»Können Sie sich selber auch vertrauen?« fragte Else.

»Ja, das kann ich: Ich weiß genau, was ich tue und warum ich es tue. Aber ich ziehe es vor, Ihnen keine näheren Erklärungen darüber abzugeben. Aus meinem Mund würden sie falsch und peinlich klingen, und das möchte ich Ihnen und mir ersparen. Würden Sie heute abend mit mir essen gehen? Es wäre mir eine große Ehre und Freude.« Er nahm das Parteiabzeichen ab und steckte es in die Tasche.

Dr. Hartmann blieb eine Woche, und es verging kein Tag, an dem er Else nicht anrief, sie einlud, ihr Blumen brachte, mit ihr spazierenging und sich bei dieser Gelegenheit, Arm in Arm mit ihr, von einem Straßenphotographen aufnehmen ließ.

Else war neunundvierzig Jahre alt und nach wie vor eine anziehende Frau, eine fesselnde Persönlichkeit. Ihr starkes, lockiges Haar war nicht grau geworden, ihr rundlicher Körper nicht dick und ihr braun gebranntes Gesicht hatte sich, dank der hohen Backenknochen und großen leuchtenden Augen, seine ursprüngliche Kühnheit und Form bewahrt. Dr. Hartmann hatte sich offenkundig verliebt.

Angelika mißbilligte den vierschrötigen Mann mit dem eingedrückten Nasenbein und stellte ihrer Mutter die obligate Frage: »Mutti, ist er ein Nazi?«

»Er hat alle Attribute eines Nazis.«

»Wie kannst du dann mit ihm ausgehen?«

»Er hilft uns und Menschen wie uns.«

»Dann ist er also kein Nazi.«

»Siehst du, so geht es mir auch. Ich weiß nicht, was er ist. Möglicherweise ein Nazimensch.«

»So was gibt's ja gar nicht.«

»Du wirst dich wundern, was es alles auf der Welt gibt.«

Dr. Hartmann, der Blutordenträger, war der letzte Mann, der sich in Else verlieben sollte, denn im Juli desselben Jahres wurde ihr Gesicht durch eine Fazialisnervlähmung entstellt.

Sie hatte den Schmerzen hinter ihrem rechten Ohr und am Hinterkopf keine Beachtung geschenkt. Sie waren nicht besonders stark gewesen und Kopfschmerzen für sie nichts Ungewöhnliches. Am Abend war sie gegen elf Uhr zu Bett gegangen, hatte noch etwas gelesen und gut geschlafen. Am nächsten Morgen, noch im Halbschlummer, spürte sie, daß die rechte Seite ihres Gesichtes wie vereist war – kalt, starr, unempfindlich. Das Lid ihres Auges senkte sich nicht mehr, aus dem Mundwinkel lief Speichel über ihr Kinn.

Vielleicht hatte sie eine giftige Spinne gestochen, vielleicht hatte sich ein Zahn entzündet. Aber sie hatte keine Schmerzen und keine geschwollene Backe und glaubte ohnehin nicht daran. Sie wußte nicht, was ihr geschehen war, aber sie wußte, daß es nicht harmlos war. Sie stand auf und ging zum Spiegel, immer langsamer, immer angstvoller, die Hände gegen die Wangen, die lebendige und die tote, gepreßt, um nicht gleich von der vollen Wucht ihres Anblicks getroffen zu werden.

Und dann starrte sie dieses weit aufgerissene Auge mit dem bewegungslosen Lid an, und ihr schief stehender Mund öffnete sich zu einem stummen, entsetzten Schrei. Sie wollte die Augen schließen, aber nur das linke gehorchte ihr, das rechte starrte sie weiter verzweifelt an. Und da ließ sie die Hände fallen, betrachtete lange und mitleidslos ihr zerstörtes Gesicht und glaubte zu verstehen.

»Ich sah und sehe meine Krankheiten immer bis auf den Grund«, schrieb sie in einem ihrer Briefe, »und erkenne ihren Sinn.«

Das Gesicht meiner Mutter – das schöne, geliebte, vertraute Gesicht, die Nasenspitze weich wie Samt, die Augen, unter den hohen Lidern, dunkle Sonnen, die Wangen wie sanfte Hänge, die von den Backenknochen zum Kinn abfielen. Ein Gesicht so voller Lebendigkeit und Ausdruckskraft, Wärme und Intelligenz, Humor und Ungestüm. Ein Gesicht, das ich mit zwei Jahren zum ersten, am Abend zuvor zum letzten Mal als das meiner Mutter erkannt hatte und das über Nacht zum Zerrbild geworden war.

Sie hielt ein Taschentuch an die gelähmte Seite ihres Gesichts, aber selbst damit konnte sie die Entstellung nicht verbergen. Ihr linkes Auge, das plötzlich klein erschien gegen das aufgerissene rechte, sah mich, wie um Verzeihung bittend, an. Ich wollte auf sie zustürzen, aber ich konnte mich nicht rühren, ich wollte ihr etwas Tröstendes sagen, aber ich brachte kein Wort heraus, ich wollte ihr meinen entsetzten Blick ersparen, aber ich konnte nicht wegsehen.

Sie sagte mit undeutlicher Artikulation: »Angeli, meine Kleine, sei nicht so furchtbar erschrocken. Man wird feststellen, was ich habe, und es heilen.«

Ich nickte und brach in bitterliches Weinen aus.

Mizo ging mit ihr zum besten Neurologen Sofias. Er diagnostizierte eine Fazialisnervlähmung, die leider sehr heftig aufgetreten und nicht zu heilen sei. Mit der Zeit würde die starke Spannung in der rechten Gesichtshälfte nachlassen, und die Muskeln würden wieder ein wenig beweglicher werden. Sie würde sich daran gewöhnen.

Sie verschwieg mir das Urteil des Arztes, sie sagte mir nur, daß es eine langwierige Geschichte sei. Ich begann wieder in die Alexander-Newsky-Kathedrale zu rennen, Kerzen anzuzünden, beschwörende Gebete zu dem weißbärtigen, weißmähnigen, blauäugigen, wohlgenährten lieben Gott hinaufzuschicken. Ich betete abends, ich betete morgens, bevor ich die Augen öffnete, um einen Blick auf meine Mutter zu werfen: »Lieber Gott, mach, daß ihr Gesicht wieder so ist wie früher.«

Dann setzte ich mich leise auf und schaute zu ihr hinüber. Sie schlief, aber ihr rechtes Auge, nur eine Spur vom Lid bedeckt, starrte ins Leere, und ihr rechter Mundwinkel war wie in einem schmerzhaften Grinsen hinaufgezogen. Ich weinte, ich weinte oft in diesen ersten Wochen.

Alle anderen schienen sich bereits an ihr Gesicht gewöhnt zu haben, ich glaubte, mich nie daran gewöhnen zu können. Wie mußte meine Mutter unter ihrem Anblick leiden, sich dafür genieren, verzweifelt sein, wenn sie sich im Spiegel sah, verlegen, wenn sie gewisse Laute nicht richtig aussprechen konnte oder beim Trinken befürchten mußte, daß ihr die Flüssigkeit über das Kinn lief.

»Angeli«, sagte sie eines Tages, »es ist nicht so schlimm, wie du glaubst, und ich quäle mich weniger damit als du. Natürlich wäre ich lieber gesund und hätte ein normales Gesicht, aber schau, ich bin schon fast eine alte Frau, und es ist mir nicht mehr so wichtig, wie ich aussehe. Für einen jungen Menschen wäre es eine Tragödie, für mich ist es nur ein Mißgeschick. Ich habe ja alles gehabt im Leben, mehr als die meisten habe ich gehabt, und jetzt seid ihr, meine Kinder, dran. Wenn ihr gesund, schön und vergnügt seid, dann gibt es nichts, was mich noch wirklich traurig machen könnte. Ich schwöre es dir, mein Schmaltier, ein schiefes Gesicht ist für mich kein Unglück mehr.«

»Und es wird ja auch wieder besser, nicht wahr, Mutti?«

»Vielleicht ja, vielleicht auch nicht. Auf jeden Fall wollen wir nicht mehr tagtäglich darauf warten. Wir haben auf viel wichtigere Dinge zu warten.«

Im August 1942 traten die Judengesetze in Bulgarien in Kraft. Sie unterschieden sich in nichts von den deutschen Gesetzen, egal, ob es sich dabei um Zwänge, wie das Tragen des gelben Sterns, Ablieferung des gesamten Vermögens handelte, oder Dutzende von Verboten, die die Bewegungsfreiheit der Juden auf ein Minimum einschränkten.

Else zitterte. Wenn sie unter diese Gesetze fiele, würde es in Bulgarien für sie noch schlimmer werden als in Deutschland. Sie würde denselben Bedrohungen und Entwürdigungen wie dort ausgesetzt sein und darüber hinaus ihre Töchter verlieren.

Doch jetzt zeigte sich, daß ihr Übertritt zum russisch-orthodoxen Glauben, den sie – aus welchen Gründen auch immer – vollzogen hatte, ihre Rettung war. Die Kirche in Bulgarien war stark, und die Gesetze auf sie nicht anwendbar.

Sie dankte Gott, aber leider zu früh. Denn da war Viktoria, Dimiter Lingorskys jahrelange Geliebte, die ihn heiraten wollte und den richtigen Moment für gekommen hielt, das Ehehindernis Else mit den neu eingeführten Gesetzen verschwinden zu lassen. Sie ging zur Polizei und denunzierte sie. Das Glück wollte es, daß sie den Mund nicht halten konnte und Dimiter triumphierend von ihrer Absicht in Kenntnis setzte. Der nun, der weder die Absicht hatte, die eine zu heiraten, noch die Unanständigkeit, die andere dem Verderben auszuliefern, setzte Viktoria kurzerhand vor die Tür und lief zu Else, um sie zu warnen. Sie solle die Wohnung nicht verlassen und niemandem öffnen, bis er angerufen habe. Er würde jetzt sofort mit einem Freund, der Advokat sei und die besten Beziehungen zum Polizeipräsidenten habe, die Sache in Ordnung bringen.

Else zitterte. Angelika, die einzige, die zu Hause war, fragte, was nun wieder passiert sei. Else war zu aufgeregt, um es ihr zu verschweigen. Sie bat sie, zu Wilma zu gehen und dort ihren Anruf abzuwarten. Angelika aber weigerte sich: Was ihrer Mutter geschehe, solle auch ihr geschehen, erklärte sie. Else sagte, Heldenhaftigkeit sei hier fehl am Platz, und ihre Tochter erwiderte, sie wolle keine Heldin sein, sie wolle nur nicht ohne ihre Mutter leben. Else hatte nicht mehr die Kraft, sich mit ihr auseinanderzusetzen. Sie ging ins Schlafzimmer, ließ sich vor dem Bett, im Blickfeld Vater Johanns, auf die Knie nieder und betete.

»Damals«, schrieb sie in einem Brief, »hatte ich das ›heimliche Gefühl‹, daß es Gott gibt...«

Dieses heimliche Gefühl half ihr, die Stunden bis zum Anruf Dimiters zu überstehen.

Es sei alles in Ordnung, sagte er, es würde ihr kein Haar gekrümmt werden.

»Angeli«, rief Else, »ich habe gebetet, und Gott hat mein Gebet erhört!«

»Meine«, erwiderte Angelika erbittert, »hat er nie erhört.«

An einem Nachmittag, gerade als meine Mutter und ich die Wohnung verlassen wollten, um ins Kino zu gehen, kam der Postbote und brachte einen Eilbrief.

Meine Mutter wurde sehr blaß, riß das Kuvert ungeschickt auf und las. Es waren nur ein paar Zeilen, und als sie das Blatt auf den Tisch legte, war die Farbe immer noch nicht in ihr Gesicht zurückgekehrt.

»Von deinem Vater«, sagte sie, »komm, gehen wir.«

Wir waren schon auf der Straße, als ich zu fragen wagte: »Was hat er denn geschrieben?«

»Omutter ist, zusammen mit den anderen Insassen des Altersheims, nach Theresienstadt gebracht worden«, sagte sie mit ausdrucksloser Stimme.

»Wo ist Theresienstadt?«

»Er schreibt, in der Tschechoslowakei. In der Nähe von Prag.«

»Wieso hat man sie denn so weit weggebracht? Was soll sie denn da?«

»Du weißt, daß die Briefe zensiert werden. Dein Vater konnte nichts Näheres schreiben. Ich nehme an, Theresienstadt ist ein Lager.«

»Was für ein Lager, Mutti?«

»Ein Konzentrationslager. Das sind Lager, in die man die Juden sperrt.«

»Man sperrt sie in Lager?«

»Ja.«

»Und was macht man da mit ihnen?«

»Ich weiß es nicht, Kind.«

»Und Papa weiß es auch nicht?«

»Auch das weiß ich nicht. Ich sagte dir ja, er konnte nichts Näheres darüber schreiben. Er hat sie vorher noch gesehen. Sie war sehr ruhig und hat gesagt: ›Mit achtzig erwartet man nicht mehr viel vom Leben.‹ Sie schickt uns ihre Liebe.«

»Wollen wir lieber nicht ins Kino gehen?«

»Glaubst du, dadurch wird es besser? Es ist ganz egal, wo man sitzt oder was man anzieht. Trauer hat keine äußeren Merkmale.«

»Und sie ist ja auch nicht tot. Es wäre ganz was anderes, wenn sie tot wäre. Vielleicht sind die Lager nicht schlimm, und es geht ihr gut, und nach dem Krieg sehen wir sie wieder, nicht wahr, Mutti?«

»Ja, mein Hase.«

Es war ein Film mit Zarah Leander, und die sang: ›Ich weiß, es wird einmal ein Wunder geschehn...‹

Manchmal warf ich einen Blick auf meine Mutter. Sie schaute die ganze Zeit mit unbeweglichem Gesicht auf die Leinwand, aber ich saß ja auch auf ihrer rechten Seite, der gelähmten.

Am nächsten Tag fragte ich Bettina, ob ihr Mutti erzählt habe, was mit Omutter passiert sei.

Sie nickte.

Ich fragte, ob sie glaube, daß es ihr in Theresienstadt gutgehe. Sie schrie: »Hör auf, hör auf, hör auf!« und rannte aus dem Zimmer.

Kurze Zeit darauf ging ich durch den kleinen Park, der unserem Haus schräg gegenüber lag und entdeckte auf einer der Bänke Opa Ginis. Es war ein nasser, kalter Nachmittag, und er saß zusammengekauert, den Kopf gesenkt, den Kragen hochgeschlagen. Auf der Brust, am Mantel festgenäht, leuchtete der gelbe Stern. Es war der einzige grelle Fleck an diesem grauen Tag.

Opa Ginis sah mich erst, als ich vor ihm stehenblieb, lächelte mühsam, schaute hastig nach rechts und links und sagte: »Guten Tag, Angelika, wie geht es euch allen?«

»Danke gut.«

»Das ist schön. Grüß deine Mutter von mir. Auf Wiedersehen, mein Kind.«

Ich setzte mich neben ihn auf die Bank.

»Angelika«, bat er sichtlich erschrocken, »bitte, bleib hier nicht sitzen, du wirst dich erkälten.«

»Ich habe dich lange nicht gesehen«, sagte ich, »und ich weiß jetzt auch warum. Aber es macht mir nichts aus. Ich sitze gerne hier mit dir. Ich würde überall mit dir hingehen, auch ins Café Savoy. Wollen wir dort hingehen?«

Er schaute wieder nach rechts und links, und als er sah, daß niemand in der Nähe war, legte er seine Hand auf meine.

»Kind«, sagte er, »ich darf nicht mehr ins Café Savoy gehen, und du darfst hier nicht sitzen bleiben. Es ist zu gefährlich für euch, verstehst du! Ihr müßt jetzt noch vorsichtiger sein als früher, und du willst deiner Mutter doch nicht schaden, nicht wahr?«

»Wirst du jetzt nie mehr zu uns kommen, und wir werden nie mehr zu dir gehen?«

»Nicht in nächster Zeit, aber irgendwann einmal wieder.«

»Ich finde das alles gemein!«

Ein Paar, Mann und Frau, kam auf uns zu, er stand schnell auf.

»Leb wohl, Angelika, es war sehr schön, dich zu sehen... du bist ein gutes Kind.«

Das Paar war nur wenige Schritte von uns entfernt, und er wandte sich, ohne mir die Hand zu geben, ab und ging rasch, mit gebeugtem Rücken davon.

Ich sah ihm eine Weile nach, dann lief ich nach Hause. In mir tobte ein unheimlicher Zorn.

Meine Mutter nähte einen Knopf an irgendein Kleidungsstück. Ich fragte: »Mutti, warum trägst du keinen gelben Stern?«

»Weil ich zum Christentum übergetreten bin.«

»Warum bist du zum Christentum übergetreten?«

»Weil ich daran geglaubt habe.«

»Wie kann man daran glauben?«

»Wie bitte?«

»Die Deutschen sind Christen, nicht wahr? Die Bulgaren sind Christen, ganz Europa ist christlich. Was ist das für ein Christentum, das zuläßt, daß man die Juden so quält?«

Sie hatte aufgehört zu nähen und starrte mich wie jemanden an, der sie aus heiterem Himmel mit einer Pistole bedroht.

»Ich glaube, bei dir geht alles etwas durcheinander«, sagte sie dann.

»O nein, nicht bei mir, bei dir!«

Ich drehte mich um und lief aus dem Zimmer, lief aus der Wohnung und geradewegs in die Alexander-Newsky-Kathedrale. Ein paar Menschen knieten, beteten, zündeten Kerzen an. Ein Pope, mit einem kleinen Dutt am Hinterkopf, hantierte am Hauptaltar herum. Unter der höchsten Kuppel, in die der alternde Wotan hineingemalt war, blieb ich stehen. Ich schaute empor, grinste gehässig und flüsterte: »Lieber Gott, weißt du was? Du kannst mich am Arsch lecken.«

Dann ging ich, beschwingt und mit dem Gefühl einer großen, inneren Freiheit, um nie wieder zurückzukehren.

Im Oktober 1942 war die deutsche Armee bis nach Stalingrad vorgedrungen und hatte Teile des Stadtgebietes erobert. Im November begann der Gegenangriff der Russen.

Else saß atemlos am Radio: »Das ist der Anfang vom Ende«, sagte sie, und über die gelähmte Seite ihres Gesichts lief eine Freudenträne. Sie spürte sie nicht und trocknete nur ihr linkes Auge. Weihnachten kam. Angelika erklärte, sie wolle nur ein bißchen ihren Geburtstag feiern, auf Weihnachten lege sie keinen Wert. Sie freute sich sehr über das Geschenkpaket, das ihr Vater geschickt hatte, den neuen Kleiderstoff von ihrer Mutter und den Kuchen mit den fünfzehn Kerzen. Am Nachmittag lud sie ihre Freundinnen, Elena und Lily, ins Café Royal ein.

Am Neujahrsabend ging Mizo mit Bettina tanzen und Else mit Angelika in eine Ballettaufführung. Sie war stolz auf ihre Töchter. Bettina mit ihrer Elfenbeinhaut, den langen schwarzen Locken und hübschen Beinen sah entzückend aus, Angelika in einem Kostüm und zum ersten

Mal mit seidenen Strümpfen, fast schon wie ein junges Mädchen.

Von Peter kamen in längeren Abständen beruhigende Rote-Kreuz-Nachrichten aus Palästina.

Else dankte Gott. Ihre Kinder hatten es bis hierhin geschafft, sie würden es bis zum Ende schaffen. Bettina hatte ihre Haltung der Mutter gegenüber radikal geändert, und es gab keine Kräche mehr. Angelika begann sich körperlich und geistig zu entwickeln und mit den ersten zaghaften Rundungen und kritischen Meinungen zu überraschen. Peter war in Sicherheit.

Sie hatte Gott wieder einmal zu früh gedankt.

Anfang März kam Mizo in heilloser Aufregung zu uns: Sein Freund von der deutschen Botschaft habe ihm mitgeteilt, daß Bettina in Kürze nach Deutschland zurückbeordert würde. Das Schriftstück sei zufälligerweise in seine Hände geraten und er, obgleich überzeugter Nationalsozialist, habe es für seine Freundespflicht gehalten, ihn davon in Kenntnis zu setzen. Wenn Mizo seine Freundin vor dem Arbeitslager retten wolle, habe sein Freund gesagt, müsse er sie auf der Stelle heiraten.

Die hastig und dürftig vorbereitete Hochzeit fand eine knappe Woche später statt.

Es war ein windiger, kalter Regentag im März. Bettina trug das blaßblaue Taftabendkleid, das sie sich in Deutschland für ihren ersten Ball, auf den sie nicht mehr hatte gehen können, angeschafft hatte, eine geliehene Stola aus weißem Kaninchenfell und einen nicht mehr neuen Schleier, der ihr vorne über das Gesicht fiel und hinten von der bekränzten Angelika, die als Brautjungfer fungierte, getragen wurde. Mizo hatte einen schwarzen Anzug angezogen, Else einen Pelzmantel und einen Hut, dessen violetter Schleier ihr halbgelähmtes Gesicht verbarg, Angelika ein zart geblümtes Organzakleid, das zu einem heißen Sommertag gepaßt hätte.

Die Trauung wurde von einem Archimandriten, Freund der Familie Stanischeff, vollzogen, und die Trauzeugen,

Mitko Taslakoff und seine Schwägerin Wilma, hielten die Kronen über die Köpfe des Paares.

Mizo sah ernst und würdevoll aus, ein Ausdruck, den er perfekt beherrschte, und Bettina sehr blaß und verstört. Die Stanischeffsche Sippe, die die überstürzte Heirat nicht dem Stammbaum Bettinas, sondern einem Fehltritt Mizos zu verdanken glaubte, war vollzählig erschienen, bekreuzigte sich, kniete, erhob sich, schnüffelte, lächelte und sagte »Amen«.

Else dachte: Mein armes kleines Mädchen, einundzwanzig Jahre ist sie erst und noch gar nicht richtig zu sich gekommen! Aus einem Leben rausgerissen, ins andere reingeschleudert! Hat noch gar nicht richtig gelebt, vielleicht nicht mal richtig geliebt, wenn sie's auch glaubt oder sich einbildet. Liebe, mein Gott, ich weiß doch, was Liebe ist! Ich habe nie Seligkeit und Erfüllung in den Zügen ihres kleinen Gesichts, an den Bewegungen ihres hübschen Körpers wahrgenommen, sie nie jubeln, nie schluchzen gehört. Da war immer nur diese Bereitwilligkeit, die dem Mann, der Liebe, dem Leben nichts anderes abverlangt als ein kleines, bescheidenes Glück.

Sie traten aus der kalten Kirche – vorneweg das Brautpaar mit Kerzen in der Hand, hinterher ein Zug fröstelnder Menschen, der tapfer gegen den winterlich grauen Tag anlächelte. Der Wind löschte die Kerzen und zerrte an dem langen Schleier, den Angelika mit einer Hand zu bändigen versuchte, während sie mit der anderen ihr Kränzchen festhielt. Ein Photograph flog ihnen förmlich entgegen, um, komme was da wolle, das Hochzeitsphoto zu knipsen: in der Mitte Braut und Bräutigam, zu deren Seiten die Trauzeugen, die Mütter, der Vater, hinter ihnen, auf Zehenspitzen und mit gereckten Köpfen, die grinsenden Brüder und Schwestern.

Sie gingen in ein Restaurant mit Zigeunermusik. Die Musikanten spielten die feurigen oder melancholischen Weisen mit gleicher, ohrenbetäubender Lautstärke. Die Lebensmittel, die die Bulgaren treu und brav ihren deutschen Verbündeten ablieferten, waren knapp geworden und das Essen dementsprechend. Aber es gab eine Menge Rakia, Sliwowitz und Rotwein, und der sorgte für Ausgelassenheit. Es wurde ununterbrochen auf das Wohl des jungen Paares angestoßen, es wurde gelacht und gescherzt, es wurde umarmt und geküßt. Else schaute immer wieder zu ihrer Tochter hinüber, das zweite ihrer Kinder, das sie nun bald verlassen und sein eigenes Leben führen sollte. Jetzt blieb ihr nur noch Angelika, die Kleine, die ihre späte Entwicklung in Windeseile aufholte und sich damit auch von ihr zu entfernen begann. Nein, so hatte sie sich das nicht vorgestellt.

Weder bei Peter noch bei Bettina hatte es einen organischen Ablauf, einen allmählichen Übergang vom Jung- zum Erwachsensein gegeben. Mit dem gewaltsamen Bruch in ihrem Leben waren sie ihrer Jugend beraubt und von einem Tag auf den anderen gezwungen worden, nicht nur erwachsen, sondern alt zu werden. Angelika mit ihren fünfzehn Jahren würde vielleicht die einzige sein, die nach Ende des Krieges ihre Jugend genießen dürfte. Else fühlte sich für das Schicksal ihrer Kinder verantwortlich und litt darunter.

Das neu vermählte Paar verbrachte die Hochzeitsnacht in einem schäbigen Pensionszimmer, und Bettina war froh, als sie vorüber war.

Später einmal vertraute sie ihrer Mutter an: »Weißt du, Mutti, ich hab' gar keinen richtigen Spaß daran«, und Else antwortete: »Macht nichts, Tinchen, das kommt schon noch.«

Mit meinem drastischen Abschied vom lieben Gott und der Entfaltung weiblicher Formen begann ich mich zu verwandeln. Es war der erste Schritt in eine neue, kritische Lebenseinstellung, in der sich bereits Anzeichen von Negation und Härte bemerkbar machten. Ich sagte jetzt sehr oft: »Ich habe es satt!« Oder: »Ohne mich!«

In der Schule, in der ich den knappen Durchschnitt gehalten hatte, sackte ich immer mehr ab. Meine Mutter fragte mich, ob ich vorhabe, als Ignorantin durchs Leben zu gehen. Ich sagte, es spiele überhaupt keine Rolle, als was ich durchs Leben ginge, und ich hätte die Schule satt.

Sie erklärte, eines Tages würde mir das leid tun, und ich erwiderte, mit »eines Tages« würde ich überhaupt nicht mehr rechnen. Sie sagte, ich sei von Gott verlassen, und ich antwortete, nein, das sei umgekehrt gewesen.

Ich stand jetzt sehr viel am Fenster, denn in dem gegenüberliegenden Haus wohnte ein Junge, der auch sehr viel am Fenster stand und über die Straße hinweg mit mir flirtete. Er war etwas älter als ich, blond, zierlich und immer sehr elegant gekleidet. Manchmal wurde er von einer schwarzen Limousine, mit Chauffeur und rumänischem Fähnchen auf dem Kotflügel, abgeholt. Ich bekam heraus, daß er der Sohn des rumänischen Generalkonsuls war, und das erhöhte noch den Reiz des Flirts.

Wenn ich nicht am Fenster stand, trieb ich mich mit Elena in der Stadt herum. Wir spielten immer noch den Unklugen und benahmen uns wie Kinder, aber unsere Gedanken und Beobachtungen waren nicht mehr so naiv.

Einmal fragte ich sie, ob sie an Gott glaube. Sie sagte, das komme ganz auf ihre Stimmung an, manchmal ja, manchmal nein, aber es sei auf jeden Fall bequemer, an ihn zu glauben.

Ein anderes Mal, als wir einem Mann mit dem gelben Stern auf der Brust begegneten, fragte ich sie, was sie davon halte.

Sie sagte: Sie sei immer nahe am Kotzen, wenn sie das sehe, und daran seien die Deutschen schuld, diese steifen Stöcke, die nichts in ihrem Land zu suchen hätten.

Ich fragte sie, ob ihre Eltern auch dieser Meinung seien. Sie antwortete, die Meinung ihrer Eltern sei ihr vollkommen egal.

Ich sagte, so gehe es mir auch.

Kurze Zeit darauf erhielt ich einen Brief von meinem Vater, in dem er mir erklärte, daß er höchsten Wert auf meine Einsegnung lege.

Ich sagte zu meiner Mutter: »Papa spinnt. Er will, daß ich mich einsegnen lasse. Ohne mich!«

»Wenn es dein Vater wünscht«, fuhr sie mich an, »wirst du eingesegnet.«

Ich rief: »Du glaubst doch nicht im Ernst, daß ich jetzt plötzlich zu einem evangelischen Pfarrer in die Lehre gehe und mich von dem auch noch einsegnen lasse?«

Am nächsten Tag erhielt ich einen Brief von meiner Mutter:

»Es kommt bei allen meinen Kindern ein Tag, an dem sie einen ernsten Brief von mir erhalten. Dieser Tag ist also da und der Brief ein Zeichen, daß Du nun nicht mehr ganz Kind bist und ich in großer Sorge um Dich bin. Es ist möglich, daß ich trotz aller Liebe nicht den richtigen Ton zu meinen Kindern finde, es liegt an meiner Nervosität und meinem Temperament. Als Deine Mutter gebe ich gerne und ohne mich zu schämen meine Fehler und Versäumnisse zu, verlange aber als Gegenleistung, daß Du dasselbe tust.

Ich bin ja sicher, daß Du im geheimen ehrlicher und kritischer Dir gegenüber bist, als Du es zugibst. Es ist unmöglich, daß ein so junger Mensch sich selber mehr glaubt als den Erwachsenen, die alle dasselbe sagen und nicht lieblos und dumm sind. Und es ist unmöglich, daß Du nicht einsiehst, daß Du nur mit Stärke, Fleiß und Anständigkeit Dein Schicksal, das kein leichtes ist, meistern kannst, während Du es mit Eitelkeit, Oberflächlichkeit und Launischkeit so verschlimmerst, daß das Schicksal stärker wird als Du und Dich zerbricht. Ich will Dich in diesem Brief auch warnen, Deinen Vater vor den Kopf zu stoßen. Denn wenn Du das allzu lange tust, kann es passieren, daß wir ihn verlieren, und damit den besten Menschen, unseren letzten Schutz und die Möglichkeit, eines Tages nach

Deutschland zurückzukehren. Ich kenne Deinen Vater jetzt zwanzig Jahre und verstehe ihn daher ein bißchen besser als Du. Ich weiß, daß er der gütigste, feinste und geduldigste Mensch ist, aber es gibt auch bei ihm eine Grenze. Er war sehr stolz auf Dich, er hat große Pläne mit Dir gehabt, und er würde die Enttäuschung, die Du ihm zufügst, indem Du respektlos bist, nicht in die Schule gehen willst und, mehr noch als früher Tina, gegen mich, anstatt mit mir bist, nicht verwinden. Vielleicht würdest Du es nicht merken, vielleicht würde Papa es nicht zeigen, aber innerlich würde etwas bei ihm zerbrechen. Und ob er, zermürbt, gequält und nervlich überbelastet, nicht plötzlich einmal sagen würde: ›Macht, was ihr wollt, ich habe meine Pflicht bis zum Äußersten getan, aber jetzt habe ich es satt, mich dauernd mit euch herumzuärgern, jetzt lebe ich mein eigenes Leben‹ – das kannst Du nicht wissen. Und wenn es erst einmal dazu kommt, dann ist nichts, gar nichts mehr zu machen. Dann hast Du ihn verloren. Für immer. Glaube mir, daß ich das ganz genau weiß, denn ich hatte ihn auch verloren, durch Unvernunft, Egoismus, Vergnügungssucht. Ich habe nur danach gefragt, was gut und leicht für mich ist. Er hat gearbeitet, und ich habe mich amüsiert. Er hat nie etwas gesagt, aber in seinem Inneren war er bitter enttäuscht, und er hat mich nicht mehr so lieb gehabt wie früher. Nie wieder konnte ich zurückholen, was ich verloren hatte.

Papa betet die Pflicht an, die Güte und die Anständigkeit. Du mußt, auf welche Weise auch immer, nun Deine Pflicht erfüllen, und je schwerer sie Dich ankommt, desto mehr gewinnst Du an Wert, um so mehr werden er und ich und alle ernsthaften Menschen Dich respektieren. Du mußt anständig und gut sein, indem Du uns, die wir sehr leiden, hilfst, innerlich und äußerlich, nach bestem Wissen und Gewissen. Alle wollen wir, eng zusammen, diese schwere Zeit überstehen und uns später nicht vorwerfen müssen, versagt zu haben. Plagen wir uns, quälen wir uns, seien wir unglücklich, aber bewahren wir Haltung. Die

Belohnung kommt ganz bestimmt. Je mehr wir uns Mühe geben, desto mehr hilft uns der liebe Gott. Als ich nur an mich dachte, hat er mich verlassen, jetzt, da ich meine Fehler und Unzulänglichkeiten einsehe und versuche, mich zu ändern, hilft er mir. Leben ist schwer. Daß Du es schon in jungen Jahren lernen mußt, soll Dir keinen Schaden, sondern nur Nutzen bringen. Denk nach und vertraue mir und Deinem Vater. Überwinde Dich und gehe mit uns zusammen. Schiller hat gesagt: ›Sich selbst besiegen ist der schönste Sieg.‹ Das mußt Du nun. Alles Schlechte in Dir bekämpfen und besiegen. Ich weiß ganz genau, daß Dir die Schule unangenehm ist, und ich kann mich noch sehr gut erinnern, wie einem mit fünfzehn Jahren zumute ist. Aber ebenso genau weiß ich, daß die Überwindung dessen, was uns unangenehm ist, zur Befriedigung führt.«

Ich ging auf diesen Brief nicht ein. Ich empfand ihn als lächerlich und eine Zumutung. Sollte sie mit ihren späten Einsichten, ihren Schillerschen Zitaten und ihrem lieben Gott glücklich werden. Bei ihr hatte es vierzig oder noch mehr Jahre gedauert und wäre wahrscheinlich nie dazu gekommen, wenn sich die Nazis nicht über uns hergemacht hätten, und von mir verlangte sie, daß ich bereits mit fünfzehn stark, anständig, ernst, pflichtbewußt, hilfreich, gut und was sonst noch sein sollte. Woraufhin das alles? Und woraufhin sollte ich ihr und Papa vertrauen? Ich hatte es satt. Meine Mutter litt, mein Vater quälte sich, und ich sollte mein Schicksal meistern. Ohne mich!

Ob ich nichts zu ihrem Brief zu sagen hätte, fragte mich meine Mutter.

»Nein«, sagte ich, »nicht das geringste.«

Am 31. Januar 1943 kapitulierte die 6. deutsche Armee in Stalingrad. Die BBC berichtete von ungeheuren Verlusten an der Front und massiven Bombenangriffen auf deutsche Städte.

Angelika griff sich Kater Paul, der schlafend auf dem Fenstersims lag, und tanzte mit ihm um den Tisch. Sie sang: »Denn wir fliegen, denn wir fliegen, denn wir fliegen gegen Naziland, juchhe!«

Else, genauso glücklich wie ihre Tochter, mußte lachen, sagte aber gleich darauf: »Angeli, ich bitte dich, sei vorsichtig! Zeig niemand deine Freude und verplappere dich nicht! Der Krieg ist noch eine ganze Weile nicht zu Ende, und wir sind nach wie vor in Gefahr, in größerer vielleicht als vorher. Wenn die Deutschen jetzt anfangen zu verlieren, werden sie noch rabiater. Und außerdem denk an deinen armen Vater. Der ist jetzt auch in Gefahr!«

Angelika seufzte: »Natürlich habe ich Angst um Papa und will nicht, daß ihm was passiert, aber was soll ich tun? Weinen, daß es den Deutschen endlich anfängt, dreckig zu gehen?«

Else sah Angelika lange schweigend, beinahe ängstlich an. Das Mädchen war schon einen halben Kopf größer als sie selber, aber immer noch sehr schmal und zart. Ihr Gesicht war das eines auffallend hübschen Kindes, aber der Ausdruck in ihren Augen verriet eine frühreife Härte und Unnahbarkeit, die erschreckte.

Mit ihr, dachte Else, werde ich es noch schwerer haben als mit Peter und Bettina, denn sie hat weder die Liebesfähigkeit des einen noch die Opferbereitschaft der anderen. Sie wird eines Tages über Leichen gehen.

Der Frühling kam.

Bettina war aus der Ulitza Oborischte ausgezogen und wohnte jetzt mit Mizo in einem großen, möblierten Zimmer mit Küchen- und Badbenutzung. Sie war bereits schwanger und verdiente sich etwas Geld, indem sie halbtags als eine Art Sekretärin in Zwetan Taslakoffs Export-Firma arbeitete. Bulgarien war leergeplündert worden, und es fehlte an allem, was man zum täglichen Leben brauchte. Bettina dachte schon jetzt an nichts anderes als an das Kind. Wie sollte es stark und gesund werden, wenn sie sich nicht richtig ernähren konnte, womit sollte sie es wickeln, anziehen, waschen?

Erich schickte ein Paket nach dem anderen, Wilma Taslakowa, die inzwischen einen Sohn bekommen hatte, gab ihr die Kleidungsstücke, die ihrem Kind zu klein geworden waren, Else lief durch die Stadt, um etwas Obst und Gemüse aufzutreiben. Bettina hamsterte alles wie ein Eichhörnchen und war glückselig über jede neu dazugekommene Windel, jedes Lätzchen.

Else war gerührt über ihre schwangere Tochter und deren ausgeprägten Mutterinstinkt. Sie erinnerte sich ihrer eigenen Schwangerschaft während des Ersten Weltkrieges, bei der sie dieselben Nöte und Ängste erfahren hatte wie jetzt Bettina.

Bettina war ihr nie ähnlich gewesen, und sie hatte ihr, wenn auch die gleiche Liebe, so doch weit weniger Beachtung geschenkt als ihrem begabten Ältesten und ihrer eigenartigen Jüngsten. Nun, da sie nicht mehr dieselbe Wohnung, aber die gleiche Erfahrung mit der Tochter teilte und sich in deren besorgter, liebevoller Mütterlichkeit wiedererkannte, war Bettina diejenige, die ihr am nächsten stand, überwogen deren Vorzüge – Opferwilligkeit, Treue, Bescheidenheit – die Reize ihrer anderen Kinder.

Im Mai 1943 fand in Nordafrika die Schlacht von El-Alamein statt und endete mit dem Durchbruch Montgomerys, dem Rückzug des deutschen Afrikakorps. An der Ostfront setzten die Russen zu einer neuen Offensive an.

Von Peter kam eine Rote-Kreuz-Nachricht aus Jerusalem: das Blatt habe sich gewendet! Es gehe ihm ausgezeichnet. Er sei voller Zuversicht und mit seiner ganzen Liebe bei ihr und den Schwestern.

Bettina kam fast jeden Mittag zum Essen in die Ulitza Oborischte. Else war mit nichts anderem beschäftigt, als kräftigende Nahrung für ihre Töchter zu beschaffen, die Maria, das neue Dienstmädchen, mehr schlecht als recht in Gerichte verwandelte. Maria war eine kleine, verwaschene Person, an der das einzig Interessante ihre Anfälle unmotivierter Hektik waren, bei denen sie, gefolgt von der besorgten Else und dem aufgeschreckten Kater, durch die Zimmer fegte.

Ende August, als sie beim Essen saßen, heulten zum erstenmal die Sirenen. Angelika sprang vom Stuhl auf. Bettina legte beide Hände auf den gerundeten Bauch. Else sagte: »Auch das noch!« Maria stürzte ins Zimmer und schrie: »Alarm!«

»Und was machen wir jetzt?« fragte Bettina.

»Gute Frage«, antwortete Else.

Die bulgarische Regierung hatte es versäumt oder wohlweislich unterlassen, die Bevölkerung auf eventuelle Bombenangriffe vorzubereiten. Es gab keine öffentlichen oder privaten Luftschutzkeller, keine Verdunklung, keine Bereitschaftsdienste, keine Verhaltensregeln. Es blieb den Menschen überlassen, sich, wie und wo auch immer, in Sicherheit zu bringen.

Maria schaltete das Radio an. Eine Minute herrschte unheilvolle Stille, dann wurde mitgeteilt, daß ein Bombergeschwader von Westen kommend die bulgarische Grenze überflogen habe und Kurs auf Sofia nehme. Die Bevölkerung wurde aufgerufen, Ruhe zu bewahren und die Keller aufzusuchen.

Angelika schlotterte vor Angst, weigerte sich jedoch, in den Keller zu gehen, in dem sie unweigerlich verschüttet werden würde. Else und Bettina, die ihre Schreckensvision teilten, versuchten sie nicht von der Notwendigkeit dieser zweifelhaften Sicherheitsmaßnahme zu überzeugen, um so mehr, als der Keller voller Kohlen war. Die Stimme im Radio wiederholte drohend den Aufruf, und Maria, mit der Begeisterung einer Irren, kreischte: »Ich gehe aufs Dach!«

»Dummkopf«, schrie Bettina, »der Mann hat Keller gesagt und nicht Dach!«

»Ich weiß«, lachte Maria, »aber ich gehe aufs Dach. Ich will die Bomber sehen.«

Sie lief aus dem Zimmer, und Else tippte sich an die Stirn, stand auf und trat ans Fenster. Die Straße war leer, kein Mensch, nur ein paar Autos, die, von ihren Fahrern verlassen, am Bürgersteig standen. Sie dachte: Daß wir anstatt von unseren Verfolgern von unseren Rettern umgebracht werden könnten, damit habe ich nicht gerechnet. Ein Wahnsinn!

Sie kehrte zum Tisch zurück. Angelika hielt Kater Paul in den Armen, Bettina immer noch ihren Bauch.

»Kinder«, sagte Else mit einem krampfhaften Lächeln, »es wird schon nichts passieren, die haben Dringenderes vor, als Sofia zu bombardieren.«

In diesem Fall hatte sie recht. Nach einer Ewigkeit von etwa zwanzig Minuten verkündete die Stimme des Radiosprechers, daß das Bombergeschwader bulgarisches Luftgebiet verlassen und die rumänische Grenze überflogen habe. Dem folgte ein siegesbewußter Marsch. Die Sirenen gaben Entwarnung.

»Mutti«, sagte Angelika, »ich schwöre dir, ein zweites Mal halte ich das nicht aus.«

Ich hielt es noch sehr viele Male aus, den ganzen September, Oktober, November und den halben Dezember hindurch. Mindestens dreimal die Woche gab es pünktlich mittags um 1.30 Alarm und um 2 Uhr Entwarnung. Es waren amerikanische Flugzeuge, die nach Rumänien flogen, um dort die Ölfelder von Ploiesti zu bombardieren. Meine Mutter überlegte, ob sie das Mittagessen nicht auf 2 Uhr verlegen sollte, denn kaum heulten die Sirenen, schnürte sich meine Kehle zusammen, und meine Mundhöhle wurde so trocken, daß ich kaum noch schlucken oder die Zunge bewegen konnte. Ich erklärte meiner Mutter, daß ich Holzspäne im Mund hätte und beim besten Willen keinen Bissen mehr herunterkriegen könnte. Sie sagte: »Auf diese Weise wirst du nie deine Periode bekommen«, und wußte ganz genau, daß es nicht daran lag. Sie war mit mir beim Arzt gewesen, der hatte mich untersucht und festgestellt, daß ich körperlich ganz in Ordnung sei, und meine Mutter gefragt, ob es in meinem Leben mal einen Schock gegeben habe.

»Mindestens fünfhundert«, habe ich statt ihrer geantwortet, »die Alarme nicht mitgezählt.«

Der Arzt hatte große Augen gemacht, und meine Mutter hatte rasch erklärt: »Das Kind ist überempfindlich.«

Das konnte ja sein, aber es machte die Sache nicht besser.

Bettina hatte sich längst an die Alarme gewöhnt. Sie kam jetzt nicht mehr so oft zum Mittagessen, weil ihr Bauch enorm geworden war und sie ihn nicht täglich zwanzig Minuten von der Export-Firma bis zu unserem Haus schleppen wollte. Aber wenn sie da war und die Sirenen heulten, aß sie mit stoischer Ruhe weiter, schließlich mußte das Kind ja ernährt werden. Meine Mutter tat auch so, als gingen sie die Alarme nichts mehr an, und Maria rannte jedesmal aufs Dach und kam enttäuscht zurück, weil sie nie ein Flugzeug sah. Ich hatte die ganze Geschichte so satt, wie man sie nur satt haben kann, und wünschte, die Alliierten würden sich etwas mehr beeilen. An der Ostfront hatten die Russen die Nazibande schon aus Kiew vertrieben, und in Nordafrika ging es auch unaufhaltsam zurück. Aber bis nach Deutschland war es trotzdem noch ein weiter Weg.

In der zweiten Dezemberhälfte suchten sich die Amerikaner ein neues Ziel: Sofia.

Bettina war an diesem Tag nicht gekommen, und um 1.30 Uhr gab es keinen Alarm. Aber um 2 Uhr heulten plötzlich die Sirenen, und das war so ungewöhnlich, daß ich sofort wußte, etwas ganz Böses stecke dahinter. Meine Mutter machte auch ein merkwürdiges Gesicht, ging ins Schlafzimmer und holte die große Tasche mit unseren Papieren und dem letzten Schmuck, den wir noch nicht verkauft hatten.

Ich fragte: »Warum tust du denn das?« Und sie sagte: »Ich weiß auch nicht.«

Und dann hörten wir zum erstenmal dieses tiefe, entsetzliche Brummen in der Luft, und als es näherkam und die Scheiben ganz leise zu klirren anfingen, rief sie: »Zieh den Mantel an und komm! Schnell!« Da pfiff es auch schon und krachte, und die deutsche Flak begann mit furchtbarem Geknatter zu schießen, und wir rannten mit sämtlichen Hausbewohnern in den Keller.

Der Keller war in kleine, mit Lattentüren versehene Verschläge aufgeteilt, in der die Familien ihre Kohlen aufbewahrten, und jeder stürzte nun in seinen Käfig, in dem kaum Platz war. Diejenigen, die einen größeren Vorrat hatten, drängten sich noch zu denen, die nicht so reich gesegnet waren, und zu denen gehörten wir. Wir waren plötzlich zu siebt in unserem Kabuff, aber ob wir nun zu siebt oder zu zweit unter dem Haus begraben würden, spielte auch keine Rolle mehr. Es war draußen und drinnen ein Höllenspektakel, und ich hoffte nur noch, vor Angst ohnmächtig zu werden. Meine Mutter hielt meine Hand, und ihre war so kalt wie meine heiß und naß.

Um drei Uhr war der Angriff vorbei, und ich kotzte. Meine Mutter bestand darauf, daß ich mich hinlegte, und brachte mir eine Wärmflasche. Dann rief sie sofort in der Export-Firma an und, als da keiner antwortete, bei Wilma Taslakowa, deren Wohnung im selben Haus war. Sie meldete sich und sagte, es sei alles in Ordnung. Bettina sei während des ganzen Bombardements bei ihr gewesen und jetzt weggegangen. Die Innenstadt sei schwer getroffen worden, und sie habe Angst um Mizo gehabt, der heute nicht in die Universität gegangen, sondern zu Hause geblieben sei. Sie würde bestimmt bald bei uns anrufen.

Bettina, die nicht erreichbar war, weil sie kein Telefon in der Wohnung hatte, rief gegen 5 Uhr an. Ich hörte meine Mutter aufschreien, und als ich ins Zimmer lief, hatte sie bereits den Hörer aufgelegt. Ihr Gesicht sah aus, als wäre jetzt auch die andere Seite gelähmt.

»Mutti, was ist?«

»Mizo...«, sagte sie.

»Mizo was?«

»Mizo ist verschüttet worden. Er wird gerade von seinem Onkel operiert. Man weiß nicht, ob er durchkommt.«

Else lief mit Angelika quer durch Sofia, denn das Krankenhaus lag am anderen Ende der Stadt, fast schon in einem Außenbezirk. Es gab keine öffentlichen Transportmittel, keine Taxis, keine Pferdedroschken. Es gab in vielen Stadtbezirken auch keine Elektrizität mehr. Im Zentrum, das sich auf ihrem Weg nicht vermeiden ließ, war die Hölle los: brennende Häuser, eingestürzte Häuser, geköpfte Häuser, schwarzer Qualm, Scherben, Schutthügel, Geröll, Krater, Tote, Verletzte, schreiende, weinende, Amok rennende Menschen, das Prasseln der Flammen, das Dröhnen aufschlagender Bauelemente, ein kleines Aufgebot an Feuerwehr und Ambulanzen, die dem Chaos nicht gewachsen waren.

»Komm!« rief Else alle paar Schritte, »weiter... wir müssen weiter!... Halt dir das Tuch vor Nase und Mund... schau nicht hin... paß um Himmels willen auf... bleib in der Mitte der Straße...! Wir sind bald da...«

Sie brauchten eineinhalb Stunden, um das Krankenhaus zu erreichen. Und dort herrschte ein ähnliches Chaos wie in den Straßen.

»Frag nach Mizo«, schrie Else Angelika an, »dem Neffen von Professor Stanischeff, der gerade operiert wurde!«

»Wen soll ich denn fragen, Mutti? Sie schubsen einen doch einfach weg!«

Else warf sich einem Mann in blutbeflecktem Kittel in den Weg. »Zweiter Stock, Saal 22«, sagte er und rannte weiter.

Es war ein Saal mit mindestens dreißig Betten, aus denen es stöhnte, jammerte und röchelte. In einer Ecke, über ihrem Bauch zusammengesunken, saß Bettina. Sie saß neben einem Bett, auf dem sich nichts anderes zu befinden schien als ein Haufen graubrauner Decken. Else lief zu ihr, strich ihr über den Kopf, sagte leise: »Ich bin bei dir, meine Kleine, ich bin bei dir...«

Bettina rührte sich nicht. Sie starrte auf das Bett, auf dem Else jetzt Mizos Kopf entdeckte, ein winziges Köpfchen mit einem gelbgrünen Gesicht, das mit Mörtel bespritzt war. Seine Augen waren geöffnet, aber er war nicht bei Besinnung. Seine Zähne schlugen unentwegt aufeinander, das Bett zitterte.

Plötzlich begann Bettina zu sprechen, hastig, mit tonloser Stimme: »Er ist nicht in den Keller gegangen ... alle, die im Keller waren, sind tot. Er war in der Wohnung, und als das Haus einstürzte, ist ein Stück Zimmerdecke über seinem Kopf hängen geblieben ... er war bis zum Hals verschüttet, und ich hab' versucht, ihn aus den Trümmern zu graben ... so mit den Händen ... ein paar Menschen haben mir geholfen ... er war bewußtlos, und ich glaubte, er sei tot ... und keine Ambulanz. Jemand hat hier im Krankenhaus angerufen und gesagt, daß der Neffe vom Professor schwer verletzt ist, und dann kam eine. Sein Onkel hat ihn sofort operiert ... die ganze linke Seite ist kaputt ... das Bein sechsmal gebrochen, Galle und Leber gequetscht ... eine Niere ist schon draußen ...«

»Er wird es schaffen, Tinchen, er ist jung und kräftig und sein Onkel der beste Chirurg, den es hier gibt.«

»Mein armes Kind«, redete Bettina weiter, »glaubst du, ihm ist was passiert? Der Schock, weißt du ... und nichts mehr da, nicht eine Windel, nicht ein Stück Seife ...«

Warum muß das alles meinen Kindern passieren? fragte sich Else, warum müssen sie so leiden? Warum zerstört man ihr Leben? Alles würde ich lieber in Kauf nehmen, alles, alles, alles, als das Leid meiner Kinder! Gibt es keine andere Strafe für mich als die, meine Kinder zu zerstören?

»Bettina«, sagte Angelika, die bis dahin starr und stumm neben Else gestanden hatte, »du kannst Sachen zum Anziehen von mir haben.«

»Ja«, sagte Bettina ohne aufzustehen, »die werden mir bestimmt passen.«

»Du wirst ja den Bauch nicht ewig haben.«

»Ich wünschte, ich hätte ihn noch lange, damit das Kind nicht in dieses Elend hineingeboren wird.«

Else sah hilflos von einer Tochter zur anderen.

Und wir Alten, dachte sie, lassen es zu, daß man unsere

Kinder unglücklich macht, daß man sie an Kriege ausliefert, in Kriege schickt, umbringt...

Gegen neun Uhr waren wir wieder zu Hause. Kyril, Mizos Bruder, der mit seinen Eltern ins Krankenhaus gekommen war, hatte uns in seinem Auto mitgenommen. Er war Arzt und sagte, für Mizo sehe es sehr schlecht aus.

Ich war zum Umfallen müde und konnte die schrecklichen Bilder der zerstörten und brennenden Häuser, der Toten und Verletzten nicht aus dem Kopf verbannen. Ich wollte nur schlafen und legte mich voll angezogen ins Bett. Meine Mutter kam und fragte, ob ich den Verstand verloren habe, so mit allen Kleidern ins Bett zu gehen. Ich sagte, ich hätte Angst, mich auszuziehen, es komme bestimmt wieder Alarm.

Sie sagte: »Angeli, ich bitte dich, wir können jetzt nicht ständig in Erwartung eines Bombenangriffs leben. Denk an deine Schwester, wie unglaublich tapfer sie ist...«

»Ja«, unterbrach ich sie, »und du denk an Mizo, wie unglaublich kaputt er ist.«

»Du mußt es einem immer noch schwerer machen, als es ohnehin schon ist«, seufzte sie und begann sich auszuziehen. Sie war in der Unterwäsche, als die Sirenen losheulten und der Strom abgeschaltet wurde. Ich sprang aus dem Bett, stand da und zitterte am ganzen Leib.

Im Treppenhaus polterte und schrie es. Türen krachten ins Schloß, jemand brüllte: »Kerze aus!«

Es war eine klare Nacht, der Mond fast voll, das Zimmer geisterhaft hell. Meine Mutter zog ihren Pelzmantel über die Unterwäsche, nahm die große Tasche und sagte: »Komm, Angeli!«

Maria, im Nachthemd, stand an der Tür, lachte irre und erklärte, sie bleibe in der Wohnung, denn durchs Fenster könne sie die Bomben fallen sehen.

Der Keller war total überfüllt und stockdunkel. Wir standen irgendwo eingeklemmt zwischen Menschenleibern und Kohlenhaufen. Eine Frau betete, ein Kind weinte, alle anderen waren stumm. Wahrscheinlich ging es ihnen wie mir: Die Spucke war ihnen ausgegangen, und sie konnten die Zunge nicht mehr bewegen.

Dann krachte es zum ersten, zum zweiten und zum dritten Mal. Die Einschläge folgten immer schneller aufeinander, es war, als bräche die Welt in Stücke, mit wahnwitzigem Dröhnen und Knattern, Splittern und Pfeifen. Das Haus begann zu beben, dann zu schwanken wie ein Schiff auf hoher See. Wir standen bis zu den Knöcheln in Kohlen, und andere, im Keller aufbewahrte Gegenstände flogen uns um die Ohren. Die Menschen schrien, heulten, beteten. Es war undenkbar, daß wir je wieder lebend aus diesem Inferno herauskommen würden, das Haus mußte jede Sekunde einstürzen.

Meine Mutter packte mich am Arm und begann mich zur Tür zu zerren: »Wir müssen hier raus, Angeli, komm, komm schnell ins Freie!«

In der Tür stießen wir mit einem Mann zusammen, der, von der Straße kommend, in unserem Keller Schutz suchte. Im Schein seiner Taschenlampe sah ich, daß er ein deutscher Soldat war.

»Verdammt noch mal«, schrie er meine Mutter an, »wo wollen Sie denn hin?«

»Raus!« rief sie.

»Wollen Sie sich und das Kind umbringen?«

Er nahm mich an der Schulter, riß mich in den Keller zurück und nahm mich in die Arme.

»Ruhig«, sagte er, als er spürte, daß ich zitterte, »ruhig, ganz ruhig... es ist gleich vorbei.«

Und ich wurde ruhig in den Armen dieses fremden deutschen Soldaten. Ich fühlte seine Hände fest auf meinem Rücken, seinen Atem an meiner Stirn, den rauhen Stoff seines Mantels an meiner Wange und schloß die Augen.

Ich weiß nicht, wie lange der Angriff noch gedauert hat. Vielleicht zehn Minuten, vielleicht eine halbe Stunde. Als es still wurde, die Sirenen zur Entwarnung heulten und das Licht anging, ließ er mich los und verschwand.

Ich habe sein Gesicht nicht gesehen, ich habe nur seine Wärme gespürt, seine Hände, seinen Atem und den rauhen Stoff seines Mantels.

Nach dem schweren Nachtangriff, den die Amerikaner mit Treffsicherheit durchgeführt hatten, stand ganz Sofia in Flammen und das normale Leben still. Es war nicht abzusehen, wann sich das Chaos lichten, die Stadt funktionieren und die Menschen zur Tagesordnung übergehen würden. Um so mehr, als es bei diesen beiden Luftangriffen bestimmt nicht bleiben würde. Bulgarien hatte vor zwei Jahren in der stolzen Gewißheit, mit einer siegreichen Macht verbündet zu sein, England und Amerika den Krieg erklärt und nicht damit gerechnet, daß die Sache so schiefgehen würde. Die Sofioter flohen zu Hunderttausenden in alle vier Himmelsrichtungen.

Else stand in der kalten, zugigen Wohnung. Das Telefon funktionierte nicht mehr, die meisten Fenster waren in Scherben gegangen, im Hof war eine Bombe eingeschlagen und hatte einen tiefen Krater hinterlassen, der Boden war mit Schrapnellen bedeckt. Da sind wir aber um Haaresbreite davongekommen, dachte sie.

»Ich bleibe keinen Tag länger in Sofia«, sagte Angelika, »ich denke nicht daran, mich verschütten zu lassen, ohne mich! Ich habe es satt!«

»Und wo sollen wir hin?«

»Das ist mir egal.«

Gegen zehn Uhr morgens erschien, als rettender Engel, Dimiter Lingorsky.

»Ich habe mir solche Sorgen um euch gemacht«, sagte er.

Else und Angelika fielen ihm um den Hals.

Ein Mann! Gott sei Dank, ein Mann! Er würde wissen, was zu tun ist, er würde Ordnung in dieses heillose Durcheinander bringen, er würde die Dinge organisieren. Er hatte zwar keinen Hinterkopf und ein großes Geisteslicht war er auch nicht, aber er hatte Herz und praktischen Verstand. Elses Zuneigung und Erleichterung kannte keine Grenzen.

Dimiter brachte Angelika, die in jedem ungewöhnlichen Ton eine Sirene zu hören glaubte, zu seinem Bruder und dessen Frau und begleitete Else ins Krankenhaus. Mizo hatte die Nacht überlebt, aber es ging ihm nicht besser. Bettina saß neben ihm auf einem Klappbett, das man ihr für die Nacht hineingestellt hatte, und aß einen Brei aus Maismehl. Else gab ihr die zwei Äpfel, die sie noch in der Küche gefunden hatte, und Bettina versteckte sie unter ihrem Kopfkissen.

Sie sagte, daß das Krankenhaus am folgenden Tag nach Kjustendil, einer kleinen Stadt in der Provinz, evakuiert würde und sie selbstverständlich mitginge. Else hielt das für eine gute Lösung. Man konnte sie jetzt unmöglich von Mizo trennen, eine Wohnung hatte sie sowieso nicht mehr, und im Krankenhaus war sie wenigstens unter ärztlicher Betreuung.

Else ging mit Dimiter zu Wilma Taslakowa, die ihr einen Koffer mit Kleidungsstücken und haltbaren Lebensmitteln gab und sie damit ins Krankenhaus zurückfuhr. Sie werde Sofia noch am Nachmittag mit ihrem Kind verlassen, sagte Wilma, und bei Verwandten ihres Mannes in einer Kleinstadt unterkriechen. Else solle, um Gottes willen, auch nicht in Sofia bleiben!

Sie holten Angelika ab. Dimiters Bruder Mirtscho war ein aktiver Kommunist, klein, robust, mit einem intelligenten Gesicht und schwarzem Bart. Seine Frau Stella dagegen, eine dralle, bunt geschminkte Person, schien ein gutbürgerliches Leben vorzuziehen. Ihr weißschwarz gepunktetes Kleid war aus Seide und ihre Wohnung voller Plüsch und Nippes. Sie bewirtete ihre Gäste mit türkischem Kaffee und Slatko und erzählte mit durchdringender Stimme, daß in ihrer Straße zwei Häuser zerstört und zwanzig Menschen getötet worden seien. Sie habe vor, die Stadt so schnell wie möglich zu verlassen und nach

Buchowo, einem Dorf nicht weit von Sofia entfernt, zu gehen, in dem ihr Mann, Mirtscho, gute Freunde habe. Wenn Else nicht wisse wohin, solle sie doch mitkommen, es würde sich sicher eine Unterkunft für sie und Angelika finden lassen.

»Oh, ja«, rief Angelika, »Mutti, bitte!«

Und so kam es, daß sich Else mit Angelika und den drei Lingorskys am Morgen des 24. Dezember zu Fuß nach Buchowo aufmachte.

Wir marschierten durch knöchelhohen Matsch in einem endlosen Treck – Männer, Frauen, Kinder, Alte, bepackt mit Bündeln, Körben, Taschen, kleinen Köfferchen. Manche zogen einen Handkarren hinter sich her, andere schoben Kinderwagen.

Es war das ungünstigste Wetter, das wir uns für diesen Marsch hatten aussuchen können, so um die null Grad, und der Himmel ein einziges Grauweiß und so tief, daß man nicht wußte, wo er aufhörte und die grauweißen Felder, zu beiden Seiten der Straße, begannen. Wenn es jetzt auch noch anfinge zu regnen oder zu schneien, wären wir verloren.

Ich hatte Paul mit Maria in Sofia lassen müssen, und das war einer jener herzzerreißenden Momente gewesen, die ich ja nun schon oft erlebt hatte. Meine Mutter sagte zwar, daß wir ihn nachkommen lassen würden, aber ich glaubte an solche Sprüche nicht mehr. Ich heulte bis zur Stadtgrenze.

Dimiter hatte mir ein Köfferchen auf den Rücken geschnallt, und meine Mutter, im Pelzmantel, ein Tuch um den Kopf, trug in jeder Hand eine Tasche. Stella, in einem schwarzen Persianer mit passender Mütze, das Gesicht sorgfältig geschminkt, sah aus, als ginge sie auf einen Empfang, und die beiden Männer, Dimiter und Mirtscho, waren wie Lastesel bepackt.

»Gott, sehen wir komisch aus«, sagte ich.

»Irrsinnig komisch«, sagte meine Mutter, »zieh die Kapuze nach vorne, es fehlt nur noch, daß du dich erkältest! Hast du nasse Füße?«

»Nein, Mutti, ich hab' doch Galoschen an.«

Ich hatte keine nassen Füße, aber ich hatte ein krampfartiges Ziehen im Unterleib, ein merkwürdiges, unbekanntes Gefühl, von dem ich meiner Mutter lieber nichts sagte. Sie wäre imstande gewesen umzukehren.

Wir kamen wegen des Matsches nur langsam voran, aber acht Kilometer hatten wir bestimmt schon zurückgelegt. Bis Buchowo waren es weitere zwanzig.

»Wir gehen heute nur noch bis nach Wraschdebna«, erklärte Dimiter, »in zwei Stunden wird es dunkel, und dann ist sowieso nichts mehr zu machen.«

»Und wie weit ist das?« fragte ich.

»Etwa vier bis fünf Kilometer.«

Ich war jetzt sehr unruhig, denn plötzlich hatte ich das Gefühl, nicht meine Füße seien naß, dafür aber meine knielange wollene Unterhose. Ich konnte mir nicht erklären, woher das kam, und beschloß, meine Mutter zu fragen.

Sie starrte mich verdattert an, dann sagte sie: »Typisch! Und was machen wir jetzt?«

»Wieso, was sollen wir denn machen?«

»Kind, so wie ich die Dinge sehe, hast du ausgerechnet heute deine Periode bekommen.«

Sie sah die Dinge richtig, und das, was dem folgte, war außerordentlich peinlich.

Meine Mutter beriet sich mit den zwei Männern und Stella und verschwand dann mit ihr und mir hinter einem Busch am Straßenrand. Das Glück im Unglück wollte es, daß die eine ein großes Handtuch, die andere ein Nähkörbchen mit einer Schere bei sich hatte. Während sie das Tuch zerschnitten, unterhielten sie sich über meine Menstruation, die bestimmt durch den Schock des Bombenangriffs ausgelöst worden war.

»Na ja«, sagte meine Mutter, »war auch höchste Zeit. Das Kind ist immerhin schon sechzehn.«

»Heute geworden«, sagte ich, »und bei dem Schock handelt es sich um den fünfhundertundersten.«

Als ich mein Blut sah, überkam mich eine Mischung aus Stolz und Ekel.

»Jetzt kann ich Kinder kriegen, nicht wahr?« fragte ich.

»Gott behüte!« rief meine Mutter.

In dieser Nacht blieben wir in dem Dorf Wraschdebna und fanden in einem der kleinen dürftigen Häuser Unterkunft. Meine Mutter und ich bekamen sogar eine Kammer mit einem ziemlich großen Bett, in dem ein Strohsack als Matratze und einer als Zudecke diente. Sie zog sofort Mantel, Rock und Schuhe aus und legte sich hinein.

»Hoffen wir, daß wir es nicht mit Wanzen und Flöhen teilen müssen«, sagte sie.

Ich schaute auf sie hinab, und plötzlich überkam mich das Gefühl, mich unter keinen Umständen neben sie legen zu können. Es war ein so unerhörtes und unerwartetes Gefühl, daß ich nicht wußte, wie ich es mir, geschweige denn ihr erklären sollte.

Sie fragte: »Mußt du noch mal raus?«

»Nein, ich war schon.«

»Na, dann mach schon, du mußt doch mehr tot als lebendig sein.«

Langsam zog ich den Mantel und die Schuhe aus und setzte mich aufs Bett.

»Wie sollen wir denn da zu zweit liegen?« fragte ich.

»Wie wir seit Jahren liegen.«

»Das waren immer Doppelbetten.«

»Angelika, wir sind hier nicht in einem Hotel, in dem wir uns ein Zimmer mit Doppelbett bestellen können. Sei froh, daß wir überhaupt ein Bett bekommen haben, noch dazu ein recht breites.«

Sie rutschte ein Stück zur Seite.

Ich war verzweifelt. Der Widerstand, mich neben sie zu legen, war unüberwindlich. Ich hätte mich neben Stella legen können, vielleicht sogar neben eins der Bauernmädchen, aber nicht neben meine Mutter.

»Ich kann nicht«, sagte ich.

»Was kannst du nicht?«

»Mich neben dich legen.«

»Weißt du, Angelika, du warst schon immer ein sehr merkwürdiges Kind, aber das, was sich jetzt hier abspielt, ist schlicht und einfach unnormal. Kannst du mir erklären, was mit dir los ist?«

»Nein.«

Ich habe es mir erst viele Jahre später erklären können, weiß aber bis heute nicht, ob meine damalige Reaktion normal war oder, wie meine Mutter mir vorwarf, unnormal. Sie muß in direkter Verbindung mit meiner ersten Menstruation gestanden haben. Jetzt konnte ich Kinder kriegen, jetzt war ich Frau, und mein Leben, das bis dahin auf Gedeih oder Verderb mit dem meiner Mutter verwachsen war, gehörte mir allein. Es war kein allmählicher Ablösungsprozeß, sondern ein brutaler Schnitt, mit dem ich den Menschen, den ich am unabdingbarsten geliebt, von dem ich 16 Jahre lang in totaler Abhängigkeit gelebt hatte, von mir abtrennte. Da war keine Feindseligkeit wie bei meiner Schwester, nicht einmal Ressentiments, da war nur der unbewußte Drang, mich von ihr zu befreien und damit nicht mehr unter ihr leiden zu müssen. Denn sie lieben hieß leiden.

Meine Mutter sah mich die ganze Zeit an, verärgert und entgeistert. Sie verstand nicht, ich verstand nicht. Der Bruch war zu abrupt, zu gewaltsam gekommen.

»Mach, was du willst«, sagte sie schließlich, »bleib hier sitzen, leg dich auf den Boden, steh Kopf – ich bin zu müde, um mich mit diesen Verrücktheiten abzugeben.« Sie drehte sich auf die andere Seite.

Ich legte mich neben sie, aber in der verkehrten Richtung – meinen Kopf neben ihre Füße.

Am nächsten Tag kamen wir in Buchowo an. Es lag am Fuß eines bewaldeten Höhenzugs, etwa hundert Häuser, planlos in die Gegend gestreut, kaum Bäume und schon gar keine Verbindungsstraßen, nur verschlammte Wege, die nicht immer bis zum jeweiligen Haus führten. Aus Lehm zusammengepappt, hatten diese Behausungen winzige Fenster, eine kleine Tür, ein flaches Dach und buckelige Mauern, die weder verputzt noch gestrichen waren. Jedes Haus stand in einem Hof, der nichts anderes zu bieten hatte als einen Ofen zum Brotbacken, einen Lattenverschlag, in dem sich das Klo, in Form einer kleinen Grube, befand, einen Schuppen für die Schafe und einen bissigen Hund.

In der Mitte des Dorfes gab es einen großen, unplanierten Platz mit einem Brunnen, aus dem das Wasser in bauchigen Tonkrügen geschöpft und an langen Stangen über der Schulter nach Hause getragen wurde. Es gab auch eine Schule, in die man gehen konnte, wenn man wollte oder nicht anderweitig gebraucht wurde, eine Kneipe, in der es Rakia und Sliwowitz gab, und eine Kirche, in der ein schmuddeliger Pope mit einem verfilzten Haarknäuel seines Amtes waltete.

»Es ist ein armes Dorf«, erklärte Mirtscho überflüssigerweise, »die meisten Dörfer in dieser Gegend sind sehr arm. Es ist eine Schande, wie man unsere Bauern ausbeutet.«

»Wovon leben sie eigentlich?« wollte Else wissen.

»Sie haben ein paar Mais- und Getreidefelder und Schafe. Sie sind wunderbare Menschen, die bulgarischen Bauern, so großzügig wie arm.«

Else und Angelika fanden Unterkunft bei einer achtköpfigen Familie, die sich aus fünf Söhnen, im Alter von sechs bis achtzehn Jahren, einer zweiundzwanzigjährigen Tochter, einem Vater und einer winzigen, buckeligen Baba zusammensetzte. Sie lebten in zwei kleinen Zimmern und einem noch kleineren Vorraum, an dessen offener Feuerstelle gekocht wurde.

»Das ist ganz unmöglich«, sagte Else, »wir können den Leuten doch nicht auch noch eines von den beiden Zimmern wegnehmen. Wo sollen sie denn schlafen?«

Die Familie stand erwartungsvoll lächelnd um die Neuankömmlinge herum, die Jungen mit breiten, slawischen

Gesichtern, hellblauen Augen und strohblonden Haaren, der Vater, ein gutaussehender Mann mit einem buschigen, graumelierten Schnurrbart, die Großmutter mit einem nach hinten geschlungenen, schwarzen Tuch und einem dünnen, grauen Zopf, der wie eine schlafende Schlange auf ihrem Buckel lag.

Plötzlich trat Jonka, die Tochter und Oberkommandierende, vor und sagte: »Unser Haus ist euer Haus. Ihr bekommt das schönere, größere Zimmer, wir schlafen sowieso alle im anderen, wo die zwei großen Betten stehen. Hier habt ihr einen Ofen und ein Bettgestell mit Matratze, und ein zweites beschaffen wir euch noch. Auch einen Tisch und zwei Stühle. Herzlich willkommen.«

Else umarmte Jonka, Jonka umarmte Angelika, die Baba kicherte entzückt, der Vater sagte zu den Söhnen: »Los, macht euch an die Arbeit, die Sachen müssen vor Dunkelheit hier sein.«

Die Sachen waren vor Dunkelheit da und auch ein Laib Brot und ein Stück Schafskäse, zwei große Krüge Wasser, Holz für den Ofen. Jonka heizte ihn, fegte den holprigen Lehmboden, bezog die Betten mit rauhen, aber sauberen Bezügen, brachte eine Waschschüssel aus Blech, Teller aus Ton, Löffel aus Holz. Sie sagte zu Else: »Von nun an brauchst du dich um nichts mehr zu kümmern« und zu Angelika: »Du darfst nur in meiner Begleitung ausgehen, sonst bekommst du einen schlechten Ruf.«

Else lachte über das Gesicht ihrer Tochter, freute sich an dem aromatischen, hausgebackenen Brot. Sie fühlte sich wohl und warm in dieser kleinen Stube mit dem prasselnden Ofen, unter diesen einfachen Menschen mit den großen Herzen.

In den folgenden Tagen brachte ihr Dimiter auf einem Leiterwagen die Dinge aus Sofia, die ihr am wichtigsten waren: Bücher, Schreibutensilien, das Radio, zwei große Koffer mit Kleidungsstücken, Kaffee und Geld aus der Export-Firma Zwetan Taslakoffs. Es war nur die Hälfte, die ihr, laut Vertrag, zustand. Else war nicht überrascht. Sie hatte immer geahnt, daß sie mit Zwetan, der eine Abneigung gegen sie hatte, nicht rechnen konnte. Aber sie war besorgt. Wovon sollten sie leben, wenn er den Hahn immer weiter zudrehte?

Sie solle sich keine Sorgen machen, tröstete Dimiter, es gebe ja sowieso nichts mehr zu kaufen, und für eine Handvoll weißer Bohnen reiche es noch lange.

Es fiel Else nicht schwer, sich in Buchowo einzuleben. Sie las, sie schrieb Briefe, nicht wissend, ob die jemals ankommen würden, sie hörte Musik im Radio und abends BBC. Oft saß sie mit der Familie zusammen, sah Jonka und der Großmutter beim Spinnen zu, unterhielt sich in ihrem mangelhaften Bulgarisch mit Vater und Söhnen.

Nie machte sich einer von denen über sie lustig. Sie behandelten Else mit Respekt und Zuneigung, nannten sie »Mutti«. Sie wußten nicht mehr über sie, als daß sie aus Deutschland kam, mit Dimiter Lingorsky verheiratet war und drei Kinder hatte, von denen der Sohn in einem fernen Land lebte. Und sie fragten nicht nach mehr. Sie war Mutti, eine Freundin, die an ihren Freuden und Kümmernissen teilnahm. Es gab nie ein böses Wort zwischen ihnen, nie ein unfreundliches Gesicht, nie eine Bemerkung, aus der hervorgegangen wäre, daß ihnen dieser Dauerbesuch, für den man ein Zimmer opferte, Wäsche wusch, Holz und Wasser anschleppte, nicht willkommen wäre. Wenn in den weißen Bohnen ein Stück Fleisch war oder im Maismehlbrei eine Lache ausgelassenen Schweinefetts, wurde ihr selbstverständlich ein Teller davon gebracht. Und wenn ihr die Tinte ausging oder Zucker, wurden Himmel und Hölle in Bewegung gesetzt, um diese Raritäten aufzutreiben.

In einem späteren Brief an Peter schrieb sie: »Wir haben neun Monate in einem Dorf gelebt, zehn Menschen – als der älteste Sohn heiratete, elf – und im Winter auch noch die Lämmer, in zwei kleinen Stuben und einer Kammer. Es war sehr schmutzig und äußerst primitiv, kein Wasser, kaum Möbel und unsere Küche ein Spirituskocher. Aber da ich ja auf dem Land immer viel glücklicher und ruhiger bin als in der Stadt und einfache Menschen den sogenannten ›feinen‹ vorziehe, habe ich nicht darunter gelitten...«

Für mich war Buchowo eine Offenbarung. Nie zuvor und nie wieder danach war ich dem Leben näher als dort, habe ich mich so frei, so sicher, so seelisch und körperlich gesund, so unbeschwert glücklich gefühlt. Buchowo hat mich gelehrt, was Leben in seiner Ursprungsform ist, was Menschen, die aus dem Herzen leben, sein können. Nie zuvor und nie wieder danach habe ich so uneigennützige Großzügigkeit erfahren wie von diesen besitzlosen Bauern, nie eine so noble Haltung Fremden gegenüber, von denen sie nichts anderes wußten, als daß sie in Not waren, nie eine so tiefe und echte Anteilnahme. Ich habe die Brüder vor zwei Jahren in Buchowo wiedergesehen. Der älteste, Wassil, erinnerte sich noch nach sechsundvierzig Jahren an das genaue Datum des Todestages meines Bruders, das er von meiner Mutter, später, bei einem seiner Besuche in Sofia, erfahren hatte. Als er sagte: »Er war doch Muttis einziger Sohn!«, hatte er Tränen in den Augen.

Ich bin zahllosen Menschen in meinem Leben begegnet, guten, hilfsbereiten, herzlichen Menschen, ich bin nie wieder einem Wassil oder einer Jonka begegnet. Sie war liebevolle Schwester und neidlose Freundin und strenge Erzieherin und mutige Beschützerin. Wir waren Ausländer, wir lebten in ihrem Haus, und darum war es für sie selbstverständlich, Verantwortung und Pflichten für uns zu übernehmen – nicht aus Berechnung oder Prahlerei, nicht aus aufgepfropften religiösen oder ethischen Grundsätzen, sondern einzig und allein aus dem Bedürfnis, uns zu helfen und vor Unannehmlichkeiten zu bewahren. Es waren Menschen, die mit angeborenem Taktgefühl und untrüglichem Instinkt für das, was richtig und anständig ist, gehandelt haben. All das ist mir erst später bewußt geworden, damals hatte ich lediglich das Gefühl, auf einer Insel gelandet zu sein, auf der einem nichts Böses, nichts Gemeines, nichts Hinterhältiges widerfahren kann. Alles war klar, schlicht, echt. Ich, die ich ständig herumgekränkelt, mich mit Ängsten und Idiosynkrasien herumgeschlagen, vor einem Nichts geekelt und vor jedem Menschen verschlossen hatte, war plötzlich äußerlich und innerlich zu einem stabilen, glücklichen Menschenkind geworden, das das Leben liebte. Ob es goß oder stürmte, ob es mittags und abends weiße Bohnen gab, ob ich nachts bei Eiseskälte zur Grube hinter dem Lattenverschlag gehen oder zum Wasserholen durch den Schlamm stapfen mußte, ob meine Kleider zu eng und meine Haare naß und strähnig geworden waren, ob eine Fliege im Yoghurt zappelte oder die Hand des kleinen Goscho, mit der er mir ein Stück Brot gab, vor Dreck starrte, ich war nicht aus meinem fröhlichen Gleichgewicht zu bringen. Ich sah aus wie das blühende Leben, und so fühlte ich mich auch.

»Angelintsche«, sagte Jonka eines Tages, »so geht das nicht mehr. Die Männer glotzen dich an. Ich werde dir einen Büstenhalter nähen.«

Wer hätte noch vor einem Jahr gedacht, daß ich einen Büstenhalter brauchen und von Männern angeglotzt werden würde? Und wer hätte erst gedacht, daß ich ausgerechnet in Buchowo Boris finden und mit ihm die erste Liebe erleben sollte.

Boris war ein Mann, acht Jahre älter als ich, Jurastudent im letzten Semester, Sohn eines pensionierten Generals, der, so wie wir, mit seiner Familie vor den Bomben geflüchtet war. Boris war klug und sanft, er sprach Deutsch und Französisch, er spielte Klavier und Akkordeon, er hatte eine auffallend hohe Stirn, einen großen violetten Mund und eine gute Figur, die, da er sich schlecht hielt, zu meinem Bedauern nicht zur Geltung kam. Boris verliebte sich in mich, und nachdem ich mich mit seiner schlechten Haltung und der alten Schafpelzjacke, die er den ganzen Winter hindurch trug, abgefunden hatte, ich mich in ihn.

Ich habe viele Ereignisse, viele Männer im Laufe meines Lebens vergessen, aber Boris ist auf dem Film meiner Erinnerung intakt geblieben. Ich sehe noch die breiten Flügel seiner Brauen, die dichten Wimpern, den verzweifelten, belustigten, zärtlichen Blick in seinen schwarzen Augen; höre seine tiefe, weiche Stimme, das langsame Lachen, den Akzent, mit dem er deutsch sprach, das melodische »Angelina«, mit der Betonung auf der dritten Silbe; fühle seine wunderschönen Hände, die so sanft waren und so unaufdringlich, bis er mir eines Tages mit vollem Recht eine Ohrfeige knallte, und da fühlte ich ihre Kraft. Kann ich den ersten Kuß vergessen, das erste »Ich liebe dich«, das erste Erkennen sehnsüchtigen Verlangens in den Augen eines Mannes, die erste Entdeckung meiner Macht über ihn?

Wir waren unzertrennlich, und da wir nichts anderes zu tun hatten, von morgens bis abends verliebt – acht Monate lang.

»Angelintsche«, sagte Jonka eines Tages, »so geht das nicht mehr. Die Leute sprechen über dich und Boris, du verlierst deinen guten Ruf, wenn du außerhalb des Dorfes alleine mit ihm spazierengehst.«

»Wir haben doch kein eigenes Zimmer!«

»Lieber Gott, das wäre ja noch schöner! Also entweder du verlobst dich mit ihm, oder die Geschichte muß aufhören.«

»Wir sind schon verlobt.«

»Na, das ist etwas anderes!«

Jonka teilte Buchowo mit, daß ich mit dem Sohn des Generals verlobt sei. Buchowo war entzückt.

»Angelika«, sagte meine Mutter einige Zeit später, »mach bitte keine Dummheiten mit Boris.«

Ich ahnte, daß es sich bei der Dummheit um DIE Dummheit handelte, die, aus der Kinder entstanden. Aber ich hatte keine Ahnung, wie Kinder entstehen, und vielleicht war das der Moment, um etwas darüber zu erfahren.

Ich fragte: »Was für eine Dummheit?«

»Mach dich nicht dümmer, als du bist«, sagte sie.

»Ich schwöre dir, Mutti, ich weiß überhaupt nichts über diese Dummheit.«

»Um so schlimmer! Dann kann es passieren, ohne daß du es weißt.«

»Boris sagt, ich sei viel zu jung und die Zeiten zu gefährlich.«

»Er ist ein hochanständiger, gescheiter Junge. Ich vertraue ihm.«

Ich ließ mich von einem Bauernmädchen aufklären. Es war eine derart drastische Aufklärung, daß ich eine Woche lang Angst vor Boris hatte.

Er fragte: »Was ist eigentlich los mit dir?«, und ich antwortete: »Swetlana hat mir alles erklärt, und ich werde nie heiraten.«

Er lachte und sagte: »Mußte ich mich ausgerechnet in ein Kind verlieben!«

Der Ärger über diese Bemerkung verscheuchte meine Angst vor ihm. Ich würde ihm zeigen, daß ich kein Kind war. Aber er hat meine Demonstrationen nie ausgenutzt, der hochanständige, gescheite Junge.

Kjustendil, die kleine Stadt, in die das Krankenhaus mitsamt Mizo und Bettina evakuiert worden war, wurde schwer bombardiert. Die Bulgaren hatten wohl übersehen, daß die Stadt ein Bahnknotenpunkt und damit ein interessantes Ziel für die Amerikaner war. Else machte sich an dem darauffolgenden Tag auf die Reise. Die Geburt des Kindes stand sowieso kurz bevor, und zu der wollte sie bei ihrer Tochter sein.

Die Fahrt dauerte zwölf Stunden. Else kam erschöpft in Kjustendil an. Bettina hatte für sie ein Zimmer in einem Privathaus gemietet. Sie selber wohnte immer noch im Krankenhaus, war tagsüber in dem Saal, in dem Mizo mit elf anderen Kranken lag, und schlief nachts in einer Kammer, in die man ihr ein Bett gestellt hatte. Da es zu wenig Pflegepersonal gab, versorgte sie nicht nur ihren Mann, sondern noch einige andere Patienten, die hier keine Angehörigen hatten.

Mizo ging es besser, aber als Else ihre Tochter sah, erschrak sie. Sie hatte sich das Haar kurz schneiden lassen, und dadurch sah ihr blasses Gesicht auf den ersten flüchtigen Blick sehr jung aus, doch wenn man es länger betrachtete, sah man bereits die hauchzarten Gravierungen frühzeitigen Zerfalls. Sie trug immer noch dasselbe Kleid, das sie zwei Monate zuvor während des Bombenangriffs auf Sofia getragen hatte.

»Es ist das einzige, das sich noch weiter machen läßt«, sagte sie, »in die von Wilma paß ich nicht rein.«

»Du mußt dich mehr schonen, Tinchen, du brauchst deine Kraft für die Geburt und das Kleine.«

Eine Schwester hatte Else erzählt, daß Bettina eine Heldin und Heilige sei. Während des Bombenangriffs auf Kjustendil hätte sie den Krankensaal nicht verlassen. Alle seien in den Keller gerannt, sie aber hätte sich über ihren Mann gelegt, um ihn vor Splittern zu schützen.

»Sie soll nicht solchen Unsinn reden«, sagte Bettina barsch, »Heldin, Heilige! Hätte ich ihn da hilflos liegen und auch noch sein Gesicht zerstören lassen sollen!«

Sie ist die Beste, dachte Else, sie ist Hans auf und nieder. Er hätte dasselbe getan, und sie, seine Tochter, weiß nicht einmal, daß es ihn gibt.

Eine Woche nach Elses Ankunft setzten die Wehen ein. Sie zogen sich über Stunden hin, setzten aus, kamen wieder, erreichten eine Stärke, der Bettina nicht mehr gewachsen schien. Sie, die nie einen physischen oder psychischen Schmerz vor anderen gezeigt hatte, schrie, bis ihr die Stimme brach und sie nur noch wimmern konnte.

»Ich halte es nicht mehr aus, Mutti«, flüsterte sie, »und das Kind auch nicht. Es muß doch raus! Warum kommt es nicht raus?«

Die Hebamme tätschelte ihr die Wange: Das sei immer so bei der ersten Geburt, tröstete sie, bei manchen sogar noch schlimmer.

Else befahl ihr, auf der Stelle den Arzt zu holen.

Der stellte eine Steißlage des Kindes fest und forderte Else auf, das Zimmer zu verlassen. Sie stecke mit ihrer Panik die Tochter an, und die brauche jetzt ihre ganze Kraft und Konzentration.

Else war froh, aus dem Zimmer geschickt zu werden. Die Qual und Schreie Bettinas waren für sie eine Folter gewesen. Sie lief bis in die hinterste Ecke des Ganges, sah ein Bündel schmutziger Wäsche, ließ sich darauf nieder und verbarg ihr Gesicht in den Händen: »Warum kann bei meinen Kindern nie etwas glattgehen?« fragte sie sich.

Das Baby wurde etwa eine Stunde später geboren.

»Ein Junge«, rief der Arzt Else zu, »groß und bockig wie ein Kalb!«

Bettina wurde mit dem Neugeborenen in ihre Schlafkammer gebracht. Dort lag sie mit ihrem Sohn im Arm und strich mit den Fingerspitzen zärtlich über sein schwarzbehaartes Köpfchen. Sie hatte nicht einmal mehr die Kraft zu lächeln. Else saß daneben und hatte Mühe, die Tränen zurückzuhalten. Ihr erstes Enkelkind, ihre Tochter eine Mutter. Und kein hübsches Jäckchen für das Baby, kein anständiges Nachthemd für Bettina, kein nahrhaftes Essen, keine Blumen und alle nahestehenden Menschen, die mit ihr die Freude hätten teilen können, weit weg, unerreichbar, tot. Arme Kleine, so schrecklich jung und so schrecklich tapfer.

Nach einigen Tagen stand Bettina auf und teilte ihre Tage und Nächte zwischen Mann und Kind. Über Pupille und Iris ihres rechten Auges hatte sich ein grauer Schleier gelegt. Die Narbe, die die Tuberkulose seinerzeit hinterlassen hatte, war bei der schweren Geburt wieder aufgebrochen, und Bettina entdeckte, daß sie auf diesem Auge blind war.

»Ist doch nicht das Ende der Welt«, sagte sie zu ihrer weinenden Mutter, »ich habe ja noch das andere Auge und außerdem meinen Sohn.«

Er bekam den Namen André.

Inzwischen hatten die Russen die ehemalige polnische Grenze erreicht, und im März war auch die Ukraine wieder in ihrer Hand.

»Mutti«, sagte ich, »jetzt geht es aber schnell! Ich glaube, der Krieg ist bald aus.«

Sie nickte und lächelte. Sie hatte einen abwesenden, seligen Ausdruck im Gesicht, so als sei der Krieg schon aus und wir auf dem Weg in den siebenten Himmel.

Ich versäumte nie, mit ihr die Nachrichten im BBC zu hören. Diese halbe Stunde war jetzt, da ich mich von ihr befreit und selbständig gemacht hatte, unser stärkstes Verbindungsglied. Das und die anschließenden Gespräche über den großen Tag unserer Befreiung. Es waren lauter wunderbare Dinge, die der folgen würden: das Wiedersehen mit Peter – es stand immer an erster Stelle –, die umgehende Kontaktaufnahme zu meinem Vater – wir hatten monatelang nichts mehr von ihm gehört –, die baldige Abreise aus Bulgarien – natürlich mit Bettina, Mizo und dem kleinen André –, das freie, sichere, glückliche Leben, das wir dann alle gemeinsam führen würden.

»Aber wo denn, Mutti?« fragte ich.

»Wo würdest du denn gerne hin?«

»Ich weiß nicht, ich kenne ja nur Deutschland und Bulgarien.«

»Würdest du gerne wieder nach Deutschland gehen? Zu deinem Vater?«

»Zu Papa ja, aber nach Deutschland ...«

»Nun, wir werden sehen. Noch ist es ja nicht soweit.«

Manchmal hatte ich fast Angst vor dem Tag unserer Befreiung. Wir hatten schon so viel hineingedichtet, und ich hatte verlernt, an die Zukunft zu denken. Für mich zählte nur noch die Gegenwart, und die Gegenwart waren Buchowo und Boris, waren die Liebe und der Frühling, waren die Weide, auf die ich Angel mit der Schafherde begleitete, das Kloster auf dem bewaldeten Höhenzug, zu dem ich mit Boris wanderte, der Brunnen, an dem ich mit Jonka Wasser holte und mit den Bäuerinnen schwatzte; waren die Verlobung Wassils mit Mara, die Hochzeiten, auf denen ich mit den Dorfbewohnern im Kreis Choro tanzte, die Geburt des Zwillingspaares im Haus der Andreoffs und das Begräbnis der einhundertundzweijährigen Baba Zanka; waren das frisch gebackene Brot, das Jonka aus dem Ofen holte, die ersten Schlüsselblumen auf der Wiese, in die ich mich mit Boris legte, die Lämmer, die geboren wurden; war das Osterfest, das höchste Fest des Jahres, zu dem das ganze Häuschen mitsamt seinen Bewohnern geschrubbt, Eier gefärbt, Schafe geschlachtet und neue Kleider genäht werden mußten. Bei dem wir aßen und tranken und tanzten und uns mit den Worten »Christus ist auferstanden – er ist wahrhaftig auferstanden« begrüßten.

Ich war restlos glücklich in dieser Gegenwart, die Zukunft, so schön wir sie uns auch ausmalten, erregte mein Mißtrauen.

»Was meinst du«, fragte ich Boris, »wie wird es nach dem Krieg?«

»Entsetzlich«, sagte er, »wir werden die Russen hier haben.«

»Ach Unsinn, was sollen die denn hier?«

»Uns besetzen, uns den Kommunismus einprügeln.«

»Aber nach dem Krieg besetzt man doch nicht mehr.«

»Angelina, ich hab' dich sehr lieb, aber du bist abgrundtief dumm.«

Im Juni war D-Day, die Landung und Invasion der Alliierten in der Normandie. Winston Churchill hielt eine Rede. Meine Mutter umarmte und küßte das Radio.

Am nächsten Tag ging ein Polizist durch Buchowo und versiegelte sämtliche Radioapparate. Auch den unseren. Man konnte nur noch Radio Sofia hören.

Meine Mutter saß geduckt, mit unglücklichem Gesicht auf dem Bett. Zum erstenmal fiel mir auf, daß sie stark abgenommen hatte und gar nicht mehr rund war. Das Haar war mehr grau als braun, und ihre Finger schienen mir leicht gekrümmt. Ihr Gesicht, immer noch braungebrannt, denn sie saß oft in der Sonne, war auf der rechten Seite durch die Lähmung glatt gespannt, auf der Linken zerfallen. Es war trotz der Zerstörung kein häßliches, es war nur ein unendlich trauriges Gesicht.

»Mutti«, sagte ich, »du bist so dünn geworden.«

»Na endlich! War ja auch lange genug dick!«

»Ist etwas mit deinen Händen?«

»Wahrscheinlich Arthritis, das bekommt man im Alter.«

Mir kam es vor, als hätte sie größere Schwierigkeiten als früher, die Worte deutlich auszusprechen.

»Du bist aber nicht krank?«

»Ich bin erschöpft.«

Ich ging zum Radio, drehte am Knopf und zerbrach das Siegel.

»Angeli, um Gottes willen, du hast das Siegel kaputtgemacht.«

»Das war der Zweck der Übung. Man wird dir nicht die letzte Freude nehmen. Ich habe die Schweinereien satt!«

Drei Tage später machte derselbe Polizist wieder eine Runde durchs Dorf, um zu kontrollieren, ob das Siegel überall noch intakt war. Ich war sehr erschrocken und ebenso verärgert.

»Wer hat das hier gemacht?« fragte er.

»Der heilige Geist«, sagte ich.

»Gut, Fräulein, den wirst du dann auf der Polizei kennenlernen.« Er stapfte wütend aus dem Zimmer.

Ich bekam eine Vorladung, mich auf der Polizei, die im Schulhaus untergebracht war, zu melden. Meine Mutter war außer sich vor Angst: »Ich weiß, du hast es nur für mich gemacht«, sagte sie, »aber es war wirklich sehr leichtsinnig von dir. Jetzt, in den letzten Wochen, setzt du alles aufs Spiel.«

Jonka war nicht davon abzuhalten, mit mir zur Polizei zu gehen. Vor der Tür stand eine lange Schlange Bauern, die sich offenbar ähnlicher Vergehen gegen die Obrigkeit schuldig gemacht hatten.

»Laßt Angelintsche vor«, befahl Jonka, »wenn sie nicht schnell wieder zu Hause ist, wird ihre Mutter vor Angst verrückt.«

Sie ließen mich nur zu gerne vor.

»Was hast du denn verbrochen?« wollten sie wissen.

»Das geht euch nichts an«, sagte Jonka, »ist jemand von euch da im Zimmer drin?«

»Nein, wir warten schon eine halbe Stunde.«

Jonka nahm mich bei der Hand, öffnete, ohne vorher anzuklopfen, die Tür und trat mit mir ein. Vier Männer, zwei davon in Polizeiuniform, starrten uns an. Einer in Zivil, ein kompakter, brutal aussehender Kerl, saß hinter einem Tisch.

»Was soll das?« herrschte er uns an, »was kommt ihr hier einfach rein?«

»Wenn wir vorgeladen sind, kommen wir«, erklärte Jonka, »hier ist der Zettel, und das ist das ›Germantsche‹ – die kleine Deutsche –, das aus Versehen das Siegel am Radio kaputtgemacht hat.«

»Aus Versehen, ha!« sagte der Kerl und sah mich von oben bis unten an, »wie macht man so was aus Versehen?«

»Hast du noch nie was aus Versehen kaputtgemacht?« fragte Jonka.

»Kannst du mal deine große Klappe halten? Ich unterhalte mich mit dem Germantsche.« Er griff unter den Tisch und hatte plötzlich einen Draht in der Hand: »Weißt du, was das ist, Germantsche?«

»Ein Draht.«

»Ein elektrisch geladener Draht. Willst du den mal aus Versehen in die Hand nehmen?«

Ich hatte schreckliche Angst vor elektrischen Schlägen, und er sah es mir an. Er lachte, betrachtete mich wieder von Kopf bis Fuß, sagte: »Hübsches Mädchen, das Germantsche«, und dann mit erhobener Stimme: »Das nächste Mal, ich schwöre es, wirst du den Draht halten, bis du schwarz bist. Raus mit euch!«

Sie vergaßen, das Radio wieder zu versiegeln, und ich fragte meine Mutter: »Na, hat sich das etwa nicht gelohnt?«

»Angeli«, bat sie, »bitte, sei vorsichtig. Noch sind sie an der Macht und wir in Gefahr.«

»Irgendwer wird immer an der Macht sein und sich neue Schweinereien ausdenken.«

Sie sah mich kopfschüttelnd an: »Kind«, sagte sie, »wie kann man in deinem Alter so negativ sein!«

Mitte August fuhr Else ein zweites Mal nach Kjustendil. Bettina wohnte inzwischen mit Kind und Mann in einem Privatzimmer in der Nähe des Krankenhauses. Mizo mußte immer noch jeden zweiten Tag zur ambulanten Behandlung, ging an einem Stock und war mager, schwach und vergrämt: »Das wird alles nichts mehr«, sagte er, »das Spiel ist aus!«

Bettina schwieg, Else versuchte es mit einem ermutigenden Zuspruch: »Das ist doch Unsinn, Mizo. Du warst mehr tot als lebendig, als man dich aus den Trümmern zog, und nun sieh dich an! Gut, du wirst noch eine Weile hinken und dich ein bißchen elend fühlen, aber wenn dein Onkel sagt, daß du wieder voll funktionsfähig und gesund...«

»Laß doch, Mutti«, fiel ihr Bettina ins Wort, »er denkt nur an sich selber und fühlt sich wohl in seinem Leid.«

Mizo zog eine verächtliche Grimasse, und Bettina preßte, mit dem altbekannten bockigen Ausdruck, die Lippen aufeinander. Sie trug jetzt eins von Wilmas Kleidern, das ihr zu lang und zu weit war, und machte einen ähnlich mageren, vergrämten Eindruck wie ihr Mann. Nur wenn sie sich ihrem Sohn zuwandte, verklärte sich ihr Gesicht und strahlte Freude und Wärme aus.

André war ein kräftiger, bildhübscher Junge mit einem Wust schwarzer Locken, dunkelbraunen, lebhaften Augen und Grübchen in den dicken Backen. Er glich die Misere seiner Eltern mit ungeheurem Temperament und strotzender Gesundheit aus.

»Du mußt jetzt aufhören, ihn zu nähren«, sagte Else, »er saugt dir die letzte Kraft aus dem Leib.«

»Hauptsache«, entgegnete Bettina, »ihm geht es gut.«

»Wir werden ihn nicht vor dem, was kommen wird, bewahren können«, sagte Mizo.

»Was soll denn kommen?« fragte Else.

»Die Russen.«

Sie waren bereits in Rumänien, und Else, obwohl sie die Russen zu ihren Befreiern zählte, wurde unruhig. Sie beschloß, schleunigst nach Buchowo zu Angelika zurückzufahren, denn als deutsche Staatsbürgerin war das Mädchen jetzt unter Umständen gefährdet. Auf der Rückfahrt geriet sie in den Exodus der vielen Deutschen, die Hals über Kopf das sinkende Schiff verließen.

Aus Buchowo, wo zum Glück immer noch Ruhe herrschte, schrieb sie folgenden Brief an Bettina:

»Mein geliebtes Tinlein, ich schreibe Dir mit Bleistift, weil ich wieder an meinem Weiher sitze. Er ist zwar nicht so schön wie das Flüßchen bei Euch, aber es ist immerhin Wasser und Sonne und blauer Himmel ohne ein Wölkchen, nun schon seit Tagen. Und nachts der Mond, und all das soll man nun plötzlich genießen können, ohne die jahrelange Angst, die uns schon zur zweiten (vielleicht auch zur ersten) Natur geworden ist! Kannst Du es fassen? Ich nicht! Ich bin immer noch wie im Traum, gehe tags wie eine Schlafwandlerin herum und sitze nachts hellwach vor Aufregung im Bett.

Na, mein Tinchen, mir ist die Abfahrt bitter schwer geworden, und ich denke unaufhörlich an Dich, mehr noch als an den Süßen, denn Du bist mir doch noch ein Stückchen näher. Mein Geliebtes, wie geht es Dir? Mach Dir bloß keine Sorgen – Du bist hübscher als je zuvor. Nein, hübsch ist nicht das richtige Wort. Du bist beinahe schön durch die Liebe und Güte in Deinem Gesicht, und das ist eine Schönheit, die nie vergeht. So was willst Du nicht hören, ich weiß, und ich mache ja auch schon Schluß. Mich tröstet nur, daß ich bald wiederkommen werde. Eine Zeitlang will ich die Entwicklung der Dinge noch abwarten, denn man muß jetzt, was Angeli betrifft, sehr vorsichtig sein. Sie hat zwar ihren deutschen Paß, aber ich fürchte, sie braucht jetzt eine extra Aufenthaltsgenehmigung. Außerdem steht noch nicht fest, ob auch die deutschen Zivilpersonen und die Botschaft das Land verlassen. Sollte das der Fall sein, würde es äußerst kritisch für sie, und dann müßte Dimiter sie adoptieren. Aber ich hoffe und glaube es nicht. Es herrscht ja kein Abbruch der diplomatischen Beziehungen zwischen Bulgarien und Deutschland, sondern nur ein Zustand der Neutralität. Obgleich die Wetterfahne ja nun mächtig nach links weht und man nicht wissen kann, ob es bei Neutralität bleibt. Gestern, zum Beispiel, hörten wir die Nachrichten in Radio Sofia auf französisch, englisch und russisch! Deutsch ist tot und taucht nur noch in Schlagern auf, denn wenn man die einstellt, müßte man wahrscheinlich, aus Mangel an ›alliierten‹ Platten, das ganze Programm einstellen. Ja, ja, man sollte halt immer vorsorgen.

Angeli war mit Dimiter und Boris auf einen Tag in Sofia und hell begeistert von diesem Ausflug. Die Zerstörung, sagt sie, sei gar nicht so katastrophal. Sie haben im Hotel Bulgarie Mittag und später im Café Royal Eis gegessen, und nach neun Monaten Dorfleben war das für sie die ganz große Welt. Sie hat auch Kapitän Dahle besucht, und der soll seinen Augen nicht getraut haben, was ich gern glaube, denn sie ist ja nun wirklich ein voll erblühtes, sehr hübsches Mädchen geworden. Davon abgesehen, wird Dahle, der Ärmste, nun auch weg müssen, und somit bricht die letzte Möglichkeit, zu Papa Verbindung aufzunehmen, ab. Dafür fiel mir gestern nacht plötzlich ein, daß der Weg zu Peter jetzt frei ist, und das war eine so beglückende Vorstellung, daß ich Angeli geweckt und mit ihr darüber gesprochen habe. Man übersieht die Lage ja erst nach und nach, die großen Möglichkeiten, die sich einem öffnen, die neuen Probleme, die auftauchen. Es ist alles so schnell gegangen und noch so frisch.

Meine Reise zurück war sehr abenteuerlich. Der Zug war überfüllt, und ich fürchtete, die Nacht stehend im Gang verbringen zu müssen. Aber manchmal falle ich doch auf die Füße, unberufen! So geriet ich in ein Abteil, in dem mir eine junge Pariser Studentin, die mit ihrer Mutter seit vier Jahren in Bulgarien lebt, reizenderweise ihren Platz abtrat. Wir saßen nun also mehr auf- als nebeneinander, neun Personen und ein Kind, darunter zwei deutsche Damen, die aus Warna geflüchtet waren. Durch die erfuhr ich, was vorgefallen ist: Alle Deutschen, ob Zivil oder Militär, haben in panischer Hast und unter Zurücklassung sämtlichen Gepäcks die Stadt verlassen und wissen nicht, wohin. Sie versuchen, zur bulgarischen Grenze zu kommen, bevor die geschlossen wird, was offenbar kurz bevorsteht. Die deutsche, in Warna stationierte Flotte hat sich selbst versenkt. Der Zug, stellte ich später fest, war voll mit deutschen Offizieren und ihren Frauen und Kindern. Mir wurde das Herz schwer, als ich die Offiziere sah, ohne Waffen und völlig verstört. Es war eine unbequeme, aber sehr interessante Reise. Eine der deutschen Damen fiel in Ohnmacht, und zwei Bulgarinnen wurde übel. All das in meinem Coupé. Die eine stöhnte, die andere kotzte aus dem Fenster, und die dritte wurde mit Kognak und Eau de Cologne wieder halbwegs zu sich gebracht. Ich döste mit der kleinen, französischen Studentin auf einem Sitz, knappe drei Stunden, und war trotzdem nicht müde, bin überhaupt nicht mehr müde, bin wie in einem Rausch und noch gar nicht fähig, einen klaren Gedanken zu fassen – außer den einen: Unsere Stunde ist gekommen, wir haben überlebt, wir sind frei! Ich danke Gott...«

Am 5. September 1944 erklärte Rußland Bulgarien den Krieg. Die Bevölkerung geriet in Panik. Wenn die Sowjets als Militärmacht einmarschierten, mußte man auf das Schlimmste gefaßt sein, ging das Gerücht.

Meine Mutter verbrannte meinen deutschen Paß und erklärte Jonka, Wassil und dem Rest der Familie, daß ich keine »Germantsche«, sondern Jüdin sei, eine rassisch Verfolgte, die mit ihr und Bettina vor den Deutschen nach Bulgarien hatte fliehen müssen. Ihre achtzigjährige Mutter hätte man in ein Konzentrationslager verschleppt, und ihr Sohn sei in Palästina.

Ich weiß nicht, wieviel unsere Bauern von all dem verstanden. Wahrscheinlich hatten sie zu diesem Zeitpunkt noch nichts über die Greueltaten der Deutschen gehört, aber das hinderte sie nicht daran, gebührend bestürzt zu sein, mit uns unser Schicksal zu beklagen und sich über unsere Rettung zu freuen.

Vor den Russen brauchten wir uns überhaupt nicht zu fürchten, beteuerten sie, das seien gute Menschen. Sie hatten die Bulgaren schon einmal von den Türken befreit, jetzt befreiten sie sie von den Deutschen.

Die frohe Botschaft, daß ich gar kein »Germantsche«, sondern ein »Evretsche« – eine kleine Jüdin – sei, machte in kürzester Zeit die Runde in Buchowo, und viele kamen, um meine Verwandlung zu bestaunen und zu feiern. Es gab allerdings noch einen anderen und besseren Grund, um zu feiern, und der war, daß die Bulgaren innerhalb von vier Tagen Frieden mit den Russen schlossen und somit die Apokalypse eines bewaffneten Einmarsches verhinderten.

Von einem Tag auf den anderen schwenkte die Bevölkerung um: Deutschland ist tot, es lebe die Sowjetunion! Die Regierung wurde gestürzt, ihre Mitglieder umgebracht oder in Lager und Gefängnisse gesperrt, Familienangehörige, Mitläufer, Sympathisanten ereilte zum Teil das gleiche Schicksal; Zigtausende wurden nur ihres Amtes enthoben und in die Provinz strafversetzt, weitere Tausende fielen in der Eile einem Zweifel oder Irrtum zum Opfer. Man sah mehr und mehr rot, im wahrsten und im übertragenen Sinn des Wortes. Man spielte im Radio russische Märsche und Lieder. Man ballte die Faust, anstatt den Arm zu heben. Man entsann sich mit Rührung des großen Bruders, der sie schon einmal vom Joch fremder Herrschaft, nämlich von den Türken, befreit hatte und mit dem man die slawische Rasse, die slawische Sprache, die slawische Kirche und die slawische Seele teilte. Was lag näher, als mit ihm nun auch seine ideologischen Grundsätze zu teilen.

In Buchowo herrschte Jubel, Trubel, Heiterkeit. Die Partisanen, die es plötzlich in Hülle und Fülle gab, stiegen von den Bergen und wurden mit Stolz und Freude willkommen geheißen. Fast jede Familie hatte einen, mit dem sie eng oder weitläufig verwandt, und wenn nicht das, zumindest befreundet war. Es wurde gesungen und getanzt. Meine Mutter und ich wurden zu jedem Fest geladen, denn immerhin waren wir Juden, Verfolgte, die so wie sie auf die Befreiung gewartet hatten.

»Glaubst du, sie haben wirklich darauf gewartet?« fragte ich meine Mutter.

»Auf irgendwas wartet man immer, und wenn es einem dann als das, worauf man gewartet hat, präsentiert wird, hat man eben darauf gewartet.«

»Aber das ist doch alles Wahnsinn!«

»Wahnsinn hin, Wahnsinn her, auf jeden Fall ist es unser Glück!«

Boris hatte Buchowo mit seinen Eltern über Nacht verlassen und war nach Sofia zurückgekehrt. Das kleine, aufgeregte Dorf war ein unsicherer Ort für einen, wenn auch pensionierten, General der ehemaligen faschistischen Armee.

»Wir werden uns doch in Sofia sehen«, hatte ich beim Abschied zu Boris gesagt.

»Nein, Angelika, das wollen wir lieber lassen. Es ist zu gefährlich für euch.«

Jetzt ging das wieder los! Damals war es zu gefährlich, mit Opa Ginis auf einer Bank zu sitzen, jetzt war es zu gefährlich, mich mit Boris zu treffen.

»Ich habe die Menschen satt«, sagte ich, »ich habe sie so satt, wie man überhaupt nur etwas haben kann. Ich möchte nichts mehr mit ihnen zu tun haben.«

»Ich fürchte«, sagte Boris mit einem traurigen Lächeln, »das wird sich auf die Dauer nicht vermeiden lassen.«

»Doch«, gab ich zurück, »das läßt sich vermeiden! Ich werde sie nicht mehr... hier drinnen... an mich heranlassen.«

»Warte, bis du jemandem begegnest, den du richtig liebst.«

»Ich werde eben niemanden mehr richtig lieben.«

»Ach, Angelina, was redest du immer für Unsinn!«

Das war das Ende. Das Ende von Boris, das Ende von Buchowo, das Ende einer Lebensphase, in der ich mich zum ersten- und zum letztenmal frei, sicher, gesund und unbeschwert glücklich gefühlt habe.

Else kehrte mit Angelika nach Sofia zurück. Sie hatte die Wohnung in der Ulitza Oborischte aufgeben müssen, da sie die Miete nicht mehr zahlen konnte, und Dimiter hatte ihre Habe zusammengepackt. Sie umfaßte drei Koffer und eine Kiste.

Jetzt wohnte sie mit ihrer Tochter in der Ulitza Murgasch, einer winzigen Straße mit verwahrlosten, zum Teil kaum noch bewohnbaren Häuschen.

Von dort schrieb sie den ersten Brief an ihren Sohn, den sie in Palästina glaubte:

»Mein Peterlein, es ist wie ein Traum, daß ich hier sitze und an Dich schreibe – einen richtigen Brief, einen Brief, der Dich erreicht. Ich bin ganz sicher, daß Du in diesen Tagen dasselbe tun wirst und ich schon bald einen Brief von Dir in Händen halte. Als der Umsturz kam, plötzlich und unerwartet, und man die neue Situation in seiner ganzen Bedeutung noch gar nicht fassen konnte, da wachte ich eines Nachts auf, weckte Angeli und sagte: ›Angeli, und jetzt ist der Weg zu Peter frei.‹ Und in mir war ein so großes Glück!

Mein Peterchen, das Photo, das Du mit neunzehn Jahren, kurz vor Deiner Emigration machen ließest, hängt immer bei uns an der Wand, und jeder, der es sieht, fragt: ›Wer ist dieser schöne Junge?‹ Wie siehst Du jetzt aus? Immer noch so schön und fein wie auf diesem Bild?

Deine Mutter ist gar nicht mehr hübsch, und ich fürchte mich schon jetzt, daß Du bei meinem Anblick erschrocken und enttäuscht sein wirst. Meine Haare sind ein bißchen grau, an der Schrift siehst Du, daß ich dringend eine Brille brauche, und eine Nervenentzündung der rechten Gesichtshälfte macht mich nicht gerade schöner. Aber das ist ja alles nicht wichtig, nicht wahr, wir haben uns doch lieb, und unsere Wiedersehensfreude, das Glück, nach sechs langen, furchtbaren Jahren endlich wieder beisammen zu sein, wird unter solchen äußerlichen Dingen bestimmt nicht leiden. Ich habe nur einen einzigen Wunsch: bald bei Dir zu sein, Dich liebhaben und verwöhnen, für Dich sorgen zu dürfen. Wir würden sofort nach Palästina kommen, Angeli und ich, aber wir wissen nicht, wie und ob es überhaupt zu machen ist, denn noch herrscht Unklarheit und Konfusion. Aber jetzt ist es ja nur noch eine Frage der Zeit und nicht der unmenschlichen Gesetze. Nach elf Jahren bin ich frei, kann wieder leben ohne Angst und Qual und ständige Ungewißheit: kommt man durch, bleibt man auf der Strecke.

Oh, so unendlich viel habe ich Dir zu sagen, aber wie soll ich das in diesem ersten Brief. Es geht noch nicht, es ist zu viel. Die Verzweiflung, die Hölle der letzten Jahre! Meine Mutter werde ich nicht mehr sehen. Sie ist nach Theresienstadt deportiert worden, wir haben nie wieder von ihr gehört. Auch alle unsere anderen Verwandten sind nicht mehr am Leben, sind umgebracht worden. Aber ich habe Euch drei! Angelika sitzt neben mir, siebzehn Jahre ist sie und so hübsch, daß Du stolz sein wirst. Sie sieht Dir ähnlich, hat manchmal die gleichen Bewegungen. Unsere Tina hat viel Unglück gehabt. Ihr Mann wurde bei einem Bombenangriff auf Sofia verschüttet und lag vier Monate zwischen Leben und Tod. Sie haben einen kleinen Jungen, der André heißt und bezaubernd ist. Die Geburt war so schwer, daß Tinas Augentuberkulose, wegen der sie damals in Berlin ein Jahr lang liegen mußte, wieder aufgebrochen ist. An Sorgen wird es mir wohl nie mangeln. Tina ist ein so anständiger Mensch geworden, reif und gut. Ganz anders als Du und Angeli. Sie sagt selber: ›Ich bin nicht begabt und interessant, ich bin und kann gar nichts.‹ Aber ich sehe, was sie ist und kann: Lieben kann sie, großherzig und opferwillig ist sie.

Wir haben wegen schwerer Bombenangriffe neun Monate in einem Dorf gelebt, jetzt sind wir wieder in Sofia, wohnen bei einer Schwester von Tinas Mann, haben ein Zimmerchen, eine Küche, wenn auch ohne Herd, einen Korridor, eine Veranda und ein richtiges Klo – was zu unterstreichen ist, denn auf dem Dorf hatten wir das nicht. Wir haben es nicht leicht, aber das Schlimmste ist ja jetzt überstanden.

Und Du, mein Peter? Wie lebst Du, wo, bei wem? Was arbeitest Du? Mit wem bist Du zusammen? Gefällt es Dir dort? Was machen Paula und Bruno, Ilschen und Walter und all die vielen, die dort sind und die ich so gut und so lange kenne? Schreibst Du noch? Sprichst Du zu den fünf Sprachen, die Du beherrschst, jetzt auch noch Hebräisch? Was hast Du gesehen und erlebt? Hast Du viel Schweres durchgemacht? Ich weiß ja nichts von Dir, gar nichts! Ich bin hier sehr allein, habe ganz wenige Menschen, und Tina, bald Angeli, gehen ihre eigenen Wege. Es ist immer noch neu für mich, daß mich eigentlich keiner mehr sucht und liebt. Es ist schwer, sich daran zu gewöhnen, wenn man einmal Mittelpunkt war und so verwöhnt und umworben wie ich. Ich habe damals nichts Positives daraus gemacht, nie meine Pflicht erfüllt, immer nur an mein Vergnügen gedacht. Und Euch, meinen Kindern gegenüber, war ich ungeduldig und nervös, habe Euch angeschrien und mir nicht die Mühe gemacht, Euch zu verstehen. Wie unendlich schwer wird mir das Herz, wenn ich daran denke, und dann sage ich mir, all das Furchtbare, das mir geschehen ist, ist mir zu Recht geschehen. Meine Töchter haben oft unter mir gelitten, und es gab eine Zeit, in der Bettina mich nicht mehr liebte, Angeli vielleicht sogar jetzt auch nicht. Du hast nicht mit mir leben müssen, darum liebst Du mich am meisten, vielleicht auch, weil Du mir am ähnlichsten bist und mich am besten verstehst. Ich habe mich sehr geändert seither, aber ich bin ja auch schon alt. Was mir sehr fehlt, sind die Freunde. Vielleicht hätte ich hier ein paar haben können, aber da ist die Schwierigkeit der Sprache. Zu zeigen, wie und wer ich wirklich bin, kann ich letzten Endes doch nur in Deutsch. Französisch ist nicht meine Sprache, auch wenn ich sie gut spreche. Na, und Bulgarisch – das solltest Du hören! Tina und Angeli, die es fließend sprechen, schreien vor Lachen, wenn sie mich hören, oder sie schämen sich.

Siehst Du, Peterlein, so könnte ich nun stundenlang weiterreden und käme vom Hundertsten ins Tausendste. Aber von dem, was innen in mir vorgegangen ist und vorgeht, was ich gedacht und gefühlt habe, fange ich gar nicht erst an. Das muß langsam kommen, muß sich erst setzen und klären.

Grüße alle, die noch an mich denken, und schreib mir, mein Junge, nichts kann mich glücklicher machen als ein Brief von Dir. Ich küsse Dich, mein geliebter, großer Peter, und bin immer

Deine Mutti

P. S. Angelika grüßt Dich. Sie will Dir schreiben, aber sie traut sich nicht. Alles ist noch so neu für sie und so unfaßbar, wie ja auch für mich.«

Ja, alles war noch so neu für mich und so unfaßbar, aber ich war nicht glücklich. Ich war ungeduldig, zornig, bitter. Wenn man jahrelang auf den Tag seiner Befreiung hinlebt, sich immer wieder damit tröstet und ihn in den schönsten Farben, mit einem Exzeß an Phantasie und einem gefährlichen Mangel an Realismus, ausmalt, dann muß das Ereignis selbst unter den günstigsten Umständen ein Reinfall werden. Wie da erst unter den ungünstigsten! Nun waren wir also befreit, und das sah folgendermaßen aus:

Wir hausten kostenlos in einem abbruchreifen Dachgeschoß, das bis auf das brillenlose Klo, den Kaltwasserhahn in der Küche, die morschen Holzdielen und den kleinen Schrank, nicht besser war als die Unterkunft in Buchowo. Geld hatten wir jetzt wirklich nur noch für eine Handvoll weißer Bohnen, denn Zwetan Taslakoff hatte erklärt, daß er selber auf dem trockenen sitze – was keineswegs der Wahrheit entsprach. Den Schmuck hatten wir bis auf einen Brillantring – die letzte eiserne Reserve – verkauft, und an Arbeit war weder bei meiner kranken Mutter noch bei mir, die ich nun staatenlos und der Willkür der Behörden ausgeliefert war, zu denken. Zu essen gab es noch weniger als im Dorf, denn da hatten wir wenigstens gutes, hausgebakkenes Brot, während es in Sofia eine feuchte Pampe aus Maismehl gab, die innerhalb von Stunden schimmelte. Zum Anziehen gab es noch weniger als zum Essen, was insofern keine Rolle spielte, als wir uns sowieso nichts hätten kaufen können. Wir liefen in unseren alten, fadenscheinigen Sachen herum, an den Beinen kunstseidene Strümpfe mit Laufmaschen, an den Füßen klobige Schuhe mit Holzsohlen. Meine Mutter hatte zwar noch seidene Unterwäsche, drei elegante Kleider und hochhackige Sandalen aufbewahrt, aber damit ließ sich in unserem Leben nicht viel anfangen. Wir wuschen uns mit einem Seifenblock, mit dem man nicht mal die Böden hätte schrubben wollen, und damit putzten wir uns auch die Zähne. Jeden Monat brachte uns Wassil aus Buchowo eine Fuhre Holz für den Ofen, ohne die wir in diesem besonders kalten Winter wohl erfroren wären.

Ich mußte monatlich auf die Miliz, um mein Aufenthaltsvisum zu verlängern, und dieser Gang kostete uns Zittern und Zähneklappern. Eine Ausweisung hätte mir nichts ausgemacht, aber sie konnten mich ebenso gut in ein Lager oder Gefängnis stecken. Freunde hatten wir so gut wie keine mehr. Opa Ginis, den man mit Frau, Schwägerin und dem Rest der bulgarischen Juden in die Provinz verschickt hatte, war spurlos verschwunden. Wilma Taslakowa, die unter der Fuchtel ihres widerlichen Mannes stand, traute sich nicht mehr zu uns, und ihr Schwager,

Mitko, war kurz vor dem Umsturz nach Frankreich geflohen. Von meinem Vater hatten wir jetzt über ein Jahr nichts mehr gehört, und wir fragten uns, ob es ihn überhaupt noch gab. Da seit der Kriegserklärung Bulgariens im Januar 1945 jegliche Postverbindung nach Deutschland abgebrochen war, mußten wir tatenlos abwarten.

Bettina war mit Mann und Sohn nach Sofia zurückgekehrt und wohnte, in keiner Weise besser als wir, in dem verkommenen Haus von Mizos Eltern. Die ganze Familie, bis auf die ältere, verheiratete Schwester, in deren Haus wir wohnten, hatte sich dort zusammengerottet: Eltern, zwei Brüder, einer davon mit Frau und Tochter, die jüngere Schwester, Bettina, Mizo und Klein-André. Sie vegetierten, in ständiger Erwartung der Miliz, hinter verriegelter Tür und geschlossenen Fensterläden, und meine arme Schwester war nur noch ein Schatten ihrer selbst. Manchmal ging ich mit ihr und dem Kleinen spazieren. Sie hatte von irgend jemandem einen alten Kinderwagen mit quietschenden Rädern geerbt, und den schoben wir gemeinsam durch den großen Park, der jetzt, Gott behüte, nicht mehr den Namen des Königs trug, sondern »Park des Volkes« hieß.

»Haben wir uns alles etwas anders vorgestellt, nicht wahr, Bettina?« fragte ich.

»Ich glaube«, sagte sie, »auf uns liegt ein Fluch.«

»Der Fluch ist die Menschheit«, erklärte ich.

Als die russische Armee dann in Sofia einzog, verbot mir meine Mutter, auf die Straße zu gehen. Ich sagte: »Aber Mutti, das sind doch unsere Befreier, und die werden sich gewiß nicht an den Opfern des Faschismus vergreifen.«

Sie sagte: »Spar dir deinen Zynismus für bessere Zeiten und tu, was ich dir sage.«

Ich tat nicht, was sie mir sagte. Ich schlich mich aus dem Haus, rannte zum Boulevard Zar Oswoboditel – der noch so heißen durfte, weil der Zar, wenn auch zaristisch, so doch Russe gewesen war – und sah dem Einmarsch der Truppen zu.

Ich habe selten etwas so Imponierendes gesehen wie diese endlose Schlange sowjetischer Soldaten in ihren grauen Uniformen, um die Taille einen breiten Ledergürtel, an den Füßen schwere Stulpenstiefel, an der Mütze den roten Stern. Sie marschierten in Kolonnen, vorneweg ein Offizier, der mit heller, metallischer Stimme die ersten Zeilen eines Liedes sang, in das die Soldaten in einem starken, schönen Chor einfielen. Es waren Elite-Truppen, wie ich später erfuhr, das Beste, was die Sowjetunion zu bieten hatte. Sie benahmen sich vorbildlich. Mir kamen sie vor wie Menschen von einem anderen Planeten, unnahbare, unwirkliche Geschöpfe, die bestimmt nicht die gleichen Funktionen, Bedürfnisse und Verhaltensweisen hatten wie wir.

Erschüttert ging ich nach Hause.

»Das war was«, sagte ich zu meiner Mutter, »kein Wunder, daß diese deutschen Hampelmänner den Krieg verloren haben.«

»Angelika, willst du unbedingt dein Unglück herausfordern, indem du dich überflüssigerweise Gefahren aussetzt?«

»Soll ich mich, um ja kein Unglück herauszufordern, ein Leben lang verstecken?«

»Dein Leben hat gerade erst angefangen.«

»Ja, aber wie!«

Sie sah mich mit diesem leidend-hilflosen Ausdruck an und tat mir sofort leid. Und gerade das wollte ich vermeiden. Unter nichts litt ich mehr als unter Mitleid, besonders, wenn der Anlaß meine Mutter war. Es war ein furchtbares Gefühl, so als sei ich seelisch seekrank. Eine Schwäche zum Umfallen, ein Würgen und schmerzhaftes Stoßen, bei dem ich kurz davor war, mein Herz auszukotzen. Es kam jetzt sehr häufig, dieses Gefühl seelischer Seekrankheit, fast immer, wenn ich meine Mutter mit Bewußtsein wahrnahm. Sie war so winzig und zerbrechlich geworden und immer schwerer zu verstehen. Sie verschluckte sich jetzt auch oft beim Essen und Trinken und hustete dann, bis ihr die Tränen über das Gesicht liefen und sie kaum noch Luft bekam. Irgend etwas funktionierte nicht mehr, sie hatte ihre Sprech- und Schluckmuskeln nicht mehr in der Gewalt. Ich merkte, wie sie sich bemühte, die Wörter verständlich auszusprechen, wie sie beim Essen und Trinken aufpaßte, und das machte die Sache noch schlimmer. Sie wußte genausogut wie ich, daß etwas Unheilvolles im Gange war, und versuchte, es vor mir und sich selber zu verbergen. Ich wiederum wagte nicht, sie darauf anzusprechen, und tat so, als existiere das Unheil nicht. Es war ein Versteckspiel, das keinem von uns beiden half.

»Findest du nicht«, fragte ich eines Tages Bettina, »daß Muttis Zustand immer schlimmer wird? Ich kann sie manchmal kaum noch verstehen.«

»Das kommt von der Lähmung.«

»Die Lähmung hat sie vor zwei Jahren bekommen, und damals, bis vor einem halben Jahr, konnte sie noch gut sprechen. Wenn es also davon käme, hätte sie am Anfang schlechter oder zumindest ebenso schlecht sprechen müssen wie jetzt. Außerdem verschluckt sie sich dauernd, und ihre Hände sind auch nicht in Ordnung.«

»Angeli, hör auf mit deiner Schwarzseherei. Als ob's nicht schon mehr als genug wäre, was wir hier durchmachen! Wenn Mutti sich nicht so quälen müßte und endlich mal Ruhe, Pflege und gutes Essen hätte, wäre sie auf der Stelle gesund. Es sind ihre Nerven.«

Ich ließ mich nur zu gerne von ihren Worten beschwichtigen, aber überzeugt war ich nicht.

Im März 1945 trafen eine englische und eine amerikanische »Mission« in Sofia ein. Es waren zusammen etwa hundert Mann, Soldaten und Offiziere – verschwindend wenige im Verhältnis zu den Russen, aber immerhin etwas.

Für mich waren die Engländer dank der BBC und der Verehrung, die ihnen meine Mutter entgegenbrachte, Halbgötter. Die Amerikaner, mit denen ich nicht täglich um sieben Uhr abends in Verbindung gestanden hatte, interessierten mich weniger. Ich war entschlossen, mir schnellstens einen Halbgott in Halbschuhen zuzulegen. Die Halbschuhe beeindruckten mich stark. Nur Halbgötter konnten mit solchen Schuhen in den Krieg ziehen.

Mein erster Schritt war, Englisch zu lernen, und da ich mein Ziel schnellstens erreichen wollte, beherrschte ich innerhalb eines Monats die Umgangssprache. Der zweite Schritt war, die Engländer zu belauern und mich mit ihren Umgangsformen vertraut zu machen. Ich nahm dazu meine Freundin Elena mit, denn die war mutiger als ich. Wir lungerten vor den Häusern, in denen sie wohnten oder arbeiteten, herum, und obgleich sich unsere Beobachtungen auf ein Minimum beschränken mußten, glaubte ich doch, einen gewissen Einblick zu gewinnen.

»Sie sind Gentlemen«, erklärte ich.

»Woran erkennst du das?«

»Daran, daß sie nicht versuchen, mit uns anzubändeln.«

»Das liegt nicht an ihrem Gentleman-Benehmen, sondern an unserem abgerissenen Aussehen.«

Darauf folgte der dritte Schritt, die drei eleganten Kleider und hochhackigen Sandalen meiner Mutter auszugraben und mich damit zu schmücken. Es waren schwarze Kleider, eins davon mit einem Kragen aus bunten Straßsteinen.

»So kannst du in deinem Alter und noch dazu am hellichten Tag nicht rumlaufen«, protestierte meine Mutter.

Ich würgte mir einen breiten Gürtel um die Taille und schminkte mir die Lippen. »Das ist doch nur eine Generalprobe«, sagte ich.

»Guter Gott«, seufzte meine Mutter.

Das Glück wollte es, daß in der »English Speaking League«, in der ich lernte, eine Party für die britischen Soldaten stattfand. Ich wurde dazu eingeladen, zog das Kleid mit dem bunten Straßkragen an und ging mit wild klopfendem Herzen und der gräßlichen Befürchtung, den ganzen Abend unbeachtet in einer Ecke sitzen zu müssen, hin. Es wurde ein triumphales Debüt, aus dem ich mit Bert Littman, dem Prachtexemplar der gesamten Mannschaft, dem Gott der Halbgötter, hervorging.

Er wurde meine zweite große Liebe.

Im März 1945 erreichten die Alliierten das rechte Rheinufer. Im April 1945 standen russische Truppen am Ostrand von Berlin. Am 2. Mai 1945 kapitulierten die deutschen Truppen in Berlin. Am 7. Mai 1945, um 2 Uhr 41, unterzeichnete Deutschland die bedingungslose Kapitulation.

Else saß mit Töchtern und Enkel in ihrer kleinen Stube.

»Der Krieg ist aus«, sagte sie, »wir sind durchgekommen.«

Die Mädchen schwiegen. Sie trugen beide die gleichen blauweiß gewürfelten Kleider, die sie sich aus Bettbezügen hatten nähen lassen. In ihren jungen Gesichtern entdeckte ihre Mutter einen Ausdruck uralter Resignation.

Wir sind tot durchgekommen, dachte sie.

Am 30. Juni 1945 wurde Else zweiundfünfzig Jahre alt. Als sie am Morgen erwachte, fühlte sie sich so schwach und elend, daß sie glaubte, nie wieder aufstehen zu können. Sie dachte, ich muß doch mal zum Arzt gehen. So kann das nicht weitergehen, die Kinder brauchen mich!

Angelika, in einem angegrauten Unterrock, dessen Nähte sie bereits an einigen Stellen gesprengt hatte, stand auf, trat an das Bett ihrer Mutter und küßte sie. Seit sie sich stürmisch in Bert Littman verliebt hatte und er nicht minder in sie, war sie wieder wärmer und zugänglicher geworden. Else betrachtete die Beziehung zu dem jungen Engländer als großes Glück. Er bedeutete Schutz für ihre Tochter, und mit ihm würde sie vielleicht sogar das höchste aller Ziele erringen: einen britischen Ehemann und Paß. Daß sie auch noch einem besonders schönen und feinen Briten begegnet war, war mehr, als Else zu hoffen gewagt hatte. Eins mußte man dem Mädchen lassen: Sie verstand es, sich die Richtigen zu holen.

Sie habe schöne Geschenke für sie, sagte Angelika, Kaffee, Zigaretten und Schokolade, alles made in England. Ob sie noch einen anderen, ganz speziellen Wunsch habe.

»Einen einzigen«, sagte Else, »einen Brief von Peter.«

Eine Stunde später läutete es an der Tür, und der Postbote brachte ihr einen Brief von Peter, den ersten seit vier Jahren.

»Oh, Angeli«, sagte sie und preßte ihn an ihre Wange, »und nun sag nur noch, daß es keinen lieben Gott gibt!«

Es war ein zwanzig Seiten langer Brief, der mit folgenden Worten begann:

»Mutti, Bettina, Angelika, meine Geliebten – ich kauere unter einem Zelt inmitten eines Waldes. Ich habe meine Decke um mich gewickelt, mir ist kalt, es regnet, es ist Herbst. Der Wald ist in Frankreich irgendwo an der Westfront, und uns gegenüber sind die Deutschen. Von weitem, zwei-, dreihundert Meter ungefähr, können wir sie von Zeit zu Zeit sehen. Ab und zu ein paar Schüsse, zwischenhinein das Donnern der Artillerie. Aber im allgemeinen ist es ruhig. Es ist ruhig, und es regnet, und mir ist kalt, und ich schreibe Euch meinen ersten Brief...«

Und so erfuhr Else die Wahrheit, eine Wahrheit, die er ihr vier Jahre lang verschwiegen und erspart hatte und die nicht einmal als eine Ahnung in ihr aufgetaucht war.

Er hatte seit Kriegsanfang zahlreiche Versuche unternommen, als fremder Freiwilliger in der britischen, und als die ihn auf Grund strenger Sicherheitsmaßnahmen abgewiesen hatte, in der Freien Französischen Armee aufgenommen zu werden. Die Franzosen hatten ihn schließlich für die Dauer des Krieges in der Armee des Generals de Gaulle verpflichtet.

Ende März 1941 war er mit dem letzten Schiff, das Griechenland verließ, nach Ägypten gebracht und als Soldat an der Front eingesetzt worden. Er hatte mehr als dreieinhalb Jahre auf allen Kriegsschauplätzen gekämpft: in Syrien gegen die Vichy-Armee, in Libyen und Tunesien gegen das deutsche Afrika-Korps. Dann in Italien, wo er nördlich von Rom verwundet wurde und einige Wochen im Lazarett liegen mußte. Und endlich Frankreich. Die Landung, die Invasion, die Kämpfe in Richtung Toulon, dann vor Toulon. Der unaufhörliche Vormarsch das Rhônetal hinauf, quer durch unzählige Dörfer und Städte der Provence. Angriffe, Gegenangriffe, Patrouillen, Nachtwachen, zerstörte Ortschaften, Wälder, Regen, Kälte... aber das Ende in Sicht.

Vier Jahre Krieg, Kampf gegen die Unmenschlichkeit, Einsatz seines Lebens für die »gerechte Sache« – zwanzig Seiten, in die er eine ganze Welt von Gefühl und Bedeutung hineinzulegen und die Sprache, den Ton, den Schwung früherer Jahre wiederzufinden suchte; in denen er, voller Liebe zu seiner Mutter, voller Glaube an den Sieg der Menschlichkeit, das Ende dieses Hundelebens, den Tag der endgültigen Befreiung herbeisehnte; in denen er mit Verachtung über seinen Vater sprach, mit Zärtlichkeit von Ilschen und Walter Hirsch, bei denen er in Jerusalem seine Urlaube verbracht hatte, mit unendlicher Trauer über das Schicksal derer, die von der Nazibestie gequält, gemordet, systematisch ausgerottet, kalt vernichtet worden waren. Zwanzig Seiten, die er während mehrerer Tage, an verschiedenen Frontabschnitten geschrieben und jetzt, in 700 Meter Höhe, im Schnee vergraben, mit erfrorenen Händen beendet hatte:

»... Aber nein, ich bedaure nichts – ich bin jetzt näher bei Euch als jemals zuvor. Der Krieg geht zu Ende. O Mutti, ich fühle, daß es nicht mehr lange dauert, daß ich Euch bald, bald sehen werde, Dich, Bettina, Angelika... Lebt wohl, meine Vielgeliebten, und wartet noch ein wenig. Jetzt seid Ihr in Sicherheit – ich kann ruhig sein, nicht wahr? Sag mir, Mutti, daß ich ruhig sein kann! Auf Wiedersehen, meine Geliebten, ich sage Euch auf Wiedersehen... Denn jetzt ist es nicht mehr lange. Es darf nicht mehr lange sein! Wir haben viele Jahre durchgehalten, wir haben uns gut gehalten – nun ist es Zeit, daß es zu Ende geht. Auf Wiedersehen, meine Geliebten, alles verliert sich in einer ungeheuren Hoffnung…

Ich liebe Euch, ich küsse Euch tausendmal – Dich Mutti, Dich Bettina, Dich Angelika –

Peter«

Als Else diesen Brief an ihrem Geburtstag, dem 30. Juni 1945, las, war ihr Sohn bereits seit sechs Monaten tot.

Sie antwortete ihm auf der Stelle:

»Peter, mein kleiner Peter, ich habe niemals einen so schönen und erschütternden Brief bekommen. Ich bin verrückt vor Liebe, Bewunderung und Sehnsucht. Ich fühlte: Du bist mein Sohn, gehörst ganz mir. Du denkst meine Gedanken, fühlst meine Gefühle, sprichst meine Sprache. Meine Töchter, die ich genauso liebe wie Dich, sind anders. Ich fürchte, sie lieben mich auch nicht, wie Du mich liebst, verstehen mich nicht, wie Du mich verstehst, auf jeden Fall sind sie beide anders als ich – in ihrem Wesen, ihrem Temperament, ihren Anschauungen. Sie haben keinen großen Respekt vor mir und sind mit Recht erbittert, wenn ich nervös bin und schimpfe. Auch mit Dir habe ich damals geschimpft und geschrien, und ich bereue jedes Wort, das nicht ein Wort der Liebe war. Wenn ich heute nervös bin, kann man es vielleicht noch verstehen und verzeihen. Aber früher, als ich noch alles hatte, was man sich nur wünschen kann – meine Kinder, meine Freunde, Musik, Bücher, Liebe, Sorglosigkeit, alles eben –, da war ich häßlich, verwöhnt und undankbar, anstatt glücklich zu sein, gut zu jedermann und dankbar. Und dafür muß man bezahlen, Peterlein, und es ist gerecht. Warum schreibe ich Dir das? Weil ich Dich, nachdem ich Deinen Brief gelesen habe, um Verzeihung bitten will. Weil ich Angst habe, daß Du mich zu sehr liebst und ich es nicht verdiene. Weil ich, wenn ich an die vergangenen Zeiten denke, nur meine Fehler sehe, und die quälen mich, Peterlein, unaufhörlich, denn sie sind nicht wieder gutzumachen.

Genug von mir, von Dir muß ich sprechen, von Dir, der

Du ein Mann geworden bist, der mehr gelitten hat als ich, der bewiesen hat, daß er nicht nur schöne Worte sprechen und schreiben kann, sondern bereit ist, seine Gesundheit, sein Leben für seine Ideale hinzugeben. Du, der gezeigt hat, daß er seiner Mutter und seinen Großeltern – deren Liebe zu uns so groß war – aufs tiefste verbunden ist. Wie klein fühle ich mich vor ihnen und vor Dir! Du hast nicht verstanden, was man mit Omutter gemacht hat? Man hat sie in ein Konzentrationslager gesteckt wie alle anderen auch, und seit August 1943 haben wir nie wieder von ihr gehört. Die ersten, die deportiert wurden, waren Marie und Evchen, dann Habermanns und Engels, und so ging es weiter, bis keiner von unseren Verwandten mehr übrig war. Ernst Saulmann und seine Mutter haben sich umgebracht, viele haben das getan.

Ich verstehe Deinen Zorn, Peter, und ich teile ihn. Aber Du mußt wissen, Dein Vater und Enie haben geholfen, wo sie konnten. Sie waren sauber und haben viel gelitten. Und Erich, den Du nicht einmal erwähnst, war sehr gut zu uns und zu meiner Mutter. Du machst mir ihretwegen Vorwürfe. Wie soll ich es Dir begreiflich machen? Ich konnte sie nicht zu mir nach Bulgarien holen, Peterlein. Es gab keine Möglichkeit. Selbst ich konnte Deutschland nur verlassen, weil ich eine Scheinehe geschlossen und dadurch die bulgarische Staatsangehörigkeit bekommen hatte. Wir hatten keine Pässe mehr, niemals hätte man meine Mutter herausgelassen. Ich kann in diesem Brief nicht alles erklären, Peterlein, einmal werden wir darüber sprechen, nicht wahr? Ich werde nie verstehen, wie all das geschehen konnte. Ich kann die Menschen nicht mehr begreifen. Ich weiß nur, daß die, die diese Verbrechen begangen haben, bestraft werden, so unerbittlich, wie man es sich nicht vorstellen kann. Doch dadurch kann man die Millionen, die sie umgebracht haben, nicht wieder lebendig machen.

Unzählige Male habe ich mir das Ende des Krieges vorgestellt, das Ende der Nazis. Und nun ist es tatsächlich so gekommen, wie ich es erträumt und mit allen Kräften herbeigesehnt habe. Und so wie Du habe ich mir vorgestellt, wie ich mich eines Tages rächen würde, rächen an all denen, die mich beleidigt, die mich erniedrigt, die mir so Furchtbares angetan haben. Die mir alles genommen haben – Sohn, Mutter, Mann, Heimat. Die meine Kinder unglücklich gemacht haben, die es dazu gebracht haben, daß ich meine Kinder unglücklich machen mußte – meine Kinder, die ich wie nichts auf der Welt liebe. Das war das Schlimmste! Trotzdem will ich den Wunsch nach Rache bekämpfen, und ich will nicht mehr hassen. Was ich möchte, ist Frieden und ein bißchen Ruhe. Ich flehe nur um eins: keine Angst mehr haben, nicht mehr alleine in einem fremden Land leben zu müssen. Und vor allem möchte ich meine drei Kinder gerettet, in Sicherheit, glücklich wissen. Ich möchte sie um mich haben, das ist mein Gebet, jeden Morgen, jeden Abend.

Mein Peterlein, ich umarme Dich und küsse Dich. Ich bin stolz auf Dich, mon petit.

Mutti

P. S. Die Kinder umarmen Dich. Angelika bittet, daß Du zu uns kommst. Kommst Du, Peterlein? Manchmal kann ich nicht mehr. Es war zu viel. In mir ist alles dunkel. Wenn Du doch kommen könntest...«

Peter, mein großer, mutiger Bruder, unser Retter, mit dem wir zusammenleben, der uns das Glücklichsein wieder beibringen würde. Ich würde mit ihm tanzen gehen, in ein weißes, lampiongeschmücktes Lokal, unter freiem Sternenhimmel, am Ufer des Meeres, Tango tanzen, wie er es damals mit unserer Mutter in Montana getan hatte. Was für ein schönes Paar wir sein würden, was für ein glückliches Paar! Wir waren uns ähnlich, wir würden uns verstehen, uns lieben und nie wieder einen Menschen, eine Angst an uns heranlassen.

Ich hatte mich von Bert Littman getrennt. Irgendwann hatte ich ihm gebeichtet – ich weiß nicht mehr wie, denn ich konnte das Wort ja nicht aussprechen –, daß ich Halbjüdin sei. Er hatte mit einer Begeisterung reagiert, die einer Freudenbotschaft, nicht aber einer so unerfreulichen Mitteilung würdig gewesen wäre. Darauf hatte er mir anvertraut, daß er Volljude sei. Es war ein Schock gewesen, aber einer mit Spätzündung. Ich hatte ihn nicht gleich gespürt und auf seine Frage, ob ich ihn heiraten würde, mit ja geantwortet. Er war zu seinen Eltern nach England gefahren und mit deren Segen und Geschenken zurückgekommen. Inzwischen war mir klargeworden, daß ich keinen Juden lieben, geschweige denn ein Leben mit ihm teilen dürfe, denn das würde Angst und Qual bedeuten, Bedrohung und Erniedrigung. Ich glaubte nicht mehr an den Sieg des Guten. Die Menschheit war wie eine Hydra, schlug man ihr den einen Kopf ab, wuchsen ihr zehn neue. Ich hatte also sowohl Bert als meiner Mutter erklärt, daß die Geschichte aus sei, und auf ihre verzweifelten Fragen immer dieselbe Antwort gegeben: So sei es nun mal, und nichts, was sie sagen oder tun würden, könne meinen Entschluß ändern.

Als nächsten hatte ich ausgerechnet Berts Vorgesetzten, Captain Benson, gewählt, denn von dem, so ahnte ich, drohte mir keine Gefahr. Er sah belanglos aus, hatte, weithin sichtbar, keinen Tropfen jüdischen Blutes und war mit derselben Heftigkeit in mich verliebt, wie ich von ihm gelangweilt. Durch ihn gelangte ich in den Kreis der oberen Ränge, auf die Parties und Ausflüge, in die Villen und Clubs der Offiziere. Ich fürchte, sie waren allesamt Masochisten, denn anders ist die Bereitwilligkeit, mit der sie mir – einem kleinen, rücksichtslosen Luder – jeden Wunsch erfüllten, nicht zu erklären.

Da mir jeder von ihnen besser gefiel als Captain Benson, küßte ich andere, flirtete und tanzte mit ihnen, anstatt mit ihm. Er litt, aber ließ sich auch das gefallen. Nur einmal drehte er durch und erwürgte mich fast. Danach machte er mir einen Heiratsantrag. Ich lachte und sagte, es komme nur eine fiktive Ehe in Frage.

Bert hatte sich wenige Wochen nach unserer Trennung versetzen lassen, und meine Mutter, die wohl immer noch gehofft hatte, wir würden wieder zusammenkommen, war sehr unglücklich darüber.

»Ich weiß überhaupt nicht, was in dich gefahren ist«, sagte sie, »und ich weiß auch nicht mehr, was ich mit dir anfangen soll.«

»Gar nichts«, erwiderte ich.

»Du müßtest schnellstens hier weg.«

»Das müßte ich seit sieben Jahren.«

»Wenn dein Vater das alles wüßte!«

»Er weiß es aber nicht. Und vielleicht wird er es nie mehr wissen.«

Meine Augen brannten, meine Kehle schmerzte, aber ich konnte nicht weinen.

»Angeli, der Krieg ist erst zwei Monate aus, und es muß ein so furchtbares Durcheinander in Deutschland herrschen, daß es ganz normal ist, daß wir noch keine Nachricht von ihm haben. Aber jetzt kann man ihn vielleicht suchen lassen, durch die britische Mission, was meinst du?«

Ich fragte Captain Benson, und er sagte ja, er sehe da eine Möglichkeit und werde sofort alle notwendigen Schritte unternehmen.

Etwa zwei Wochen nach Eintreffen des ersten langen Briefes meines Bruders brachte der Postbote einen aus Palästina mit dem Absender Ilse Hirschs. Ich nahm ihn in Empfang.

»Mutti«, rief ich aufgeregt, »ein Brief von Ilschen! Stell dir vor, jetzt funktioniert die Post sogar wieder mit Palästina!«

»Siehst du«, sagte sie mit einem glücklichen Lächeln, »jetzt fängt man an zu merken, daß der Krieg zu Ende ist.«

Ich gab ihr den Brief, und sie trat damit ans Fenster.

O Gott, warum kann ich diesen Moment jetzt nicht erfinden, aus kleinen Erinnerungssplittern etwas zusammendichten? Warum hat er sich nicht verwischt, sondern spult sich auch jetzt noch, nach achtundvierzig Jahren, im Zeitlupentempo mit grausamer Deutlichkeit vor mir ab?

Ich stehe hinter ihr und schaue über ihre Schulter, um

gleich mitlesen zu können. Sie öffnet den Umschlag und zieht den Brief heraus. Es sind zwei Bogen, jeder extra zusammengefaltet. Sie entfaltet den, der zuoberst liegt. Ein Streifen Sonnenlicht zittert auf ihm. Es sind nur ein paar Zeilen, mit Schreibmaschine auf französisch geschrieben. Ich lese »Madame«, mehr verstehe ich nicht. Ich frage: »Mutti, was ist das?«

Sie gibt keine Antwort, geht die zwei Schritte zum Tisch, legt die Seiten darauf, setzt sich auf einen Stuhl. O Gott, warum kann ich ihr Gesicht nicht vergessen, das aussieht, als wären Jahrhunderte darüber hinweggegangen, hätten es ausgehöhlt und leer gewaschen, leer, vollkommen leer.

Ich setze mich auf den anderen Stuhl. Meine Oberschenkel zittern, nur meine Oberschenkel. Meine Lungen sind aus Beton, ich kann kaum atmen. Es ist schrecklich heiß im Zimmer, es kommt überhaupt keine Luft herein. Ich starre die beiden Seiten auf dem Tisch an, ich habe Angst, sie zu berühren. Ich weiß es ja sowieso schon.

Ich sage: »Mutti, ich komme gleich wieder.«

Sie reagiert nicht.

Ich rannte die kurze Strecke zu Bettina. Sie fütterte das Kind. Mizo lag ausgestreckt auf dem Bett.

»Peter ist tot«, sagte ich.

Sie sprangen beide gleichzeitig auf, Bettina öffnete den Mund, aber nichts kam heraus. Sie war wachsgelb im Gesicht. Zum erstenmal vergaß sie das Kind und lief zur Tür.

»Nimm André mit«, schrie ich, »er ist der einzige, der vielleicht noch hilft.«

Meine Mutter hatte sich nicht gerührt. Sogar ihre Hände lagen noch in derselben Haltung im Schoß – die Finger leicht gekrümmt. Sie sah auf und uns mit ihren ausgewaschenen Augen, mit diesem schrecklich leeren Blick an.

Mizo ging in die Küche und kam mit einem halb gefüllten Glas Wasser wieder. Er löste zwei Tabletten darin auf. »Trink das bitte, Else«, sagte er.

Sie trank, verschluckte sich, hustete. Er klopfte ihr auf

den Rücken, zog sie behutsam vom Stuhl, führte sie zum Bett. Sie legte sich hin.

Wir standen da, stumm, selbst der kleine André gab keinen Ton von sich. Er spürte, daß etwas namenlos Furchtbares in dieser kleinen, sonnigen Stube geschehen war.

Meine Mutter lag auf dem Rücken, den Kopf zur Seite, der Wand zugedreht. Über ihr hing das Photo ihres toten Sohnes.

»Sofia, 17. 7. 1945

Liebes Ilschen, ich danke Dir für alles. Eine Hoffnung ist tot – mein Junge, den ich nun endlich bald wiedersehen sollte. Sieben Jahre quält er sich, und als es fast überstanden ist, stirbt er. Vier Jahre überlebt er sämtliche Gefahren, um vier Monate vor Kriegsende zu fallen. Ich habe schon seine Hand gespürt und sein Haar und seine Haut – bald, dachte ich, werde ich alles halten und küssen. Kein Peterlein mehr.

Ich beneide Dich sehr, Du hast ihn noch bis kurz vor seinem Tod gesehen und gesprochen. Ich habe ihn sieben Jahre nicht mehr gesehen und gesprochen, darum ist da keine physische Lücke für mich, er ist mir genauso nah oder fern wie bisher. Aber da, wo meine Gedanken immer hingingen, da ist jetzt eine große Leere und keine Hoffnung. Mein schöner, begabter Junge. Ich wollte mit ihm zusammenleben.

Ich kann das alles nur Dir sagen, weil Du mir jetzt die Nächste bist. Ich möchte Dich sehen und anfassen, weil an Dir noch etwas von Peter ist. Ilschen, erzähl mir von ihm, erzähl mir alles! Du schreibst: er sah so wunderbar aus. Wie hat er ausgesehen? Beschreib ihn mir ganz genau. War er noch so fröhlich und lebendig wie früher? Hatte er ein Mädchen? Sind keine Photos von ihm da? Schick mir alles von ihm, Ilschen, bitte.

Mir ist so bitter, viele sind durchgekommen, warum nicht er? Er hat es doch verdient. Hat er über die Möglichkeit seines Todes gesprochen? Hat er vorausgeahnt, daß ihm etwas passieren wird? War er vergnügt? Ich mache mir so viele Vorwürfe. Wie oft habe ich mit ihm geschimpft, habe an der Aufrichtigkeit seiner Worte gezweifelt. Habe ich ihn enttäuscht? War er sehr unglücklich damals, als ich nicht nach Griechenland kam? Er wartete schon auf dem Flugplatz auf mich, und ich hätte es vielleicht geschafft, wenn ich energischer gewesen wäre. Aber ich war so unsicher und in Angst um meine Töchter. Wäre ich doch nur gefahren und hätte ihn ein letztes Mal gesehen. Nie hatte ich wirklich Angst um Peter, nur in den letzten Monaten hatte ich so eine Leere in mir. War er oft traurig? Hat er gelitten? Du hast ihn auch verloren, aber doch tut's Dir nicht so weh. Kinder, auch wenn sie erwachsen sind, hängen noch immer an der Nabelschnur der Mutter, und da zerren sie und zerren, ob bewußt oder unbewußt, und das geht mitten ins Herz. Meine Mutter hat ihren Sohn im letzten Monat des Ersten Weltkrieges verloren, und sie hat sich nie davon erholt.

Ich weiß eigentlich gar nicht, was aus mir werden soll. Schon ein halbes Jahr ist mein Junge nicht mehr da, und ich wußte es nicht. Zwei Tage nach seinem 27. Geburtstag ist er gefallen. Nie ist mir der Gedanke gekommen, daß Peterlein im Krieg getötet werden könnte. Jetzt, ein halbes Jahr zu spät, fange ich an zu weinen. Es ist alles so verkehrt. Niemand war bei ihm, als er starb, seine Mutti war nicht bei ihm. Zu nichts bin ich gut, zu gar nichts. Nur Unglück kann ich über alle Menschen bringen. Ilschen, schreib mir und nimm viele Grüße,

Schnuff

P. S. Ilschen, in welcher Sprache habt Ihr miteinander gesprochen? Wie lange war er in Jerusalem? Hat er bei Euch gewohnt? Was für eine Uniform trug er? Wie oft war er auf Urlaub? Hat er nur die Rot-Kreuz-Nachrichten von mir bekommen und meine Briefe und Karten nicht mehr? Hast Du es nicht schon früher gewußt, daß Peterlein nicht mehr da ist? Wußtest Du nur nicht, wie Du es mir sagen sollst? Warum hat er mich eigentlich liebgehabt? Ich habe ja nie etwas für ihn getan. In meiner Antwort auf seinen langen schönen Brief konnte ich ihm zum erstenmal sagen, wie sehr ich ihn liebe, achte und bewundere, daß ich ihm danke und ihn um Verzeihung bitte. Und all das wird er nun nie erfahren. Für mich ist er gestorben, und er hat nicht gewußt, wie lieb ich ihn habe.«

Meine Schwester bekam drei Tage nach dem Erhalt von Peters Todesnachricht eine Lungenentzündung. Sie hatte keine Reserven mehr, und es ging ihr sehr schlecht. Meine Mutter war tagsüber fast die ganze Zeit bei ihr und verpflegte sie und das Kind. Ich glaube, das hat ihr geholfen, die erste Zeit zu überstehen. Manchmal ging ich mit ihr und dem Kleinen spazieren. Ich sagte ihr, daß nun vielleicht bald eine Nachricht von meinem Vater käme und wir dann zu ihm zurück nach Deutschland gehen würden. Sie nickte und meinte: »Ja, wohin sollten wir sonst auch gehen«, und ich sagte: »Deutschland ist ja jetzt ganz anders geworden, und mit Papa wird es sehr, sehr schön.«

Er war unsere letzte Hoffnung.

Als Bettina wieder fast gesund war, wurde sie um vier Uhr morgens von der Miliz abgeholt und auf einen Lastwagen mit soundso vielen anderen Frauen, die deutscher Abstammung waren, verfrachtet. Die ganze faschistische Stanischeffsche Brut ließen sie in Ruhe, aber meine Schwester, die um ein Haar als Halbjüdin in einem deutschen Arbeitslager gelandet wäre, die mußten sie mitnehmen. Mizo versuchte sich dazwischenzuwerfen und dem Lastwagen mit seinem sechsmal gebrochenen Bein nachzulaufen, aber es war natürlich vergeblich.

Ich fürchtete, meine Mutter würde das nun nicht mehr überleben, aber es ist unglaublich, was in einem kaputten Menschen immer noch für Kräfte stecken können. Sie war von morgens bis abends auf Behörden, um Bettina aus dem Lager, das irgendwo in den Bergen lag, zu befreien. Da sie furchtbare Angst hatte, mir könne dasselbe passieren, durfte ich nicht mehr zu Hause schlafen. Captain Benson brachte mich mal bei diesem, mal bei jenem Offizier unter. Die meisten wohnten, ein paar Kilometer außerhalb Sofias, im ehemaligen amerikanischen College, aber die hohen Ränge hatten Wohnungen in der Stadt oder zumindest eine Absteige. Ich zog jeden Abend mit meiner Zahnbürste und einem der seidenen Nachthemden meiner Mutter los und genierte mich sehr, auf die Großmut und das Mitleid der Engländer angewiesen zu sein.

Kurze Zeit darauf lernte ich die Amerikaner kennen. Der Anlaß war eine englische Party, zu der ausnahmsweise auch die amerikanischen Verbündeten eingeladen waren. Der Grund muß ein zwingender gewesen sein, denn die zwei Siegermächte – von der dritten ganz zu schweigen – mieden sich peinlichst. Ich stellte sofort fest, daß die Amerikaner kleidsamere Uniformen trugen als die Briten und ihr Benehmen weniger einwandfrei war. Dafür waren sie amüsanter. Ich tanzte die ganze Nacht. Ein sehr attraktiver Colonel der Air Force machte mir das Angebot, in der amerikanischen Mission zu arbeiten. Ich fragte ihn, was ich dort tun könnte, und er meinte, bei meinem Aussehen würde sich bestimmt etwas finden.

Ich berichtete meiner Mutter wortwörtlich von dem Angebot des Colonels.

Sie sagte: »Ruf den Mann gleich an. Wenn du für die Amerikaner arbeitest, bist du geschützt.«

»Egal, was ich arbeite?«

»Vollkommen egal! Und wenn du dort Fenster putzt!«

Sie hatte nicht verstanden. Oder vielleicht hatte sie doch verstanden und trotzdem war es ihr vollkommen egal? Hauptsache, ich war geschützt? Aber ohne mich! Ich wußte, worauf ich mich einlassen sollte, und es ekelte mich. Scharen junger Frauen und Mädchen, die vor nichts zurückschreckten, legten sich für ein Paar Strümpfe oder eine Tafel Schokolade, für Schutz oder ein Heiratszertifikat mit dem miesesten unter den Engländern und Amerikanern ins Bett, täuschten die große Liebe, Keuschheit, Selbstmordversuche und Schwangerschaften vor.

»Ich rufe den Colonel nicht an«, erklärte ich.

»Angelika«, sagte meine Mutter, »ich kann nicht mehr, merkst du nicht, daß ich nicht mehr kann. Mein Peter gefallen, Bettina im Lager und du in ständiger Gefahr. Soll ich alle meine Kinder verlieren?«

Ich rief den Colonel an und bekam bereits am nächsten Tag Arbeit in der amerikanischen Mission – eine absolut respektable Arbeit im Übersetzungsbüro, dem Sergeant Kitai, ein älterer Wiener Jude von großer Häßlichkeit und Güte, vorstand. Ich tippte von acht Uhr früh bis fünf Uhr nachmittags mit zwei Fingern und vielen Fehlern lange politische Berichte ab. Meine Mutter atmete auf. Ich durfte wieder zu Hause schlafen, denn ich stand jetzt unter dem Schutz der Amerikaner. Wenigstens ein Kind war gerettet.

Kurze Zeit darauf wurde Bettina aus dem Lager entlassen. Sie schien geradewegs aus der Mülltonne zu kommen, aber als sie ihren Sohn in die Arme nahm, leuchtete ihr Gesicht, wie meines schon lange nicht mehr geleuchtet hatte, und da sah sie aus wie ein hübsches Zigeunermädchen.

»Ich habe dir ja gesagt, Angeli, auf uns liegt ein Fluch!«

»Und ich habe dir gesagt, Bettina, der Fluch ist die Menschheit.«

»Liebes Ilschen, Dein Brief mit den Photos hat mir große Freude gemacht. Du bist so unverändert, daß ich es gar nicht fassen konnte. Zehn Jahre sind vergangen, und Du bist noch genau dieselbe Ilse – ich hörte Dein helles Lachen und sah Dich tanzen und flirten. Du bist eben glücklich, das ist es. Deine Söhne sehe ich mir immer wieder an. Sie machen einen so gescheiten, zufriedenen, gepflegten Eindruck. Und alle drei um ihre Mutti herum. Glückliches Ilschen, versäume keine Minute, genieße jede, die Du mit Deinen Kindern bist. Wenn man jung ist, ist man so verschwenderisch mit dem Glück, weiß gar nicht, was man besitzt, und dann später... Hätte ich nur meinen Peter noch! Du schreibst, er hätte es sicher schwer gehabt, so wie er an sich und allem gezweifelt hat. Aber ob er es nun mit der Schriftstellerei geschafft hätte oder nicht, ob er nach Amerika gegangen wäre oder nach Australien, ist doch ganz gleichgültig. Er wäre schon durchgekommen und hätte bestimmt ein noch so schweres Leben dem Tod vorgezogen.

Ja, ich würde mich nur zu gerne mit Dir treffen, und die Türkei wäre für Dich und mich auf halbem Wege. Aber zu allem anderen stehe ich nun auch finanziell auf dem Nullpunkt und könnte mir nicht einmal ein Paar Schuhe leisten – wenn es sie gäbe. Früher, wenn mir etwas schiefging, hat Walter immer gesagt: ›Bei Schnuff trifft's keine Wehrlose.‹ Aber jetzt trifft's dauernd eine Wehrlose. Ich weiß überhaupt nicht, woher ich die Kraft nehme, immer weiterzumachen.

Sprecht Ihr eigentlich deutsch zu Hause oder hebräisch? Ich kann mir nicht vorstellen, daß man sich in einer anderen als der Muttersprache so zeigen kann, wie man wirklich ist. Man ist doch mit der Sprache verwachsen, sie ist doch mehr als alles andere Ausdruck der Persönlichkeit, so wie sie mehr als alles andere der Schlüssel zu einem Volk und dessen Kultur ist. Worte und Grammatik kann man natürlich lernen, aber das um, in und hinter den Worten nie. Müßte man dann also nicht mit einer anderen Sprache ein anderer Mensch werden?

›Deine Sorgen und Rothschilds Geld‹ wirst Du denken, und darum komme ich jetzt auch schnell zu meinen Töchtern. Hier sind die Photos; wenn Du sie Dir betrachtest, denke an Walters prophetische Worte zurück: ›Bettina sieht aus wie ein Teufelchen und ist ein Engel, und Angelika sieht aus wie ein Engel und ist ein Teufelchen.‹ Nun, diese Worte, vor zwölf Jahren ausgesprochen, haben sich verblüffend bewahrheitet.

Auf dem Bild ist mein Tinlein erst achtzehn Jahre, aber schon verliebt in ihren Mizo. Daher wahrscheinlich der lyrische Ausdruck, den sie im allgemeinen nicht hat. Leider habe ich kein neueres Photo, also denk Dir die Lyrik und die Retusche weg. Augenblicklich ist sie auch nicht so schön. Sie hat in ihrem jungen Leben schon zu viel Unglück gehabt. Ein Jahr verheiratet, wurde durch Bomben ihre kleine Wohnung zerstört und, was noch viel schlimmer war, ihr Mann lebensgefährlich verletzt. Tina, hochschwanger, hat monatelang Tag und Nacht an seinem Bett gesessen und ihn gepflegt – unermüdlich, ohne an sich zu denken, ohne Klagen, ohne Tränen, verbissen. Erich hat einmal gesagt: ›Tina geht nur Einbahnstraßen, nur geradeaus. Es gibt bei ihr keine Zwischentöne, nur schwarz und weiß. Sie denkt nicht viel nach, fühlt nur, opfert sich, sagt nicht viel, handelt.‹

Dann kam der Umschwung, die große Stunde der Befreiung, die Erlösung. Und die sah dann so aus: Mizo verlor seine Stellung als Dozent der Anatomie, Bettina wurde, kurz nachdem ich die Nachricht von Peters Tod erhalten hatte, interniert. Sie, die als Emigrantin und Tochter einer Jüdin während der deutschen Besatzung ständig in Gefahr gewesen war, nach Deutschland zurück und von da in ein Arbeitslager verschickt zu werden, sie, deren Mutter gerade noch hatte entkommen können, deren Großmutter im KZ umgebracht wurde, deren Bruder im Kampf gegen den Faschismus gefallen war, sie wurde nun also interniert, weil sie seinerzeit, als Sechzehnjährige, mit einem deutschen Paß ausgewandert ist. Die arme Tina war also im Lager und ich dem Wahnsinn nah. Ich habe stapelweise Bittschriften und Erklärungen geschrieben, bin von Pontius zu Pilatus gerannt, habe Stunden und aber Stunden in dunklen, kalten Gängen vor verschlossenen Türen gewartet, aber es hat immerhin sechs Wochen gedauert, bis ich den haarsträubenden Irrtum aufgeklärt und ihre Entlassung bewirkt habe. Jetzt soll das Elend endlich für uns vorbei sein, aber wir sind noch keine einzige Stunde zur Ruhe gekommen – verängstigt, verfolgt, gequält, immer wieder, immer wieder!

Inzwischen hat Bettinas Mann seine Stellung zurück – möglicherweise, um den peinlichen Fehler wiedergutzumachen –, aber sonst haben die beiden nichts, nicht einmal ein Spielzeug für den Kleinen. Wenn ich mein Tinlein so sitzen sehe in ihrem trostlosen Zimmer, körperlich und seelisch am Ende und doch so tapfer, dann wünsche ich allen, die meinen Kindern so weh getan haben, den Tod. Zum Glück ist da der kleine André, ein Lockenkopf mit großen schwarzen Augen und so goldig, daß er Mutter und Großmutter ein bißchen das Unglück vergessen läßt.

Die zwei anderen Bilder, wie leicht zu erraten, stellen Angeli in der ganzen Pracht ihrer siebzehn Jahre dar. Sie ist noch bei mir – auch wenn ich sie kaum zu Augen bekomme. Eine verzögerte, dann explosive Entwicklung machte aus dem dünnen, scheuen kleinen Mädchen eine schöne, eigenwillige junge Frau und riß sie von meinem Rock, an den sie sich jahrelang so fest geklammert hatte, daß man uns nur die siamesischen Zwillinge nannte. Sie ist eine ziemlich erstaunliche Egoistin und sehr klug, aber sie macht nichts draus. Es kann bei ihr aber noch alles kommen. Vielleicht ist sie sogar begabt, ich weiß es noch nicht. Sie, Peter und ich, wir ähneln uns. Trotzdem hat Angeli auch viel von Erich. Sie arbeitet in der amerikanischen Mission, was ein Segen ist, denn erstens steht sie dadurch unter dem Schutz der Amerikaner, und zweitens bekommt sie ein kleines Gehalt und jeden Mittag eine warme Mahlzeit. Unschätzbare Vorteile bei der allgemeinen Lebensmittel- und unserer speziellen Geldknappheit. Außerdem hat sie eine nicht mehr ganz überschaubare Schar an Verehrern, Engländer und Amerikaner, die sie zuerst als unsere Befreier angebetet hat und jetzt ein bißchen wie ihre persönlichen Sklaven behandelt. Zwei kamen bereits mit Heiratsanträgen. Den einen hat sie rundheraus abgewiesen, den zweiten sehr unglücklich gemacht, da sie anfangs heftigst in ihn verliebt und zur Heirat entschlossen, dann, etliche Wochen später, genau das Gegenteil war. Mir tut das bitter leid, denn erstens war er ein besonders schöner und reizender junger Mann, und zweitens wäre Angelika durch die Ehe mit einem Engländer aus allen Gefahren, die ihr hier drohen, heraus gewesen. Ich fürchte, ich werde mit dieser Tochter noch viel erleben. Aber einmal müßtest Du sie sehen, wenn sie zu einem Ball geht, im langen, dekolletierten Abendkleid, mit schwarzem Pelzcape darüber, die Haare in Locken hochgesteckt und Blumen darin. Die Sachen leiht sie sich irgendwo zusammen, die Blumen sind künstlich, die Schuhe aus Holz. Doch hat sie so viel Schick und Charme, ist so jung und anmutig, daß selbst ein Fetzen an ihr elegant aussieht. Und dann bin ich doch sehr stolz, so albern es auch ist, und freue mich, daß sie so schön ist und daß man sie liebt und verwöhnt. Sie hat auch schon mehr erlebt, als es so jungen Menschen guttut, und vielleicht mehr gelitten, als wir jemals erfahren werden.

Ilschen, gestern war Peterchen ein Jahr tot, am 5. wäre er 29 Jahre alt geworden. Mir ist furchtbar elend. Es ist alles sinnlos und kaputt. Worauf ich eigentlich noch warte, weiß ich nicht.

Von überall kommen jetzt wieder alte und bekannte Stimmen, man freut sich, aber um so trauriger ist es, daß man sich nie mehr zusammenfinden wird. Nur von Briefen kann man nicht leben. Keiner kommt zurück. Die Kinder haben ihr Leben vor sich, Menschen wie ich sind überflüssig geworden. Wohin gehen? Was tun? Wovon leben? Wo ist das Land, das einem Heimat ist? Wo die Freunde? Wo Erich? Ich habe seit vielen Monaten keine Nachricht mehr von ihm. Es ist alles sehr dunkel...«

Dank Captain Benson und der britischen Mission hatte man meinen Vater in Garmisch-Partenkirchen ausfindig gemacht und ihm unsere Botschaft und Adresse übermittelt. Sein erstes, heiß ersehntes Lebenszeichen traf durch das Rote Kreuz im November 1945 ein.

»Angeli, stell dir vor, wir haben eine Nachricht von Papa bekommen«, sagte meine Mutter, als ich von der Arbeit nach Hause kam.

Ich schrie vor Freude auf: »Oh, Mutti, endlich, endlich, endlich mal eine schöne, eine herrliche Nachricht! Wo ist sie? Gib her!«

Sie ging zum Bett, auf dem ihre Tasche lag, nahm sie hoch, öffnete sie, schaute hinein, suchte und zog schließlich ein Blatt Papier heraus. Es ging alles sehr langsam und umständlich vor sich, und ich wunderte mich ein wenig darüber.

»Nun gib schon, Mutti«, sagte ich und streckte ungeduldig die Hand danach aus.

Sie gab mir das Blatt mit dem Flackern eines Lächelns, ging zum Fenster und blieb dort, den Rücken mir zugewandt, stehen.

Es waren die üblichen fünfundzwanzig Wörter, aber ich sah und las nur vier: »Bin mit Lieselotte verheiratet.«

Ich knüllte die Nachricht zusammen und warf sie in eine Ecke des Zimmers. »Macht nichts, Mutti«, sagte ich, »kommt ja gar nicht mehr darauf an.«

Sie drehte sich um und bat: »Angeli, nimm es nicht so schwer.«

»Tu ich gar nicht. Man gewöhnt sich dran. Wir haben schon so viel verloren und Besseres verloren, also warum nicht auch den.«

»Ich verbiete dir, so über deinen Vater zu sprechen«, sagte sie, und ich sah, wie sie jedes Wort, das sie klar, streng und laut auszusprechen versuchte, physische Anstrengung kostete, »dein Vater ist der anständigste, feinste Mensch...«

»Nun hör schon endlich mal damit auf, Mutti! Gleich kommt, daß er unser letzter Schutz ist, daß er uns das Leben gerettet hat und so weiter und so weiter und so weiter.«

»Und stimmt das etwa nicht? Hätten wir ohne seine Hilfe überleben können?«

»Und findest du diese Hilfe so außergewöhnlich, daß du immer noch glaubst, vor Hochachtung in die Knie sinken zu müssen? Sie war das Selbstverständlichste, was es gibt, Mutti, und jeder Mensch mit einem Fünkchen Gewissen hätte uns diese Hilfe gegeben. Oder hätte Papa uns verrekken lassen sollen, nachdem es sein Volk war, das diese Verbrechen begangen hat, nachdem er uns aus Deutschland rausbugsiert und nach Bulgarien verfrachtet hat…«

»Das hat er nicht getan. Es war die letzte Möglichkeit. Wir haben zu lange gewartet. Du hast keine Ahnung von dem, was sich damals abgespielt hat.«

»Es ist mir ganz Wurscht, was sich damals abgespielt hat, ich sehe nur, was dabei herausgekommen ist.«

»Das ist nicht die Schuld deines Vaters. Er hat seine Pflicht bis zum äußersten getan…«

»Ich scheiß auf die Pflicht!«

»Angelika!«

»Und ich wiederhole: Es *war* seine Pflicht, und darauf braucht er sich nichts einzubilden. Davon abgesehen, ist die Pflicht seine einzige Liebe, und für die tut er alles. Nicht für dich, nicht für mich – wir sind nur Menschen. Menschen kann er nicht lieben – verstehe ich, aber das ist eine andere Sache –, und darum ist Pflichterfüllung für ihn ein Liebesersatz.«

»Er liebt dich, Angeli, ich weiß das und kann es vielleicht besser beurteilen als du.«

»Was liebt er, Mutti? Das kleine Mädchen aus der Hubertusallee? Das waren etwa drei Jahre, mittags und abends eine Stunde. Oder das etwas größere Mädchen vom Johannaplatz. Das waren drei Monate. Der Rest war das kleine Sonntagsmädchen. Und ab meinem zwölften Jahr war die Geschichte dann ganz aus. Also, was liebt er? Kann man einen Menschen lieben, den man nicht kennt, von dem man nichts weiß? Er muß da eine fixe Idee lieben, die Tochter, die das wird, was er sich wünscht, auf die er eines Tages stolz sein kann: ein gebildetes, manierliches, feines Mädchen, ein wertvoller Mensch, der an das Gute glaubt und Philosophie studiert. Na ja, da hat er sich aber tüchtig geschnitten! Ich bin genau das Gegenteil geworden, ob mit oder ohne meine Schuld, spielt keine Rolle. Also wäre das Wiedersehen eine Riesenenttäuschung geworden, und die ersparen wir uns jetzt alle. Er hat seine höhere Tochter geheiratet, und soll er damit glücklich werden. Mich persönlich kotzen beide an.«

»Das ist doch alles nicht dein Ernst! So ungerecht kann man doch gar nicht sein! Du kannst doch deinen Vater, der alles für dich getan hat und weiterhin alles für dich tun wird...«

»Vielen Dank! Ich möchte nichts mehr mit ihm zu tun haben, mit diesem unerhört anständigen, sauberen Mann, der uns den allerletzten Tritt versetzt hat. Während wir hier bis zu den Ohren im Dreck stecken und uns das Messer immer an der Gurgel steht, feiert er drüben Feste und Hochzeiten. Er kann mir gestohlen bleiben, Mutti! Das einzige, was er noch tun kann, und das ist seine verdammte Pflicht und Schuldigkeit und nicht etwa außergewöhnliche Feinheit und Güte, ist für dich sorgen. So es seine Frau, deine allerliebste Freundin, zuläßt.«

»Angelika, ich verstehe dich nicht mehr.«

»Was hast du erwartet, Mutti, daß ich als alles verzeihende Heilige aus dieser Hölle hervorgehe?«

Sie schwieg, und ich wußte, daß sie mich jetzt gleich mit diesem leidend-hilflosen Blick anschauen würde. Um nicht seelisch seekrank zu werden, begann ich in meiner Tasche zu kramen und Zigaretten und Streichhölzer herauszuholen.

»Du rauchst zuviel«, sagte meine Mutter, und ich antwortete: »Deine Sorgen und Rothschilds Geld möchte ich haben!«

Durch eine Rote-Kreuz-Nachricht hatte Else Fritz Schwiefert den Tod ihres gemeinsamen Sohnes mitgeteilt. Als bald darauf die Postverbindung zwischen Deutschland und Bulgarien wieder funktionierte, schrieb er ihr einen langen Brief. Sie antwortete darauf:

»Pitt, ich danke Dir für Deinen lieben Brief. Wäre er früher gekommen, hätte er mir vielleicht eine Hilfe sein können. Es hat lange gedauert, bis mir klar wurde, was mich, neben dem Gedanken, ihn nicht mehr zu haben, so schrecklich quält an Peters Tod. Nun hast Du es deutlich gesagt und – wie Du es eben kannst – schön und klar ausgedrückt.

Da war keine Lücke wie sonst, wenn ein geliebter Mensch stirbt. Da war keine Krankheit, kein Sterben. Da war gar nichts, ein Loch – früher kein Peter, jetzt kein Peter. Wie Du suche ich wie ein Hund seine Spur, Du vielleicht mehr im geistigen Sinne, ich auch körperlich, denn ich bin ja seine Mutter. Wenn ich nur wüßte, wie seine Hände, seine Haare sich angefühlt haben, wenn ich nur seine Wärme noch einmal hätte spüren können, seine Haut, seinen Mund, wenn ich nur noch einmal seinen Geruch hätte atmen können. Ich fasse manchmal sein Bild an, etwas von Peter muß doch spürbar sein. Aber es ist kalt, und es ist ja auch Sentimentalität. Man kann machen, was man will, es ist alles überflüssig. Er kommt nie wieder.

Wenn ich richtig weinen könnte, wäre es vielleicht besser. Aber ich kann nicht. Vor anderen Leuten bin ich wie sonst, ich gehe auch nicht in schwarzen Kleidern. Es ist ja alles so egal. Kannst Du mir vielleicht auch erklären, warum ich nicht daran zugrunde gehe? Eigentlich müßte ich doch längst zugrunde gegangen sein – nach all dem. Bin ich schon völlig abgestumpft, oder ist es Selbsterhaltungstrieb? Denn wenn ich mich einmal gehenließe, das weiß ich, dann würde ich schreien, schreien. Aber ich schreie eben nicht. Warum weine ich nicht Tag und Nacht, wie meine Mutter damals, als ihr Sohn starb? Es wäre leichter, glaube ich, so würgt es und würgt. Das schlimmste ist aber nicht, daß Peter für uns tot ist, sondern daß er, jung, gesund und am Anfang seines Lebens, nichts mehr davon hat. Alles war umsonst. Umsonst die Qual, umsonst die Sehnsucht, die Hoffnung auf das Ende, umsonst hat er seine große Liebe für uns gezeigt, indem er sich geopfert hat. Er wollte anfangen zu leben, er liebte das Leben, die Sonne, den Sommer, die Mädchen. Du wirst das alles verstehen, wenn Du seinen Brief liest, den ersten und letzten an mich, nach vier Jahren Schweigen.

Ich habe nichts gespürt, habe wie Du nie Angst um Peter gehabt. Ich glaubte ihn in Sicherheit in Palästina. Als ich den Brief las und erkannte, daß er schon vier Jahre in höchster Gefahr gewesen war, da war ich so dankbar, daß mir die Angst um ihn erspart geblieben war. Denn nun, dachte ich, ist ja alles überstanden...

In der Todesnachricht steht, daß Peter von einer Granate getroffen wurde. Er war sofort tot. Sein Gesicht war entstellt, heißt es. Er hatte Auszeichnungen, er war einer von den Ältesten in der Armee de Gaulle, ein mutiger Soldat und ein guter Kamerad. Er ist in der Nähe von Straßburg begraben, und ein paar Sachen, die er bei sich hatte, liegen in Paris. Wenn Du seine Briefe liest, dann wirst Du Deinen Sohn ein bißchen kennenlernen. Vielleicht ein bißchen wiederfinden. Aber es ist wenig.

Er wollte, wenn alles überstanden war, schreiben, sagt Ilse Hirsch, es war sein größter Wunsch. Er war der schönste Mensch, den sie kannte.

Dein Brief hat mir wohlgetan, und ich liebe Dich sehr, denn Du bist Peters Vater...«

»Mein lieber Pitt, Du sprichst von so fernen Dingen: Theater, Kammermusik, Abende am Kamin. Ich weiß kaum noch, was das ist, und wenn ich daran denke, empfinde ich eine Mischung aus vager Sehnsucht und gereizter Verständnislosigkeit. Und dann sprichst Du auch von unserer ›verklärten‹ Vergangenheit. Ich weiß nicht, was Du darunter verstehst. Was ist daran verklärt? Du scheinst immer noch in Deinem Elfenbeinturm zu leben, und die Not, die auch Dir nicht ganz fern geblieben sein kann, hast Du wohl mehr am Leib als im Herzen erfahren. Elend und Todesangst lassen sich weder idealisieren noch romantisieren. Sie sind das einzige, das sich nicht in schöne Worte kleiden läßt. Sie sind häßlich und machen häßlich, sie riechen schlecht, sie verwandeln die Menschen in gehetzte, um ihr Leben kämpfende Tiere und nur in den seltensten Einzelfällen in Märtyrer und Heilige. Unsere Vergangenheit, das war ein Rattendasein, das war Erniedrigung und Entwürdigung, Machtlosigkeit und Haß, Krankheit und Tod, Flucht und List, Angstschweiß und Zähneklappern, schmutzige Unterkünfte, gestopfte Kleider und weiße Bohnen. Verklärte Vergangenheit! Pitt, das war körperliche, seelische und geistige Zerstörung, das war ein acht Jahre langer Alptraum, aus dem man hin und wieder hochschreckte mit einem Schrei oder einem Wimmern und erkannte, daß der Alptraum Wirklichkeit war. Wo warst Du während dieser Zeit? In edler Abgeschiedenheit, in Deinem schönen Haus in Wannsee, in Deiner schönen Gedankenwelt, in Deinen schönen Träumen? Pitt, Millionen sind die fürchterlichsten Tode gestorben, und wir, die wir total unverklärt überlebt haben, werden nie, hörst Du, nie wieder das Grauen vergessen können.

Du wunderst Dich, daß ich so sehr auf einen Brief von Enie warte, das wundert mich nun wiederum. Immerhin war sie mir jahrelang die nächste Freundin, und häufig, wenn ich einsam war, habe ich in Gedanken mit ihr gesprochen, bin mit ihr durch Berlin gelaufen, habe mit ihr in Wannsee im Atelier gesessen. Sie schrieb mir so oft, und ihre Briefe waren die anregendsten und witzigsten. Aber der Brief, der nun endlich kam, war gar nicht mehr die alte Enie. Er war lahm, beinahe ein bißchen banal. Was ist mit ihr geschehen?...«

»Mein guter Pitt, Deine Reaktion Peters Briefen gegenüber habe ich vorausgesehen. Ich wußte, sie würden Deine Trauer nicht tiefer machen, Deine Liebe nicht stärker – im Gegenteil, sie würden eine Enttäuschung für Dich sein. Ich war so glücklich über Deine Trauer um unser Peterlein, daß ich sie Dir darum erst gar nicht schicken wollte. Doch letzten Endes wäre das falsch und feige gewesen, denn als sein Vater mußtest Du doch seine Gedanken und das Leben, das er geführt hat, kennenlernen.

Ich gebe zu, der Satz über Dich ist hart, aber Pitt, er war ja noch sehr jung, der Peter, vielleicht nicht mal so an Jahren wie in seinen Emotionen. Er war noch ganz im Überschwang und sehr radikal. Außerdem, glaube ich, schwingt in diesem Satz noch etwas anderes mit – eine Bitterkeit, die er vielleicht unbewußt von seiner Kindheit her gegen Dich im Herzen hatte. Denn Du warst ihm damals ja leider kein Freund, und er war noch nicht soweit, Dich zu kennen und zu erkennen, daß Du so sein mußtest oder, besser gesagt, nicht anders sein konntest. Ja, und weil er so ganz erfüllt war vom Haß auf die Deutschen – vergiß nicht, er hat entsetzlich gelitten unter dem, was man uns angetan hat – und weil seine Erinnerung an Dich nun eben nicht so positiv war, da hat es ihm irgendwie wohlgetan, gegen Dich ungerecht zu werden, und er hat aus einer kindlichen Rache heraus diesen Satz geschrieben. So denk' ich's mir, und vielleicht stimmt es auch gar nicht.

Entschuldige Pitt, Du wirst Dir selber Vorwürfe gemacht haben, es ist nicht recht, daß ich sie wieder hervorrufe. Auch ich kann nicht um unser Peterlein trauern ohne den ewigen Vorwurf, meine Pflicht gegen ihn vernachlässigt zu haben, und das macht es noch viel schmerzlicher. Wir waren so halt- und maßlose Menschen!

Das Photo von Peter, das mir Ilse geschickt hat und das ich hier habe vergrößern lassen, ist so schlecht wie alles, was hier gemacht wird. Retuschiert, bis nichts mehr im Gesicht drin ist. Ich habe ein großes, unretuschiertes, darauf sieht man den Menschen. Du schreibst, er habe einen skeptischen, etwas bitteren Zug um den Mund. Ich finde ihn eher melancholisch. Er wird wohl gewußt haben, was kommt. Sag, wo sind alle meine Photos von uns und den Kindern? Und die schönen Aufnahmen von Peter im Russenkittel, mit der steilen Kopfhaltung und dem klugen, arroganten Ausdruck? Wo ist das alles?

Weißt Du, ich habe das auch noch ein paar Jahre gespürt, das mit dem ›geistigen‹ Deutschland und daß es mein Land ist und meine Sprache und daß ich da herkomme und da hingehöre. Aber ich bin wohl doch eine richtige Jüdin, ich brauche Deutschland gar nicht mehr.

Das, was ich von ihm hatte, habe ich noch: die Sprache, die ich liebe, die Musik, die Literatur, die paar Menschen, an denen ich hing und die ich verstand, wie ich nie Menschen anderer Länder verstehen werde. Aber es ist abgeschlossen. Ich bin ganz woanders jetzt. Das, wofür ich früher gestorben wäre, wird mir gleichgültig sein. Mir ist alles so entsetzlich unwichtig, ich finde so vieles lächerlich, ich sehe und spüre zu stark, was hinter den Menschen und Dingen steckt – ein unbequemer Zustand. Ich glaube, ich könnte überall leben, wo es schön ist, wo ich meine Kinder habe und ein Auskommen. Hier allerdings nicht, hier habe ich es nie gemocht.

Theater – was ist das eigentlich? Ich war nie mehr in einem und habe auch keine Lust darauf. Mit Euch, die ich liebe, zusammensein, das will ich. Aber ich werde mich vielleicht vor Euch genieren, weil ich nur dasitzen und mich kaum verständlich machen kann. Das Sprechen fällt mir so schwer wegen meiner Gesichtslähmung. Das war ein schwerer Schlag für mich. Mir fällt so viel ein, und ich trau' es mich nicht zu sagen...«

Mizo ging mit meiner Mutter zum Arzt. Als sie nach Hause kam, erklärte sie, es sei so, wie sie es sich gedacht habe, die Fazialisnervlähmung habe sich durch die ständigen Schrecken und Aufregungen der letzten Zeit verschlechtert und das einzige, was sie brauche, wären Ruhe, Entspannung und bessere, vitaminreiche Ernährung.

Ich war sehr erleichtert und sagte, da es in unserem Leben nicht mehr schlimmer werden könne, müsse es eigentlich besser werden, und dann hätte sie auch mehr Ruhe. Außerdem strenge sich ja mein Vater wirklich an, sie so schnell wie möglich nach Deutschland zurückzuholen.

»Nicht ohne dich!«

»Gut, gut, gut, nicht ohne mich.«

Am nächsten Tag rief mich Mizo in der amerikanischen Mission an und bat mich, nach Arbeitsschluß zu ihm zu kommen. Er hätte mir etwas zu sagen.

Ich ging hin. Bettina bügelte mit einem großen Eisen voll glühender Kohlen. Sie sah mich mit verschrecktem Gesicht an und sagte: »Tag, Angeli.« Der kleine André war nicht im Zimmer.

»Irgendwas ist doch wieder passiert«, sagte ich, »aber was? Es ist doch schon alles passiert.«

Mizo, der wie üblich auf dem Bett gelegen hatte, stand auf, ging zu mir und nahm mich in die Arme. Über seine Schulter hinweg blickte ich zu Bettina hinüber. Sie hielt den Kopf hartnäckig gesenkt und murmelte: »Es nimmt einfach kein Ende.«

»Es ist deine Mutter«, sagte Mizo, »sie ist sehr krank...« Er ließ mich los und fragte: »Hast du eine Zigarette?«

Ich holte das Päckchen aus meiner Tasche, und wir zündeten uns beide eine an.

»Es ist eine ziemlich unbekannte Krankheit«, fuhr er fort, »Multiple Sklerose. Sie geht vom zentralen Nervensystem aus und schreitet nicht allmählich, sondern in Schüben fort. Manchmal können die Lähmungen lokal bleiben, aber meistens treten sie am ganzen Körper auf. Bis jetzt weiß man nicht, wodurch diese Krankheit hervorgerufen wird. Es gibt keine Heilung.«

»Willst du damit sagen, daß Mutti...«

»Angelika, ich bin Mediziner, und ich kann und darf dir nicht die Wahrheit verschweigen. Deine Mutter weiß nichts, Bettina habe ich es schon gesagt, jetzt sage ich es dir: Sie hat nicht mehr lange zu leben.«

Da war kein Schock mehr, keine Verzweiflung, kein Schmerz. Da war nur eine Leere, so ungeheuerlich, daß ich ganz darin aufging, schwerelos war, vielleicht gar nicht mehr war.

»Angeli«, rief Bettina, und Mizo sagte: »Komm, setz dich hin, ich weiß, es ist entsetzlich für dich... für uns alle! Wir müssen jetzt sehr stark sein.«

Warum ließen sie mich nicht in meiner Leere? Es war so schön, überhaupt nichts mehr zu spüren, keinen Körper mehr zu haben, keinen Kopf, keine Gedanken, keine Gefühle. Es war so schön, nicht mehr zu sein.

»Mutti muß so schnell wie möglich nach Deutschland«, sagte Bettina, »ich glaube ganz fest daran, daß man ihr in Deutschland helfen kann.«

»In der Medizin sind sie dort weiter fortgeschritten«, sagte Mizo, »vielleicht könnte man ihr Leben zumindest ein paar Monate verlängern.«

Deutschland, das Märchenland. In Schutt und Asche, aber der Nimbus blieb.

»Du mußt Papa schreiben, daß Mutti sehr krank ist«, sagte Bettina.

»Du mußt sehr, sehr lieb zu ihr sein, aber sie nie auch nur ahnen lassen, wie es um sie steht«, sagte Mizo.

»Könnt ihr mich nicht in Ruhe lassen!« schrie ich.

Mizo holte eine seiner Beruhigungstabletten vom Nachttisch und hielt sie mir hin.

»Ich brauche nicht eine«, sagte ich, »ich brauche alle, alle, die du hast.«

»Was meinst du damit?« fragte er streng.

Bettina rannte aus dem Zimmer, aber nicht schnell genug. Ich hörte sie noch aufschluchzen.

»Wenn du das noch mal sagst«, drohte Mizo, »haue ich dir eine runter. Ein siebzehnjähriges Mädchen, schön, gesund! Du hast dein ganzes Leben vor dir!«

»Nein, hinter mir. Die Vergangenheit ist mein Leben.«

»Blödsinn!«

Ich ging in den »Park des Volkes«. Es dämmerte. Die Luft war sehr warm und schwer. Ich legte mich auf eine Bank und schloß die Augen. Sofort waren die Bilder da – Bilder aus einer fernen Vergangenheit, die ich irgendwann einmal geträumt hatte: meine Mutter in einem Garten, ganz rund und ganz braun, das Gesicht strahlend, die Arme ausgebreitet: »Komm zu mir, mein Schmaltier, laß dich küssen!« Mein Bruder und ich ›San Francisco, open your Golden Gate‹ singend. Meine Großeltern Kirschner auf der Terrasse unter dem roten weißgetupften Sonnenschirm. Mein Vater und ich, Hand in Hand, durch den Grunewald gehend, Herbstlaub auf der Erde, duftend, raschelnd. Ich versuchte, die barmherzige Leere zurückzurufen. Es gelang mir nicht. Ein Wirbelsturm an Bildern und dazu die Stimme in mir: Mutti stirbt, Peter ist gefallen, Omutter ist umgebracht worden, Papa gibt es nicht mehr, Mutti stirbt, Peter ist gefallen...

Und plötzlich der Schmerz über der rechten Augenbraue, ein Wahnsinnsschmerz, auf einen ganz kleinen Punkt konzentriert, ein Schmerz, der viele Jahre dort gelauert und alle Schmerzen dieser Welt eingefangen hatte. Er verschlang die Bilder, die Stimme in mir. Er verschlang mich.

Ich sprang auf, preßte die Faust auf die tobende Stelle, lief zu einem Baum, schlug meine Stirn gegen den Stamm, wieder und wieder. Ich mußte ihn töten, diesen Schmerz, bevor er mich tötete. Und dann kamen die Tränen, eine Dusche an Tränen, und Minuten später, genauso plötzlich, wie er mich überfallen hatte, war der Schmerz verschwunden.

Ich ging nach Hause. Die Tränen liefen mir immer noch über das Gesicht, und ich fühlte mich ausgewrungen wie nach einer schweren Krankheit.

»Wie siehst du denn aus?« fragte meine Mutter. »Hast du geweint?«

»Ja, vor Schmerzen. Da war dieser mörderische Schmerz. Hier, über der rechten Braue. Ganz kurz nur, aber unerträglich.«

Sie sah zu mir auf, besorgt, ängstlich, hob die Hand mit den gekrümmten Fingern und strich über die rechte Seite meiner Stirn: »Wo? Hier?«

»Mutti, es ist ja schon längst vorbei.«

»Willst du dich nicht etwas hinlegen?«

»Nein, ich werde um acht Uhr abgeholt, ich muß mich beeilen.«

Sie sah mir beim Umziehen zu, schweigend, aufmerksam, so wie man ein interessantes Theaterstück auf der Bühne verfolgt.

Sie stirbt, und ich gehe tanzen, dachte ich, und wenn ich tanze und trinke und bewundert werde, wenn ich das Verlangen der Männer und meine Macht über sie spüre, dann vergesse ich, daß sie stirbt, dann vergesse ich alles und alle: die, die mir das angetan haben und antun, die mich verlassen haben und verlassen, die tot sind oder sterben.

Captain Benson war versetzt worden und ich jetzt ganz ins amerikanische Lager übergewechselt. Ich arbeitete für die Amerikaner, ich amüsierte mich mit ihnen. Der Unterschied war der, daß ich anstatt Gin mit Lime Whisky mit Coca-Cola trank, anstatt Players Camel-Zigaretten rauchte, anstatt Cadbury Hershey-Schokolade aß, und der, daß ich mich oft gegen meine amerikanischen Befreier und Beschützer zur Wehr setzen mußte. Sie wollten einfach nicht akzeptieren, daß es in ihren Kreisen ein Mädchen gab, das nicht käuflich war. Es war nicht Sittlichkeit, die mich von diesem letzten Schritt zurückhielt, sondern Furcht, Furcht, mich zu verschleudern und zu verlieren. Nur die Liebe rechtfertigte den mir drastisch beschriebenen, gräßlichen Akt, und ich liebte ja keinen.

Es war Juni 1946 und der Eiserne Vorhang nur noch eine Handbreit offen. Ich wußte nicht, wie es mit mir weitergehen sollte. Die beiden Missionen bereiteten sich darauf vor, das Land zu verlassen. Wenn ich zurückbliebe, würde ich als Staatenlose und ehemalige Angestellte der Amerikaner nicht mehr lange auf freiem Fuß sein. Und auch die Rückkehr nach Deutschland, die mein Vater so eifrig betrieb und mit der meine Mutter rechnete, wäre dann hinfällig. Nicht, daß ich sie herbeigesehnt hätte, mir graute davor, aber wenn ich die Alternative in Betracht zog, war Deutschland besser als ein bulgarisches Lager. Nur würde ich unter den gegebenen Umständen gar nicht mehr die Wahl haben. Mit anderen Worten, mein Schicksal war so gut wie besiegelt und einem Todesurteil gleich.

Wir hatten durchgehalten – wofür?

Ich tanzte und trank und ließ mich bewundern. Es war so schön zu vergessen – alles und alle. Doch wenn die Kapelle ›Good night, sweetheart, till we meet tomorrow‹ spielte, verschwand ich irgendwo in einer dunklen Ecke und weinte. Für mich gab es kein »tomorrow«. Ich würde nie mehr tanzen, trinken, bewundert werden. Ich würde die Liebe in ihrer Vollendung nie erleben.

Es war am Ende einer dieser Parties, daß ich mit dem attraktiven Colonel der Air Force, demjenigen, der mir die Arbeit in der Mission verschafft hatte, tanzte. Er erinnerte mich an Clark Gable, den ich in ›Vom Winde verweht‹ gesehen und angebetet hatte. Er war von durchdringender Männlichkeit, hielt mich fest an sich gedrückt, Körper an Körper, Wange an Wange. Er duftete nach Old-Spice-Rasierwasser. Es gab überhaupt keinen Zweifel, ich war in ihn verliebt. Die Kapelle spielte ›Unforgettable‹, und der Colonel sagte, er habe jetzt ein Jahr auf mich gewartet, und er würde in einer Woche Bulgarien verlassen. Ob ich am Wochenende zu ihm kommen könne?

Ich ging zu ihm und lernte die Vollendung der Liebe als Vergewaltigungsakt kennen.

Eine Woche später traf mit dem Flugzeug, mit dem der Colonel Bulgarien verließ, der letzte amerikanische Offizier zu Abwicklungsarbeiten in Sofia ein. Er hieß Edward S. Psurny, und wenn ich meiner Mutter glauben durfte, war es der liebe Gott persönlich, der ihn mir geschickt hatte.

»Wenn ich nun also nach Deutschland komme«, schrieb Else an ihren ersten Mann, Fritz Schwiefert, »komme ich ohne Angelika, denn sie hat sich verheiratet. Und wenn der Mann auch kein Engländer ist, sondern Amerikaner, und wenn dieser Schritt, der ja auf Dauer sein sollte, etwas zu schnell ging, um in Einzelheiten überprüft zu werden, so ist er doch in vieler Hinsicht günstig und war, was Angelikas hiesige Situation betrifft, sogar notwendig. Davon abgesehen ist der Mann charakterlich einwandfrei, groß, gutaussehend, herzlich, zwölf Jahre älter als Angelika und ihr in einem Maße ergeben, daß ich nicht umhin kann, für ihn zu fürchten. Denn Angelika ist und war schon immer sehr merkwürdig. Auf jeden Fall ist sie zur Zeit noch im siebenten Himmel, heißt Mrs. Psurny und hat, als Frau eines amerikanischen Offiziers, alle nur erdenklichen Vorteile: eine große, wunderschöne Wohnung, Dienstmädchen, Auto mit Chauffeur, elegante Kleider und Pelze, Zigaretten, Kaffee und Schokolade. Sie ist schön, vergnügt und verliebt und stellt sich das Leben von nun an leicht und heiter vor. Wenigstens hat man diesen Eindruck. Was sie wirklich denkt und fühlt, weiß man bei ihr nie. Sie ist undurchdringlich. Der arme Gute war sehr betroffen, als ich ihn in einem Brief von Angelikas Heirat benachrichtigte und sie selber kein einziges Wort hinzufügte. Er steht jetzt mit leeren Händen da, hat seine einzige Tochter so gut wie verloren. Sie ist ihm gegenüber völlig verändert, hat es wohl nicht überwunden, daß er wieder geheiratet hat. So enttäuscht und verletzt war sie, daß es mir nicht einmal gelang, vernünftig mit ihr darüber zu sprechen. Sie sagt, sie wolle weder von noch über ihren Vater hören. Überhaupt hat unser Schicksal sie nicht mitleidig, liebevoll und weich gemacht, sondern zornig, kalt und hart. Ich bin, was sie betrifft, auf einige Überraschungen gefaßt und fürchte, es wird lange dauern, bis sie die letzten acht Jahre verdaut hat.«

Im Frühjahr 1947 wurde Mizo Professor an der Universität in Plovdiv, der zweitgrößten Stadt Bulgariens, und Bettina verließ mit ihm und ihrem inzwischen zweijährigen Sohn Sofia.

Meine Mutter litt sehr unter der Trennung von ihrer Tochter und dem Enkel.

»Tina fehlt mir jetzt besonders«, schrieb sie an Fritz Schwiefert, »sie ist so reizend und verständnisvoll geworden.«

Das konnte sie von mir leider nicht behaupten. Ich versorgte sie mit Zigaretten und Lebensmitteln. Ich besuchte sie manchmal auf eine halbe Stunde oder ließ sie mit Auto und Chauffeur abholen und in meine Wohnung bringen. Aber es waren quälende Besuche. Ich konnte, ich wollte sie nicht sterben sehen. Ihre Augen nahmen in dem Maß an Größe und Ausdruck zu, in dem sie immer weniger wurde, immer undeutlicher sprach. Es war ihnen nicht zu entkommen, diesen Augen, mit denen sie mich um Verzeihung, um Geduld, um Liebe bat, mit denen sie mein ruheloses Hinundher mit Bestürzung, mit Resignation, mit Beunruhigung verfolgte, mit denen sie mir ihr Unglück, ihre Einsamkeit, ihre Hilflosigkeit enthüllte. Ich konnte und wollte sie nicht sehen, diese schönen, dunklen Sonnen, in die sich langsam und unaufhaltsam die Finsternis senkte, die mich unglücklich machten, zur Verzweiflung trieben und das gefürchtete Mitleid hervorriefen, ein Mitleid so grenzenlos, daß es in Wut umschlug, in Wut auf mich, auf sie, auf dieses verdammte Leben. Ich wollte glücklich sein, mir wenigstens einbilden, glücklich zu sein, ich wollte dieses neue, angenehme Dasein genießen, mir wenigstens einbilden, es zu genießen, ich wollte die jahrelange Not, das Leid, die Angst abschütteln, mir wenigstens einbilden, daß es sich abschütteln ließe. Ich hatte genug von der Misere, genug, mehr als genug, ein für allemal genug. Wie kam sie dazu, mich jetzt, da ich endlich ein menschenwürdiges Leben führen konnte, mit ihrem Sterben, ihren Augen zu verfolgen. Hatte ich sie nicht viel zu lange und viel zu sehr geliebt? Hatte ich mich nicht von ihr befreit und das Recht, befreit zu bleiben? Ja, ich hatte das Recht, und ihr Sterben würde mich nicht zwingen, meine Freiheit wieder aufzugeben.

»Angelika«, sagte Ed, mein Mann, der meine Mutter mit unbelasteter, ungezwungener Zuneigung behandelte, »sie verlangt doch gar nichts von dir.«

»Das ist noch viel schlimmer«, gab ich zur Antwort, »warum kann sie nicht mehr schimpfen und schreien und fordern? Warum muß sie mir mit ihren Augen Schuldgefühle einjagen?«

»Darling, wir gehen ja nun bald, und deine Mutter auch. Es wird dann für dich und für sie viel leichter werden.«

Ed wurde ausgerechnet nach Deutschland versetzt, und ich stand dieser unerwarteten Wende mit Unruhe und Zweifeln gegenüber. Irgendwann im Mai würde ich Bulgarien verlassen – das Land, in dem ich von einem überempfindlichen Kind zu einer unerbittlichen Frau herangewachsen war, in dem ich großes Unglück und, mit sechzehn, in Buchowo, großes Glück erfahren hatte, das Land, das mich für den Rest meines Lebens geprägt hatte.

Irgendwann im Spätsommer würde meine Mutter Bulgarien verlassen – das Land, in dem sie Zuflucht gefunden und die Hölle erlebt hatte, das Land, in dem aus einer schönen, vitalen Frau eine physisch und psychisch zerstörte Kreatur geworden war.

Wir würden Bulgarien verlassen, sie um zu sterben, ich um zu leben.

»Ich habe nun meine amerikanische Einreiseerlaubnis«, schrieb sie an Fritz Schwiefert, »bleibt mir nur noch die Ausreisegenehmigung. So Anfang September werde ich dann wohl kommen. Außer von Tina und André wird mir der Abschied von der Sonne schwer. Was werde ich in Deutschland frieren – körperlich und seelisch.«

Sie bereitete sich auf die Reise vor, verkaufte den letzten Ring, ließ sich die Haare rotbraun färben und die Zähne, die in sichtbar schlechtem Zustand waren, reparieren. Sie ließ sich die Kleider, die ihr am Leibe schlotterten, enger machen und kaufte auf dem schwarzen Markt einen Kostümstoff. Dann fuhr sie zu meiner Schwester nach Plovdiv und blieb zwei Wochen dort.

Als sie wieder zurück war, kam sie zu mir zum Kaffee. Sie trank in kleinen, vorsichtigen Schlückchen und erzählte von Bettina: In was für ärmlichen Verhältnissen sie hause! Eine häßliche Wohnung, die sie darüber hinaus mit einer anderen Familie teilen müsse. Das Geld, das Mizo als

Professor verdiene, reiche gerade für das Notwendigste, aber ein neuer Rock sei nicht mehr drin. Bettina schufte von morgens bis abends, um die zwei Zimmer sauber und ordentlich zu halten, die Böden zu schrubben, die Wäsche zu waschen, nach Lebensmitteln anzustehen, etwas halbwegs Vernünftiges zu kochen. Ich mußte sehr aufpassen, um sie zu verstehen, und mich zusammennehmen, um ruhig sitzen zu bleiben und mir anzuhören, in welcher Misere meine Schwester dahinvegetierte. Wollte meine Mutter, daß ich mich meines guten Lebens schäme, daß ich ein schlechtes Gewissen bekäme, daß ich vor Mitleid zerschmölze? Trug sie mir nach, daß ich wieder einmal alles, meine Schwester nichts hatte? War ich etwa dafür verantwortlich?

»Und sie ist so tapfer«, sagte meine Mutter, »so anständig und opferwillig.«

»Siehst du, Mutti, und das bin ich nun alles nicht. Und ich bin froh, daß ich's nicht bin. Das fehlte mir gerade noch!«

»Du bist ein ganz anderer Mensch, ich weiß nur noch nicht, was für einer.«

»Und du, Mutti, was warst du in deiner Jugend für ein Mensch?«

»Ein Mensch, der ich heute wünschte, nicht gewesen zu sein. Und du mußt aufpassen, daß es dir nicht auch so geht.«

»Es ist mir egal, Mutti, was ich in dreißig Jahren wünschen werde. Was ich jetzt wünsche und mir dank eines glücklichen Zufalls leisten kann, ist das einzige, was für mich eine Rolle spielt. Acht Jahre genügen, und kein Mensch hat das Recht, mir zu sagen, wie ich jetzt, nachdem sie mehr oder weniger überstanden sind, mein Leben zu führen habe. Was ich von nun an daraus mache oder nicht mache, geht niemanden mehr etwas an.«

»Angeli, ich will nichts anderes, als daß du glücklich wirst.«

»Das liegt doch nicht in deiner Hand, Mutti, das haben wir doch nun zur Genüge feststellen können.«

»Aber es liegt von jetzt an in deiner Hand.«

»Ja, bis zum nächsten Mal.«

»Wie kann man mit achtzehn Jahren so negativ sein!«

»Dreimal darfst du raten!«

Es war das letzte Gespräch, das ich in Bulgarien mit meiner Mutter führte, ich könnte sagen, das letzte Gespräch überhaupt, denn in Deutschland wich ich ihr bis zur letzten Stunde aus.

Einen Tag vor meiner Abreise verabschiedete ich mich von ihr. Ich ging in die Ulitza Murgasch, in die kleine Stube, in der ich zwei Jahre mit ihr gelebt hatte. Ich betrachtete den grünen Kachelofen, den ich im Winter jeden Morgen geheizt, den Spirituskocher, auf dem stundenlang die weißen Bohnen gekocht hatten; ich betrachtete die zwei schmalen Bettgestelle, die morschen Dielen, den schäbigen Schreibblock und den Federhalter auf dem viereckigen, hochbeinigen Tisch, das Photo meines toten Bruders.

»Ja«, sagte meine Mutter, die meinem Blick gefolgt war, »das hast du ja nun, Gott sei Dank, hinter dir.«

»Du auch.«

Sie schwieg und lächelte ein entsetzlich trauriges Lächeln. Ich schaute schnell weg.

»Wenn du zu Bettina fährst«, sagte ich, »umarme alle von mir.«

»Du wirst sie wahrscheinlich lange nicht wiedersehen.«

»Sie wird uns bald in Deutschland besuchen.«

»Glaubst du wirklich?«

Sie sah mich an, als hinge Bettinas Besuch von mir ab. Ich nickte. Natürlich glaubte ich es nicht wirklich – was glaubte ich schon wirklich –, aber daß ich meine Schwester achtzehn Jahre lang nicht wiedersehen sollte, das hätte ich auch nicht geglaubt.

»Gib dem guten Ed einen Kuß von mir«, sagte meine Mutter, »ich bin so froh, daß du ihn hast. Er liebt dich sehr.«

»Ich ihn auch.«

»Ich habe deinem Vater geschrieben, daß du kommst.«

»Das hättest du lieber lassen sollen. Ich werde ihn nicht sehen.«

»Du kannst uns nicht verzeihen, nicht wahr?«

»Was hast du damit zu tun?«

»Wir haben vieles falsch gemacht.«

»Hör auf, Mutti!«

Sie umarmte mich: »Auf Wiedersehen, meine Kleine, ich hab' dich schrecklich lieb.«

Ich spürte ihren ausgemergelten Körper, ihre ausgetrockneten Lippen, ihre gekrümmten Hände, und ich dachte: Das war einmal meine Mutter.

Ich verließ Bulgarien am 23. Mai 1947.

Meine Mutter traf drei Monate später in Deutschland ein. Sie lebte noch eineinhalb Jahre.

Die folgenden Briefe, die sie in dieser Zeit schrieb, dokumentieren ein zerstörtes Land, ein zerstörtes Volk und einen zerstörten Menschen.

Und es war doch schön, das Leben

Garmisch, September 1947

Bettina, meine Süße, heute ist der 8., und ich bin endlich, endlich (!) in Garmisch. Ich habe von Salzburg bis München (drei Stunden) mehr Scherereien gehabt als von Sofia nach Salzburg. Alle Auskünfte, die ich vorher eingeholt hatte, waren falsch. Dadurch hatte ich während meines Aufenthalts in Salzburg so viel zu erledigen, daß ich kaum etwas von der herrlichen Stadt gesehen habe. So viele schöne alte Häuser und so reizende Mädchen in Trachten, und alles war überhaupt so hell und sauber und freundlich. Im Zug saß ich dann am Fenster und schaute hinaus und freute mich an der Landschaft, die so anders aussieht als die bulgarische – so grün, sanft und süß, kleine Häuser, eins reizender als das andere, Blumen in den Fenstern und Gärten, die Menschen so klar und sauber, die Höfe so ordentlich, jedes Huhn, jede Gans wie frisch gewaschen, die ganze Landschaft wie gerade aufgeräumt oder gemalt in einem Bilderbuch. Und das ist bis heute mein stärkster Eindruck: diese Gepflegtheit. Ich bin wie befreit, so als sei etwas, das mich jahrelang bedrückt hat, von mir abgefallen. Ich merke, daß mir diese deutsche Kultur, Ordnung und Sauberkeit, so notwendig ist wie Essen und Trinken.

Na weiter. Die letzte Etappe Salzburg-München legte ich in einer brechend vollen bayerischen Kleinbahn zurück, in der die Leute unerhört schimpften und spotteten: über die Amerikaner, über die Engländer, über die Juden, über die Verordnungen, die Lebensmittelknappheit, die Organisationen. Da sie mich für eine Ausländerin hielten und glaubten, ich verstünde kein Wort, sprachen sie munter drauflos. Nach einer Weile wurde mir das zu bunt, und als jemand eine besonders freche Bemerkung machte, sagte ich: »Seid ihr mal lieber vorsichtig, ich spreche genauso gut Deutsch wie ihr.« Diese Gesichter hättest Du sehen sollen, diese dummen, blonden, bayerischen Gesichter. Damit sie sich von ihrem Schreck erholten, teilte ich Zigaretten aus und gab den Kindern Bonbons, und daraufhin liebten sie mich alle furchtbar. Als wir schließlich in München ankamen, drei Stunden zu spät, beluden sie sich mit meinem Gepäck und führten mich im Triumphzug zur Sperre.

Ich war überzeugt, daß mich der Gute längst aufgegeben hatte und fortgegangen war, aber da stand er treu und brav und schaute in eine Richtung, aus der ich gar nicht kommen konnte. Typisch! Ich rief und rannte auf ihn zu, und alles war wie immer – dieselbe warme, tiefe Beziehung, kein Fremdheitsgefühl, keine Befangenheit. Papa ist nicht verändert, etwas dünner geworden vielleicht, ein wenig gebeugt, und die Haare an den Schläfen sind weiß. Aber sonst ist er der Alte – lieb und gut.

Wir übernachteten bei Freunden von Papa, und auch da war alles hübsch und gepflegt, gekacheltes Bad, weißes Waschbecken, aber kein warmes Wasser und keine Elektrizität, wegen Strombeschränkung. Darüber wunderte ich mich, aber am nächsten Tag sollte ich mich noch viel mehr wundern. München ist ein einziger Trümmerhaufen, kaum ein Haus der alten Innenstadt intakt, nur die Fassaden stehen noch. Die Straßen sind voller Bombenkrater und Geröll. Die Menschen sehen nicht verhungert aus und auch gar nicht so schlecht angezogen, nur haben viele junge Leute bereits weiße Haare. Und die Ehrlichkeit, die berühmte deutsche Ehrlichkeit ist flöten. Es wird gestohlen, was nicht niet- und nagelfest ist: Koffer verschwinden, Kisten werden geplündert, Lastwagen ausgeraubt. Unvorstellbar, nicht wahr?

Den nächsten Tag fuhren wir nach Garmisch weiter, wo Papa, Lilo und ihre Tochter Beate in einem Zimmer plus Veranda wohnen, essen, schlafen und alles drunter und drüber geht. Aber das Haus ist reizend, der Garten wunderschön, die Landschaft so lieblich – es ist eben, trotz Armut, Primitivität und Knappheit an allen Ecken und Enden, nicht mit Bulgarien zu vergleichen. Ich wohne in einem anderen Haus, in einem besonders hübschen Zimmer. Auf den Korridoren stehen schöne alte Möbel, alles ist sehr geschmackvoll.

Sowohl Papas als auch meine Wirtin sind große, blonde

Damen, die Mann und Vermögen verloren haben und sich und ihre Kinder ernähren, indem sie ihr Haus zimmerweise vermieten. Aber nichts ist verkommen oder schmutzig. In meinem Haus wohnen drei blonde Mädelchen, und wenn ich abends ins Bad gehe, liegen da drei kleine Häuflein Kinderwäsche, ein Stück genau auf dem anderen.

Ich esse zusammen mit Papa, Lilo und Beate, die mich mit Liebe und Aufmerksamkeit überschütten. Bei Papa ist es bestimmt echt, bei Lilo weiß ich es noch nicht. Sie sieht schlecht aus, sehr abgemagert und gar nicht mehr hübsch. Ihre berühmt schönen Hände sind rauh und breit geworden, denn sie kocht, putzt, wäscht und stopft, so wie die Frauen in Bulgarien. Beate, acht Jahre alt, ist niedlich und affektiert, spielt ständig Theater, ist mir aber dennoch sympathisch.

Ich habe mit Papa schon lange Spaziergänge gemacht, und wir haben uns offen über alles ausgesprochen. Das ist das Positivste, was ich bis jetzt hier erlebt habe. Ansonsten ist das Leben in Deutschland unendlich kompliziert. In geistiger Hinsicht gefällt es mir nicht, in materieller existiert es nicht mehr. Es gibt nichts, aber auch gar nichts zu kaufen und zu essen. Dafür gibt es zahllose Ämter, Behörden und Organisationen, durch die man durch muß, bevor man überhaupt atmen darf. Einreisen, verreisen, ausreisen, einziehen, umziehen, wegziehen, alles ist mit grotesken Rennereien, Betteleien, Formularen, Stempeln und Bewilligungen verbunden. Mein Kopf ist bis zum Platzen mit einem Wust an Gedanken und Fragen gefüllt, die ich nicht zu Ende denke oder frage, aus Angst vor der Antwort. Es ist alles fremd, so anders, so unbestimmt und unentschieden, und manchmal dringt doch der heimliche Gedanke durch: Warum bist du eigentlich hergekommen? Was sollst du hier? Ich suche den Sinn und finde ihn nicht. Vielleicht ist alles noch zuviel für mich und ich muß mich erst beruhigen. Ich könnte immerzu weinen und lachen. Es ist so traurig und dann wieder sehr komisch. Ich sehe ja, Gott sei Dank, auch noch im Tragischsten die Komik.

Hättest Du auf dem Bauernhof nur nicht so geweint, mein Tinlein. Und mein kleiner Junge, was macht er?

Ich küsse Euch alle drei und sehne mich nach Euch.

Garmisch, Oktober 1947

Mein gutes, kleines Tinlein, endlich kam Dein sehnlichst erwarteter Brief. War es nicht eigentlich Wahnsinn von mir, nach Deutschland zurückzugehen? Ich überlege dauernd, wie ich wieder mit Euch zusammen sein kann – hier oder dort. So geht es auf die Dauer nicht!

Du willst wissen, wie ich hier lebe, also werde ich es Dir ausführlichst beschreiben:

Mein Zimmer, das um die Ecke von Papas lag, habe ich aufgeben müssen, und jetzt wohne ich eine halbe Stunde weit von ihm entfernt in einer Pension für rassisch, religiös und politisch Verfolgte. Um »wiedergutzumachen«, was an uns verbrochen wurde, erhalten wir hier Vergünstigungen, die uns das tägliche Leben einigermaßen erleichtern. Ich mußte dreimal nach München und dort auf verschiedene Behörden wegen der Zuzugsgenehmigung nach Garmisch. Man ist mir überall mit großer Teilnahme entgegengekommen, und nun habe ich also die Wohnerlaubnis, die zu erlangen für normale Sterbliche völlig aussichtslos ist. Demnächst ziehe ich dann zum drittenmal und hoffentlich endgültig in ein Zimmer, das sich in Papas Haus befinden wird. Es war sein Wunsch, und in Anbetracht dessen, daß er in seiner eigenen Behausung langsam verrückt wird, ist das wohl auch die beste Lösung. Er kann dann in mein Zimmer ausweichen und wenigstens ein paar Stunden am Tag allein sein. So wie er jetzt ist, habe ich ihn noch nie gesehen: ungeduldig mit Lilo und furchtbar ungerecht gegen Beate, die darunter sehr zu leiden hat. Wenn er schlechter Laune ist, schimpft er unaufhörlich mit ihnen herum und benimmt sich überhaupt sonderbar. Die beiden können ja nun wirklich nichts für die Misere. Aber oft ist er auch wieder reizend und vergnügt und mit mir von großer verständnisvoller und hilfsbereiter Güte. Er hat mich auf jede Behörde begleitet, und es gab nichts, das ihm zuviel wurde. Lilo finde ich außerordentlich geduldig, sanftmütig und tapfer. Sie arbeitet viel, beklagt sich nie, tut für mich, was sie kann, und ist in jeder Beziehung taktvoll.

Der Tag verläuft für mich folgendermaßen: morgens Frühstück in meinem Zimmer, dann Besorgungen, Einkäufe etc., dann Mittagessen bei Papa (Kartoffeln mit Sauce oder Sauce mit Kartoffeln), dann in der Sonne liegen (so es sie gibt) oder schlafen, dann Five o'clock tea mit einer Scheibe Brot dazu, dann Briefe schreiben (meistens geschäftliche für Papa), dann Abendessen, dann schlafen. Schmecken tut's nicht so gut, aber dafür kann die arme Lilo nichts, denn koche Du mal schmackhaft ohne Zwiebeln, ohne Fett, ohne Pfeffer. Es schmeckt eins wie das andere und nach gar nichts.

Momentan sitze ich auf dem Balkon, und über mir brüllt ein Säugling. Im Zimmer links von uns wohnen slowakische Flüchtlinge, Vater, Mutter und fünf Kinder, alle in einem Raum. Im Zimmer rechts von uns eine Mutter mit ihrem zehnjährigen Sohn und über uns die Eltern des Säuglings, die sich andauernd prügeln. Vor mir ist der Sportplatz. Dort amüsieren sich die Amerikaner, fahren mit ihren Autos mitten rauf, marschieren mit Musik, schmettern die Nationalhymne, hüpfen dann wieder in ihre Autos und fahren weg. Und um mich herum liegt das ganze herrliche Garmisch, die Berge, strahlend blauer Himmel und Sonne – es könnte sehr schön sein, wenn einem selber schöner wäre. Oft gehe ich auch zum Arzt, der mir Injektionen macht, aber besser wird mein Gesicht wohl nicht mehr werden. Nur eine Besserung merke ich vielleicht: Ich scheine mich weniger zu verschlucken. Meine Kehle ißt und trinkt besser.

Je öfter ich nach München komme, desto entsetzter bin ich. Diese Zustände! Straßenbahnen fahren wegen Stromersparnis nur morgens zwei Stunden und nachmittags bis acht Uhr abends, Autos gibt es nicht, man muß rennen, bis man nicht mehr kann, schlafen mal bei dem, mal bei jenem, niemand hat was zu essen, die Coupons reichen nicht hin und nicht her, überall schleppt man seine Lebensmittel mit, es ist schauderhaft. Im Theater war ich kein einziges Mal, nur einmal im Kino. Beim Friseur muß man sich eine Woche vorher anmelden, Schuster, überhaupt alle Handwerker, arbeiten nur für Zigaretten, und dann auch nicht. Die Preise auf dem Schwarzmarkt sind unerschwinglich: ein Pfund Zwiebeln 25 Mark, ein Pfund Erbsen 30 Mark, Zucker gibt es nicht, Eier auch nicht, Butter kostet das Pfund 200 Mark. Gearbeitet wird nicht, es gibt kein Material, keine Arbeiter. Die Leute, die Geld haben, fressen es auf, Papa verkauft, was er hat, und frißt's auch auf. Die Stimmung der Leute ist miserabel, nirgends sieht man einen Aufschwung, alles wurstelt ohne Sinn und Verstand vor sich hin und klaut.

Ich bin sehr neugierig auf Berlin. Ich glaube, daß da eine andere Luft weht, wenn auch die Leute sagen, keine bessere.

Berlin, November 1947

Meine kleine Bettina, nun sind wir also in Berlin, und ich habe Dir unendlich viel zu erzählen. Trotzdem wird es nur ein Bruchteil von dem sein, was ich gesehen und gehört habe, und da wiederum der Bruchteil von dem, was wirklich passiert ist. Kein Mensch, der es nicht miterlebt hat, kann sich vorstellen, was in Berlin los war, als Deutschland endlich kapitulierte und die Siegertruppen einmarschierten. Es sind Dinge geschehen, von deren Furchtbarkeit wir keine Ahnung haben und die unser Fassungsvermögen übersteigen. Es gibt nicht eine Familie, die nicht in Trauer um einen Angehörigen ist, nicht einen Menschen, der nicht angeschlagen, krank oder zerstört aus dieser Hölle hervorgegangen wäre. Ob das Flüchtlinge sind, die ihre Familienmitglieder verhungern sehen mußten, ob das Menschen sind, die alles, aber auch alles verloren haben, ob das Frauen sind, die nun schon Jahre warten, ob der vermißte Mann nicht doch noch zurückkommt, ob das

Mütter sind, die ihre verlorenen Kinder, oder Kinder, die ihre Eltern suchen, es ist grauenhaft und unglaublich, und ich werde nie und nimmer verstehen, wie sich ein ganzes Volk in diesen höllischen Wahnsinn hineinreißen lassen konnte. So anomal ist alles, daß man sich immer wieder denkt, so was gibt es doch gar nicht in Wirklichkeit. Aber es ist Wirklichkeit, und ich bin immer noch wie in einem Alptraum. Es passiert mir zum erstenmal in meinem Leben, daß ich nicht mehr lesen kann. Mir ist schlecht und schwindlig.

Gestern fuhr ich mit Dr. Filier durch Berlin. Wir fuhren zwei Stunden, wir fuhren von Westend bis zum Alexanderplatz, Lützowplatz, Wittenbergplatz, Bayerisches Viertel zum Schloß, zum Tiergarten, zum Brandenburger Tor, die Linden, die Tauentzienstraße, den Kurfürstendamm entlang – na, ist ja egal, was ich aufzähle, es sah alles gleich aus. Es ist eine tote Stadt, die nur noch aus Ruinen und Fassaden besteht und wo man durch leere Fensterrahmen in das zerstörte Innere der Häuser sieht. Merkwürdige Silhouetten stehen gegen den Himmel, ähnlich den Bildern, die man in der Nazizeit »entartete Kunst« nannte. Die Kaiser-Wilhelm-Gedächtniskirche sieht aus wie ein verkohlter Baumkuchen, dem man die Spitze abgebrochen hat. Da ist nicht mal hier, mal dort ein heiles Haus, da ist kilometerweit überhaupt kein Haus, nur Trümmer, Trümmer, unerkennbar selbst für mich, eine Berlinerin, die fünfzig Jahre in dieser Stadt gelebt hat. Ich kannte mich überhaupt nicht mehr aus und mußte dauernd Filier fragen: »Wo sind wir denn hier... was ist, oder besser, was war denn das?« Einmal sagte er: »Das ist das Knie«, und da hätte ich fast geweint. Das Knie – weißt Du, da wo ich aufgewachsen bin, wo Omutter und Opapa wohnten, ich hab's nicht erkannt! Und der Tiergarten ist weg, es gibt kaum noch einen Baum, einen Strauch, der Tiergarten ist wie ein abgegrastes Feld, verwahrlost mit verbrannten Stämmen, vielleicht noch zehn Bäume stehen einsam und verstreut herum, und plötzlich irgendwo ein Reh aus

Bronze oder ein Denkmal ohne Kopf. Auf dem Brandenburger Tor liegt das, was früher mal der Siegeswagen war, kreuz und quer wie auf einem Schrottfeld. Und doch, in den Außenbezirken leben schon wieder Menschen, und alle Künstler sind dort, Maler, Bildhauer, Schriftsteller, Theaterleute. Es gibt die schönsten Theateraufführungen, es gibt Konzerte, es gibt Künstlerclubs, Kabaretts, Ausstellungen. Die Künstler sagen: Nur in Berlin ist Leben, nur in Berlin lohnt sich die Arbeit, Berlin wird doch wieder ein Zentrum. Auch ich muß sagen: Wenn schon Trümmer, dann die Berliner Trümmer, die Münchner Trümmer werden mir immer fremd bleiben. Papa denkt genauso, hat aber noch keinen Mut, nach Berlin zurückzukehren.

Ich war in der Westend-Villa der Großeltern Schrobsdorff, in Papas letzter Wohnung, in seinem Büro, in Pätz. Wenn man da so durch die alten Räume geht, merkt man erst, was die Schrobsdorffs für einen ungeheuren Besitz hatten. Trotz der Riesenverluste existiert nach wie vor mehr, als die meisten Menschen jemals besessen haben, und es reicht immer noch für viele Familien. Aber wenn Du jetzt die Villa der alten Schrobsdorffs sehen würdest! Alles zerstört und zerstückelt. Die eingebauten Wandschränke, die Täfelungen, die Holzplafonds, das Parkett, herausgerissen und verwüstet, die Marmorbecken und -wannen zerschlagen. Die Reste der Möbel liegen in einem jämmerlichen Zustand überall herum, dazwischen Baumaterial, Kisten, Holz, Steine, Dachpappe, die Alfred, der jetzt damit handelt, hineingeschleppt hat. Er und Walter haben sich bereichert, wo und wie sie konnten. Sie benehmen sich im wahrsten Sinne des Wortes wie die Schweine, lügen und betrügen und schrecken vor nichts zurück. Darüber hinaus hat Walter wegen seiner glorreichen Nazivergangenheit hündische Angst, und beide Brüder versuchen dem armen Papa, auf dessen Integrität sie neidisch sind, an allen Ecken und Enden zu schaden. Es ist einfach unvorstellbar, was sich hier an Dreck, Mißgunst, Amoralität tut. Anja, das Monstrum, das die eigene Mutter buchstäblich in den Pätzer See geschickt und sich damit ihres jüdischen Stammbaums entledigt hat, ist jetzt plötzlich Volljüdin, sitzt mit allen vier Kindern in Süddeutschland und läßt sich's gutgehen. Die beiden Kinder von Walter sind mit einem Kindermädchen irgendwo in der französischen Zone, während sich Ulli, ihre Mutter, mit verschiedenen Herren in Berlin amüsiert. Frau Guttsmann, Papas Buchhalterin, bei der ich hier wohne, hat ihren Mann in Auschwitz verloren und nutzt ihre Vorrangstellung jetzt aus, sich verschiedener Wertgegenstände, die gar nicht ihr gehören, zu bemächtigen. Es ist nicht nur eine äußere Verwirrung eingetreten, sondern auch eine innere. Mein und dein gibt's nicht mehr, jeder tut, was ihm gefällt, der Niedergang findet auf der ganzen Linie statt.

Jetzt aber zu Pätz und den guten Schwankes. Wir fuhren dorthin mit einem Auto, einem uralten Ding, das hinten eine Art Ofen dran hatte. Wenn man den Ofen heizt, fährt es – manchmal jedenfalls. Wir hatten Glück und kamen bis nach Pätz, doch als ich da alles wiedersah, die altbekannten Straßen, das Dorf, den See und dann das Tor, den Garten, das Haus und die zwei Schwankes, die uns entgegenstürzten, da ergriff ich die Flucht und lief zum See hinunter, weil ich so furchtbar weinen mußte. Ich sah Euch plötzlich alle vor mir – Dich mit dem schwarzen Bubikopf und dem roten Badeanzug, Angeli auf ihrem Pony, Peter im Gras in der Sonne liegend, Vater und Mutter am Frühstückstisch im Kampf mit den Wespen, Ilschen, Ellen und all die anderen Freunde –, es war so lebendig, ich konnte es nicht aushalten, mir war so grenzenlos weh. Frau Schwanke kam mir nachgelaufen, umarmte mich, hielt mich und weinte mit mir, und dann, nach und nach, faßte ich mich wieder.

Wir blieben zwei Tage, und die Schwankes dachten an nichts anderes, als was sie uns Liebes und Gutes tun konnten. Im großen Zimmer stand ein Ofen, der Tag und Nacht brannte. An dem saß ich meistens, und Frau Schwanke erzählte mir so viel Trauriges und Unfaßbares. Ich werde nie begreifen, wie das alles passieren konnte, es gibt keine Erklärung dafür, und ich glaube, der einzige Sinn, den diese Welt hervorgebracht hat, ist der Wahnsinn.

Omutter Schrobsdorff ist in Pätz unter den jämmerlichsten Umständen gestorben. Sie hat dort noch den Einmarsch der Russen erlebt, hat die Soldaten mit einem Kopfnicken in ihrem Haus begrüßt, war aber nur noch am Rande des Bewußtseins. Einer der Soldaten sagte zu Frau Schwanke: »Mutter krank, arme Mutter.« Am nächsten Tag war sie tot. Keiner ihrer Söhne, obgleich Alfred und Walter in Berlin waren, war bei ihr. Die Schwankes haben sie in ein Laken gehüllt und auf einem Handkarren aufs Feld gefahren, ein Loch gegraben und sie hineingelegt. Das war, nach einem Leben, in dem sie sich jeden Wunsch hat erfüllen können, Omutters Ende. Der Wunsch, ihre Kinder noch einmal zu sehen, blieb unerfüllt. Es ist eine schwere Sache, Mutter zu sein. Ich habe neulich mal in irgendeinem Buch gelesen: »Die Mutterliebe ist immer eine unglückliche Liebe.« Ich habe sie auch schon zu kosten bekommen – von Angelika. Nur Du bist meine richtige gute Tochter, die mich liebhat.

Papa ist reizend, rührend und immer darum bemüht, mir zu bieten, was mir Freude machen könnte. Auch Lilo ist unverändert nett. Sie wohnen in einem Zimmer in Papas Büro am Kaiserdamm, und merkwürdig ist es ja nun manchmal, Lilo in der Rolle zu sehen, die ich so lange gespielt habe. Immer noch drehe ich mich um oder antworte, wenn man sie mit Frau Schrobsdorff anredet. Aber ärgere Dich nicht darüber, es ist doch im Grunde ganz egal, und mich berührt es nicht mehr so sehr.

Wir werden pausenlos eingeladen und gehen jeden Abend aus. Ein reines Vergnügen ist es nicht, da man stundenlang in der Kälte auf irgendein Fahrzeug warten muß. Taxis gibt es nicht mehr, und die Trambahnen, die auch eine Seltenheit sind, stammen aus dem Jahr 1890. Morgen fahre ich endlich nach Wannsee, worauf ich im Grunde gar keine Lust habe. Papa Schwiefert ist indigniert, daß ich so lange mit meinem Besuch gewartet habe, und Enie schlechter Laune, weil sie Krach mit Leon hatte. Wichtigkeit, das alles! Es gibt Leute, an denen die Katastrophe spurlos vorübergegangen zu sein scheint. Dazu gehört auch Heini Heuser, den wir zweimal gesehen haben. Er ist genauso wie immer, lacht, macht dumme Witze, geht jeden Abend auf Gesellschaften, ist nie allein. Aber das, was mich früher an ihm amüsiert hat, kommt mir heute nur noch albern vor. Ich kann mit solchen Leuten nichts mehr anfangen, werde ungeduldig und mißmutig.

Mein Tinlein, ich krieche jetzt ins Bett. Es ist immer so kalt hier, daß ich schon ganz verzweifelt bin. An Baden ist nirgends zu denken, in jeder Wohnung ist nur ein Zimmer geheizt, und ich schlafe im Kalten. Reisen ist eine einzige Qual, und ich habe panische Angst vor der Rückfahrt.

Berlin, November 1947

Meine süße Bettina, ich sitze hier bei einer Kerze, weil Frau Guttsmann ihr Elektrizitätskontingent überschritten hat und nun bis zum 7. Dezember kein Licht mehr brennen darf. Die Menschen sprechen nur noch von Elektrizitäts- und Gaskontingent – es ist zum Kotzen! Mit dem Theater, dem viel gepriesenen, steht es auch nicht zum besten. Gestern gingen wir in das interessanteste Stück der Saison, Giraudoux' ›Der trojanische Krieg findet nicht statt‹, auf das ich mich schon sehr gefreut hatte. Bereits im ersten Akt fiel etwas Undefinierbares von oben herab auf die Bühne, verfehlte haarscharf den Kopf des Hauptdarstellers und ging in Flammen auf. Publikum und Schauspieler gerieten in Panik, der Vorhang fiel, das Flammenbündel wurde entfernt, und das Stück ging weiter. Im zweiten Akt, mitten in einem fesselnden Dialog, begann die Hauptdarstellerin zu schwanken, was ich zunächst für eine unangebrachte Regieanweisung hielt, schlug dann beide Hände vor den Mund, was ich gar nicht mehr verstand, und stürzte von der Bühne. Der Hauptdarsteller hinterher. Der Vorhang fiel, das Publikum war erstaunt. Nach einer Weile wurde uns dann mitgeteilt, daß das Stück leider nicht zu Ende gespielt werden könne, da die Hauptdarstellerin einen Herzkrampf erlitten hätte. Das mit dem Herzkrampf glaube ich ja nun nicht. Der Dame war schlicht und einfach speiübel, und dafür habe ich volles Verständnis. Unter den Umständen, die hier walten, kann einem gar nicht anders als speiübel werden. Anstatt nun genug zu haben vom Theater, gingen wir am nächsten Abend gleich wieder in eine Premiere, und zwar mit Enie und Papa Schwiefert. Bei dieser Vorstellung nun passierte überhaupt nichts, weder Vorgesehenes noch Unvorhergesehenes. Das Stück war durchweg langweilig. Dafür aber war das Publikum interessant, viele elegante Frauen, viele Schauspieler und Schauspielerinnen, die ich von früher her kannte. Die Schauspieler sind ja nun alle furchtbar alt geworden, und die eleganten Frauen sehen aus wie Nonnen, schwarz drapiert um Kopf und Hals. Auch Enie geht so. Es scheint die neueste Mode zu sein und hat ja auch einiges für sich: Es verbirgt schlecht gefärbtes Haar und faltigen Hals. Nach der Vorstellung suchten die beiden Papas verzweifelt ein Lokal, in dem wir noch ein bißchen zusammensitzen konnten. Leider ließ sich so was nicht auftreiben; alles dunkel und leer, da aus Stromersparnisgründen bereits um zehn Uhr Polizeistunde ist. Ich glaube, hiermit ist für mich die Theatersaison beendet.

Neulich tat ich etwas, was ich nicht hätte tun sollen: Ich bin in den Straßen meiner Jugend umhergeirrt und habe die Häuser, in denen ich wohnte, gesucht: die Berlinerstraße, in der ich die ersten vierzehn Jahre meines Lebens verbrachte; die Grolmanstraße, in der ich mit den Eltern bis zu meiner Heirat lebte; die Bismarckstraße, wo ihr Kinder so oft und gerne hingegangen seid, in der unser Opapa starb und aus der die arme Omutter mit ihren 81 Jahren vertrieben wurde. O Gott, die Erinnerungen an eine Zeit, in der man sich kaum bewußt gewesen ist, wieviel man hatte, wie glücklich man war! Es ist alles in Schutt und Asche, in einem und um einen herum. Kein heiles Haus steht mehr in diesen drei Straßen, und die Bismarckstraße kann man nicht einmal passieren, weil sie verschüttet ist. Aber von da, wo ich stand, sah ich die verkohlte Fassade des Hauses und die zwei leeren Fensterhöhlen, hinter denen sich Mutters Zimmer befand. Ich bin über Geröll und Trümmer geklettert bis beinahe in Mutters Zimmer hinein und habe gehofft, daß ich vielleicht doch noch etwas von ihr finde, etwas, das mir von früher her bekannt ist, eine Gabel vielleicht, die Scherbe eines Tellers. Aber da war nichts, nur totale Verwüstung. Nie werde ich fassen, wie eine Millionenstadt so zugerichtet werden konnte. Der ganze Zorn der Alliierten hat sich auf Berlin entladen, hat es zertrümmert, hat meine Eltern, hat all die unglückseligen, gequälten, erniedrigten, ermordeten Menschen gerächt. Und als ich mir das so ausmalte, habe ich eine ungeheure Genugtuung empfunden und ich habe mir gesagt: Sollen sie leiden, was wir durch ihre Schuld gelitten haben, sollen sie stöhnen und klagen, frieren und hungern, auf ihre vermißten Männer warten, nach ihren verlorenen Kindern suchen! Haben wir, haben Millionen Unschuldiger nicht alles verloren, was zu verlieren war?

Mein Tinlein, ich habe den Brief wieder einmal unterbrechen müssen, da ich bei Papa Schwiefert und Enie eingezogen bin. Aber mittlerweile habe ich schon Übung im Umziehen.

Hier in Wannsee bleibt mir nun gar nichts mehr zu wünschen übrig. Es wird weder über Elektrizitäts- und Gaskontingente gesprochen noch an dem einen oder anderen gespart. Das Haus ist herrlich und bequem, nichts wurde gestohlen, verbrannt oder zerbombt, es gibt ein Bad mit heißem Wasser, und Gas und elektrische Heizöfen brennen den ganzen Tag. Enie, wie sich herausgestellt hat, ist das klügste, geschickteste Menschenkind, das es im heutigen Deutschland gibt. Sie hat zwei Amerikanerinnen aufgegabelt – eine davon die Sekretärin des amerikanischen Oberkommandanten von Berlin – und denen das Atelier vermietet. Fazit: Sie zahlen alles, was dazu und nicht dazu gehört. Eben habe ich eine halbe Stunde gebadet und mir den Kopf gewaschen, und jetzt gehe ich zur Rohrbach – erinnerst Du Dich noch an unseren Schuster Rohrbach? Bei Frau Lemmer, der Gemüsefrau, war ich schon gestern und auch bei Dobrik, Du weißt doch, das Feinkostgeschäft. Es war rührend, wie sich die beiden gefreut und noch an jeden von uns erinnert haben. Ich bin dann durch den Wald gegangen, genau den Weg, den ich Dich so oft zur Schule gebracht habe. Da waren die Kiefern, der Geruch nach feuchter Erde und Laub und Erinnerungen, Erinnerungen, Erinnerungen.

Morgen ziehen wir zum zweitenmal in den ›Trojanischen Krieg‹ und hoffen nur, daß diesmal kein Feuer vom Himmel und die Hauptdarstellerin nicht in Ohnmacht fällt. Im übrigen regnet es ununterbrochen, und der Himmel ist grauer, als ich ihn in Erinnerung hatte. Aus meiner jetzigen Perspektive gesehen, war damals eben alles himmelblau und rosarot – stimmt aber gar nicht.

Garmisch, November 1947

Mein gutes, kleines Tinchen, ich bin kurzerhand am 21. November nach Garmisch zurückgefahren, während Papa und Lilo noch etwas länger in Berlin geblieben sind. Fünf Wochen in dieser verwüsteten Stadt waren mehr als genug. Außerdem ist Angeli gerade in Garmisch, und da wollte ich sie nicht versäumen. Wer weiß, wie lange ich sie noch hier in Deutschland habe.

Die Woche, die ich bei Pitt und Enie Schwiefert gewohnt habe, war einerseits schön, andererseits bedrükkend. Schön, weil in Wannsee nichts kaputt ist, bedrükkend wegen der Atmosphäre, die eine Mischung aus französischem Boulevardtheater und Strindberg ist. Ehrlich gesagt, ich begreife nichts mehr. Ich habe mir wirklich Mühe gegeben, etwas Anziehendes an diesem Leon (Enies Liebhaber) zu entdecken, aber vergeblich. Da ist nicht eine Spur von Intelligenz oder Charme oder gutem Aussehen, da ist überhaupt nichts, und was Enie, eine Frau von Format und Geist, an ihm findet, wird mir ewig ein Rätsel bleiben. Dem armen Pitt wahrscheinlich auch. Er macht einen ziemlich niedergedrückten Eindruck – Kunststück! –, und ich habe das Gefühl, daß da nicht mehr viel kommen wird, weder auf schriftstellerischem noch auf menschlichem Gebiet. Er haust in einer Stube unterm Dach und kommt da kaum noch heraus. Er putzt sie selber, er heizt sie selber und erscheint nur in der Küche, um sich das Frühstück zu machen. Enie dagegen wohnt in den unteren Räumen und kümmert sich ebenso wenig um Pitt, wie sie sich viel um Leon kümmert. Die beiden begegnen sich wohl hauptsächlich auf der Treppe – wenn er runter geht, um sich Tee zu kochen, und sie rauf, um zu baden –, und das einzige, was sie noch zu verbinden scheint, sind die materiellen Sorgen. Von denen haben sie, wie übrigens alle, mehr als genug. Pitts Stücke, außer der törichten ›Margherite durch drei‹, werden nicht mehr aufgeführt, und wenn er nicht seine Ersparnisse auffräße, so wie Papa seine Häuser, würden sie verhungern. Die Preise für Lebensmittel und Heizmaterial sind unerschwinglich, und wenn du keine Schiebergeschäfte machst oder zumindest auf dem schwarzen Markt irgendwelche Sachen verschacherst – was den beiden Papas nun gar nicht liegt –, kommst du ganz schnell unter die Räder. Ich übertreibe nicht die Spur. Wenn man in Deutschland auf einen Bahnhof kommt, stehen da die kleinen Jungen und Mädchen ab zwölf Jahren und treiben Schwarzhandel. Viele Schulkinder haben eine Unmenge Geld, weil sie sich Zigaretten, Kaffee und andere wertvolle Sachen zusammenklauen oder sonstwie verschaffen und die dann zu enormen Preisen verkaufen. Ich komme mit dem allen nicht mehr mit und bin wahrhaftig eine Fremde in diesem Land geworden.

Die Reise zurück ging ziemlich gut. Inzwischen habe ich nämlich gelernt, meine Vorrangstellung auszunutzen. Ich habe von verschiedenen Behörden einen Haufen Papiere bekommen, die mich als das ausweisen, was ich bin: Naziopfer, Ausländerin und krank. Und so fahre ich nun in einem Sonderwagen, in dem es immer reichlich Platz gibt, und brauche nicht an den Grenzen aus dem Zug wie all die anderen, die dicht gedrängt mit Gepäck, Kindern und Hunden bis an die drei Stunden im Regen warten, bis ihre Pässe abgestempelt sind.

Hier in Garmisch bin ich nun ganz zufrieden und werde mich so schnell nicht wieder wegrühren. Mein höchstes Glück ist der Ofen, den ich einheize, bis sowohl er als auch Lilo rotglühend ist. Sie sagt, wenn ich so weitermache, haben wir in zwei Wochen kein Holz mehr. Schön, dann haben wir eben keins, aber wenigstens habe ich es ein paar Tage richtig warm gehabt. Arme Lilo, jetzt hat sie sich in Berlin auch noch einen Ziegenpeter angelacht, fühlt sich elend und ist noch dünner geworden. Und zu allem Überfluß habe ich sie auch noch schrecklich beleidigt, indem ich beim zwölften Kraut- und Kartoffelessen sagte: »Das ist ja wirklich zum Kotzen!« Kein Mensch kann mir nämlich einreden, daß dieser ewige Kraut- und Kartoffelfraß notwendig ist. Wohin du auch kommst, überall gibt es nur und ausschließlich das. Die Männer lassen sich einreden, es gebe nichts anderes, und da die deutsche Küche ja auch im besten Fall schlecht ist und war und sie daher nicht verwöhnt sind, nehmen sie's hin. Die Männer in anderen Ländern hätten ihre Frauen längst totgeschlagen. Man kann schließlich auch aus den blöden Kartoffeln verschiedene Gerichte machen. All das habe ich ihr gesagt, und Papa hat gelacht, und sie war so wütend wie eine Katze, der man Wasser über den Pelz gegossen hat.

Angeli kommt jeden Tag, und Du kannst Dir nicht vorstellen, wie lieb sie ist. Immer bringt sie mir etwas mit, die feinsten Delikatessen, die mir fast zu schade zum Essen sind. Ich bin sehr erstaunt über sie und noch mehr glücklich. Sie ist so natürlich, lebendig und heiter, wie ich sie seit Jahren nicht mehr erlebt habe. Ich glaube, sie taut doch noch auf.

Es ist bezaubernd hier, jetzt, wo schon alles weißverschneit ist. Wenn Ihr jetzt noch hier wäret, würde ich nichts mehr wünschen und nie mehr klagen.

Bitte, gib mir schnell Nachricht, ich warte auf Deine Briefe wie auf den Messias.

Garmisch, Januar 1948

Mein lieber Pitt, Dein Brief hat mir so viel mehr gegeben als unser Gespräch. Nein, ich war nicht, wie Du glaubtest, enttäuscht, daß Du mir nicht Deine Arbeitszeit geopfert hast, ich fand das selbstverständlich. Man kann nicht stunden- und stundenlang reden, besonders ich nicht, die mich jeder Satz physische Anstrengung kostet. Aber wenig kann auch viel sein – an Inhalt nämlich. Bei unserem Gespräch war es nun aber leider, sowohl was Dauer als was Inhalt betraf, wenig. Du warst konventionell und ohne Offenheit, und das war es, was mich enttäuschte. Es ist Deine Sache, und Du wirst wissen, warum Du so warst, und ich habe gewiß Nachsicht und nehme Dir – nehme überhaupt niemand mehr – etwas übel. Aber traurig war es dennoch.

Ich habe Dich einmal in einem Brief gefragt, ob es Gott gibt. Damals hast Du ihn geleugnet. Jetzt aber scheinst Du ihn zu spüren. Bei mir war es umgekehrt. All die Jahre meiner Emigration habe ich nur leben können, weil ich das »heimliche Gefühl« hatte, daß es ihn gibt. Heute habe ich ihn, oder sagen wir lieber, das heimliche Gefühl verloren. Daß ich nie glauben konnte, ohne mir Fragen zu stellen, zu rechnen und zu zerpflükken, stimmt. Und daß es mir in puncto Glauben an echtem und tiefem Wollen gefehlt hat, ebenfalls. Wenn also Glaube eine Frage des Wollens ist – und vielleicht hast Du recht, und er ist es –, dann habe ich es mir zweifellos zu leicht gemacht. Mein Wollen hat sich immer auf die falschen Dinge konzentriert, und da, wo ich es hätte anwenden sollen, war es mir zu unbequem. Ich bin wirklich die letzte, die das abstreiten und sich von ihrer persönlichen Schuld – sei sie nun metaphysischer oder profaner Natur – freisprechen wollte. Um so mehr, scheint mir, versuchen es andere.

Wenn Du schreibst: Erwarte und verlange nicht mehr, als man Dir geben kann, dann muß ich Dir darauf antworten: Ich erwarte schon lange nichts mehr, aber würde ich es tun, wäre nicht ich im Unrecht, weil ich zuviel verlange, sondern Ihr, weil Ihr nicht genug geben wollt. Denn ich habe mehr gelitten als Ihr und bin in diesem einen Fall schuldlos. Aber Ihr seid lau und wollt vergessen, und ich mit meinem kranken Inneren und Äußeren bin, dummerweise, ein zu schwerer Vorwurf, eine zu drückende Last für Euch.

Ich hatte an Peterleins Geburtstag gar nicht das Gesicht voll Tränen und an seinem Todestag auch nicht. Es ist am 5. und am 7. Januar nicht schlimmer als an irgendeinem anderen Tag, außerdem weine ich selten. Um die Selbstanklagen komme ich nicht herum, aber Selbstmitleid versuche ich zu unterdrücken, weil ich es erbärmlich finde. Es gelingt mir nicht immer – ja, und dann weine ich.

Daß Du mich mit einem Kaffer vergleichst, der an den Medizinmann und dessen Zauberkünste glaubt, finde ich herrlich. Nur ist da ein Unterschied: Der Kaffer hat keine Wahl zwischen Medizinmann und Arzt – also glaubt er an das, was er hat. Ich hingegen hatte die Wahl zwischen hochentwickelter Wissenschaft und dunklem Zauber, und ich habe mich für letzteres entschieden. Es ist risikolos und kostet nichts. In anderen Worten, ich habe die Hoffnung auf Heilung aufgegeben. Schau, ich habe doch keinen Bazillus, der sich mit Penicillin oder dergleichen töten läßt, noch irgendeinen gut- oder bösartigen Tumor, den man herausschneiden kann. Ich habe keine konventionelle Krankheit, ich bin bloß kaputtgegangen, und was Kaputtes läßt sich nicht mehr zusammensetzen.

Sehr interessant finde ich, daß Du mich eine Rationalistin nennst. War ich das immer, oder kann man das werden? Ich glaube, Du solltest mich nicht festlegen. Ich bin, den Umständen und meiner Verfassung entsprechend, mal das eine, dann wieder das Gegenteil: rationell und emotionell, großmütig und rachsüchtig, klug und dumm, alt und kindisch. Sind wir nicht alle so?

Garmisch, Januar 1948

Mein Tinchen, ich habe eine Mitteilung aus Prag bekommen, die ich Dir hiermit abschreibe:

In bezug auf Ihre werte Anfrage vom 10. 11. 1947 teilen wir Ihnen mit, daß der Name Minna Kirschner in den sog. Kremationslisten von Theresienstadt unter dem Datum vom 14./15. 12. 1942 verzeichnet ist. Sargnummer 6767. Da diese Listen jedoch nur die Namen und Daten der Einäscherung enthalten, ist eine Identifizierung unmöglich. Unsere Mitteilung hat also nur den Wert eines zusätzlichen Beweises, falls Zeugen des Todesfalles vorhanden wären. Wir bedauern, Ihnen keine bessere Nachricht zukommen lassen zu können, und zeichnen

Hochachtungsvoll!

Wir wissen nun also, daß Omutter noch vier Monate im KZ gelebt, das heißt gelitten hat, und daß sie dann verbrannt wurde, ob lebendig oder tot, geht aus den Zeilen nicht hervor. Sehr wichtig, daß wir die Sargnummer wissen!

Weiterhin ist bei mir eingebrochen worden, und sämtliche bulgarischen Zigaretten, Reisetasche, Armbanduhr und noch allerhand mehr ist weg. Die Polizei ist erst gar nicht gekommen, und als ich hinging, sagte man mir, man würde den schwarzen Markt überprüfen. Das war alles. Einer Dame wurden neulich, während sie schlief, alle Kleider gestohlen. Die Polizei sagte, sie solle froh sein, daß sie noch lebe. Sie hätten keine Zeit für solche Kleinigkeiten, es passierten zahllose Morde, und die wären wichtiger. Das ist Deutschland! Wohl dem, der es nicht zu sehen bekommt. Überall ist es schrecklich, das ganze Leben ist schrecklich. Unser Irrtum, daß wir, wenn wir jung sind, denken, das Leben sei schön.

Mein kleines Tinchen, sei nicht böse über diesen bitteren Brief. Es ist alles ein bißchen viel für mich.

Garmisch, Januar 1948

Lieber Pitt, wie kann Mutter in Theresienstadt eines natürlichen Todes gestorben sein? Ist nicht jeder Tod, den man in einem Konzentrationslager stirbt, ein unnatürlicher? Selbst wenn die Todesursache, sagen wir, eine Lungenentzündung gewesen sein sollte, ist sie davor nicht viele qualvolle Tode gestorben? Warum bin ich – wie auch immer – überhaupt durchgekommen? Ich, die ich eine so schlechte Tochter und Mutter war. Habe ich eigentlich jemals etwas vollbracht, das einen tieferen Sinn und Wert gehabt hätte? War mein Leben nicht nur eine Kette aus Verrücktheit, Oberflächlichkeit, Egoismus, Genußsucht, erotischem Wahnsinn? Siehst Du auch alle Deine Fehler so deutlich, und quälen sie Dich so? Ich sehe überall nur meine Fehler und nichts, gar nichts, woran ich mich halten, wozu ich sagen könnte, ja, das war gut und anständig. Und trotzdem, manchmal bereue ich es nicht einmal. Es war doch schön.

Garmisch, Januar 1948

Mein gutes Tinlein, warum sagst Du, ich müßte hier glücklich sein? Warum sagst Du, Du würdest auf der Stelle mit mir tauschen? Bist Du also nicht froh und zufrieden? »Da, wo du nicht bist, ist das Glück«, hat irgendein großer Mann gesagt – im Zweifelsfall Goethe. Schreib mir mal ehrlich, wie es wirklich um Dich steht, und erzähl mir nicht, um mich zu schonen, immer nur hübsche Geschichten. Ist es Sehnsucht, die Dich quält? Glaube mir, mich quält sie genauso wie Dich, und was Du leidest, meine Kleine, leide ich hundertmal mehr, denn ich bin alt und krank und habe nichts mehr, nichts außer dem Wunsch, Dich und Andretscho wiederzusehen und Angeli noch eine Weile bei mir in Deutschland zu haben. Sonst interessiert mich nichts, überhaupt nichts. Natürlich gibt es andere Dinge, die wichtig sind: Freundschaft, zum Beispiel,

Freiheit, Frieden und andere, die schön sind: Bücher, Musik und Natur. Aber sie können mich nicht mehr glücklich machen. Glück, das wäre die Nähe meiner drei Kinder gewesen, das Gefühl, von ihnen gebraucht zu werden. Nur das hätte mir eine Daseinsberechtigung gegeben, nur so hätte ich gewußt, wo ich hingehöre. Denn daß ich hierher nach Deutschland gehöre, das wirst Du doch wohl nicht im Ernst behaupten wollen. Wäre ich wenigstens gesund und könnte sprechen und mich bewegen wie ein normaler Mensch, könnte arbeiten und mich nützlich machen. Aber selbst das kann ich nicht mehr. Und wie immer, wenn ein Mensch körperlich behindert ist, nicht mehr mitmachen kann, sich nicht mehr angenehm machen kann, wird er unleidlich, wittert überall Verrat und Zurücksetzung. Das ist auch bei mir der Fall.

Garmisch, Februar 1948

Meine süße Bettina, heute bin ich zur Abwechslung umgezogen. Mein neues Zimmer ist prachtvoll und befindet sich in einem stattlichen Haus. Aber das ist noch gar nichts. Im selben Haus wohnt ein Mädchen – Gott segne sie –, die einen Amerikaner zum Freund hat, und dieser Amerikaner, ein kluger Mensch, will ein warmes Haus und heißes Wasser haben. Da das Haus nun eine Zentralheizung hat, profitieren wir alle von der Liebe des Amerikaners, leben wie die Fürsten in überheizten Zimmern und baden in einem gekachelten Bad unter Strömen dampfenden Wassers.

Der Umzug fand mit einer uralten Klapperkiste und einem überaus verdrossenen Bayern statt, der pausenlos über das »G'lump« (damit war mein kostbares Eigentum gemeint) schimpfte und dann, zu allem Überfluß, den Weg nicht fand. Darüber geriet er so außer sich, daß ihn nicht einmal eine Handvoll Zigaretten beruhigen konnte. Er schwor, nie wieder würde er G'lump in eine Straße fahren, die er nicht kennt. Dazu ist zu sagen, daß Garmisch ein Dorf ist und der Mann dort seit seiner Geburt lebt. Als er sich sträubte, eine zweite Fuhre in die ihm nun bekannte, aber immer noch suspekte Straße zu transportieren, versuchten wir, einen Bauern mit Pferdewagen zu dieser schweren Aufgabe zu animieren. Der aber sagte, er wolle nicht, er müsse erst die »Rösser« füttern. Ihn umzustimmen, kostete zwei Hände voll Zigaretten. Überschrift: Bayern!

Seit vier Tagen habe ich jetzt Besuch von meiner Cousine Claire. Sie wohnt bei mir, und es ist für uns beide eine große Freude, uns wiedergefunden zu haben. Sie war, wie Mutter, in Theresienstadt und hat sehr gelitten. Ihre Schwester Eva ist in Auschwitz umgebracht worden. Von unserer ganzen großen Familie sind nur noch vier übriggeblieben. Außer ihr und mir ein Vetter, der in New York, und eine Cousine, die in Palästina lebt.

Heute schreibe ich weiter. Es ist Sonntag, und der Tag hat nicht gerade gut begonnen. Claire bekam einen Kreislaufkollaps. Ich holte unseren Arzt, der ihr Injektionen machte, und darauf wurde es besser. Sie ist, wie wir alle, die so viel durchgemacht haben, kaputtgegangen. Wir haben überlebt, um jetzt ganz schnell, einer nach dem anderen zu sterben.

Ich möchte noch einmal auf Deinen letzten Brief zurückkommen. Er klang so skeptisch, Tinlein, daß ich fürchte, Du glaubst mir nicht, was ich Dir von hier berichte. Wie solltest Du Dir auch, die Du Deutschland als schöne, intakte Erinnerung in Dir trägst und hütest, vorstellen können, daß von dem, was wir geliebt haben, nichts mehr übrig ist. Und doch ist es so, und selbst wenn Ihr die Möglichkeit hättet zu kommen, und selbst wenn ich nichts mehr ersehne als das, müßte ich mich tief ins eigene Fleisch schneiden und Dir raten, noch eine Weile zu warten. Bei Euch gibt es doch noch mehr zu essen als bei uns. Hier könntet Ihr Euch gar nicht richtig ernähren, und für Kleinkinder ist es besonders schlecht und nicht zu verantworten. Kinder, die in die Schule gehen, bekommen dort von den Amerikanern eine warme Mahlzeit gestiftet. Seither gehen die Kinder gerne in die Schule. Beate versäumt keinen Tag und schwärmt uns von Kakao mit Semmeln oder Erbsensuppe vor. Sie schwört, es sei sogar Fett drin. Seit die gesamte Fettversorgung durch Großschiebungen zusammengebrochen ist, können wir uns nicht mal mehr ein paar Gramm Margarine leisten. Die Preise haben astronomische Ziffern erreicht. Von den armen Schwankes kam auch ein verzweifelter Brief. Man – das sind die Russen – will ihnen das große und das kleine Haus wegnehmen und die Ponies dazu. In anderen Worten, der Schrobsdorffsche Besitz in Pätz wird konfisziert. Damit verschwinden dann auch die Sachen, die dort, der Sicherheit halber, untergestellt waren. Viel war es ja nicht. Der kluge Papa hat die wertvollen Stücke, seine gesamte Garderobe und, vor allem, seine geliebte Bibliothek, in eine einsame Sägemühle am Ende der Welt geschleppt, und ausgerechnet da fanden Kämpfe statt, und alles ging in Flammen auf. Papa trägt jetzt geborgte oder geschenkte Anzüge und Schuhe. Das ihm!

Schon wieder Schauermärchen, wirst Du sagen, und ich will Dich ja auch, um Gottes willen, nicht damit belasten. Ich habe doch auch noch viel Freude, besonders an der himmlischen Natur. Wenn die Sonne scheint und der Himmel tiefblau gegen den weißen Schnee absticht und das Wasser in der Loisach so klar ist, daß man die Kieselsteine auf dem Grund sieht, dann empfinde ich Freude und Trost. Und außerdem gibt es ja auch noch Musik und ab und zu nette Leute. Wenn ich neulich einmal schrieb, das Leben sei überhaupt schrecklich, dann darfst Du mir das nicht glauben. Es ist doch sehr schön, trotz aller Quälerei.

Garmisch, März 1948

Mein liebes Tinchen, heute kam endlich Dein Brief – mit Martiniza (Geschenk zum Frühlingsanfang)! Was für eine Frage, ob ich mich noch daran erinnere! Glaubst Du, so schnell werde ich vergessen? Nie werde ich das alles mehr vergessen, und je mehr Zeit vergeht, desto stärker werden die Erinnerungen, und ich finde sogar schöne darunter.

Seit ich weg bin, ist mir Bulgarien viel näher gekommen. Manchmal habe ich Sehnsucht. Das Ursprüngliche, Natürliche, Primitive, die Gastfreundschaft der Leute, die Direktheit und Wärme ihrer Beziehungen, das fehlt mir hier sehr.

Ach, Kinder, ich bin wirklich gar nicht glücklich hier, ich gehöre zu Euch, und wenn ich bei Euch sein könnte und keine Last, sondern eine Hilfe, das wäre das Glück für mich. Du kannst das nicht begreifen, Tinlein, aber wärest Du hier, würdest Du alles verstehen. Die Deutschen sind unverbesserlich. Sie haben ihre Arroganz nicht abgelegt, sie haben nichts eingesehen, nichts gelernt. Und wenn sie etwas erschüttert, dann nicht das, was sie getan haben, sondern das, was man ihnen jetzt antut. Sie können es nicht ertragen, die Besiegten und Unterlegenen zu sein, sie schimpfen und stänkern und sind sich offenbar überhaupt nicht bewußt, daß sie durch eigene Schuld in diese Lage geraten sind.

Ich hatte schon schwere Enttäuschungen, auch mit Papa. Selbst Ed, der seinen Schwiegervater sehr verehrt, verlor neulich die Geduld und sagte zu ihm: »Wenn die Deutschen über die amerikanische Besatzung erbittert sind, dann kann ich ihnen nur darauf antworten: Wir sind doppelt und dreifach über die Deutschen erbittert und warten nur sehnsüchtig auf den Tag, an dem wir hier weg und dieses Land seinem Schicksal überlassen können.«

Aber wehe, wenn sie weggingen und Deutschland den Russen überließen! Viele hier fürchten das und zittern und wälzen Pläne, wie man noch schnell herauskommt und wo man unterkriechen kann. Papa lebt in ständiger Panik und steckt alle an, außer mich. Ich bin vollkommen ruhig, habe gar keine Angst und merke daran, wie abgebrüht ich bereits bin, wie gewohnt zu dulden, was über mich verhängt wird. Wie sinnlos ist es wegzulaufen, niemand läuft seinem Schicksal davon. Wir Juden haben das gelernt durch die ewigen Verfolgungen und Leiden, wir ducken uns und nehmen hin. Aber die hier speichern Wut auf und fühlen keine Reue und haben nichts begriffen. Ich fürchte, bevor die klug werden, müssen sie noch viel mehr erleben und durchmachen. Du darfst nicht glauben, daß Papa mich persönlich etwas fühlen lassen würde. Natürlich nicht. Aber manchmal, in seiner Aufregung und Wut, hört er nicht, was er spricht, und das kann ich nicht ertragen. Peter ist für uns gestorben, und Millionen sind umgebracht worden. Das darf kein Mensch jemals vergessen.

Sonst ist alles beim alten. Wir werden verrückt in dem einen Zimmer, in dem ich mich tagsüber ja auch aufhalte. Wenn jetzt noch das Baby kommt und Tag und Nacht schreit, bricht der krampfhaft aufrechterhaltene häusliche Frieden total zusammen. Ich war neulich bei Angeli, sie ißt kaum noch, ist dünn wie eine Spindel, hat keine Periode mehr, dafür aber Trigeminusanfälle, die damals, in Bulgarien, über der rechten Augenbraue angefangen haben. Sie rennt zu Ärzten, die, hocherfreut über eine so hübsche und lukrative Patientin, mit verschiedenen Kuren, Injektionen und weiß der Teufel was noch an ihr herumdoktern. Ich weiß nicht, wie das enden wird, und mache mir Sorgen um sie und den armen Ed. Er gibt und gibt, und sie hat alles, und er hat nichts. Trotzdem ist er, wie auch der Papa, Wachs in Angelis Händen.

Garmisch, April 1948

Lieber Pitt, ich habe von Tina einen Brief bekommen. Man hat sie auf das französische Konsulat gerufen und ihr Peterleins hinterlassene Sachen übergeben. Sie schreibt: »Alles war in ein seidenes Tuch gebunden: ein Stoß Briefe von Liena, von Ilschen, von uns, dazwischen versteckt und versiegelt ausländisches Geld, sein Verlobungsring und ein kleiner goldener Anhänger von Ellen Everybody loves you, verschiedene Orden, ein Büschelchen Haar von Liena, ein kleines Album mit Photographien von uns, Liena, Sergette, Paßphotos von ihm selber, eine Tasche mit Abzeichen aus allen Ländern (wahrscheinlich von Gefallenen), auch Hakenkreuz und Reichsadler darunter, zwei

Taschenuhren, zwei Gebetbücher, zwei Bücher, Briefe an uns, seine Pässe und Dokumente, Kamm und Füllfederhalter, ein silberner Davidstern.

Garmisch, Juni 1948

Meine Süße, am Sonntag ist die Währungsreform über uns hereingebrochen – das heißt, das alte Geld können wir in den Mülleimer werfen, und das neue, das man uns gegeben hat, reicht nicht hin und nicht her. An Einkäufe auf dem schwarzen Markt ist gar nicht mehr zu denken, und so müssen wir nun also mit unseren Lebensmittelkarten auskommen. Lilo sitzt nur noch da und rechnet. Als ob das das geringste ändern würde. Aber es ist zumindest ein Vorwand, nichts anderes zu tun.

Dem armen Papa ging es neulich sehr schlecht. Er hatte Schwindel und Ohrensausen, und der Arzt stellte einen unregelmäßigen Puls und einen viel zu niedrigen Blutdruck fest. Kein Wunder! Er ist völlig überanstrengt, durch Lilos Schuld. Neben seiner ebenso mühseligen wie uneinträglichen Arbeit muß er rennen und schleppen und alles für sie erledigen. Sie quält ihn oft sehr. Aber das habe ich seinerzeit auch getan. Man muß sich hüten, die eigenen Fehler zu vergessen und zu denken, man wäre besser gewesen. Kritik üben ist leicht. Und davon abgesehen hat Lilo es auch sehr schwer, hochschwanger und unförmig dick, wie sie ist. Ein Wahnsinn vom Papa, in seinem Alter und unter diesen Umständen eine junge Frau zu heiraten und dann auch noch ein Kind in die Welt zu setzen. Das kann nicht gutgehen, ich sehe es deutlich: Wenn er wenigstens seinen langersehnten Sohn bekäme! Das könnte die Geschichte noch retten.

Garmisch, Juli 1948

Meine Kleine, ich bitte Dich, vernünftig zu sein und nicht so über Papa zu sprechen. Er ist so gut zu uns allen, und er hat Dich sehr lieb. Wie unglücklich würde er sein, wenn er wüßte, wie Du seinen Brief aufgenommen hast. Nein, er macht mir gar nichts vor, weder in seiner Beziehung zu mir noch in der zu Lilo. Er ist mir der treueste, zuverlässigste Freund, den ich auf der Welt habe, und Lilo ein großzügiger, durch und durch guter Mensch. Du mußt nun auch großzügig sein und großherzig, nicht kleinlich und bürgerlich, noch dazu Menschen gegenüber, die so gut und anständig sind wie der Papa. Und auch über Lilo sollst Du nicht schlecht sprechen. Schau Dich mal unter den Leuten um und sag mir, wie viele es wohl gäbe, die eine Frau wie mich widerspruchslos und sogar mit aufrichtiger Herzlichkeit aufnehmen würden. Natürlich spielt sowohl bei Lilo als bei Papa immer das schlechte Gewissen mir gegenüber mit. Aber das verringert ihre Anständigkeit nicht – im Gegenteil. Die meisten Menschen verdrängen ihr schlechtes Gewissen, entledigen sich seiner auf diese oder jene Art. Lilo und Papa leben mit ihrem personifizierten schlechten Gewissen zusammen, haben es stündlich vor Augen. Wer kann das schon?

Ich weiß, mein Tinlein, daß es nur Deine Treue und Liebe zu mir ist, die Dich die beiden in einem so falschen Licht sehen läßt, trotzdem bitte ich Dich, daß Du ein wenig von meiner Toleranz annimmst und geschmeidiger wirst. Es ist zu unser aller Besten.

Garmisch, Juli 1948

Lieber Pitt, wenn ich Dir schrieb, ich brauchte Dich vielleicht einmal, dann ist es wegen diesem Gefühl, nirgends mehr hinzugehören. Meine Existenz hier ist die eines total abhängigen Menschen. Man gewöhnt sich an alles, auch daran, nur: soll man sich gewöhnen? Erich und Lilo sind so gut und anständig zu mir und nehmen mir mit dem seltensten Takt jede Sorge ab, die materieller Natur ist. Aber soll das so weitergehen? Ich kann doch in meinem Alter, mit meinem Kopf und meiner Selbständigkeit nicht so ins Blaue hineinleben. In der ersten Zeit war das Unbehagen so akut, daß ich Dich um Hilfe bitten wollte. Jetzt ist es nicht mehr so akut, aber müßte nicht mal ein vernünftiger

Mensch kommen und mit Erich sprechen, ihm klarmachen, daß er mich sichern müßte, daß ich nicht leben kann wie eine arme Verwandte, die um Taschengeld bittet und zu ihm gehen muß, wenn sie einen neuen Mantel braucht. Aber verstehe mich recht! Er läßt mich nichts fühlen, er würde mir geben, was ich verlangte. Und wenn er mir eine sogenannte Sicherheit in Form eines größeren Geldbetrages geben würde und ich ausschließlich davon leben müßte, dann wäre ich wahrscheinlich viel knapper dran. Trotzdem wäre es besser. Erich kann ich das nicht sagen. Er ist die Güte selbst, und außerdem hat er jetzt, mit der Währungsreform, große finanzielle Schwierigkeiten. Und ungeschickt ist er, daß es einen jammern könnte! Auf reguläre Art und Weise verdient er nichts, und auf unreguläre kann er eben nicht. Lilo bekommt ein Baby, und wir haben für die ganze Familie ein Zimmer, Pitt, ein einziges Zimmer!

Ich war wieder bei einem neuen Arzt, und er sagte, was ich erwartet hatte und Du nicht hören willst: Es ist nichts zu machen. Der Arzt, den ich damals in Berlin aufsuchte, hatte natürlich recht. Ich wollte es nicht wahrhaben, aber in meinem Inneren habe ich es gewußt. Es ist eine durchaus unerforschte Krankheit, die nicht zu heilen ist, und ich habe nur eine Chance: daß es so bleibt, wie es ist, was – auch das weiß ich in meinem Inneren – nicht der Fall sein wird. Der Arzt hielt es zwar für möglich, aber für einmalig – in anderen Worten: das berühmte Wunder. Ich wüßte nicht, warum es ausgerechnet mir zuteil werden sollte. Ein Einzelfall war ich zwar häufig, aber immer nur im Negativen. Da lag meine Begabung. Im übrigen empfinde ich diese ebenso seltsame wie seltene Krankheit irgendwie als gerecht. Ich sah und sehe meine Krankheiten immer bis auf den Grund und erkenne ihren Sinn. Nun gilt es also, sich damit abzufinden, und das fällt mir gar nicht so schwer. Es ist nicht der Tod, den ich fürchte, es ist das Sterben. Mutter hat immer gesagt: »Wie man diese Welt verläßt, ist schlimm, und nicht, daß man sie verlassen muß.«

Na, genug, andere Menschen haben noch viel mehr gelitten als ich. Und es war doch schön, das Leben.

Was Deine Schwester Luzie da redet, verstehe ich ganz und gar nicht. Bettina und Mizo sind keineswegs im Anmarsch, im Gegenteil, es besteht weniger denn je die Aussicht, daß man sie aus Bulgarien herausläßt. Die Bestimmungen werden von Tag zu Tag schärfer, und bald wird der Eiserne Vorhang hermetisch geschlossen und gar nichts mehr zu machen sein. Das ist mit ein Grund, warum ich so deprimiert bin. Wenn Bettina und der Kleine hier wären, dann wüßte ich wieder, wohin ich gehöre. Es gibt viele schöne Beziehungen zwischen Menschen, aber die einzige natürliche, feste und wahre Bindung ist das Blut. Und ohne die habe ich keinen Halt mehr, kann nicht mehr leben, nicht hier, in diesem Land, in dem ich fremd geworden bin.

Angelika sehen wir selten, denn sie schauspielert bei Herrn Domin, den Du wohl dem Namen nach kennst. Er soll angeblich von ihr begeistert sein – ob von ihrem Gesicht und ihrer Figur oder von den amerikanischen Zigaretten und dem Kaffee oder von ihrer Begabung, habe ich noch nicht herausgekriegt. Jedenfalls hat sie einen neuen sechssitzigen Wagen, und während ihr Mann auf der Schule in Oberammergau Russisch paukt, fährt Angelika elegant durch München und fällt auf.

Verzeih Pitt, daß ich Dich mit meinen Ängsten und Nöten immer wieder belästige, aber ich bin so hilflos geworden.

Garmisch, Juli 1948

Meine liebe Enie, weit gefehlt, daß mir Fritz' Briefe so viel besser gefallen! Deine Schimpfkanonade hat mein Herz erquickt. Ich verstehe Dich ja so gut! Scheiße überall, und die ewigen Appelle, durchzuhalten, bewirken langsam, aber sicher genau das Gegenteil. Dunkelheit und Kälte sind nicht zu ertragen. Auch ich verliere bei solchen Zuständen jegliche Haltung. Dennoch teile ich nicht Deine

Meinung, was die Alliierten betrifft. Ich stehe ja auch auf einem so anderen Plan als Du. Die letzten zwölf Jahre haben mich grundlegend verändert und unsere, Deine und meine, Einstellung so verschieden beeinflußt, daß wir da keine gemeinsame Sprache haben. Außerdem, das gebe ich offen zu, bin ich in diesem Punkt unsachlich bis zur Borniertheit: Ich hasse nur die Deutschen, und die Sieger können machen, was sie wollen, für sie, wenn ich überhaupt alles glaubte, was man ihnen vorwirft, habe ich immer Entschuldigungen. Denn sie sind diejenigen, die mich gerettet und mir sechs Jahre lang die Kraft gegeben haben, weiterzumachen. Wenn ich am Morgen kaum noch hochkam, tröstete ich mich mit dem Abend, an dem ich die englischen Nachrichten hören konnte. Und ich fand den Churchill so genial und die Kriegsführung und Zivilcourage der Engländer so grandios und ihre Haltung den Juden gegenüber so anständig, daß ich es ihnen nicht vergessen kann und will. Was nun geschieht, ist gewiß auf die Dusseligkeit der westlichen Alliierten zurückzuführen, aber fünfzig Prozent Anständigkeit ist auch dabei, denn diese beiden Eigenschaften gehen offenbar immer Hand in Hand. Also, was sollten sie, Deiner Meinung nach, jetzt tun? Was würdet Ihr ohne die sogenannte Luftbrücke machen? Warum immer nur böswillige Kritik, und keinem fällt was Besseres ein? Die Russen schaffen es ja doch, und es ist nur eine Frage der Zeit, wie lange der »goldene Westen« noch golden schimmert. Übrigens bin ich gar nicht gegen die Russen, ich bin doch von Bulgarien her angekränkelt und fühle mich in einer Stube ganz wohl und mag die einfachen Leute lieber als die »feinen« und finde, daß die alten Ideen und Einstellungen nicht mehr existenzberechtigt sind und die Menschen, die sich nicht von ihnen trennen können, einen verkrampften Eindruck machen. Ich bin hier als »rot« verschrien und hatte anfangs oft Krach mit Erich, dem, so wie Euch allen, die Angst vor den Russen im Nacken sitzt.

Ich finde die Leute, die sich an den Untaten der Russen förmlich ergötzen und in dem erhebenden Trugschluß leben, »die sind auch nicht besser als wir«, unerträglich. Im Grunde hat sich an ihrer Einstellung nichts geändert. Sie schimpfen schon wieder auf die Juden, fühlen sich grundlos von den Siegern mißhandelt und sind von ihrer eigenen Unübertrefflichkeit und deren Neid und Minderwertigkeit überzeugt. Und wenn die Besatzung weggeht, dann haben wir in einem Jahr den gleichen Dreck wie früher. Schade ist nur, daß ich eigentlich zwischen zwei Stühlen sitze und West mir nicht recht ist und Ost auch nicht. Als Entrechtete fühle ich mich zu den Russen hingezogen, aber meinem Wesen und Temperament nach bin ich westlich.

Es tut mir leid, daß Du Dich plagen mußt. Kein Geld haben ist scheußlich, besonders dann, wenn einen noch vieles reizt, wie das bei Dir der Fall ist. Aber laß man, wir haben auch kein Geld, dafür aber jetzt ein Haus, das Erich gekauft hat, auf dem Buckel. Lilo wollte es so, und der arme Erich hat sich, wie immer, breitschlagen lassen. Nun weiß er vor Sorgen nicht mehr ein noch aus, und es wird nur noch übers Sparen gesprochen, und all das ist mitunter trostlos. Was nützt einem ein Haus, wenn man dadurch an den Rand der Pleite gerät? Aber wir wohnen »kultiviert«, so wie sich's für unsereinen gehört. Wichtigkeit! Harmonisch leben wäre besser. Und Gauting ist ein so mieser Ort. Wenn ich da an Wannsee denke! Du kannst glücklich sein, Enie, daß Du nichts verloren hast und gesund bist. Du kannst noch mit sechzig das Leben genießen. Ich überlege mir manchmal, wie leicht es ist, alt zu werden, wenn man körperlich und geistig gesund ist. Ich habe mich nie mit Krankheiten beschäftigt, erst jetzt weiß ich, was das heißt. Noch dazu so eine Krankheit! Ich bin nicht mal mehr ein halber Mensch, abgemagert bis auf die Knochen und so schwach, daß ich kaum noch gehen kann. Nichts funktioniert mehr, das Herz nicht, das Sprechen nicht, das Schlucken nicht, das Atmen nicht und jetzt nicht mal mehr die Hände. Ich kann sie kaum noch bewegen. Aber genug, es ist nicht interessant.

Eben bekam ich einen Brief von Tina. Sie ist so eine Gute, und ich habe immer Angst, daß ich sie nicht mehr wiedersehe. Angelika macht mir nicht viel Freude, aber sie ist sich darüber nicht im klaren – ich war ja auch roh zu meiner Mutter. Hätte ich sie doch jetzt, meine Mutter!

Garmisch, September 1948

Meine Süße, endlich ein Brief von Dir! Papa hat ihn gelesen, auch die ironische Bemerkung, daß die Geburt des Babys eine »übergroße Freude« für Dich ist. Er hat kein Wort gesagt, und vielleicht hat er sie ernst genommen. Ich glaube aber nicht und bin sehr traurig für ihn.

Tina, wenn Du ihm und Lilo jetzt nicht einen netten Gratulationsbrief schreibst, hast Du mich nicht lieb. Erst in meinem letzten Brief habe ich Dir gesagt, wie sehr ich die beiden schätze, und Dich gebeten, vernünftig zu sein. Wie oft muß ich Dich daran erinnern, daß Papa und Lilo mein einziger Halt sind und daß Du mit Deinem schroffen Benehmen unser Verhältnis trübst, denn sie glauben bestimmt, ich stecke dahinter. Wie kann man nur so bockig sein, Tina! Und was kann das kleine Wesen dafür? Du, die Du Kinder so liebst, würdest bei seinem Anblick schmelzen. Es ist so süß.

Hör zu, ich werde Dir mal die Wahrheit sagen: Die Geschichte mit Lilo und Papa schmerzt mich nicht mehr, es ist alles vorbei und überstanden, und oft bin ich sogar froh, nicht in Lilos Schuhen zu stecken. Sie hat sich das bestimmt auch alles ganz anders ausgemalt. Glaub mir, es ist keine Freude, mit einem ewig nörgelnden, gereizten Mann, der vor Nervosität unablässig aus der Haut fährt und seine Launen an Dir ausläßt, Tag und Nacht in ein Zimmer verbannt zu sein. Momentan hat das Chaos einen Höhepunkt erreicht, und ich wünschte, Du könntest einen Blick in unsere Stube werfen, auf daß Du nie wieder glaubst, ich übertreibe: Beate, das arme Kind, das nie richtig gepflegt wird, leidet seit Wochen an einer Leberentzündung; Papa hat sich eine Infektion am Fuß zugezogen, darauf eine Blutvergiftung bekommen und muß operiert werden; und zu allem Überfluß sind Lilos hektische Mutter und törichte Tante eingetroffen. Während Papa nun also mit bandagiertem Fuß in dem Wohn-, Arbeits-, Eß-, Schlaf- und Kinderzimmer sitzt, liegt Beate in der Glasveranda-Küche und geht vis-à-vis dem Kocher auf den Topf. Dazwischen zappeln Mutter, Tante, Lilo und Baby herum. Jeder spricht, klagt, schimpft. Es ist nie Ruhe, nie Ordnung – nie. So hausen wir hier, und es ist vielleicht die gerechte Strafe dafür, daß wir immer so verwöhnt waren und Häuser und Gärten und Autos und Kleider und wunderbares Essen für eine Selbstverständlichkeit hielten.

Zum letztenmal und allen Ernstes: Schreib ihnen beiden einen herzlichen Gratulationsbrief, und wenn Dir das wirklich so schwerfallen sollte, denk daran, daß Du es nicht nur für sie, sondern auch für mich tust.

Garmisch, Oktober 1948

Meine kleine Angelika, es ist wirklich nicht mehr nötig, daß Du uns Lebensmittel schenkst. Erstens gibt es jetzt schon viel in den Geschäften zu kaufen, und zweitens merke ich, daß es Dir nicht leichtfällt und Du sogar am Essen sparst. Es war gedankenlos von uns, immer im alten Trott zu bleiben und so wie früher, als Du unsere einzige Quelle warst und ich den Eindruck hatte, Dir macht es nichts aus, Geschenke anzunehmen. Was immer Du also jetzt mitbringst, wird bezahlt.

Es war sehr schön in Deiner Wohnung. Du glaubst nicht, wie ich das gute Essen, die geheizten Zimmer, das Baden, ja sogar den großen Spiegel genieße. Ich sitze immer lange davor und probiere Deine feinen Kosmetiksachen aus.

Was Lilo betrifft, möchte ich Dir noch sagen, daß Du ungerecht bist. Du kennst nicht ihre guten Seiten und willst sie auch gar nicht kennenlernen. Wie viele Frauen, glaubst Du, würden das Zusammenleben mit mir mit so viel Takt und Geduld meistern? Denke Dich einmal mit aller Ehrlichkeit in ihre Situation hinein und frage Dich, wie Du reagieren würdest. Gewiß war es anfangs ihr Ziel, Papa einzufangen, aber sie hat die daraus entstandenen Pflichten, die schwer sind, auf sich genommen. Hoffentlich nicht nur seinetwegen, sondern aus eigener innerer Überzeugung. Es wäre allerdings schrecklich, wenn sie, wie Du glaubst, eine andere Seite hervorkehren würde, wenn es den Papa nicht mehr gäbe.

Garmisch, Oktober 1948

Mein kleines Tinchen, hier war einiges los! Papa hat ein Haus gekauft, das heißt, Lilo hat es gekauft, mit dem Mut der Verzweiflung. Unser Zimmer lief über, und wir waren drauf und dran, uns gegenseitig totzuschlagen. Als Papa also auf längere Zeit verreist war, nahm Lilo die Gelegenheit wahr und verbrachte Tage und halbe Nächte auf der Suche nach einem Haus. Hartnäckig ist sie ja in solchen Fällen und geschickt außerdem. Sie fand, was sie suchte, und schickte dem verdutzten Papa den Vertrag zu. Der nun, wie immer, wenn man ihm die Pistole auf die Brust setzt, tat, was man von ihm verlangte. Er unterschrieb, ohne das Haus überhaupt gesehen zu haben. Jetzt weiß ich wenigstens, wie Lilo Papa gekriegt hat.

Wir waren inzwischen alle zur Besichtigung dort. Das Haus liegt in Gauting, eine halbe Stunde von München entfernt, so wie Wannsee, aber ohne See und ohne Charme. Aber Gauting soll ein netter Ort sein, und da, wo er aufhört, ist das Haus. Es liegt direkt an einem tiefen und dunklen Hänsel-und-Gretel-Wald. Die Zimmer sind sehr niedrig, weil alles in das berühmte bayerische Dach, das hoch und spitz ist, hineingebaut wurde. Das für mich vorgesehene Zimmer ist klein, aber niedlich – na, ist auch egal. Mir ist es sehr egal. Alles. Die anderen schmieden bereits tausend Pläne und wundern sich wohl, daß ich gar keinen Anteil an der allgemeinen Aufregung nehme. Die Besitzer des neuen Hauses sind total verrückt. Sie haben einen Hund, einen Kater, einen Papagei, einen Igel, viele Schildkröten und Gänse. Als wir bei der Hausbesichtigung ins Eßzimmer kamen, saß da auf einem Stuhl eine riesengroße, weiße Gans aus Gips, und als wir nach der tieferen Bedeutung dieser Monstrosität fragten, vertraute uns die Dame des Hauses an, das sei die Totenmaske ihrer Lieblingsgans. Darauf begann sie zu weinen und das unförmige Gipsgebilde zu streicheln. Wir wahrten pietätvolles Schweigen, nur Angelika, die auch dabei war, prustete los. Papa sagte vorwurfsvoll: »Angelika, ich bitte dich«, und da war es dann auch um Lilo und mich geschehen. Kaum hatten wir uns wieder gefaßt, kam der zweite irrenhausreife Akt. Die Dame erklärte uns unter Tränen, daß ihr Papagei herzkrank sei und sie fürchte, ihn könne beim Umzug in ihrem kleinen, alten Auto der Schlag treffen. Er, der Papagei, sei so sensibel und das Auto mache so einen Lärm und ob nicht Angelika das leidende Tier in ihrem leisen, gut gefederten, geheizten Auto zu ihrem neuen Haus fahren könne.

Also weißt Du, ich mache das nicht mit! Zig Millionen Menschen sind umgekommen, und ein Papagei muß hundert Kilometer weit in einem Luxuswagen gefahren werden, damit er keinen Herzanfall bekommt. Weiß überhaupt noch jemand, wo oben und unten ist, wo die Gedankenlosigkeit aufhört und die Schweinerei anfängt, an welchem Punkt der Mensch zum Unmenschen wird?

Gestern erhielt ich einen sehr lieben Brief von Walter Slezak aus Hollywood. Er will mich – wie übrigens viele Leute – dazu anstiften, einen Roman über mein Leben zu schreiben. Tja, wenn ich schreiben könnte! Es wäre zu schön, um wahr zu sein, nicht weil ich meine Geschichte für so wichtig halte, sondern weil ich damit Geld verdienen und mich unabhängig machen könnte. Allein und frei und selbständig sein, das sind Dinge, die einen nie enttäuschen. Hätte ich es bloß früher gewußt und wäre nicht immer so verwöhnt gewesen. Natürlich ist es für eine Frau das schönste, einen Mann und eine Familie zu haben, aber gerüstet müßte sie trotzdem immer sein. Es geht ja doch meistens etwas schief in der Ehe, und wenn sie dann auf eigenen Beinen stehen kann, ist das ihre Rettung.

Gauting, Januar 1949

Meine Süße, gestern war Peterleins Todestag, und am 5. Februar wäre er 32 Jahre alt geworden. Wie anders wäre das Leben mit ihm gewesen. Mir war sehr elend.

Dein Brief, meine Kleine, war auch nicht gerade lustig. Mir tut das Herz weh, wenn ich lese, daß Du so abgearbeitet bist und keine Stimmung für Weihnachten hattest. Aber schau, Du hast doch Deinen Sohn!

Lilos Mutter und Tante haben sich hier in Gauting häuslich niedergelassen, und selbst die Kälte kann sie nicht vertreiben. Abends laufen wir wie die aufgescheuchten Hühner mit unserem Bettzeug durch das Haus und suchen Unterschlupf in den Zimmern, die geheizt sind. Davon gibt es zwei, und also schlafen wir dort alle zusammen auf zu schmalen Couches und zu kurzen Sofas. Die Tante verbringt unruhige Nächte auf zwei zusammengeschobenen Sesseln, und manchmal fällt sie in der Mitte durch. Sehr gemütlich! Nur Lilo und Papa haben ein schönes, geheiztes Zimmer, schlafen in einem breiten Bett unter einer Daunendecke und werden von den zwei Alten hinten und vorne hofiert. Das geht die ganze Zeit: Schröbschen, willst du nicht, daß... und Pusschen, brauchst du nicht jenes... und Diezchen, sei vorsichtig... und Schnuckchen, übernimm dich nicht... Sie zappeln und krabbeln wie die Käfer und kriechen Lilo und Papa buchstäblich in den Hintern. Und Lilo hat sich – sei es dadurch, sei es durch ihre neue Schwangerschaft, sei es durch die ihr angemessene, gutbürgerliche Stellung als Dame des Hauses, sei es, weil eben nie eine echte Veränderung in ihr vorgegangen ist – wieder zu der zurückentwickelt, die sie damals in Sofia war: eine nachlässige, träge, gefühlsarme Frau. Sie kümmert sich um nichts, überläßt jede Arbeit anderen und hat eine gottgesegnete Ruhe. Die kleine Viola wird von der Mutter und Tante verpflegt, sie selber hat das Kind seit Wochen nicht mehr gebadet oder zu sich ins Schlafzimmer genommen. Sie kommt, sagt: Ach, mein Schätzchen, mein süßes Kleines… wo ist denn deine Mamma?, und damit hat sich's. Ich kann das nicht begreifen, finde es furchtbar und sehe immer Dich und mich als Mutter vor mir. Du bist ja noch eine viel bessere Mutter, als ich es war, aufopfernd und immer für Deinen Kleinen da, aber auch ich konnte doch keinen Tag vergehen lassen, ohne meine Kinder in den Armen gehalten, sie geküßt, gespürt, gerochen, geschmeckt zu haben. Ich bin recht traurig über Lilo, denn ich begann doch gerade, sie liebzuhaben. Übrigens ist Viola am letzten Donnerstag in der Gautinger Kirche getauft worden. Angelika war Taufpatin – ich fürchte, mit sehr gemischten Gefühlen –, und Viola ist nun also in die Christengemeinschaft aufgenommen worden. Wohl bekomm's ihr.

Mein Zimmer ist jetzt endlich eingerichtet und nun, da es fertig und bei weitem das hübscheste Zimmer im Haus ist, kommen alle gerannt, um es zu bewundern. Es hat mich große Anstrengungen gekostet, denn kein Mensch hat sich darum gekümmert, und ich mußte alles alleine bewerkstelligen. Soll ich Dir mal beschreiben, wie das Zimmer aussieht?

Es stehen zwei schöne alte Biedermeierstücke drin, ein Sekretär und ein Eckschrank, die grün bezogenen, zierlichen Sessel von Omutter Schrobsdorff und eine Schlafcouch mit reizendem Bezug. An der Wand sind zwei Kerzenleuchter und zwei kleine Konsolen, auf denen Blumen stehen, und zwischen ihnen hängt Peters Bild. Auf meinem Nachttisch steht die schöne Blätterlampe, die Gipkins für mich gezeichnet hat. Unser Pätzer Haus, von Heini Heuser gemalt, hängt über meiner Couch. Nun fehlt noch ein Tischchen und ein Bücherregal, und dann ist es fix und fertig. Aber schon jetzt sieht es entzückend aus.

Zu Weihnachten hat mich Angelika wieder mal reich beschenkt. Der Clou der Geschenke war ein Paar weiße hohe Filzstiefel mit dreifacher Sohle, handgenäht und wunderbar. Werde sie auch gut brauchen können. Es ist so kalt, daß man am besten nicht aus dem Haus geht. Besteht auch gar kein Grund dazu. Gauting gefällt mir überhaupt nicht. Ein stinklangweiliger Ort, lauter alte Weiber, kein einziger nett angezogener Mensch.

Papas Geschäfte gehen außerordentlich schlecht, und er hat schreckliche Sorgen. Das Haus ist eine viel zu große finanzielle Belastung, und ich weiß gar nicht, wie er das durchhalten soll. Ich erinnere mich jetzt oft an eine Zeit in Berlin, in der er auch Sorgen hatte, allerdings nicht vergleichbar mit den gegenwärtigen. Aber er war bedrückt, und wenn er abends nach Hause kam, konnte ich die Stimmung nicht ertragen. Ich wollte ja immer Jubel, Trubel, Heiterkeit um mich haben. Also fuhr ich nach Pätz und ließ ihn mit seinen Sorgen allein. Ich habe ihm nicht geholfen, und das hat sich schwer gerächt.

Garmisch, März 1949

Kleine Angelika, Dein Papa hat ja gestern einen großen Strahl geredet, von Dir aber hörte ich kein Wort. Ich konnte verstehen, daß es Dir die Sprache verschlagen hat. Etwas Ungeschickteres als Deinen Vater kann ich mir kaum vorstellen, und außerdem hat er im Alter die Rederitis bekommen. Trotzdem darfst Du nicht immer sagen, wir verstehen Dich nicht. Ich kann mir, ehrlich gesagt, tolerantere Eltern nicht denken, aber vielleicht sind wir eben zu tolerant, und was Du brauchst und Dir unbewußt wünschst, ist eine feste Hand. Ich war immer zu weich mit meinen Kindern, habe geschrien, aber nicht geführt, und Dein Papa wagt es wohl nicht, weil er sich an dem, was geschehen ist, ein bißchen schuldig fühlt.

Es tat mir leid, daß Du enttäuscht weggingst. Vielleicht wolltest Du Dich gerade einmal öffnen, selber sprechen, Dir von uns Hilfe holen. Aber ich fürchte, es wäre so oder so schiefgegangen, denn im Grunde Deines Herzens lehnst Du uns ab, ob wir nun so sind oder so. Du lehnst eben alle ab, die Einwände gegen Dich erheben. Du hast dann prompt immer wieder dieselbe Ausrede parat: Der oder die versteht mich nicht. Für Dich ist Dich verstehen und Dein Verhalten billigen ein und dasselbe, für uns ist es das nicht.

Noch etwas: Deinem Vater geht es nicht gut, und es ist respektlos und ungerecht von Dir, zu sagen, daß er gerne im Bett liegt. Er ist der pflichtbewußteste Mann, den ich kenne, und er schuftet und quält sich für uns alle ab auf Kosten seiner Gesundheit. Du weißt, daß er immer magenleidend war, selbst zu der Zeit, als er noch jung war und nichts entbehren mußte. Jetzt ist er 55 Jahre, hinter ihm liegt die Hölle und vor ihm ein schwerer Existenzkampf. Glaubst Du, das waren und sind die richtigen Voraussetzungen, um einen kranken Magen zu heilen? Um es Dir klipp und klar zu sagen: Oft, wenn er abends von München nach Hause kommt, sieht er so schlecht aus, daß ich erschrecke, und er hat Nächte, in denen er vor Übelkeit und Schmerzen kein Auge zutut. Er müßte eigentlich in ein Sanatorium, denn man weiß nie, wohin so ein Leiden führen kann, aber er hat momentan weder das Geld noch die Zeit dafür.

Nun wieder zu Dir. Ich sollte die ganze Geschichte nicht so ernst nehmen und hatte mir auch vorgenommen, mich aus ihr rauszuhalten. Aber da sind zwei Dinge, die mich tief beunruhigen und um deretwillen ich nicht schweigen darf: erstens Ed, dem Du den Boden unter den Füßen weggezogen hast, denn er liebt Dich und hat an ein Leben mit Dir geglaubt; und zweitens, die Leichtfertigkeit, mit der Du all das Gute und Schöne, das Du hättest haben können, in den Wind schlägst. Denn daß es nichts Besseres gibt als einen Mann, auf dessen Liebe und Schutz man sich hundertprozentig verlassen kann, und daß Amerika unter den gegebenen Umständen schöner ist als Deutschland, wenn nicht gar ganz Europa, läßt sich wohl kaum abstreiten. Ich bin überzeugt, daß Dich Eds Unglück nicht unberührt läßt und Du viel darum gäbest, wenn Du wüßtest, wie Du ihm das Leid ersparen kannst, ohne dabei auf Dein Vergnügen verzichten zu müssen.

Glaube mir, ich weiß, wie einem in solchen Situationen zumute ist, und verstehe Dich auch hierin sehr gut. Als Du neulich im Auto saßest, so klein und hilflos in dem großen Wagen, hast Du mir schrecklich leid getan. Du bist doch noch ein Kind, und hätte Dein Vater nicht geheiratet und Dich damit so schwer enttäuscht, und hätte ich Dich nicht verrückt gemacht mit meiner ewigen Angst, der Eiserne Vorhang könne sich schließen, bevor Du draußen bist, Du hättest Dich vielleicht nicht so schnell in eine Ehe gestürzt. Du warst und bist viel zu jung dafür, und wir, Dein Vater und ich, haben uns schuldig gemacht.

Was ich Dir vorwerfe, ist also nicht, daß Deine Ehe in die Brüche geht, sondern wie sie in die Brüche geht. Du hast den armen Ed total verwirrt und verschreckt, Du hast ihn über Monate an der Nase herumgeführt, indem Du ihm einzureden wußtest, eine Frau wie Du hätte andere und höhere Rechte und Ansprüche als irgendeine x-beliebige. Woraufhin? Auf Dein schönes Gesicht hin? Das ist zuwenig, Angelika. Man kann sich nur dann etwas Ungewöhnliches leisten, wenn man etwas Ungewöhnliches leistet. Du hältst Dich für viel zu interessant, Du nimmst Dich viel zu wichtig, und Du bist unehrlich anderen und, was noch schlimmer ist, Dir selber gegenüber. Würdest Du Dir wenigstens eingestehen, daß Dein Verhalten in vielen Fällen falsch ist, dann wäre die Sache nicht so hoffnungslos. Aber nicht nur, daß Du es Dir nicht eingestehst, Du schiebst es auch noch auf andere und willst ihnen und Dir weismachen, daß nicht Du es bist, die sich falsch verhält, sondern sie. Du verdrehst alles, hängst allem ein Mäntelchen um, redest Dich aus allem raus. So wie Du früher gesagt hast, alle Deutschen sind zum Kotzen, so sind jetzt alle Amerikaner zum Kotzen, und übermorgen wird es ein anderer Völkerstamm sein. Jeder ist schuld an Deinem persönlichen Unbehagen, nur nicht Du selber. Du verstehst die Menschen zu nehmen und ihnen das zu suggerieren, was Dir gerade in den Kram paßt. Du nützt das Unglück, das wir hatten, aus, Du handelst damit. Es sollte bald etwas Positives aus Deinem Schicksal herauskommen. Lange kann das Negative nicht mehr vorhalten, es wird langweilig. Für Deine Ehe und deren Zusammenbruch kannst Du nichts, aber daraus lernen kannst Du, neu anfangen, eine andere Einstellung gewinnen. Sich auf Ruinen niederlassen und sagen, das Leben ist schuld, wird Dir auf die Dauer nichts einbringen. Kein Hahn kräht nach einem unergiebigen Menschen. Schön, jung und intelligent, wie Du bist, steht Dir noch alles offen. Wenn Du wüßtest, was für unglaubliche Schätze dieses Leben, diese Welt zu bieten hat. Du willst unabhängig und frei sein, wunderbar, aber um unabhängig und frei zu sein, muß man etwas können, muß man sein eigenes Geld verdienen. Daß einer zahlt und der andere frei ist, gibt es nicht, darf es auch nicht geben. Es sei denn, der Zahlende ist ein reicher Vater. Aber das war einmal, Angelika.

Du hast mal wieder erreicht, was Du wolltest. Du wirst – da bin ich sicher – Dich auch nicht von M. trennen. Du hast es Deinem Vater versprochen, um ihn endlich zum Schweigen zu bringen und weggehen zu können. Das schockiert mich auch nicht. Ich halte eine Trennung gar nicht für das Primäre. Wenn Du nicht zu Dir selber kommst, ist es egal, ob Du M. gleich wiedersiehst oder erst in zwei Monaten. Und wenn Du zu Dir selber kommst, ist es egal, ob Du mit dem einen oder anderen zusammenlebst. Denn wenn Du endlich weißt, was Du willst, und einen Weg vor Dir siehst, kann Dir kein Mensch etwas anhaben, keine gescheiterte Ehe und keine neue Liebesaffäre.

Nicht durch äußeren Zwang kannst Du Dich ändern, sondern nur durch inneres Wollen. Ich setze immer noch auf Dich, ich glaube, daß etwas in Dir steckt, nur weiß ich noch nicht, was. Streng Dich an, mach etwas aus Dir, ich schwöre Dir, es lohnt sich. Schau, wie ich meine Begabung und Intelligenz ein Leben lang verzettelt habe, und nun sitze ich da. Folgerichtig – abgesehen von der Krankheit, und selbst die gehört dazu. Du hast noch lange Zeit und außerdem viel mehr Möglichkeiten, als ich sie hatte. Als

Frau meiner Generation war ich etwas Neues, Ungewöhnliches und Suspektes. Ich fiel sozusagen aus dem Rahmen, mußte sehr stark sein und mir meine eigenen Gesetze machen. Keiner half mir dabei, im Gegenteil, man nahm mich im besten Fall als komisch hin, im schlechtesten als entartet. Du lebst in einer Epoche, die schon viel weiter ist, viel offener. Nutze das aus, arbeite an Dir, werde reifer, ernsthafter und vor allem Dir selber gegenüber ehrlich.

Angeli, Du wirst erschrecken über diesen Brief, aber das macht nichts. Besser, Du erschrickst jetzt als, wie ich, ein halbes Jahrhundert zu spät.

Gauting, April 1949

Mein süßes, dummes Tinlein, was für ein Schreck! Ich habe es ja gewußt. Wenn mir so ist, wie mir in den letzten Tagen war, dann ist etwas los. Ich spüre es wie ein Tier die Unwetterkatastrophe, bin unruhig, kann kaum schlafen. Wie schade! Ich hätte so gerne ein zweites Enkelkind gehabt, aber dann hätte mich nichts mehr hier gehalten, nichts! Meine Kleine, ich mache mir Sorgen um Dich, möchte bei Dir sein, Dir helfen. Auch wenn jetzt alles überstanden ist, ein Kinderspiel ist so ein Eingriff ja nun nicht, noch dazu ohne Betäubung. Ich habe da Erfahrung, weißt Du, und finde, es ist kaum auszuhalten bei vollem Bewußtsein. Was sind das für barbarische Methoden! Heutzutage hat man doch andere Mittel und Möglichkeiten.

Du fragst nach Angeli. Nun, ich habe Dir ja schon einiges und leider wenig Erfreuliches über sie berichtet. Sie macht mich ziemlich unglücklich. Du, die Du fern bist, bist mir so nahe, und sie, die mir nah ist, ist mir so fern. Aber es geht hier weniger um mich als um den unseligen Ed. Vor einiger Zeit, als ich zwar spürte, aber noch nicht wußte, was die Glocke geschlagen hat, fand ich in Angelis Wohnung einen Brief von Ed an sie. Ich las ihn (bitte, erwähne nie etwas davon), weil ich mir endlich Klarheit verschaffen wollte. Klarheit hatte ich ja dann auch, aber außerdem ein entsetzliches schweres Herz. Wie unglücklich hat sie den Mann gemacht, und dann schreibt er auch noch, sie sei wie eine wunderschöne Blume, die man nur anschauen, aber nicht berühren darf. Hätte er sie doch lieber fest angefaßt.

Er hat sie auf Händen getragen und abgöttisch geliebt – liebt sie nach wie vor und leidet. Ellen, die, wie Du weißt, bei uns in Gauting ist, hat eine Stinkwut auf Angelika, denn sie hat ihr auf einer gemeinsamen Reise in die Schweiz dort den Freund weggeschnappt. Jetzt tröstet Ellen Ed. Es geht zu wie in Schnitzlers ›Reigen‹.

Was aus Deiner Schwester werden soll, weiß ich nicht mehr. Sie hat sich alles verpatzt und fährt fort, sich alles zu verpatzen. Sie hat hundert verschiedene Leiden und ebenso viele Verehrer. Dafür aber keine Spur Ehrgeiz. Sie fängt alles an – Schauspielunterricht bei dem einen, Ballettunterricht bei dem anderen –, und die Lehrer sind von ihr begeistert, und sie ist von ihnen begeistert, aber plötzlich hat sie alles satt, sowohl die Lehrer als den Unterricht, und verschwindet. Genauso verfährt sie mit ihren Herren. Erst war es der Wiener Schauspieler M., wegen dem sie Ed verlassen hat, jetzt ist es der Schweizer, wegen dem sie M. verlassen hat. Mit fliegenden Fahnen in alles rein, mit bösen Augen – wie Du ihren zornigen Blick immer genannt hast – aus allem raus. Ed hat ihr jetzt das Auto weggenommen und M., leider zu spät, auf offener Straße einen fürchterlichen Kinnhaken verpaßt. Es wäre folgerichtig, wenn M. den Kinnhaken an den Schweizer weitergeben würde, denn momentan hat der ihn ja verdient. Oder vielleicht auch schon nicht mehr. Zur Zeit wohnt Angeli noch mit Ruth in ihrer Wohnung. Ruth ist auch ein spezieller Fall. Ursprünglich als Dienstmädchen engagiert, ist sie schnell zu einer Art Gesellschaftsdame avanciert, die mit sklavischer Ergebenheit und Liebe alles hinnimmt, was Angelika an Launen, Verrücktheiten und schlechten Einfällen zu bieten hat. Die Wohnung sieht aus, als sei dort eine Bombe explodiert, denn die beiden Damen denken nicht daran, einen ihrer schönen rotlackierten Fingernägel zu riskieren und Ordnung zu machen. Es lohnt sich wohl auch nicht mehr, denn nach der Scheidung muß Angeli die Wohnung verlassen. Möchte wissen, wie sie dann ohne Wohnung, ohne Auto, ohne Geld und ohne Beruf leben will. Ich fürchte, wer das alles auszubaden hat, wird der Papa sein. Er gibt sich und mir mehr Schuld an Angelikas Verhalten als ihr selber, und wahrscheinlich nicht ganz zu Unrecht. Nur verzeiht er ihr zuviel und uns zuwenig. Auf jeden Fall gibt es nichts, das er nicht für sie täte. Er ist direkt verliebt in sie. Na ja, zumindest kann man von unserer Tochter nicht behaupten, daß sie langweilig ist.

Mein Tinlein, nun weißt Du alles über Deine Schwester. Ein merkwürdiges Kind war sie ja schon immer, und dagegen ist auch nichts einzuwenden. Nur sollte sich ihre Merkwürdigkeit nicht nur in lauter Unfug ausdrücken, sondern auch mal in einer Leistung. Aber vielleicht erwarte ich zu früh zuviel von ihr.

Meine Kleine, sieh Dich jetzt bitte vor und geh nicht zu leichtsinnig mit Dir um.

Gauting, Mai 1949

Kleine Angeli, ich kann mich leider nicht mit Dir in München treffen. Es war ein Wahnsinn von mir, mich überhaupt mit Dir zu verabreden, denn es geht mir sehr schlecht. Schon neulich, auf dem Weg zur Schneiderin, kam ich plötzlich nicht weiter. Es hätte mir eine Warnung sein und mich davor zurückhalten sollen, am Abend nicht auch noch ins Theater zu gehen. Bereits während des ersten Aktes wurde mir schwarz vor Augen, und ich bekam keine Luft. Ich habe Ellen das ganze Vergnügen verdorben, denn sie mußte mich so schnell wie möglich nach Hause bringen. Es ist eben so, daß ich zu nichts mehr fähig bin. Mein Herz macht mir sehr zu schaffen – alles macht mir sehr zu schaffen. Wenn man mich fragt, wo ich Beschwerden habe, dann sage ich immer, man soll mich lieber fragen, wo ich keine Beschwerden habe. Das geht schneller. Ich sitze nur noch so herum, und selbst dazu brauche ich eine Tasse Kaffee. Meistens liege ich im Bett.

Was Du mir so krummgenommen hast an meinem letzten Brief, weiß ich eigentlich nicht. Er war nicht so sehr gegen Dich als für Ellen geschrieben. Du hast Dich ihr gegenüber gemein benommen, und ich wollte ihr, die mir lieb ist, Gerechtigkeit widerfahren lassen. Die Fehler von Ellen kenne ich von früher her, aber sie hat mit Erfolg an sich gearbeitet und sich zu einem Menschen entwickelt, an dem man Freude haben kann. Von Dir, Angelika, kann man das nicht behaupten. Du arbeitest an anderen, bearbeitest sie so lange, bis sie sind, wie Du sie haben willst. Ed sagt, was Du hören möchtest. Dein Vater schweigt, aber tanzt nach Deiner Pfeife. Ich tue weder das eine noch das andere, und das gefällt Dir nicht. Und noch etwas: Glaube nie, daß wir – Du und ich – kompliziert sind. Wir sind genauso einfach und unbedeutend wie das Gros der Menschen, nur geben wir mehr an. Wir sind großtuerische und eingebildete Egoisten, außerdem faul. Genies sind niemals kompliziert und schon gar nicht faul. Und was mich betrifft, so bin ich höchstens intelligenter, analytischer, grüblerischer – wie meine Rasse nun einmal ist, aber das ist auch alles. Ich habe mir auch immer eingebildet, ich sei kompliziert! Gemöcht!

Ich werde mich nun bestimmt nicht mehr in Deine Geschichten einmischen, denn ich habe eingesehen, es ist umsonst. Bin auch schon viel zu schwach. Wenn Du mal kommen kannst, werde ich froh sein, denn nur Du und Tina haben noch ein Interesse für mich. Alles andere wird mir immer gleichgültiger.

Gauting, Mai 1949

Mein gutes Tinlein, wieder ein Brief, der so unlustig klang, daß ich sehr traurig wurde. Was willst Du denn? Immerhin hast Du einen Mann, der sich sehen lassen kann, und – unberufen – einen prächtigen Sohn. Jung bist Du, gesund bist Du, viele Menschen lieben Dich und brauchen Dich, und irgendwann wirst Du auch mal hierher kommen, davon bin ich überzeugt. Denk doch bloß nicht, daß Du, weil Du in Bulgarien lebst, so viel und hart arbeiten mußt. Sämtliche Frauen hier arbeiten genauso schwer wie Du und haben sich, darüber hinaus, durch einen langen, furchtbaren Krieg gequält, in dem sie viel, wenn nicht alles verloren haben. Glaubst Du tatsächlich, jede hätte jetzt wieder ein Dienstmädchen und ein vergnügtes Leben? Sorgen haben sie und Mühsal, zerschunden sind sie an Leib und Seele und Nerven. Mein liebes Kind, Du wirst nie begreifen, was Land und Leuten hier geschehen ist. Du wirst nie begreifen, was ein verlorener Krieg anrichten kann.

Du beschwerst Dich außerdem, daß Du keine Möglichkeit und Zeit hast, zu lernen und zu lesen. Da mußte ich ja etwas lachen. Wie hast Du Dich früher, als Du die Zeit und Möglichkeit hattest, dagegen gesträubt, hast Lesen langweilig und Lernen unangenehm gefunden. Warum kommt die Einsicht immer und in allem zu spät?

Lachen mußte ich auch über Deine Reaktion auf meine Gedanken über den Tod. Du hast sie wie eine persönliche Beleidigung aufgefaßt, und aus Deiner mißmutigen Antwort darauf hörte ich deutlich heraus: Kannst Du mir nicht wenigstens das ersparen? Dabei hatte ich doch ganz allgemein gesprochen, nur eben so mal vor mich hin geredet und eher positiv als deprimiert. Du darfst Dich da nicht verschließen, meine kleine Dumme, der Tod ist nichts Schlimmes, wenn er nicht junge, gesunde Menschen trifft. Er hat für viele, die alt und krank sind, weniger Schrecken als das Leben. Sei froh, daß ich das so klar und ruhig sagen kann und nicht das Gefühl habe, etwas Grauenerregendes kommt da irgendwann einmal auf mich zu.

Also mein Tinlein, ich bitte Dich, sei vernünftig, sieh nicht in allem, was Du tun und lassen mußt, eine Ungerechtigkeit und Last, die nur Dich allein trifft. Mach dem Mizo nicht das Haus ungemütlich, denke an Andretscho, der darunter leidet, so wie Ihr gelitten habt unter mir. Bei all meiner Liebe zu Euch war ich ungeduldig und unbeherrscht, habe geschimpft und geschrien und mich und Euch damit verrückt gemacht. Zu was hat es geführt? Zu einem schlechten Gewissen, damals und heute. Ich bereue so sehr, nicht eine bessere Mutter gewesen zu sein. Mein Peter ist tot, Du bist weit, Angelika hält sich fern von mir, nie wieder kann ich gutmachen, was ich damals versäumt habe. Denke daran. Und auch daran, daß man glücklich sein muß, jung und gesund zu sein, geliebt und gebraucht zu werden. Jeden Tag muß man glücklich darüber sein. Das Leben geht so schnell vorbei, und wenn es sich dem Ende nähert, fragt man sich: Warum habe ich so viel von ihm vergeudet?

So und nun Schluß. Lebt mir wohl, bleibt mir gesund, küsse Deine beiden Männer von mir, und sei Du mit meiner ganzen Liebe umarmt.

Gauting, 30. Mai 1949

Lieber Pitt, mir geht es ausgesprochen schlecht. Ich werde nicht mehr lange leben, glaube ich. Mein ganzer Körper ist jetzt krank, und mein Herz macht mir sehr zu schaffen. Ich bin so abgemagert, daß ich nur noch Haut und Knochen bin. Andauernd ist mir elend, und sprechen kann ich kaum noch. Ich bin so schwach und kann nichts mehr tun. Ich habe es halt nicht ausgehalten.

Meine Mutter starb am 5. Juni 1949.

Christa Wolf im dtv

»Grelle Töne sind Christa Wolfs Sache nie gewesen; nicht als Autorin, nicht als Zeitgenossin hat sie je zur Lautstärke geneigt, und doch hat sie nie Zweifel an ihrer Haltung gelassen.«
Heinrich Böll

Der geteilte Himmel
Erzählung · dtv 915
Liebesgeschichte zur Zeit des Mauerbaus in Berlin.

Nachdenken über Christa T.
dtv 11834

Kassandra
Erzählung · dtv 11870

Voraussetzungen einer Erzählung: Kassandra
Frankfurter Poetik-Vorlesungen
dtv 11871

Kindheitsmuster
Roman · dtv 11927
Auf den Spuren der Kindheit im Nationalsozialismus.

Kein Ort. Nirgends
dtv 11928
Fiktive Begegnung zwischen Karoline von Günderrode und Heinrich von Kleist.

Was bleibt
Erzählung · dtv 11929

Störfall
Nachrichten eines Tages
dtv 11930

Im Dialog
dtv 11932

Sommerstück
dtv 12003

Unter den Linden
Erzählung
dtv 12066

Gesammelte Erzählungen
dtv 12099

Auf dem Weg nach Tabou
Texte 1990–1994
dtv 12181

Die Dimension des Autors
Essays und Aufsätze, Reden und Gespräche
1959–1985
SL 61891

Christa Wolf/Gerhard Wolf:
Till Eulenspiegel
dtv 11931

Eveline Hasler im dtv

»Eveline Haslers Figuren sind so prall voll Leben, so anschaulich und differenziert gezeichnet, als handle es sich samt und sonders um gute Bekannte.«
Klara Obermüller

Anna Göldin
Letzte Hexe
Roman · dtv 10457
Die erschütternde Geschichte des letzten Hexenprozesses in Europa im Jahre 1782.

Novemberinsel
Erzählung · dtv 10667
Eine junge Frau zieht sich mit ihrem jüngsten Kind im November auf eine Mittelmeerinsel zurück in der Hoffnung, aus einer psychischen Krise herauszufinden.

Ibicaba
Das Paradies in den Köpfen
Roman · dtv 10891
Im 19. Jahrhundert sind Hunger und Elend in einigen Kantonen der Schweiz so groß, daß es zu einer riesigen Auswanderungswelle ins »gelobte Land« Brasilien kommt. Doch das vermeintliche Paradies entpuppt sich für die meisten als finstere Hölle.

Der Riese im Baum
Roman · dtv 11555
Die Geschichte Melchior Thuts (1736–1784), des *größten* Schweizers aller Zeiten. Ein historischer Roman, der das 18. Jahrhundert in seiner ganzen Gegensätzlichkeit zeigt: als Epoche, in der die Wurzeln unseres modernen Denkens, aber auch der modernen Fehlentwicklungen liegen.

Die Wachsflügelfrau
Roman · dtv 12087
1899 bewirbt sich Emily Kempin-Spyri, die erste Juristin im deutschsprachigen Raum, um eine Stelle als Magd bei einem Pfarrer. Vorausgegangen ist ihr einzigartiger Aufstieg als Kämpferin für die Frauenrechte in der Schweiz und in New York, ihre Ehe mit dem Pfarrer Walter Kempin, Geldnöte, Auseinandersetzungen, schließlich der Ruin.